차량
손해사정사 2차

약술형 + 주관식 풀이형

한권으로 끝내기

SD에듀
㈜시대고시기획

차량손해사정사 2차
한권으로 끝내기

Always with you

사람의 인연은 길에서 우연하게 만나거나 함께 살아가는 것만을 의미하지는 않습니다.
책을 펴내는 출판사와 그 책을 읽는 독자의 만남도 소중한 인연입니다.
SD에듀는 항상 독자의 마음을 헤아리기 위해 노력하고 있습니다. 늘 독자와 함께하겠습니다.

손해사정사는 보험사고발생시 손해액 및 보험금의 산정업무를 전문적으로 수행하는 자로서 보험금 지급의 객관성과 공정성을 확보하여 보험계약자나 피해자의 권익을 침해하지 않도록 해주는 일을 하는 보험업계의 전문자격인입니다.

손해사정사 자격시험은 2014년부터 대폭 변경하여 시행하고 있습니다. 즉 손해사정사의 종류를 업무영역에 따라 제1종에서 제4종으로 분류하던 방식에서 재물 · 차량 · 신체손해사정사로 새롭게 구분하였습니다.

차량손해사정사 2차 시험과목은 「자동차보험의 이론과 실무(대물배상 및 차량손해)」와 「자동차구조 및 정비이론과 실무」로 구성되어 있으며, 약술형+주관식 풀이형 문제로 시험을 치르게 됩니다.

본서는 차량손해사정사 2차 시험 준비를 할 때 어려움을 겪는 약술형+주관식 풀이형 문제를 효과적으로 대비할 수 있도록 구성한 교재입니다. 2차 시험은 차량손해사정사 업무와 관련된 기본개념 및 전문이론문제, 그리고 실무에서 필수적으로 알아야 할 사례유형문제, 보험금 산출문제 등 다양한 형태로 출제되고 있습니다. 이러한 문제유형은 실제 출제되었던 기출문제를 많이 풀어보고, 실전연습을 통해 대비해야 합니다.

본서는 이러한 시험 준비과정이 수월하도록 각 과목의 CHAPTER별로 과거에 출제되었던 기출문제를 분석하고, 그 개념에 대한 모범답안을 제시하는 방식으로 구성되어 있습니다. 또한 부록에는 최근 개정된 관계법령을 수록하여 문제풀이에 바로 적용할 수 있도록 하였습니다.

아무쪼록 본서가 실전연습뿐만 아니라, 시험 준비과정을 최종 마무리하는데 조금이나마 도움이 되었으면 합니다. 끝으로 본서를 선택해 주신 수험생들에게 합격의 행운이 있기를 기원합니다.

편저자 씀

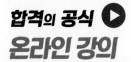

보다 깊이 있는 학습을 원하는 수험생들을 위한 SD에듀의 동영상 강의가 준비되어 있습니다.
www.sdedu.co.kr ➜ 회원가입(로그인) ➜ 강의 살펴보기

도서의 **구성 및 특징**

출제포인트

각 CHAPTER별 주요 출제포인트를 수록하여 출제경향을 파악할 수 있도록 하였습니다.

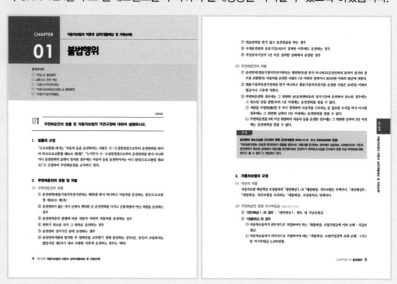

기출유형문제 & 상세한 해설

기출유형문제에 대한 상세한 해설을 통해 어렵고 난해한 약술형+주관식 풀이형 문제의
모범답안을 작성할 수 있도록 하였습니다.

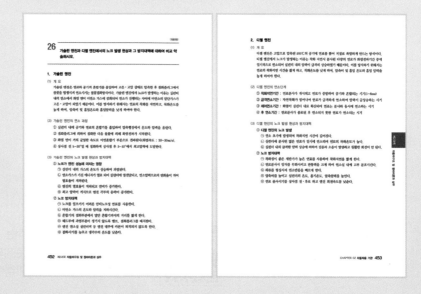

STEP 03

심화학습을 도와주는 첨부자료

더 알아보기, 판례, 저자의 TIP 및 사례유형 등을 첨부하여 심화학습 내용 및 개념을 쉽게 이해할 수 있도록 구성하였습니다.

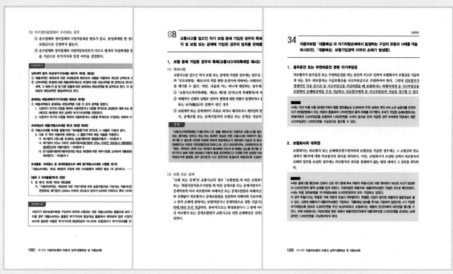

STEP 04

관계법령

최근 개정된 주요 관계법령을 수록함으로써 학습에 도움이 되도록 하였습니다.

손해사정사 자격시험 소개

손해사정사란?

보험사고발생시 손해액 및 보험금의 산정업무를 전문적으로 수행하는 자로서 보험금 지급의 객관성과 공정성을 확보하여 보험계약자나 피해자의 권익을 침해하지 않도록 해주는 일, 즉 보험사고발생시 손해액 및 보험금을 객관적이고 공정하게 산정하는 자를 말합니다.

주요 업무

→ 손해발생 사실의 확인
→ 보험약관 및 관계법규 적용의 적정여부 판단
→ 손해액 및 보험금의 사정
→ 손해사정업무와 관련한 서류작성, 제출 대행
→ 손해사정업무 수행 관련 보험회사에 대한 의견 진술

손해사정사의 구분

업무영역에 따른 구분	업무수행에 따른 구분
재물손해사정사 차량손해사정사 신체손해사정사 종합손해사정사	고용손해사정사 독립손해사정사

※ 단, 종합손해사정사는 별도의 시험없이 재물 · 차량 · 신체손해사정사를 모두 취득하게 되면 등록이 가능합니다.

자격취득

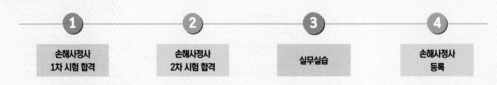

| ① 손해사정사
1차 시험 합격 | ② 손해사정사
2차 시험 합격 | ③ 실무실습 | ④ 손해사정사
등록 |

시험일정

구 분	원서접수기간	시험일자	합격자 발표
1차 시험	2024.2.20.~2024.2.23.	2024.4.14.	2024.5.31.
2차 시험	2024.6.11.~2024.6.14.	2024.7.28.	2024.10.4.

차량손해사정사 2차 시험 소개

시험과목 및 방법

시험과목	• 자동차보험의 이론과 실무(대물배상 및 차량손해) • 자동차구조 및 정비이론과 실무
시험방법	논문형(약술형 또는 주관식 풀이형)

합격자 결정

절대평가에 의해 합격자를 결정하며, 절대평가에 의한 합격자가 최소선발예정인원에 미달하는 경우 미달인원에 대하여 상대평가에 의해 합격자를 결정합니다.

❶ 2차 시험 합격자를 결정할 때에는 매 과목 100점을 만점으로 하여 매 과목 40점 이상, 전 과목 평균 60점 이상 득점한 사람을 합격자로 합니다. 다만, 금융감독원장이 손해사정사의 수급상 필요하다고 인정하여 미리 선발예정인원을 공고한 경우에는 매 과목 40점 이상 득점한 사람 중에서 선발예정인원의 범위에서 전 과목 총득점이 높은 사람부터 차례로 합격자를 결정할 수 있습니다.

❷ 전환응시자에 대한 합격결정은 응시한 매 과목에 대하여 40점 이상 득점한 자 중, 전체 응시과목 평균점수가 일반 응시자 중 합격자의 최저점수(평균점수) 이상을 득한 경우에 합격자로 결정합니다.

검정현황

구 분	접수(명)	합격(명)	합격률(%)
2016년 제39회	1,065	105	9.86
2017년 제40회	825	103	12.48
2018년 제41회	746	101	13.54
2019년 제42회	822	100	12.17
2020년 제43회	803	100	12.45
2021년 제44회	766	111	14.49
2022년 제45회	758	110	14.51
2023년 제46회	881	110	12.49

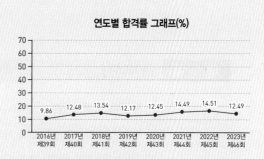

연도별 합격률 그래프(%)

최고득점&커트라인

구 분	2016	2017	2018	2019	2020	2021	2022	2023
최고득점	70.50	75.33	72.22	73.33	72.22	68.89	72.50	73.50
커트라인	56.67	53.67	52.00	54.67	54.89	49.45	51.50	54.33

차량손해사정사 2차
한권으로 끝내기

이 책의 차례

제1과목 **자동차보험의 이론과 실무(대물배상 및 차량손해)**

CHAPTER 01 불법행위 · 004

CHAPTER 02 자동차보험 약관해설 · 050

CHAPTER 03 보험금 지급기준 · 131

CHAPTER 04 사고해석과 주요 사고조사 · · · · · · · · · · · · · · · · · · · 174

CHAPTER 05 손상진단과 복원수리기법 · · · · · · · · · · · · · · · · · · · 246

CHAPTER 06 자동차 도장과 견적기법 · 298

제2과목 **자동차구조 및 정비이론과 실무**

CHAPTER 01 자동차 일반상식 · 378

CHAPTER 02 자동차용 기관 · 400

CHAPTER 03 자동차 섀시 · 473

CHAPTER 04 시동, 점화, 충전, 전기장치 · · · · · · · · · · · · · · · · · · 580

CHAPTER 05 안전, 냉방, 기타 편의장치 · · · · · · · · · · · · · · · · · · · 613

CHAPTER 06 차세대 자동차 · 663

부 록 **관계법령**

01 자동차보험 표준약관 · 702

02 자동차관리법 시행규칙 [별표 1] · 741

03 건설기계관리법 시행령 [별표 1] · 743

04 농업기계화 촉진법 시행규칙 [별표 1] · · · · · · · · · · · · · · · · · · 745

05 도로교통법 시행규칙 [별표 2] · 750

06 도로교통법 시행규칙 [별표 18] · 753

07 도로교통법 시행규칙 [별표 28] · 755

08 구난형 특수자동차 운임 · 요금표 · 765

09 도로안전시설 설치 및 관리지침(과속방지턱) · · · · · · · · · · · · · 769

차량
손해사정사 2차

한권으로 끝내기

제1과목	자동차보험의 이론과 실무(대물배상 및 차량손해)
제2과목	자동차구조 및 정비이론과 실무

제1과목

자동차보험의 이론과 실무
(대물배상 및 차량손해)

CHAPTER 01   불법행위

CHAPTER 02   자동차보험 약관해설

CHAPTER 03   보험금 지급기준

CHAPTER 04   사고해석과 주요 사고조사

CHAPTER 05   손상진단과 복원수리기법

CHAPTER 06   자동차 도장과 견적기법

01 불법행위

출제포인트
- ☐ 「민법」상 불법행위
- ☐ 교통사고 관련 책임
- ☐ 「교통사고처리특례법」
- ☐ 「자동차손해배상보장법」상 불법행위
- ☐ 「보험사기방지특별법」

기출유형

01 무면허운전의 법률 및 자동차보험의 약관규정에 대하여 설명하시오.

1. 법률의 규정

「도로교통법」에서는 "자동차 등을 운전하려는 사람은 시·도경찰청장으로부터 운전면허를 받아야 하고(도로교통법 제80조 제1항)", "누구든지 시·도경찰청장으로부터 운전면허를 받지 아니하거나 운전면허의 효력이 정지된 경우에는 자동차 등을 운전하여서는 아니 된다(도로교통법 제43조)"고 규정하여 무면허운전을 금지하고 있다.

2. 무면허운전의 유형 및 처벌

(1) 무면허운전의 유형

① 운전면허(원동기장치자전거면허는 제외)를 받지 아니하고 자동차를 운전하는 경우(도로교통법 제152조 제1호)

② 운전면허가 없는 자가 군에서 취득한 군 운전면허를 가지고 군용차량이 아닌 차량을 운전하는 경우

③ 운전면허증의 종별에 따른 자동차 이외의 자동차를 운전하는 경우

④ 면허가 취소된 자가 그 면허로 운전하는 경우

⑤ 운전면허 정지기간 중에 운전하는 경우

⑥ 운전면허시험에 합격한 후 면허증을 교부받기 전에 운전하는 경우(단, 본인이 수령하지는 않았지만 제3자가 대리 수령한 이후에 운전하는 경우는 제외)

⑦ 연습면허를 받지 않고 운전연습을 하는 경우

⑧ 국제운전면허 유효기간(1년)이 경과한 이후에도 운전하는 경우

⑨ 적성검사기간이 1년 이상 경과한 상태에서 운전한 경우

(2) 무면허운전의 처벌

① 운전면허(원동기장치자전거면허는 제외한다)를 받지 아니하고(운전면허의 효력이 정지된 경우를 포함한다) 자동차를 운전한 사람은 1년 이하의 징역이나 300만원 이하의 벌금에 처한다.

② 원동기장치자전거면허를 받지 아니하고 원동기장치자전거를 운전한 사람은 30만원 이하의 벌금이나 구류에 처한다.

③ 무면허운전한 경우에는 그 위반한 날(운전면허효력 정지기간에 운전하여 취소된 경우에는 그 취소된 날을 말함)부터 1년 이내에는 운전면허를 받을 수 없다.

   ㉠ 사람을 사상(死傷)한 후 즉시 정차하여 사상자를 구호하는 등 필요한 조치를 하지 아니한 경우에는 그 위반한 날부터 5년 이내에는 운전면허를 받을 수 없다.

   ㉡ 무면허운전을 3회 이상 위반하여 자동차 등을 운전한 경우에는 그 위반한 날부터 2년 이내에는 운전면허를 받을 수 없다.

> **판례**
>
> **운전면허 취소사실을 인식하지 못한 운전(대법원 2004.12.10. 선고 2004도6480 판결)**
> "무면허운전죄는 유효한 운전면허가 없음을 알면서도 자동차를 운전하는 경우에만 성립하는 고의범이므로 기존의 운전면허가 취소된 상태에서 자동차를 운전했더라도 운전자가 면허취소사실을 인식하지 못한 이상 무면허에 해당된다고 볼 수 없다"고 판단하고 있다.

3. 자동차보험의 규정

(1) 약관의 적용

자동차보험 배상책임 보장종목의 「대인배상Ⅰ」과 「대물배상」 의무보험은 부책이나, 「대인배상Ⅱ」, 「대물배상」 의무보험을 초과하는 「대물배상」 보장종목은 면책이다.

(2) 무면허운전 관련 자기부담금 〈개정 2021.12.27.〉

① 「대인배상Ⅰ」의 경우 : 「대인배상Ⅰ」 한도 내 지급보험금

② 「대물배상」의 경우

   ㉠ 자동차보유자가 의무적으로 가입하여야 하는 「대물배상」 보험가입금액 이하 손해 : 지급보험금

   ㉡ 자동차보유자가 의무적으로 가입하여야 하는 「대물배상」 보험가입금액 초과 손해 : 1사고당 자기부담금 5,000만원

02 「민법」상 일반불법행위의 성립요건에 대하여 서술하시오.

1. 개 요

「민법」제750조에 의하면, "고의 또는 과실로 인한 위법행위로 타인에게 손해를 가한 자는 그 손해를 배상할 책임이 있다(제750조)." 제753조와 제754조는 책임능력 있는 자만이 배상책임을 지는 것으로 규정하고 있다. 또한, 공동불법행위시에는 연대배상책임을 발생시키며(제760조), 불법행위 시라도 정당방위나 긴급피난의 경우 피해자 아닌 타인에 대하여는 위법성이 조각(阻却)되어 면책이 되고(제761조), 손해배상의 범위(제763조) 및 손해배상청구권의 소멸시효(제766조)에 대한 규정을 두고 있다.

「민법」상 불법행위책임의 일반적 성립요건은 다음과 같다.
① 가해자의 고의 또는 과실이 있을 것(주관적 요건)
② 가해자에게 책임능력이 있을 것(주관적 요건)
③ 가해행위가 위법할 것(객관적 요건)
④ 가해행위에 의해 손해가 발생할 것(객관적 요건)

2. 가해자 측에게 고의 또는 과실이 있을 것

(1) 자기책임의 원칙(과실책임주의)

가해자 자신의 고의 또는 과실 있는 행위에 대하여만 책임을 지고, 타인의 행위에 대하여는 책임을 지지 않는다는 것을 의미한다. 행위란 의식 있는 거동을 말하며, 무의식 중의 동작이나 저항할 수 없는 힘으로 강제된 동작과 같은 것은 행위에 해당되지 않는다. 의식적이면 작위의무 있는 자의 부작위도 행위의 한 유형이 된다.

(2) 고 의

고의란 일정한 결과 발생을 인식(예견)하고, 그것을 인용하면서 행위를 하는 심리상태로서, 결과 발생이 위법한 것으로 평가된다는 것까지 인식(위법의 인식)할 것까지는 필요 없다(통설, 판례). 일정한 결과가 발생할 지도 모른다는 것을 인식하면서 감히 행위를 하는 때에는 고의가 되나(미필적 고의), 보통의 사정 하에서는 그 결과가 발생할 수 있음을 인식하면서도, 자기의 능력이나 기술상 그러한 결과발생을 피할 수 있다는 것을 믿었다면, 그것은 "인식 있는 과실"로 보는 것이 통설이다.

(3) 과 실

과실이란 일정한 결과가 발생한다는 것을 알고 있었어야 함에도 불구하고 부주의, 즉 주의를 게을리 하였기 때문에, 그것을 알지 못하고 어떤 행위를 하는 심리상태를 말한다. 민사책임의 성립요건으로서의 과실은 중과실에 한정되지 않으며, 경과실을 의미한다. 중과실이 요구되는 경우는 "중대한 과실"이라고 표현하고 있기 때문이다(민법 제95조 제1항 단서, 제735조 등).

(4) 고의·과실의 입증책임

① 원칙(피해자 입증책임의 원칙)

고의·과실은 불법행위의 성립요건이므로 그 입증책임은 불법행위의 성립을 주장하는 피해자(원고)가 부담하게 된다. 즉, 피해자가 상대방(가해자)측의 고의 또는 과실로 인하여 자기에게 얼마만큼의 손해가 발생하였음을 입증하여야 한다(異說없음).

② 예외(입증책임의 전환)

입법적으로 입증책임이 전환된 대표적인 것은「자동차손해배상보장법」에 의한 자동차사고에 따른 사망 또는 부상 사고시 자동차운행자의 그 손해배상책임의 경우이다.

3. 가해자에게 책임능력이 있을 것

(1) 책임능력

책임능력이란 자기의 행위의 책임을 인식할 수 있는 능력을 책임능력이라고 한다. 자기의 행위에 의하여 일정한 결과가 발생하는 것을 인식하는 능력이 아니라, 그 결과가 위법한 것으로서 법률상 비난받는 것임을 인식하는 정신능력이다.

(2) 책임능력의 정도

「민법」은 미성년자로서 그 행위의 책임을 변식할 지능이 없는 자와 심신상실자는 책임능력이 없다고 규정하고(제753조 및 제754조), 이런 경우에는 그의 감독자가 감독의무를 해태하지 않은 경우가 아닌 한 그 감독자에게 책임을 지우고 있다(제755조).

(3) 책임능력의 입증책임

책임능력은 일반인에게는 갖추어져 있는 것이 원칙이기 때문에, 배상을 청구하는 피해자가 가해자의 책임능력 있음을 입증할 필요는 없다. 불법행위자, 즉 가해자 측에서 책임을 면하려면 책임무능력의 사실을 입증하여야 한다.

4. 가해자의 행위가 위법할 것(위법성)

(1) 위법성 판단의 기준

위법이라는 것은 쉽게 말하면 법 내지 법질서에 위반한다는 것을 의미한다. 즉, 사회일반인의 견지에서 사회전체적인 가치규범에 입각하여 그 가치에 반하면 위법한 것이고, 그렇지 않으면 위법하지 않은 것이 된다고 할 수 있다.

그러나 ① 이익의 침해가 있는 때, ② 형벌법규, 행정법규에 위반된 때에는 위법성을 인정함에 이견이 없으며, ③ 사회질서에 위반된 때, 즉 구체적인 법규에 직접 위반하지는 않더라도 사회의 윤리관에 반하여 사회적으로 허용되지 않는 행위도 포함된다.

「민법」 제103조에서도 "선량한 풍속 기타 사회질서 위반한 사항을 내용으로 하는 법률행위를 무효로 한다"고 규정하여 사회질서위반이 위법성 판단의 기준이 됨을 인정하고 있다.

(2) 위법성 조각사유

보통은 위법성이 있는 것이지만, 어떤 특수한 사유가 있기 때문에 그 위법성이 없는 것으로 되는 경우이다. 「민법」이 규정하는 것으로는 정당방위(제761조 제1항), 긴급피난(제761조 제2항)이 있고, 그 밖에 정당행위(형법 제20조)·자구행위(형법 제23조)·피해자의 승낙(형법 제24조)도 위법성이 전부 또는 일부 조각된다는 것이 통설이다.

① 정당방위

정당방위는 타인의 불법행위에 대하여 자기 또는 제3자의 이익을 방위하기 위하여 부득이 타인에게 손해를 가하는 행위이다.

② 긴급피난

긴급피난은 (현재의) 급박한 위난을 피하기 위하여 부득이 타인에게 손해를 가하는 경우이다.

③ 자구행위

자구행위 또는 자력구제는 청구권을 보전하기 위하여 국가기관의 구제를 기다릴 여유가 없는 경우에 권리자가 스스로 사력(私力)으로 구제하는 행위를 말한다.

④ 피해자의 승낙

피해자의 승낙은 피해자가 그의 권리침해에 대하여 승낙을 하여 감수하겠다고 한 것이다.

⑤ 정당행위

정당행위는 법령에 기한 행위나 정당한 업무수행을 위한 행위 기타 사회상규에 바탕한 행위를 말한다.

5. 가해행위로 인하여 손해가 발생하였을 것

(1) 손 해

손해라 함은 법익에 관하여 받은 불이익을 말한다. 가해원인이 없을 경우에 있었어야 할 이익(소극적 손해)과 가해행위로 인하여 피해자가 새로이 부담하게 된 비용(적극적 손해)의 합계이다. 손해에는 재산적 손해는 물론 비재산인 손해를 포함한다. 생명·신체·자유·명예 등 및 정신적 손해를 포함한다.

(2) 손해의 발생

불법행위가 성립하려면 가해행위에 의하여 손해가 발생했어야 하고(제750조), 그 손해는 실제로 발생한 것에 한하여 배상된다. 따라서 피해자가 그 손해발생을 증명하지 않으면, 손해배상책임은 발생하지 않는다. 발생이 현실화되지 않은 미확정 손해는 손해배상의 범위에 속하지 못한다. 나중에 그 미확정 손해가 실제로 발생한 경우에는 그 시점에서 비로소 손해배상청구권이 발생하게 된다. 자동차사고로 중상을 입은 피해자가 후유장해 판정이 된 경우 부상 당시에 비록 장래에 일정한 장해가 남을 것이 예견되지만 그 장해가 현실화된 것은 아니므로 장해판정이 있을 때까지는 장해에 따른 손해배상청구권이 아직 발생하지 않은 것으로 보아야 한다.

(3) 인과관계

배상할 손해는 가해행위로 피해자에게 준 손해이므로, 그 손해가 가해행위로 인하여 발생했어야 한다. 즉 가해행위와 손해의 발생간에 인과관계가 있어야 한다.

(4) 손해배상의 범위

① 손해배상액

적극적 손해와 소극적 손해의 합이다.

　㉠ <u>적극적 손해</u> : 불법행위로 인하여 피해자가 이미 가지고 있었던 물건(자동차 등)이 멸실, 파손, 오손되어 부담하게 된 비용으로 수리비, 교환가액 등을 말한다.

　㉡ <u>소극적 손해</u> : 불법행위가 없었더라면 얻게 되어 있던 것을 그 불법행위가 있음으로써 얻지 못하게 된 이익으로 영업손실 등을 말한다.

②「민법」의 규정

「민법」은 손해를 통상의 손해와 특별한 손해로 나누고 있다. 통상의 손해는 당연히 배상의 범위에 포함되나, 특별한 손해는 불법행위자가 피해자의 사정을 알았거나 알 수 있었을 때에 한하여 배상책임을 진다(민법 제393조).

③ 기대이익의 상실

특별손해 중 중요한 것은 기대이익의 상실이다. 기대이익은 소극적 손해이자 특별손해가 되는 것이 보통이며, 따라서 상대방이 알았거나 알 수 있었던 경우에 한하여 배상의 대상이 될 수 있다.

④ 약관의 규정

「대물배상」의 경우 직접손해와 간접손해로 구분한다. 직접손해는 해당 사고로 피해를 입은 피해물의 수리가 가능한 경우는 수리비용으로, 수리가 불가능할 경우에는 교환가액을 인정하며, 간접손해는 비사업용 자동차 또는 건설기계가 오·파손되어 수리하는 경우에 인정하는 대차료, 사업용 자동차 또는 건설기계가 오·파손되어 수리하는 경우에 인정하는 휴차료, 「소득세법 시행령」에 따라 사업을 영위하는 사업장이 파손되어 정상적인 영업을 못하여 발생한 손해인 영업손실 등과 자동차의 경우 출고 후 2년 이하의 차량이 손해를 입어 발생하는 자동차시세하락손해 등이 있다.

(5) 손익상계 및 과실상계

① 손익상계

불법행위로 인하여 손해를 받은 피해자가 같은 원인으로 이익을 얻게 된 때에는 그 이익분은 손해액에서 공제함이 인정된다는 것이 통설·판례이다(손익상계). 공제되는 이득도 배상원인과 상당인과관계를 가지는 것에 한한다. 예컨대 피해자가 사고로 인하여 채무를 면하였다면 그 채무액은 이익공제의 대상이 된다.

② 과실상계

「민법」 제396조(과실상계)는 불법행위에 있어 준용되므로, 피해자에게도 과실이 있었던 때에는 손해배상의 책임 및 그 금액을 정할 때에 그 피해자의 과실도 이를 참작되어야 한다. 즉 배상의무자는 자기의 귀책사유로 생긴 결과 이상의 손해에 대하여 책임을 져야 할 이유가 없으며, 또한 배상권리자도 자기의 행위로 생긴 결과를 타인에게 전가할 수는 없는 것이다. 즉 자동차사고에 있어서도 피해자 측의 과실비율만큼 손해액은 공제되고 배상액이 결정된다.

③ 실무의 적용사례

보험금 지급기준에 따라 산출된 손해액에서 먼저 과실상계 한 후에 산정된 금액에서 손익상계 한다.

저자의 TIP

자동차보험 「대물배상」 보험금 지급기준의 직접손해와 간접손해 부분을 체계적으로 정리하여 이해할 필요가 있다.

---

03 「민법」상 불법행위의 정의와 성립요건, 손해의 발생과 상당인과관계, 통상(보통) 손해와 특별손해를 각각 서술하고, 통상손해와 특별손해 사례를 제시하시오.

1. 「민법」상 불법행위의 정의

「민법」 제750조에 의하면, "고의 또는 과실로 인한 위법행위로 타인에게 손해를 가한 자는 그 손해를 배상할 책임이 있다"고 규정하고 있다. 또한 제753조와 제754조는 책임능력 있는 자만이 배상책임을 지는 것으로 규정하고 있다. 공동불법행위시에는 연대배상책임을 발생시키며(제760조), 불법행위시라도 정당방위나 긴급피난의 경우 피해자 아닌 타인에 대하여는 위법성이 조각(阻却)되어 면책이 되고(제761조), 손해배상의 범위(제763조) 및 손해배상청구권의 소멸시효(제766조)에 대한 규정을 두고 있다.

2. 불법행위의 성립요건

(1) 가해자의 고의 또는 과실이 있을 것(주관적 요건)

① 자기책임의 원칙(과실책임주의)

가해자 자신의 고의 또는 과실 있는 행위에 대하여만 책임을 지고, 타인의 행위에 대하여는 책임을 지지 않는다는 것을 의미한다.

② 고 의

고의란 일정한 결과 발생을 인식(예견)하고, 그것을 인용하면서 행위를 하는 심리상태로서, 결과발생이 위법한 것으로 평가된다는 것까지 인식(위법의 인식)할 것까지는 필요 없다(통설, 판례).

③ 과 실

과실이란 일정한 결과가 발생한다는 것을 알고 있었어야 함에도 불구하고 부주의, 즉 주의를 게을리 하였기 때문에 그것을 알지 못하고 어떤 행위를 하는 심리상태를 말한다.

④ 입증책임

고의·과실은 불법행위의 성립요건이므로 그 입증책임은 불법행위의 성립을 주장하는 피해자 (원고)가 부담하게 된다. 즉, 피해자가 상대방(가해자)측의 고의 또는 과실로 인하여 자기에게 얼마만큼의 손해가 발생하였음을 입증하여야 한다(異說없음).

(2) 가해자에게 책임능력이 있을 것(주관적 요건)

① 책임능력

책임능력이란 자기의 행위의 책임을 인식할 수 있는 능력을 말한다. 자기의 행위에 의하여
일정한 결과가 발생하는 것을 인식하는 능력이 아니라, 그 결과가 위법한 것으로서 법률상
비난받는 것임을 인식하는 정신능력이다.

② 책임능력의 정도

「민법」은 미성년자로서 그 행위의 책임을 변식할 지능이 없는 자와 심신상실자는 책임능력이
없다고 규정한다(제753조 및 제754조).

③ 책임능력의 입증책임

책임능력은 일반인에게는 갖추어져 있는 것이 원칙이기 때문에 배상을 청구하는 피해자가
가해자의 책임능력 있음을 입증할 필요는 없다. 불법행위자, 즉 가해자 측에서 책임을 면하려
면 책임무능력의 사실을 입증하여야 한다.

(3) 가해행위가 위법할 것(객관적 요건)

① 위법성 판단의 기준

이익의 침해가 있는 때, 형벌법규, 행정법규에 위반된 때에는 위법성을 인정함에 이견이 없으
며, 사회질서에 위반된 때, 즉 구체적인 법규에 직접 위반하지는 않더라도 사회의 윤리관에
반하여 사회적으로 허용되지 않는 행위도 포함된다. 「민법」 제103조에서도 "선량한 풍속 기타
사회질서에 위반한 사항을 내용으로 하는 법률행위를 무효로 한다"고 규정하여 사회질서위반
이 위법성 판단의 기준이 됨을 인정하고 있다.

② 위법성 조각사유

보통은 위법성이 있는 것이지만, 어떤 특수한 사유가 있기 때문에 그 위법성이 없는 것으로
되는 경우이다. 「민법」이 규정하는 것으로는 정당방위(제761조 제1항), 긴급피난(제761조 제2항)
이 있고, 그 밖에 정당행위(형법 제20조) · 자구행위(형법 제23조) · 피해자의 승낙(형법 제24조)
도 위법성이 전부 또는 일부 조각된다는 것이 통설이다.

(4) 가해행위에 의해 손해가 발생할 것(객관적 요건)

손해라 함은 법익에 관하여 받은 불이익을 말한다. 만일 그 가해원인이 없었다고 하면 있었어야
할 이익(소극적 손해)과 가해행위로 인하여 피해자가 새로이 부담하게 된 비용(적극적 손해)의
합계이다. 손해에는 재산적 손해는 물론 비재산적인 손해를 포함한다. 생명 · 신체 · 자유 · 명예
등 및 정신적 손해를 포함한다.

3. 손해의 발생과 상당인과관계

(1) 손해의 발생

불법행위가 성립하려면 가해행위에 의하여 손해가 발생하였어야 하고(제750조), 그 손해는 실제로 발생한 것에 한하여 배상된다. 따라서 피해자가 그 손해발생을 증명하지 않으면, 손해배상책임은 발생하지 않는다. 아직 발생이 현실화되지 않은 미확정 손해는 아직 손해배상의 범위에 속하지 못한다. 나중에 그 미확정 손해가 실제로 발생한 경우에는 그 시점에서 비로소 손해배상청구권이 발생하게 된다. 자동차사고로 중상을 입은 피해자가 후유장해 판정이 된 경우 부상 당시에 비록 장래에 일정한 장해가 남을 것이 예견되지만 그 장해가 현실화된 것은 아니므로 장해판정이 있을 때까지는 장해에 따른 손해배상청구권이 아직 발생하지 않은 것으로 보아야 한다.

(2) 인과관계

배상할 손해는 가해행위로 피해자에게 준 손해이므로, 그 손해가 가해행위로 인하여 발생했어야 한다. 즉 가해행위와 손해의 발생간에 인과관계가 있어야 한다.

(3) 손익상계 및 과실상계

① 손익상계

불법행위로 인하여 손해를 받은 피해자가 같은 원인으로 이익을 얻게 된 때에는 그 이익분은 손해액에서 공제함이 인정된다는 것이 통설·판례이다(손익상계). 공제되는 이득도 배상원인과 상당인과관계를 가지는 것에 한한다. 예컨대 피해자가 사고로 인하여 채무를 면하였다면 그 채무액은 이익공제의 대상이 된다.

② 과실상계

「민법」 제396조(과실상계)는 불법행위에 있어 준용되므로, 피해자에게도 과실이 있었던 때에는 손해배상의 책임 및 그 금액을 정할 때에 그 피해자의 과실도 이를 참작되어야 한다. 즉 배상의무자는 자기의 귀책사유로 생긴 결과 이상의 손해에 대하여 책임을 져야 할 이유가 없으며, 또한 배상권리자도 자기의 행위로 생긴 결과를 타인에게 전가할 수는 없는 것이다. 즉 자동차사고에 있어서도 피해자 측의 과실비율만큼 손해액은 공제되고 배상액이 결정된다.

4. 통상(보통)손해와 특별손해

(1) 통상(보통)손해

통상손해는 어떠한 불법행위가 있으면 사회일반의 관념에 따라 통상(보통) 발생할 것으로 생각되는 범위의 손해를 말하며, 채무불이행·불법행위로 인한 손해배상은 통상의 손해를 한도로 한다(민법 제393조). 우리 「민법」은 통상손해에 대해서는 배상책임 있는 사람이 손해발생사실을 알거나 알 수 있었는지 여부를 불문하고 당연히 배상청구가 가능하도록 하고 있다.

> **사례** **불법행위로 인하여 차량이 훼손된 경우, 통상손해의 산정방법**
>
> **판결요지**
> 불법행위로 인하여 차량이 훼손된 경우에 있어서 그 손해는 수리가 가능한 때에는 수리비, 수리가 불가능한 때에는 교환가치의 감소, 즉 사고 당시의 교환가격에서 폐차대금을 공제한 금액이 통상손해에 해당한다.

(2) 특별손해

특별손해는 불법행위로 통상 발생하는 손해와는 달리 보통의 사정하에서는 발생할 수 없으나, 특별한 사정이 있어 발생하는 손해를 의미한다. 우리 「민법」은 특별손해에 대해서 그 손해발생사실을 상대방이 알거나 알 수 있었을 경우에만 배상청구가능 하도록 규정하고 있다(민법 제393조).

> **사례** **교통사고로 인한 정전사태 사례**
> A회사의 운전자 B는 운전부주의로 전신주를 충격하여 인근 지대의 정전을 초래함에 따라 C공장의 가동이 중단되어 손해를 발생케 하였다.
>
> **판결요지**
> ① 불법행위의 직접적 대상에 대한 손해가 아닌 간접적 손해는 특별한 사정으로 인한 손해로서 가해자가 그 사정을 알았거나 알 수 있었을 것이라고 인정되는 경우에만 배상책임이 있다.
> ② 가해자가 공장지대에 위치한 전신주를 충격하여 전선이 절단된 경우, 그 전선을 통하여 전기를 공급받아 공장을 가동하던 피해자가 전력공급의 중단으로 공장의 가동이 상당한 기간 중지되어 영업상의 손실을 입게 될지는 불확실하며, 또 이러한 손실은 가해행위와 너무 먼 손해라고 할 것이므로, 전주 충격사고 당시 가해자가 이와 같은 소극적인 영업상 손실이 발생할 것이라는 것을 알거나 알 수 있었다고 보기 어렵지만, 이 경우 그 전신주를 통하여 전력을 공급받고 있는 인근 피해자의 공장에서 예고 없는 불시의 전력공급의 중단으로 인하여 갑자기 공장의 가동이 중단되는 바람에 당시 공장내 가동 중이던 기계에 고장이 발생한다든지, 작업 중인 자료가 못쓰게 되는 것과 같은 등의 적극적인 손해가 발생할 수 있을 것이라는 사정은 가해자가 이를 알거나 알 수 있었을 것이라고 봄이 상당하다.

04 「민법」상 공동불법행위의 규정, 의의, 요건, 효과 등에 대해서 설명하시오.

1. 「민법」상 공동불법행위의 규정

(1) 공동불법행위자의 책임(민법 제760조)

① 수인이 공동의 불법행위로 타인에게 손해를 가한 때에는 연대하여 그 손해를 배상할 책임이 있다.

② 공동 아닌 수인의 행위 중 어느 자의 행위가 그 손해를 가한 것인지를 알 수 없는 때에도 전항과 같다.

③ 교사자나 방조자는 공동행위자로 본다.

(2) 인과관계

피해자는 수인의 행위와 손해발생 사이의 인과관계를 입증하면 족하다. 따라서 피해자는 개별 행위자의 행위가 손해발생에 기여한 인과관계를 입증할 필요가 없다.

2. 공동불법행위의 의의

공동불법행위는 하나의 손해발생에 관하여 수인이 관여하여 그 손해발생에 원인을 제공하는 경우에 성립하는데, 하나의 손해발생에 관하여 수인이 관여한 경우 및 하나의 손해에 대하여 수인이 책임을 질 경우에 발생한다. 우리 「민법」은 공동불법행위 발생에 관하여 양자의 구별을 하지 않고 있다.

3. 공동불법행위의 요건

공동불법행위는 '협의의 공동불법행위', '가해자불명의 공동불법행위(복수행위)', '교사·방조'로 나눠진다.

(1) 협의의 공동불법행위

수인이 행위를 공동으로 하여 하나의 손해를 발생시키는 것을 말한다.

① 행위의 공동성

　　㉠ 다수설과 판례 : 의사적 공동불법행위, 객관적 공동불법행위, 병행적 공동불법행위를 모두 포괄한다. 따라서 가해행위가 객관적으로 공동되어 있기만 하면 공동불법행위를 인정한다(객관적 공동설). 수인의 행위로 하나의 손해가 발생하는 것으로 요건이 충족되며, 가해자 수인 상호간의 의사의 공동관련성(주관적 공동)을 요하지 않는다.

　　㉡ 소수설 : 의사적 공동불법행위만을 협의의 공동불법행위로 파악하는 견해이다.

② 손해의 단일성

행위와 결과를 각각 구분할 수 있는 경우에는 공동불법행위가 성립하지 않는다.

(2) 가해자불명의 공동불법행위

① 공동 아닌 수인의 행위 중 어느 자의 행위가 손해를 야기한 것인지 알 수 없는 때에는 공동불법행위로 추정된다.

② 시간적·장소적 관련 및 행위의 동질성이 없어도 인정된다.

③ 가해자로 추정된 수인의 행위자 중에서 자기의 행위로 그러한 결과가 발생하지 않았다는 것을 주장·입증하여 면책될 수 있다.

(3) 교사 및 방조행위

① 교사(敎唆)

타인으로 하여금 불법행위의 의사결정을 하도록 하는 것이므로 고의에 의한 교사만이 가능하다.

② 방조(傍助)

불법행위를 용이하게 하는 직접·간접의 모든 행위를 가리키는 것이므로 과실에 의한 방조도 가능하다.

4. 공동불법행위의 효과

(1) 부진정연대책임의 부담

① 연대채무설

공동불법행위자는 피해자에 대해 각자 연대하여 배상할 책임이 있다.

② 부진정연대채무설

'연대하여'라고 하는 의미는 각자가 채무의 전부에 관한 배상의무를 부담한다는 것이며, 부진정연대채무라고 한다.

③ 혼합채무설

협의의 공동불법행위, 교사·방조의 경우에는 공동목적이 존재하므로 연대채무이고, 가해자불명의 공동불법행위의 경우에는 주관적 관계가 존재하지 않으므로 부진정연대채무라는 것이다.

④ 다수설·판례

피해자의 보호를 위하여 공동불법행위책임은 부진정연대채무라는 것이 판례이자 다수설이다. 즉 공동불법행위자는 부진정연대채무를 부담하며 피해자는 모두에게 배상을 청구할 수 있고, 가해자는 피해자 1인에 대해 갖는 상대적 사유를 가지고 피해자에게 대항할 수 없다.

(2) 배상의 범위

손해배상의 범위는 공동불법행위와 상당인과관계가 있는 모든 손해이며, 공동불법행위자 중 예견가능성을 갖지 못한 자는 손해배상책임을 부담하지 않는다.

(3) 구상권의 행사

공동불법행위자 중 1인이 손해의 전부를 배상한 경우 다른 자에게 책임의 비율에 따라 구상권을 행사할 수 있다. 판례에 따르면 통상 책임부담비율은 평등하다고 본다.

(4) 결 론

「민법」 제760조의 공동불법행위자의 책임은 '부진정연대책임'으로 해석하는 것이 공동불법행위의 특성과 피해자 보호의 측면에서 유리하다는 점에서 타당하다. 단, 어느 연대채무자가 변제기타 자기의 출재로 공동면책되면 다른 연대채무자의 부담부분에 대하여 구상권을 행사할 수 있다.

05 교통사고를 낸 운전자의 법적 책임을 설명하시오.

1. 책임의 종류

자동차를 운전 중 운전자 잘못으로 교통사고를 내게 되면 운전자는 그 피해에 대한 보상은 물론 처벌을 받게 되는 것이 관례이다. 즉, 사고운전자는 민사상의 책임, 형사상의 책임과 행정상의 책임을 지게 된다.

① 민사상의 책임(자배법 제3조, 민법 제750조) : 손해배상의 책임(보험회사)

② 형사상의 책임(형법 제268조) : 징역, 금고, 벌금 등의 형사처벌(가해자)

③ 행정상의 책임 : 운전면허의 취소, 정지처분 및 자동차의 사용정지처분(가해자)

2. 민사상의 책임

① 민사상 책임은 「자배법」 제3조, 「민법」 제750조에 의한 책임으로서 자동차를 운행 중 남의 신체나 재물을 손상시켰을 때에는 그 손해를 보상하도록 되어 있으며, 「대인배상Ⅰ·Ⅱ」 및 「대물배상」에 가입되어 있으면 보험회사에서 교통사고로 인한 통상적인 모든 손해를 기준에 따라 보상하게 되므로 사고운전자는 별도로 손해를 배상하지 않아도 된다. 다만, 음주사고의 경우 인사사고는 「대인배상Ⅰ」의 경우 「대인배상Ⅰ」 한도 내 지급보험금, 대물사고는 의무가입 하는 「대물배상」 보험가입금액 이하 손해의 경우 지급보험금을, 의무가입하는 「대물배상」 보험가입금액 초과 손해의 경우 사고당 5,000만원을 음주운전자가 부담해야 한다.

② 자동차보험(「대인배상Ⅰ·Ⅱ」 및 「대물배상」)에 가입되어 있으면 민사상의 손해는 보험회사가 보상하므로 사고운전자는 별도의 배상을 하지 않는다.

3. 형사상의 책임

① 「교통사고처리특례법」상 차량운전 중 과실로 사람을 사상케 한 경우에는 「형법」 제268조 업무 상 과실 치사상죄에, 재물을 손괴한 경우에는 「도로교통법」 제151조 업무상 과실로 인한 재물손 괴죄에 해당된다. 그러나 교통사고는 대부분 고의사고가 아닌 과실사고인 만큼 피해자와 합의하 거나 또는 피해자와 원만히 합의한 것으로 간주할 때(「대인배상Ⅰ·Ⅱ」 및 「대물배상」에 가입한 경우)에는 "공소권 없음"으로 처리되어 형사적인 처벌을 면제받게 된다.

② 사망사고, 뺑소니사고 및 신호위반 등 12대 중과실사고와 중상해(치료 후에 남는 불구, 불치, 난치에 이르는 상해)는 「교통사고처리특례법」의 예외 규정에 해당되어 피해자와의 합의 여부와 자동차보험 가입 여부에 관계없이 형사처벌을 받게 된다.

[사고유형별 처벌내용]

사고유형		처벌내용
사망사고		형사입건, 구속기소 원칙, 5년 이하의 금고 또는 2,000만원 이하의 벌금
부상사고	12개 항목위반	형사입건, 5년 이하의 금고 또는 2,000만원 이하의 벌금
	12개 항목 이외의 사고	종합보험가입 또는 피해자의 합의시 '공소권 없음'으로 형사처벌 면제(3대 중상해의 경우 별도 적용)
물적 사고	보험 미가입 또는 합의 불가시	형사입건, 2년 이하의 금고 또는 500만원 이하 벌금
	종합보험 가입 또는 합의된 경우	형사처벌 면제(행정책임은 별도)
구호조치 없이 도주	피해자 사망시	무기 또는 5년 이하 징역
	피해자 부상시	1년 이상의 유기징역 또는 500만원 이상 3,000만원 이상의 벌금
피해자를 유기 후 도주	피해자 사망시	사형, 무기, 10년 이상의 징역
	피해자 부상시	3년 이상의 징역

4. 행정상의 책임

교통사고를 야기한 자에 대하여 형사적 책임과 민사적 책임 외에 행정적 측면에서도 책임을 묻는다. 행정적 책임은 운전면허의 취소, 정지처분 및 자동차의 사용정지처분의 책임이 발생한다.

[운전면허 행정처분 기준]

항 목	내 용	비 고
면허정지	법규위반 또는 교통사고로 인하여 운전면허의 처분벌점이 40점 이상일 때	1점을 1일씩 계산
누산점수 초과로 인한 면허취소 기준	기간 : 별도 또는 누산점수 • 1년간 : 121점 이상 • 2년간 : 201점 이상 • 3년간 : 271점 이상	3년간 관리 (위반 또는 사고가 났던 날을 기준)
운전면허 취소기준	• 혈중 알코올농도 0.1%를 초과하여 운전한 경우 • 음주운전 중 인적피해 교통사고를 일으킨 경우 • 경찰관의 음주측정 요구에 불응하거나 도주한 때 또는 단속경찰관을 폭행한 경우 • 과거 5년 이내에 3회 이상의 인적피해 교통사고의 전력이 있는 경우 • 과거 5년 이내에 음주운전의 전력이 있는 경우	전체 17개 항목

• 벌점 : 교통법규위반 내용 + 인명피해 결과 + 조치 여부
• 누산점수 : 법규위반 및 사고벌점의 누적 합산치 − 상계치
• 처분벌점 : 누산벌점 − 처분이 집행된 벌점의 합계치

- 술에 취한 상태의 기준(혈중 알코올농도 0.03% 이상)을 넘어서 운전을 하다가 교통사고로 사람을 죽게 하거나 다치게 한 때
- 혈중 알코올농도 0.08% 이상의 상태에서 운전한 때
- 술에 취한 상태의 기준을 넘어 운전하거나 술에 취한 상태의 측정에 불응한 사람이 다시 술에 취한 상태(혈중 알코올농도 0.03% 이상)에서 운전한 때

06 자동차 교통사고에서 사고운전자가 져야 하는 책임 종류와 민사상 책임의 배상의 무자에 대해 약술하시오.

1. 사고운전자가 져야 하는 책임 종류

(1) 개 요

자동차운전 중 운전자의 잘못으로 교통사고를 낸 사고운전자는 민사상의 책임, 형사상의 책임, 행정상의 책임을 지게 된다.

① 민사상의 책임(자배법 제3조, 민법 제750조) : 손해배상의 책임(보험회사)

② 형사상의 책임(형법 제268조) : 징역, 금고, 벌금 등의 형사처벌(가해자)

③ 행정상의 책임 : 운전면허의 취소, 정지처분 및 자동차의 사용정지처분(가해자)

(2) 민사상의 책임

민사상 책임은 「자배법」 제3조, 「민법」 제750조에 의한 책임으로서, 자동차운행 중 남의 신체나 재물을 손상시켰을 때에 손해배상책임을 부담하게 된다.

자동차보험(「대인배상Ⅰ·Ⅱ」 및 「대물배상」)에 가입되어 있으면 보험회사에서 교통사고로 인한 통상적인 모든 손해를 기준에 따라 보상하게 되므로 사고운전자는 별도로 손해를 배상하지 않는다. 다만, 음주사고의 경우 「대인배상Ⅰ」에 대하여 「대인배상Ⅰ」 한도 내 지급보험금, 「대물사고」에 대하여 보험가입금액 이하 손해는 지급보험금을, 보험가입금액 초과 손해는 사고당 5,000만원을 음주운전자가 부담해야 한다.

(3) 형사상의 책임

형사상 책임은 교통사고가 발생하면 사고운전자에게 「형법」 제268조에 따라 형사적 책임을 지우는 것을 말한다.

① 「교통사고처리특례법」상 차량운전 중 과실로 사람을 사상케 한 경우에는 「형법」 제268조 업무상 과실치사상죄에, 재물을 손괴한 경우에는 「도로교통법」 제151조 업무상 과실로 인한 재물손괴죄에 해당된다. 그러나 교통사고는 대부분 고의사고가 아닌 과실사고인 만큼 피해자와 합의하거나 또는 피해자와 원만히 합의한 것으로 간주할 때(「대인배상Ⅰ·Ⅱ」 및 「대물배상」에 가입한 경우)에는 "공소권 없음"으로 처리되어 형사적인 처벌을 면제받게 된다.

② 사망사고, 뺑소니사고 및 신호위반 등 12대 중과실사고와 중상해(치료 후에 남는 불구, 불치, 난치에 이르는 상해)는 「교통사고처리특례법」의 예외 규정에 해당되어 피해자와의 합의 여부와 자동차보험 가입 여부에 관계없이 형사처벌을 받게 된다.

(4) 행정상의 책임

행정상의 책임은 운전면허의 취소, 정지처분 및 자동차의 사용정지처분 등의 책임을 지우는 것을 말한다.

2. 민사상 책임의 배상의무자

(1) 운전자

운전자는 본인의 과실로 인하여 자동차사고를 발생시킨 자이므로 직접 불법행위자로서 민사상의 배상책임을 부담하게 된다.

(2) 운전자의 사용자

「민법」 제756조에 따르면, 타인을 사용하여 어느 사무에 종사하게 한 자는 피용자가 그 사무집행에 관하여 제3자에게 손해를 입힌 경우 사용자의 배상책임을 규정하고 있다. 그러나 사용자가 피용자의 선임 및 그 사무감독에 상당한 주의를 한 때 또는 상당한 주의를 하여도 손해가 있을 경우에는 손해배상책임을 부담하지 않는다.

(3) 운행자

「자동차손해배상보장법」 제3조에 따르면, 교통사고로 인하여 피해를 입은 피해자를 폭넓게 구제하기 위하여 배상책임의 주체를 운행자(자기를 위하여 자동차를 운행하는 자)로 규정하고 있다. 즉 운행자는 그 운행으로 다른 사람을 사망하게 하거나 부상하게 한 경우에는 그 손해를 배상할 책임을 진다.

운행자는 자동차 소유자, 명의대여자, 명의잔존자도 특별한 사유가 없는 한 배상책임의무자가 된다.

(4) 부진정 연대책임

배상의무자가 다수인 경우에 피해자는 배상의무자 중에서 배상능력이 있는 사람에게 선택적으로 손해배상을 청구할 수 있다. 즉 회사 차량을 운전하다가 사고를 발생시킨 경우 피해자는 회사 또는 직원에게 선택적으로 손해배상을 청구할 수 있다.

판례상 인정된 사례는 사용자와 피용자, 회사와 회사대표자, 주문자와 수급인, 모회사와 자회사, 가족 공동기업에서의 그 가족, 대여주와 차용주, 자동차수리업자와 주문자, 명의대여자와 차용자 등이다.

「교통사고처리특례법」의 목적과 특례예외조항 12항목에 대해서 설명하시오.

1. 「교통사고처리특례법」의 목적

「교통사고처리특례법」은 업무상 과실 또는 중대한 과실로 교통사고를 일으킨 운전자에 관한 형사처벌 등의 특례를 정함으로써 교통사고로 인한 피해의 신속한 회복을 촉진하고 국민생활의 편익을 증진함을 목적으로 한다.

2. 특례예외조항

차의 교통으로 업무상 과실치상죄 또는 중과실치상죄와 차의 운전자가 업무상 필요한 주의를 게을리하거나 중대한 과실로 다른 사람의 건조물이나 그 밖의 재물을 손괴한 죄(도로교통법 제151조)를 범한 운전자에 대하여는 피해자의 명시적인 의사에 반하여 공소(公訴)를 제기할 수 없다.

다만, 차의 운전자가 업무상 과실치상죄 또는 중과실치상죄를 범하고도 피해자를 구호하는 등 필요한 조치(도로교통법 제54조 제1항)를 하지 아니하고 도주하거나 피해자를 사고 장소로부터 옮겨 유기(遺棄)하고 도주한 경우, 같은 죄를 범하고 음주측정 요구에 따르지 아니한 경우(운전자가 채혈 측정을 요청하거나 동의한 경우는 제외한다)와 다음에 해당하는 행위로 인하여 같은 죄를 범한 경우에는 그러하지 아니하다.

(1) 신호 및 지시위반

「도로교통법」 제5조에 따른 신호기가 표시하는 신호 또는 교통정리를 하는 경찰공무원 등의 신호를 위반하거나 통행금지 또는 일시정지를 내용으로 하는 안전표지가 표시하는 지시를 위반하여 운전한 경우

> **더 알아보기** 「도로교통법」 제5조(신호 또는 지시에 따를 의무)
>
> ① 도로를 통행하는 보행자, 차마 또는 노면전차의 운전자는 교통안전시설이 표시하는 신호 또는 지시와 다음 각 호의 어느 하나에 해당하는 사람이 하는 신호 또는 지시를 따라야 한다.
> 1. 교통정리를 하는 경찰공무원(의무경찰을 포함한다) 및 제주특별자치도의 자치경찰공무원
> 2. 경찰공무원(자치경찰공무원을 포함한다)을 보조하는 사람으로서 대통령령으로 정하는 사람(이하 "경찰보조자"라 한다)

(2) 중앙선 침범 및 횡단, 유턴 또는 후진위반

「도로교통법」 제13조 제3항을 위반하여 중앙선을 침범하거나 같은 법 제62조를 위반하여 횡단, 유턴 또는 후진한 경우

> **더 알아보기**
>
> **「도로교통법」 제13조(차마의 통행)**
> ③ 차마의 운전자는 도로(보도와 차도가 구분된 도로에서는 차도를 말한다)의 중앙(중앙선이 설치되어 있는 경우에는 그 중앙선을 말한다) 우측 부분을 통행하여야 한다.
>
> **「도로교통법」 제62조(횡단 등의 금지)**
> 자동차의 운전자는 그 차를 운전하여 고속도로 등을 횡단하거나 유턴 또는 후진하여서는 아니 된다. 다만, 긴급자동차 또는 도로의 보수·유지 등의 작업을 하는 자동차 가운데 고속도로 등에서의 위험을 방지·제거하거나 교통사고에 대한 응급조치작업을 위한 자동차로서 그 목적을 위하여 반드시 필요한 경우에는 그러하지 아니하다.

(3) 제한속도위반

「도로교통법」 제17조 제1항 또는 제2항에 따른 제한속도를 시속 20킬로미터 초과하여 운전한 경우

> **더 알아보기**   **「도로교통법」 제17조(자동차 등과 노면전차의 속도)**
>
> ① 자동차 등(개인형 이동장치는 제외한다)과 노면전차의 도로 통행 속도는 행정안전부령으로 정한다.
> ② 경찰청장이나 시·도경찰청장은 도로에서 일어나는 위험을 방지하고 교통의 안전과 원활한 소통을 확보하기 위하여 필요하다고 인정하는 경우에는 다음 각 호의 구분에 따라 구역이나 구간을 지정하여 제1항에 따라 정한 속도를 제한할 수 있다.
>   1. 경찰청장 : 고속도로
>   2. 시·도경찰청장 : 고속도로를 제외한 도로

(4) 앞지르기의 방법위반

「도로교통법」 제21조 제1항, 제22조, 제23조에 따른 앞지르기의 방법·금지시기·금지장소 또는 끼어들기의 금지를 위반하거나 같은 법 제60조 제2항에 따른 고속도로에서의 앞지르기 방법을 위반하여 운전한 경우

「도로교통법」 제21조(앞지르기 방법 등)

① 모든 차의 운전자는 다른 차를 앞지르려면 앞차의 좌측으로 통행하여야 한다.

「도로교통법」 제22조(앞지르기 금지의 시기 및 장소)

① 모든 차의 운전자는 다음 각 호의 어느 하나에 해당하는 경우에는 앞차를 앞지르지 못한다.
 1. 앞차의 좌측에 다른 차가 앞차와 나란히 가고 있는 경우
 2. 앞차가 다른 차를 앞지르고 있거나 앞지르려고 하는 경우
② 모든 차의 운전자는 다음 각 호의 어느 하나에 해당하는 다른 차를 앞지르지 못한다.
 1. 이 법이나 이 법에 따른 명령에 따라 정지하거나 서행하고 있는 차
 2. 경찰공무원의 지시에 따라 정지하거나 서행하고 있는 차
 3. 위험을 방지하기 위하여 정지하거나 서행하고 있는 차
③ 모든 차의 운전자는 다음 각 호의 어느 하나에 해당하는 곳에서는 다른 차를 앞지르지 못한다.
 1. 교차로
 2. 터널 안
 3. 다리 위
 4. 도로의 구부러진 곳, 비탈길의 고갯마루 부근 또는 가파른 비탈길의 내리막 등 시·도경찰청장이 도로에서의 위험을 방지하고 교통의 안전과 원활한 소통을 확보하기 위하여 필요하다고 인정하는 곳으로서 안전표지로 지정한 곳

「도로교통법」 제23조(끼어들기의 금지)

모든 차의 운전자는 제22조 제2항 각 호의 어느 하나에 해당하는 다른 차 앞으로 끼어들지 못한다.

「도로교통법」 제60조(갓길 통행금지 등)

② 자동차의 운전자는 고속도로에서 다른 차를 앞지르려면 방향지시기, 등화 또는 경음기를 사용하여 행정안전부령으로 정하는 차로로 안전하게 통행하여야 한다.

(5) 철길 건널목 통과방법위반

「도로교통법」 제24조에 따른 철길 건널목 통과방법을 위반하여 운전한 경우

더 알아보기 「도로교통법」 제24조(철길 건널목의 통과)

① 모든 차 또는 노면전차의 운전자는 철길 건널목(이하 "건널목"이라 한다)을 통과하려는 경우에는 건널목 앞에서 일시정지하여 안전한지 확인한 후에 통과하여야 한다. 다만, 신호기 등이 표시하는 신호에 따르는 경우에는 정지하지 아니하고 통과할 수 있다.
② 모든 차 또는 노면전차의 운전자는 건널목의 차단기가 내려져 있거나 내려지려고 하는 경우 또는 건널목의 경보기가 울리고 있는 동안에는 그 건널목으로 들어가서는 아니 된다.
③ 모든 차 또는 노면전차의 운전자는 건널목을 통과하다가 고장 등의 사유로 건널목 안에서 차 또는 노면전차를 운행할 수 없게 된 경우에는 즉시 승객을 대피시키고 비상신호기 등을 사용하거나 그 밖의 방법으로 철도공무원이나 경찰공무원에게 그 사실을 알려야 한다.

(6) 횡단보도에서 보행자 보호의무위반

「도로교통법」 제27조 제1항에 따른 횡단보도에서의 보행자 보호의무를 위반하여 운전한 경우

> **더 알아보기** **「도로교통법」 제27조(보행자의 보호)**
>
> ① 모든 차 또는 노면전차의 운전자는 보행자(자전거 등에서 내려서 자전거를 끌거나 들고 통행하는 자전거 등의 운전자를 포함한다)가 횡단보도를 통행하고 있거나 통행하려고 하는 때에는 보행자의 횡단을 방해하거나 위험을 주지 아니하도록 그 횡단보도 앞(정지선이 설치되어 있는 곳에서는 그 정지선을 말한다)에서 일시정지하여야 한다. 〈개정 2022.1.11.〉

(7) 무면허운전

「도로교통법」 제43조, 「건설기계관리법」 제26조 또는 「도로교통법」 제96조를 위반하여 운전면허 또는 건설기계조종사면허를 받지 아니하거나 국제운전면허증을 소지하지 아니하고 운전한 경우. 이 경우 운전면허 또는 건설기계조종사면허의 효력이 정지 중이거나 운전의 금지 중인 때에는 운전면허 또는 건설기계조종사면허를 받지 아니하거나 국제운전면허증을 소지하지 아니한 것으로 본다.

> **더 알아보기**
>
> **「도로교통법」 제43조(무면허운전 등의 금지)**
> 누구든지 제80조에 따라 시·도경찰청장으로부터 운전면허를 받지 아니하거나 운전면허의 효력이 정지된 경우에는 자동차 등을 운전하여서는 아니 된다.
>
> **「건설기계관리법」 제26조(건설기계조종사면허)**
> ① 건설기계를 조종하려는 사람은 시장·군수 또는 구청장에게 건설기계조종사면허를 받아야 한다. 다만, 국토교통부령으로 정하는 건설기계를 조종하려는 사람은 「도로교통법」 제80조에 따른 운전면허를 받아야 한다.
>
> **「도로교통법」 제96조(국제운전면허증에 의한 자동차 등의 운전)**
> ① 외국의 권한 있는 기관에서 제1호부터 제3호까지의 어느 하나에 해당하는 협약·협정 또는 약정에 따른 운전면허증(이하 "국제운전면허증"이라 한다) 또는 제4호에 따라 인정되는 외국면허증(이하 "상호인정외국면허증"이라 한다)을 발급받은 사람은 제80조 제1항에도 불구하고 국내에 입국한 날부터 1년 동안 그 국제운전면허증 또는 상호인정외국면허증으로 자동차등을 운전할 수 있다. 이 경우 운전할 수 있는 자동차의 종류는 그 국제운전면허증 또는 상호인정외국면허증에 기재된 것으로 한정한다. 〈개정 2021.10.19.〉
> 1. 1949년 제네바에서 체결된 「도로교통에 관한 협약」
> 2. 1968년 비엔나에서 체결된 「도로교통에 관한 협약」
> 3. 우리나라와 외국간에 국제운전면허증을 상호 인정하는 협약, 협정 또는 약정
> 4. 우리나라와 외국간에 상대방 국가에서 발급한 운전면허증을 상호 인정하는 협약·협정 또는 약정

(8) 음주운전

「도로교통법」 제44조 제1항을 위반하여 술에 취한 상태에서 운전을 하거나 같은 법 제45조를 위반하여 약물의 영향으로 정상적으로 운전하지 못할 우려가 있는 상태에서 운전한 경우

> **더 알아보기**
>
> **「도로교통법」 제44조(술에 취한 상태에서의 운전 금지)**
> ① 누구든지 술에 취한 상태에서 자동차 등(건설기계관리법 제26조 제1항 단서에 따른 건설기계 외의 건설기계를 포함한다), 노면전차 또는 자전거를 운전하여서는 아니 된다.
>
> **「도로교통법」 제45조(과로한 때 등의 운전 금지)**
> 자동차 등(개인형 이동장치는 제외한다) 또는 노면전차의 운전자는 제44조에 따른 술에 취한 상태 외에 과로, 질병 또는 약물(마약, 대마 및 향정신성의약품과 그 밖에 행정안전부령으로 정하는 것을 말한다)의 영향과 그 밖의 사유로 정상적으로 운전하지 못할 우려가 있는 상태에서 자동차 등 또는 노면전차를 운전하여서는 아니 된다.

(9) 보도 침범, 보도 횡단방법위반

「도로교통법」 제13조 제1항을 위반하여 보도(步道)가 설치된 도로의 보도를 침범하거나 같은 법 제13조 제2항에 따른 보도 횡단방법을 위반하여 운전한 경우

> **더 알아보기**   **「도로교통법」 제13조(차마의 통행)**
>
> ① 차마의 운전자는 보도와 차도가 구분된 도로에서는 차도로 통행하여야 한다. 다만, 도로 외의 곳으로 출입할 때에는 보도를 횡단하여 통행할 수 있다.
> ② 제1항 단서의 경우 차마의 운전자는 보도를 횡단하기 직전에 일시정지하여 좌측과 우측 부분 등을 살핀 후 보행자의 통행을 방해하지 아니하도록 횡단하여야 한다.

(10) 승객의 추락 방지의무위반

「도로교통법」 제39조 제3항에 따른 승객의 추락 방지의무를 위반하여 운전한 경우

> **더 알아보기**   **「도로교통법」 제39조(승차 또는 적재의 방법과 제한)**
>
> ③ 모든 차 또는 노면전차의 운전자는 운전 중 타고 있는 사람 또는 타고 내리는 사람이 떨어지지 아니하도록 하기 위하여 문을 정확히 여닫는 등 필요한 조치를 하여야 한다.

(11) 어린이 보호구역 안전운전의무위반

「도로교통법」 제12조 제3항에 따른 어린이 보호구역에서 같은 조 제1항에 따른 조치를 준수하고 어린이의 안전에 유의하면서 운전하여야 할 의무를 위반하여 어린이의 신체를 상해(傷害)에 이르게 한 경우

더 알아보기 「도로교통법」 제12조(어린이 보호구역의 지정 및 관리)

① 시장 등은 교통사고의 위험으로부터 어린이를 보호하기 위하여 필요하다고 인정하는 경우에는 다음 각 호의 어느 하나에 해당하는 시설이나 장소의 주변도로 가운데 일정 구간을 어린이 보호구역으로 지정하여 자동차 등과 노면전차의 통행속도를 시속 30킬로미터 이내로 제한할 수 있다.
  1. 「유아교육법」 제2조에 따른 유치원, 「초·중등교육법」 제38조 및 제55조에 따른 초등학교 또는 특수학교
  2. 「영유아보육법」 제10조에 따른 어린이집 가운데 행정안전부령으로 정하는 어린이집
  3. 「학원의 설립·운영 및 과외교습에 관한 법률」 제2조에 따른 학원 가운데 행정안전부령으로 정하는 학원
  4. 「초·중등교육법」 제60조의2 또는 제60조의3에 따른 외국인학교 또는 대안학교, 「제주특별자치도 설치 및 국제자유도시 조성을 위한 특별법」 제223조에 따른 국제학교 및 「경제자유구역 및 제주국제자유도시의 외국교육기관 설립·운영에 관한 특별법」 제2조제2호에 따른 외국교육기관 중 유치원·초등학교 교과과정이 있는 학교
  5. 그 밖에 어린이가 자주 왕래하는 곳으로서 조례로 정하는 시설 또는 장소
② 제1항에 따른 어린이 보호구역의 지정절차 및 기준 등에 관하여 필요한 사항은 교육부, 행정안전부 및 국토교통부의 공동부령으로 정한다.
③ 차마 또는 노면전차의 운전자는 어린이 보호구역에서 제1항에 따른 조치를 준수하고 어린이의 안전에 유의하면서 운행하여야 한다.

(12) 화물 적재방법위반

「도로교통법」 제39조 제4항을 위반하여 자동차의 화물이 떨어지지 아니하도록 필요한 조치를 하지 아니하고 운전한 경우

더 알아보기 「도로교통법」 제39조(승차 또는 적재의 방법과 제한)

④ 모든 차의 운전자는 운전 중 실은 화물이 떨어지지 아니하도록 덮개를 씌우거나 묶는 등 확실하게 고정될 수 있도록 필요한 조치를 하여야 한다.

08

교통사고를 일으킨 차가 보험 등에 가입된 경우의 특례사항을 설명하고, 규정취지 및 보험 또는 공제에 가입된 경우의 범위를 판례를 들어 설명하시오.

1. 보험 등에 가입된 경우의 특례(교통사고처리특례법 제4조)

(1) 특례사항

교통사고를 일으킨 차가 보험 또는 공제에 가입된 경우에는 업무상 과실치상죄 또는 중과실치상죄와 「도로교통법」 제151조의 죄를 범한 운전자에 대하여는 피해자의 명시적인 의사에 반하여 공소를 제기할 수 없다. 다만, 다음의 어느 하나에 해당하는 경우에는 그러하지 아니하다.

① 「교통사고처리특례법」 제3조 제2항 단서(12개 특례항목)에 해당하는 경우

② 피해자가 신체의 상해로 인하여 생명에 대한 위험이 발생하거나 불구(不具)가 되거나 불치(不治) 또는 난치(難治)의 질병이 생긴 경우

③ 보험계약 또는 공제계약이 무효로 되거나 해지되거나 계약상의 면책 규정 등으로 인하여 보험회사, 공제조합 또는 공제사업자의 보험금 또는 공제금 지급의무가 없어진 경우

> **판례**
>
> 「교통사고처리특례법」(시행 2010.1.25. 법률 제9941호) 개정으로 교통사고를 일으킨 차가 종합보험 등에 가입되어 있는 경우에는 업무상 과실 또는 중대한 과실로 인한 교통사고 피해자가 중상해에 이르게 된 때에도 공소를 제기할 수 없도록 규정한 부분에 대하여 헌법재판소가 재판절차 진술권 및 중상해자와 사망자 사이의 평등권을 침해한다는 이유로 위헌결정(헌재 2009.2.26. 선고 2005헌마764, 2008헌마118 병합)함에 따라, 이 경우 피해자가 「형법」 제258조 제1항 또는 제2항의 중상해에 이르게 된 때에는 공소를 제기할 수 있도록 개정되었으며, 교통사고 야기자가 술에 취한 상태에서 자동차 등을 운전하였다고 인정할 만한 상당한 이유가 있음에도 경찰공무원의 음주측정요구에 불응할 경우 음주운전 사고 운전자와 동일하게 처벌하도록 신설하였다.

(2) 보험 또는 공제

"보험 또는 공제"란 교통사고의 경우 「보험업법」에 따른 보험회사나 「여객자동차운수사업법」 또는 「화물자동차운수사업법」에 따른 공제조합 또는 공제사업자가 인가된 보험약관 또는 승인된 공제약관에 따라 피보험자와 피해자간 또는 공제조합원과 피해자간의 손해배상에 관한 합의 여부와 상관없이 피보험자나 공제조합원을 갈음하여 피해자의 치료비에 관하여는 통상비용의 전액을, 그 밖의 손해에 관하여는 보험약관이나 공제약관으로 정한 지급기준금액을 대통령령으로 정하는 바에 따라 우선 지급하되, 종국적으로는 확정판결이나 그 밖에 이에 준하는 집행권원(執行權原) 상 피보험자 또는 공제조합원의 교통사고로 인한 손해배상금 전액을 보상하는 보험 또는 공제를 말한다.

2. 판례[부산지법 2009.6.10. 선고 2009고단1879 판결]

(1) 「교통사고처리특례법」 제4조 제1항의 규정 취지

「교통사고처리특례법」 제4조 제1항에서 "교통사고를 일으킨 차가 보험 또는 공제에 가입된 경우에는 제3조 제2항 본문에 규정된 죄를 범한 당해 차의 운전자에 대하여 공소를 제기할 수 없다"라고 규정하고 있는데, 이는 자동차의 폭증과 자가운전제의 정착으로 자동차의 운전이 국민생활의 불가결한 기본 요소로 되어가고 있는 현실에 부응하여, 차의 운행과 관련한 보험제도를 도입하여 그 가입을 유도함으로써 교통사고로 인한 손해의 전보를 신속하고 확실하게 담보함과 아울러 교통사고를 일으킨 운전자에 대한 형사처벌을 면제하여 줌으로써 교통사고로 인한 번잡한 법적 분규와 부작용을 미리 없애는 한편 전과자의 양산을 막는 등 국민생활의 편익을 증진하고자 함에 그 목적이 있다.

(2) 「교통사고처리특례법」 제4조에 따른 특례의 적용 대상이 되는 '보험 또는 공제에 가입된 경우'의 범위

「교통사고처리특례법」상 형사처벌 등 특례의 적용 대상이 되는 '보험 또는 공제에 가입된 경우'란, ① '교통사고를 일으킨 차'가 보험에 가입된 경우는 물론이고, ② '그 차의 운전자'가 차의 운행과 관련한 보험에 가입한 경우에도 그 가입한 보험에 의하여 「교통사고처리특례법」 제4조 제2항에서 정하고 있는 교통사고 손해배상금 전액의 신속·확실한 보상의 권리가 피해자에게 주어지는 경우뿐만 아니라, ③ 교통사고를 일으킨 차가 보험에 가입되어 있고, 그 차의 운전자도 차의 운행과 관련한 보험에 가입된 경우에, 어느 하나의 보험만으로는 「교통사고처리특례법」 제4조 제2항에서 정하고 있는 교통사고 손해배상금 전액의 신속·확실한 보상의 권리가 피해자에게 주어지지 않는다고 하더라도, 각 가입한 보험이 상호보완적으로 적용되어 「교통사고처리특례법」 제4조 제2항에서 정하고 있는 교통사고 손해배상금 전액의 신속·확실한 보상의 권리가 피해자에게 주어지는 경우라면 이 또한 여기에 포함된다.

09

「교통사고처리특례법」 제4조(보험 등에 가입된 경우의 특례)와 관련하여 특례가 되지 않는 경우를 설명하고, 「도로교통법」에 따른 12개 중대법규 위반행위에 대해 기술하시오.

(1) 특례가 되지 않는 경우(교통사고처리특례법 제4조 제1항)

교통사고를 일으킨 차가 「보험업법」 제4조, 제126조, 제127조 및 제128조, 「여객자동차 운수사업법」 제60조, 제61조 또는 「화물자동차 운수사업법」 제51조에 따른 보험 또는 공제에 가입된 경우에는 제3조 제2항 본문에 규정된 죄(업무상 과실치상죄 또는 중과실치상죄와 「도로교통법」 제151조의 죄)를 범한 차의 운전자에 대하여 공소를 제기할 수 없다. 다만, 다음 각 호의 어느 하나에 해당하는 경우에는 그러하지 아니하다.

① 제3조 제2항 단서[다만, 차의 운전자가 업무상 과실치상죄 또는 중과실치상죄를 범하고도 피해자를 구호하는 등 「도로교통법」 제54조 제1항에 따른 조치를 하지 아니하고 도주하거나 피해자를 사고 장소로부터 옮겨 유기하고 도주한 경우, 같은 죄를 범하고 「도로교통법」 제44조 제2항을 위반하여 음주측정 요구에 따르지 아니한 경우(운전자가 채혈 측정을 요청하거나 동의한 경우는 제외한다)와 12개 중대법규 위반행위의 어느 하나에 해당하는 행위로 인하여 같은 죄를 범한 경우]에 해당하는 경우

② 피해자가 신체의 상해로 인하여 생명에 대한 위험이 발생하거나 불구(不具)가 되거나 불치(不治) 또는 난치(難治)의 질병이 생긴 경우

③ 보험계약 또는 공제계약이 무효로 되거나 해지되거나 계약상의 면책 규정 등으로 인하여 보험회사, 공제조합 또는 공제사업자의 보험금 또는 공제금 지급의무가 없어진 경우

(2) 12개 중대법규 위반행위(교통사고처리특례법 제3조 제2항)

① 신호 또는 지시위반

「도로교통법」 제5조에 따른 신호기가 표시하는 신호 또는 교통정리를 하는 경찰공무원 등의 신호를 위반하거나 통행금지 또는 일시정지를 내용으로 하는 안전표지가 표시하는 지시를 위반하여 운전한 경우

② 중앙선 침범

「도로교통법」 제13조 제3항을 위반하여 중앙선을 침범하거나 같은 법 제62조를 위반하여 횡단, 유턴 또는 후진한 경우

③ 제한속도위반

「도로교통법」 제17조 제1항 또는 제2항에 따른 제한속도를 시속 20킬로미터 초과하여 운전한 경우

④ 앞지르기방법위반

「도로교통법」 제21조 제1항, 제22조, 제23조에 따른 앞지르기의 방법·금지시기·금지장소 또는 끼어들기의 금지를 위반하거나 같은 법 제60조 제2항에 따른 고속도로에서의 앞지르기 방법을 위반하여 운전한 경우

⑤ 철길건널목 통과방법위반

「도로교통법」 제24조에 따른 철길건널목 통과방법을 위반하여 운전한 경우

⑥ 횡단보도에서 보행자 보호의무위반

「도로교통법」 제27조 제1항에 따른 횡단보도에서의 보행자 보호의무를 위반하여 운전한 경우

⑦ 무면허운전 등의 금지위반

「도로교통법」 제43조, 「건설기계관리법」 제26조 또는 「도로교통법」 제96조를 위반하여 운전면허 또는 건설기계조종사면허를 받지 아니하거나 국제운전면허증을 소지하지 아니하고 운전한 경우. 이 경우 운전면허 또는 건설기계조종사면허의 효력이 정지 중이거나 운전의 금지 중인 때에는 운전면허 또는 건설기계조종사면허를 받지 아니하거나 국제운전면허증을 소지하지 아니한 것으로 본다.

⑧ 음주운전, 약물운전

「도로교통법」 제44조 제1항을 위반하여 술에 취한 상태에서 운전을 하거나 같은 법 제45조를 위반하여 약물의 영향으로 정상적으로 운전하지 못할 우려가 있는 상태에서 운전한 경우

⑨ 보도 침범, 보도 횡단방법위반

「도로교통법」 제13조 제1항을 위반하여 보도(步道)가 설치된 도로의 보도를 침범하거나 같은 법 제13조 제2항에 따른 보도 횡단방법을 위반하여 운전한 경우

⑩ 승객의 추락 방지의무위반

「도로교통법」 제39조 제3항에 따른 승객의 추락 방지의무를 위반하여 운전한 경우

⑪ 어린이 보호구역에서 운전의무위반

「도로교통법」 제12조 제3항에 따른 어린이 보호구역에서 같은 조 제1항에 따른 조치를 준수하고 어린이의 안전에 유의하면서 운전하여야 할 의무를 위반하여 어린이의 신체를 상해(傷害)에 이르게 한 경우

⑫ 화물추락 방지의무위반

「도로교통법」 제39조 제4항을 위반하여 자동차의 화물이 떨어지지 아니하도록 필요한 조치를 하지 아니하고 운전한 경우

10

「자동차손해배상보장법」의 목적 및 제3조의 규정내용, 입법취지를 판례를 통해 서술하시오.

1. 「자동차손해배상보장법」의 목적 및 제3조의 규정내용

(1) 목적(제1조)

「자동차손해배상보장법」은 자동차의 운행으로 사람이 사망 또는 부상하거나 재물이 멸실 또는 훼손된 경우에 손해배상을 보장하는 제도를 확립하여 피해자를 보호하고, 자동차사고로 인한 사회적 손실을 방지함으로써 자동차운송의 건전한 발전을 촉진함을 목적으로 한다.

(2) 자동차손해배상책임(제3조)

자기를 위하여 자동차를 운행하는 자는 그 운행으로 다른 사람을 사망하게 하거나 부상하게 한 경우에는 그 손해를 배상할 책임을 진다. 다만, 다음의 어느 하나에 해당하면 그러하지 아니하다.

① 승객이 아닌 자가 사망하거나 부상한 경우에 자기와 운전자가 자동차의 운행에 주의를 게을리 하지 아니하였고, 피해자 또는 자기 및 운전자 외의 제3자에게 고의 또는 과실이 있으며, 자동차의 구조상의 결함이나 기능상의 장해가 없었다는 것을 증명한 경우

② 승객이 고의나 자살행위로 사망하거나 부상한 경우

2. 입법취지

(1) 대법원 1978.9.12. 선고 78다1191 판결

『 …「자배법」 제3조 단서는 자동차의 운행으로 타인의 생명·신체에 위해를 초래할 가능성이 많은 기구인 자동차를 자기를 위하여 운행함으로써 이득을 보는 자에게 그 자나 운전자의 고의·과실의 유무에 불구하고 승객의 생명·신체의 손상에 대한 손해배상책임을 부담케 하는 것으로서, 이는 불법행위 이론상의 위험책임이나 보상책임의 법리에 비추어 부당한 제도라고는 할 수 없으며, 위 규정이 국민평등의 원칙을 규정한 헌법조항에 위반되는 법률이라고 할 수 없다.』

(2) 서울민사부 1995.12.5. 선고 95카기4853

『 … 과실책임주의는 - 근대민법이 취했던 원칙이나, 고도로 과학기술이 발달된 현대사회에 있어서 발생하는 각종의 사고의 양상은 가해자 측의 고의·과실 없이도 발생할 수 있고 이러한 사고로 인하여 발생하는 손해를 가해자의 고의·과실이 없다는 이유로 피해자 스스로 감수하도록 하는 것이 오히려 정의와 형평에 반하는 결과를 초래하게 될 뿐만 아니라 과실책임의 원칙에만 의존하여서는 손해의 공평타당한 전보가 불가능해짐에 따라 - 종래의 과실책임주의를 수정하여 무과실의 경우에도 배상하도록 하는 무과실책임주의가 대두되게 되었으며, 이는 특수한 시설의 관리운영자는 그것으로부터 생긴 손해에 대하여 책임을 져야 한다는 위험책임과 그 위험원을 사용하여 이득을 얻는 과정에서 타인에게 손해를 가한 경우에는 그 이득에서 배상하게 하는 것이 공평하다는 보상책임을 근거로 하고 있는 바, 우리 현행법에서「자배법」이외에「광업법」제91조,「원자력손해배상법」제3조,「환경정책기본법」제31조 등에서 무과실책임주의를 규정하고 있다. 따라서「자배법」제3조 단서 제2호가 자동차운행자의 승객에 대한 책임을 무과실책임으로 규정하였다고 하더라도 이는 헌법에 위반된다 할 수 없다.』

(3) 헌재 1998.5.28. 96헌가4 전원재판부

『 …「자배법」제3조 단서에서 자동차운행자에게 승객에 대한 무과실책임을 지도록 한 것이 「헌법」제119조 제1항의 자유시장 경제질서나 제23조 제1항의 재산권보장, 제11조 제1항의 평등원칙에 위반되는지 여부에 관하여 살펴본다. … 우리「민법」은「헌법」제119조 제1항의 자유시장 경제질서에서 파생된 과실책임의 원칙을 일반 불법행위에 관한 기본원리로 삼고 있다. 그런데 현대산업사회에서는 고속교통수단, 광업 및 원자력산업 등의 위험원이 발달하고 산업재해 및 환경오염으로 인한 피해가 증가함에 따라, 헌법 이념의 하나인 사회국가원리의 실현을 위하여 과실책임의 원리를 수정하여 위험원을 지배하는 자로 하여금 그 위험이 현실화된 경우의 손해를 부담하게 하는 위험책임의 원리가 필요하게 되었다. 이 사건의 법률조항도 자동차사고의 특수성에 비추어 승객이 사상한 경우에는 과실책임의 원칙에 기한 일반불법행위책임과 달리 위험책임의 원리를 수용하여 운행자에게 무과실책임을 지우고 있는 것이다.』

11

「자동차손해배상보장법」 제3조에서 규정한 '자기를 위하여 자동차를 운행하는 자(운행자)'의 개념 및 의미에 대해서 설명하시오.

1. 자기를 위하여 자동차를 운행하는 자(운행자)

(1) '자기를 위하여'

① 자기를 위하여 자동차를 운행하는 자란 운행에 대한 지배를 가지고 그 운행의 이익을 받는다는 것을 의미한다. 자기를 위하여 운행하는 자, 즉 자동차운행자이기 위해서는 운행지배와 운행이익의 양자가 있어야 한다는 것을 의미한다. 운행지배는 자동차의 사용에 관한 지배를 뜻하고, 운행이익은 자동차의 사용에 의한 이익이 자기에게 귀속하는 것을 말한다.

② 고용되어 타인을 위하여 자동차를 운전하는 이른바 운전자는 운행의 지배가 없고 단순히 그 이익이 있는 자의 수족(手足)이 되어 운전하고 있으며, 또한 운행이익도 없기 때문에(<u>운전으로 급료 등의 대가를 받고 있으나, 그것은 사용자가 지급하는 것이어서, 운행이익의 직접적 주체는 아니기 때문에</u>) 운행자에 해당하지 않는다.

(2) 판례를 통해 본 '자기를 위하여'의 의미

① 대법원 1990.4.25. 선고 90다카3062 판결
『자동차의 소유자 또는 보유자는 통상 그러한 자동차에 대한 운행을 지배하여 그 이익을 향수하는 책임주체로서의 지위에 있는 것으로 추인된다 할 것이므로, 사고를 일으킨 구체적 운행이 보유자의 의사에 기하지 아니한 경우에도 그 운행에 있어 보유자의 운행지배와 운행이익이 완전히 상실되었다고 볼 특별한 사정이 없는 한 보유자는 당해 사고에 대하여 운행자로서의 책임을 진다.』

② 대법원 1993.7.13. 선고 92다41733 판결
『자동차보유자가 그 운행지배와 운행이익을 상실하였는지 여부는 평소 자동차나 그 열쇠의 보관 및 관리상태, 소유자의 의사와 관계없이 운행이 가능하게 된 경위, 소유자와 운전자의 관계, 운전자의 차량반환의사의 유무, 무단운전에 대한 피해자의 주관적 인식유무 등 여러 사정을 사회통념에 따라 종합적으로 평가하여 이를 판단하여야 한다.』

2. 운행자와 구별해야 하는 개념

(1) 자동차보유자와의 관계

① '자동차보유자'란 자동차의 소유자 또는 자동차를 사용할 권리가 있는 자로서 자기를 위하여 자동차를 운행하는 자를 말한다(자배법 제2조 제3호). 보유자가 되기 위해서는 두가지 요소, 즉 소유권이나 사용권이 있고, 또한 자기를 위하여 운행하는 자여야 한다.

② 운행자는 자기를 위하여 현실적으로 당해 자동차의 운행 여부 및 운행방향 등을 지배하며, 그 운행의 이익을 향수하는 자로서 소유권 또는 사용권이 있을 필요는 없다. 따라서 보유자와 운행자는 항상 일치하지는 않으며, 일반적으로 보유자는 동시에 운행자에도 해당한다고 볼 수 있으나, 상황에 따라 운행자에는 해당되지 않을 경우가 있고, 보유자가 아니라 하여도 운행자에는 해당할 수도 있다(절도범).

③ 보유자는 「자배법」상 「대인배상」 자동차책임보험에 가입하여야 할 의무가 있고, 그 의무위반시 벌칙이 부과되며, 책임보험계약의 주체가 된다. 보유자가 아닌 자는 책임보험계약의 주체가 되지 못한다는 점에 구별 실익이 있고, 특히 중요한 것은 자동차의 운행으로 다른 사람이 사상하였을 때 그 「대인배상」 손해배상책임은 운행자에게 주어진다는 점이다.

(2) 운전자와의 관계

① '운전자'란 다른 사람을 위하여 자동차를 운전하거나 운전을 보조하는 일에 종사하는 자를 말하므로, 자동차를 운전하는 자 중에서 보유자 내지 운행자를 제외한 운전보조자를 포함한 일련의 자를 지칭하게 된다.

② '다른 사람을 위하여'라는 것은 보유자의 정의에서 말한 '자기를 위하여'라는 용어의 반대개념으로서 자동차 사용에 있어서의 지배권과 그에 대한 이익이 타인(보유자)에게 귀속되는 것을 의미한다.

③ '운전에 종사하는 자'란 사실상 운전하는 자이면 족하고, 운전면허의 유무를 불문하며, 또한 종사한다는 것은 어느 업무의 일을 하고 있는 것을 말하므로, 계속적이건, 일시적이건, 유상이건, 무상이건 불문한다.

④ '운전의 보조에 종사하는 자'란 업무로서 운전자의 운전행위에 참여하여 그의 지배하에서 운전행위를 도와주는 자로서 조수나 차장 등이 이에 해당된다.

(3) 공동운행자

자동차사고로 말미암은 책임에 관하여 1대의 자동차에 2인 이상의 보유자가 병존하는 경우 그 전원이 각자 그 책임을 부담한다. 판례상 공동운행자로 인정된 사례는 사용자와 피용자, 회사와 회사대표자, 주문자와 수급인, 모회사와 자회사, 가족 공동기업에서의 그 가족, 대여주와 차용주, 자동차수리업자와 주문자, 명의대여자와 차용자 등이다.

12

「자동차손해배상보장법」상 운전자의 인정범위(주요 유형별 운행자성 판단)를 설명하시오.

1. 무단운전의 경우

자동차보유자와 일정한 관계 내지 연고가 있는 사람이 무단사용한 경우 자동차보유자는 운행자성을 면하기 어렵다. 보유자의 허락 없이 그 직원이나 종사원, 가족, 친구 등이 자동차를 운행한 경우 그 보유자의 운행지배를 벗어난 것은 아니라는 점에서 자동차보유자는 자동차를 운행한 자로서의 책임을 면하지 못한다고 보는 것이 판례의 태도이다. 그러나 보유자와 아무런 관계도 없는 자가 무단운전한 경우에는 도둑운전 또는 사용절도 등에 해당하는 것으로서 자동차보유자는 운행자성을 갖지 않아 면책된다는 것이 판례이다.

2. 절도범의 운전

이 경우에는 절도범에게만 책임이 있다. 다만, 자동차 열쇠를 차안에 방치하였거나, 키를 차문에 끼워놓았거나, 차를 잠그지 아니하는 등 절취방지에 보유자의 과실이 인정될 경우에는 보유자도 그 과실비율에 따라 책임을 면하지 못한다는 판례와 이 경우에도 면책된다는 판례가 있으나, 피해자 보호차원에서 전자가 다수설이다.

3. 차를 빌려준 경우

자동차를 빌려준 경우에는 유상이든 무상이든 차주(대주)와 차주간에 운행지배가 연계되므로 차주도 배상책임을 면하지 못하므로 차주가 연대책임을 진다.

4. 소유권 명의를 빌려준 경우(명의대여)

명의대여자 역시 책임을 면치 못한다. 명의대여자와 등록명의자가 연대책임을 진다.

5. 차를 매도한 후 아직 등록원부상 소유권이 변경되지 않은 경우

자동차소유권 명의이전에 필요한 제반서류와 키를 넘겨준 상태라면 매도인은 등록원부상 소유자라 하여도 운행지배와 운행이익 모두를 전혀 갖지 아니하므로 매도인은 책임을 면한다. 즉, 양수인이 그 손해배상책임을 진다는 것이 일관된 판례이다.

6. 정비 또는 검사를 의뢰한 경우

차주의 책임여하는 경우에 따라 다를 수 있으나, 차량정비의뢰 중에는 정비업자의 지배하에 놓이게 된 것이므로 그 차량의 이동·정비·세차 중에 사고가 난 경우에는 차주는 책임을 면한다고 보아야 할 경우가 대부분이다. 그러나 정비업자 등에게 정기검사를 의뢰한 경우에는 차주는 운행지배 및 운행이익을 일부 갖고 있어 배상책임을 일부 인정한 판례도 있다.

13 「자동차손해배상보장법」상 불법행위 효과(손해배상책임의 효과)를 설명하시오.

1. 손해배상청구권의 발생

불법행위요건, 즉 자동차손해배상책임의 성립요건이 충족되면 그 효과로서 피해자에게 손해배상청구권이 발생된다. 손해배상청구권(채권)의 발생시기는 피해자가 손해의 발생을 안 때가 된다. 즉, 사고발생시로부터 자동차운행자(가해자)는 피해자에게 채무이행기에 있게 된다.

2. 손해배상의 방법

일반불법행위시 손해배상의 방법은 원상회복을 원칙으로 하고 금전배상이 보충적으로 인정되며, 자동차사고의 경우에도 마찬가지이다. 그러나 대인사고의 경우에는 원상회복의 방법은 사실상 인정되기 어려운 경우가 대부분이고, 금전배상의 경우가 일반적이라 할 것이다. 다만, 대물손해의 경우에는 원상회복 및 금전배상이 공히 인정될 것이다. 그리고 대인사고의 경우에도 사망자를 원상으로 회복시킨다는 것은 있을 수 없으나, 부상의 경우에는 원상회복적 차원의 치료를 위하여 필요한 손해배상이라는 점에서 원상회복의 원리는 전혀 배제되는 것은 아니다.

3. 손해배상의 범위

자동차운행자(가해자)의 손해배상의 범위에 관하여는 일반불법행위의 경우와 동일하다.

4. 손해배상의 청구권자

손해배상청구권의 주체는 피해자 또는 그의 상속인이다. 자연인뿐만 아니라 법인도 그 손해배상청구권자가 될 수 있다. 법인소유 자동차가 물적 피해를 입은 경우 당연히 그 손해배상청구권자가 됨은 물론, 예컨대 법인의 대표자가 사망 또는 부상한 경우 그 법인의 업무수행에 지장을 초래하여 손해가 발생한다면, 「대인배상」책임에 있어서도 그 손해배상청구권의 주체가 될 수 있을 것이다.

5. 손해배상청구권의 소멸

(1) 소멸시효기간 및 제척기간

① 불법행위에 의한 손해배상청구권은 "피해자나 그 법정대리인이 그 손해 및 가해자를 안 날로부터" 3년 동안 이를 행사하지 않으면 시효로 인하여 소멸한다(민법 제766조 제1항). 그러나 확정판결, 재판상의 화해, 조정 기타 판결과 동일한 효력이 있는 경우에는 소멸시효기간은 10년이 된다(민법 제165조).

② 손해배상청구권은 "불법행위를 한 날로부터" 10년이 지나면 역시 소멸한다(민법 제766조 제2항).

(2) 소멸시효기간의 기산점

3년의 소멸시효는 피해자 측이 "손해 및 가해자"를 모두 안 때로부터 진행한다. 그러나 제척기간은 단기 소멸시효기간의 그것과는 달리 피해자나 그 법정대리인이 그 손해 및 가해자를 안 여부나 사실상 청구권을 행사할 수 있었던 여부에 불구하고 불법행위를 한 날(자동차사고가 발생한 날)이 그 기산점이 된다.

6. 손해배상의 합의와 손해배상청구권의 포기

(1) 합의약정의 효력

손해배상액을 당사자의 합의로서 약정한 경우 법원은 이를 가감할 수 없다(대판 1954.4.24.). 물론, 그 합의가 선량한 풍속 기타 사회질서에 반하는 경우에는 그 합의는 무효이며(민법 제103조), 중대한 착오에 의한 경우에는 그 착오에 중대한 과실이 없으면 착오를 한 측은 이를 취소할 수 있다(민법 제109조). 또한 그 합의가 사기나 강박 및 무경험으로 인하여 현저하게 균형을 잃은 경우라면 의사표시의 취소에 관한 일반원칙에 따라 이를 취소할 수 있을 것이다(민법 제110조). 이와 같이 취소된 경우에는 선의의 제3자에게는 대항할 수 없다.

(2) 합의성립 후의 청구

손해배상을 합의하면서 그 합의서에 "피해자가 가해자에 대한 그 밖의 청구 일체를 포기한다"는 내용의 조항이 포함되는 경우가 보통이다. 이후 후유증 등에 의하여 그 손해배상청구를 둘러싸고 그 청구권포기조항의 효력이 된다. 대법원은 그러한 권리포기조항은 "합의 당시에 당사자가 예상한 손해에 관한 것에 한한다"라고 해석함으로써 피해자를 보호하고 있다(대판 1977.4.12.).

- 『사고로 인한 부상이 완쾌될 것이라는 상황 아래 일정한 금원을 위자료와 손해금으로 접수하고 민·형사상 일체의 청구를 하지 않는다고 한 합의는 그 뒤 치료를 마쳤으나, 신체적 기능의 약화로 가동능력이 50%나 감소되는 등 합의 당시 예측하지 못한 결과발생에 대한 채무자의 책임까지도 배제하는 것이라고는 볼 수 없고, 민형사상의 일체의 소송을 제기한지 않는다고 하는 합의서의 기재가 소송포기 내지 不提訴의 합의라고 볼 수도 없다』(대판 1972.8.22.)
- 『사고 직후 일정한 금원을 수령하고 민사상 일체의 청구권이 소멸할 할 것을 합의하였다 하더라도 특별한 사정이 없는 한 그 후 불구자가 되었을 경우를 예상하여 그로 인한 물질적 손해까지 소멸하는 것으로 합의를 한 것이라 볼 수 없다』(대판 1973.7.24.)
- 『교통사고 피해자가 합의금을 수령하면서 민·형사상의 소송이나 그 밖의 어떠한 이의도 제기하지 아니한다는 내용의 부동문자로 인쇄된 합의서에 날인한 경우, 그 피해정도, 피해자의 학력, 피해자와 가해자의 관계, 합의에 이른 경위, 가해자가 다른 피해자와 합의한 내용 및 합의 후 단기간 내에 소송을 제기한 점 등 제반 사정에 비추어 위 합의서의 문구는 단순한 예문에 불과할 뿐 이를 손해전부에 대한 배상청구권의 포기간 부제소의 합의로는 볼 수 없다』(대법원 1999.3.23. 선고 98다64301 판결)

14

「보험사기방지특별법」에 대하여 간단히 설명하시오.

1. 의 의

보험사기행위의 조사·방지·처벌에 관한 사항을 정함으로써 보험계약자, 피보험자, 그 밖의 이해관계인의 권익을 보호하고 보험업의 건전한 육성과 국민의 복리 증진에 이바지함을 목적으로 한 법(제1조)이다.

「보험사기방지특별법」에서 "보험사기행위"란 보험사고의 발생, 원인 또는 내용에 관하여 보험자를 기망하여 보험금을 청구하는 행위를 말한다(제2조). 이 법이 시행되기 전에는 보험사기가 일반 사기죄처럼 10년 이하 징역 또는 2,000만원 이하의 벌금 처분을 받았으나, 「보험사기방지특별법」에서는 10년 이하 징역 또는 5,000만원 이하 벌금으로 강화되었다.

2. 주요 법률 내용

「형법」상 사기에 대한 미수는 처벌이 불가능하나, 「보험사기방지특별법」 제3조에서 보험사기행위의 조사·방지 및 보험사기행위자의 처벌에 관하여는 다른 법률에 우선하여 이 법을 적용한다는 규정을 정하고, 동법 제10조에서는 보험사기의 미수에 해당하여도 처벌할 수 있는 근거를 마련하였다. 보험사기의 경우는 일반 사기죄보다 가중하여 처벌할 수 있도록 제11조에 명기하여 보험사기이득액이 5억원 이상일 때에는 다음의 구분에 따라 가중처벌한다.

① 보험사기이득액이 50억원 이상일 때 : 무기 또는 5년 이상의 징역
② 보험사기이득액이 5억원 이상 50억원 미만일 때 : 3년 이상의 유기징역

위 두가지의 경우 보험사기이득액 이하에 상당하는 벌금을 병과할 수 있다.

15

아파트 지하 주차장에서 시동을 켜고 정차 중 엔진과열로 화재가 발생하여 차량이 전소되었고, 화염에 의해 주차장 내부 시설에 연소손해가 발생하였다. 화재 당시 주차장 내부 소방설비(스프링클러) 고장으로 손해가 확대되었을 때, 손해배상 책임에 대하여 서술하시오.

1. 「민법」 제758조 공작물·점유자 책임

「민법」 제758조 제1항에 따르면 공작물의 설치 또는 보존의 하자로 인하여 타인에게 손해를 가한 때에는 공작물점유자가 손해를 배상할 책임이 있다. 즉, 차량 화재사고에 있어서 차주는 우선 「민법」 제758조 공작물·점유자 책임을 지게 된다.

2. 「실화책임에 관한 법률」과 「민법」 제758조의 관계

공작물의 설치·보존상의 하자에 의하여 직접 발생한 화재로 인한 손해배상책임뿐만 아니라 그 화재로부터 연소한 부분에 대한 손해배상책임에 관하여도 공작물의 설치·보존상의 하자와 손해 사이에 상당인과관계가 있는 경우에는 「민법」 제758조 제1항이 적용되고, 실화가 중대한 과실로 인한 것이 아닌 한 그 화재로부터 연소한 부분에 대한 손해의 배상의무자는 개정 「실화책임법」 제3조에 의하여 손해배상액의 경감을 받을 수 있다.

> **판 례**
>
> **연소로 인한 손해배상청구에 관한 판례(대법원 2013.3.28. 선고 2010다71318 판결)**
> 공작물의 점유자 또는 소유자가 공작물의 설치·보존상의 하자로 인하여 생긴 화재에 대하여 손해배상책임을 지는 다른 법률에 달리 정함이 없는 한 일반 「민법」의 규정에 의하여 판단하여야 한다. 따라서 공작물의 설치·보존상의 하자에 의하여 직접 발생한 화재로 인한 손해배상책임뿐만 아니라 그 화재로부터 연소한 부분에 대한 손해배상책임에 관하여도 공작물의 설치·보존상의 하자와 손해 사이에 상당인과관계가 있는 경우에는 「민법」 제758조 제1항이 적용되고, 실화가 중대한 과실로 인한 것이 아닌 한 그 화재로부터 연소한 부분에 대한 손해의 배상의무자는 개정 「실화책임법」 제3조에 의하여 손해배상액의 경감을 받을 수 있다.

3. 손해배상액의 경감(실화책임법 제3조)

실화가 중대한 과실로 인한 것이 아닌 경우 그로 인한 손해의 배상의무자는 법원에 손해배상액의 경감을 청구할 수 있다. 법원은 청구가 있을 경우에는 다음의 사정을 고려하여 그 손해배상액을 경감할 수 있다.

① 화재의 원인과 규모

② 피해의 대상과 정도

③ 연소(延燒) 및 피해 확대의 원인

④ 피해 확대를 방지하기 위한 실화자의 노력

⑤ 배상의무자 및 피해자의 경제상태

⑥ 그 밖에 손해배상액을 결정할 때 고려할 사정

4. 스프링클러 고장으로 손해가 확대된 경우 손해배상책임

화재가 공작물의 설치·보존상의 하자가 아닌 다른원인으로 발생했거나 화재의 발생원인이 밝혀지지 않은 경우에도 공작물의 하자로 인해 화재가 확산돼 손해가 발생했다면 하자가 화재 사고의 공동원인의 하나가 됐다고 봐야 한다. 즉 공작물인 스프링클러의 설치 또는 보존상의 하자로 인해 손해가 확대되었으므로 스프링클러 점유자도 차량소유자와 공동으로 손해배상 책임이 있다.

16

공작물, 영조물의 개념과 영조물 설치·보존 및 관리하자로 인한 자동차사고 사례를 5개 이상 나열하고, 국가배상청구 요건을 약술하시오.

1. 공작물, 영조물의 개념

(1) 공작물의 개념

공작물이란 인공적 작업에 의하여 만들어진 물건을 말하며, 건물, 철도건널목, 도로, 전신주, 고압선, 배수시설, 축대 등을 포함한다.

「민법」제758조 제1항은 '공작물의 설치 또는 보존의 하자로 인하여 타인에게 손해를 가한 때에는 공작물의 점유자가 손해를 배상할 책임이 있다. 그러나 점유자가 손해의 방지에 필요한 주의를 해태하지 아니한 때에는 그 소유자가 손해를 배상할 책임이 있다'라고 규정하고 있다.

(2) 영조물의 개념

'영조물'이란 국공립의 학교·병원·도서관 등과 같이 국가 또는 지방자치단체에 의하여 특정한 공적인 목적에 공용되는 것으로, 그 물적 시설과 거기에서 일하는 사람 등의 이른바 인적 수단이 일체로 되어 그 기능을 발휘하고 있는 시설을 말한다. 그러나 「국가배상법」제5조 제1항에서 '공공의 영조물'은 위에서 설명한 것과 같은 인적 수단과 물적 시설의 총합체를 말하는 것이 아니고, 오히려 인적 수단을 포함하지 않는 '공물'의 개념에 상당하며, 「민법」제758조의 '공작물'보다 넓은 개념이라 할 수 있다.

2. 영조물 설치·보존 및 관리하자로 인한 자동차사고 사례

① 폭설로 차량운전자 등이 고속도로에서 장시간 고립된 사안에서, 고속도로의 관리자가 고립구간의 교통정체를 충분히 예견할 수 있었음에도 교통제한 및 운행정지 등 필요한 조치를 충실히 이행하지 아니한 경우(대법원 2008.3.13. 선고 2007다29287, 29294 판결)

② 국도를 달리던 차량 위에 낙석이 떨어져 차량이 파손되는 사고가 발생한 경우(서울중앙지방법원 2017나74568 판결)

③ 결빙으로 사고가 잦은 구간임에도 별도의 방호조치를 하지 않아 차가 미끄러져 운전자가 사망한 경우(서울동부지방법원 2011가합1703 판결)

④ 운전 중에 갑자기 차량의 충격이 느껴져 갓길로 차를 세워 확인해 보니 타이어가 파손된 경우(대법원 2004.6.11. 선고 2003다62026 판결)

⑤ 관광버스가 국도상에 생긴 웅덩이를 피하기 위하여 중앙선을 침범운행한 과실로 마주오던 트럭과 충돌하여 발생한 교통사고의 경우(대법원 1993.6.25. 선고 93다14424 판결)

> **판례**
>
> • 도로의 설치·관리상의 하자는 도로의 위치 등 장소적인 조건, 도로의 구조, 교통량, 사고시에 있어서의 교통사정 등 도로의 이용상황과 본래의 이용목적 등 제반 사정과 물적 결함의 위치, 형상 등을 종합적으로 고려하여 사회통념에 따라 구체적으로 판단하여야 한다(대법원 2008.3.13. 선고 2007다29287, 29294 판결).
> • 공공의 영조물 설치·관리상의 하자라 함은 영조물이 용도에 따라 통상 갖추어야 할 안전성을 갖추지 못한 상태에 있음을 말하는 것으로서, 이와 같은 안전성의 구비 여부를 판단함에 있어서는 당해 영조물의 설치·보존자가 그 영조물의 위험성에 비례하여 사회통념상 일반적으로 요구되는 정도의 방호조치의무를 다하였는지 여부를 기준으로 삼아야 할 것이다(서울중앙지법 2005.8.26. 선고 2001가합57360 판결).

3. 국가배상청구 요건

'국가배상청구'란 공무원의 직무상 불법행위나 도로·하천과 같은 영조물의 설치·관리의 잘못으로 손해를 입은 국민이 국가 또는 지방자치단체를 상대로 손해배상을 청구하는 것을 말한다(국가배상법 제2조 및 제5조).

국가배상청구 요건은 다음과 같다.

(1) 공공의 영조물일 것

소유권, 임차권 그 밖의 권한에 기하여 관리하고 있는 경우뿐만 아니라 사실상 관리하고 있는 경우에도 적용한다.

(2) 설치 또는 관리의 하자

공물의 설치·관리상의 하자가 있는 경우에는 국가배상청구를 할 수 있으며, 이 경우 판례의 주류는 설치·관리상의 하자를 통상적으로 갖추어야 할 안전성을 갖추지 못한 상태를 의미한다. 영조물이 완전무결한 상태에 있지 아니하고 그 기능상 어떠한 결함이 있다는 것만으로 영조물의 설치 또는 관리에 하자가 있다고 할 수 없는 것이고, 만일 객관적으로 보아 시간적, 장소적으로 영조물의 기능상 결함으로 인한 손해발생의 예견가능성과 회피가능성이 없는 경우, 즉 그 영조물의 결함이 영조물의 설치·관리자의 관리행위가 미칠 수 없는 상황 아래에 있는 경우임이 입증되는 경우라면 영조물의 설치·관리상의 하자를 인정할 수 없다. 공물의 설치·관리상의 하자를 판단함에 있어 방호조치의무 등 주관적 요소가 고려될 수 있으나, 그 설치자의 재정사정이나 영조물의 사용목적에 의한 사정은 안정성을 결정지을 절대적 요건이 아니다.

(3) 타인에게 손해발생

국가하천에서 미성년자들이 하천에 들어가 물놀이를 할 수 있는 상황이라고 한다면, 특별한 사정이 없는 한 그 사고지점인 하천으로의 접근을 막기 위하여 방책을 설치하는 등의 적극적 방호조치를 취하지 아니한 채 하천 진입로 주변에 익사사고의 위험을 경고하는 표지판을 설치한 것만으로는 국가가 그 관리주체로서 사회통념상 일반적으로 요구되는 정도의 방호조치의무를 다하였다고 할 수는 없다.

17

A차량의 불법행위로 B차량에 손해가 발생하였으나, A차량 소유자는 보험사고접수를 거부하고 있다. 이때 B차량 소유자가 A차량이 가입한 보험자에게 손해배상 청구를 하기 위한 법적 근거와 요건, 제출서류 및 청구절차를 약술하시오.

1. 손해배상청구를 하기 위한 법적 근거와 요건

(1) 「민법」 제750조 : 손해배상의 책임(보험회사)

「민법」 제750조에 의하면, "고의 또는 과실로 인한 위법행위로 타인에게 손해를 가한 자는 그 손해를 배상할 책임이 있다"(제750조)고 규정하고 있다.

「민법」상 불법행위책임의 일반적 성립요건은 다음과 같다.

① 가해자의 고의 또는 과실이 있을 것(주관적 요건)

② 가해자에게 책임능력이 있을 것(주관적 요건)

③ 가해행위가 위법할 것(객관적 요건)

④ 가해행위에 의해 손해가 발생할 것(객관적 요건)

(2) 「자동차손해배상보장법」 제3조

자기를 위하여 자동차를 운행하는 자는 그 운행으로 다른 사람을 사망하게 하거나 부상하게 한 경우에는 그 손해를 배상할 책임을 진다. 다만, 다음의 어느 하나에 해당하면 그러하지 아니하다.

① 승객이 아닌 자가 사망하거나 부상한 경우에 자기와 운전자가 자동차의 운행에 주의를 게을리 하지 아니하였고, 피해자 또는 자기 및 운전자 외의 제3자에게 고의 또는 과실이 있으며, 자동차의 구조상의 결함이나 기능상의 장해가 없었다는 것을 증명한 경우

② 승객이 고의나 자살행위로 사망하거나 부상한 경우

2. 제출서류 및 청구절차

(1) 제출서류

① 교통사고발생 사실을 확인할 수 있는 서류

② 손해보상청구서

③ 손해액을 증명하는 서류

④ 그 밖에 보험회사가 꼭 필요하여 요청하는 서류 등

(2) 청구절차

① 보험회사가 손해배상청구권자의 청구를 받았을 때에는 지체 없이 피보험자에게 통지한다. 이 경우 피보험자는 보험회사의 요청에 따라 증거확보, 권리보전 등에 협력하여야 하며, 만일 피보험자가 정당한 이유 없이 협력하지 않은 경우 그로 인하여 늘어난 손해에 대하여는 보상하지 않는다.

② 피보험자에게 지급책임을 지는 금액을 한도로 한다.

③ 보험회사가 손해배상청구권자에게 손해배상금을 직접 지급할 때에는 그 금액의 한도에서 피보험자에게 보험금을 지급하는 것으로 한다.

④ 보험회사는 손해배상청구에 관한 서류 등을 받았을 때에는 지체 없이 지급할 손해배상액을 정하고 그 정하여진 날부터 7일 이내에 지급한다.

⑤ 보험회사가 정당한 사유 없이 손해배상액을 정하는 것을 지연하였거나 지급기일 내에 손해배상금을 지급하지 않았을 때, 지급할 손해배상금이 있는 경우에는 그 다음날부터 지급일까지의 기간에 대하여 보험개발원이 공시한 정기예금이율에 따라 연단위 복리로 계산한 금액을 손해배상금에 더하여 지급한다. 그러나 손해배상청구권자의 책임 있는 사유로 지급이 지연될 때에는 그 해당기간에 대한 이자를 더하여 지급하지 않는다.

⑥ 보험회사가 손해배상 청구에 관한 서류를 받은 때부터 30일 이내에 손해배상청구권자에게 손해배상금을 지급하는 것을 거절하는 이유 또는 그 지급을 연기하는 이유(추가 조사가 필요한 때에는 확인이 필요한 사항과 확인이 종료되는 시기를 포함)를 서면(전자우편 등 서면에 갈음할 수 있는 통신수단을 포함)으로 통지하지 않는 경우, 정당한 사유 없이 손해배상액을 정하는 것을 지연한 것으로 본다.

⑦ 보험회사는 손해배상청구권자의 요청이 있을 때는 손해배상액을 일정기간으로 정하여 정기금으로 지급할 수 있다. 이 경우 각 정기금의 지급기일의 다음날부터 모두 지급하는 날까지의 기간에 대하여 보험개발원이 공시한 정기예금이율에 따라 연단위 복리로 계산한 금액을 손해배상금에 더하여 지급한다.

02 자동차보험 약관해설

출제포인트

☐ 자동차보험 약관
☐ 대물배상
☐ 자기차량손해
☐ 보험금 또는 손해배상의 청구
☐ 일반사항
☐ 특별약관

01

보험계약자의 계약 전 알릴의무(고지의무), 계약 후 알릴의무(통지의무), 사고발생시의 의무(사고통지의무) 사항에 대해서 설명하시오.

---

1. 계약 전 알릴의무(고지의무)

(1) 고지의무

① 고지의무란 보험계약자 또는 피보험자가 보험계약을 체결함에 있어 고의 또는 중대한 과실로 중요한 사항을 알리지 않거나 부실의 고지를 하지 않을 의무를 말하는데, 보험회사가 서면으로 질문한 사항은 중요한 사항으로 추정된다(상법 제651조 및 제651조의2).

② 중요한 사항이란 보험회사가 보험사고의 발생과 그로 인한 책임부담의 개연율을 측정하여 보험계약의 체결 여부 또는 보험료나 특별한 면책조항의 부가와 같은 보험계약의 내용을 결정하기 위한 표준이 되는 사항을 말한다(대법원 2005.7.14. 선고 2004다36215 판결).

(2) 계약 전 알릴의무 사항

보험계약자는 보험계약을 맺기 위하여 청약을 할 때 다음의 사항에 대하여 알고 있는 사실을 보험회사에 알려야 한다.

① 피보험자동차의 검사에 관한 사항

② 피보험자동차의 용도, 차종, 등록번호(이에 준하는 번호도 포함), 차명, 연식, 적재정량, 구조 등 피보험자동차에 관한 사항

③ 보험계약을 맺기 직전에 해당 피보험자동차로 가입했던 「대인배상Ⅰ」 또는 책임공제에 관한 사항

④ 피보험자의 주소, 성명, 연령 등 피보험자에 관한 사항

⑤ 기명피보험자와 피보험자동차 소유자가 다른 경우 소유자에 관한 사항

⑥ 그 밖에 보험청약서에 기재된 사항 중에서 보험료의 계산에 영향을 미치는 사항

(3) 고지의무위반의 효과

① 보험계약 당시 보험계약자 또는 피보험자가 고의 또는 중대한 과실로 중요한 사항을 고지하지 않거나 부실하게 고지한 경우 보험회사는 그 사실을 안 날부터 1개월 내에, 계약을 체결한 날부터 3년 내에 계약을 해지할 수 있다(상법 제651조).

② 보험회사는 보험계약을 맺은 후 보험계약자가 계약 전 알릴의무를 위반한 사실이 확인된 때에는 추가보험료를 더 받고 승인할 수 있다.

2. 계약 후 알릴의무(통지의무)

(1) 통지의무

① 보험기간 중에 보험계약자 또는 피보험자가 사고발생의 위험이 현저하게 변경 또는 증가된 사실을 안 때에는 지체 없이 보험자에게 통지하여야 한다. 이를 해태한 때에는 보험자는 그 사실을 안 날로부터 1월 내에 한하여 계약을 해지할 수 있다(상법 제652조).

② 보험기간 중에 보험계약자, 피보험자 또는 보험수익자의 고의 또는 중대한 과실로 인하여 사고발생의 위험이 현저하게 변경 또는 증가된 때에는 보험자는 그 사실을 안 날부터 1월 내에 보험료의 증액을 청구하거나 계약을 해지할 수 있다(상법 제653조).

(2) 계약 후 알릴의무 사항

① 보험계약자는 보험계약을 맺은 후 다음의 사실이 생긴 것을 안 때에는 지체 없이 보험회사에게 그 사실을 알리고 승인을 받아야 한다.

　㉠ 용도, 차종, 등록번호, 적재정량, 구조 등 피보험자동차에 관한 사항이 변경된 사실

　㉡ 피보험자동차에 화약류, 고압가스, 폭발물, 인화물 등의 위험물을 싣게 된 사실

　㉢ 기타 위험이 뚜렷이 증가하거나 또는 적용할 보험료에 차이를 발생시키는 사실

② 보험계약자는 보험증권에 기재된 주소 또는 연락처가 변경된 때에는 지체 없이 보험회사에 알려야 한다.

(3) 통지의무위반의 효과

① 계약 후 알릴의무위반 사항이 있으면 회사는 보험증권에 기재된 보험계약자의 주소지에 서면으로 알림으로써 보험계약을 해지할 수 있다.

② 보험회사는 통지의무위반 사실에 따라 보험료가 변경되는 경우에는 보험료를 더 받거나 돌려주고 계약을 승인할 수 있다.

3. 사고발생시의 의무(사고통지의무)

(1) 사고발생 통지의무

① 보험계약자 또는 피보험자나 보험수익자는 보험사고의 발생을 안 때에는 지체 없이 보험자에게 그 통지를 발송하여야 한다(상법 제657조).

② 이 통지는 보험자로 하여금 사고의 원인을 신속하게 조사, 손해의 종류나 범위를 확정하고 사고 후 대책을 강구할 수 있는 기회를 주고자 법에서 인정한 의무이다. 보험금청구권의 전제조건이며, 보험계약자에 대한 간접의무이자 법정의무이다.

(2) 사고발생시의 의무 사항

보험계약자 또는 피보험자는 사고가 생긴 것을 안 때에는 다음의 사항을 이행하여야 한다.

① 지체 없이 손해의 방지와 경감에 힘쓰고, 남으로부터 손해배상을 받을 수 있는 권리가 있는 경우에는 그 권리(공동불법행위 등의 경우 연대채무자 상호간의 구상권을 포함)의 보전과 행사에 필요한 절차를 밟아야 한다.

② 다음 사항을 보험회사에 지체 없이 서면으로 알려야 한다.
　㉠ 사고가 발생한 때, 곳, 상황 및 손해의 정도
　㉡ 피해자 및 가해자의 성명, 주소, 전화번호
　㉢ 사고에 대하여 증인이 있을 때에는 그의 주소와 성명, 전화번호
　㉣ 손해배상의 청구를 받은 때에는 그 내용

③ 손해배상의 청구를 받은 경우에는 미리 보험회사의 동의 없이 그 전부 또는 일부를 합의하여서는 안 된다. 그러나 피해자의 응급치료, 호송 그 밖의 긴급조치에 대하여는 보험회사의 동의를 필요로 하지 않는다.

④ 손해배상청구의 소송을 제기하려고 할 때 또는 제기 당한 때에는 지체 없이 서면으로 보험회사에 알려야 한다.

⑤ 피보험자동차를 도난당하였을 때에는 지체 없이 그 사실을 경찰관서에 신고하여야 한다.

⑥ 보험회사가 사고를 증명하는 서류 등 꼭 필요하다고 인정하는 서류와 증거를 요구한 경우에는 지체 없이 이를 제출하여야 하며, 또한 보험회사가 손해를 조사하는 데에 협력하여야 한다.

(3) 사고발생시의 의무위반 효과

보험회사는 보험계약자 또는 피보험자가 정당한 이유 없이 사고발생시의 의무 사항을 이행하지 않은 경우 그로 인하여 늘어난 손해액이나 회복할 수 있었을 금액을 손해보상액에서 공제하거나 지급하지 않는다.

02

보험계약의 변동내용 중 피보험자동차를 양도하는 경우와 피보험자동차를 교체하는 경우를 설명하시오.

1. 보험계약 내용의 변경

① 보험계약자는 의무보험을 제외하고는 보험회사의 승낙을 얻어 다음에 정한 사항을 변경할 수 있다. 이 경우 승낙을 서면 등으로 알리거나 보험증권의 뒷면에 기재한다.

    ㉠ 보험계약자. 다만, 보험계약자가 이 보험계약의 권리 · 의무를 피보험자동차의 양수인에게 이전함에 따라 보험계약자가 변경되는 경우에는 피보험자동차의 양도에 따른다.

    ㉡ 보험가입금액, 특별약관 등 그 밖의 계약의 내용

② 보험회사는 계약내용의 변경으로 보험료가 변경된 경우 보험계약자에게 보험료를 반환하거나 추가보험료를 청구할 수 있다.

③ 보험계약 체결 후 보험계약자가 사망한 경우 이 보험계약에 의한 보험계약자의 권리 · 의무는 사망시점에서의 법정상속인에게 이전한다.

2. 피보험자동차를 양도하는 경우

① 보험계약자 또는 기명피보험자가 보험기간 중에 피보험자동차를 양도한 경우에는 이 보험계약으로 인하여 생긴 보험계약자 및 피보험자의 권리와 의무는 피보험자동차의 양수인에게 승계되지 않는다. 그러나 보험계약자가 이 권리와 의무를 양수인에게 이전하고자 한다는 뜻을 서면 등으로 보험회사에 통지하여 보험회사가 승인한 경우에는 그 승인한 때부터 양수인에 대하여 이 보험계약을 적용한다.

② 보험회사가 보험계약자의 통지를 받은 날부터 10일 이내에 승인 여부를 보험계약자에게 통지하지 않으면, 그 10일이 되는 날의 다음날 0시에 승인한 것으로 본다.

③ 피보험자동차의 양도에는 소유권을 유보한 매매계약에 따라 자동차를 '산 사람' 또는 대차계약에 따라 자동차를 '빌린 사람'이 그 자동차를 피보험자동차로 하고, 자신을 보험계약자 또는 기명피보험자로 하는 보험계약이 존속하는 동안에 그 자동차를 '판 사람' 또는 '빌려준 사람'에게 반환하는 경우도 포함한다. 이 경우 '판 사람' 또는 '빌려준 사람'은 양수인으로 본다.

④ 보험회사가 승인을 하는 경우에는 피보험자동차의 양수인에게 적용되는 보험요율에 따라 보험료의 차이가 나는 경우 피보험자동차가 양도되기 전의 보험계약자에게 남는 보험료를 돌려주거나, 피보험자동차의 양도 후의 보험계약자에게 추가보험료를 청구한다.

⑤ 보험회사가 승인을 거절한 경우 피보험자동차가 양도된 후에 발생한 사고에 대하여는 보험금을 지급하지 않는다.

⑥ 보험계약자 또는 기명피보험자가 보험기간 중에 사망하여 법정상속인이 피보험자동차를 상속하는 경우 이 보험계약도 승계된 것으로 본다. 다만, 보험기간이 종료되거나 자동차의 명의를 변경하는 경우에는 법정상속인을 보험계약자 또는 기명피보험자로 하는 새로운 보험계약을 맺어야 한다.

3. 피보험자동차를 교체하는 경우

① 보험계약자 또는 기명피보험자가 보험기간 중에 기존의 피보험자동차를 폐차 또는 양도한 다음 그 자동차와 동일한 차종의 다른 자동차로 교체한 경우에는 보험계약자가 이 보험계약을 교체된 자동차에 승계시키고자 한다는 뜻을 서면 등으로 보험회사에 통지하여 보험회사가 승인한 때부터 이 보험계약이 교체된 자동차에 적용된다. 이 경우 기존의 피보험자동차에 대한 보험계약의 효력은 보험회사가 승인할 때에 상실된다.

② 보험회사가 서면 등의 방법으로 통지를 받은 날부터 10일 이내에 승인 여부를 보험계약자에게 통지하지 않으면, 그 10일이 되는 날의 다음날 0시에 승인한 것으로 본다.

③ '동일한 차종의 다른 자동차로 교체한 경우'라 함은 개인소유 자가용 승용자동차간에 교체한 경우를 말한다.

④ 보험회사가 승인을 하는 경우에는 교체된 자동차에 적용하는 보험요율에 따라 보험료의 차이가 나는 경우 보험계약자에게 남는 보험료를 돌려주거나 추가보험료를 청구할 수 있다. 이 경우 기존의 피보험자동차를 말소등록한 날 또는 소유권을 이전등록한 날부터 승계를 승인한 날의 전날까지의 기간에 해당하는 보험료를 일할로 계산하여 보험계약자에게 반환한다.

⑤ 보험회사가 승인을 거절한 경우 교체된 자동차를 사용하다가 발생한 사고에 대해서는 보험금을 지급하지 않는다.

[예시] 일할계산의 사례

$$\text{기납입보험료 총액} \times \frac{\text{해당 기간}}{365(\text{윤년 : 366})}$$

저자의 TIP

부동산과 달리 자동차는 동산이지만 예외적으로 등록하도록 하고 있다. 부동산의 경우에는 양도·양수가 이루어지는 즉시 보험도 자동적으로 양도·양수가 성립한다고 여겨지지만(단, 약관에서는 지체 없이 보험회사에 통보하도록 규정하고 있음), 자동차의 경우는 반드시 보험회사에 통보하고 보험회사의 승인을 받아야만 보험의 양도·양수가 성립한다. 이유는 양도인과 양수인의 위험에 현저한 차이가 발생하기 때문(예를 들면, 양도인이 10년 이상 무사고 운전자, 양수인은 초보운전자의 경우 등)이다.

03 보험계약의 취소와 효력상실, 보험계약의 해지·해제에 대해서 설명하시오.

1. 보험계약의 취소와 효력상실

(1) 보험계약의 취소

보험회사가 보험계약자 또는 피보험자의 사기에 의해 보험계약을 체결한 점을 증명한 경우, 보험회사는 보험기간이 시작된 날부터 6개월 이내(사기 사실을 안 날부터는 1개월 이내)에 계약을 취소할 수 있다.

(2) 보험계약의 효력상실

보험회사가 파산선고를 받은 날부터 보험계약자가 보험계약을 해지하지 않고 3월이 경과하는 경우에는 보험계약이 효력을 상실한다.

2. 보험계약의 해지·해제

(1) 보험계약자의 보험계약 해지·해제

타인을 위한 보험계약에서 보험계약자는 기명피보험자의 동의를 얻거나 보험증권을 소지한 경우에 한하여 보험계약을 해지하거나 또는 해제할 수 있다.

① 보험계약 해지

보험계약자는 언제든지 임의로 보험계약의 일부 또는 전부를 해지할 수 있다. 다만, 의무보험은 다음 중 어느 하나에 해당하는 경우에만 해지할 수 있다.

㉠ 피보험자동차가 「자동차손해배상보장법」 제5조 제4항에 정한 자동차(의무보험 가입대상에서 제외되거나 도로가 아닌 장소에 한하여 운행하는 자동차)로 변경된 경우

㉡ 피보험자동차를 양도한 경우. 다만, 피보험자동차의 양도 또는 피보험자동차의 교체에 따라 보험계약이 양수인 또는 교체된 자동차에 승계된 경우에는 의무보험에 대한 보험계약을 해지할 수 없다.

㉢ 피보험자동차의 말소등록으로 운행을 중지한 경우. 다만, 피보험자동차의 교체에 따라 보험계약이 교체된 자동차에 승계된 경우에는 의무보험에 대한 보험계약을 해지할 수 없다.

㉣ 천재지변, 교통사고, 화재, 도난 등의 사유로 인하여 피보험자동차를 더 이상 운행할 수 없게 된 경우. 다만, 피보험자동차의 교체에 따라 보험계약이 교체된 자동차에 승계된 경우에는 의무보험에 대한 보험계약을 해지할 수 없다.

㉤ 보험계약을 맺은 후에 피보험자동차에 대하여 이 보험계약과 보험기간의 일부 또는 전부가 중복되는 의무보험이 포함된 다른 보험계약(공제계약을 포함)을 맺은 경우

㉥ 보험회사가 파산선고를 받은 경우

㉦ 「자동차손해배상보장법」 제5조의2에서 정하는 '보험 등의 가입의무 면제' 사유에 해당하는 경우

ⓞ 자동차해체재활용업자가 해당 자동차·자동차등록증·등록번호판 및 봉인을 인수하고 그 사실을 증명하는 서류를 발급한 경우

ⓩ 「건설기계관리법」에 따라 건설기계해체재활용업자가 해당 건설기계와 등록번호표를 인수하고 그 사실을 증명하는 서류를 발급한 경우

② 보험계약 해제

보험계약이 의무보험만 체결된 경우로서, 이 보험계약을 맺기 전에 피보험자동차에 대하여 의무보험이 포함된 다른 보험계약(공제계약을 포함)이 유효하게 맺어져 있는 경우에는 보험계약자는 그 다른 보험계약이 종료하기 전에 이 보험계약을 해제할 수 있다. 만일, 그 다른 보험계약이 종료된 후에는 그 종료일 다음날부터 보험기간이 개시되는 의무보험이 포함된 새로운 보험계약을 맺은 경우에 한하여 이 보험계약을 해제할 수 있다.

> **더 알아보기** **해제와 해지**
>
> • **해제** : 해제란 일단 유효하게 성립한 계약을 소급적으로 소멸시키는 일방적인 의사표시이다. 즉 해제는 계약을 소급적으로 무효로 하는 법률행위이다.
> • **해지** : 해지는 장래에 한하여 법률관계를 소멸시킨다는 점에서 해제의 소급적 효력과는 구별된다.

(2) 보험회사의 보험계약 해지

보험회사는 다음 중 어느 하나에 해당하는 경우가 발생하였을 때, 그 사실을 안 날부터 1월 이내에 보험계약을 해지할 수 있다. 다만, ①, ②, ④, ⑤에 의한 계약해지는 의무보험에 대해 적용하지 않는다.

① 보험계약자가 보험계약을 맺을 때 고의 또는 중대한 과실로 계약 전 알릴의무 사항에 관하여 알고 있는 사실을 알리지 않거나 사실과 다르게 알린 경우. 다만, 다음 중 어느 하나에 해당하는 경우 보험회사는 보험계약을 해지하지 못한다.

⑦ 보험계약을 맺은 때에 보험회사가 보험계약자가 알려야 할 사실을 알고 있었거나 과실로 알지 못하였을 때

ⓒ 보험계약자가 보험금을 지급할 사고가 발생하기 전에 보험청약서의 기재사항에 대하여 서면으로 변경을 신청하여 보험회사가 이를 승인하였을 때

ⓒ 보험회사가 보험계약을 맺은 날부터 보험계약을 해지하지 않고 6개월이 경과한 때

ⓔ 보험을 모집한 자("보험설계사 등")가 보험계약자 또는 피보험자에게 계약 전 알릴의무를 이행할 기회를 부여하지 아니하였거나 보험계약자 또는 피보험자가 사실대로 알리는 것을 방해한 경우 또는 보험계약자 또는 피보험자에 대해 사실대로 알리지 않게 하였거나 부실하게 알리도록 권유했을 때. 다만, 보험설계사 등의 행위가 없었다 하더라도 보험계약자 또는 피보험자가 사실대로 알리지 않거나 부실하게 알린 것으로 인정되는 경우에는 그러하지 아니하다.

ⓜ 보험계약자가 알려야 할 사항이 보험회사가 위험을 측정하는데 관련이 없을 때 또는 적용할 보험료에 차액이 생기지 않은 때

② 보험계약자가 보험계약을 맺은 후에 계약 후 알릴의무에 정한 사실이 생긴 것을 알았음에도 불구하고 지체 없이 알리지 않거나 사실과 다르게 알린 경우. 다만, 보험계약자가 알려야 할 사실이 뚜렷하게 위험을 증가시킨 것이 아닌 때에는 보험회사가 보험계약을 해지하지 못한다.

③ 보험계약자가 정당한 이유 없이 법령에 정한 자동차검사를 받지 않은 경우

④ 보험회사가 제44조(계약 전 알릴의무) 제2항, 제45조(계약 후 알릴의무) 제1항, 제48조(피보험자동차의 양도) 제4항, 제49조(피보험자동차의 교체) 제4항에 따라 추가보험료를 청구한 날부터 14일 이내에 보험계약자가 그 보험료를 내지 않은 경우. 다만, 다음 중 어느 하나에 해당하는 경우 보험회사는 보험계약을 해지하지 못한다.

ⓐ 보험회사가 계약 전 알릴의무(제44조)위반 사실을 안 날부터 1월이 지난 경우

ⓑ 보험회사가 보험계약자로부터 계약 후 알릴의무(제45조)에서 정하는 사실을 통지받은 후 1월이 지난 경우

⑤ 보험금의 청구에 관하여 보험계약자, 피보험자, 보험금을 수령하는 자 또는 이들의 법정대리인의 사기행위가 발생한 경우

더 알아보기 | **보험계약의 소멸**

보험계약은 ① 보험기간의 만료, ② 보험사고의 발생, ③ 보험목적의 멸실, ④ 보험료의 불지급, ⑤ 보험자의 파산 등의 사유로 당연히 소멸되고, 계약 당사자가 보험계약을 해지한 경우에도 소멸하게 된다.
보험계약은 다음과 같은 사유가 있으면 소멸하게 된다.

- **보험기간의 만료** : 보험자는 보험기간 중에 발생한 보험사고에 대해서만 책임지는 것이므로, 보험사고가 발생하지 않더라도 보험기간의 만료로써 보험계약은 소멸하게 된다.
- **보험사고의 발생** : 보험기간 중에 보험사고가 발생하면 보험자는 보험금 지급책임을 지므로 원칙적으로 보험계약은 목적이 달성되어 소멸하게 되나, 예외적으로 책임보험은 그 성질상 보험사고가 발생했다고 보험계약이 소멸하는 것은 아니다.
- **보험목적의 멸실** : 보험사고 이외의 원인으로 멸실한 경우에는 보험계약의 기본적인 요소인 위험이 부존재하게 되어 보험계약은 소멸하게 된다.
- **보험료의 불지급** : 보험계약자가 계약 체결 후 보험료의 전부 또는 제1회 보험료를 지급하지 않으면 다른 약정이 없는 한 계약 성립 후 2월이 경과하면 그 보험계약은 해제된 것으로 의제되므로(상법 제650조), 보험계약은 소멸하게 된다.
- **보험자의 파산** : 보험자가 파산선고를 받은 후 3월이 경과하면 보험계약은 자동적으로 소멸하게 된다(상법 제654조).

다음과 같은 경우에는 당사자는 보험계약을 해지할 수 있고, 해지된 경우에는 보험계약은 소멸하게 된다.

- 보험계약자는 보험사고가 발생하기 전에는 언제든지 보험계약의 전부 또는 일부를 해지할 수 있고, 당사자간에 다른 약정이 없으면 미경과보험료의 반환을 청구할 수 있다(상법 제649조).
- 보험자가 파산선고를 받은 때에는 보험계약자는 보험계약을 해지할 수 있다(상법 제654조).
- 보험계약자 등이 고지의무를 위반한 경우에는 보험자는 그 사실을 안 날로부터 1월 이내에, 계약을 체결한 날로부터 3년 이내에 그 계약을 해지할 수 있다(상법 제651조).
- 보험계약자가 계속보험료를 약정한 지급기일에 지급하지 아니하면, 보험자는 상당한 기간을 정하여 보험계약자에게 최고하고 그 기간 내에도 지급하지 아니하면 보험계약을 해지할 수 있다(상법 제650조).
- 보험기간 중에 사고발생의 위험이 현저하게 변경 또는 증가되었거나(상법 제652조), 보험계약자 등의 고의 또는 중대한 과실로 인해 사고발생의 위험이 현저하게 변경 또는 증가된 때에는(상법 제653조) 보험자는 보험계약을 해지할 수 있다.
- 보험약관에서 정한 해지사유가 발생하면 보험자는 보험계약을 해지할 수 있다.

04

피보험자의 보험금 청구와 손해배상청구권자의 직접청구를 비교 설명하시오.

1. 피보험자의 보험금 청구

(1) 보험금을 청구할 수 있는 경우

① 「대물배상」의 경우

대한민국 법원에 의한 판결의 확정, 재판상의 화해, 중재 또는 서면에 의한 합의로 손해배상액이 확정된 때

② 자기차량손해의 경우

사고가 발생한 때. 다만, 피보험자동차를 도난당한 경우에는 도난사실을 경찰관서에 신고한 후 30일이 지나야 보험금을 청구할 수 있다. 만약, 경찰관서에 신고한 후 30일이 지나 보험금을 청구하였으나 피보험자동차가 회수되었을 경우에는, 보험금의 지급 및 피보험자동차의 반환여부는 피보험자의 의사에 따른다.

(2) 청구절차

① 보험회사는 보험금 청구에 관한 서류를 받았을 때에는 지체 없이 지급할 보험금액을 정하고 그 정하여진 날부터 7일 이내에 지급한다.

② 보험회사가 정당한 사유 없이 보험금액을 정하는 것을 지연하였거나 지급기일 내에 보험금을 지급하지 않았을 때, 지급할 보험금이 있는 경우에는 그 다음날부터 지급일까지의 기간에 대하여 〈부표〉 '보험금을 지급할 때의 적립이율'에 따라 연단위 복리로 계산한 금액을 보험금에 더하여 지급한다. 다만, 피보험자의 책임 있는 사유로 지급이 지연될 때에는 그 해당 기간에 대한 이자를 더하여 지급하지 않는다.

③ 보험회사가 보험금 청구에 관한 서류를 받은 때부터 30일 이내에 피보험자에게 보험금을 지급하는 것을 거절하는 이유 또는 그 지급을 연기하는 이유(추가 조사가 필요한 때에는 확인이 필요한 사항과 확인이 종료되는 시기를 포함)를 서면(전자우편 등 서면에 갈음할 수 있는 통신수단을 포함)으로 통지하지 않는 경우, 정당한 사유 없이 보험금액을 정하는 것을 지연한 것으로 본다.

④ 보험회사는 손해배상청구권자가 손해배상을 받기 전에는 보험금의 전부 또는 일부를 피보험자에게 지급하지 않으며, 피보험자가 손해배상청구권자에게 지급한 손해배상액을 초과하여 피보험자에게 지급하지 않는다.

⑤ 피보험자의 보험금 청구가 손해배상청구권자의 직접청구와 경합할 때에는 보험회사가 손해배상청구권자에게 우선하여 보험금을 지급한다.

(3) 제출서류

① 「대물배상」의 경우

㉠ 보험금 청구서

㉡ 손해액을 증명하는 서류(진단서 등)

㉢ 손해배상의 이행사실을 증명하는 서류

㉣ 전손보험금을 청구할 경우

- 전손사고 후 이전매각시 이전서류
- 전손사고 후 폐차시 폐차인수증명서

㉤ 그 밖에 보험회사가 꼭 필요하여 요청하는 서류 등

② 자기차량손해의 경우

㉠ 보험금 청구서

㉡ 손해액을 증명하는 서류(진단서 등)

㉢ 사고가 발생한 때와 장소 및 사고사실이 신고된 관할 경찰관서의 교통사고사실확인원 등

㉣ 전손보험금을 청구할 경우

- 도난으로 인한 전손사고시 말소 사실증명서
- 전손사고 후 이전매각시 이전서류
- 전손사고 후 폐차시 폐차인수증명서

㉤ 그 밖에 보험회사가 꼭 필요하여 요청하는 서류 등

2. 손해배상청구권자의 직접청구

(1) 손해배상을 청구할 수 있는 경우

① 피보험자가 법률상의 손해배상책임을 지는 사고가 생긴 경우, 손해배상청구권자는 보험회사에 직접 손해배상금을 청구할 수 있다.

② 보험회사는 피보험자가 그 사고에 관하여 가지는 항변으로 손해배상청구권자에게 대항할 수 있다.

(2) 청구절차

① 보험회사가 손해배상청구권자의 청구를 받았을 때에는 지체 없이 피보험자에게 통지한다. 이 경우 피보험자는 보험회사의 요청에 따라 증거확보, 권리보전 등에 협력하여야 하며, 만일 피보험자가 정당한 이유 없이 협력하지 않은 경우 그로 인하여 늘어난 손해에 대하여는 보상하지 않는다.

② 보험회사가 손해배상청구권자에게 지급하는 손해배상금은 이 약관에 의하여 보험회사가 피보험자에게 지급책임을 지는 금액을 한도로 한다.

③ 보험회사가 손해배상청구권자에게 손해배상금을 직접 지급할 때에는 그 금액의 한도에서 피보험자에게 보험금을 지급하는 것으로 한다.

④ 보험회사는 손해배상청구에 관한 서류 등을 받았을 때에는 지체 없이 지급할 손해배상액을 정하고 그 정하여진 날부터 7일 이내에 지급한다.

⑤ 보험회사가 정당한 사유 없이 손해배상액을 정하는 것을 지연하였거나 지급기일 내에 손해배상금을 지급하지 않았을 때, 지급할 손해배상금이 있는 경우에는 그 다음날부터 지급일까지의 기간에 대하여 〈부표〉 '보험금을 지급할 때의 적립이율'에 따라 연단위 복리로 계산한 금액을 손해배상금에 더하여 지급한다. 그러나 손해배상청구권자의 책임 있는 사유로 지급이 지연될 때에는 그 해당 기간에 대한 이자를 더하여 지급하지 않는다.

⑥ 보험회사가 손해배상 청구에 관한 서류를 받은 때부터 30일 이내에 손해배상청구권자에게 손해배상금을 지급하는 것을 거절하는 이유 또는 그 지급을 연기하는 이유(추가 조사가 필요한 때에는 확인이 필요한 사항과 확인이 종료되는 시기를 포함)를 서면(전자우편 등 서면에 갈음할 수 있는 통신수단을 포함)으로 통지하지 않는 경우, 정당한 사유 없이 손해배상액을 정하는 것을 지연한 것으로 본다.

⑦ 보험회사는 손해배상청구권자의 요청이 있을 때는 손해배상액을 일정기간으로 정하여 정기금으로 지급할 수 있다. 이 경우 각 정기금의 지급기일의 다음날부터 모두 지급하는 날까지의 기간에 대하여 보험개발원이 공시한 정기예금이율에 따라 연단위 복리로 계산한 금액을 손해배상금에 더하여 지급한다.

(3) 제출서류

① 교통사고발생 사실을 확인할 수 있는 서류

② 손해배상청구서

③ 손해액을 증명하는 서류

④ 그 밖에 보험회사가 꼭 필요하여 요청하는 서류 등

3. 보험금청구권과 손해배상청구권의 경합시 적용

피보험자의 보험금청구권과 손해배상청구권자의 직접청구권이 경합될 경우에는 손해배상청구권이 우선한다. 단, 피보험자가 손해배상청구권자에게 손해액의 전부 또는 일부를 변상한 경우에는 그 금액을 보험회사에게 청구할 수 있다(자동차손해배상보장법 제10조 보험금 등의 청구).

05

보험금의 분담과 보험회사의 대위에 관한 약관 규정을 설명하시오.

1. 보험금의 분담

(1) 보험계약과 보상책임의 전부 또는 일부가 중복되는 다른 보험계약(공제계약을 포함)이 있는 경우
다른 보험계약이 없는 것으로 가정하여 각각의 보험회사에 가입된 자동차 보험계약에 의해
산출한 보상책임액의 합계액이 손해액보다 많을 때에는 다음의 산식에 따라 산출한 보험금을
지급한다.

$$\text{손해액} \times \frac{\text{이 보험계약에 의해 산출한 보상책임액}}{\text{다른 보험계약이 없는 것으로 하여 각 보험계약에 의해 산출한 보상책임액의 합계액}}$$

(2) 피보험자가 둘 이상 있는 경우
보험계약의 「대물배상」에서 동일한 사고로 인하여 이 보험계약에서 배상책임이 있는 피보험자가
둘 이상 있는 경우에는 지급보험금의 계산에 의한 보상한도와 범위에 따른 보험금을 각 피보험자
의 배상책임의 비율에 따라 분담하여 지급한다.

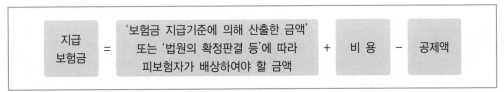

(3) 대리운전 보험에 가입한 경우
대리운전업자(대리운전자를 포함)가 가입한 보험계약에서 보험금이 지급될 수 있는 경우에는
그 보험금을 초과하는 손해를 보상한다.

2. 보험회사의 대위

(1) 청구권대위
보험회사가 피보험자 또는 손해배상청구권자에게 보험금 또는 손해배상금을 지급한 경우에는
지급한 보험금 또는 손해배상금의 범위에서 제3자에 대한 피보험자의 권리를 취득한다. 다만,
보험회사가 보상한 금액이 피보험자의 손해의 일부를 보상한 경우에는 피보험자의 권리를 침해하
지 않는 범위에서 그 권리를 취득한다.

(2) 취득하지 않는 권리

'자기차량손해'의 경우 피보험자동차를 정당한 권리에 따라 사용하거나 관리하던 자에 대한 피보험자의 권리. 다만, 다음의 경우에는 피보험자의 권리를 취득한다.

① 고의로 사고를 낸 경우, 무면허운전이나 음주운전을 하던 중에 사고를 낸 경우, 또는 마약 또는 약물 등의 영향으로 정상적인 운전을 하지 못할 우려가 있는 상태에서 운전을 하던 중에 사고를 낸 경우

② 자동차 취급업자가 업무로 위탁받은 피보험자동차를 사용하거나 관리하는 동안에 사고를 낸 경우

(3) 목적물(잔존물)대위

「대물배상」과 자기차량손해에서 목적물에 전부손해가 발생하여 해당 차량가액 전부를 보험회사가 피보험자 또는 피해자에게 지급한 경우에는 보험회사는 「상법」 제681조(보험목적에 관한 보험대위)에 따라 목적물(잔존물)에 대하여 권리를 당연 취득한다. 그러나 이는 해상보험의 보험위부와는 다르게 보험회사가 후에 목적물의 잔존가치가 전혀 없다고 판단할 경우에는 언제든지 피보험자 또는 피해자에게 목적물(잔존물)의 대위권을 포기할 수 있다.

(4) 피보험자의 협조

피보험자는 보험회사가 취득한 권리의 행사 및 보전에 관하여 필요한 조치를 취하여야 하며, 또한 보험회사가 요구하는 자료를 제출하여야 한다.

판 례

피보험자와 제3자의 과실이 경합하여 보험사고가 발생한 경우, 보험자대위에 의하여 보험자가 행사할 수 있는 권리의 범위

「상법」 제682조는 "손해가 제3자의 행위로 인하여 생긴 경우에 보험금액을 지급한 보험자는 그 지급한 금액의 한도에서 그 제3자에 대한 보험계약자 또는 피보험자의 권리를 취득한다. 그러나 보험자가 보상할 보험금액의 일부를 지급한 때에는 피보험자의 권리를 해하지 아니하는 범위 내에서 그 권리를 행사할 수 있다"고 규정하고 있다. 이러한 손해보험에서의 보험자대위권은 피보험자의 이중이득을 방지하기 위하여 정책적으로 인정되는 것인 점 등을 고려할 때, 이른바 '일부보험'의 경우 보험자가 대위할 수 있는 피보험자의 제3자에 대한 권리의 범위는 보험약관 등에 이에 관한 명시적인 규정이 있다면 이에 따라야 할 것이나, 그렇지 않다면 약관 해석에 관한 일반원칙에 따라 고객에게 유리하게 해석하여, 피보험자가 실제로 입은 손해 이상의 이득을 취하는 것이 아닌 이상, 피보험자의 권리를 해하지 아니하는 범위 내로 제한된다고 봄이 타당하다. 따라서 손해보험계약의 약관에서 "보험자가 보험금을 지급한 때에는 지급한 보험금의 한도 내에서 보험계약자 또는 피보험자가 제3자에 대하여 가지는 손해배상청구권을 취득하되, 보험자가 보상한 금액이 피보험자가 입은 손해의 일부인 경우에는 피보험자의 권리를 침해하지 아니하는 범위 내에서 보험자가 그 권리를 취득한다"고 규정하고 있다면 보험자대위에 의하여 보험자가 행사할 수 있는 권리의 범위는 그 약관 규정에 따라 제한된다. 따라서 보험사고가 피보험자와 제3자의 과실이 경합되어 발생한 경우 피보험자가 제3자에 대하여 그 과실분에 상응하여 청구할 수 있는 손해배상청구권 중 피보험자의 전체 손해액에서 보험자로부터 지급받은 보험금을 공제한 금액만큼은 여전히 피보험자의 권리로 남는 것이고, 그것을 초과하는 부분의 청구권만이 보험자가 보험자대위에 의하여 제3자에게 직접 청구할 수 있게 된다(대법원 2012.8.30. 선고 2011다100312 판결).

06

보험목적물에 대한 보험자대위(잔존물대위)와 제3자에 대한 보험자대위(청구권대위)에 대해서 비교 설명하시오.

1. 보험목적물에 대한 보험자대위(잔존물대위)

(1) 의 의
보험의 목적이 전부 상실한 경우에 보험금액의 전부를 지급한 보험자는 그 목적에 대한 피보험자의 권리를 당연히 취득한다.

(2) 권리취득의 요건
① 보험목적의 전부멸실

보험의 목적에 대하여 전손이 생겨야 한다. 즉 보험의 목적의 경제적 가치가 전부 상실되어야 한다. 그러므로 보험의 목적에 분손이 생긴 경우는 잔존물대위가 인정되지 않는다. 그러나 전손의 경우는 잔존물이 있더라도 분손으로 보지 않는다. 일부보험의 경우에도 보험자의 대위가 인정되는데 이때에 보험자는 보험금액의 보험가액에 대한 비율에 따라서 목적물에 대한 권리를 취득한다.

② 보험금 및 비용의 지급

보험자의 권리취득은 보험의 목적이 전손된 경우에 보험자가 보험금액의 전부를 지급한 때에만 인정되지만 초과보험의 경우에 초과부분은 제외된다고 본다. 그러나 보험자가 손해방지·경감비용이나 기타의 비용을 부담하는 때에는 보험금액 이외에 이 비용도 지급한 경우에만 대위권을 취득한다.

(3) 잔존물대위의 효과
① 당연한 권리의 이전

보험의 목적에 대하여 피보험자가 가지고 있던 권리는 보험자에게 법률상 당연히 이전되고 피보험자는 특약이 없는 한 그 목적에 대하여 아무런 권리가 없고 임의로 처분할 수도 없다.

② 이전되는 권리의 범위

잔존물대위는 보험금을 지급한 보험자에게 잔존물의 가치를 귀속시키는 것이므로 그 권리를 피보험자의 소유권에 국한시킬 이유는 없고, 경제적인 이익이 있는 이상 채권, 용익권 등의 피보험자가 기존 보험의 목적에 대하여 가지는 모든 권리를 포함한다고 본다.

③ 일부보험의 경우

보험자가 취득하는 권리는 보험금액의 보험가액에 대한 비율에 따라 정하게 된다(잔존물에 관하여 피보험자와 공유관계).

④ 대위권의 포기

잔존물 취득에 따른 법률적 의무 발생으로 오히려 보험자에게 불이익을 줄 수도 있다. 이 경우에는 보험자는 대위권을 포기할 수도 있다.

(4) 권리이전의 시기

목적물에 대한 권리이전의 시기는 보험사고가 발생한 때가 아니라 보험금액을 전부 지급한 때이다.

2. 제3자에 대한 보험자대위(청구권대위)

(1) 의 의

피보험자의 손해가 제3자의 행위로 인한 경우 보험금액을 지급한 보험자가 그 지급한도 내에서 제3자에 대한 보험계약자와 피보험자의 권리를 법률상 당연히 취득하는 것으로서 청구권대위라고도 한다.

(2) 권리취득의 요건

① 제3자에 의한 보험사고발생

제3자의 범위는 일반적으로 보험자와 보험계약자, 피보험자 이외의 자로서 1인이든 수인이든 상관없고 손해를 일으킨 자와 채무를 부담하는 자가 반드시 동일인임을 요하지 않는다. 그러나 피보험자의 가족 등 일상생활을 같이하는 자는 포함하지 않는다. 하지만 이들의 고의행위가 있는 경우에는 보험자가 굳이 보호할 필요가 없으므로 제3자의 범위에서 제외되지 않는다고 본다.

② 제3자에 대한 피보험자의 권리의 존재

보험자대위는 피보험자의 제3자에 대한 권리를 기초로 하는 것이므로 대위 당시 제3자에 대하여 피보험자가 권리를 가지고 있어야 한다. 따라서 보험사고(손해)의 발생이 오로지 피보험자 자신의 과실에 기인하거나 제3자에 대한 청구권이 시효로 소멸함으로써 피보험자가 제3자에 대한 권리가 존재하지 않는 경우에는 대위가 생기지 않는다.

③ 보험금을 지급할 것

보험자대위는 피보험자에게 보험자가 보험금을 지급함으로써 생긴다. 즉 보험자대위 발생시기는 보험금을 지급한 때이다.

(3) 청구권대위의 효과

① 당연한 권리의 이전

피보험자 등의 제3자에 대한 권리는 법률규정에 의해 당연히 보험자에게 이전된다. 이런 권리를 이전하기 위해 피보험자와 보험자간에 별도의 의사표시나 대항요건은 필요하지 않다. 이때 보험자는 피보험자가 제3자에 대해 행사할 수 있는 권리의 한도에서만 이런 대위권을 행사할 수 있으며, 자기가 지급한 보험금액의 한도에서만 대위권을 행사할 수 있다.

② 피보험자에 의한 권리의 처분

제3자에 의해 보험사고가 발생한 후 보험자가 보험금을 지급하기 전에, 피보험자가 제3자에 대한 권리를 행사하거나 처분한 경우에는, 피보험자는 보험자에 대해 보험금청구권을 행사할 수 없다(대법원 1995.9.29. 선고 95다23521 판결). 또한 피보험자가 보험자로부터 보험금을 지급받은 후에 제3자에 대한 권리를 행사하거나 처분한 경우에는, 피보험자는 보험자의 대위권을 침해한 것이 되어 부당이득반환 또는 불법행위에 기한 손해배상책임을 부담한다(대법원 1999.4.27. 선고 98다61593 판결).

③ 대위권행사의 제한

보험자가 피보험자에게 보험금액 중 일부만을 지급한 경우에는 보험자는 보험계약자 또는 피보험자의 권리를 해치지 않는 범위 내에서만 대위권을 행사할 수 있다.

07

종합보험(대물, 차량)에 가입한 A차량과 무보험의 B차량이 교차로에서 충돌사고로 B차량은 정지하지 못하고, 진행방향의 반대 차선에서 신호대기중인 C차량을 2차 접촉한 사고에서 B는 변제능력이 없어 A차량의 보험사에서 C차량의 손해를 우선 보상하였다. 이때 A차량의 보험사가 취득한 대위권에 대하여 서술하시오 (단, 인사사고 제외, A차량은 전손, B, C차량은 분손).

A차량의 보험사는 보험목적물에 대한 잔존물대위와 제3자에 대한 청구권대위를 취득한다.

1. 잔존물대위(보험목적물에 대한 보험자대위)

(1) 의 의

보험의 목적이 전부 상실한 경우에 보험금액의 전부를 지급한 보험자는 그 목적에 대한 피보험자의 권리를 당연히 취득한다. A차량은 전손되고, B, C차량은 분손되었으므로 A차량에 대한 잔존물대위를 취득한다.

(2) 권리취득의 요건

① 보험목적의 전부멸실

보험의 목적에 대하여 전손이 생겨야 한다. 즉 보험의 목적의 경제적 가치가 전부 상실되어야 한다. 그러므로 보험의 목적에 분손이 생긴 경우는 잔존물대위가 인정되지 않는다. 그러나 전손의 경우는 잔존물이 있더라도 분손으로 보지 않는다. 일부보험의 경우에도 보험자의 대위가 인정되는데 이때에 보험자는 보험금액의 보험가액에 대한 비율에 따라서 목적물에 대한 권리를 취득한다.

② 보험금 및 비용의 지급

보험자의 권리취득은 보험의 목적이 전손된 경우에 보험자가 보험금액의 전부를 지급한 때에만 인정되지만 초과보험의 경우에 초과부분은 제외된다고 본다. 그러나 보험자가 손해방지·경감비용이나 기타의 비용을 부담하는 때에는 보험금액 이외에 이 비용도 지급한 경우에만 대위권을 취득한다.

(3) 잔존물대위의 효과

① 당연한 권리의 이전

보험의 목적에 대하여 피보험자가 가지고 있던 권리는 보험자에게 법률상 당연히 이전되고 피보험자는 특약이 없는 한 그 목적에 대하여 아무런 권리도 없고 임의로 처분할 수 없다.

② 이전되는 권리의 범위

잔존물대위는 보험금을 지급한 보험자에게 잔존물의 가치를 귀속시키는 것이므로 그 권리를 피보험자의 소유권에 국한시킬 이유는 없고, 경제적인 이익이 있는 이상 채권, 용익권 등의 피보험자가 기존 보험의 목적에 대하여 가지는 모든 권리를 포함한다고 본다.

③ 일부보험의 경우

보험자가 취득하는 권리는 보험금액의 보험가액에 대한 비율에 따라 정하게 된다(잔존물에 관하여 피보험자와 공유관계).

④ 대위권의 포기

잔존물 취득에 따른 법률적 의무 발생으로 오히려 보험자에게 불이익을 줄 수도 있다. 이 경우에는 보험자는 대위권을 포기할 수도 있다.

(4) 권리이전의 시기

목적물에 대한 권리이전의 시기는 보험사고가 발생한 때가 아니라 보험금액을 전부 지급한 때이다.

2. 청구권대위(제3자에 대한 보험자대위)

(1) 의 의

피보험자의 손해가 제3자의 행위로 인한 경우 보험금액을 지급한 보험자가 그 지급한도 내에서 제3자에 대한 보험계약자와 피보험자의 권리를 법률상 당연히 취득하는 것으로서 청구권대위라고도 한다. B차량은 변제능력이 없어 A차량의 보험사에서 C차량의 손해를 우선 보상하였으므로 B차량에 대한 청구권대위를 취득한다.

(2) 권리취득의 요건

① 제3자에 의한 보험사고발생

제3자의 범위는 일반적으로 보험자와 보험계약자, 피보험자 이외의 자로서 1인이든 수인이든 상관없고 손해를 일으킨 자와 채무를 부담하는 자가 반드시 동일인임을 요하지 않는다. 그러나 피보험자의 가족 등 일상생활을 같이하는 자는 포함하지 않는다. 하지만 이들의 고의행위가 있는 경우에는 보험자가 굳이 보호할 필요가 없으므로 제3자의 범위에서 제외되지 않는다고 본다.

② 제3자에 대한 피보험자의 권리의 존재

보험자대위는 피보험자의 제3자에 대한 권리를 기초로 하는 것이므로 대위 당시 제3자에 대하여 피보험자가 권리를 가지고 있어야 한다. 따라서 보험사고(손해)의 발생이 오로지 피보험자 자신의 과실에 기인하거나 제3자에 대한 청구권이 시효로 소멸함으로써 피보험자가 제3자에 대한 권리가 존재하지 않는 경우에는 대위가 생기지 않는다.

③ 보험금을 지급할 것

보험자대위는 피보험자에게 보험자가 보험금을 지급함으로써 생긴다. 즉 보험자대위 발생시기는 보험금을 지급한 때이다.

(3) 청구권대위의 효과

① 당연한 권리의 이전

피보험자 등의 제3자에 대한 권리는 법률규정에 의해 당연히 보험자에게 이전된다. 이런 권리를 이전하기 위해 피보험자와 보험자간에 별도의 의사표시나 대항요건은 필요하지 않다. 이때 보험자는 피보험자가 제3자에 대해 행사할 수 있는 권리의 한도에서만 이런 대위권을 행사할 수 있으며, 자기가 지급한 보험금액의 한도에서만 대위권을 행사할 수 있다.

② 피보험자에 의한 권리의 처분

제3자에 의해 보험사고가 발생한 후 보험자가 보험금을 지급하기 전에, 피보험자가 제3자에 대한 권리를 행사하거나 처분한 경우에는, 피보험자는 보험자에 대해 보험금청구권을 행사할 수 없다(대법원 1995.9.29. 선고 95다23521 판결). 또한 피보험자가 보험자로부터 보험금을 지급받은 후에 제3자에 대한 권리를 행사하거나 처분한 경우에는, 피보험자는 보험자의 대위권을 침해한 것이 되어 부당이득반환 또는 불법행위에 기한 손해배상책임을 부담한다(대법원 1999.4.27. 선고 98다61593 판결).

③ 대위권행사의 제한

보험자가 피보험자에게 보험금액 중 일부만을 지급한 경우에는 보험자는 보험계약자 또는 피보험자의 권리를 해치지 않는 범위 내에서만 대위권을 행사할 수 있다.

08
자동차보험약관의 해석 규정과 보험약관의 해석 원칙을 설명하고, 불공정약관조항의 내용을 열거하시오.

1. 약관의 해석

(1) 약관의 해석 규정
① 보험회사는 신의성실의 원칙에 따라 공정하게 약관을 해석하여야 하며, 보험계약자에 따라 다르게 해석하지 않는다.
② 보험회사는 약관의 뜻이 명백하지 않은 경우에는 보험계약자에게 유리하게 해석한다.
③ 보험회사는 보상하지 않는 손해 등 보험계약자나 피보험자에게 불리하거나 부담을 주는 내용은 확대하여 해석하지 않는다.

(2) 약관의 해석 원칙
① 일반원칙 : 신의성실의 원칙
② 계약 당사자 의사 우선의 원칙 : 계약 당사자의 의사가 우선적으로 고려되어야 한다는 원칙
③ 동종제한의 원칙 : 구체적으로 열거한 사항 다음에 일반적이고 개괄적인 문언이 부가되어 열거사항을 확장하고 있는 경우에 개괄적인 문언은 열거사항과 같은 종류의 것으로 한정하여 해석해야 한다는 원칙
④ 수기문언 우선의 원칙 : 보험약관의 해석에 있어서 손으로 쓴 문언이 인쇄문언 및 그 밖의 형식으로 된 문언보다 가장 우선하여 적용된다는 원칙
⑤ 작성자 불이익의 원칙 : 보험자에게 불이익하게 해석하여야 한다는 원칙

2. 불공정약관조항의 내용

(1) 일반원칙
① 신의성실의 원칙을 위반하여 공정성을 잃은 약관 조항은 무효이다.
② 약관의 내용 중 다음의 어느 하나에 해당하는 내용을 정하고 있는 조항은 공정성을 잃은 것으로 추정된다.
　　㉠ 고객에게 부당하게 불리한 조항
　　㉡ 고객이 계약의 거래형태 등 관련된 모든 사정에 비추어 예상하기 어려운 조항
　　㉢ 계약의 목적을 달성할 수 없을 정도로 계약에 따르는 본질적 권리를 제한하는 조항

(2) 면책조항의 금지

계약 당사자의 책임에 관하여 정하고 있는 약관의 내용 중 다음의 어느 하나에 해당하는 내용을 정하고 있는 조항은 무효로 한다.

① 사업자, 이행 보조자 또는 피고용자의 고의 또는 중대한 과실로 인한 법률상의 책임을 배제하는 조항

② 상당한 이유 없이 사업자의 손해배상 범위를 제한하거나 사업자가 부담하여야 할 위험을 고객에게 떠넘기는 조항

③ 상당한 이유 없이 사업자의 담보책임을 배제 또는 제한하거나 그 담보책임에 따르는 고객의 권리행사의 요건을 가중하는 조항

④ 상당한 이유 없이 계약목적물에 관하여 견본이 제시되거나 품질·성능 등에 관한 표시가 있는 경우 그 보장된 내용에 대한 책임을 배제 또는 제한하는 조항

(3) 손해배상액의 예정

고객에게 부당하게 과중한 지연 손해금 등의 손해배상 의무를 부담시키는 약관 조항은 무효로 한다.

(4) 계약의 해제·해지

계약의 해제·해지에 관하여 정하고 있는 약관의 내용 중 다음의 어느 하나에 해당되는 내용을 정하고 있는 조항은 무효로 한다.

① 법률에 따른 고객의 해제권 또는 해지권을 배제하거나 그 행사를 제한하는 조항

② 사업자에게 법률에서 규정하고 있지 아니하는 해제권 또는 해지권을 부여하여 고객에게 부당하게 불이익을 줄 우려가 있는 조항

③ 법률에 따른 사업자의 해제권 또는 해지권의 행사 요건을 완화하여 고객에게 부당하게 불이익을 줄 우려가 있는 조항

④ 계약의 해제 또는 해지로 인한 원상회복의무를 상당한 이유 없이 고객에게 과중하게 부담시키거나 고객의 원상회복 청구권을 부당하게 포기하도록 하는 조항

⑤ 계약의 해제 또는 해지로 인한 사업자의 원상회복의무나 손해배상의무를 부당하게 경감하는 조항

⑥ 계속적인 채권관계의 발생을 목적으로 하는 계약에서 그 존속기간을 부당하게 단기 또는 장기로 하거나 묵시적인 기간의 연장 또는 갱신이 가능하도록 정하여 고객에게 부당하게 불이익을 줄 우려가 있는 조항

(5) 채무의 이행

채무의 이행에 관하여 정하고 있는 약관의 내용 중 다음의 어느 하나에 해당하는 내용을 정하고 있는 조항은 무효로 한다.

① 상당한 이유 없이 급부(給付)의 내용을 사업자가 일방적으로 결정하거나 변경할 수 있도록 권한을 부여하는 조항

② 상당한 이유 없이 사업자가 이행하여야 할 급부를 일방적으로 중지할 수 있게 하거나 제3자에게 대행할 수 있게 하는 조항

(6) 고객의 권익 보호

고객의 권익에 관하여 정하고 있는 약관의 내용 중 다음의 어느 하나에 해당하는 내용을 정하고 있는 조항은 무효로 한다.

① 법률에 따른 고객의 항변권(抗辯權), 상계권(相計權) 등의 권리를 상당한 이유 없이 배제하거나 제한하는 조항

② 고객에게 주어진 기한의 이익을 상당한 이유 없이 박탈하는 조항

③ 고객이 제3자와 계약을 체결하는 것을 부당하게 제한하는 조항

④ 사업자가 업무상 알게 된 고객의 비밀을 정당한 이유 없이 누설하는 것을 허용하는 조항

(7) 의사표시의 의제

의사표시에 관하여 정하고 있는 약관의 내용 중 다음의 어느 하나에 해당하는 내용을 정하고 있는 조항은 무효로 한다.

① 일정한 작위(作爲) 또는 부작위(不作爲)가 있을 경우 고객의 의사표시가 표명되거나 표명되지 아니한 것으로 보는 조항. 다만, 고객에게 상당한 기한 내에 의사표시를 하지 아니하면 의사표시가 표명되거나 표명되지 아니한 것으로 본다는 뜻을 명확하게 따로 고지한 경우이거나 부득이한 사유로 그러한 고지를 할 수 없는 경우에는 그러하지 아니하다.

② 고객의 의사표시의 형식이나 요건에 대하여 부당하게 엄격한 제한을 두는 조항

③ 고객의 이익에 중대한 영향을 미치는 사업자의 의사표시가 상당한 이유 없이 고객에게 도달된 것으로 보는 조항

④ 고객의 이익에 중대한 영향을 미치는 사업자의 의사표시 기한을 부당하게 길게 정하거나 불확정하게 정하는 조항

(8) 대리인의 책임 가중

고객의 대리인에 의하여 계약이 체결된 경우 고객이 그 의무를 이행하지 아니하는 경우에는 대리인에게 그 의무의 전부 또는 일부를 이행할 책임을 지우는 내용의 약관 조항은 무효로 한다.

(9) 소송 제기의 금지 등

소송 제기 등과 관련된 약관의 내용 중 다음의 어느 하나에 해당하는 조항은 무효로 한다.

① 고객에게 부당하게 불리한 소송 제기 금지 조항 또는 재판관할의 합의 조항

② 상당한 이유 없이 고객에게 입증책임을 부담시키는 약관 조항

09

자동차「대물배상」『보상하지 않는 손해』중 "피보험자가 사용자의 업무에 종사하고 있을 때 피보험자의 사용자가 소유·사용·관리하는 재물에 생긴 손해"에 대하여 서술하시오.

---

1. 자동차「대물배상」의 보상책임

자동차「대물배상」은 피보험자가 피보험자동차를 소유·사용·관리하는 동안 생긴 피보험자동차의 사고로 제3자의 재물을 멸실, 파손 또는 오손하여 법률상 손해배상책임을 짐으로써 생긴 손해를 보상하는 일종의 배상책임보험이다.

2. 보상하지 않는 손해

보험계약의 체결내용에 따라 보험자는 보험사고발생에 대하여 피보험자에게 보험금 지급의무를 지게 되나 다수의 선량한 계약자를 보호하고 보험사업의 건전한 발전을 도모하기 위하여 보험자의 책임이 면제되는 경우가 있다(보험자의 면책손해).

3. 피보험자가 사용자의 업무에 종사하고 있을 때 피보험자의 사용자가 소유·사용·관리하는 재물에 생긴 손해

(1) '사용자'의 의미

① 사용자란 '피보험자'와 '사용자'의 관계를 고용관계에 있는 경우에 한정하여 해석할 것은 아니고 지휘·감독관계에 있으면 족하다.

② 고용관계가 아니고 도급 또는 위임계약 기타 유사한 계약에 기하여 사용자에 준하는 지위에 있는 경우에도 사용자에 해당한다.

③ 대법원에서도 "반드시 유효한 고용관계가 있는 경우에 한하는 것이 아니고 그 계약이「민법」상의 고용계약이든 위임계약이든 또는 도급계약이든 그 형식에 관계없이 사실상 어떤 사람이 다른 사람을 위하여 그 지휘 감독 아래 그 의사에 따라 사무를 집행하는 관계"라고 판시하였다(대법원 1996.10.11. 선고 96다30182 판결 등).

(2) 면책취지(목적)

피보험자가 사용자의 업무에 종사하고 있을 때 피보험자의 사용자가 소유·사용 또는 관리하는 재물에 생긴 손해에 대하여 면책사항을 두는 이유는 배상책임을 지는 피보험자가 실제 그 가해자이거나 가해자를 지휘·감독하는 자일 경우에 그 재물에 대하여 생긴 손해와의 관계에서 그 피보험자는 그 재물의 피해자인 동시에 그 재물의 가해자가 되어 결국 피해 받을 권리와 피해를 배상해 주어야 할 의무가 함께 발생하는, 즉 권리의 혼동과 비슷한 현상이 생겨 책임보험으로써 보호되어야 할 보험이익이 크게 줄어들게 된다. 이와 같은 관계에서 보상을 허용하게 되면 피보험자가 그 피해를 과장하여 과대한 피해보상을 받게 되는 도덕적 위험에 처하게 되므로 이를 방지하기 위해 보상의 대상에서 제외한 것이다.

(3) 면책사항의 조건

위 면책사항이 적용되기 위해서는 ① 피보험자가 사용자의 업무에 종사하고 있어야 하며, ② 피보험자가 일으킨 사고로 그 사용자가 소유·사용·관리하는 물건에 손해가 발생하여야 한다. 여기서 '사용자가 소유·사용·관리하는 물건'이란 사용자가 자기 소유의 물건에 준하는 정도로 사용, 수익 또는 지배, 관리를 하는 관계에 있는 경우를 의미한다.

(4) 피보험자의 개별적용

① 동일한 자동차사고로 인하여 피해자에 대하여 배상책임을 지는 피보험자가 복수로 존재하는 경우에는 그 피보험자마다 개별로 독립하여 존재하는 것이 아닌 만큼 각각의 피보험자마다 손해발생책임의 발생요건이나 면책조항 적용 여부 등을 개별적으로 가려서 보상책임의 유·무를 결정하는 것이 원칙이다.

② 자동차보험약관에 정한 보험자 면책조항의 적용 여부를 판단함에 있어서는 특별한 사정이 없는 한 그 약관에 피보험자 개별적용조항을 별도로 규정하고 있지 않더라도 각 피보험자별로 보험자 면책조항의 적용 여부를 가려 그 면책 여부를 결정하여야 할 것이고, 그 약관의 규정형식만으로 복수의 피보험자 중 어느 한 사람이 면책조항에 해당한다고 하여 보험자가 모든 피보험자에 대한 보상책임을 면하는 것으로 해석할 것은 아니다. 즉 사용자의 지휘하에 있지 않는 배상책임을 지는 다른 피보험자가 있다면 그 자에 대하여는 사용자의 책임이 발생하지 않으므로 보상책임을 진다.

(5) 사례유형[대법원 1998.4.23. 선고 97다19403 전원합의체 판결]

[판시사항]

① 배상책임 있는 피보험자가 복수인 경우, 자동차보험약관상의 「대물배상」 면책조항의 개별적용 여부(적극)

② 甲이 기명피보험자인 중기대여업자 乙로부터 덤프트럭을 운전자인 丙과 함께 임차하여 甲의 지휘·감독하에 丙으로 하여금 운전토록 하다가 丙의 부주의로 인하여 甲이 사용·관리하던 재물이 파손된 경우, 乙에 대한 자동차보험약관상의 면책조항의 적용 여부(소극)

[판결요지]

① [다수의견] 자동차보험에 있어서 동일 자동차사고로 인하여 피해자에 대하여 배상책임을 지는 피보험자가 복수로 존재하는 경우에는 그 피보험이익도 피보험자마다 개별로 독립하여 존재하는 것이니 만큼 각각의 피보험자마다 손해배상책임의 발생요건이나 면책조항의 적용 여부 등을 개별적으로 가려서 보상책임의 유무를 결정하는 것이 원칙이므로, 자동차보험약관에 정한 보험자 면책조항의 적용 여부를 판단함에 있어서는 특별한 사정이 없는 한 그 약관에 피보험자 개별적용조항을 별도로 규정하고 있지 않더라도 각 피보험자별로 보험자 면책조항의 적용 여부를 가려 그 면책 여부를 결정하여야 하고, 그 약관의 규정 형식만으로 복수의 피보험자 중 어느 한 사람이 면책조항에 해당한다고 하여 보험자가 모든 피보험자에 대한 보상책임을 면하는 것으로 해석할 것은 아니며, 이와 같은 법리는 「대물배상」에 있어서도 마찬가지로 적용되어야 한다.

[반대의견] 자동차보험약관은 자동차보험계약의 보험자가 상대방과 계약을 체결하기 위하여 일정한 형식에 의하여 미리 마련한 계약의 내용이 되는 것을 말하므로, 그 내용은 「약관의 규제에 관한 법률」이나 「상법」 등 강행규정에 반하지 아니하는 한 원칙적으로 각 보험자마다 또 「대인배상」과 「대물배상」을 구별하여 각각 달리 정할 수 있다. 「대인배상」과 「대물배상」은 다 같이 피보험자 또는 제3자의 손해를 보호하는 면에 있어서는 동일하지만, 궁극적으로 보호하려는 것은 전자는 사람의 생명 또는 신체인데 대하여 후자는 재물이므로, 그 보호의 정도나 법적 규율의 정도는 서로 다르게 취급할 수 있으며, 이는 「자동차손해배상보장법」을 살펴보더라도 명확하다. 이와 같이 「대물배상」과 「대인배상」에 있어서 피보험자 및 피해자의 보호 정도나 법적 규율을 달리하고 있고 보험약관에서도 면책조항의 내용과 방식을 달리 정하고 있는 점 등을 고려하여 보면, 보험약관의 면책조항을 개별적용할 것인지의 여부는 개별 약관에서 정하는 바에 따라 「대인배상」과 「대물배상」을 각각 달리 해석하여야 하는 것이 당연하고, 또 그렇게 해석한다고 하여도 서로 저촉이 일어날 수 없다.

② 甲은 기명피보험자로서 중기대여업자인 乙로부터 덤프트럭을 그 소속 운전기사 丙과 함께 임차하여 甲의 지휘·감독하에 丙으로 하여금 이를 운전하게 하였는데, 丙이 덤프트럭을 운전하다가 부주의하게 후진한 과실로 甲이 사용·관리하던 제3자 소유의 재물이 파손된 경우, 乙은 기명피보험자, 甲은 乙이 가입한 영업용자동차보험약관 제22조 제3항 소정의 승낙피보험자, 丙은 위 약관 제22조 제5항 소정의 운전피보험자이어서 피해자에게 배상책임을 지는 피보험자가 복수로 존재하는 경우라고 할 것이므로, 위에서 본 법리에 따르면 위 약관의 각 면책조항에서 정한 '피보험자'란 면책사유와 관련이 있는 '당해 피보험자'를 의미하는 것으로 해석하여야 할 것인 바, 甲에 대한 관계에 있어서는 위 약관의 면책조항인 제21조 제2항 제1호 소정의 '피보험자가 사용 또는 관리하는 재물'에 해당하고, 丙에 대한 관계에 있어서는 위 약관의 면책조항인 제21조 제2항 제2호 소정의 '피보험자가 사용자의 업무에 종사하고 있을 때 피보험자의 사용자가 사용 또는 관리하는 재물에 생긴 손해'에 해당하므로, 보험자에게 면책사유가 존재한다고 할 것이나, 乙에 대한 관계에 있어서는 乙은 위 피해 재물을 소유·사용 또는 관리하는 자가 아니고, 甲이 乙의 사용자로 되거나 乙이 甲의 업무를 수행한 일도 없으므로 위 약관 제21조 제2항 제1호, 제2호 소정의 각 면책사유에 해당되지 아니하므로, 보험자의 보험금 지급책임이 면책되는 것은 아니다.

10

자동차보험 「대물배상」에서 피보험자, 피해자, 보험자의 책임관계를 설명하고, 피해자가 보험자에게 청구하는 행위의 법률근거와 요건 및 청구절차에 대하여 서술하시오.

1. 피보험자, 피해자, 보험자의 책임관계

피보험자와 피해자는 법률상 손해배상관계, 피보험자와 보험자간에는 보험계약에 의한 보험관계가 있으나, 피해자와 보험자간에는 어떠한 손해배상관계나 계약상 보험관계가 없다.

다만, 「상법」은 피해자를 보호하기 위해 ① 보험자는 피보험자가 그 책임을 질 사고로 인해 생긴 손해에 대해 제3자가 그 배상을 받기 전에는 보험금액의 전부 또는 일부를 피보험자에게 지급하지 못하도록 하고 있고, ② 제3자는 피보험자가 책임을 질 사고로 입은 손해에 대해 보험금액의 한도에서 보험자에게 직접 보상을 청구할 수 있도록 하고 있다(상법 제724조). 이처럼 피해자인 제3자는 보험자에 대해 직접청구권을 가지므로 제3자는 피보험자에 대한 손해배상청구권과 보험자에 대한 보험금청구권을 갖는다. 만일, 제3자가 피보험자에 대한 손해배상청구권을 먼저 행사하면 보험자에 대한 보험금청구권을 잃고, 제3자가 보험자에 대해 보험금청구권을 행사하고 보험자가 제3자에게 보험금을 지급하면 피보험자는 제3자에 대해 손해배상책임을 면하게 된다.

2. 법률근거

(1) 「상법」 제724조(보험자와 제3자와의 관계)
제3자는 피보험자가 책임을 질 사고로 입은 손해에 대해 보험금액의 한도에서 보험자에게 직접 보상을 청구할 수 있다.

(2) 「민법」 제750조(불법행위자 책임)
고의 또는 과실로 인한 위법행위로 타인에게 손해를 가한 자는 그 손해를 배상할 책임이 있다.

(3) 「민법」 제756조(사용자의 배상책임)
타인을 사용하여 어느 사무에 종사하게 한 자는 피용자가 그 사무집행에 관하여 제3자에게 가한 손해를 배상할 책임이 있다. 그러나 사용자가 피용자의 선임 및 그 사무감독에 상당한 주의를 한 때 또는 상당한 주의를 하여도 손해가 있을 경우에는 그러하지 아니하다.

(4) 「민법」 제758조(공작물 등의 점유자, 소유자의 책임)

공작물의 설치 또는 보존의 하자로 인하여 타인에게 손해를 가한 때에는 공작물점유자가 손해를 배상할 책임이 있다. 그러나 점유자가 손해의 방지에 필요한 주의를 해태하지 아니한 때에는 그 소유자가 손해를 배상할 책임이 있다.

(5) 「민법」 제760조(공동불법행위자의 책임)

수인이 공동의 불법행위로 타인에게 손해를 가한 때에는 연대하여 그 손해를 배상할 책임이 있다.

3. 발생요건

① 피보험자가 대한민국(북한지역 포함) 안에서 자동차사고를 냈을 것
② 피보험자동차의 사고로 다른 사람의 재물을 없애거나 훼손하였을 것
③ 그로 인하여 피보험자가 법률상 손해배상책임을 짐으로써 손해를 입었을 것

4. 손해배상청구권자의 직접 청구절차

① 보험회사가 손해배상청구권자의 청구를 받았을 때에는 지체 없이 피보험자에게 통지한다. 이 경우 피보험자는 보험회사의 요청에 따라 증거확보, 권리보전 등에 협력하여야 하며, 만일 피보험자가 정당한 이유 없이 협력하지 않은 경우 그로 인하여 늘어난 손해에 대하여는 보상하지 않는다.
② 보험회사가 손해배상청구권자에게 지급하는 손해배상금은 이 약관에 의하여 보험회사가 피보험자에게 지급책임을 지는 금액을 한도로 한다.
③ 보험회사가 손해배상청구권자에게 손해배상금을 직접 지급할 때에는 그 금액의 한도에서 피보험자에게 보험금을 지급하는 것으로 한다.
④ 보험회사는 손해배상청구에 관한 서류 등을 받았을 때에는 지체 없이 지급할 손해배상액을 정하고 그 정하여진 날부터 7일 이내에 지급한다.
⑤ 보험회사가 정당한 사유 없이 손해배상액을 정하는 것을 지연하였거나 지급기일 내에 손해배상금을 지급하지 않았을 때, 지급할 손해배상금이 있는 경우에는 그 다음날부터 지급일까지의 기간에 대하여 〈부표〉 '보험금을 지급할 때의 적립이율'에 따라 연단위 복리로 계산한 금액을 손해배상금에 더하여 지급한다. 그러나 손해배상청구권자의 책임 있는 사유로 지급이 지연될 때에는 그 해당 기간에 대한 이자를 더하여 지급하지 않는다.

⑥ 보험회사가 손해배상 청구에 관한 서류를 받은 때부터 30일 이내에 손해배상청구권자에게 손해배상금을 지급하는 것을 거절하는 이유 또는 그 지급을 연기하는 이유(추가 조사가 필요한 때에는 확인이 필요한 사항과 확인이 종료되는 시기를 포함)를 서면(전자우편 등 서면에 갈음할 수 있는 통신수단을 포함)으로 통지하지 않는 경우, 정당한 사유 없이 손해배상액을 정하는 것을 지연한 것으로 본다.

⑦ 보험회사는 손해배상청구권자의 요청이 있을 때는 손해배상액을 일정기간으로 정하여 정기금으로 지급할 수 있다. 이 경우 각 정기금의 지급기일의 다음날부터 모두 지급하는 날까지의 기간에 대하여 보험개발원이 공시한 보험계약대출이율에 따라 연단위 복리로 계산한 금액을 손해배상금에 더하여 지급한다.

11

자동차보험 「대물배상」에서 기명피보험자 본인의 무면허운전, 음주운전, 사고발생시의 조치의무위반에 대한 정의 및 「대물배상」담보 사고부담금 납입 내용을 서술하고, 다음 사례의 경우 피보험자가 납입하여야 할 사고부담금과 그 사유를 쓰시오.

사 례	보험가입일자	보험가입금액	사고일자	손해액
① 음주운전 중 사고	2019.6.25.	2,000만원	2019.8.15.	800만원
② 무면허운전 중 사고	2019.7.15.	3,000만원	2019.8.27.	1,200만원

〈사 례〉
- 보험기간 : 2020.6.10. 24:00 ～ 2021.6.10. 24:00
- 사고일시 : 2020.9.21. 22:10
- 사고내용 : 아파트 주차장에서 출차 중 주차 차단기 앞에서 정지하는 선행차량을 후미추돌한 사고
- 운전자 : 기명피보험자(운전면허 정지기간 중 사고)
- 대물손해액 : 2,400만원(간접손해 포함)

1. 정 의

(1) 무면허운전(조종)

「도로교통법」 또는 「건설기계관리법」의 운전(조종)면허에 관한 규정에 위반되는 무면허 또는 무자격운전(조종)을 말하며, 운전(조종)면허의 효력이 정지된 상황이거나, 운전(조종)이 금지된 상황에서 운전(조종)하는 것을 포함한다.

(2) 음주운전(조종)

「도로교통법」에 정한 술에 취한 상태에서 운전(조종)하거나 음주측정에 불응하는 행위를 말한다.

(3) 사고발생시의 조치의무위반

「도로교통법」에서 정한 사고발생시의 조치를 하지 않은 경우를 말한다. 다만, 주·정차된 차만 손괴한 것이 분명한 경우에 피해자에게 인적사항을 제공하지 아니한 경우는 제외한다.

2. 사고부담금 납입

피보험자 본인이 음주운전이나 무면허운전을 하는 동안에 생긴 사고 또는 사고발생시의 조치의무를 위반한 경우 또는 기명피보험자의 명시적·묵시적 승인하에서 피보험자동차의 운전자가 음주운전이나 무면허운전을 하는 동안에 생긴 사고 또는 사고발생시의 조치의무를 위반한 경우로 인하여 보험회사가 「대물배상」에서 보험금을 지급하는 경우, 피보험자는 다음에서 정하는 사고부담금을 보험회사에 납입하여야 한다.

(1) 「자동차손해배상보장법」 제5조 제2항의 규정에 따라 자동차보유자가 의무적으로 가입하여야 하는 「대물배상」 보험가입금액 이하 손해

　　1사고당 음주운전 500만원, 무면허운전 100만원, 사고발생시의 조치의무위반 100만원

　　※ 출제 당시 2020년 10월 개정된 자동차보험 표준약관에 따름

(2) 「자동차손해배상보장법」 제5조 제2항의 규정에 따라 자동차보유자가 의무적으로 가입하여야 하는 「대물배상」 보험가입금액 초과 손해

　　1사고당 5,000만원

3. 문제 사례에서 피보험자가 납입하여야 할 사고부담금

2020년 6월 1일 이후 계약한 임의보험에 대한 사고부담금 규정이 신설되었다. 즉 책임보험의 보상한도는 「대물배상」의 경우 2,000만원이므로, 2,000만원 이하 손해액의 경우 1사고당 사고부담금이 100만원이고, 2,000만원 초과 손해액의 경우 1사고당 사고부담금이 5,000만원으로 강화되었다.

따라서, 문제 사례의 경우 대물손해액이 2,400만원(간접손해 포함)이므로, 사고부담금은 5,000만원이어야 한다.

그런데 주차 차단기가 설치돼 있고 경비원에 의해 출입이 통제되는 아파트 단지나 학교 운동장, 각종 건물과 시설의 주차장 등은 「도로교통법」상 '도로'에 해당되지 않기 때문에 무면허운전이 성립되지 않는다. 결국 사고부담금 규정을 적용하지 않으므로 0원이다.

12

자동차 대물보상 실무에서 탑승자와 통행인의 분실 또는 도난으로 인한 소지품에
생긴 손해는 보상하지 않으나, 훼손된 소지품에 대해서는 보상을 한다. 그 이유와
보상범위, 보상한도, 감가율 적용 요령에 대하여 서술하시오.

1. 보상이유

분실 또는 도난으로 인한 소지품에 생긴 손해는 보상하지 않고 훼손된 소지품에 대해서만 보상하
는 이유는 분실이나 도난의 경우 도덕적 위험 및 객관적인 피해손해액 산정이 어렵기 때문이다.

2. 보상범위

현 「대물배상」 약관에서는 휴대품과 소지품으로 구분하고 훼손된 소지품에 대해서는 보상하고
있다.

(1) 휴대품

휴대품이란 통상 몸에 지니고 있는 물품으로 현금, 유가증권, 지갑, 만년필, 라이터, 손목시계,
귀금속, 기타 장신구 및 이와 유사한 물품을 말한다.

(2) 소지품

① 소지품이란 휴대품 이외에 소지한 물품으로 휴대폰, 노트북, 캠코더, 카메라, CD플레이어,
   MP3, 워크맨, 녹음기, 전자수첩, 전자사전, 휴대용라디오, 핸드백, 서류가방 및 골프채 등을
   말한다. 즉 물건 본래의 성질이나 용도가 사람의 몸에 지니고 다니거나, 손가방 등에 넣어
   쉽게 휴대하고 다니면서 사용할 수 있는 물건을 의미한다.
② 차대인 사고시 통행자가 소지한 물품과 차대차 사고시 피해차량에 실려 있는 소지품을
   포함한다.

(3) 소지품과 적재물의 구분

① 탑승자가 관리할 수 있는 범위 내(차량의 실내) 물품이 있는 경우 소지품으로 보고, 트렁크
   등 화물을 적재하는 공간에 보관 중이거나 운송 중인 물품은 적재물로 본다.
② 골프채는 차량이 싣는 시점부터 적재물로 보지만 통행인이 골프채를 들고 가다 사고가 발생한
   경우는 소지품으로 본다.

3. 보상한도

① 훼손된 소지품에 대하여는 피해자 1인당 200만원의 한도 내에서 실손보상이 이루어진다.

② 훼손된 적재물인 경우에는 「대물배상」 가입금액 한도 내에서 보상한다.

4. 감가율 적용 요령

(1) 제조연월일이 확인되는 경우

제조연월일 1개월 이후부터 감가 적용한다(1개월 이내는 감가 미적용).

(2) 제조연월일이 확인되지 않는 경우

제조연월일이 확인될 수 있는 가장 최근의 날짜를 기준으로 감가 적용한다(마지막 출고일자 기준).

(3) 일부 수리의 경우

일부 수리비에 대하여도 감가상각 적용을 원칙으로 한다. 다만, 해당 수리비로 인하여 목적물의 경제적 가치가 증대되지 않는 경우에 한하여 수리비가 목적물가액의 20% 이하인 경우에는 감가를 적용하지 않는다.

13

다음 자동차보험 보통약관 용어의 정의에 대해 약술하시오.

(1) 휴대품
(2) 통상의 수리기간
(3) 부속기계장치
(4) 보험가액
(5) 자동차취급업자

용어의 정의

(1) 휴대품

통상적으로 몸에 지니고 있는 물품으로 현금, 유가증권, 만년필, 소모품, 손목시계, 귀금속, 장신구, 그 밖에 이와 유사한 물품을 말한다.

(2) 통상의 수리기간

보험개발원이 과거 3년간 렌트기간과 작업시간 등과의 상관관계를 합리적으로 분석하여 산출한 수리기간(범위)을 말한다.

(3) 부속기계장치

의료방역차, 검사측정차, 전원차, 방송중계차 등 자동차등록증상 그 용도가 특정한 자동차에 정착되거나 장비되어 있는 정밀기계장치를 말한다.

(4) 보험가액

① 보험계약을 체결하는 경우 보험계약 체결 당시 보험개발원이 정한 최근의 자동차보험 차량기준가액표(적용요령 포함)에 정한 가액을 말한다.

② 보험계약 체결 후 사고가 발생한 경우 보험사고발생 당시 보험개발원이 정한 최근의 자동차보험 차량기준가액표(적용요령 포함)에 정한 가액을 말한다.

(5) 자동차취급업자

자동차정비업, 대리운전업, 주차장업, 급유업, 세차업, 자동차판매업, 자동차탁송업 등 자동차를 취급하는 것을 업으로 하는 자(이들의 피용자 및 이들이 법인인 경우에는 그 이사와 감사를 포함)를 말한다.

14

자동차보험 표준약관과 관련한 다음의 용어를 약술하시오.

(1) 무면허운전(조종)
(2) 물 체
(3) 침 수
(4) 보험가액(자기차량손해)
(5) 전부손해(자기차량손해)

---

(1) 무면허운전(조종)

「도로교통법」또는「건설기계관리법」의 운전(조종)면허에 관한 규정에 위반하는 무면허 또는 무자격운전(조종)을 말하며, 운전(조종)면허의 효력이 정지 중에 있거나 운전(조종)의 금지 중에 있을 때에 운전하는 것을 포함한다.

(2) 물 체

물체란 구체적인 형체를 지니고 있어 충돌이나 접촉에 의해 자동차 외부에 직접적인 손상을 줄 수 있는 것을 말하며, 엔진 내부나 연료탱크 등에 이물질을 삽입하는 경우 물체로 보지 않는다.

(3) 침 수

침수란 흐르거나 고인 물, 역류하는 물, 범람하는 물, 해수 등에 피보험자동차가 잠기는 것을 말하며, 차량 도어나 선루프 등을 개방해 놓았을 때 빗물이 들어간 것은 침수로 보지 않는다.

(4) 보험가액(자기차량손해)

보험가액(자기차량손해)이란 보험개발원이 정한 차량기준가액표에 따라 보험계약을 맺었을 때에는 사고발생 당시의 보험개발원이 정한 최근의 차량기준가액을 말한다. 그러나 위 차량기준가액이 없거나 이와 다른 가액으로 보험계약을 맺었을 경우 보험증권에 기재된 가액이 손해가 생긴 곳과 때의 가액을 현저하게 초과할 때에는 그 손해가 생긴 곳과 때의 가액을 보험가액으로 한다.

(5) 전부손해(자기차량손해)

전부손해(자기차량손해)란 피보험자동차가 완전히 파손, 멸실, 또는 오손되어 수리할 수 없는 상태이거나, 피보험자동차에 생긴 손해액과 보험회사가 부담하기로 한 비용의 합산액이 보험가액 이상인 경우를 말한다.

15

2020년 10월 변경된 자동차보험 표준약관의 "보험가액"을 정의하고 자동차보험 차량기준가액표 적용기준과 세분란의 기호를 5가지 이상 약술하시오.

1. 보험가액

① <u>보험계약을 체결하는 경우</u> 보험계약 체결 당시 보험개발원이 정한 최근의 자동차보험 차량기준 가액표(적용요령 포함)에 정한 가액을 말한다.

② <u>보험계약 체결 후 사고가 발생한 경우</u> 보험사고발생 당시 보험개발원이 정한 최근의 자동차보험 차량기준가액표(적용요령 포함)에 정한 가액을 말한다.

2. 자동차보험 차량기준가액표 적용기준과 세분란의 기호

(1) 자동차보험 차량기준가액표 적용기준

① 자동차의 보험가액과 보험가입금액은 피보험자동차의 용도, 차명, 형식, 모양 및 연식 등을 확인하여 다음과 같이 정한다.

  ㉠ <u>기준가액표에 있는 자동차</u> : 해당 차량의 기준가액을 적용한다.

  ㉡ <u>기준가액표에 없는 자동차</u> : 차량의 제조회사, 기통수, 용적, 연도 및 모양 등으로 보아 기준가액표상의 유사한 차량의 가액 또는 동종 차량의 시중거래가격을 참고로 하여 정하거나, 국내 판매가격(부가가치세 포함)을 기준가액으로 하여 "내용연수표"와 "표준감가상각 잔존율표"에 의하여 가액을 결정한다. 다만, 외국산 자동차 및 일반탑, 보냉탑, 탱크 등 구조변경한 화물자동차는 추가적으로 다음과 같은 기준을 적용한다.

   • <u>외국산 자동차</u>
    자동차 수입판매회사가 수입하여 판매한 외국산 자동차의 경우 자동차 구입자가 지불한 국내판매가격(부가가치세 포함)을 기준가액으로 정하고, C.I.F. 가격의 확인유무에 따라 "외국산 자동차의 기준가액 책정"에 기재되어 있는 방식으로 기준가액을 산정한다. 또한, 외국산 신차 국내 판매가격의 확인이 곤란 할시에는 "외국산 자동차 신차가액표"를 참고로 하여 기준가액을 정할 수 있다.

   • <u>일반탑, 보냉탑, 탱크 등 구조변경한 화물자동차</u>
    기준가액표상의 해당 카고트럭 가액과 "탑 및 탱크 참고가액표"의 해당 가액을 합산한 금액을 참고로 하여 기준가액을 정할 수 있다.

② 자동차 시가가 기준가액표상의 가액과 현저한 차이가 있을 때에는 자동차매매계약서 또는 전문업소의 자동차시가 감정서 등 합리적이고 객관적인 증빙자료를 참고로 한 시가를 기준가액 으로 한다.

③ 관용자동차의 기준가액은 자가용자동차의 가액을 적용하며, 특수차는 용도 구분없이 적용한다.

(2) 세분란의 기호(5가지 이상)

① "＊" 표

통상적으로 해당 자동차에 스테레오가 부착되어 있어 기준가액에 스테레오의 가격이 포함되어 있는 경우로서 세분란의 우측에 표시되어 있다.

② "＃" 표

통상적으로 해당 자동차에 에어컨장치가 부착되어 있어 기준가액에 스테레오의 가격이 포함되어 있는 경우로서 세분란의 우측에 표시되어 있다.

③ "＠" 표

통상적으로 해당 자동차에 스테레오와 칼라유리가 동시에 부착되어 있어 기준가액에 스테레오와 칼라유리의 가격이 포함된 경우로서 세분란의 우측에 표시되어 있다.

④ "＄" 표

통상적으로 해당 자동차에 에어컨과 운전석 에어백이 동시에 부착되어 있어 기준가액에 이들 가격이 포함된 경우로서 세분란의 우측에 표시되어 있다

⑤ "＆" 표

통상적으로 해당 자동차에 에어컨과 운전석 에어백 및 조수석 에어백이 동시에 부착되어 있어 기준가액에 이들 가격이 포함된 경우로서 세분란의 우측에 표시되어 있다.

⑥ "∧" 표

통상적으로 해당 자동차에 이모빌라이져나 GPS가 부착되어 있어 기준가액에 이들 가격이 포함되어 있는 경우로서 세분란의 우측에 표시되어 있다.

⑦ "－" 표

해당 사항이 없음을 나타낸다.

16

2021년 12월 변경된 자동차보험 표준약관의 "사고발생시의 조치의무위반"을 정의하고, 다음 (   )의 보상책임 판단 및 사고발생시의 조치의무위반 자기부담금액을 쓰시오(단, 자기차량손해의 경우 물적 할증기준 200만원).

구 분		음 주	무면허	사고발생시의 조치의무위반	자기부담금 (만원)
대물 배상	2천만원 이하	①( )	②( )	③( )	④( )
	2천만원 초과	⑤( )	⑥( )	⑦( )	⑧( )
자기차량손해		⑨( )	⑩( )	⑪( )	⑫( )

1. 사고발생시의 조치의무위반

「도로교통법」에서 정한 사고발생시의 조치를 하지 않은 경우를 말한다. 다만, 주·정차된 차만 손괴한 것이 분명한 경우에 피해자에게 인적사항을 제공하지 아니한 경우는 제외한다.

2. 보상책임 판단 및 자기부담금액

구 분		음 주	무면허	사고발생시의 조치의무위반	자기부담금 (만원)
대물 배상	2천만원 이하	①(보상)	②(보상)	③(보상)	④(지급보험금)
	2천만원 초과	⑤(보상)	⑥(보상)	⑦(보상)	⑧(5,000)
자기차량손해		⑨(면책)	⑩(면책)	⑪(보상)	⑫(0)

3. 「대물배상」 자기부담금액

① 「자동차손해배상보장법」제5조 제2항의 규정에 따라 자동차보유자가 의무적으로 가입하여야 하는「대물배상」보험가입금액(2,000만원) 이하 손해 : 지급보험금

② 「자동차손해배상보장법」제5조 제2항의 규정에 따라 자동차보유자가 의무적으로 가입하여야 하는「대물배상」보험가입금액(2,000만원) 초과 손해 : 1사고당 5,000만원

③ 무면허운전이나 음주운전 사고시 제한적으로 보상이 가능하다.

④ 자기차량손해의 경우 음주운전 및 무면허운전의 경우 보험처리가 불가능하며, 사고발생시의 조치의무위반인 경우 보상한다.

자기차량손해 담보 가입시 자기부담금(물적 할증기준이 200만원일 때)

구 분	자기부담금 20%	자기부담금 30%
최소 자기부담금	20만원	30만원
최대 자기부담금	50만원	100만원

17

자기차량손해시 보상책임내용을 설명하고, 보상하지 않는 손해(면책사유)를 열거하시오.

1. 보상책임

(1) 보상내용

보험회사는 피보험자가 피보험자동차를 소유·사용·관리하는 동안에 발생한 사고로 인하여 피보험자동차에 직접적으로 생긴 손해를 보험증권에 기재된 보험가입금액을 한도로 보상하되 다음의 기준에 따른다.

① 보험가입금액이 보험가액보다 많은 경우에는 보험가액을 한도로 보상한다.

② 피보험자동차에 통상 붙어있거나 장치되어 있는 부속품과 부속기계장치는 피보험자동차의 일부로 본다. 그러나 통상 붙어 있거나 장치되어 있는 것이 아닌 것은 보험증권에 기재한 것에 한한다.

③ 피보험자동차의 단독사고(가해자 불명사고를 포함한다) 또는 일방과실사고의 경우에는 실제 수리를 원칙으로 한다.

④ <u>경미한 손상</u>의 경우 보험개발원이 정한 경미손상 수리기준에 따라 복원수리하는데 소요되는 비용을 한도로 보상한다.

   ※ **경미한 손상** : 외장부품 중 자동차의 기능과 안전성을 고려할 때 부품교체 없이 복원이 가능한 손상

(2) 지급보험금

보험회사는 '피보험자동차에 생긴 손해액'과 '비용'을 합한 액수에서 보험증권에 기재된 '자기부담금'을 공제한 후 보험금으로 지급한다.

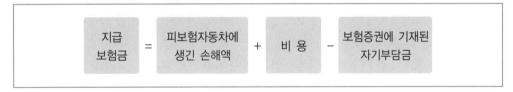

① 피보험자동차에 생긴 손해액

   ㉠ 보험증권에 기재된 보험가입금액을 한도로 보상하며, 보험가입금액이 보험가액보다 많은 경우에는 보험가액을 한도로 보상한다.

   ㉡ 피보험자동차의 손상을 고칠 수 있는 경우에는 사고가 생기기 바로 전의 상태로 만드는데 드는 수리비. 다만, 잔존물이 있는 경우에는 그 값을 공제한다.

ⓒ 피보험자동차를 고칠 때에 부득이 새 부분품을 쓴 경우에는 그 부분품의 값과 그 부착 비용을 합한 금액. 다만, 엔진, 미션 등 중요한 부분을 새 부분품으로 교환한 경우 그 교환된 기존 부분품의 감가상각에 해당하는 금액을 공제한다.

ⓔ 피보험자동차가 제 힘으로 움직일 수 없는 경우에는 이를 고칠 수 있는 가까운 정비공장이나 보험회사가 지정하는 곳까지 운반하는데 든 비용 또는 그 곳까지 운반하는데 든 임시수리비용 중에서 정당하다고 인정되는 부분은 보상하여 지급한다.

② 비 용

비용은 보험가입금액과 관계없이 보상한다.

ⓐ 손해의 방지와 경감을 위하여 지출한 비용

ⓑ 남으로부터 손해배상을 받을 수 있는 권리의 보전과 행사를 위하여 지출한 비용

③ 자기부담금

피보험자동차에 전부손해가 생긴 경우 또는 보험회사가 보상하여야 할 금액이 보험가입금액 전액 이상인 경우에는 공제하지 않는다.

2. 보상하지 않는 손해(면책사유)

① 보험계약자 또는 피보험자의 고의로 인한 손해

② 전쟁, 혁명, 내란, 사변, 폭동, 소요 및 이와 유사한 사태로 인한 손해

③ 지진, 분화 등 천재지변으로 인한 손해

④ 핵연료물질의 직접 또는 간접적인 영향으로 인한 손해

⑤ 영리를 목적으로 요금이나 대가를 받고 피보험자동차를 반복적으로 사용하거나 빌려 준 때에 생긴 손해. 다만, 다음의 어느 하나에 해당하는 경우에는 보상한다.

ⓐ 임대차계약(계약기간이 30일을 초과하는 경우에 한함)에 따라 임차인이 피보험자동차를 전속적으로 사용하는 경우(다만, 임차인이 피보험자동차를 영리를 목적으로 요금이나 대가를 받고 반복적으로 사용하는 경우에는 보상하지 않는다)

ⓑ 피보험자와 동승자가 「여객자동차운수사업법」에 따른 토요일, 일요일 및 공휴일을 제외한 날의 출·퇴근 시간대(오전 7시부터 오전 9시까지 및 오후 6시부터 오후 8시까지를 말한다)에 실제의 출·퇴근 용도로 자택과 직장 사이를 이동하면서 승용차 함께타기를 실시한 경우

⑥ 사기 또는 횡령으로 인한 손해

⑦ 국가나 공공단체의 공권력 행사에 의한 압류, 징발, 몰수, 파괴 등으로 인한 손해. 그러나 소방이나 피난에 필요한 조치로 손해가 발생한 경우에는 그 손해를 보상한다.

⑧ 피보험자동차에 생긴 흠, 마멸, 부식, 녹, 그 밖에 자연소모로 인한 손해

⑨ 피보험자동차의 일부 부분품, 부속품, 부속기계장치만의 도난으로 인한 손해

⑩ 동파로 인한 손해 또는 우연한 외래의 사고에 직접 관련이 없는 전기적, 기계적 손해

⑪ 피보험자동차를 시험용, 경기용 또는 경기를 위해 연습용으로 사용하던 중 생긴 손해. 다만, 운전면허시험을 위한 도로주행시험용으로 사용하던 중 생긴 손해는 보상한다.

⑫ 피보험자동차를 운송 또는 싣고 내릴 때에 생긴 손해

⑬ 피보험자동차가 주정차 중일 때 피보험자동차의 타이어나 튜브에만 생긴 손해. 다만, 다음 중 어느 하나에 해당하는 손해는 보상한다(타이어나 튜브의 물리적 변형이 없는 단순 오손의 경우는 제외).
  ㉠ 다른 자동차가 충돌하거나 접촉하여 입은 손해
  ㉡ 화재, 산사태로 입은 손해
  ㉢ 가해자가 확정된 사고로 인한 손해

> **더 알아보기 가해자가 확정된 사고**
>
> '가해자가 확정된 사고'라 함은 피보험자동차에 장착되어 있는 타이어나 튜브를 훼손하거나 파손한 사고로, 경찰관서를 통하여 가해자(기명피보험자 및 기명피보험자의 부모, 배우자, 자녀는 제외)의 신원이 확인된 사고를 말한다.

⑭ 다음 중 어느 하나에 해당하는 자가 무면허운전, 음주운전 또는 마약·약물운전을 하였을 때 생긴 손해
  ㉠ 보험계약자, 기명피보험자
  ㉡ 30일을 초과하는 기간을 정한 임대차계약에 의해 피보험자동차를 빌린 임차인
  ㉢ 기명피보험자와 같이 살거나 생계를 같이 하는 친족

> **더 알아보기**
>
> • **마약·약물운전**
> '마약·약물운전'이라 함은 마약 또는 약물 등의 영향으로 인하여 정상적인 운전을 하지 못할 우려가 있는 상태에서 피보험자동차를 운전하는 것을 말한다.
>
> • **임차인**
> 임차인이 법인인 경우에는 그 이사, 감사 또는 피고용자(피고용자가 피보험자동차를 법인의 업무에 사용하고 있는 때에 한함)를 포함한다.

18

개인용 자동차보험 자기차량손해 및 「대물배상」담보의 "보상하지 않는 손해" 중 약관에서 규정하고 있는 "유상운송"의 개념과 범위, 면책취지에 대해 서술하고, 약관상 면책에서 예외 되는 내용을 쓰시오.

1. "유상운송"의 개념과 범위

유상운송이란 "자가용 자동차를 유상으로, 즉 요금이나 대가를 받고 또는 받을 목적으로 운송용에 제공하거나 대여하는 것"을 의미한다.

유상운송에 해당하는 대표적 사례는 자가용 승용차를 이용하여 심야에 행인, 취객 등을 목적지까지 운송해 주고, 그에 대한 대가로서 일정수준의 금품을 수수하는 경우이다. 추가적으로 요금이나 대가를 받고 자가용 차량을 '대여'하는 경우도 유상운송에 포함된다. 다만, 실비 변상적 성격의 경비 등은 대가나 이익에 포함되지 않는다.

2. 면책취지

비사업용 자동차로서 보험에 가입한 차량을 계속적 또는 반복적으로 유상운송행위에 사용하는 경우에 발생된 사고에 관하여 보험자의 면책을 규정한 업무용 자동차종합보험 보통약관의 조항은, 사업용 자동차 이외의 자동차를 유상운송에 제공하는 행위가 구 「자동차운수사업법」제58조(현행 여객자동차운수사업법 제73조 참조), 제72조 제2호(현행 여객자동차운수사업법 제81조 제7호 참조)에 의하여 처벌의 대상이 되는 범법행위로서 이를 억제하려는데 그 취지가 있을 뿐 아니라, 사업용 자동차와 비사업용 자동차는 보험사고의 위험률에 큰 차이가 있어 보험료의 액수가 다르기 때문이다(대법원 1995.5.12. 선고 94다54726 판결). 즉, 유상운송 중의 사고에 관하여 보험자의 면책을 규정하고 있는 것은 유상운송의 경우가 그렇지 않은 경우보다 보험사고의 위험이 훨씬 큰 만큼 별도의 위험담보 특약에 의하여 보험료를 추가로 납부하지 않는 한 그로 인한 위험을 인수하지 않겠다는데 그 주된 취지가 있다(대법원 1999.9.3. 선고 99다10349 판결).

3. 약관상 면책에서 예외 되는 내용

영리를 목적으로 요금이나 대가를 받고 피보험자동차를 반복적으로 사용하거나 빌려 준 때에 생긴 손해는 면책되지만, 다음의 어느 하나에 해당하는 경우에는 보상한다.

① 임대차계약(계약기간이 30일을 초과하는 경우에 한함)에 따라 임차인이 피보험자동차를 전속적으로 사용하는 경우(다만, 임차인이 피보험자동차를 영리를 목적으로 요금이나 대가를 받고 반복적으로 사용하는 경우에는 보상하지 않는다)

② 피보험자와 동승자가 「여객자동차운수사업법」에 따른 토요일, 일요일 및 공휴일을 제외한 날의 출·퇴근 시간대(오전 7시부터 오전 9시까지 및 오후 6시부터 오후 8시까지를 말한다)에 실제의 출·퇴근 용도로 자택과 직장 사이를 이동하면서 승용차 함께타기를 실시한 경우

19

개인용 자동차보험 보통약관「대물배상」담보에서 "보상하지 않는 손해"를 두는 취지와 약관 내용(8가지 이상)을 약술하시오.

1. "보상하지 않는 손해"를 두는 취지

피보험자가 사용자의 업무에 종사하고 있을 때 피보험자의 사용자가 소유·사용 또는 관리하는 재물에 생긴 손해에 대하여 면책사항을 두는 이유는 배상책임을 지는 피보험자가 실제 그 가해자이거나 가해자를 지휘·감독하는 자일 경우에 그 재물에 대하여 생긴 손해와의 관계에서 그 피보험자는 그 재물의 피해자인 동시에 그 재물의 가해자가 되어 결국 피해 받을 권리와 피해를 배상해 주어야 할 의무가 함께 발생하는, 즉 권리의 혼동과 비슷한 현상이 생겨 책임보험으로써 보호되어야 할 보험이익이 크게 줄어들게 된다. 이와 같은 관계에서 보상을 허용하게 되면 피보험자가 그 피해를 과장하여 과대한 피해보상을 받게 되는 도덕적 위험에 처하게 되므로 이를 방지하기 위해 보상의 대상에서 제외한 것이다.

2. 보상하지 않는 손해

(1) 「대인배상Ⅱ」와 「대물배상」에서 보상하지 않는 손해

① 보험계약자 또는 기명피보험자의 고의로 인한 손해

② 기명피보험자 이외의 피보험자의 고의로 인한 손해

③ 전쟁, 혁명, 내란, 사변, 폭동, 소요 또는 이와 유사한 사태로 인한 손해

④ 지진, 분화, 태풍, 홍수, 해일 등 천재지변으로 인한 손해

⑤ 핵연료물질의 직접 또는 간접적인 영향으로 인한 손해

⑥ 영리를 목적으로 요금이나 대가를 받고 피보험자동차를 반복적으로 사용하거나 빌려 준 때에 생긴 손해

⑦ 피보험자가 제3자와 손해배상에 관한 계약을 맺고 있을 때 그 계약으로 인하여 늘어난 손해

⑧ 피보험자동차를 시험용, 경기용 또는 경기를 위해 연습용으로 사용하던 중 생긴 손해

(2) 「대물배상」에서 보상하지 않는 손해

① 피보험자 또는 그 부모, 배우자나 자녀가 소유·사용·관리하는 재물에 생긴 손해

② 피보험자가 사용자의 업무에 종사하고 있을 때 피보험자의 사용자가 소유·사용·관리하는 재물에 생긴 손해

③ 피보험자동차에 싣고 있거나 운송 중인 물품에 생긴 손해

④ 다른 사람의 서화, 골동품, 조각물, 그 밖에 미술품과 탑승자와 통행인의 의류나 휴대품에 생긴 손해

⑤ 탑승자와 통행인의 분실 또는 도난으로 인한 소지품에 생긴 손해

20

물적 사고 할인·할증 제도의 운영취지와 자기차량손해에서 무과실 적용 유형을 약술하시오.

1. 물적 사고 할인·할증 제도의 운영취지

물적 사고 할인·할증 제도란 사고가 없는 운전자에게는 보험료를 할인하고, 사고가 있는 운전자에게는 보험료를 할증하는 것을 말한다. 여기서 말하는 사고란 인적 사고 없이 자기차량, 상대방 차량 및 재물에 손해가 발생한 것을 의미한다. 물적 사고 할인·할증 제도는 운전자의 안전운전을 유도하고, 교통사고 발생률 감소 및 자동차보험료 인하 효과를 목적으로 시행되고 있다.

> **더 알아보기**
>
> 2016년부터 자동차보험료 할인·할증 제도가 사고 경중(輕重)을 기준으로 삼는 현행 '점수제'에서 절대적인 사고 숫자를 기준으로 하는 '건수제'로 변경되었다. 이에 따라 자동차사고가 발생할 경우, 그 건수를 기준으로 자동차보험료가 할증되게 되며, 만일 이 시점부터 무사고를 유지하면 자동차보험료는 할인된다.

2. 자기차량손해에서 무과실 적용 유형

(1) 가해자불명사고

① 정의 : 가해자불명사고란 자기과실이 없는 사고 중 가해자가 확인되지 않는 사고를 말한다.

② 유형 : 주차가 허용된 장소에 주차 중 발생한 관리상 과실이 없는 자기차량손해

③ 할인·할증 평가기준 : 과실사고와 동일하게 평가(자차손해액이 물적 할증기준 이하일 때 0.5점, 초과시 1점)

(2) 가해자불명 자차사고 이외의 무과실사고

① 유 형

㉠ 화재, 폭발 및 낙뢰에 의한 자기차량손해(단, 날아온 물체, 떨어지는 물체 이외의 다른 물체와의 충돌, 접촉, 전복 및 추락에 의해 발생한 화재 및 폭발은 제외)

㉡ 태풍, 홍수, 해일 등 자연재해로 인한 자기차량손해

㉢ 기타 보험회사가 자기과실이 없다고 판단하는 사고

② 할인·할증 평가기준 : 1년 할인 유예

21 자동차보험 자기차량손해 담보의 일부보험에 대하여 서술하시오.

1. 자기차량손해 담보의 보상책임

자기차량손해 담보란 피보험자 본인 과실로 인한 사고로 피보험자동차에 손해가 생겼을 때 보상받을 수 있는 담보이다.

보험회사는 피보험자가 피보험자동차를 소유·사용·관리하는 동안에 발생한 사고로 인하여 피보험자동차에 직접적으로 생긴 손해를 보험증권에 기재된 보험가입금액을 한도로 보상한다. 보상받는 금액은 피보험자동차에 생긴 손해액과 그 처리를 위한 처리비용을 합한 금액에서 자기부담금을 제외하고 보상한다.

2. 일부보험

(1) 의 의

일부보험은 보험금액이 보험가액에 미달하는 경우, 즉 보험가액의 일부만 보험에 가입하는 경우를 말한다.

(2) 종 류

① 의식적 일부보험

보험가액의 일부를 보험가입하고, 나머지는 보험계약자 본인이 위험을 부담하는 형태이다.

② 자연적 일부보험

물가 추이에 따라 자연히 보험가액이 변동되어 일부보험이 되는 형태이다.

(3) 효 과

① 보험자는 보험금액의 보험가액에 대한 비율에 따라 보상책임을 진다(비례부담의 원칙, 상법 제674조).

② 보험금 지급에 있어서 전손의 경우에는 보험자는 보험금액 전액을, 분손의 경우에는 손해액의 일부, 즉 보험금액의 보험가액에 대한 비율에 손해액을 곱한 금액을 지급한다.

(4) 자동차보험에서의 일부보험

① 조건부 실손보상

자동차보험에서는 일부보험에 가입하였다 하더라도 보험가입금액 한도 내에서 실손보상을 하고 있다.

더 알아보기   **조건부 실손보상**

보험가액의 일정 부보율을 계약자에게 지정 또는 선택하게 하여 계약을 할 수 있도록 하고, 그 계약비율을 충족시킨 경우에는 보험가입금액을 한도로 실손보상을 하는 제도를 말한다.

---

② 부보비율 조건부 실손보상

현재 자기차량손해담보의 일부보험은 '부보비율 조건부 실손보상(제1차 위험보험)'으로 보험가액의 60% 이상을 가입하도록 하고 있다. 즉, 차량가액이 1,000만원이라면 가입금액은 600~1,000만원 내에서 선택할 수 있다.

사례
- 1,000만원짜리 차량을 600만원에 보험가입한 후 사고로 수리비가 550만원 발생한 경우 : 550만원 보상
- 1,000만원짜리 차량을 600만원에 보험가입한 후 사고로 수리비가 650만원 발생한 경우 : 600만원 보상

22

자동차 보험금 산정방식에서 일부보험과 중복보험에 대해 서술하고, 다음 예제의 보험금을 산출하시오.

예1) 일부보험(전손사고)

보험가입금액	보험가액	손해액	잔존물가액	보험금
600만원	1,000만원	700만원	50만원	

예2) 중복보험

구 분	보험가입금액	손해액	분담액
A회사	2,000만원	3,000만원	
B회사	3,000만원		

---

1. 일부보험

일부보험은 보험가입금액이 보험가액에 미달하는 경우, 즉 보험가액의 일부만 보험에 가입하는 경우를 말하며, 전손사고는 피보험자동차가 완전히 멸실, 파손 또는 오손되어 수리할 수 없는 상태이거나 피보험자동차에 생긴 손해액과 보험회사가 약관에 따라 부담하기로 한 비용의 합이 보험가액보다 클 경우를 말한다.

따라서 예1)은 보험가입금액이 보험가액에 미달하는 일부보험이며, 손해액이 보험가입금액보다 큰 전손사고이다. 전손사고의 지급보험금은 보험가입금액 전액에서 잔존물을 공제한 금액이 된다. 즉,

$$지급보험금 = 600만원 - \left(50만원 \times \frac{600만원}{1,000만원}\right) = 570만원이다.$$

예1) 일부보험(전손사고)

보험가입금액	보험가액	손해액	잔존물가액	보험금
600만원	1,000만원	700만원	50만원	570만원

제1과목 자동차보험의 이론과 실무(대물배상 및 자기차량손해)

2. 중복보험

동일한 보험계약의 목적과 동일한 사고에 관하여 수 개의 보험계약이 수 인의 보험자와 동시에 또는 순차로 체결된 경우에 그 보험가입금액의 총액이 보험가액을 초과한 경우로서 초과보험의 특수한 형태이다. 이때 보험자는 각자의 보험가입금액 한도에서 연대책임을 지고, 각 보험자의 보상책임은 각자의 보험금액의 비율에 따른다(상법 제672조 제1항).

예2) 중복보험

구 분	보험가입금액	손해액	분담액
A회사	2,000만원	3,000만원	1,200만원
B회사	3,000만원		1,800만원

- A회사 $= 3,000만원 \times \dfrac{2,000만원}{5,000만원} = 1,200만원$

- B회사 $= 3,000만원 \times \dfrac{3,000만원}{5,000만원} = 1,800만원$

23

자기차량손해에 있어서 전부보험계약과 일부보험계약의 경우 사고발생시 보험계약이 종료되는 사고에 대하여 설명하고, 각각의 경우에 있어서 보험목적물인 피보험자동차에 대한 보험자대위의 범위를 약술하시오.

1. 보험계약의 종료

보험회사가 보상하여야 할 손해가 전부손해일 경우 또는 보험회사가 보상하여야 할 금액이 보험가입금액 전액일 때에는 자기차량손해의 보험계약은 사고발생시에 종료한다.

> **더 알아보기** 전부손해
>
> 피보험자동차가 완전히 파손, 멸실, 또는 오손되어 수리할 수 없는 상태이거나, 피보험자동차에 생긴 손해액과 보험회사가 부담하기로 한 비용의 합산액이 보험가액 이상인 경우를 말한다.

자기차량손해의 담보는 사고발생 횟수와 관계없이 계약종료시까지 보험계약이 유효하나, 예외로서 전부손해인 경우에는 원칙적으로 사고발생시에 피보험자의 피보험이익을 없어지게 되고 차량보험계약은 보험금 지급으로 그 목적이 달성되므로 사고발생시 당연히 종료된다.

2. 보상처리기준

(1) 전부손해에 해당하는 보험금을 지급한 경우(전손)
① 보험가액에서 잔존물을 공제하고 보험금을 지급하는 경우 포함
② 피구상처가 없는 경우 및 구상이 불가능한 경우

(2) 전부손해에 해당하는 보험금을 지급하지 않는 경우(분손)
① 전손사고시 상대방「대물배상」에서 보상되지 않는 피해자 과실부분을 자기차량손해에서 보상할 경우(교차처리)
② 고보장상품을 가입한 경우 전손사고시 상대방「대물배상」에서 보상받고, 기타 부가보험금을 청구한 경우
③ 전손사고시 자기차량손해로 선처리 후 상대방 과실상계분을 구상한 경우(단일처리)
④ 자기차량손해와「대물배상」의 차량가액 선정기준이 상이하여 보상금액이 높은 자기 차량손해로 선처리 후「대물배상」시에 구상한 경우
⑤ 고보장상품에 가입한 고객에게 지급보험금이 높은 자기차량 손해로 선처리 후「대물배상」시에 구상하는 경우(보상액 차이로 선처리)

[사례 유형]

구 분	전손 분손 유무	계약유지 또는 종료
피구상처가 있는 경우	분손처리	계약유지
피구상처가 없는 경우	전손처리	계약종료

3. 보험자의 대위권

보험자대위는 보험사고의 발생으로 보험금의 일부 또는 전부를 지급한 보험자가 그 지급한 보험금의 한도 내에서 피보험자의 권리를 취득하는 것을 말한다. 손해보험에서는 손해보상이 절대적이므로 보험사고로 인하여 피보험자가 이득을 얻어서는 안 되고, 이러한 피보험자의 이득을 금지하기 위하여 보험자대위를 법으로 규정하고 있다.

(1) 전부보험의 경우

「상법」제681조는 보험의 목적의 전부가 멸실한 경우에 보험금액의 전부를 지급한 보험자는 그 목적에 대한 피보험자의 권리를 취득한다고 규정하고 있다. 전부손해로 보험금액 전액을 지급하였을 경우에도 잔존물로서 어느 정도 재산적 가치가 남아 있는 경우가 많은데 이 경우 잔존물을 피보험자가 취득하는 것은 부당하므로 보험자가 피해물을 인수토록 한 것이다. 그러나 보험자는 대위권에 의하여 보험의 목적물에 대한 소유권을 취득함으로써 그 목적물에 부수되는 의무를 부담하는 경우가 있다. 따라서 보험자는 피해물을 인수하지 아니할 뜻을 표시하고 보험금을 지급하였을 때에는 피해물에 대한 피보험자의 권리는 이전하지 아니한다.

(2) 일부보험의 경우

보험가액의 일부를 보험에 붙인 경우에는 보험자가 취득할 권리는 보험금액의 보험가액에 대한 비율에 따라 피해물을 인수한다고 규정하고 있다.

24

자기차량손해 담보의 분손사고시 지급보험금을 산정하고 면책(공제)금액 공제제도에 대해서 약술하시오.

1. 분손사고시 지급보험금의 계산

(1) 손해액

수리가 가능한 경우 사고발생 직전의 상태로 원상회복 하는데 소요되는 비용(수리비)에서 수리과정에서 생긴 잔존물(Scrap)가액과 신부품교환으로 감가상각을 하는 경우 그 금액을 공제한 금액을 손해액으로 한다.

$$손해액 = 수리비 - (잔존물가액 + 신구교환공제액)$$

(2) 지급보험금

지급보험금은 자동차에 생긴 손해액과 약관에 따라 부담하기로 한 비용을 합친 금액으로 하되 다음 원칙에 의한다.

① 합한 금액이 보험가입금액보다 많은 경우에는 보험가입금액을 한도로 한다. 다만, 손해방지 및 경감을 위하여 지출한 비용은 보험가입금액을 초과한 경우라도 보상한다.

② 보험가입금액이 보험가액보다 많은 경우에는 보험가액을 한도로 한다.

③ 보험증권에 기재되어 있는 공제금액(자기부담금)을 손해액에서 공제한다.

$$지급보험금 = 손해액 + 비용 - 공제금액(자기부담금)$$

2. 면책(공제)금액 공제제도

(1) 정 의

면책금액공제(소손해 공제액)란 보험사고가 발생한 경우 보험자가 그 손해에 대하여 일정액을 피보험자로 하여금 책임지도록 하는 것을 말한다.

(2) 면책(공제)금액 공제제도를 두는 이유

면책금액 공제제도는 소손해에 대한 보험자의 보상책임을 면제시킴으로써 소손해에 대한 조사, 평가, 지급 등의 업무비용이 보상액보다 많아지는 비현실성을 개선하고, 피보험자 측으로서도 서류 제출, 사고조사 협조 등에 다른 실익이 없으며, 일정금액까지는 담보를 하지 않음으로써 보험료 할인의 혜택을 받는 등 양측 모두에게 유리하기 때문이다.

(3) 종 류

① 취급면책제도(Ordinary Franchise)

손해가 일정금액 이하이거나 보험가입금액의 일정비율 이하인 소액손해에 대하여는 보험회사가 보상책임을 지지 않지만, 그 면책금액 이상의 손해가 발생하면 면책금액을 공제하지 않고 손해를 보상한다.

예 자동차보험에서는 자기신체사고와 운전자보험의 의료비담보 특약에서 치료비가 1만원 이하인 경우에는 보험회사의 보험금 지급책임이 발생하지 않지만 치료비가 1만원을 초과했을 때는 1만원을 공제하지 않고 보험금 지급책임이 발생한다.

② 공제면책제도(Deductible Franchise)

손해가 일정금액 이하이거나 보험가입금액의 일정비율 이하인 소액손해에 대하여는 보험회사가 보상책임을 지지 않지만, 손해가 그 면책금액을 초과한 경우에는 지급할 보험금에서 그 면책금액을 공제하고 보상한다.

예 자기차량손해에서는 손해가 면책금액(자기부담금) 이하일 때는 보상하지 않지만, 손해가 면책금액을 초과하면 면책금액을 공제하고 보험금을 지급한다. 다만, 전부손해나 보험금 전부지급의 사고가 발생한 때에는 면책금액을 공제하지 않는다.

25

자동차보험 「대물배상」 및 자기차량손해 담보에서 보험가입금액과 관계없이 보상하는 "비용" 항목에 대해 약술하고, 담보별 지급보험금 계산시 다음 빈칸에 들어갈 내용을 쓰시오.

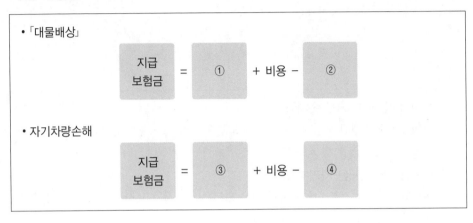

1. 보험가입금액과 관계없이 보상하는 "비용" 항목

다음의 비용은 보험가입금액과 관계없이 보상한다.

① 손해의 방지와 경감을 위하여 지출한 비용(긴급조치비용을 포함)

② 다른 사람으로부터 손해배상을 받을 수 있는 권리의 보전과 행사를 위하여 지출한 필요 비용 또는 유익한 비용

③ 그 밖에 보험회사의 동의를 얻어 지출한 비용

2. 담보별 지급보험금 계산시 빈칸에 들어갈 내용

(1) 「대물배상」

지급
보험금 = ① + 비용 − ②

① '보험금 지급기준에 의해 산출한 금액' 또는 '법원의 확정판결 등*'에 따라 피보험자가 배상하여야 할 금액

※ '법원의 확정판결 등'이라 함은 법원의 확정판결 또는 법원의 확정판결과 동일한 효력을 갖는 조정결정, 중재판정 등을 말한다.

② 공제액

사고차량을 고칠 때에 엔진, 변속기(트랜스미션) 등 부분품을 교체한 경우 교체된 기존 부분품의 감가상각에 해당하는 금액

(2) 자기차량손해

$$\boxed{\text{지급 보험금}} = \boxed{①} + \text{비용} - \boxed{②}$$

① 피보험자동차에 생긴 손해액

보험증권에 기재된 보험가입금액을 한도로 보상하며, 보험가입금액이 보험가액보다 많은 경우에는 보험가액을 한도로 보상한다.

② 보험증권에 기재된 자기부담금

피보험자동차에 전부손해가 생긴 경우 또는 보험회사가 보상하여야 할 금액이 보험가입금액 전액 이상인 경우에는 공제하지 않는다.

26

“B”차의 일방과실사고로 “A”차에 전부손해가 발생하였다. “A”차에 입은 손해에 대하여 자기차량손해와 “B”차 보험 대물보험금의 차이가 발생할 경우, 그 이유를 약술하시오(단, 간접손해는 제외).

1. 「대물배상」

「대물배상」에서 보험회사는 피보험자가 피보험자동차를 소유·사용·관리하는 동안에 생긴 피보험자동차의 사고로 인하여 다른 사람의 재물을 없애거나 훼손하여 법률상 손해배상책임을 짐으로써 입은 손해를 보상한다.

(1) 산 식

보험회사는 약관의 '보험금 지급기준에 의해 산출한 금액'과 '비용'을 합한 금액에서 '공제액'을 공제한 후 보험금으로 지급하되 보험증권에 기재된 보험가입금액을 한도로 한다.

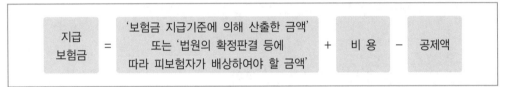

(2) 법률상 손해배상책임액

'보험금 지급기준에 의해 산출한 금액' 또는 '법원의 확정판결 등에 따라 피보험자가 배상하여야 할 금액'

(3) 비 용

① 손해의 방지와 경감을 위하여 지출한 비용(긴급조치비용을 포함)

② 다른 사람으로부터 손해배상을 받을 수 있는 권리의 보전과 행사를 위하여 지출한 필요 비용 또는 유익한 비용

③ 그 밖에 보험회사의 동의를 얻어 지출한 비용

(4) 공제액

사고차량을 고칠 때에 엔진, 변속기(트랜스미션) 등 부분품을 교체한 경우 교체된 기존 부분품의 감가상각에 해당하는 금액을 공제한다.

2. 자기차량손해

보험회사는 피보험자가 피보험자동차를 소유·사용·관리하는 동안에 발생한 사고로 인하여 피보험자동차에 직접적으로 생긴 손해를 보험증권에 기재된 보험가입금액을 한도로 보상한다. 다만, 보험가입금액이 보험가액보다 많은 경우에는 보험가액을 한도로 보상한다.

(1) 산 식

보험회사는 '피보험자동차에 생긴 손해액'과 '비용'을 합한 액수에서 보험증권에 기재된 '자기부담금'을 공제한 후 보험금으로 지급한다.

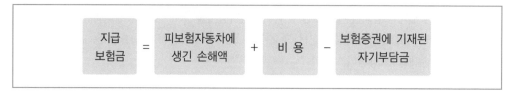

(2) 손해액

피보험자동차에 생긴 손해액은 보험증권에 기재된 보험가입금액을 한도로 보상하며, 보험가입금액이 보험가액보다 많은 경우에는 보험가액을 한도로 보상한다.

(3) 비 용

① 손해의 방지와 경감을 위하여 지출한 비용
② 남으로부터 손해배상을 받을 수 있는 권리의 보전과 행사를 위하여 지출한 비용

(4) 자기부담금

피보험자동차에 전부손해가 생긴 경우 또는 보험회사가 보상하여야 할 금액이 보험가입금액 전액 이상인 경우에는 공제하지 않는다.

3. 결 론

자기차량손해는 자신이 가입한 보험으로 피보험자동차를 담보받는 보험이며, 「대물배상」은 가해자가 가입한 보험으로 다른 사람의 차량, 재물을 담보하는 보험이다. 또한 <u>자기차량손해는 기평가보험으로 사고 당시 차량기준가액을 적용하고, 「대물배상」은 사고 당시 중고차시세를 적용하므로 보험금의 차이가 발생할 수 있다.</u>

일방과실 피해자의 경우 자기차량손해와 「대물배상」 중 선택하여 보상받을 수 있고, 과실상계되어 「대물배상」으로 보상받지 못한 부분이 있으면 자기차량손해로 청구하여 보상받을 수 있다.

구 분	자기차량손해	「대물배상」
보상대상	자기자동차	다른 사람의 자동차(재물 포함)
분손시	수리비	수리비
전손시	사고 당시 차량기준가액(보험개발원)	사고 당시 중고차시세(중품 기준)
과실상계	×	○
렌트비	×	○
시세하락	×	○
등록세, 취득세	×	○
보상한도	보험가입금액	보험가입금액
전손시 피해물대위	○	
의무가입	×	○(2,000만원까지)
자기부담금	○(전손시에는 ×)	×
할증 또는 할인 유예	○(무과실일 경우에는 ×)	×

27

손상자동차 수리비의 정의, 종류, 인정범위, 구성요소, 부당수리비 유형을 기술하시오.

1. 수리비의 정의

수리비란 자동차가 사고로 손상된 경우 사고현장에서 견인하거나 응급조치 후 자력으로 공장에 입고시키는데 필요한 인양 및 운반비를 포함하여 현재의 일반적 수리방법에 의해 사회통념상 손상 직전의 상태로 원상회복되었다고 인정되는 정도의 수리에 소요된 비용을 말한다.

2. 수리비의 종류

(1) 직접수리비

현재의 일반적인 수리방법에 의해서 외관상, 기능상 및 사회통념상 사고 직전의 상태로 원상회복이 되었다고 인정되는 정도의 수리에 소요되는 수리비를 말한다.

(2) 가수리비(임시수리비)

자동차가 자력으로 이동할 수 없는 경우 이를 수리하기 위하여 가까운 정비공장까지 자력주행이 가능할 정도로 수리하는데 필요한 출장수리비 또는 응급조치를 위하여 지출한 수리비 등과 같이 임시수리를 위하여 지출된 수리비를 말한다.

(3) 미수선 수리비(추정수리비)

손상된 자동차를 고칠 수 있는 경우에도 수리하지 않고 매각하거나 폐차 처분하여 수리에 필요한 비용만큼 손해가 발생된 것으로 산출하여 지급하는 수리비를 말한다. 여기서, 자동차를 고칠 수 있는 경우란 다음의 2가지 요건을 동시에 만족시키는 경우를 말한다.
① 현재의 기술로 손상된 자동차의 수리가 가능할 경우일 것(수리가능성)
② 수리에 소요되는 비용이 차량가액을 초과하지 아니하는 경우일 것(수리필요성)

단, 자기차량손해에서 피보험자동차의 일방과실사고(100% 과실)의 경우에는 실제 수리를 원칙으로 미수선 수리비용은 인정하지 아니한다.

3. 수리비의 인정범위

① 수리과정에서 발생하는 잔존물은 그 가액을 수리비에서 공제한다.

② 수리시 신부품을 사용하여 교환하였을 경우 감가 적용 대상 주요 부품에 대하여 표준감가율을 적용하여 공제한다.

③ 사고차량이 자력으로 움직일 수 없는 경우 이를 고칠 수 있는 가장 가까운 정비공장이나 회사가 지정하는 장소까지 소요되는 인양 및 운반비용은 수리비로 인정한다.

④ 정비공장이나 회사가 지정하는 장소까지 이동하는데 소요된 임시수리비(가수리비)도 수리비로 인정한다.

4. 수리비의 구성요소

손상자동차에 있어서 보험회사가 피보험자에서 보상하는 수리비의 인정범위는 직접수리비, 임시수리비, 그리고 인양·운반비이다. 여기서 직접수리비를 구성하는 요인은 부품대와 공임이므로 수리비 전체의 구성요인은 부품대, 공임, 임시수리비, 인양·운반비이다.

(1) 수리공임

표준작업시간의 기술적인 요소와 사회적·경제적 요소인 공임율의 적산방식에 의하여 산출되는 금액을 말한다.

① 표준작업시간

수리작업에 필요한 작업절차, 공법 등의 기술적인 문제를 설계적으로 표준화하는 것이다. 즉, 일정 기술수준에 있는 작업원이 어느 표준화된 작업환경, 작업용구 및 작업방법하에 통상의 작업속도로 특정작업을 완성하는데 필요한 작업시간을 말한다.

② 공임률(Labour Rate)

공장을 운영하기 위해 필요한 총경비에 의하여 산출되는 시간당 공임을 말한다.

(2) 수리공임의 산출방법 및 적용기준

① 산출방법

㉠ 수리공임기준표에 있는 수리항목을 별도로 정한 수가에 의거 산출한다.

㉡ 수리공임표에 없는 수리항목과 판금 및 교정 등의 작업은 작업항목만을 늘려 청구하는 사례의 유무를 엄격히 조사하여 파손차량의 실제 수리기간, 일자별 작업인원 및 작업시간을 정확히 확인하여 1인 1시간당 수리공임을 산출한다.

ⓒ 전체 공임의 산출근거는 그룹(Group)별로 구분하여 사정서 아래에 기재하고 판금 교정작업 등은 작업내용, 작업시간을 확인하여 그 산출근거를 사정서 비고란에 기재한다.

$$교정공임 = 작업일수 \times 작업인원 \times \frac{1일}{작업시간} \times \frac{시간당}{공임}$$

ⓓ 특수한 작업을 요하는 경우에는 그 내용을 별기한다.

② 적용기준

ⓐ 위에서 산출한 수리공임(탈·부착공임 제외)이 교환하는 부품가액(감가상당액 금액)보다 많을 경우에는 교환부품가액 범위 내에서 인정한다.

ⓑ 파손부품에 대한 수리작업시간은 수리공장의 시설이나 정비공의 기술 및 숙련도에 따라 차이가 있으므로, 공장은 1급 자동차정비공장, 작업자는 2급 자동차정비기능사 또는 5년 이상의 실무경험이 있는 기능공을 기준으로 사정한다.

5. 부당수리비의 유형

수리비 과다 청구, 과잉 정비, 차주 동의 없이 임의 수리, 수리하지 않은 비용 청구 순으로 소비자 피해가 발생하고 있다.

사례유형 **차량수리비 부당청구 사례**

A자동차정비업체는 2003.1.××. 자동차보험사고발생으로 동 정비업체에 수리의뢰된 경기××다×××× 차량을 수리하고, 동 차량이 보험가입되어 있던 B손해보험주식회사에 차량수리비를 청구하면서,

1) 미션(변속기), 타이어, 알루미늄휠 등 17개 부품에 대하여는 교환하지 않았음에도 순정부품으로 교환한 것으로,

2) 엔진은 수리하지 않았음에도 수리한 것으로 차량수리비 지급청구서를 작성하여 동 보험회사에 제출함으로써, 이에 속은 동 보험회사로부터 실제 차량수리비보다 金2,336,870원을 과도하게 교부받는 방법으로 부당이익을 취득함

더 알아보기 **감가상각 적용 주요 부품**

약관의 용어에서 정의한 부분품에 해당하는 부품으로 엔진, 미션 등 자동차가 공장에서 출고될 때 원형 그대로 부착되어 자동차와 조성부분이 되는 부품이다.

• 승용차량의 경우 : 엔진, 미션, 캐빈(운전대)

• 화물차량의 경우 : 엔진, 미션, 캐빈, 적재함, 스티어링기어 박스, 디퍼런셜기어, 타이어 등

• 승합차량의 경우 : 엔진, 미션, 캐빈, 스티어링기어 박스, 디퍼런셜기어, 타이어 등

※ 인양 및 운반(견인)비의 경우

인양비는 인양차량을 기준으로, 운반비는 피운반차량을 기준으로 인정한다.

28

자동차보험 자기차량손해 표준약관의 '경미한 손상'을 설명하고, 그 유형별 손상
상태 및 수리기준에 대해 각각 약술하시오.

1. 경미한 손상

경미한 손상은 외장부품 중 자동차의 기능과 안전성을 고려할 때 부품교체 없이 복원이 가능한
손상을 말한다. 경미한 손상의 경우 보험개발원이 정한 경미손상 수리기준에 따라 복원수리하는
데 소요되는 비용을 한도로 보상한다.

2. 유형별 손상상태 및 수리기준

(1) 유형별 손상상태

① 범퍼(플라스틱 소재)

유 형	손상상태 설명
제1유형	투명 코팅막만 벗겨진 도막 손상(도장막 손상 없음)
제2유형	투명 코팅막과 도장막(색상)이 동시에 벗겨진 손상(범퍼소재 손상 없음)
제3유형	긁힘, 찍힘 등으로 도장막과 함께 범퍼 소재의 일부가 손상(구멍 뚫림 없음)
기타 손상	• 범퍼의 일부분이 찢어진 손상, 함몰된 손상, 범퍼에 구멍이 생긴 상태 등(경미한 손상의 복원수리 방법으로 복원이 불가능한 손상) • 기타 기존 파손으로 복원수리 한 전례가 있어 경미손상 수리기준을 적용하면 범퍼의 품질 및 내구성에 영향을 줄 것으로 예상되는 경우

② 기타 외장부품

후드, 프런트 펜더, 프런트 도어, 리어 도어, 리어 펜더, 트렁크리드, 백도어 등 7개 외장부품에
대해 적용이 가능하다.

유 형	손상상태 설명
제1유형	투명 코팅막만 벗겨진 도막 손상(도장막 손상 없음)
제2유형	투명 코팅막과 도장막(색상)이 동시에 벗겨진 손상(외판소재 손상 없음)
제3유형	도장막과 함께 외판소재가 손상되어 퍼티 및 판금작업으로 복원이 가능한 손상
기타 손상	판금 부위 과다, 소재의 찢어짐, 구멍 등 손상

(2) 유형별 수리기준

① 범퍼(플라스틱 소재)

제3유형까지는 범퍼의 교환 없이 수리를 통한 원상회복이 가능하며, 기타 손상 유형 범퍼도 차주가 원할 경우 수리가 가능하다. 다만, 수리비용이 부품교체 비용보다 큰 경우와 복원수리 후 하자발생이 우려되는 경우에는 교환작업을 검토해야 한다.

구 분	경미손상			기타 손상
	제1유형	제2유형	제3유형	
경미손상 수리기준	경미한 손상에 해당하므로 '경미손상 수리기준'을 적용하여 부품교체 없이 복원수리 시행		품질인증부품으로 교체 시행 다만, 품질인증부품이 없는 경우 부품교체 없이 복원수리 시행	부품교체 가능 ※ 단, 정비업체가 하자 없이 수리가 가능하다고 판단하거나 차량소유자가 원할 경우, 경제성 등을 고려하여 부품교체 없이 복원수리
	※ 다만, 범퍼커버는 경미한 손상이라도 범퍼 내부의 브라켓, 레일 등이 파손된 경우에는 부품교체 가능			

② 기타 외장부품

제3유형까지는 부품의 교환 없이 수리를 통한 원상회복이 가능하며, 기타 손상의 경우 차량의 안전성, 수리품질, 경제성 등을 고려하여 수리방법을 결정할 수 있다. 다만, 수리비용이 부품교체 비용보다 큰 경우와 복원수리 후 하자발생이 우려되는 경우에는 교환작업을 검토해야 한다.

구 분	경미손상			기타 손상
	제1유형	제2유형	제3유형	
경미손상 수리기준	경미한 손상에 해당하므로 '경미손상 수리기준'을 적용하여 부품교체 없이 복원수리 시행		품질인증부품으로 교체 시행 다만, 품질인증부품이 없는 경우 부품교체 없이 복원수리 시행	차량의 안전성, 수리품질, 경제성 등을 고려하여 수리방법 결정

29

2019년 5월 개정된 "자동차사고 과실비율 인정기준" 중 "긴급자동차 직진 신호위반 사고"와 관련, 아래 질문 (1)~(3) 항의 내용에 대해 약술하고, 기본과실 및 수정요소별 과실비율을 기재하시오.

〈사고내용〉

신호가 정상적으로 작동하고 있는 동일 폭의 교차로에서 A차량은 6시에서 12시방향으로 직진신호에 따라 진행하고, 긴급자동차인 B차량은 3시에서 9시방향으로 적색신호에 직진하던 중 발생한 사고임.

단, 긴급자동차는 본래의 용도에 맞게 사용 중.

(1) 개정취지
(2) 기본과실비율 적용에 대한 해설(이유 설명)
(3) 긴급자동차의 정의, 「도로교통법」에서 정한 긴급자동차의 종류 및 우선 통행방법

[기본과실 및 수정요소별 과실비율]

기본과실	A : (①)	B : (②)
수정요소		
A 선행자동차정지	(③)	
A 현저한 과실	(④)	
A 중과실	(⑤)	
A 간선도로 주행	(⑥)	
B 현저한 과실		(⑦)
B 중과실		(⑧)
B 서행		(⑨)
B 명확한 선진입		(⑩)

※ "수정요소 가산시 +, 감산시 −"의 비율로 표시

1. 개정취지

최근 법원에서 '과실비율 인정기준'과 다르게 판결한 사례가 발생하여 '과실비율 인정기준'의 신뢰성이 저하하였다. 또한, 「소방기본법」, 「도로교통법」 등 법규 개정에 따라 일부 사고사례의 과실비율 변경의 필요성이 제기되었다.

2. 기본과실비율 적용에 대한 해설(이유 설명)

최신 법원의 판례를 반영하여 인정기준의 과실비율을 신설 및 변경하였다. 아울러, 「소방기본법」 및 「도로교통법」 등 관계법령의 개정과 관련된 사항을 '과실비율 인정기준'에 반영하였다.

① 「도로교통법」은 긴급자동차에 대한 우선 통행 및 특례를 규정하고 있으나, 관련 기준이 부재하여 실제 사고시에는 일반자동차사고에 준용하는 경향이 존재하여 긴급차량측 불만으로 분쟁 발생이 잦다.

② 「도로교통법」상 긴급차량 우선 통행 조항(제29조 제2항)이 있어, 긴급차량이 아닌 차량은 신호기의 신호에도 불구 교차로에 진입하는 긴급차량에게 양보해야 한다(이 경우 주의를 기울이면 사이렌을 울리면서 진입하는 긴급차량을 인식할 수 있음). 다만, 긴급상황으로 부득이한 신호위반이라도 긴급차량은 안전에 주의해야 한다(제29조 제3항).

③ 「도로교통법」 제158조의2(형의 감면) 등을 종합적으로 고려하여 긴급차량을 피해차량으로 판단하여 A차량 60 : B긴급차량 40으로 설정하였다.

※ 교차로에서 긴급차량 사고(신설)

교차로에서 녹색신호에 직진하는 A차량과 긴급상황으로 적색신호에 직진하는 B긴급차량과의 사고

현 행		개정안	
A	B	A	B
-	-	60%	40%

3. 긴급자동차의 정의, 「도로교통법」에서 정한 긴급자동차의 종류 및 우선 통행방법

(1) 긴급자동차의 정의

긴급자동차란 소방차, 구급차, 혈액공급차량, 그 밖에 대통령령으로 정하는 자동차로서 그 본래의 긴급한 용도로 사용되고 있는 자동차를 말한다.

(2) 「도로교통법」에서 정한 긴급자동차의 종류

① 「도로교통법」 제2조 제22호 라목에서 "대통령령으로 정하는 자동차"란 긴급한 용도로 사용되는 다음의 어느 하나에 해당하는 자동차를 말한다. 다만, 제6호부터 제11호까지의 자동차는 이를 사용하는 사람 또는 기관 등의 신청에 의하여 시·도경찰청장이 지정하는 경우로 한정한다.

> 1. 경찰용 자동차 중 범죄수사, 교통단속, 그 밖의 긴급한 경찰업무수행에 사용되는 자동차
> 2. 국군 및 주한 국제연합군용 자동차 중 군 내부의 질서 유지나 부대의 질서 있는 이동을 유도(誘導)하는데 사용되는 자동차
> 3. 수사기관의 자동차 중 범죄수사를 위하여 사용되는 자동차
> 4. 다음의 어느 하나에 해당하는 시설 또는 기관의 자동차 중 도주자의 체포 또는 수용자, 보호관찰 대상자의 호송·경비를 위하여 사용되는 자동차
>   가. 교도소·소년교도소 또는 구치소
>   나. 소년원 또는 소년분류심사원
>   다. 보호관찰소
> 5. 국내외 요인(要人)에 대한 경호업무수행에 공무(公務)로 사용되는 자동차
> 6. 전기사업, 가스사업, 그 밖의 공익사업을 하는 기관에서 위험 방지를 위한 응급작업에 사용되는 자동차
> 7. 민방위업무를 수행하는 기관에서 긴급예방 또는 복구를 위한 출동에 사용되는 자동차
> 8. 도로관리를 위하여 사용되는 자동차 중 도로상의 위험을 방지하기 위한 응급작업에 사용되거나 운행이 제한되는 자동차를 단속하기 위하여 사용되는 자동차
> 9. 전신·전화의 수리공사 등 응급작업에 사용되는 자동차
> 10. 긴급한 우편물의 운송에 사용되는 자동차
> 11. 전파감시업무에 사용되는 자동차

② 제1항에 따른 자동차 외에 다음의 어느 하나에 해당하는 자동차는 긴급자동차로 본다.

> 1. 제1항 제1호에 따른 경찰용 긴급자동차에 의하여 유도되고 있는 자동차
> 2. 제1항 제2호에 따른 국군 및 주한 국제연합군용의 긴급자동차에 의하여 유도되고 있는 국군 및 주한 국제연합군의 자동차
> 3. 생명이 위급한 환자 또는 부상자나 수혈을 위한 혈액을 운송 중인 자동차

(3) 긴급자동차의 우선 통행방법

① 긴급자동차는 긴급하고 부득이한 경우에는 도로의 중앙이나 좌측 부분을 통행할 수 있다.

② 긴급자동차는 「도로교통법」이나 「도로교통법」에 따른 명령에 따라 정지하여야 하는 경우에도 불구하고 긴급하고 부득이한 경우에는 정지하지 아니할 수 있다.

③ 긴급자동차의 운전자는 제1항이나 제2항의 경우에 교통안전에 특히 주의하면서 통행하여야 한다.

④ 교차로나 그 부근에서 긴급자동차가 접근하는 경우에는 차마와 노면전차의 운전자는 교차로를 피하여 일시정지하여야 한다.

⑤ 모든 차와 노면전차의 운전자는 제4항에 따른 곳 외의 곳에서 긴급자동차가 접근한 경우에는 긴급자동차가 우선 통행할 수 있도록 진로를 양보하여야 한다.

⑥ 긴급자동차 운전자는 해당 자동차를 그 본래의 긴급한 용도로 운행하지 아니하는 경우에는 「자동차관리법」에 따라 설치된 경광등을 켜거나 사이렌을 작동하여서는 아니 된다. 다만, 대통령령으로 정하는 바에 따라 범죄 및 화재 예방 등을 위한 순찰·훈련 등을 실시하는 경우에는 그러하지 아니하다.

[기본과실 및 수정요소별 과실비율]		
기본과실	A : (60)	B : (40)
수정요소		
A 선행자동차정지	(+10)	
A 현저한 과실	(+10)	
A 중과실	(+20)	
A 간선도로 주행	(−10)	
B 현저한 과실		(+10)
B 중과실		(+20)
B 서행		(−10)
B 명확한 선진입		(−20)

※ "수정요소 가산시 +, 감산시 −"의 비율로 표시

① 60, ② 40, ③ 10, ④ 10, ⑤ 20, ⑥ −10, ⑦ 10, ⑧ 20, ⑨ −10, ⑩ −20

30

자동차사고 과실비율 분쟁을 원만하게 해결하기 위해 보험·공제사업자가 협정을 맺어 시행하고 있는 "자동차사고 과실비율 분쟁 심의"와 관련하여 재심의 청구절차, 협정위반에 따른 제재규정 및 결정금 지급에 대해 약술하시오.

(1) 재심의 청구 절차

① 청구인 또는 피청구인은 소심의위원회의 조정결정에 대하여 심의위원회의 결정서를 송달받은 날로부터 14일 이내에 재심의를 청구할 수 있다.

② 재심의결정에 대하여 다시는 재심의 청구를 하지 못한다.

(2) 협정위반에 따른 제재규정

다음에 해당되는 협정회사에게는 운영위원회의 의결을 거쳐 운영위원장이 제재금을 부과할 수 있다.

① 전치절차 이행의무를 이행하지 않은 경우로서 심의청구 전치의무의 특례에 해당하지 않는 경우

② 합의가 성립된 후 정당한 이유 없이 동일한 구상분쟁에 관하여 제소 등을 한 경우

③ 심의위원회의 결정이 확정된 후 정당한 이유 없이 동일한 구상분쟁에 관하여 제소 등을 한 경우

④ 조정결정 이행의무를 정당한 이유 없이 이행하지 않는 경우

⑤ 기타 협정을 어긴 경우

(3) 결정금 지급

① 피청구인은 결정통보서 또는 심의결정서를 송달받은 날로부터 14일 이내에 결정금을 청구인에게 지급하여야 한다. 다만, 청구인 또는 피청구인이 결정통보서 또는 심의결정서를 송달받은 날로부터 14일 이내에 재심의청구하거나, 청구인이 제소 등을 하는 경우에는 그러하지 아니하다.

② 결정금의 지급을 지체할 경우에는 지급기한의 다음날로부터 연 20%의 이자를 가산하여 지급한다.

③ 결정금은 심의결정서에 특별한 기재가 없을 경우 구상금의 원금을 지급하는 것으로 한다. 다만, 법원의 판결이 있거나 또는 이 규약 이외에 해당 협정회사간에 특별히 정하는 경우에는 그러하지 아니한다.

④ 대표합의 완료일 또는 심의결정일로부터 10일이 경과하면 결정통보서 및 심의결정서는 송달된 것으로 본다.

31

다른 자동차운전담보 특별약관에서 보상책임 요건과 피보험자 범위를 약술하고,
보상하지 않는 손해를 5가지 이상 열거하시오.

1. 보상책임의 요건

이 특별약관은 '무보험 자동차에 의한 상해'에 가입한 경우에 한하여 가입할 수 있다.

① 피보험자가 다른 자동차를 운전 중(주차 또는 정차 중을 제외) 생긴 대인사고나 대물사고로
인하여 법률상 손해배상책임을 짐으로써 손해를 입은 때 또는 피보험자가 상해를 입었을 때에는
피보험자가 운전한 다른 자동차를 보통약관 「대인배상Ⅱ」, 「대물배상」, '자기신체사고' 또는
'자동차상해 특별약관'의 피보험자동차로 간주하여 보통약관에서 규정하는 바에 따라 보상한
다.

② 피보험자가 다른 자동차를 운전 하던 중에 생긴 사고로 다른 자동차의 소유자가 상해를 입었을
때에는 보통약관 '자기신체사고' 또는 '자동차상해 특별약관'의 피보험자로 간주하여 보통약관
에서 규정한 바에 따라 보상한다.

③ 회사가 보상할 위 '①' 또는 '②'의 손해에 대하여 다른 자동차의 보험계약에 의하여 보험금이
지급될 수 있는 경우에는 보험회사가 보상할 금액이 다른 자동차의 보험계약에 의하여 지급될
수 있는 금액을 초과하는 때에 한하여 그 초과액만을 보상한다.

2. 피보험자의 범위

피보험자란 기명 피보험자 및 기명 피보험자의 배우자를 말한다. 다만, 기명 피보험자의 배우자는
운전자를 한정하는 다른 특별약관에 의하여 운전 가능 범위에 포함되지 않는 경우에는 피보험자로
보지 않는다.

3. 보상하지 않는 손해

회사는 보통약관 '보험회사가 보상하지 않는 사항'에서 정하는 사항 이외에 다음과 같은 손해에
대하여도 보상하지 않는다.

① 피보험자가 사용자의 업무에 종사하고 있을 때 그 사용자가 소유하는 자동차를 운전 중 생긴
사고로 인한 손해

② 피보험자가 소속한 법인이 소유하는 자동차를 운전 중 생긴 사고로 인한 손해

③ 피보험자가 자동차정비업, 주차장업, 급유업, 세차업, 자동차판매업, 대리운전업 등 자동차취
급 업무상 수탁받은 자동차를 운전 중 생긴 사고로 인한 손해

④ 피보험자가 요금 또는 대가를 지불하거나 받고 다른 자동차를 운전 중 생긴 사고로 인한 손해

⑤ 피보험자가 다른 자동차의 사용에 대하여 정당한 권리를 가지고 있는 자의 승낙을 받지 않고 다른 자동차를 운전 중 생긴 사고로 인한 손해

⑥ 피보험자가 다른 자동차의 소유자에 대하여 법률상의 손해배상책임을 짐으로써 입은 손해

⑦ 피보험자가 다른 자동차를 시험용(다만, 운전면허시험을 위한 도로주행 시험용은 제외) 또는 경기용이나 경기를 위한 연습용으로 사용하던 중 생긴 사고로 인한 손해

⑧ 보험증권에 기재된 운전가능범위 외의 자가 다른 자동차를 운전 중 생긴 사고로 인한 손해

32

자동차취급업자종합보험 대리운전업자 특별약관 중 "보상하지 않는 손해"에 대하여 약술하시오(다만, 자동차취급업자종합보험 보통약관의 배상책임과 자기차량손해에서 "보상하지 않는 손해"는 제외함).

1. 보상책임

① 회사가 보상할 자동차취급업자종합보험 보통약관 배상책임(「대인배상」, 「대물배상」)의 손해는 피보험자가 보험기간 중 대리운전을 위하여 피보험자동차를 수탁한 때로부터 통상의 대리운전 과정을 거쳐 차주에게 인도할 때까지의 피보험자동차의 사고로 생긴 피보험자의 손해만으로 한다.

② 회사는 위 '①'의 손해 중 「대인배상」의 경우 「자동차손해배상보장법」에 의한 자동차손해배상 책임보험(「대인배상Ⅰ」)으로 지급될 수 있는 경우에는 그 금액을 초과하는 손해를 보상한다.

③ 회사는 피보험자가 운전자를 변경하는 경우에는 변경된 운전자에 대하여 회사가 승인한 날의 24시부터 보상책임을 진다.

2. 보상하지 않는 손해

① 회사는 배상책임에 있어 보통약관 보험회사가 보상하지 않는 사항(면책사항)의 손해 이외에 다음의 손해에 대하여도 보상하지 않는다.
　　㉠ 통상의 대리운전과정을 이탈하여 피보험자동차를 사용 또는 관리하던 중 발생한 사고로 인한 손해
　　㉡ 피보험자 이외의 사람이 피보험자동차를 운전하던 중 발생한 사고로 인한 손해
　　㉢ 피보험자 또는 그의 부모, 배우자, 자녀가 소유한 자동차를 사용 또는 관리하던 중 발생한 사고로 인한 손해

② 회사는 자기차량손해에 있어 보험회사가 보상하지 않는 사항(면책사항)의 손해 이외에 다음의 손해에 대하여도 보상하지 않는다.
　　㉠ 회사는 보통약관 자기차량손해 및 보험금의 청구와 지급의 규정에도 불구하고 피보험자동차의 도난(피보험자동차에 장착 또는 장치되어 있는 일부 부분품, 부속품, 부속기계장치만의 도난을 포함)으로 인하여 발생한 손해는 보상하지 않는다.
　　㉡ 통상의 대리운전과정을 현저하게 이탈하여 피보험자동차를 사용 또는 관리하던 중 발생한 사고로 인한 손해
　　㉢ 피보험자 이외의 사람이 피보험자동차를 운전하였을 때에 생긴 사고로 인한 손해

ⓔ 피보험자 또는 그의 부모, 배우자, 자녀가 소유한 자동차를 사용 또는 관리하던 중 발생한 사고로 인한 손해

ⓜ 가해자가 확인되지 않는 무과실 사고에 의해 생긴 손해

ⓗ 피보험자동차를 운송 또는 싣고 내릴 때에 생긴 손해

ⓢ 피보험자동차의 정의에 해당하지 않는 자동차를 운행 중 발생한 사고로 인한 손해

판 례

대리운전사고로 차주의 차량이 파손된 경우 대리운전업자의 보험에서 보상받을 수 있는지 여부(대법원 2009.8.20. 선고 2007다64877 판결)

대리운전자와 체결한 대리운전보험계약의 보험약관에서 담보종목 중 '「대물배상」'에 관하여 "피보험자가 타인자동차를 운전하는 동안 생긴 타인자동차의 사고로 인하여 남의 재물을 없애거나 훼손한 때에 법률상 손해배상책임을 짐으로써 입은 손해를 배상함"이라고 하고, '타인자동차손해'에 관하여는 "기명피보험자가 타인자동차를 운전하는 동안 타 차량과의 충돌사고로 인하여 타인자동차에 직접적인 손해가 발생하여 타인자동차의 소유자에게 법률상 손해배상책임을 짐으로써 입은 손해를 보상함"이라고 규정하고 있는 경우, 이 사건 대리운전보험의 「대물배상」 항목에서 보험대상으로 삼고 있는 '남의 재물'은 대리운전 대상차량인 '타인자동차' 이외의 물건을 의미한다고 해석하여야 하고, 이와 같이 약관조항의 의미가 명백한 이상 「약관의 규제에 관한 법률」 제5조 제2항에 규정된 작성자 불이익의 원칙은 적용될 수 없다. 결국 이 경우 차주의 차량이 파손되어 입은 손해는 대리운전보험계약으로부터 보상을 받을 수 없다는 결론이 된다.

33

자가용 승용차의 자동차종합보험에 가입(자기차량손해보험 포함)한 경우, 음주운전을 하다가 제3자에 대한 피해는 없었지만, 자기차량이 많이 파손되었다. 이 경우 자기차량손해보험금을 지급 받을 수 있는지 여부를 판단하여 서술하시오.

1. 「상법」의 규정

「상법」 제659조 제1항에 의하면 "보험사고가 보험계약자 또는 피보험자나 보험수익자의 고의 또는 중대한 과실로 인하여 생긴 때에는 보험자는 보험금액을 지급할 책임이 없다"라고 규정하고 있으며, 「자동차종합보험 보통약관」상 무면허운전이나 음주운전을 하였을 경우에는 보상하지 않는다고 정하고 있다.

2. 「자동차종합보험약관」의 규정

「자동차종합보험약관」상 자기차량손해에 있어 음주·무면허면책조항의 효력에 관한 판례를 보면, "자기차량손해보험은 물건보험으로서 손해보험에 속하기는 하나 보험금이 최종적으로 귀속될 자가 보험계약자 또는 피보험자 자신들이므로 대인·대물배상보험에 있어서와 같이 제3자(피해자)의 보호를 소홀히 할 염려가 없을 뿐만 아니라, 보험계약자나 피보험자의 지배관리가 미치지 못하는 자동차운전자의 음주운전 여부에 따라 보호를 받지 못한다고 하더라도 자기차량손해보험의 보상금 상한이 제한되어 있어 보험계약자나 피보험자가 이를 인용할 여지도 있는 점 등에 비추어 보면, 보험계약자나 피보험자가 입은 자기차량손해가 자동차종합보험의 음주면책약관 조항과 같이 보험계약자 등이 음주운전을 하였을 때에 생긴 손해에 해당하는 경우에는 그 면책조항의 문언 그대로 아무런 제한 없이 면책되는 것으로 해석하여야 하고, 이러한 법리는 자동차종합보험의 무면허면책약관조항의 경우에도 마찬가지로 적용된다"라고 하였다(대법원 2000.10.6. 선고 2000 다32130 판결).

3. 결론

위 사안에서 음주운전사고로 인하여 차량이 파손된 경우이므로 자기차량손해보험금을 지급받을 수 없을 것으로 판단된다.

판례

보험금[대법원 1998.12.22. 선고 98다35730 판결]

[판시사항]

[1] 자동차종합보험약관상의 자기차량손해에 있어서의 음주면책조항의 효력(유효)

[2] 자동차종합보험약관상의 자기신체사고손해에 있어서의 음주운전면책조항의 효력(한정 무효)

[판결요지]

[1] 자기차량손해보험은 물건보험으로서 손해보험에 속하기는 하나 보험금이 최종적으로 귀속될 자가 보험계약자 또는 피보험자 자신들이므로 대인·대물배상보험에 있어서와 같이 제3자(피해자)의 보호를 소홀히 할 염려가 없을 뿐만 아니라, 보험계약자나 피보험자의 지배관리가 미치지 못하는 자동차 운전자의 음주운전 여부에 따라 보호를 받지 못한다고 하더라도 자기차량손해보험의 보상금 상한이 제한되어 있어 보험계약자나 피보험자가 이를 용인할 여지도 있는 점 등에 비추어 보면, 보험계약자나 피보험자가 입은 자기차량손해가 자동차종합보험 약관상의 음주면책조항과 같이 보험계약자 등이 음주운전을 하였을 때에 생긴 손해에 해당하는 경우에는 그 면책조항의 문언 그대로 아무런 제한 없이 면책되는 것으로 해석하여야 할 것이고, 이렇게 해석한다 하여「약관의 규제에 관한 법률」제6조 제1항, 제2항, 제7조 제2호, 제3호의 규정에 반하는 해석이라고 볼 수는 없다.

[2] 자기신체사고 자동차보험(자손사고보험)은 피보험자의 생명 또는 신체에 관하여 보험사고가 생길 경우에 보험자가 보험계약이 정하는 보험금을 지급할 책임을 지는 것으로서 그 성질은 인보험의 일종이라고 할 것이므로, 그와 같은 인보험에 있어서의 음주운전면책약관이 보험사고가 전체적으로 보아 고의로 평가되는 행위로 인한 경우뿐만 아니라 과실(중과실 포함)로 평가되는 행위로 인한 경우까지 포함하는 취지라면 과실로 평가되는 행위로 인한 사고에 관한 한 무효라고 보아야 한다.

34

자동차보험 「대물배상」과 자기차량손해에서 발생하는 구상의 유형과 사례를 약술하시오(단, 「대물배상」 보험가입금액 이하의 손해가 발생함).

1. 음주운전 또는 무면허운전 관련 자기부담금

피보험자가 음주운전 또는 무면허운전을 하는 동안의 사고로 인하여 보험회사가 보험금을 지급하게 되는 경우 피보험자는 지급보험금을 사고부담금으로 부담하여야 한다. 그런데 <u>피보험자가 경제적인 사유 등으로 동 사고부담금을 미납하였을 때 보험회사는 피해자에게 동 사고부담금을 포함하여 손해배상액을 우선 지급하고 피보험자에게 동 사고부담금의 지급을 청구할 수 있다.</u>

사례유형

A씨는 작년 10월 서울 동대문구에서 혈중 알코올농도 0.093%의 주취 상태로 부인 B씨 소유 승합차를 운전하다가 반대방향에서 오는 차량과 충돌하여 1,000만원의 물적 피해를 야기했다. B씨가 가입한 손해보험회사는 피해자에게 사고부담금을 포함하여 1,000만원을 수리비 등으로 먼저 지급한 경우 B씨에게 약관에서 정한 사고부담금인 1,000만원을 구상금으로 청구할 수 있다.

2. 보험회사의 대위권

보험회사는 피보험자 또는 손해배상청구권자에게 보험금을 지급한 경우에는 그 보험금의 한도 내에서 제3자에 대한 피보험자의 권리를 취득한다. 다만, 보험회사가 보상한 금액이 피보험자의 손해의 일부를 보상한 경우에는 피보험자의 권리를 침해하지 않는 범위 내에서 그 권리를 취득한다.

사례유형

A씨는 올해 3월 횡단보도 앞에서 신호 대기 중에 후속 차량의 추돌사고로 차량 뒷부분이 파손된 사고가 발생하여 3,000만원의 물적 손해를 입게 되었다. 가해차량은 화물차로 대물의무보험만 가입한 것으로 확인되었다. A씨는 마침 임의보험을 자기차량손해로 5,000만원까지 모두 가입하고 있었다.
이 경우 추돌사고는 추돌한 가해 차량의 과실이 대부분이다. 특별한 사정이 없다면 화물차의 일방과실로 볼 수 있다. 그런데 화물차가 대물의무보험만 가입하고 「대물배상」 담보를 추가로 가입하지 않았다면, A가 가입한 자기차량손해 담보로 3,000만원을 우선 보상처리하고 보험회사는 화물차 운전자에게 대위권을 행사할 수 있다. 이때 보험회사는 지급보험금 범위 내에서 화물차운전자에게 대물의무보험 2,000만원을 초과하는 손해금액인 1,000만원을 구상청구하게 된다.

35

개인용 자동차보험 특별약관 중 보험소비자의 선택권 확대 및 수리비 부담을 줄이기 위해 도입한 "품질인증부품 사용 특별약관"과 "친환경부품 사용 특별약관"의 가입대상과 보상내용을 설명하고, 차이점에 대해 약술하시오.

1. 품질인증부품 사용 특별약관

(1) 가입대상

이 특별약관은 보통약관 「자기차량손해」 또는 「차량단독사고 손해보상 특별약관」에 가입한 경우 자동으로 적용된다.

(2) 보상내용

보험회사는 피보험자동차의 단독사고(가해자 불명사고 포함) 또는 일방과실사고로 보통약관 「자기차량손해」 또는 「차량단독사고 손해보상 특별약관」에 따라서 보험금이 지급되는 경우 이 특별약관에서 정한 품질인증부품을 사용하여 수리한 때 OEM부품 공시가격의 25%를 피보험자에게 지급한다.

더 알아보기 | **용어풀이**

① '품질인증부품'이란 「자동차관리법」 제30조의5 제2항 및 「자동차 및 자동차부품의 인증 및 조사 등에 관한 규정」 제15조에 따라 인증된 부품을 말한다.
② 'OEM(Original Equipment Manufacturing)부품' 이란 자동차 제조사에서 출고된 자동차에 장착된 부품을 말하며, 'OEM부품 공시가격' 이란 「자동차관리법」 제30조의5 제3항에서 말하는 대체부품인증기관이 공시하는 가격을 말한다.

---

2. 친환경부품 사용 특별약관

(1) 가입대상

이 특별약관은 「대물배상」 또는 「자기차량손해」에 가입한 경우 자동으로 적용된다.

(2) 보상내용

보통약관 「대물배상」, 「자기차량손해」 또는 「차량단독사고 손해보상 특별약관」에서 보험금이 지급되는 사고로 친환경부품 수리를 한 경우에는 새 부품가격의 20%에 해당하는 금액을 피보험자 또는 「대물배상」 대상차량의 소유자에게 지급한다.

이 특별약관에서 정한 방법으로 친환경부품(중고부품 또는 재제조부품)을 사용한 경우라 함은 보험개발원이 인정한 업체로부터 다음의 친환경부품을 공급받아 자동차를 수리한 경우를 말한다.
① **중고부품** : 사이드미러, 프런트 팬더, 보닛, 라디에이터그릴, 프런트 도어, 리어 도어, 트렁크 패널, 프런트 범퍼, 리어 범퍼, 백도어, 리어피니셔, 쿨러콘덴서, 테일램프, 헤드램프, 안개등, 룸미러(하이패스 기능), 전후방 센서
② **재제조부품** : '교류발전기, 등속조인트 등 「환경친화적 산업구조로의 전환 촉진에 관한 법률」 제22조에 의해 품질 인증을 받은 재제조부품

3. 차이점

(1) 가입대상의 차이

품질인증부품 사용 특별약관은 「자기차량손해」에 가입한 경우 적용되고, 친환경부품 사용 특별약관은 「대물배상」에 가입한 경우에도 적용된다.

(2) 부품대상 및 지급비율

품질인증부품 사용 특별약관은 OEM부품 공시가격의 25%를 피보험자에게 지급하지만, 친환경부품 사용 특별약관은 중고부품, 재제조부품으로 새 부품가격의 20%에 해당하는 금액을 피보험자에게 지급한다.

(3) 보상범위

품질인증부품 사용 특별약관은 피보험자동차의 단독사고(가해자 불명사고 포함) 또는 일방과실사고로 보통약관 「자기차량손해」 또는 「차량단독사고 손해보상 특별약관」에 따라서 보험금이 지급되지만, 친환경부품 사용 특별약관은 보통약관 「대물배상」, 「자기차량손해」 또는 「차량단독사고 손해보상 특별약관」에 따라 보험금이 지급된다.

36

자동차보험 임직원운전자한정 특별약관에서 임직원에 해당하는 사람을 개인용과 업무용으로 구분하여 열거하고, 보상하지 않는 손해와 사고조사요령을 약술하시오.

임직원운전자한정 특별약관

(1) 임직원운전자한정 특별약관에서 임직원에 해당하는 사람

① 개인용

㉠ 기명피보험자

㉡ 기명피보험자와 근로계약을 체결한 직원(계약직 직원 포함. 단, 계약직 직원의 경우 피보험자와 체결한 근로계약기간에 한정)

㉢ 기명피보험자와 계약관계에 있는 자로서 기명피보험자의 업무를 위하여 피보험자동차를 운행하는 자

㉣ 기명피보험자의 운전자 채용을 위한 면접에 응시한 지원자

※ 임직원의 가족은 임직원이 아니므로 「대인배상Ⅰ」을 제외하고 보상하지 않는다. 단, 가족이 해당 사업장의 임직원인 경우에는 보상 가능하다.

> **더 알아보기** **가입대상자**
>
> 개인사업자 중 성실신고 확인대상자와 전문직 종사자가 가입대상자이다.
> 1. **성실신고 확인대상자**
>   업종별 일정 수입기준 금액을 초과하는 성실신고 확인대상자의 경우이다.
>   ① 수입기준 금액(직전연도) 15억원 이상 : 농업·임업 및 어업, 광업, 도매 및 소매업, 부동산매매업 등
>   ② 수입기준 금액(직전연도) 7.5억원 이상 : 제조업, 숙박 및 음식점업, 건설업, 금융 및 보험업 등
>   ③ 수입기준 금액(직전연도) 5억원 이상 : 부동산 임대업, 부동산업, 전문·과학 및 기술 서비스업, 서비스업 등
>
> 2. **전문직 종사자**
>   의료업, 수의업, 약사업, 한약사업, 변호사업, 건축사업, 도선사업, 측량사업, 공인노무사업에 종사하는 전문직 종사자이다.

② 업무용

㉠ 기명피보험자 소속의 이사와 감사

㉡ 기명피보험자 소속의 직원(계약직 직원 포함. 단, 계약직 직원의 경우 피보험자와 체결한 근로계약기간에 한정)

㉢ 기명피보험자와 계약관계에 있는 자로서 기명피보험자의 업무를 위하여 피보험자동차를 운행하는 자

㉣ 해당 법인의 운전자 채용을 위한 면접에 응시한 지원자

(2) 보상하지 않는 손해

① 피보험자동차를 도난당하였을 경우 그 도난당하였을 때부터 발견될 때까지의 사이에 발생된 피보험자동차의 사고로 인한 보통약관 「「대인배상Ⅱ」」, 「「대물배상」」, '자기신체사고', '자기차량손해' 또는 '자동차상해 특별약관', '차량단독사고 손해보상 특별약관'의 손해

② 관련 법규에 의해 사업자등록을 한 자동차 취급업자가 업무상 위탁 받은 피보험자동차를 사용하거나 관리하던 중 발생된 피보험자동차의 사고로 인한 손해 중에서 「「대인배상Ⅱ」와 「대물배상」에서 보상하는 손해. 다만, 자동차 취급업자가 가입한 보험계약에서 보험금이 지급될 수 있는 경우에는 그 보험금을 초과하는 손해를 보상하고, 「대물배상」의 경우 「자동차손해배상보장법」 제5조, 같은 법 시행령 제3조에서 정하는 금액을 한도로 한다.

※ 「대인배상Ⅱ」와 「대물배상」은 기명피보험자의 법률상 손해배상책임이 있는 경우에 한하여 보험금을 지급한다.

(3) 사고조사요령

① 교통사고대처요령

㉠ 교통사고가 발생하면 경찰 및 보험회사 보상담당직원에게 신고해야 하며, 부상자나 응급환자 발생시에는 우선적으로 응급처치 및 병원후송 등 적절한 구호조치를 해야 한다.

㉡ 사고가 극히 경미하여 가벼운 물적 피해만 있는 경우에는 카메라 및 스프레이 등으로 현장을 보존하고, 교통흐름에 방해가 되지 않도록 신속하게 사고차량을 도로변이나 안전지대로 이동시켜야 한다.

② 사고조사요령

보험회사는 피보험자동차 등에 관하여 필요한 조사를 하거나 보험계약자 또는 피보험자에게 필요한 설명 또는 증명을 요구할 수 있다. 이 경우 보험계약자, 피보험자 또는 이들의 대리인은 이러한 조사 또는 요구에 협력하여야 한다.

사고조사는 사고접수, 계약 확인, 피해차량 확인, 사고관련자 면담, 현장 확인, 경찰조사기록 확인, 과실비율, 구상성립 여부 등을 판단하기까지 여러 단계에 걸쳐 광범위하게 이루어진다.

임직원운전한정 특별약관에 가입할 경우 임직원이 아닌 배우자나 자녀 등이 피보험자동차를 운전 중 발생한 사고는 보상받지 못하므로 유의해야 한다(단, 「대인배상Ⅰ」은 제외).

출제포인트

☐ 대물배상
☐ 과실상계
☐ 자기차량손해

01
자동차보험 소비자의 알 권리를 보호하기 위한 보험금 지급설명제도에 대해 약술하시오.

1. 개 요

소비자들은 보험금 지급내역에 대한 안내 미흡, 일부 보험금 지급 누락 등 보험금을 탈 때까지의 과정은 물론 자신의 권리가 제대로 보호받고 있는지 모르는 경우가 많다. 이러한 피보험자들의 불만을 개선하기 위한 방안으로 도입된 보험금 지급설명제도는 보험사가 계약자에게 보험금을 지급할 때 그 내용을 상세하게 설명하고 계약자가 미처 생각지 못했던 보험금까지 찾아 주는 서비스이다. 보험금 지급설명제도가 잘 정착되면 소비자의 알 권리가 충족되어 만족도가 제고되고, 보험금에 대한 투명성이 확보돼 신뢰가 크게 향상될 것이다.

2. 주요 내용

보험금 청구시점부터 지급시점까지 각 단계별 안내를 강화하여 보험금 지급과정의 투명성을 제고한다.

(1) 보험금 청구(상담) 단계
① 보험금 지급절차 및 기초정보 안내
　　㉠ 보험계약자에게 전반적인 보험금 지급절차 및 내용에 대해 소개
　　㉡ 보험금 지급 관련 유의사항 등을 표준화한 안내장 제공 : 중복보험 비례보상 내용(손보), 보험금 가지급금 제도, 보험금 청구권 소멸시효 등

② 보험금 청구서류 안내

    ㉠ 보험금 청구시 필요한 증빙서류를 상세히 설명한 안내장 제공

      • 관련 서류의 오류·누락제출로 인한 소비자의 시간·금전적 부담 발생을 예방

      • 보장급부별(입원, 수술, 진단 등) 보험회사 제출서류 및 발급처를 안내하고, 가급적 비용 부담이 없는 서류로 대체

    ㉡ 보험금 청구 완료 후 약관상 의무적으로 제공토록 되어 있는 「보험금 청구 접수증」 제공(우편, 보험설계사 접수대행시 문자메시지 발송)

③ 보험금 지급가능 계약 안내서비스 제공

    ㉠ 보험금 청구시 피보험자의 모든 보험계약을 적극적으로 찾아서 지급가능한 보험금을 안내함으로써 보험금 청구누락 방지

    ㉡ 미지급보험금, 휴면보험금 등이 있는 경우 일괄 안내

④ 인터넷 홈페이지를 통한 보험약관 공시 확대

    보장급부를 정확히 인지하고 보험금 청구를 할 수 있도록 모든 보험약관을 보험회사 인터넷 홈페이지에 공시

(2) 보험금 심사 단계

① 보험금 지급지연 안내 강화

    ㉠ 보험금 지급지연이 예상될 경우 「보험금 지급지연 안내장」 제공을 의무화 하고 문자메시지 (SMS) 등을 통해 추가 안내

    ㉡ 지급지연 사유, 보험금 지급예정일, 보험금 가지급금제도 등을 안내

② 인터넷을 통한 진행상황 안내 시스템 구축

    보험금 지급절차의 진행상황을 보험회사의 인터넷홈페이지 등에서 직접 확인할 수 있도록 조회 시스템 마련

(3) 보험금 지급 단계

① 보험금 지급 누락방지를 위한 전산 시스템 구축

    ㉠ 제출된 보험금 청구서류(진단서, 진료비영수증 등)의 기재내용을 토대로 보험금 지급시 다른 모든 보장급부에 대한 지급 여부를 검증

    ㉡ 보험금 지급이 단계적으로 진행되는 경우 선행과정의 보험금 지급 여부를 검증

② 「보험금 지급설명서」에 의한 지급내역 서면안내

    ㉠ 보험증권별, 보장급부별로 보험금 지급내역에 대한 세부 산출근거를 표시

    ㉡ 보험금 지급심사결과 보험금 부지급 및 감액 지급되는 경우 그 사유 및 근거(보험약관 조항) 등을 상세히 서면 안내

02 자동차 「대물배상」의 지급기준을 항목별로 약술하시오.

1. 수리비용

(1) 수리비

원상회복이 가능한 경우 사고 직전의 상태로 원상회복하는데 소요되는 필요 타당한 비용으로서 실제 수리비용을 말한다.

다만, 경미한 손상의 경우 보험개발원이 정한 경미손상 수리기준에 따라 복원수리하는데 소요되는 비용을 한도로 한다.

※ **경미한 손상** : 외장부품 중 자동차의 기능과 안전성을 고려할 때 부품교체 없이 복원이 가능한 손상

(2) 열처리 도장료

수리시 열처리 도장을 한 경우 차량연식에 관계없이 열처리 도장료 전액을 보상한다.

(3) 수리비용의 한도

수리비 및 열처리 도장료의 합계액은 피해물의 사고 직전 가액의 120%를 한도로 한다.

다만, 보험개발원이 정한 차량의 내용연수가 지난 차량, 「여객자동차 운수사업법」 또는 「화물자동차 운수사업법」의 적용을 받는 차량의 경우에는 130%를 한도로 한다.

2. 교환가액

수리비용이 피해물의 사고 직전의 가액을 초과하는 경우와 원상회복이 불가능한 경우 사고 직전 피해물의 가액상당액 또는 사고 직전의 피해물과 동종의 대용품의 가액과 이를 교환하는데 실제로 소요된 필요 타당한 비용을 보상한다.

3. 대차료

(1) 대 상

비사업용 자동차(건설기계 포함)가 파손 또는 오손되어 가동하지 못하는 기간 동안에 다른 자동차를 대신 사용할 필요가 있는 경우에 지급한다.

(2) 인정기준액

① 대차를 하는 경우

ㄱ 대여자동차로 대체하여 사용할 수 있는 차종에서 차량만을 대여하는 경우를 기준으로 「여객자동차 운수사업법」에 따라 등록한 대여사업자에게서 동급의 대여자동차 중 최저요금의 차량을 대여하는데 소요되는 통상의 요금을 지급한다. 다만, 피해차량이 사고시점을 기준으로 운행연한 초과 등의 이유로 동급의 대여자동차를 구할 수 없는 경우에는 피해차량과 동일한 규모의 대여자동차 중 최저요금의 대여자동차를 기준으로 인정한다.

ㄴ 대여자동차로 대체하여 사용할 수 없는 차종은 보험개발원이 산정한 사업용 해당 차종(사업용 해당 차종의 구분이 곤란할 때에는 사용방법이 유사한 차종으로 함) 휴차료 일람표 범위 내에서 실임차료를 지급한다. 다만, 5톤 이하 또는 밴형 화물자동차 및 대형이륜자동차(260cc 초과)의 경우 중형승용차급 중 최저요금 한도로 대차 가능하다.

② 대차를 하지 않는 경우

ㄱ 동급의 대여자동차가 있는 경우 : 해당 차량과 동급의 최저요금 대여자동차 대여시 소요되는 통상의 요금의 35% 상당액

ㄴ 「여객자동차운수사업법」에 따른 운행연한 초과로 동급의 대여자동차를 구할 수 없는 경우 : 대차를 하는 경우 소요되는 대차료의 35% 상당액

ㄷ 대여자동차가 없는 경우 : 사업용 해당 차종 휴차료 일람표 금액의 35% 상당액

③ 인정기간

ㄱ 수리 가능한 경우 : 수리를 위해 자동차정비업자에게 인도하여 수리가 완료될 때까지 소요된 기간으로 하되, 25일(실제 정비작업시간이 160시간을 초과하는 경우에는 30일)을 한도로 한다. 다만, 부당한 수리지연이나 출고지연 등의 사유로 인해 통상의 수리기간을 초과하는 기간은 인정하지 않는다.

ㄴ 수리 불가능한 경우 : 10일

4. 휴차료

(1) 지급대상

사업용 자동차(건설기계 포함)가 파손 또는 오손되어 사용하지 못하는 기간 동안에 발생하는 타당한 영업손해

(2) 인정기준액

① 증명자료가 있는 경우 : 1일 영업수입에서 운행경비를 공제한 금액에 휴차기간을 곱한 금액

② 증명자료가 없는 경우 : 보험개발원이 산정한 사업용 해당 차종 휴차료 일람표 금액에 휴차기간을 곱한 금액

(3) 인정기간

① 수리 가능한 경우

ㄱ 수리가 완료될 때까지의 기간으로 하되, 30일을 한도로 한다.

ㄴ 「여객자동차운수사업법 시행규칙」에 의하여 개인택시운송사업 면허를 받은 자가 부상으로 자동차의 수리가 완료된 후에도 자동차를 운행할 수 없는 경우에는 사고일부터 30일을 초과하지 않는 범위에서 운행하지 못한 기간으로 한다.

② 수리 불가능한 경우 : 10일

5. 영업손실

(1) 지급대상

「소득세법 시행령」에서 규정한 사업자의 사업장 또는 그 시설물을 파괴하여 휴업함으로써 상실된 이익

(2) 인정기준액

① 증명자료가 있는 경우 : 소득을 인정할 수 있는 세법에 따른 관계증빙서에 의하여 산정한 금액

② 증명자료가 없는 경우 : 일용근로자 임금

(3) 인정기간

① 원상복구에 소요되는 기간으로 한다. 그러나 합의지연 또는 부당한 복구지연으로 연장되는 기간은 휴업기간에 넣지 않는다.

② 영업손실의 인정기간은 30일을 한도로 한다.

6. 자동차시세 하락손해

(1) 지급대상

사고로 인한 자동차(출고 후 5년 이하인 자동차에 한함)의 수리비용이 사고 직전 자동차가액이 20%를 초과하는 경우

(2) 인정기준액

① 출고 후 1년 이하인 자동차 : 수리비용의 20%

② 출고 후 1년 초과 2년 이하인 자동차 : 수리비용의 15%

③ 출고 후 2년 초과 5년 이하인 자동차 : 수리비용의 10%

> 예 차량가액이 1,000만원이고, 사고로 인한 수리비가 500만원인 경우
> - 출고 후 1년 이하인 차량 : 시세하락손해 100만원 지급(500만원의 20%)
> - 출고 후 1년 초과~2년 이하인 차량 : 시세하락손해 75만원 지급(500만원의 15%)
> - 출고 후 2년 초과~5년 이하인 차량 : 시세하락손해 50만원 지급(500만원의 10%)

더 알아보기

자동차수리비가 차량가격을 초과하는 경우 지급기준

보험회사가 가해자를 대신하여 피해자에게 지급하여야 하는 금액은 피해물의 사고 당시 가액을 그 한도로 한다. 즉 수리비용이 피해물의 사고 당시 가액을 초과한 부분에 대하여 보험회사나 가해자는 법률적인 손해배상책임을 지지 않는다. 그러나 피해자가 피해자동차를 수리하고자하는 경우에는 사고 직전 가액의 120~130% 한도 내에서 수리비를 지급하도록 하고 있는 바, 이는 해당 차량의 교환가격보다 높은 수리비를 지출하고도 훼손된 물건을 수리하는 것이 사회통념에 비추어 시인될 수 있을 만한 특별한 사정이 있는 경우에는 예외적으로 그 교환가치의 감소를 초과하는 수리비 전액을 손해배상액으로 인정할 수 있다(대판 1990.8.14. 다카7569, 대판 1998.5.29. 98다7735).

자동차 중고시세가격의 산정

자동차의 중고시세가격은 거래(매매)사례비교법을 적용하여 사고차량의 연식 등을 감안하여 거래가 되고 있는 사단 법인 한국중고차 매매업 협회에서 발간하는 중고차 시세표 등을 근거로 산정한다.

판 례

대차료와 휴차료의 선택적 관계(대법원 1992.5.12. 선고 92다6112 판결)

대차손해와 휴차손해는 선택적 관계에 있어 차주는 휴차손해 대신 대차손해를 청구할 수 있다. 일반적으로는 대차 사용료의 지급을 청구하는 편이 입증상 용이할 것이다. 실무적으로는 건설기계(덤프 등)의 경우 비사업용이더라도 휴차료의 30% 상당액이 아닌 휴차료 전액을 기준으로 인정할 수 있는데 이에 대한 대법원 판례이다.

반면, 휴차손해는 사고 당시 실제로 소요되는 기간을 기준으로 보상(대판 1978.3.28. 77다2499)하므로 사고 당시 실제로 얻고 있던 영업수익을 손해액으로 보는 것이므로 경영상 적자를 보고 있을 경우에는 휴차손해가 인정되지 아니한다(사법연수원 刊. "손해배상소송 2008." 243~244p).

03 자동차보험 「대물배상」 지급기준 중 대차료와 휴차료에 대해 서술하고, 아래의
사례에 대해 대차료를 산출(산출과정 포함) 하시오.

〈사 례〉

- 사고일자 : 2017.8.10.
- 피해차량 등록일자 : 2009.3.10.
- 피해차량 차종 및 배기량 : 벤츠 S500(3,500cc)
- 수리기간 : 총 10일(통상의 수리기간 적용)
- 대여차량 : 최초 5일간 제네시스 3.3, 이후 5일간 그랜저 HG2.4 사용
- 1일 렌트요금(통상의 요금기준)
  - 제네시스 3.3 : 250,000원
  - 그랜저 HG2.4 : 150,000원
- 피해차량 과실 : 20%

---

(1) **대차료**

비사업용 자동차(건설기계 포함)가 파손 또는 오손되어 가동하지 못하는 기간 동안에 다른 자동차를 대신 사용할 필요가 있는 경우 지급된다.

(2) **휴차료**

사업용 자동차(건설기계 포함)가 파손 또는 오손되어 사용하지 못하는 기간 동안에 발생하는 타당한 영업손해가 지급대상이다.

(3) **대차료 산출**

대차료 = {(250,000원/일 × 5일) + (150,000원/일 × 5일)} × (1 − 0.2)

        = (1,250,000원 + 750,000원) × (1 − 0.2) = 1,600,000원

04

자동차보험 「대물배상」 담보에서 시세하락손해를 보상하는 취지와 지급기준 및 보상실무상의 문제점을 서술하고, 다음 사례에 대해 시세하락손해를 산출(풀이과정 기재)하시오.

〈사 례〉

2019년 5월 2일 보험가입한 그랜저 차량이 신호대기 중인 K7차량 후미를 추돌한 사고로 K7차량의 수리비는 다음과 같다.

- 사고 직전 피해물 가액 : 3,000만원
- 사고일자 : 2019년 5월 14일
- 최초등록일 : 2018년 5월 15일(출고일 : 2018년 5월 8일)
- 부품 : 450만원, 공임 : 250만원, 견인비 : 5만원, 대차료 : 35만원(부가가치세가 포함된 금액임)

---

(1) 시세하락손해를 보상하는 취지와 지급기준

① **취 지**

시세하락손해를 보상하는 취지는 사고로 인하여 차량의 가치가 하락하여 발생한 손해를 보상하는 것이므로, 이전에 사고가 발생한 경력이 있거나, 그 밖의 원인으로 인하여 차량의 가치가 이미 하락한 경우에는 보상하지 않는다.

② **지급기준**

피해차량이 출고 후 5년 이하인 경우 사고로 인한 수리비용이 차량가액의 20%를 초과할 때에는 시세하락손해를 청구할 수 있다. 현행 자동차보험 표준약관에서는 <u>출고 후 1년 이하의 자동차는 수리비용의 20%, 출고 후 1년 초과 2년 이하인 자동차는 수리비용의 15%, 출고 후 2년 초과 5년 이하인 자동차는 수리비용의 10%를 시세하락손해로 인정해 보험금을 지급한다.</u>

(2) 보상실무상의 문제점

① 자동차보험 표준약관상 시세하락손해 보상대상과 판례상 시세하락손해의 인정요건에는 차이가 있다.

자동차보험 표준약관은 차량연식과 파손정도를 기준으로 시세하락손해 보상대상 여부를 결정하고 있는 반면, 판례는 이러한 구체적·일률적인 기준을 두지 않고, '중대한 손상이 발생하여 수리 후에도 일부 수리 불가능한 부분이 남는지' 여부에 따라 시세하락손해를 인정하고 있다. 즉 차량연식 및 파손정도 외에도 파손부위, 수리방법, 사고이력 기재 여부, 기타 사정 등을 함께 고려하여 시세하락손해 인정 여부를 판단하고 있다.

② 자동차보험 표준약관상 시세하락손해 보상금액은 수리비의 일정비율로 산정되는 반면, 판례상 시세하락손해 손해액은 다양한 기준에 의해 법원이 적정하다고 판단하는 금액으로 산정되고 있다.

자동차보험 표준약관은 차량연식에 따라 수리비에 일정 비율(1년 이하 20%, 1년 초과 2년 이하 15%, 2년 초과 5년 이하 10%)을 곱한 금액으로 시세하락손해를 산정하는 반면, 판례에서는 법원이 변론 전체의 취지와 증거조사 결과 인정되는 모든 사정을 종합하여 상당한 금액으로 인정되고 있다. 즉 수리비를 일응의 기준으로 하되, 사고의 정도, 부위, 수리내역과 수리비용, 사고 당시의 차량 상태와 수리 후 차량의 상태, 사고 전후의 시세 차액 등을 종합적으로 고려하여 산정하고 있다.

③ 대법원은 최근 자동차보험 표준약관상 시세하락손해 보상대상에 해당하지 않는 경우에도 법원 판결에 의해 시세하락손해를 인정할 수 있다는 취지의 판결을 선고하였다(대법원 2019.4.11. 선고 2018다300708 판결).

(3) 시세하락손해 산출

사고로 인한 자동차(출고 후 5년 이하인 자동차에 한함)의 수리비용이 사고 직전 자동차가액의 20%를 초과하는 경우 출고 후 1년 이하인 자동차는 수리비용의 20%를 지급한다.

따라서,

수리비용 = 450만원 + 250만원 + 5만원 = 705만원으로,

3,000만원 × 20% = 600만원을 초과하므로,

시세하락손해 = 705만원 × 20% = 1,410,500원

05 「대물배상」에서 피해차량의 수리비용이 가액을 초과하는 경우, 교환가액 인정기준과 대체하는데 소요되는 비용의 인정범위와 방법에 대하여 약술하시오.

1. 교환가액의 개념

교환가액이란 자동차의 수리비용이 사고 직전 가액을 초과하는 경우와 원상회복이 불가능한 경우로서 피해자가 피해물가액 상당액을 대체하는 경우에는 사고 직전의 피해물과 동종의 대용품 가액과 이를 교환하는데 실제로 소용된 필요 타당한 비용을 말한다. 등록세, 취득세, 면허세, 각종 인지 및 증지대, 차량인수 비용, 검사수수료, 교통안전협회비 등은 교환가액으로 인정되지만, 자동차세, 각종 벌칙금, 채권매입비용, 보험료 등은 인정되지 않는다. 특히 취득세나 등록세 같은 경우 피해자가 폐차 후 다른 차량을 구입하게 되면, 보험사에 별도로 청구해야 하므로 누락하지 않도록 주의하여야 한다.

2. 교환가액 인정기준

피해물이 자동차인 경우 교환가액의 인정은 시가 확인이 가능한 경우와 불가능한 경우로 구분할 수 있다.

(1) 시가 확인이 가능한 경우

통상 시중에서 거래가 이루어지는 일반 자동차로 중고자동차 매매업소를 통해 피해물과 동종인 자동차의 거래(매매)사례를 확인하여 산정한다[거래(매매)사례비교법].

(2) 시가 확인이 불가능한 경우

거래가 이루어지지 않는 사업용 차량 또는 특수한 차량으로 해당 차량의 재조달가액(Replacement Cost)에서 감가수정을 적용한 감가상각비용을 공제하고 피해물의 현재가격(ACT, Actual Cash Value)을 산정하는 방법(원가방식인 복성식 평가법)으로 하며, 감가상각률은 법인세법감가상각규칙에 따라 정률법 또는 정액법에 의하여 산정할 수 있다.

① 복성식 평가법

사고발생시점에서의 재생산 또는 재취득하는데 소요되는 회계학상, 세법상 고정자산의 감가상각 방법 중 피해물의 종류와 상태에 따라 정률법 또는 정액법에 의한 현가산정방법에 의하여 가액을 산정하는 방법을 말하며, 이에 따라 산정된 가격을 복성가격이라 한다.

② 정액법

감가상각대상금액(취득가액 - 잔존가액)을 그 내용연수에 따라 매년 균등하게 비용처리하는
방법이다.

※ 감가상각비 = 취득가액 - 잔존가액 / 내용연수

③ 정률법

미상각잔액(취득가액 - 그 동안의 감가상각누계액)에 내용연수에 따라 책정된 일정 상각률을
곱하여 감가상각비를 계산하는 방법이다.

3. 비용의 인정범위와 방법

(1) 인정범위

취득세, 등록면허세, 각종 인지 및 증지대, 차량인수 비용, 검사수수료, 교통안전협회비 등은
교환가액으로 인정되지만, 자동차세, 각종 벌칙금, 각종 채권매입비용, 보험료 등은 인정되지
않는다. 특히 취득세나 등록세 같은 경우 피해자가 폐차 후 다른 차량을 구입하게 되면, 보험사에
별도로 청구해야 하므로 누락하지 않도록 주의하여야 한다.

① 취득세

부동산이나 자동차 등 일정한 자산을 구입할 때 내는 지방세로 예전에는 등록세와 함께 부과하
였는데 2011년부터 취득세로 통합되었다.

② 등록면허세

등록세 중 소유권취득과 관련 없는 등기·등록을 종전 면허세와 통합하여 2011년도에 신설한
세목으로 재산권 기타 권리의 취득·이전·변경에 관한 사항을 등록시 인정한다.

(2) 인정방법

소요비용에 대한 영수증 등 증빙서류를 징구하여 금액을 한도로 인정한다.

06

「대물배상」 담보에서 자가용 승용차가 교환가액을 초과하는 손해가 발생한 경우 전손의 유형과 교환가액 산정요령 및 항목별 보험금 지급기준, 손해배상자의 대위, 잔존물 처리방법에 대하여 설명하시오.

1. 전손의 유형

전손이란 피보험자동차가 완전히 파손, 멸실, 또는 오손되어 수리할 수 없는 상태이거나, 피보험자동차에 생긴 손해액과 보험회사가 부담하기로 한 비용의 합산액이 보험가액 이상인 경우를 말한다.

(1) 절대전손

피보험자동차가 완전히 파손 또는 오손되어 현실적으로 수리할 수 없는 경우, 즉 현재의 기술상으로 수리가 불가능하거나 또는 바다에 추락, 침몰되어 인양이 불가능한 경우 그리고 도난사고 등 '물리적 전손'을 말한다.

(2) 추정전손

수리는 가능하나 그 손해액(비용 포함)이 보험가액 이상인 경우, 즉 '경제적 전손'을 말한다.

2. 교환가액 산정요령

교환가액이란 자동차의 수리비용이 사고 직전 가액을 초과하는 경우와 원상회복이 불가능한 경우로서 피해자가 피해물가액 상당액을 대체하는 경우에는 사고 직전의 피해물과 동종의 대용품 가액과 이를 교환하는데 실제로 소용된 필요 타당한 비용을 말한다.

(1) 시가 확인이 가능한 경우

통상 시중에서 거래가 이루어지는 일반 자동차로 중고자동차 매매업소를 통해 피해물과 동종인 자동차의 거래(매매)사례를 확인하여 산정한다[거래(매매)사례비교법].

(2) 시가 확인이 불가능한 경우

거래가 이루어지지 않는 사업용 차량 또는 특수한 차량으로 해당 차량의 재조달가액(Replacement Cost)에서 감가수정을 적용한 감가상각비용을 공제하고 피해물의 현재가격(ACT, Actual Cash Value)을 산정하는 방법(원가방식인 복성식 평가법)으로 하며, 감가상각률은 법인세법감가상각규칙에 따라 정률법 또는 정액법에 의하여 산정할 수 있다.

3. 항목별 보험금 지급기준

(1) 인정범위

취득세, 등록면허세, 각종 인지 및 증지대, 차량인수 비용, 검사수수료, 교통안전협회비 등은 교환가액으로 인정되지만, 자동차세, 각종 벌칙금, 각종 채권매입비용, 보험료 등은 인정되지 않는다. 특히 취득세나 등록세 같은 경우 피해자가 폐차 후 다른 차량을 구입하게 되면, 보험사에 별도로 청구해야 하므로 누락하지 않도록 주의하여야 한다.

① 취득세

부동산이나 자동차 등 일정한 자산을 구입할 때 내는 지방세로 교환가액으로 인정된다.

② 등록면허세

등록세 중 소유권취득과 관련 없는 등기·등록을 종전 면허세와 통합하여 신설한 세목으로 재산권 기타 권리의 취득·이전·변경에 관한 사항을 등록시 인정한다.

(2) 대차료

비사업용 자동차(건설기계 포함)가 파손 또는 오손되어 가동하지 못하는 기간 동안에 다른 자동차를 대신 사용할 필요가 있는 경우에 지급한다.

① 대차를 하는 경우

ㄱ 대여자동차로 대체하여 사용할 수 있는 차종에서 차량만을 대여하는 경우를 기준으로 「여객자동차 운수사업법」에 따라 등록한 대여사업자에게서 동급의 대여자동차 중 최저요금의 차량을 대여하는데 소요되는 통상의 요금을 지급한다. 다만, 피해차량이 사고시점을 기준으로 운행연한 초과 등의 이유로 동급의 대여자동차를 구할 수 없는 경우에는 피해차량과 동일한 규모의 대여자동차 중 최저요금의 대여자동차를 기준으로 인정한다.

ㄴ 대여자동차로 대체하여 사용할 수 없는 차종은 보험개발원이 산정한 사업용 해당 차종(사업용 해당 차종의 구분이 곤란할 때에는 사용방법이 유사한 차종으로 함) 휴차료 일람표 범위 내에서 실임차료를 지급한다. 다만, 5톤 이하 또는 밴형 화물자동차 및 대형이륜자동차(260cc 초과)의 경우 중형승용차급 중 최저요금 한도로 대차 가능하다.

② 대차를 하지 않는 경우

ㄱ 동급의 대여자동차가 있는 경우 : 해당 차량과 동급의 최저요금 대여자동차 대여시 소요되는 통상의 요금의 35% 상당액

ㄴ 「여객자동차운수사업법」에 따른 운행연한 초과로 동급의 대여자동차를 구할 수 없는 경우 : 대차를 하는 경우 소요되는 대차료의 35% 상당액

ㄷ 대여자동차가 없는 경우 : 사업용 해당 차종 휴차료 일람표 금액의 35% 상당액

③ 인정기간

ㄱ 수리 가능한 경우 : 수리를 위해 자동차정비업자에게 인도하여 수리가 완료될 때까지 소요된 기간으로 하되, 25일(실제 정비작업시간이 160시간을 초과하는 경우에는 30일)을 한도로 한다. 다만, 부당한 수리지연이나 출고지연 등의 사유로 인해 통상의 수리기간을 초과하는 기간은 인정하지 않는다.

ㄴ 수리 불가능한 경우 : 10일

4. 손해배상자의 대위

「민법」상 "채권자가 그 채권의 목적인 물건 또는 권리의 가액전부를 손해배상으로 받은 때에는 채무자는 그 물건 또는 권리에 관하여 당연히 채권자를 대위한다"고 하여 손해배상자의 대위를 규정하고 있다(민법 제399조).

「대물배상」 담보에서 채무자 또는 불법행위자가 피해자에게 목적물의 가액 전부를 배상하는 경우 그 목적물은 당연히 채무자(배상자)에게 귀속된다. 즉 소유권이전에 필요한 등기 또는 인도 등의 법률상 요건이 충족되지 않았다 하더라도 채무자(배상자)에게 이전된다.

5. 잔존물 처리방법

전손 사고시 보험회사는 원칙적으로 중고가격에 해당하는 교환가액 상당액을 피보험자(피해자)에게 지불하고, 「상법」 제681조(잔존물대위)의 규정에 따라 법률상 당연히 잔존물에 대한 권리를 취득하게 된다. 그러나 목적물의 잔존가치가 전혀 없다고 판단할 경우에는 언제든지 피보험자 또는 피해자에게 목적물(잔존물)의 대위권을 포기할 수 있다.

① 취득한 잔존물을 잔존물(매매)업자에게 공개매각해서 잔존물가액으로 환입하거나, 잔존가치가 없는 경우 폐차 할 수 있다.

② 교환가액 지급전 잔존물을 처리한 경우 잔존물가액을 공제한 후 지급한다.

07

「대물배상」간접손해 중 세법상 입증자료가 있는 경우 '영업손실 인정방법'에 대하여 약술하시오(단, 제세액 계산 방법은 생략한다).

1. 세법상 수입액 입증자료가 있는 경우

세법상의 관계증빙서에 의한 사고 직전 1년간(1년 미만인 경우에는 그 기간)의 소득금액에서 제세액을 공제한 후 고정경비를 가산한 금액을 휴업기간 동안 인정한다.

[계산식]

> 영업손실 = (연간 현실소득액 + 고정경비) × (휴업일수 / 365)

- 현실소득액 = 사업소득금액 − 제세액
- 사업소득금액 = 총수입금액(총매출액) × 소득표준율
- 제세액 = 소득세 + 주민세

더 알아보기 고정경비

고정경비란 일시적 휴업으로 인해서 지출이 감소되지 아니하는 인건비, 임차료(건물, 기계, 시설물) 등의 경비를 말한다.

2. 세법상 수입액 입증자료가 없는 경우

① 고정된 사업장은 있으나 소득신고기일 또는 소득결정기일이 도래하지 아니하여 세법상의 입증자료가 없는 경우에는 상대 거래회사의 제품공급 실적이나 일반적으로 인정할 수 있는 거래상황 등의 사실관계를 조사하여 확인된 금액을 수입액으로 인정한다. 그러나 이 금액이 일용근로자임금보다 많은 경우에는 일용근로자임금을 한도로 한다.
② 공급실적이나 거래상황도 없는 경우에는 일용근로자임금 상당액을 인정한다.
③ 실제 사업을 운영하고 있는 사람의 일용근로자에 해당하는 금액을 인정한다.

[계산식]

> 영업손실 = (일용근로자 월평균임금) × (휴업일수 / 30)

08 자동차보험 「대물배상」 담보에서 영업손실 지급기준을 설명하고, 아래 사례에 제시된 기준경비율을 적용하여 영업손실액을 산출하시오(산식 및 산출과정 기재).

〈사 례〉

(1) 사고발생일시 : 2022.6.5. 23:00

(2) 수리기간(휴업일수) : 2022.6.6. ~ 6.20. (15일간 휴업)

(3) 사업개시일 : 2020.11.01. ~ 현재

  (피해자 1인 일반과세사업자로 본인 소유 상가)

(4) 2021년도 연간 부가가치세 확정 신고금액

  : 매출금액 100,000,000원 / 매입금액 52,800,000원(제 경비 포함)

(5) 국세청 기준경비율 : 10.7%

---

1. 영업손실 지급기준

(1) 지급대상

소득세법령에 정한 사업자의 사업장 또는 그 시설물을 파괴하여 휴업함으로써 상실된 이익

(2) 인정기준액

① 증명자료가 있는 경우

소득을 인정할 수 있는 세법에 따른 관계증빙서에 의하여 산정한 금액

② 증명자료가 없는 경우

일용근로자 임금

(3) 인정기간

① 원상복구에 소요되는 기간으로 한다. 그러나 합의지연 또는 부당한 복구지연으로 연장되는 기간은 휴업기간에 넣지 않는다.

② 영업손실의 인정기간은 30일을 한도로 한다.

2. 영업손실액 산출

영업손실은 세법에 따른 관계증빙서에 의하여 산정한 소득금액과 고정경비의 합계액을 휴업기간 동안 인정받을 수 있다. 여기서 고정경비란 일시적으로 휴업하더라도 고정적으로 지출되는 직원의 인건비, 임차료(건물, 기계, 시설물) 등과 같은 비용을 말한다.

[계산식]

> 영업손실 = (연간 소득금액 + 고정경비) × (휴업일수 / 365)

- 연간 소득금액 = 수입금액(매출액) − 주요 경비(매입비용 + 임차료 + 인건비)
  − (수입금액 × 기준경비율)
  = 100,000,000원 − 52,800,000원 − (100,000,000원 × 10.7%)
  = 36,500,000원
- 영업손실액 = (연간 소득금액 + 고정경비) × (휴업일수 / 365)
  = (36,500,000원 + 0원) × (15 / 365)
  = 1,500,000원

09
자동차보험 자기차량손해에서 보험가액을 결정하는 적용기준과 적용방법에 대해 서술하시오.

1. 보험가액(자기차량손해)의 개요

(1) 보험개발원이 정한 차량기준가액표에 의해 보험계약을 맺은 경우

보험개발원이 정한 차량기준가액표에 따라 보험계약을 맺었을 때에는 사고발생 당시의 보험개발원이 정한 최근의 차량기준가액을 말한다.

(2) 보험개발원이 정한 차량기준가액표에 의해 보험계약을 맺지 않은 경우

위 차량기준가액이 없거나 이와 다른 가액으로 보험계약을 맺었을 경우 보험증권에 기재된 가액이 손해가 생긴 곳과 때의 가액을 현저하게 초과할 때에는 그 손해가 생긴 곳과 때의 가액을 보험가액으로 한다.

> **더 알아보기** **보험개발원이 정한 차량기준가액표에 의해 보험계약을 맺지 아니한 경우의 예**
>
> ① **차량기준가액표상에 해당 차명별, 연식별 가액이 없는 경우**
> • 외국산 자동차로서 수입면장에 의한 C.I.P. 가격 또는 차량의 제조회사, 기통수, 연식 등을 참조하여 가액을 결정, 인수한 경우
> • 일반탑, 보냉탑, 탱크, 적재함 등을 구조변경한 자동차를 시가에 따라 인수할 경우
> • 기타 부속품 또는 기계장치의 가액을 시가에 따라 인수한 경우
> ② **차량기준가액표상에 해당 차명별 연식별 가액이 있는 경우(일부보험)**
> 자동차의 시가가 가액표상의 기준가액과 현저한 차이가 있어 매매계약서나 자동차 시가감정서를 참작하여 시가를 기준으로 가액을 인수한 경우

2. 적용기준

(1) 자동차의 보험가액과 보험가입금액

자동차의 보험가액과 보험가입금액은 피보험자동차의 용도, 차명, 형식, 모양 및 연식 등을 확인하여 다음과 같이 정한다.

① 기준가액표에 있는 자동차
해당 차량의 기준가액을 적용한다.

② 기준가액표에 없는 자동차
차량의 제조회사, 기통수, 용적, 연식 및 모양 등으로 보아 기준가액표상의 유사한 차량의 가액을 참고로 하여 정하거나, 동종차량의 시중거래가격을 확인하여 적정한 기준가액을 정한다.

③ 외국산 자동차

자동차수입판매회사가 수입하여 판매한 외국산 자동차의 경우 자동차 구입자가 지불한 국내 판매가격(부가가치세 포함)을 기준가액으로 정하고, C.I.F. 가격의 확인유무에 따라 "외국산 자동차의 기준가액 책정"에 기재되어 있는 방식으로 기준가액을 산정한다. 또한, 외국산 신차 국내 판매가격의 확인이 곤란할 때에는 "외국산 자동차의 신차 참고가액표"를 참고로 하여 기준가액을 정할 수 있다.

④ 일반탑, 보냉탑, 탱크 등 구조변경한 화물자동차

기준가액표상의 해당 카고트럭 가액과 "탑 및 탱크 참고가액표"의 해당 가액을 합산한 금액을 참고로 하여 기준가액을 정할 수 있다.

(2) 기준가액표상의 가액과 현저한 차이가 있는 경우

자동차시가가 기준가액표상의 가액과 현저한 차이가 있을 때에는 자동차매매계약서 또는 전문업소의 자동차시가 감정서 등 합리적이고 객관적인 증빙자료를 참고로 한 시가를 기준가액으로 한다.

(3) 관용자동차의 기준가액

관용자동차의 기준가액은 자가용자동차의 가액을 적용하며, 특수차는 용도 구분 없이 적용한다.

3. 적용방법

(1) 보험가입금액

보험가입금액은 1만원 단위로 한다.

(2) 기준가액표에 기재되어 있지 않은 연식의 자동차

① 기준가액표에 기재되어 있지 않은 연식의 자동차는 해당 용도차량의 가장 오래된 연식의 가액을 참고하여 기준가액을 정한다.

② 대여사업용 자동차로서 영업용 기준가액표에 기재되어 있지 않은 자동차의 경우에도 자가용 기준가액표상의 동종 또는 유사 차량의 최근 연도 가액을 기준으로 하여 표준 감가상각잔존율을 적용하여 기준가액을 정한다.

(3) 가액적용시의 참고사항

차량기준가액표상의 차량가액은 차량의 상태, 주행거리, 사고유무 등을 반영하여 책정한 시장가격(Market Value)이 아닌 보험회사가 보험가입을 위해 통계적 기법을 적용하여 해당 차량의 보험가액을 미리 정하는 협정보험가액, 즉 기평가보험가액으로 자기차량손해의 계약 체결 및 손해액 결정시 기준가액으로서 적용되므로, 「대물배상」 책임의 지급보험금 산출시 적용되는 시장가격(Market Value)과는 차이가 있을 수 있다.

10

자기차량손해에서 적용되는 자기부담금에 대하여 정률제와 정액제로 비교하여 약술하시오.

1. 자기부담금

자기부담금이란 자기차량 손해담보에 가입한 보험계약자에게 사고발생 손해액의 일부를 부담하도록 하는 제도를 말한다. 2011년 자동차보험 제도개선에 따라 자기부담금 공제방식이 기존의 정액제에서 정률제로 바뀌었다.

[자기부담금 제도개선]

구 분	현 행	변 경
공제방식	정액제	정률제(자기부담금 20% 또는 30% 선택)
한 도	0~50만원	최저 5~20만원
		최고 50만원

2. 정액제와 정률제

(1) 정액제

정액제는 차량 손해액 정도에 관계없이 보험가입시 본인이 선택한 금액을 부담하는 방식이다.

(2) 정률제(자기부담금 20% 선택시)

① 정률제는 사고로 인한 수리시 최대 50만원까지 차량 손해액의 20%를 보험계약자가 부담하는 방식이다.

② 손해액의 20%를 자기부담금으로 적용하는데 최소자기부담금은 보험가입시 선택하는 물적 사고 할증금액의 10%이며, 최대 자기부담금은 50만원이다.

[물적 사고 할증기준 금액별 자기부담액]

물적 할증	50만원	100만원	150만원	200만원
최 소	5만원	10만원	15만원	20만원
최 대	50만원	50만원	50만원	50만원

※ 손해액의 30%를 자기부담금으로 선택하면 최소 자기부담금은 30만원이며, 최대 자기부담금은 100만원이다.

11 감가율 적용대상 주요 부품을 차종별로 나열하시오.

1. 승용차

① Engine Ass'y

② Transmission Ass'y

③ 운전대(Cabin) : Only 또는 Complete(Jeep인 경우)

2. 승합차

① Engine Ass'y

② Transmission Ass'y

③ Differential Carrier Ass'y : Gear Ass'y 또는 Housing과 함께 교환시 포함

④ Steering Gear Box Ass'y : Gear Ass'y 또는 Booster와 함께 교환시 포함

⑤ 운전대(Cabin) : Only 또는 Complete(Jeep인 경우)

⑥ Body Ass'y(Monocoque Body) : 대형버스는 Body의 2/3 이상을 교환 또는 신조하는 경우

⑦ 타이어 : 손모도를 감안하여 적용

3. 화물차

① Engine Ass'y

② Transmission Ass'y

③ Differential Carrier Ass'y : Gear Ass'y 또는 Housing과 함께 교환시 포함

④ Steering Gear Box Ass'y : Gear Ass'y 또는 Booster와 함께 교환시 포함

⑤ Hoist Cylinder Ass'y : Cylinder와 Piston을 함께 교환

⑥ 운전대(Cabin) : Only 또는 Complete

⑦ 적재함 Ass'y : Tank 및 콘크리트 믹서드럼 포함

⑧ 타이어 : 손모도를 감안하여 적용

12

자기차량손해와 「대물배상」에서 각각의 전손보험금 산정기준을 기술하시오.

1. 전손보험금 산정기준

(1) 개 요

전손사고란 자동차가 완전히 파손, 멸실 또는 오손되어 수리할 수 없는 상태이거나 자동차에 생긴 손해액과 약관에 따라 부담하기로 한 비용의 합산액이 보험가액 이상인 경우를 말한다.

(2) 자기차량손해 전손보험금 산정기준

① 수리불능이거나 수리비 또는 수리비와 비용의 합산액이 보험가액(차량기준가액표상의 해당 차량가액)을 초과하는 때에는 전손에 해당한다.

② 사고발생일을 기준으로 보험개발원에서 가장 최근에 발표한 차량기준가액표상의 보험가액을 한도로 피보험자가 가입한 보험금액과 비교하여 전손보험금을 산정한다.

③ 전손보험금 지급시 잔존물은 보험사가 인수한다.

(3) 「대물배상」 전손보험금 산정기준

① 피해물이 사고 직전의 가액을 현저히 초과하는 경우와 원상회복이 불가능한 경우 사고 직전 피해물의 가액 상당액 또는 사고 직전의 피해물과 동종의 대용품의 가액과 이를 교환하는데 실제로 소요된 필요 타당한 비용을 전손보험금으로 지급한다.

② 자기차량손해와 달리 「대물배상」의 자동차의 경우는 차량가액표를 기준으로 계산하지 않고, 사고발생 당시의 중고자동차 시세를 기준으로 산정한다.

③ 「대물배상」도 전손보험금 지급시 잔존물은 보험사가 인수한다.

2. 자기차량손해와 「대물배상」(피해물이 자동차인 경우)에서 보험금 지급기준이 다른 이유

원칙적으로 손해보험의 재물보험의 경우는 사고가 발생하면 그 때와 곳의 가액을 산정하여 보험가액으로 하는 미평가보험을 적용하지만, 자기차량손해의 경우는 수많은 차량을 사고가 발생할 때마다 가액을 산정하고 조사하는데 비용이 더 많이 발생하게 되므로 통계에 의하여 평균적인 감가상각방식을 적용하여 보험계약 체결시에 미리 보험가액을 정하고 이 보험가액에 따라 보험료의 산정 및 사고발생시 보험금을 지급하는 기평가보험(협정보험가액)을 적용한다. 「대물배상」의 경우는 제3자(피해자)가 입은 손해를 피보험자를 대신하여 보상하는 책임보험으로 약관의 구속력이 피해자에게는 존재하지 않기 때문에 피보험자와 맺은 약관의 보험가액을 상대방인 제3자(피해자)에게 일방적으로 적용할 수 없기 때문에 시장가격을 기준으로 보상한다.

13

자동차보험 「대물배상」과 자기차량손해에서 보험금청구권자의 소멸시효 기산점 과 소멸시효의 완성기간별 주요 유형을 약술하시오.

1. 소멸시효 기산점

소멸시효 기산점이란 당해 권리를 행사할 수 있는 최초의 시점을 말한다. 「민법」에서는 소멸시효 의 기산점에 대해 '소멸시효는 권리를 행사할 수 있는 때로부터 진행한다'라고 규정하고 있다. 따라서 비록 권리가 발생하고 있어도 그 권리를 행사할 수 없을 때에는 소멸시효의 진행은 개시되 지 않는다.

(1) 「대물배상」의 소멸시효 기산점

「대물배상」에 있어서 피보험자가 보험회사에 보험금을 청구할 수 있는 시기는 '대한민국 법원에 의한 판결의 확정, 재판상의 화해, 중재 또는 서면에 의한 합의로 손해액이 확정된 때'라고 약관상 규정되어 있다. 그러므로 「대물배상」의 소멸시효 기산점은 <u>손해액이 확정되었을 때부터</u> 진행된 다.

(2) 자기차량손해의 소멸시효 기산점

자기차량손해에서 피보험자는 사고가 발생한 때 보험회사에 보험금을 청구할 수 있다고 약관상 규정하고 있으므로 소멸시효 기산점도 <u>사고가 발생한</u> 때로 볼 수 있다. 다만, 도난사고의 경우에는 도난사실을 경찰서에 신고한 후 30일이 지난 후에 보험금을 청구할 수 있으므로 소멸시효도 마찬 가지로 그때부터 진행된다고 볼 수 있다.

> **판례**
>
> 보험금청구권은 보험사고가 발생하기 전에는 추상적인 권리에 지나지 아니할 뿐 보험사고의 발생으로 인하여 구체 적인 권리로 확정되어 그때부터 그 권리를 행사할 수 있게 되는 것이므로, 특별한 다른 사정이 없는 한 원칙적으로 <u>보험금액청구권의 소멸시효는 보험사고가 발생한 때로부터 진행한다고</u> 해석해야 할 것이다. 다만, 보험사고가 발 생한 것인지의 여부가 객관적으로 분명하지 아니하여 보험금청구권자가 과실 없이 보험사고의 발생을 알 수 없었 던 경우에도 보험사고가 발생한 때로부터 보험금청구권의 소멸시효가 진행한다고 해석하는 것은 보험금청구권자 에게 너무 가혹하여 사회정의와 형평의 이념에 반할 뿐만 아니라 소멸시효제도의 존재이유에 부합된다고 볼 수도 없으므로 이와 같이 객관적으로 보아 보험사고가 발생한 사실을 확인할 수 없는 사정이 있는 경우에는 보험금청구 권자가 보험사고의 발생을 알았거나 알 수 있었던 때로부터 보험금액청구권의 소멸시효가 진행한다고 하는 것이 판례의 태도이다(대법원 2001.4.27. 선고 2000다31168 판결, 2008.11.13. 선고 2007다19624 판결).

2. 소멸시효의 완성기간별 주요 유형

(1) 소멸시효가 10년인 경우

확정판결, 재판상의 화해, 조정 기타 판결과 동일한 효력이 있는 경우에는 소멸시효 기간은 10년이다(민법 제165조).

(2) 소멸시효가 3년인 경우

보험금청구권, 만기환급금청구권, 보험료 반환청구권, 해지환급금청구권, 책임준비금 반환청구권 및 배당금청구권은 3년간 행사하지 않으면 소멸시효가 완성된다.

(3) 소멸시효가 2년인 경우

① 공동불법행위로 인한 보험자에 대한 구상금청구권

② 판결에 따른 채권으로 청구상대방이 보험자인 경우

14

자기차량손해 보상책임 중 타차 또는 타 물체와의 충돌, 접촉, 추락, 전복 또는 차량의 침수와 관련하여 다음과 같은 사고로 손해가 발생한 경우 각 항목별 면·부책을 판단하고 사유를 설명하시오.

---

① 엔진 커넥팅로드가 절손되면서 실린더블록을 충격하여 엔진이 파손된 경우
② 견인고리가 빠지면서 트랙터와 트레일러가 접촉하여 파손된 경우
③ 웅덩이에 빠지면서 에어클리너로 물이 흡입되어 엔진이 파손된 경우
④ 엔진 헤드개스킷이 파손되어 실린더 내에 물이 들어간 것을 모르고 시동 중 엔진이 파손된 경우
⑤ 급제동 등으로 적재중인 물체 또는 탑승자가 밀리거나 넘어지면서 차체와 충돌, 접촉하여 차체가 파손된 경우
⑥ 적재함 U볼트의 이완으로 적재함이 밀려 운전대와 접촉하여 파손된 경우
⑦ 주차 중인 자차를 주행하던 타 차량이 접촉하여 자차의 타이어에만 손상이 발생한 경우
⑧ 동파로 인해 실린더 헤드가 균열된 경우

---

(1) 면책(　), 부책(　) / 사유 :
(2) 면책(　), 부책(　) / 사유 :
(3) 면책(　), 부책(　) / 사유 :
(4) 면책(　), 부책(　) / 사유 :
(5) 면책(　), 부책(　) / 사유 :
(6) 면책(　), 부책(　) / 사유 :
(7) 면책(　), 부책(　) / 사유 :
(8) 면책(　), 부책(　) / 사유 :

(1) **면책(○), 부책( )**
사유 엔진 커넥팅로드가 절손되면서 실린더블록을 충격한 경우는 보상하는 '충돌'에 포함되지 않으므로 면책된다.

(2) **면책( ), 부책(○)**
사유 견인고리가 빠지면서 트랙터와 트레일러가 접촉하여 파손된 경우 '접촉'에 해당되어 보상한다.

(3) **면책( ), 부책(○)**
사유 웅덩이에 빠지면서 에어클리너로 물이 흡입되어 엔진이 파손된 경우 '침수'로 인한 손해로 볼 수 있으므로 단독사고 확대 보장 특약에서 보상한다.

(4) **면책(○), 부책( )**
사유 엔진 헤드개스킷이 파손되어 실린더 내에 물이 들어간 것을 모르고 시동 중 엔진이 파손된 경우 '침수'로 보지 않기 때문에 면책된다.

(5) **면책( ), 부책(○)**
사유 급제동 등으로 적재중인 물체 또는 탑승자가 밀리거나 넘어지면서 차체와 충돌, 접촉하여 차체가 파손된 경우 보상하는 '충돌' 및 '접촉'에 해당하므로 보상한다.

(6) **면책(○), 부책( )**
사유 적재함 U볼트의 이완으로 적재함이 밀려 운전대와 접촉하여 파손된 경우 보상하는 '접촉'에 해당되지 않으므로 면책된다.

(7) **면책( ), 부책(○)**
사유 주차 중인 피보험자동차의 타이어나 튜브에만 생긴 손해는 보상하지 않는다. 다만, 타차량이 접촉하여 자차의 타이어나 튜브에 생긴 손해는 보상한다(특별약관).

(8) **면책(○), 부책( )**
사유 동파로 인한 손해는 보상하지 않는다.

15 보험사고차량 수리비에 대한 부가가치세에 대하여 설명하고, 피보험자동차의 차종 및 사업자별 인정기준에 대하여 서술하시오.

1. 부가가치세 인정기준

(1) 부가가치세(Value Added Tax)

① 모든 상품(재화 또는 용역)을 생산하고 최종소비자에게 공급되는 과정까지 각 거래에 가치가 부과되는 것으로 보고 부가된 가치에 대하여 부과하는 조세이다.

② 과세(일반)사업자 소유의 차량을 수리한 경우 보험회사는 비사업용 승용차에 한해서 부가가치세를 인정한다.

(2) 세금계산서

① 부가가치세가 과세되는 재화 또는 용역 공급한 사업자가 공급받는 자로부터 부가가치세를 징수하고 그 거래내용과 거래 사실을 증명하기 위하여 교부하는 증서로서 자기 책임하에 재화와 용역을 공급받는 자에게 교부한다.

② 보험사고의 경우 수리비에 대한 세금계산서의 발급은 수리비를 부담하는 자(가해자, 피해자, 보험회사)나 차량소유자(피보험자, 피해자)를 불문하고 실제 수리용역을 제공받는 자(공급받는 자)에게 교부한다.

(3) 사고차량 수리에 있어서의 부가가치세

① 부가가치세 납부의무자 : 상품(재화 또는 용역)의 공급자(사업자) → 매출세액

② 부가가치세 부담자 : 상품(재화 또는 용역)을 공급받는 자 → 매입세액

> **저자의 TIP**
>
> 피보험자 또는 피해자가 부가가치세를 지불하고 세금계산서를 교부받았다면 재화 용역의 매입세액이 발생하며 이들이 부가가치세를 납부할 의무를 가진 사업자인 경우엔 자기사업을 위하여 공급받은 매입세액을 공제받을 수 있으므로 손해의 일부로 보지 않는다.

2. 차종 및 사업자별 인정기준

(1) 사업자 구분에 따른 인정 여부

구 분		피보험자 기준		
		일반과세자	간이과세자	면세사업자
피해자 기준	일반과세자	×	○	○
	간이과세자	○	○	○
	면세사업자	○	○	○

① 일반과세자는 부가가치세를 인정하지 않는다.

② 면세사업자는 부가가치세를 인정한다.

(2) 승용차인 경우 인정 여부

사업자 구분 없이 부가가치세를 항상 인정한다.

(3) 9인승 이하 승합차 및 지프형 승용차인 경우 인정 여부

사업자 구분 없이 부가가치세를 항상 인정한다.

> **더 알아보기** **지프형 승용차**
>
> 차체 형식이 본네트(세미본네트 포함)형이고, 구동방식이 4륜구동이며, 프레임 구조 형식인 승용차(5~9인승), 밴형은 제외

(4) 간이과세자인 경우 인정 여부

부가가치율에 따라 인정한다.

(5) 1,000cc 미만의 자동차인 경우(경형 자동차)

사업자가 아닌 개인일 경우 사업자가 아님을 증명할 수 있는 서류(납세사실증명원 등)를 피보험자 또는 피해자로부터 받은 후 부가가치세를 인정한다. 단, 사업자의 경우는 부가가치세 환급대상 차량이므로 부가가치세를 인정하지 않는다.

(6) 개인소유 승합 및 화물자동차인 경우

1,000cc 미만의 자동차인 경우와 동일하다.

3. 부가가치세액 인정 여부의 결정

(1) 부가가치세액을 보험금으로 인정하는 경우

① 피보험자가 면세사업자이고 자차 및 대물수리비를 수리처에 직접 지불하였거나 보험회사가 피보험자로부터 지급위임을 받아 보험금을 수리공장에 직접 지급하는 경우에는 피보험자를 기준으로 하여 면세사업자에 대한 증빙서를 첨부하여 부가가치세를 보험금으로 인정한다(이 경우 자차 및 대물수리비에 대한 세금계산서는 수리공장 사업자가 피보험자에게 교부하도록 한다).

② 피해물인 사고차량(세금계산서를 교부받을 자)이 영업용 시내버스 또는 시외버스와 같은 면세사업자에 해당되는 차량일 경우에는 부가가치세액을 보험금으로 인정한다.

③ 피해물인 사고차량(세금계산서를 교부받을 자)이 승용차일 경우에는 과세사업자라 하더라도 이에 대한 구입과 유지에 관한 매입세액을 납부세액에서 공제받을 수 없으므로 부가가치세액을 보험금으로 인정한다.

④ 개인(사업자가 없는 일반 개인) 소유의 차량(승용, 승합, 화물)은 매입세액을 공제받을 수 없으므로 수리비의 부가가치세액을 보험금으로 인정한다.

(2) 부가가치세액을 보험금으로 인정하지 않는 경우

① 세금계산서를 교부받을 자가 과세업자인 경우에는 수리비에 대한 부가가치세액을 부가가치세법에 의해 납부하여야 할 세액 중에서 매입세액을 공제받을 수 있으므로, 이에 대한 부가가치세액은 보험금으로 인정하지 않는다.

② 피보험자가 과세사업자이고 자차 및 대물수리비를 보험회사가 피보험자로부터 지급위임을 받아 보험금을 수리공장에 직접 지급하는 경우에는 부가가치세를 보험금으로 인정하지 않는다.

(3) 피해자와 개별 합의 후 보험회사에 보험금을 청구하는 경우

피보험자가 피해자와 개별 합의 후 보험회사에 보험금을 청구하는 경우 수리처에서 세금계산서를 피보험자에게 교부하였을 때에는 피보험자가 사업자로 부가가치세를 매입세액으로 공제받을 수 있는 경우에는 인정하지 않으며, 피해자에게 교부하였을 때에는 피해자를 기준으로 사업자 여부를 확인한 후 처리한다.

(4) 간이세금계산서에 대한 처리

간이세금계산서에 기재된 금액에는 부가가치세가 포함된 것이므로 과세사업자는 부가가치세액 상당액을 공제하고, 면세사업자는 간이세금 계산서에 기재된 금액 이외의 세액을 별도 인정하여서는 안 된다.

(5) 자가정비공장에서 수리하는 경우

① 운수업체와 정비업체의 사업자등록증 번호가 같고, 동일회계를 한 경우에는 부가가치세액을 보험금으로 인정하지 않는다.

② 운수업체와 정비업체의 사업자등록번호가 다르고 별개의 독립회계를 할 경우에는 사업등록증을 기준으로 부가가치세 인정 여부를 결정한다.

더 알아보기

납부세액 등의 계산(부가가치세법 제37조 제1항, 제2항)

① 매출세액은 제29조에 따른 과세표준에 제30조의 세율을 적용하여 계산한 금액으로 한다.

② 납부세액은 제1항에 따른 매출세액(제45조 제1항에 따른 대손세액을 뺀 금액으로 한다)에서 제38조에 따른 매입세액, 그 밖에 이 법 및 다른 법률에 따라 공제되는 매입세액을 뺀 금액으로 한다. 이 경우 매출세액을 초과하는 부분의 매입세액은 환급세액으로 한다.

공제하는 매입세액(부가가치세법 제38조 제1항)

① 매출세액에서 공제하는 매입세액은 다음 각 호의 금액을 말한다.
 1. 사업자가 자기의 사업을 위하여 사용하였거나 사용할 목적으로 공급받은 재화 또는 용역에 대한 부가가치세액(제52조 제4항에 따라 납부한 부가가치세액을 포함한다)
 2. 사업자가 자기의 사업을 위하여 사용하였거나 사용할 목적으로 수입하는 재화의 수입에 대한 부가가치세액

과세대상과 세율(개별소비세법 제1조 제2항 제3호)

② 개별소비세를 부과할 물품(이하 "과세물품"이라 한다)과 그 세율은 다음과 같다.
 3. 다음 각 목의 자동차에 대해서는 그 물품가격에 해당 세율을 적용한다.
    가. 배기량이 2천cc를 초과하는 승용자동차와 캠핑용자동차 : 100분의 5
    나. 배기량이 2천cc 이하인 승용자동차(배기량이 1천cc 이하인 것으로서 대통령령으로 정하는 규격의 것은 제외한다)와 이륜자동차 : 100분의 5
    다. 전기승용자동차(자동차관리법 제3조 제2항에 따른 세부기준을 고려하여 대통령령으로 정하는 규격의 것은 제외한다) : 100분의 5

과세물품·과세장소 및 과세유흥장소의 세목 등(개별소비세법 시행령 제1조)

「개별소비세법」제1조 제6항의 규정에 의한 과세물품의 세목은 별표 1과 같이하고, …… (생략) …… 한다.

[별표 1] 과세물품(제1조 관련)

5. 법 제1조 제2항 제3호 해당물품
   가. 「자동차관리법」제3조에 따른 구분기준에 따라 승용자동차로 구분되는 자동차(정원 8인 이하의 자동차에 한정하되, 배기량이 1,000cc 이하의 것으로서 길이가 3.6미터 이하이고 폭이 1.6미터 이하인 것을 제외한다)

저자의 TIP

사업자가 일반승용차량을 구입하여 업무에 사용하는 것은 개별소비하는 물품으로 보아 개별소비세를 부과하며, 이럴 경우 개별소비하는 물품은 부가가치세 환급대상 물품에서 제외하여 일반 사업자가 승용자동차의 유지보수에 필요한 비용은 부가가치세 환급대상이 아니므로 보험회사가 부가가치세를 인정하여야 한다.

16

2019년 7월 20일 사고발생으로 2018년 9월 19일 구입과 동시에 등록된 피해차량이 수리비 400만원, 대차료 60만원의 손해가 확정되었다. 이때 피해차량 소유자에게 지급하여야 하는 시세하락손해에 대하여 지급기준을 설명하고, 금액을 산출하시오(사고시 중고시세가액 : 1,200만원).

1. 시세하락손해(격락손해)의 인정기준

피해차량이 출고 후 5년 이내인 경우 사고로 인한 수리비가 차량가액의 20%를 초과할 때에는 시세하락손해를 청구할 수 있다. 현행 자동차보험 표준약관에서는 출고된 지 1년 이하의 차가 사고를 당해 수리비가 차량가액의 20% 이상이 나올 경우 수리비의 20%, 출고된 지 1년 초과 2년 이하인 경우에는 수리비의 15%, 출고된 지 2년 초과 5년 이하인 경우에는 수리비의 10%를 시세하락손해로 인정해 보험금을 지급한다.

2. 금액산정

위 피해차량은 출고된 지 1년 이하이고, 수리비(400만원)가 차량가(1,200만원)의 20% 이상이기 때문에 수리비의 20%, 즉 400만원 × 0.2 = 80만원의 시세하락손해가 발생한다.

사례유형 출고된 지 1주일 지난 차량의 소유자 A가 자동차사고로 피해를 입어 범퍼 및 라이트를 교체하였으나, 중고차의 시세하락이 예상된다고 주장하며 보험회사에 차량의 시세하락에 대한 손해를 주장한다. 이 경우의 보상 여부는?

모범답안 자동차보험의 「대물배상」으로 보상을 받을 경우 출고 후 5년 이하인 자동차로서 수리비용이 사고 직전 차량가액의 20%를 초과하는 경우 자동차 시세하락손해를 지급한다. 출고 후 1년 이하인 자동차는 수리비용의 20%, 출고 후 1년 초과~2년 이하인 자동차는 수리비용의 15%, 출고 후 2년 초과 5년 이하인 자동차는 수리비용의 10%를 자동차 시세하락손해로 지급한다. 상기 사례에서 범퍼와 라이트의 교체의 경우에는 차량가액의 20% 상당액을 넘지 않는 경미한 손해에 해당되므로 약관상 인정하는 시세하락손해에 해당하지 않는다.

17

다음 사고로 피견인차량이 파손된 경우, 대물보상 처리기준에 대하여 약술하시오.

1. 렉카로 견인 중 사고
2. 화물차로 견인 중(Chain, Rope, Wire Rope 등) 사고

---

1. 렉카로 견인하는 경우

① 렉카의 견인 중 사고로 렉카 및 피견인 차량이 파손된 경우에 렉카는 차량손해로 보상하지만 피견인 차량은 렉카가 '관리하는 재물 또는 싣고 있거나 운송 중인 물건'으로 보아 렉카의 「대물배상」으로 보상하지 않는다.

② 견인되는 차량이 자기차량손해에 가입한 경우에도 '자동차를 운송하는 동안에 생긴 손해'로 보아 보상하지 않는다.

2. 화물차로 견인하는 경우(Chain, Rope, Wire Rope 등)

각각 독립된 자동차의 운행으로 보고 책임소재에 따라 처리한다.

(1) 견인차에 관리책임이 있는 경우

피견인차에 견인차량측 운전사가 승차하고 제동 및 핸들조작 등 자유로이 조종하다가 견인차와 피견인차의 충돌사고로 생긴 손해는 전적으로 견인차에 관리책임이 있다고 본다.

(2) 견인차에 관리책임이 없는 경우

피견인차에 피견인차량측 운전사가 승차하고 제동 및 핸들조작 등 자유로이 조종하다가 견인차와 피견인차의 충돌사고로 생긴 손해는 쌍방의 책임 소재에 따라 처리한다.

※ 보통자동차(견인차)에 삼각대(연결장치) 등으로 피견인차를 고정하여 견인하는 경우 견인차에 책임이 있다고 보아 '렉카로 견인하는 경우'에 준하여 처리한다.

3. 주차위반 피견인차량에 관한 「대물배상」 책임담보 특별약관에 가입된 경우

(1) 보상내용

보험회사는 피보험자가 주차위반차량(피견인차량)을 <u>견인개시한 때</u>로부터 차량보관장소로 인도한 때까지 생긴 피보험자동차의 사고로 피견인차량을 없애거나 훼손하여 그 피견인차량에 대하여 법률상 손해배상책임을 짐으로써 입은 손해를 보상한다.

※ '견인개시한 때'라 함은 견인용 자동차의 특수연결장치로 피견인차량을 연결하여 견인동력장치의 작동을 개시한 때를 말한다.

(2) 보상하지 않는 손해

① 피견인차량을 소유하거나 운전하는 자 등의 고의로 인한 손해
② 피견인차량의 시건장치 개폐작업으로 인한 손해

18

승용자동차가 세차기에 진입 중 세차원의 안내부족으로 세차기와 충돌하여 승용
자동차와 세차기 일부가 파손되는 사고가 발생하였다. 이 경우 보상직원이 현장
에 임하여 조사할 사항과 조사 후 보상처리에 대하여 서술하시오.

1. 자동세차기 사고

자동세차기는 크게 문(門)형과 터널(Tunnel)형으로 구분할 수 있으며, 문형 세차기의 경우에는
차량이 완전히 정지한 상태에서 세차기가 앞, 뒤로 움직이면서 자동으로 세차하는 기계로 통상
문형 세차기에서는 사고가 발생하지 않으나, 터널형 세차기는 차량이 바닥의 레일을 따라 세차기
내부로 세차 차량이 앞에서 뒤로 움직이면서 자동으로 세차하는 기계로 세차기 사고는 이런 터널
형 자동세차기에서 안내원의 부실한 안내 및 운전자의 조작에 의한 실수 등으로 발생하고 있다.

2. 보상직원이 현장에 임하여 조사할 사항

① 세차장 직원의 세차 전 상세한 주의사항에 대한 안내 여부
② 세차안내문 설치 여부(시동정지, 기어중립, 녹색신호시 출발 등)
③ 세차장 직원이 현장을 이탈하지 않고 사고 후 바로 안전조치를 이행했는지의 여부
④ CCTV를 통해 사고상황 확인
⑤ 세차장의 배상책임보험 가입 여부
⑥ 세차원의 안내부실에 따른 과실상계

3. 조사 후 보상처리

(1) 세차기가 배상책임보험에 가입되어 있지 않은 경우

세차원의 안내 부주의에 의한 사고이나, 피보험자의 운행상 책임 또한 존재하는 사고로 자기차량
손해와「대물배상」인 세차기의 손해액을 확정하고 단일책임주의를 적용하여 자기차량손해액은
전액 보상하고 세차기는 자기차량손해액과 세차기의 손해액을 합산한 금액에서 세차원의 안내
부주의에 의한 과실 부분 금액을 공제한 금액을 인정한다.

(2) 세차기가 배상책임보험에 가입되어 있는 경우

자기차량손해와「대물배상」인 세차기의 손해액을 확정하고 교차책임주의를 적용하여 자기차량 손해액과「대물배상」의 손해액에 대하여 각각 자기차량의 과실비율 금액 상당액을 공제한 금액을 인정한다.

> **사례**
> 안내 부주의에 의한 과실 : 40%
> 자기차량손해 100만원 / 세차기 손해 200만원일 경우

① 단일책임주의의 경우

자기차량손해액은 100만원을 인정하고 합산손해액 300만원이므로, 이 금액에서 세차원의 안내 부주의에 의한 과실 40% 상당액인 120만원을 세차기의 손해액에서 공제하고 80만원을 인정한다.

② 교차책임주의의 경우

자기차량손해액에서 세차원의 안내 부주의에 의한 과실 40% 상당액을 공제한 자기차량의 과실비율에 해당하는 60% 상당액인 60만원을 인정하고, 세차기는「대물배상」으로 피해자인 세차원의 안내 부주의에 의한 과실 40% 상당액을 공제한 120만원을 인정한다. 자기차량손해 의 40% 상당액인 40만원은 세차기의 배상책임보험으로 청구한다.

※ 통상 세차장안내문 미부착의 경우 세차장의 과실은 20%이며, 직원 안내 과실, 세차장비 노후의 경우 세차장의 과실은 20~40%로 인정된다.

> **사례유형** 자동세차 중 직원의 지시에 따르지 않아 세차기를 파손하는 경우
> 대구지방법원 C판사는 '자동세차 중 직원의 지시에 따르지 않아 세차기를 파손시켰다'며 운전자 A씨를 상대로 주유소 공동 운영자 B씨가 낸 손해배상 소송에서 A씨에게 손해배상금을 지급하라고 선고했다. 재판부는 판결문에서 "사고 당시 촬영된 CCTV 영상에 세차 직원이 운전석을 향해 '변속기를 주차 상태로 변경하라'고 설명하는 것으로 보이는 장면이 확인되고, 자동세차기에도 '차량을 정위치로 진입시켜 주십시오. 사이드 브레이크를 당겨주십시오. 세차 중 차량을 조작하지 마십시오'라는 안내문이 부착돼 있다"며 "자동세차기 작동 시작 당시엔 승용차 브레이크등이 꺼져 있었는데 4초 후 승용차가 뒤로 밀리자 브레이크등이 켜지면서 차가 정지했다가 다시 앞으로 움직이는 등의 장면을 살펴볼 때 이 사고는 피고의 잘못으로 발생했다고 볼 수 있고, 손해를 배상할 책임이 있다"고 밝혔다. 재판부는 그러나 "직원이 변속기 조작에 대해 설명할 당시 승용차의 창문이 닫혀 있어 운전자가 충분한 설명을 듣지 못한 것으로 보이고, 안내문도 그리 크지 않고 차량 조수석 쪽에 부착돼 있어 운전자가 확인하기 어려운 점은 인정된다"며 "또 직원이 피고가 설명대로 변속기를 조작했는지 확인하지 않은 채 세차기를 작동시키고 현장을 떠나 사고 직후 신속히 조치를 취하지 못한 점 등을 종합해 운전자의 책임을 70%로 제한한다"고 덧붙였다.

(1) 개 요

시설물(세차기)의 소유 또는 관리자가 시설 및 시설의 용도에 따른 업무수행 중 우연한 사고로 인해 제3자에게 법률상 손해배상책임을 지는 경우 이를 보상하는 보험이다.

(2) 보상책임

① 영업시설 및 그 용도와 관련된 업무수행으로 발생하는 제3자에 대한 손해를 보상한다.

② 사고발생 후 사고의 방지 또는 경감을 위하여 당사의 동의를 받아 지급한 손해방지비용 및 소송비용 등을 포괄 보상한다.

③ 특별약관을 추가 가입하면, 다양한 위험을 보상받을 수 있다.

(3) 보상하는 손해

피보험자가 피해자에게 지급할 법률상 손해배상금

(4) 보상하지 않는 손해

① 피보험자의 근로자가 업무 종사 중 입은 신체장해에 대한 손해배상책임

② 피보험자가 소유, 점유, 관리, 임차 사용하는 재물이 손해를 입음으로써 재물의 정당한 권리자에 대한 손해배상책임

③ 벌과금 및 징벌적 손해에 대한 배상책임

④ 기타 보험약관에서 정한 손해

(5) 관련 법규 및 배상책임보험의 특별약관

① 「상법」 제638조의3(보험약관의 교부ㆍ명시의무)

보험자는 보험계약을 체결할 때에 보험계약자에게 보험약관을 교부하고 그 약관의 중요한 내용을 알려주어야 한다.

② 「약관의 규제에 관한 법률」 제3조(약관의 명시ㆍ설명의무)

㉠ 사업자는 약관에 정하여져 있는 중요한 내용을 고객이 이해할 수 있도록 설명하여야 한다. 다만, 계약의 성질상 설명이 현저하게 곤란한 경우에는 그러하지 아니하다.

※ 약관 설명의무의 대상이 되는 '중요한 내용'이라 함은 사회통념에 비추어 고객이 계약 체결의 여부나 대가를 결정하는데 직접적인 영향을 미치는 사항을 말하고, 약관조항 중에서 무엇이 중요한 내용에 해당되는지에 관하여는 일률적으로 말할 수 없으며, 구체적인 사건에서 개별적 사정을 고려하여 판단하여야 한다(대법원 2008.12.16. 선고 2007마 1328 판결).

㉡ 사업자가 규정에 위반하여 계약을 체결한 때에는 당해 약관을 계약의 내용으로 주장할 수 없다.

③ 시설소유관리자 배상책임보험

피보험자(시설소유자)가 소유, 사용, 관리하는 시설 및 그 시설의 용도에 따른 업무수행으로 생긴 우연한 사고로 타인의 신체 및 재물에 입힌 법률상 배상책임을 보상한다.

④ 물적손해확장 추가특별약관

특별약관 제2조(보상하지 않는 손해)의 규정에도 불구하고 피보험자(보험대상자)가 소유, 사용 또는 관리하는 시설 및 그 시설의 용도에 따른 업무의 수행으로 생긴 우연한 사고로 피보험자(보험대상자)가 보호, 관리, 통제(원인에 관계없이 모든 형태의 실질적인 통제행위를 포함)하는 재물이 손해를 입음으로써 그 재물에 대하여 정당한 권리를 가지는 사람에 대하여 배상책임을 부담함으로 인해 입은 손해를 기재된 보상한도액 내에서 보상한다.

19

고속도로에서 타이밍벨트가 끊어져 가드레일을 충격한 후 차량이 전복된 사고가
발생되었다. 이 사고에 대한 보상범위를 기재하시오.

1. 타이밍벨트의 교환주기

타이밍벨트는 자동차 엔진과 여러 부품들의 운동을 결정하는 기준이 된다. 주행 중 타이밍벨트가
끊어지게 되면 엔진이 정지하게 되고 브레이크도 작동하지 않기 때문에 대형사고로 이어지기
쉽다. 이에 7~10만km를 주기로 타이밍벨트를 교환하는 것을 권장하고 있다.

2. 자기차량손해의 보상범위

(1) 보통보험약관이 자기차량손해(차 대 차 충돌담보)만 가입한 경우

자기차량손해는 피보험자가 피보험자동차를 소유·사용·관리하는 발생한 사고로 인하여 피보험
자동차에 직접적으로 생긴 손해에 대하여 보험증권에 기재된 보험가입금액을 한도로 보상한다.
여기서, 사고란 다른 자동차와의 충돌, 접촉으로 인한 손해이다. 따라서 주어진 사고사례는 다른
자동차와의 사고가 아니므로 보상하지 않는 손해에 해당된다.

(2) 차량단독사고 손해보상 특별약관에 가입한 경우

차 대 차 충돌사고 이외에 타물체와의 충돌, 접촉, 전복, 전도, 추락, 침수 및 화재, 폭발, 낙뢰,
비래물, 낙하물 등의 포괄손해를 담보하는 특별약관에 가입한 경우 피보험차량의 전복에 의한
손해이므로 보상하는 손해에 해당이 된다.
단, 타이밍벨트가 끊어진 경우 고장손해에 해당되므로, 보상하지 않는다.

20

아래와 같이 A보험사에서 B보험사로 갱신계약이 체결된 피보험자동차의 대물사
고에 대하여 A보험사가 지급하여야 할 보험금과 보험기간의 원칙과 예외에 대하
여 약술하시오(단, 피보험자동차의 100% 과실사고).

〈사 례〉
• 사고일시 : 2020.8.31. 13:00, 대물손해액 300만원(간접손해 포함)
• A보험사
  – 보험기간 : 2019.8.31. 24:00 ～ 2020.8.31. 24:00
  – 대물담보 가입한도 : 5,000만원(의무보험 2,000만원)
• B보험사(영수일시 : 2020.8.29. 10:30)
  – 보험기간 : 2020.8.31. 00:00 ～ 2021.8.31. 24:00
  – 대물담보 가입한도 : 2,000만원(의무보험 2,000만원)

1. A보험사가 지급해야 할 보험금

B보험사에 가입한 계약은 「대물배상」에 대하여 의무보험만 가입하였으나 보험기간 예외규정에
해당하지 않아, A보험사와 B보험사의 계약은 중복보험에 해당하지 않는다. 또한, 피보험자가
피보험자동차의 100% 과실사고로 인하여 간접손해를 포함하여 대물손해액이 300만원 발생하였
으므로 A보험사가 지급해야 할 보험금은 300만원이다.

2. 자동차보험의 보험기간

자동차보험을 가입하는 경우에 보험회사가 피보험자에 대해 보상책임을 지는 보험기간은 다음과
같다.

(1) 원 칙
보험증권에 기재된 보험기간의 첫날 24시부터 마지막 날 24시까지이다. 다만, 의무보험(책임공제
를 포함)의 경우 전(前) 계약의 보험기간과 중복되는 경우에는 전 계약의 보험기간이 끝나는 시점
부터 시작한다.

(2) 예 외 : 자동차보험에 처음 가입하는 자동차 및 의무보험
보험료를 받은 때부터 마지막 날 24시까지이다. 다만, 보험증권에 기재된 보험기간 이전에 보험료
를 받았을 경우에는 그 보험기간의 첫날 0시부터 시작한다.

'자동차보험에 처음 가입하는 자동차'라 함은 자동차판매업자 또는 그 밖의 양도인 등으로부터 매수인 또는 양수인에게 인도된 날부터 10일 이내에 처음으로 그 매수인 또는 양수인을 기명피보험자로 하는 자동차보험에 가입하는 신차 또는 중고차를 말한다. 다만, 피보험자동차의 양도인이 맺은 보험계약을 양수인이 승계한 후 그 보험기간이 종료되어 이 보험계약을 맺은 경우를 제외한다.

21

A캐피탈 소유차량에 대하여 B가 리스(Lease) 계약을 체결하고 자동차종합보험을 가입할 경우, 리스자동차의 종류와 피보험자 선정방법 및 질권설정 차량의 보험금 지급시 유의사항에 대하여 약술하시오.

1. 자동차 리스(Lease)

고객이 직접 선정한 자동차를 자동차판매사로부터 금융회사가 취득하여 고객에게 일정기간 이상을 사용하게 하고, 그 대가를 정기적으로 나누어 지급받으며, 사용기간이 끝난 후 물건의 처분에 관하여는 당사자간 약정으로 정하는 「여신전문금융업법」상의 시설대여행위를 의미한다.

2. 리스자동차의 종류

리스는 리스자산의 소유에 따른 모든 위험과 편익이 리스이용자에게 이전되는지 여부에 따라 금융리스 및 운용리스로 구분할 수 있으며, 당해 리스의 종류는 약정서에서 정하는 바에 따르기로 한다.

(1) 금융리스

일반 자동차 할부 개념과 비슷한 개념으로, 리스기간 동안 자동차 값을 나눠서 지불하는 방식이다. 다만, 계약 만료 전까지는 소유권이 리스회사에 있으므로 자동차 할부와 달리 보험, 세금, 범칙금 등이 부과되지 않고 리스이용자는 자동차에 대한 유지관리를 부담하는 형태이다.

(2) 운용리스

고객이 원하는 차량을 리스회사가 대신 구매한 후, 보증금을 먼저 지불하고 계약기간 만료시점에 그 차량의 잔존가치를 산정하여 잔존가치를 제외한 금액을 계약기간으로 나누어 리스료로 산출하는 방식이다. 계약 만료시에는 차량인수, 재리스, 반납 중 원하는 조건으로 선택할 수 있다.

3. 피보험자 선정방법

리스회사는 리스이용자가 동의할 경우 자동차에 대하여 리스기간 동안 리스회사를 보험계약자, 리스이용자를 피보험자로 하는 자동차종합보험 계약을 체결할 수 있으며, 이때 자기차량 손해에 대한 보험금청구권에 대하여는 리스회사를 질권자로 설정한다. 리스회사는 자동차의 하자담보책임을 부담하지 않기 때문에 리스이용자를 피보험자로 하는 것이 「여신전문금융업」상 타당하다.

① 보험계약자 : 리스회사 또는 리스이용자 중 보험료를 납부하는 주체
② 기명피보험자 : 리스이용자

4. 질권설정 차량의 보험금 지급시 유의사항

(1) 분손 보험금 지급

차량등록증 소유자와 관계없이 기명피보험자(또는 수리공장)에 지급된다.

(2) 전손(도난) 보험금 지급

자기차량손해의 전손시 차량등록증 소유자인 질권자(리스회사)에게 지급된다.

22

2020년 10월 1일 개정된 "구난형 특수자동차 운임 · 요금"과 관련하여, 다음 내용에 대해 약술하고, 괄호(㉮~㉭) 안에 들어갈 내용을 쓰시오.

(1) 견인 및 구난작업시 피견인 차량 상태에 대한 정의
(2) 피견인 차량의 구간별 차량중량 톤수 기준
(3) 돌리 사용 인정기준
(4) 할증 및 기타 적용기준

- 호우경보 등 기상특보가 발효된 경우 할증률(㉮ %)
- 고속도로 본선구간 할증률(㉯ %)
- 할증대상 항목 3가지 (㉰), (㉱), (㉲)
- 윈치사용료는 구난장비 사용료의 (㉳ %)
- 1회 보관료 한도금액(㉴ 원)
- 야간 시간(: ~ :) – ㉵
- 돌리사용 요금(㉶ 원)
- 구난장비사용 인정 기본시간(㉷ 시간)

---

(1) 견인 및 구난작업시 피견인 차량 상태에 대한 정의

구 분	피견인 차량 상태
견인상태	자력이동이 불가한 상태 ※ 파손된 채 도로 위에 놓인 상태(차량끼리 얽힌 상태 포함), 구난작업을 통해 도로 위로 원상복구된 상태 등
구난상태	• 전복(완전히 뒤집혀 넘어진 상태, 바퀴가 하늘방향) • 전도(옆으로 넘어진 상태, 바퀴가 옆면방향) • 추락(도로 밖으로 추락한 상태, 바퀴가 4개 이상 도로이탈) • 위 3가지 상황에는 포함되지 않으나, 견인운송이 불가능하여 구난장비를 사용하여 구난작업을 하여야 하는 상태

(2) 피견인 차량의 구간별 차량중량 톤수 기준

톤급별	1구간	2구간	3구간	4구간	5구간
	2.5톤 미만	2.5톤 이상 4톤 미만	4톤 이상 8톤 미만	8톤 이상 12톤 미만	12톤 이상

(3) 돌리 사용 인정기준

    ① 4륜구동 차량

    ② 전륜구동 차량(후륜 고장시에만 인정)

    ③ 후륜구동 차량(전륜 고장시에만 인정)

    ④ 전자브레이크 장착 차량(수동 해제 불가능 차량만 인정)

    위 차량들이 자력이동이 불가하여(견인 상태인 경우) 돌리를 사용한 경우에만 인정한다.

(4) 할증 및 기타 적용기준

    ㉮ 30

    ㉯ 10

    ㉰ 견인운임

    ㉱ 하체작업비

    ㉲ 안전조치비

    ㉳ 40

    ㉴ 500,000

    ㉵ 20:00 ~ 익일 06:00

    ㉶ 77,000

    ㉷ 4

> • 호우경보 등 기상특보가 발효된 경우 할증률(30%)
> • 고속도로 본선구간 할증률(10%)
> • 할증대상 항목 3가지 (견인운임), (하체작업비), (안전조치비)
> • 원치사용료는 구난장비 사용료의 (40%)
> • 1회 보관료 한도금액(500,000원)
> • 야간 시간(20:00 ~ 익일 06:00)
> • 돌리사용 요금(77,000원)
> • 구난장비사용 인정 기본시간(4시간)

사고해석과 주요 사고조사

출제포인트

☐ 사고해석
☐ 주요 사고조사 요령
☐ 구상 기초조사
☐ 보험사기

01 교통사고발생시 조치요령과 부상자 응급처치요령을 약술하시오.

1. 사고발생시 조치

(1) 운전자 및 동승자의 할 일

① 즉시 정차 후 사상자 등을 구호하는 등 필요한 조치를 한다.

② 가장 가까운 경찰관서(지구대 및 파출소, 경찰서)에 신고한다.

(2) 신고내용

① 사고가 일어난 곳

② 사상자 수 및 부상정도

③ 손괴한 물건 및 손괴정도

④ 그 밖의 조치상황

(3) 기타 조치요령

① 사고발생시의 조치행동을 방해해서는 안 된다.

② 가해자와 피해자는 사고처리에 따른 법적인 절차가 진행되는 것과는 관계없이 도덕적인 측면에서 서로간에 예의를 다해야 한다.

③ 사고를 야기하고 도주하는 자동차를 목격한 때에는 부상자를 구호하는 동시에 도주차량의 번호, 차종, 색, 그 밖의 차의 특징을 112에 신고한다.

④ 사고현장에는 휘발유의 유출 또는 적재 화물에 위험물이 있을 수 있으므로 담배를 피우거나 성냥불을 버리는 행위를 해서는 안 된다.

2. 사고시 부상자 응급처치

(1) 의 의

적절한 응급처치는 상처의 악화나 위험을 줄일 수 있고 심하게 병들거나 다친 사람의 생명을 보호해 주며, 또한 병원에서 치료받는 기간을 길게 하거나 짧게 하는 것을 결정하게 된다.

(2) 응급처치요령

① 교통사고로 인한 부상자가 있을 때에는 사고현장의 통행인 등의 협력을 받아 가장 가까운 병원으로 후송하거나 의사가 도착할 때까지 응급처치한다.

② 의식이 없는 부상자는 기도가 막히지 않도록 피나 토한 음식물을 제거한다.

③ 호흡정지시 심장마사지 등 인공호흡을 실시한다.

④ 골절 부상자는 잘못 다루면 더욱 위험하므로 원상태로 두고 구급차를 기다려야 하며, 골절부분을 건드리지 않도록 한다.

(3) 응급처치의 순서

① 먼저 부상자를 구출하여 안전한 장소로 이동시킨다.

② 부상자를 조심스럽게 눕힌다.

③ 병원에 신속하게 연락한다.

④ 부상 부위에 대하여 응급처치한다.

교통사고처리과정을 도해적으로 나타내시오.

교통사고처리과정

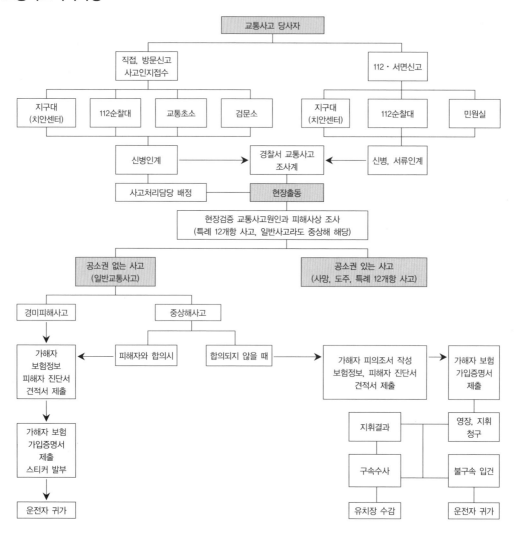

03

교통사고조사의 목적과 조사과정, 초동조사에 대해서 설명하시오.

1. 교통사고조사의 목적

(1) 공정한 책임분배
① 「도로교통법」 위반 등의 형사적·행정적 책임규명
② 물적·인적 피해에 대한 신속한 회복실현
③ 과실정도에 따른 민사적 책임분배
④ 당사자 분쟁에 의한 사실관계 규명

(2) 교통안전대책의 기초자료
① 교통사고에 대한 인간·차량·도로환경 요인과 원인의 분석
② 교통안전교육의 기초자료
③ 교통사고방지를 위한 인간공학적 도로 및 차량설계
④ 충돌안전을 고려한 차량설계
⑤ 교통사고방지를 위한 도로구조 및 안전시설 설치·관리
⑥ 교통안전지도·단속의 효율화
⑦ 교통안전 관련 법령의 제정 및 개선

2. 교통사고조사의 과정

교통사고조사 및 분석은 사고발생에서부터 현장조사, 자료수집·분석, 사고재현 등 일련의 절차를 거쳐 사고원인(Cause)을 찾아내는 과정이라고 정의할 수 있다.

[교통사고조사의 과정]

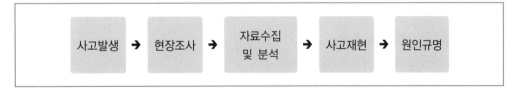

사고발생 → 현장조사 → 자료수집 및 분석 → 사고재현 → 원인규명

(1) 사고발생
일시·장소, 사고경위, 사고차량 및 당사자 등의 기초정보기록

(2) 현장조사
목격자조사, 차량조사, 물리적 흔적조사, 현장측정 등의 자료조사

(3) 자료수집 및 분석

자료의 나열·검증, 충돌 전·후 상황의 가정

(4) 사고재현

충돌 전·후 상황의 재현, 인간·차량·도로요인을 검증

(5) 원인규명

사고재현을 통한 인간·차량·도로의 원인을 도출

3. 교통사고의 초동조사

교통사고의 충돌 전·후 과정은 극히 물리적인 현상에 기초한 것이므로 사고현장에는 사고의 형태를 역추리할 수 있는 파손된 차량이나 피해자의 상태 및 위치, 타이어자국, 노면파인 흔적이나 긁힌 흔적, 충돌파편들, 액체잔존물 등 다양한 물리적 흔적들이 나타난다. 그러나 이러한 물리적 흔적들은 시간이 지날수록 그 손상형태가 변형되기도 하고, 위치나 문양이 이동 또는 소멸되기도 한다. 따라서 신속한 현장조사와 자료수집은 정확한 사고재현을 위한 출발점이다. 가장 핵심적인 주요 초동조사사항을 열거하면 다음과 같다.

(1) 노면에 나타난 물리적 흔적의 조사

① 스키드 마크, 요마크, 프린트자국 등 타이어자국의 위치 및 방향
② 차의 금속부분이 노면에 접촉하여 생긴 노면의 파인 흔적이나 긁힌 흔적의 위치 및 방향
③ 충돌충격에 의한 차량파손품의 위치 및 방향
④ 충돌 후에 떨어진 액체잔존물의 위치 및 방향
⑤ 차량적재물, 차량의 하체부착물의 낙하위치 및 방향
⑥ 피해자의 유류품 및 혈흔자국
⑦ 도로구조물·안전시설물의 파손 위치 및 방향

(2) 사고차량 및 피해자의 조사

① 사고차량의 손상부위 및 정도·방향
② 사고차량에 묻어난 흔적, 마찰·찰과흔
③ 사고차량의 위치 및 방향
④ 피해자의 상처부위 및 정도
⑤ 피해자의 위치 및 방향

(3) 사고당사자 및 목격자의 조사

① 운전자에 대한 사고상황조사

② 탑승자(승차자)에 대한 사고상황조사

③ 목격자에 대한 사고상황조사

④ 기타 관련자(119구조요원, 친척, 친구 등)에 대한 정황조사

(4) 사고현장에 대한 시설물조사

① 사고지점부근의 가로등, 가로수, 전주 등의 시설물 위치

② 신호등(신호기) 및 신호체계

③ 차로, 중앙선, 중앙분리대, 갓길 등 횡단구성요소

④ 방호울타리, 충격흡수시설, 안전표지 등 안전시설요소

⑤ 노면의 파손, 결빙, 배수불량 등 노면상태요소

(5) 사고현장의 측정 및 사진촬영

① 사고지점부근의 도로선형(평면, 교차로 등)

② 사고지점의 위치

③ 차량·노면에 나타난 물리적 흔적·시설물 등의 위치

④ 사고현장에 대한 가로방향·세로방향 길이

⑤ 곡선로의 곡선반경, 노면의 경사도(종단경사 및 횡단경사)

⑥ 도로의 시거, 시설물의 위치 등

⑦ 사고현장, 사고차량, 물리적 흔적 등에 대한 사진촬영

04

교통사고처리를 위해 손해사정사가 사고현장에 도착하여 취하여야 할 업무내용과
업무상 책임에 대하여 서술하시오.

1. 개 요

「보험업법」상 손해사정이란 "보험사고에 따른 손해액 및 보험금의 사정(보험업법 제185조), 즉
보험의 목적에 손해가 발생한 경우에 그 손해가 어떻게 발생하였는지의 사실을 확인하여 동 손해
가 보험약관에 따른 담보위험에 해당되는지의 여부와 관계법규에 따른 적정성의 판단 및 해당
손해액을 판정하여 지급보험금을 계산하는 등의 일련의 업무를 말한다.

2. 손해사정사의 업무

「보험업법」 제188조에서 손해사정사의 업무를 ① 손해발생사실의 확인, ② 보험약관 및 관계법규
적용의 적정성 판단, ③ 손해액 및 보험금의 사정, ④ ①~③ 업무와 관련된 서류의 작성·제출의
대행(손해사정서), ⑤ ①~③ 업무수행과 관련된 보험회사에 대한 의견의 진술 등으로 규정하고
있다. 이를 실무적으로 검정(Survey)과 정산(Adjustment)으로 대별할 수 있다.

(1) 검정(Survey)의 과정 : 사고조사 과정

검정이란 보험사고를 조사하여 그 보험사고가 보험자가 보상책임을 지어야 할 사고인지의 여부와
손해액이 얼마인지 결정하는 과정을 말한다.

① 사고접수

보험사고의 접수는 위장사고, 보험범죄 등을 파악하는데 가장 중요한 절차이다. 보험사고
발생시에는 전문가로부터 조언을 듣기 전이기 때문에 가장 진실된 정보를 얻을 수 있다. 따라서
손해사정사는 형식적인 접수에 그치지 말고, 계약상의 하자나 면·부책과 관련된 사항에 대하
여 상세하게 물어야 하며, 의문이 가는 사항이 있으면 그 부분에 집중하여 초동조사를 신속하게
해야 한다.

② 계약사항 확인

보험계약은 그 사행계약성 때문에 보험계약 체결 전에 계약상의 하자를 조사하지 않은 상태에
서 보험사고가 발생하면 보험사고를 조사하면서 계약상의 하자 여부가 발견되기도 한다. 따라
서 보상한도, 보험금 산출방법, 그 밖의 특약사항 등을 미리 인지하고 있어야만 초동조사가
정확하게 될 수 있기 때문에 초동조사하기 전에 청약서 기재사항 및 배서사항 등을 철저하게
확인하여야 한다.

③ 사고의 원인조사

사고의 원인조사는 신속하게 이루어져야 하며, 다음 사항들을 점검하여야 한다.

㉠ 보험기간 중의 사고인지 여부

㉡ 계약상의 하자가 존재하는지 여부

㉢ 보상하는 손해에 해당되는지 여부

㉣ 제3자의 행위에 의하여 발생하였는지의 여부 및 제3자와 보험계약관계자들과의 관계

④ 손해액 확인

피보험자 및 제3자가 입은 손해액을 평가 및 계산하는데 있어서, 다음 사항들을 철저하게 점검 또는 확인하여야 한다.

㉠ 보험사고와 관계없는 불필요한 손해가 포함되지 않았는지 여부

㉡ 손해방지의무 불이행에 따른 손해가 없는지 여부

㉢ 부책손해 및 면책손해에 대한 판단

㉣ 보험목적물의 현재시가에 대한 정확한 계산

⑤ 구상관계 조사

손해배상책임보험의 경우 피보험자가 제3자에게 청구권을 갖는 사고인 경우 손해배상의무자 및 소재지 파악, 그리고 그 재산에 대한 조사를 하고, 가압류를 신청하여야 한다. 구상의 상대방이 보험자인 경우 상대방 보험자와 연락하여 과실비율의 결정, 우선처리보험자 결정 등 보험자간 협의사항에 대하여 협의한다.

(2) 정산(Adjustment)의 과정 : 보험금 결정 과정

① 보험가액 결정

재물보험의 경우 보험가액을 먼저 결정하고 계약 당시의 보험가입금액과 비교하여야 한다. 협정보험가액인 경우 사고발생시의 가액이 협정보험가액과 현저한 차이가 있는지 여부를 판정하여야 한다. 미평가보험인 경우 보험가액에 대한 분쟁이 발생할 수 있기 때문에 보다 정확한 보험가액 평가를 하여야 한다. 상해보험이나 배상책임보험의 대인사고의 경우 보험가액 산정이란 있을 수 없기 때문에 보험료에 상당한 보험금액을 정하여 보험에 가입한다.

② 보상한도의 결정

배상책임보험의 경우 보험계약 체결시 1인당 및 1사고당 보상한도가 결정되기 때문에 계약체결시의 보상한도를 보면 된다. 재물보험의 경우 일부·초과·중복보험 여부를 판정하여야 한다. 초과보험의 경우 보험금액을 기준하여 손해액을 평가하지 아니하고, 사고가 발생한 장소와 시간의 보험가액을 한도로 한다.

③ 보험금 산출방법 결정

일부보험의 경우 보험약관에서 비례보상법, 실손보상법, 부보비율조건부 실손보상법 중 어떤 방법을 택했는지를 검토한다. 그리고 보상책임을 같이하는 타보험계약(공동보험, 중복보험, 병존보험 등)이 있을 때 초과액보상방식인지, 제1차방식인지, 분담방법인지를 결정한다. 분담 방법을 취한 경우 상대방 보험금 결정방법과 동일성 여부를 따져 보험금액 비례분담방법을 취할 것인지, 독립책임액 분담방법을 취할 것인지 여부를 결정하여 자기가 보상하여야 할 책임액을 결정하고 보험금 지급방법을 결정한다.

④ 지급보험금 결정과 합의

상기 자료에 의하여 지급보험금을 결정하며, 지급보험금 결정시 재조달가액에서 감가액을 공제한 실제현금가치를 기준하여 산출한다. 공제면책금액이 있는 경우 이를 공제하며, 비용의 경우 보험금액을 초과하더라도 보험자가 부담한다. 그리고 지급보험금이 결정되었으면 피보험자에게 그 내용을 설명하고, 협의하여 최종보험금을 결정한다. 그리고 구상에 관련된 사건일 경우 구상과 관련된 서류를 요구하고, 피보험자에게 권리포기증을 요구한다.

⑤ 구상금 환입

피보험자가 보험의 목적이나 보험사고로 인하여 제3자에게 갖는 권리가 있을 경우 그 권리를 대위한다. 보험의 목적에 갖는 대위권은 그 목적을 취득하는데 소요되는 비용, 즉 인양견인비와 잔존물의 가액을 비교하여 잔존물의 가액이 많은 경우만 구상하고, 인양비가 잔존물가액보다 클 경우엔 보험금액의 비율에 의하여 보험자와 피보험자간에 분담한다.

3. 손해사정사의 업무상 책임

손해사정사는 보험사고가 발생할 경우 보험회사와 피보험자 및 피해자 사이에 발생하는 보상책임 관계를 둘러싸고 생기는 분쟁을 조정·해결하기 위하여 손해사정업무를 하므로 공정하고 정확하게 업무를 수행하여 사고보상의 해결 및 보험회사와의 중재인 역할을 하여야 한다.

(1) 통지의무

① 보험회사로부터 손해사정업무를 위탁받은 손해사정사는 손해사정업무를 수행한 후 지체 없이 손해사정서를 보험회사에 내어 주고, 그 중요한 내용을 알려주어야 한다.

② 보험계약자 등이 선임한 손해사정사는 손해사정업무를 수행한 후 지체 없이 보험회사 및 보험계약자 등에 대하여 손해사정서를 내어 주고, 그 중요한 내용을 알려주어야 한다.

(2) 금지행위

손해사정사는 손해사정업무를 수행할 때 보험계약자, 그 밖의 이해관계자들의 이익을 부당하게 침해하여서는 아니 되며, 다음의 행위를 하여서는 아니 된다.

① 고의로 진실을 숨기거나 거짓으로 손해사정을 하는 행위

② 업무상 알게 된 보험계약자 등에 관한 개인정보를 누설하는 행위

③ 타인으로 하여금 자기의 명의로 손해사정업무를 하게 하는 행위

④ 정당한 사유 없이 손해사정업무를 지연하거나 충분한 조사를 하지 아니하고 손해액 또는 보험금을 산정하는 행위

⑤ 보험회사 및 보험계약자 등에 대하여 이미 제출받은 서류와 중복되는 서류나 손해사정과 관련이 없는 서류를 요청함으로써 손해사정을 지연하는 행위

⑥ 그 밖에 공정한 손해사정업무의 수행을 해치는 행위

(3) 손해배상의 보장

금융위원회는 손해사정업자가 그 업무를 할 때 고의 또는 과실로 타인에게 손해를 발생하게 한 경우 그 손해의 배상을 보장하기 위하여 손해사정업자에게 금융위원회가 지정하는 기관에의 자산 예탁, 보험가입, 그 밖에 필요한 조치를 하게 할 수 있다.

더 알아보기

교통사고발생시 처리 원칙
- 사고 즉시 자동차를 정차시킨 후 사상자를 구호조치 한다. 즉시 자동차를 정지시키지 않으면 뺑소니 차량으로 오해 받을 수 있으므로 주의한다.
- 차를 정차시킨 다음에는 다친 사람이 있으면 인근 병원으로 옮겨 치료를 받도록 구호조치를 해야 한다. 이때 가급적 사고 차량운전자는 사고 후 정신이 없는 가운데 운전하면 마음만 급해 또다른 사고를 일으킬 수 있으므로 주변의 사람들에게 도움이 청하는 것이 좋다.
- 현장 증거를 최대한 확보하고 즉시 교통흐름에 지장이 없도록 해야 한다.
- 경찰관서(파출소 포함)에 즉시 신고한다. 보험회사에 사고일시, 장소, 상황, 손해정도, 피해자 인적사항, 확보해 놓은 증거 및 목격자 등 사고에 관련된 모든 사항을 보험회사에 가능한 한 빨리 신고한다.

교통사고에 대한 적절한 현장조치가 미흡할 경우의 문제점
- 사고와 관련한 사실관계가 사고현장에서 즉각 확인되지 않는 경우 당사자간 분쟁발생 등으로 인해 보상지연이 발생할 수 있다.
- 교통사고처리 경험이 없는 운전자가 당황하여 피해자에 대한 적절한 조치를 취하지 못할 경우 뺑소니범으로 몰릴 수 있다.
- 경미한 사고이고 피해자도 괜찮다고 하여 현장에서 헤어지더라도 피해자가 추후 문제제기시 뺑소니로 신고될 수 있다.
- 경미한 사고인 경우에도 보상관계상 불이익에 대한 막연한 우려 및 잘못된 인식으로 인해 보험사 또는 경찰의 현장 출동시까지 사고현장을 보존함으로써 교통체증 등 불필요한 사회, 경제적 비용이 발생하고 국민불편을 야기할 수 있다.
- 초보운전자 또는 여성운전자 등을 대상으로 한 보험사기 가능성이 있다.
- 차량손상 부위 등이 현장에서 당사자간에 확인되지 않아 차량이 과잉수리되는 등 불필요한 보험료 인상이 발생될 수 있다.

05

차량손해사정사 업무와 독립손해사정사의 금지행위에 대해 정의하고, 손해사정사를 선임할 수 있는 자의 범위에 대해 약술하시오.

1. 차량손해사정사 업무

차량손해사정사는 자동차사고가 발생했을 때 차량이나 관련된 재산상의 손해를 산정하는 역할을 수행한다. 차량손해사정사 또는 차량손해사정업자의 업무는 다음과 같다(보험업법 제188조).

① 손해발생 사실의 확인

② 보험약관 및 관계법규 적용의 적정성 판단

③ 손해액 및 보험금의 사정

④ ①~③항의 업무와 관련된 서류의 작성·제출의 대행

⑤ ①~③항의 업무수행과 관련된 보험회사에 대한 의견의 진술

2. 독립손해사정사의 금지행위(보험업법 제189조 제3항)

① 고의로 진실을 숨기거나 거짓으로 손해사정을 하는 행위

② 업무상 알게 된 보험계약자 등에 관한 개인정보를 누설하는 행위

③ 타인으로 하여금 자기의 명의로 손해사정업무를 하게 하는 행위

④ 정당한 사유 없이 손해사정업무를 지연하거나 충분한 조사를 하지 아니하고 손해액 또는 보험금을 산정하는 행위

⑤ 보험회사 및 보험계약자 등에 대하여 이미 제출받은 서류와 중복되는 서류나 손해사정과 관련이 없는 서류 또는 정보를 요청함으로써 손해사정을 지연하는 행위

⑥ 보험금 지급을 요건으로 합의서를 작성하거나 합의를 요구하는 행위

⑦ 그 밖에 공정한 손해사정업무의 수행을 해치는 행위로서 대통령령으로 정하는 행위

    ㉠ 등록된 업무범위 외의 손해사정을 하는 행위

    ㉡ 자기 또는 자기와 총리령으로 정하는 이해관계를 가진 자의 보험사고에 대하여 손해사정을 하는 행위

    ㉢ 자기와 총리령으로 정하는 이해관계를 가진 자가 모집한 보험계약에 관한 보험사고에 대하여 손해사정을 하는 행위(보험회사 또는 보험회사가 출자한 손해사정법인에 소속된 손해사정사가 그 소속 보험회사 또는 출자한 보험회사가 체결한 보험계약에 관한 보험사고에 대하여 손해사정을 하는 행위는 제외한다)

3. 손해사정사를 선임할 수 있는 자의 범위

대통령령으로 정하는 보험회사는 손해사정사를 고용하여 보험사고에 따른 손해액 및 보험금의 사정(이하 "손해사정"이라 한다)에 관한 업무를 담당하게 하거나 손해사정사 또는 손해사정을 업으로 하는 자(이하 "손해사정업자"라 한다)를 선임하여 그 업무를 위탁하여야 한다(보험업법 제185조). 대통령령으로 정하는 보험회사란 다음의 어느 하나에 해당하는 보험회사를 말한다(동법 시행령 제96조의2).

① 손해보험상품(보증보험계약은 제외한다)을 판매하는 보험회사

② 제3보험상품을 판매하는 보험회사

06

보험자의 보상책임이 없는 사고를 보상책임이 있는 사고로 위장하여 보상받으려는 자동차 보험범죄가 증가하고 있다. 자동차 보험범죄의 유형 및 정의, 초동조사, 예방대책을 기술하시오.

1. 자동차 보험범죄의 정의 및 유형

(1) 정 의

자동차 보험범죄란 자동차를 소유·운행·관리하는 동안에 발생한 각종 사고로 인해 생긴 손해를 담보별로 보상하는 것을 의도적으로 악용 또는 남용하여 보험금을 사취하는 행위를 말한다. 보험금 편취를 목적으로 교통사고로 위장된 보험범죄는 살인행위나 방화행위처럼 큰 죄의식이나 위험부담이 없고, 위장된 교통사고나 실제 발생된 교통사고가 외형상 차이가 없어 위장 여부에 대한 식별이나 간파가 어려우며, 교통사고의 특성상 고의와 과실의 구분 등 증거 확보가 어렵다는 특징이 있다.

(2) 자동차 보험범죄의 유형

① 교통사고를 이용한 보험범죄

ㄱ 위장사고 : 피해자가 공모하여 고의로 사고를 내거나 발생하지 않은 보험사고를 발생한 것으로 허위신고 하는 경우

ㄴ 고의사고(고의유발사고) : 음주운전차량, 일방통행 역주행차량, 중앙선침범 또는 신호위반차량 등 법규위반 차량을 대상으로 고의로 사고를 유발하는 경우

ㄷ 가해자불명 차량사고(보유 불명사고) : 자기신체 사고 등을 내고 보험처리하기 위하여 인적·차적을 알 수 없는 자에 의한 사고라고 허위 신고하는 경우

ㄹ 단독사고 : 주로 심야시간대 단독으로 중앙선 분리대 또는 교각 등 충돌하는 방법으로 사고를 일으키는 경우

ㅁ 보행자사고 : 자해 공갈 또는 가·피해자 공모 후 장기 입원하는 경우

ㅂ 기타 사고 : 운전자 바꿔치기, 피해자 끼워 넣기, 사고차량 바꿔치기 등

② 차량도난 관련 보험범죄

총책, 절도책, 운반책, 판매책 등으로 조직화된 전문절도단에 의해 이루어지는 경우가 대부분이며, 이들은 절취 후 차대번호 및 번호판을 위조하여 해외로 불법 수출하고 있어 적발이 힘든 실정이다.

③ 병·의원 관련 보험범죄

입원환자수 또는 입원일수가 병원수익에 직결되어 있고, 환자의 경우 입원을 하면 보상금액이 커진다는 점 등 병원과 환자의 경제적 이해가 부합되어 불필요한 입원과 진료비 허위청구가 일어나고 있다.

    ㉠ 허위 치료 및 처치

    ㉡ 허위·과장 진단서 발급

    ㉢ 불필요한 수술 및 과잉 진료

    ㉣ CT·MRI 의뢰시 또는 의약품 구매시 리베이트 수수

    ㉤ 병원관계자 등을 중심으로 환자의 보상절차 개입 후 금품수수

    ㉥ 간호사, 임상병리사, 물리치료사, 방사선사 등의 무면허 의료행위

④ 자동차 정비업체 관련 보험범죄

1995년 정비업체 설립이 신고제로 전환된 후 업체수가 큰 폭으로 증가하여 물량확보를 위한 경쟁이 치열해짐에 따라 수익구조가 악화되었고, 이를 만회하기 위해 허위·과다 수리비 청구가 급증하고 있다.

    ㉠ 파손되지 않은 부분의 고의 파손, 수리 후 보험금 청구

    ㉡ 운행 중 사고를 주차 중 가해자 불명사고로 처리

    ㉢ 사고차량 편승수리 및 관련자 위장사고 유발

    ㉣ 정비업체와 부품업체 공모하여 부품대 허위 청구 및 보험금 분배

    ㉤ 비순정품 사용 후 순정품 가격으로 보험금 허위 청구

2. 초동조사

(1) 의 의

초동조사는 교통사고가 발생하였을 경우 사고발생원인을 조사하여 보험자의 보상책임 유무, 보험계약상의 하자 유무를 결정하고 손해액을 조사하는 과정으로서 매우 중요하다.

(2) 일반원칙

① 초동수사는 신속하게 하여야 하며, 의문이 가는 사항은 집중적으로 조사하여 증거자료를 적시에 징구하여야 한다.

② 피해자가 제소할 경우 피해자로부터 입증자료의 징구가 어려우므로 근로자의 직업경력, 사업자의 매출액, 경비 등의 서류를 미리 징구하여야 한다.

③ 고액의 사고인 경우 세심하게 조사해야 한다.

(3) **초동조사의 과정**

① 차량의 파손부위와 운전자, 동승자의 부상부위와 안전벨트 착용 여부를 조사한다.

② 피해자로부터 사고상황, 차량의 종류나 차량색상, 운전자의 대략적인 연령이나 인상착의를 묻는다.

③ 피해자의 부상상태, 기존 질환의 존부 여부, 병원의 후송과정, 직업, 경력, 소득, 직위 등을 묻는다.

④ 탑승자의 경우 동승경위, 동승목적, 경비부담 여부, 그 차량의 운행실태, 동승경험 여부를 조사한다.

⑤ 경찰서 사고기록을 열람하여 사고처리과정, 현장사진, 운전자나 피해자의 진술, 목격자진술, 사고발생경위, 차량의 파손부위 등을 조사한다.

3. 자동차 보험범죄의 예방대책

보험사고가 아닌 사고를 보험사고로 위장하여 신고하는 등의 보험범죄가 날로 지능화하고 있는 상황으로 보험사기에 대응하는 전문인력의 양성과 관련 법안의 마련 및 보험범죄의 예방과 보험료 누수 현상을 막기 위해 대처방안이 필요하다.

① 과학적인 초동조사 기법 등을 개발하고 초동조사를 신속하고 정확하게 하여야 한다.

② 보험사기에 적극적으로 가담한 자에 대하여는 「보험사기방지특별법」을 철저히 적용하여 강력히 대응한다.

③ 보험사기는 사회악임을 언론 매체를 통한 국민계몽운동이 필요하다.

④ 업계공동으로 보험범죄 대책 및 조사기관을 설립하여 공동대처함과 동시에 보험범죄 사건이나 관련자 리스트를 전산화하여 상호교환할 수 있는 정보 시스템을 갖추어야 한다.

07

최근 급증하는 보험사기에 대처하기 위하여 「보험사기방지특별법(법률 제14123호)」 이 2016년 3월 29일 제정되었다. 이와 관련하여 차량사고 보험사기의 특징과 유형 및 방지대책을 약술하시오.

1. 보험사기의 특징

보험사기란 보험업무와 관련하여 본인 또는 제3자의 재산적 이득을 위하여 보험회사에 대해 행하는 일체의 범법행위를 말한다. 보험사기의 특징은 다음과 같다.
① 보험사기의 복잡성과 다양성
② 공범에 의한 범죄
③ 입증의 곤란성
④ 죄의식의 부재

2. 유 형

(1) 고의사고
고의로 보험사고를 발생시켜 보험금을 청구하는 행위

(2) 허위 · 과다사고
발생하지 아니한 보험사고를 발생한 것으로 조작하여 보험금을 청구하는 행위

(3) 피해과장사고
이미 발생한 보험사고의 원인, 시기 또는 내용 등을 거짓으로 조작하거나 피해정도를 과장하여 보험금을 청구하는 행위

3. 방지대책

(1) 보험사기 조사·수사체계 강화

　　① 보험사기 인지보고·조사·수사 연계체계 법제화

　　② 보험사 공동의 보험사기 인지 시스템 구축

　　③ 금감원의 보험사기혐의 입증수단 확충

　　④ 금감원의 보험사기 조사인력 확충

　　⑤ 체계적·효율적인 보험사기 수사지원

(2) 보험사기 관련 소비자 보호 강화

　　① 보험사기 피해자 권리구제

　　② 보험금 청구·지급 관련 불공정행위 방지

(3) 보험사기 예방을 위한 홍보 및 교육 강화

　　보험사기 예방 홍보·교육 강화

(4) 기타 보험사기 근절 방안

　　① 보험사기자에 대한 보험거래 제한

　　② 일반 보험사기자의 보험업 종사 제한

08

자동차보험 도덕적 위험(Moral Risk) 사고가 증가하고 있다. 이러한 사고 중 운전자 바꿔치기 유형과 조사요령에 대하여 약술하시오.

1. 도덕적 위험(Moral Risk)

도덕적 위험이란 보험을 악용하여 경제적 이득을 보려는 심리상태를 말한다. 도덕적 위험이 현실화된 것이 보험범죄이다. 보험사기란 보험자의 보상책임이 없는 사고를 보상책임이 있는 사고로 위장, 보험자를 기망에 빠트려 보험자로부터 보험금을 취득하는 행위를 말한다. 「보험업법」 제102조의2에 "보험계약자, 피보험자, 보험금을 취득할 자, 그 밖에 보험계약에 관하여 이해관계가 있는 자는 보험사기행위를 하여서는 아니 된다"라고 규정되어 있으며, 「형법」 제347조 제1항에 따르면 "사람을 기망하여 재물의 교부를 받거나 재산상의 이익을 취득한 자는 10년 이하의 징역 또는 2천만원 이하의 벌금에 처한다"라고 규정되어 있다.

2. 운전자 바꿔치기 유형

실제 운전하지 않은 사람이 운전자인 것처럼 가장하여 보험금을 청구하는 유형이다.
① 무면허운전·음주운전·가족운전자한정특약·운전자연령한정특약·기명피보험자 1인 운전자한정특약 등에서 산재사고를 교통사고로 처리하기 위해 운전자 바꿔치기를 한 경우
② 자손을 대인으로 처리하기 위해 운전자 바꿔치기를 한 경우

3. 조사요령

(1) 개 요
개인용 자동차의 가족운전한정특약, 운전자연령한정특약 가입률이 늘어나면서 운전자 바꿔치기의 위험성도 증대되고 있는데 사고형태와 운전자의 부상 부위가 일치하지 않거나 운전자가 사고내용을 횡설수설하는 경우에는 운전자 바꿔치기의 가능성을 집중 조사해야 한다.

(2) 경찰조서 기록 확인
사고 당시에는 경찰에 신고하지 않았다 하더라도 주변 경찰기록을 면밀히 조사하여 운전자의 인적사항, 사고경위 등을 확인해야 한다.

(3) 피보험자 면담

사고발생 직전의 피보험자의 행적 및 운행경로 등의 경위서를 자세하게 작성 징구하여 진위 여부를 면밀히 조사한다.

(4) 운전자 확인 면담

운전자가 피보험자와 동일인이 아닌 경우에는 운전자의 운행경위 및 목적 등과 사고 후 조치사항 등을 면밀히 조사하고, 경위서를 징구하여 진위 여부를 면밀히 조사한다. 운전자와 피보험자의 관계 및 차량 대여 동기를 조사한다.

(5) 피해자 면담

사고의 피해자가 있는 경우에는 피해자를 면담하여 사고발생 상황 및 가해운전자 등을 확인하여 접수된 운전자와 동일인인지의 여부를 확인한다.

(6) 동승자조사

동승경위와 동승 위치를 조사하고, 동승자 면허 유무를 확인한다. 동승 위치와 부상 경위의 인과관계 여부를 확인한다.

(7) 차량조사

차량의 파손상태, 운전석 시트 상태, 에어백이나 유리 흔적 등을 확인하여 운전자의 사고 경위와 비교한다.

(8) 주변탐문조사

① 현장 주변 병원조사

사고현장 주변의 병원 응급실을 방문하여 사고일 전후하여 치료한 교통사고 환자를 집중조사 하여 피보험차량과 관련된 자의 치료 여부를 확인한다.

② 목격자탐문조사

사고현장을 출장하여 주변 상점 및 주민들로부터 사고 목격 여부와 사고 당시 상황 등을 조사하고 가능하면 확인서를 징구하도록 한다.

③ 기타 조사

사고현장 주변의 CCTV, 정비공장, 경찰서, 우체국, 정기운행 버스 등 사고 목격과 관련될 수 있는 것을 조사한다.

(9) 수리업체조사

수리업체의 견인기사 및 정비공장 관계자들을 면담하여 견인 당시 상황 및 사고운전자의 인적사항을 면밀히 조사한다.

09 보험사기 행위 중 경성사기와 연성사기에 대해 설명하고, 각 사기 행위별 사례(유형)를 2가지씩 쓰시오.

1. 경성사기

(1) 정 의

경성사기란 보험금을 편취할 목적으로 처음부터 의도를 가지고 보험에 가입하여 고의로 사고를 유발시키거나 조작하는 등의 행위로 보험자를 기망, 허위로 보험금을 편취하는 행위를 말한다. 주로 의료 혹은 보험전문가로 구성된 집단이 일으키는 경우가 많다.

(2) 사례(유형)

① 사전에 계획적인 허위신고 행위

② 일어나지 않은 사고에 대해 보험금을 청구하는 행위

2. 연성사기

(1) 정 의

연성사기란 처음부터 의도적 목적이 있었던 것은 아니지만 우연히 발생한 사고를 계기로 원래 받아야 하는 보험금보다 많은 보험금을 받기 위해 사고 내용 등을 과장하거나 수리비 등의 보험금을 과장 또는 확대하여 보험자에게 청구하는 행위를 말한다. 연성사기는 사고발생 후 기회주의적인 발상에 의해 벌어지는 사기유형으로, 기회주의적 사기(opportunity fraud)라고도 불린다.

(2) 사례(유형)

① 사고금액을 과장 또는 확대함으로써 부당한 이득을 취하려는 일체의 행위

② 보험인수가 거절될 자가 보험에 인수될 가능성을 높이려는 악의적 행위

③ 언더라이팅 과정에서 보험료 경감을 위해 허위 정보를 제공하는 행위

10 사고현장의 노면에 나타난 타이어 흔적의 종류와 내용을 약술하시오.

교통사고 전후에 나타나는 노면상의 흔적은 자동차 운동 궤적에 대한 객관적인 정보를 제공해 준다. 노면상에 나타난 타이어 흔적은 다음과 같다.

1. 스키드 마크(Skid Mark)

제동조치로 타이어의 회전이 멈추면서 노면에 나타난 차량의 활주 흔적을 말한다.

(1) 스키드 마크의 유형
① 일반 스키드 마크
  ㉠ 자동차의 바퀴가 구르지 않고 정지한 채 미끄러지며 형성된 타이어 흔적이다.
  ㉡ 스키드 마크가 갑자기 꺾어지는 경우(충돌스키드 마크) 충돌지점으로 추정한다.
  ㉢ 차량의 무게이동으로 승용차는 전륜 스키드 마크가 진하게 나타난다.
  ㉣ 차량의 회전시에는 하중이 실리는 쪽만 나타난다.
② 스킵(Skip) 스키드 마크
  ㉠ 진했다 엷어지는 현상의 경우이다.
  ㉡ 차량무게가 앞으로 실릴 때 뒷바퀴가 들렸다 주저앉는 동작 반복 되면서 50cm 간격이 형성된다.
③ 갭(Gap) 스키드 마크
  ㉠ 스키드 마크가 중간에 끊어진 경우이다.
  ㉡ 차량진동, 발이 미끄러졌다가 다시 브레이크 밟거나, 제동을 풀었다 다시 거는 경우 등에 형성된다.

(2) 스키드 마크의 활용
스키드 마크는 속도를 추정할 수 있고, 차량 충돌 전후의 진행 궤적을 알 수 있으며, 급제동시 이동 과정에 대해 추정할 수 있다.
① 사고차량의 진행방향 확인 가능
  ㉠ 충돌 당시 진행각도
  ㉡ 충돌 직전 진행방향
② 사고차량의 충돌지점 확인 가능
③ 사고차량의 당시 속도 추정 가능

2. 스커프 마크(Scuff Mark)

자동차의 바퀴가 옆으로 구르면서 사고 충격으로 회전하거나 코너링할 때, 가속시 등 노면과의 마찰에 의해 생기는 타이어 마크를 말한다.

(1) 스커프 마크의 유형

① 요마크(Yaw Mark)

자동차가 심하게 코너링 할 때 전·후륜 내륜차가 생기고 이때 바깥쪽 바퀴가 원심력에 의해 노면과 마찰하면서 생기는 타이어 마크

② 플랫타이어마크(Flat Tire Mark)

트럭 등이 과적시 타이어가 평평해지면 넓어진 접지면이 노면과의 마찰이 커져 생기는 타이어 마크

③ 가속스커프(Acceleration Scuff)

차량이 급격하게 급출발할 때 제자리에서 구르면서 노면과의 급격한 마찰에 의해 생기는 타이어 자국

(2) 스커프 마크의 활용

① 사고차량의 진행방향 확인 가능

② 사고 충격지점 추정 가능

③ 사고차량의 당시 속도 추정 가능

3. 타이어프린트(Tire Print)

비포장 진흙길이나 눈길, 잔디나 풀로 덮인 노면에 타이어 트레드가 찍힌 흔적을 말한다.

| 러그형 | 리브형 | 리브러그형 | 블록형 |
| (Lug Type) | (Rib Type) | (Riblug Type) | (Block Type) |

[타이어 트레드의 유형]

4. 금속자국(Scar Mark)

움직이는 차량이 사고 충격으로 차체 파손되면서 차량의 일부 금속부위가 노면과 접촉되어 생기는 노면의 자국을 말한다.

(1) 금속자국의 유형

① 긁힌 자국(Scratches)

차량 금속판 부위가 노면에 끌리거나, 스치고 간 경우에 생긴다.

② 파인 자국(Gouges)

파손된 프레임이나 트랜스미션 하우징 등 강한 금속이 포장재질 접촉시 생긴다.

　　㉠ 칩(Chip) : 노면이 좁고 깊게 파인 자국(곡괭이 자국과 같은) 주로 아스팔트 도로에서 생긴다.

　　㉡ 춥(Chop) : 칩에 비해 포장면상이 넓고 얕게 파인 경우로 차체 프레임이나 바퀴림에 의해 생긴다.

　　㉢ 구루브(Groove) : 좁게 길게 파인 경우로 곧거나 구부러지는 형태, 차체 중 튀어나온 너트, 파손된 구동축이 노면에서 끌릴 때 생긴다.

(2) 금속자국의 활용

① 사고차량과 상대차량의 진행방향 확인 가능

② 사고 충격지점 추정 가능

11

교통사고의 차량파편물과 액체잔존물과 같은 물리적 흔적의 개념을 설명하고, 차량파편물과 액체잔존물을 조사하는 목적을 설명하시오.

1. 물리적 흔적의 의의

교통사고의 현장에는 파손된 사고차량, 보행자 또는 차 안에서 튕겨나간 승차자, 파손잔존물, 액체잔존물, 타이어 자국과 노면의 패이고, 긁힌 흔적 등의 물리적 흔적이 복잡하게 뒤엉켜 나타나게 된다. 이러한 물리적 흔적들은 사고를 보다 구체적으로 파악하고 종합적으로 재구성(Reconstruction)하는데 중요한 물적 증거가 된다.

2. 차량파편물과 액체잔존물

(1) 차량파편물

① 자동차가 충돌하면 차량은 서로 맞물리면서 최대 접촉하게 되고, 이때 충격부위의 차량부품들이 파손되면서 충돌지점에 떨어지기도 하고, 차량의 충돌 후 진행상황에 따라 흩어져 떨어지기도 한다.

② 파손잔존물은 한 곳에 집중적으로 낙하되어 떨어질 수도 있고, 광범위하게 흩어져 분포되기도 한다.

③ 보통 파손된 잔존물은 상대적으로 운동량(무게 × 속도)이 큰 차량방향으로 튕겨나가 떨어지는 것이 일반적이며, 무게와 속도가 같고 동형(同形)의 자동차가 각도 없이 정면충돌한 경우 파손물은 충돌지점부근에 집중적으로 떨어지게 된다.

④ 양차가 충돌 후 분리되어 회전하면서 진행한 경우 파손물은 회전방향으로 흩어지기도 하기 때문에 파손물의 위치만으로 충돌지점을 특정하는 것은 용이하지 않다.

⑤ 파손잔존물은 다른 물리적 흔적(타이어 자국, 노면마찰 흔적 등)의 위치 및 궤적, 형상 등과 상호 비교하여 해석하는 것이 효과적이다.

(2) 액체잔존물

사고현장에는 파손된 자동차의 각종 용기 내에서 흘러내린 다양한 액체잔존물이 노상에 떨어지기도 한다. 냉각수, 엔진오일, 배터리액, 파워스티어링오일(Power Steering Oil), 브레이크오일(Brake Oil), 변속기오일, 와셔액 등이 충돌시·충돌 후 이동과정에서 떨어지기도 하는데 이와 같은 액체잔존물을 면밀히 관찰하고 위치와 궤적을 파악함으로써 자동차의 충돌 전·후의 과정을 이해하는데 중요한 자료로 활용할 수 있다. 일반적으로 액체잔존물은 형상에 따라 튀김(Spatter), 방울짐(Dribble), 고임(Puddle), 흘러내림(Run-off), 흡수(Soak-in), 밟고 지나간 자국(Tracking)으로 구분하기도 한다.

① Spatter(튀김)

충돌시 용기가 터지거나 그 안에 있던 액체들이 분출되면서 도로주변과 차량의 부품에 묻어 발생한다. 예를 들어, 충돌시 라디에이터 안에 있던 액체가 엄청난 압력에 의해 밖으로 분출되는 경우가 있다. 일반적으로 액체잔존물의 튀김은 검은색의 젖은 얼룩들이 반점같은 형태로 나타난다.

② Dribble(방울짐)

손상된 차량의 파열된 용기로부터 액체가 뿜어져 나오는 것이 아니라 흘러내리는 것이다. 만약 차량이 계속 움직이고 있었다면, 이 흔적은 충돌지점에서 최종위치 쪽으로 이어져 나타나기도 한다.

③ Puddle(고임)

흘러내린 액체가 차량 밑바닥에 고이는 것으로 차량의 최종위치지점에 나타난다.

④ Run – off(흘러내림)

노면경사 등에 의해 고인 액체가 흘러내린 흔적이다.

⑤ Soak – in(흡수)

흘러내린 액체가 노면의 균열 등의 틈새로 흡수된 자국이다.

⑥ Tracking(밟고 지나간 자국)

액체잔존물이 흘러내린 지점을 차량의 타이어가 밟고 지나가면서 남긴 흔적이다. 이 흔적의 문양은 타이어의 트레드(Tread) 형상과 같다.

더 알아보기 사고현장 유류품의 종류 및 내용

1. **차량파손물**
   • 유리조각(전조등, 안개등, 전면유리, 룸미러 등)
   • 범퍼, 펜더, 룸미러 등
   • 타이어, 차량 부속품 등

2. **낙하물**
   • 차량용 액체(냉각수, 엔진오일, 브레이크오일, 연료, 배터리용액 등)
   • 하체부착물(진흙, 녹, 페인트, 얼음조각 등)
   • 차량적재물

3. **피해자 유류품**
   • 피해자의 핏자국, 신체조직
   • 신발, 우산, 가방, 모자, 안경, 옷 조각 등

4. **고정대상물 파손**
   • 가드레일, 방책 등 고정대상물 파손
   • 도로구조물 등을 파손하고 차량의 도로이탈 흔적

12 교통사고 충돌시 발생되는 사고흔적의 종류 및 특성을 설명하시오.

1. 찍힌 자국

① 찍힌 자국은 어떤 단단한 물체에 의해 차체가 눌려서 그 물체의 형태가 선명하게 찍혀서 움푹 들어간 곳을 의미한다.

② 헤드램프, 범퍼, 바퀴 등은 각각의 특유한 형태의 찍힌 자국을 남긴다.

③ 문손잡이, 라디에이터 장식품은 구멍이나 작고 깊게 파인 자국을 남긴다.

④ 큰 트럭의 범퍼는 넓고 평평하며 뚜렷하게 찍힌 자국을 남긴다. 그러나 자동차의 범퍼는 그다지 강하지 않기 때문에 불규칙하고 흐릿한 자국이 남게 된다.

⑤ 찍힌 자국은 손상되거나 찌그러진 부분에 생기므로 알아보기가 매우 힘들다.

⑥ 찍힌 자국은 다른 차량에 대한 충돌 당시의 위치를 알려 준다.

2. 마찰 자국(Rub – off)

① 두 차량 사이에서 접촉이 있었음을 보여준다.

② 주로 페인트이지만 고무, 보행자 옷에서 나온 직물, 보행자의 피부, 머리카락, 혈액, 나무껍질, 도로먼지, 진흙 기타 물질 등인 경우도 있다.

③ 실제로 마찰 자국은 다른 물체에 남겨진 한 물체의 모든 부분을 포함한다.

④ 차량간의 충돌에서는 유리조각이나 장식품 조각도 해당된다.

⑤ 셋 이상의 차량 사이에서 발생한 충돌을 조사할 때 유용하며, 어느 차량이 어디에서 충돌하였는 가를 알아내는데 도움이 된다.

3. 겹친 충격손상

① 겹친 충격손상은 둘 이상의 충돌이 독립적으로 어느 한 차량의 한 부분에 일어났을 때 나타난다.

② 차량의 한 부분에서 검출된 서로 다른 두 종류의 페인트 마찰 자국은 한 번 이상의 충돌이 발생했음을 나타낸다.

③ 다른 차량과 충돌하여 찌그러진 부분이 다시 노면과 접촉하여 만들어진 선명한 마찰 자국도 겹친 충격손상을 나타낸다.

4. 차량이 보행자를 친 흔적

(1) 정면충돌

헤드램프와 그릴이 파손된 부분을 찾아내고 충돌에 의해 가볍게 움푹 들어가고 긁힌 자국이 생긴 후드 부분을 확인한다.

(2) 측면접촉

보행자의 옷과 단추에서 생긴 긁힌 자국을 찾는다.

(3) 후면충돌

범퍼, 트렁크, 전등과 번호판 부분에 걸려서 찢긴 옷조각들과 핏자국을 찾는다. 일반적으로 느린 속도에서 만들어진 희미한 자국이다.

(4) 역 과

핏자국, 옷조각, 차량 아랫부분의 기어, 모터, 프레임, 바퀴에 생긴 강한 충격흔적을 찾는다.

5. 노면 파인 흔적

(1) Chip

줄무늬 없이 짧고 깊게 파인 홈으로 강하고 날카로우며, 끝이 뾰족한 금속물체가 큰 압력으로 포장노면과 접촉할 때 생기는 자국으로 최대 접촉시에 발생한다.

(2) Chop

넓고 얇게 파인 홈으로서 차체의 금속과 노면이 접촉할 때 생기는 자국으로 깊게 파인 쪽은 규칙적이고 일정하며, 반대편 얇게 파인 쪽은 긁힌 자국이나 줄무늬로 끝난다. 이 자국은 흔히 사고의 최대 접촉시에 발생한다.

(3) Groove

길고 좁게 파인 홈으로서 작고 강한 금속성 부분이 큰 압력으로 포장노면과 얼마간 거리를 접촉할 때 생기는 고랑자국과 같은 형태의 흔적이다.

6. 노면 긁힌 자국(Scratch)

노면에 긁힌 흔적은 가벼운 금속성 물질이 이동한 자국으로 이를 세분하면 스크래치(Scratch), 스크레이프(Scrape) 및 견인시 긁힌 흔적(Towing Scratch)으로 나누어 볼 수 있다.

(1) 스크래치(Scratch)

큰 압력 없이 미끄러진 금속물체에 의해 단단한 포장노면에 가볍게 불규칙적으로 좁게 나타나는 긁힌 자국이다. 따라서 스크래치는 차량이 도로상 어디에서 전복되었고, 충돌 후 차량의 회전이나 어느방향으로 진행하였는지 알 수 있는 중요한 흔적이다. 즉, 폭이 좁고 얕게 발생되며, 충돌 후 진행궤적을 확인할 수 있다.

(2) 스크레이프(Scrape)

넓은 구역에 걸쳐 나타난 줄무늬가 있는 여러 스크래치 자국이다. 따라서 스크레이프는 스크래치(Scratch)에 비해 폭이 다소 넓고 때때로 최대 접촉지점을 파악하는데 도움을 준다.

(3) 견인시 긁힌 흔적(Towing Scratch)

파손된 차량을 레커(Wrecker)에 매달기 위해서 끌려갈 때 파손된 금속부분에 의해서 긁힌 자국이다. 따라서 사고발생시 생긴 긁힌 자국과 구분하여야 한다.

더 알아보기 교통사고 노면 흔적의 조사 목적

교통사고현장 노면을 조사하면 사고원인을 규명할 물리적인 흔적과 중요한 사실들에 관한 여러 가지 자료를 얻게 된다. 몇몇 사고의 경우는 사고 노면조사만으로 사고원인을 규명할 수 있다. 특별하고 세밀한 사고현장 노면조사는 치명적인 대형사고뿐만 아니라 일반적인 모든 사고에 필요하다. 경미한 사고라고 하여 사고조사를 주의 깊게 하지 않은 경우 정확한 사고분석이 이루어질 수 없고, 한 쪽 운전자는 잘못된 사고조사로 인하여 피해가 발생할 수 있다. 자동차종합보험에 가입되어 있고, 「교통사고처리특례법」 예외 항목에 해당되지 않은 경우도 주의 깊은 조사와 분석이 필요하다.

교통사고조사의 기본은 사고발생 당시의 노면에 관한 자료를 취득하고 기록하는 것이다. 교통사고가 발생되었을 때 노면에 관한 조사는 사고발생 당시가 가장 좋으며, 가능한 빠른 시간에 사고현장에 도착하여 사고현장을 보존하고 노면에 관한 상황을 조사하고 기록하여야 한다.

교통사고발생 후 노면에 관한 조사할 사항은 다음과 같다.
• 교통사고발생 장소 및 도로 상황
• 도로에 관한 기술(묘사) : 경사도, 포장형태, 기타 특이한 사항
• 사고발생 당시의 노면 상태 : 건조(Dry), 젖은 상태(Wet), 눈(Snow) 등
• 노면의 물리적인 흔적 : 타이어 자국, 노면 파인 자국 또는 긁힌 자국, 파편물, 탑승자 유류품, 비산된 오일 또는 냉각수 등
• 차량의 최종위치와 사고현장 측정

13 교통사고발생시 면담(Interview)조사의 개념 및 조사방법에 대해 설명하시오.

1. 면담(Interview)조사의 개념

(1) 면담조사의 의의
교통사고로 인한 면담은 사고의 진정성을 확보하기 위해 사고 당사자 또는 목격자를 상대로 당시의 상황에 대해서 조사를 하는 성격을 띠고 있다.

(2) 면담조사 전의 현장조사
① 교통사고현장조사 일반항목
  ㉠ 교통사고현장의 도로구조 및 도로환경, 노면흔적 등 사고 관련 자료 수집은 사고원인을 정확히 분석하기 위한 가장 기초적인 단계이다.
  ㉡ 일반적인 조사항목
   • 타이어 흔적의 종류, 길이, 위치, 비틀어진 정도
   • 사고차량 도로이탈 흔적 및 거리
   • 차량 및 보행자 등의 최초 충돌위치 및 최종 정지위치
   • 도로 노면의 파손지점 및 정도, 차량부품 및 유류품 비산위치
   • 보행자 및 사고차량의 최초 인지 가시거리 및 차량위치
   • 차량속도, 중앙선 침범 등 「도로교통법」 위반 사항 여부
   • 기타 전반적인 특징, 노면조건, 각종 교통안전표지 설치 여부, 사고 당시의 각종 조건 등을 정확하게 파악
② 사고현장의 전반적인 조사항목
  ㉠ 도로형태 : 도로의 종류 및 등급, 교차로 상태, 합·분류상황, 교차수, 토지이용 현황, 주변도로 여건 및 연계성 등
  ㉡ 포장재질 : 아스팔트, 콘크리트, 미끄럼방지 포장시설 설치 여부, 포장면의 마모성 여부, 포장 여부 등
  ㉢ 교통안전시설 : 신호등, 교통안전표지, 노면표시 등
  ㉣ 도로부대시설 : 가로등, 표지병, 시선유도봉 및 유도표지, 장애물표시, 방호벽, 가드레일, 도로안내표지, 충격완화시설, 과속방지시설, 경보등, 가변표시판 등
  ㉤ 도로구조물 : 교량, 고가도로, 지하차도, 터널의 유무 등
  ㉥ 교통통제 및 운영상태 : 일방통행제, 가변차로제, 버스전용차로제, 좌회전금지구역, 진입금지구역, 주·정차금지구역, 공사구역, 속도제한 등

③ 사고 당시의 각종 조건
  ㉠ 기상조건 : 사고 당일의 기상조건, 사고 시간대 운전자의 섬광으로 인한 신호등 및 기타
  교통통제시설, 장애물 등의 인지방해 여부
  ㉡ 노면조건 : 건조, 습윤, 빙설 등
  ㉢ 가변성 장애물 : 관목, 울타리, 작물, 잡초, 눈더미, 건설자재, 노상적재물, 주·정차 차량,
  임시 안내판 및 돌출간판 높이 등

2. 면담조사의 방법

(1) 사고당사자 조사
  ① 교통사고 발생에 대해서 운전자의 과실 정도를 특정하는 요인
    ㉠ 기상조건, 노면조건, 일광조건, 시계, 가변성 장애물, 섬광(눈부심) 등에 대하여 질문을
    해야 한다.
    ㉡ 사고 당시 시간대에 운전자가 시설물 등의 인지상태, 즉 태양에 의하여 신호등 및 기타
    교통통제시설, 장애물 등의 인지에 방해를 받았는지에 대해 질문한다.
  ② 교통사고 당시의 상황 요인
    ㉠ 사고차량의 속도(감·가속상태)
    ㉡ 충돌위치
    ㉢ 운전자의 위험인지 예상 상태
    ㉣ 핸들 조향 여부 등

(2) 목격자 등에 대한 조사
  ① 목격자
    ㉠ 차량 동승자나 제3자인 목격자를 말한다.
    ㉡ 사고현장에 목격자가 있을 때는 즉석에서 그 주소, 성명, 직업, 전화번호 등을 확인하고
    인터뷰 조사에 협조를 의뢰한다.
    ㉢ 목격자는 가능한 다수를 확보하여야 한다.
  ② 목격자 조사 내용
    ㉠ 사고 당시 목격자가 사고차량을 목격한 위치에 대하여 질문한다.
    ㉡ 사고차량의 충돌 후 최종 정지위치에 대하여 질문한다.
    ㉢ 사고차량 및 탑승자의 최종 위치에 대하여 질문한다.
    ㉣ 가해차량의 상황(진로속도, 경음기취명, 파괴상황, 충돌상황, 피해자구호상황 등)
    을 질문한다.
    ㉤ 피해차량의 상황(진로, 자세, 휴대품, 전도지점, 방향, 부상상황 등)에 대해 질문한다.
    ㉥ 기타 충돌 후 파편물의 낙하위치 등에 대하여 질문한다.

사고당사자 및 목격자 사고조사 7대 기본원칙

1. 사고에 관해 무엇을 알고 있는지 단계별로 밝힌다.
2. 선입관(편견) 없이 객관적이 되어야 한다.
3. 긍정적인 사고와 질문으로 조사에 임해야 한다.
4. 정확한 답변을 얻기 위하여 명확하고 특별하게 질문하여야 한다.
5. 질문에 대한 답변에 관하여 논쟁하지 말아야 한다.
6. 질문은 요령 있게, 이해하기 쉽게, 부드럽게 하여야 한다.
7. 사고에 적합하고 논리적으로 질문하여야 한다.

14

교통사고발생시 차량의 직접손상과 간접손상의 개념을 설명하고, 차량 내·외부의 조사항목을 열거하시오.

1. 직접손상과 간접손상

(1) 직접손상(Contact Damage)

① 차량의 일부분이 다른 차량, 보행자, 고정물체 등의 다른 물체와 직접 접촉 충돌함으로써 입은 손상이다.

② 보디 패널(Body Panel)의 긁힘, 찢어짐, 찌그러짐과 페인트의 벗겨짐으로 알 수도 있고 타이어 고무, 도로 재질, 나무껍질, 심지어 보행자 의복이나, 살점이 묻어 있는 것으로도 알 수 있다.

③ 전조등 덮개, 바퀴의 테, 범퍼, 도어 손잡이, 기둥, 다른 고정물체 등 부딪친 물체의 찍힌 흔적에 의해서도 나타난다.

④ 직접손상은 압축되거나 찌그러지거나 금속표면에 선명하고 강하게 나타난 긁힌 자국에 의해서 가장 확실히 알 수 있다.

(2) 간접손상(Induced Damage)

① 차가 직접 접촉 없이 충돌시의 충격만으로 동일차량의 다른 부위에 유발되는 손상이 간접손상이다.

② 디퍼렌셜, 유니버설조인트 같은 것은 다른 차량과의 충돌시 직접 접촉 없이도 파손되는 수가 있는데 그것이 간접손상이다.

③ 차가 정면 충돌시에는 라디에이터그릴이나 라디에이터, 펜더, 범퍼, 전조등의 손상과 더불어 전면부분이 밀려 찌그러지는데, 그때의 충격의 힘과 압축현상 등으로 인하여 엔진과 변속기가 뒤로 밀리면서 유니버설조인트, 디퍼렌셜이 손상될 수 있다.

④ 충돌시 차의 갑작스러운 감속 또는 가속으로 인하여 차 내부의 부품 및 장치와 의자, 전조등이 관성의 법칙에 의해 생겨난 힘으로 고정된 위치에서 떨어져 나갈 수 있다. 이때에 그것들이 떨어져나가 파손되었다면 간접손상을 입은 것이다.

⑤ 충돌시 부딪힌 일이 없는 전조등의 부품들이 손상을 입는 경우도 있다.

⑥ 교차로에서 오른쪽에서 진행해 온 차에 의해 강하게 측면을 충돌당한 차의 우측면과 지붕이 찌그러지고 좌석이 강한 충격을 받아 심하게 압축 이동되어 좌측 문을 파손시켜 열리게 한 것을 들 수 있다.

⑦ 보디(Body) 부분의 간접손상은 주로 어긋남이나 접힘, 구부러짐, 주름짐에 의해 나타난다.

2. 차량 내·외부 조사항목

(1) 차량 내부조사

① 충돌 후 탑승자의 운동방향

② 시트상태

③ 앞유리 손상

④ 차량 내부의 후부 반사경

⑤ 기어 변속장치

⑥ 컴비네이션 스위치

⑦ 안전벨트

⑧ 조향핸들

⑨ 문짝 내부 패널손상

⑩ 창문 손상

⑪ 계기판 및 대시보드 패널

⑫ Head Liner와 필라 부분

⑬ 페달상태

(2) 차량 외부조사

① 차량번호 및 제원조사

② 유리파손 부위

③ 파손흔적의 진행방향

④ 범퍼, 그릴, 라디에이터

⑤ 조향기구

⑥ 차체변형의 상태

⑦ 타이어 파손 상태

⑧ 램프의 상태

⑨ 펜더, 문짝

⑩ 브레이크 라이닝

더 알아보기 | 1차적 손상과 2차적 손상의 구분

- **1차적 손상** : 직접손상과 간접손상(유발손상, 파급손상)
- **2차적 손상** : 관성손상(운전자와 차량 내부간의 충격이나 차량내 적재 중이던 적재물과 차량 내부와의 충돌로 나타나는 손상

15

중앙선 침범사고에서 특례법 예외 적용 중앙선 침범이 적용되는 사례와 중앙선 침범이 적용되지 않은 사례를 들고 중앙선 침범사고시 조사요령을 약술하시오.

1. 특례법 예외 적용 중앙선 침범이 적용되는 사례

(1) 고의 또는 의도적인 중앙선 침범사고

    ① 좌측도로나 건물 등으로 가기 위해 회전하며 중앙선을 침범한 경우

    ② 오던 길로 되돌아가기 위해 유턴하며 중앙선을 침범한 경우

    ③ 중앙선을 침범하거나 걸친 상태로 계속 진행한 경우

    ④ 앞지르기 위해 중앙선을 넘어 진행하다 다시 진행차로로 들어오는 경우

    ⑤ 후진으로 중앙선을 넘었다가 다시 진행 차로로 들어오는 경우(대형차의 차량 아닌 보행자를 충돌한 경우도 중앙선 침범 적용)

    ⑥ 황색점선으로 된 중앙선을 넘어 회전 중 발생한 사고 또는 추월 중 발생한 경우

(2) 현저한 부주의로 중앙선 침범 이전에 선행된 중대한 과실사고

    ① 커브길 과속운행으로 중앙선을 침범한 사고

    ② 빗길에 과속으로 운행하다가 미끄러지며 중앙선을 침범한 사고(단, 제한속도 내 운행 중 미끄러지며 발생한 경우는 중앙선 침범 적용 불가)

    ③ 기타 현저한 부주의에 의한 중앙선 침범사고(예 졸다가 뒤늦게 급제동하여 중앙선을 침범한 사고, 차내 잡담 등 부주의로 인한 중앙선 침범, 전방주시 태만으로 인한 중앙선 침범, 역주행 자전거 충돌사고시 자전거는 중앙선 침범)

(3) 고속도로 자동차전용도로에서 횡단 유턴 또는 후진 중 사고발생시 중앙선 침범 적용

    ① 고속도로 자동차전용도로에서 횡단 유턴 또는 후진 중 발생한 사고

    ② 예외사항 : 긴급자동차, 도로보수 유지 작업차, 사고응급조치 작업차

2. 중앙선 침범이 적용되지 않은 사례

(1) 불가항력적 중앙선 침범사고

① 뒤차의 추돌로 앞차가 밀리면서 중앙선을 침범한 경우

② 횡단보도에서의 추돌사고는 보행자 보호의무위반 적용

③ 내리막길 주행 중 브레이크 파열 등 정비불량으로 중앙선을 침범한 사고

(2) 사고피양 등 부득이한 중앙선 침범사고(안전운전 불이행 적용)

① 앞차의 정지를 보고 추돌을 피하려다 중앙선을 침범한 사고

② 보행자를 피양하다 중앙선을 침범한 사고

③ 빙판길에 미끄러지면서 중앙선을 침범한 사고

(3) 중앙선 침범이 성립되지 않는 사고

① 중앙선이 없는 도로나 교차로의 중앙부분을 넘어서 발생한 사고

② 중앙선의 도색이 마모되었을 경우 중앙부분을 넘어서 발생한 사고

③ 눈 또는 흙더미에 덮여 중앙선이 보이지 않는 경우 중앙부분을 넘어서 발생한 사고

④ 전반적으로 또는 완전하게 중앙선이 마모되어 식별이 곤란한 도로에서 중앙부분을 넘어서 발생한 사고

⑤ 공사장 등에서 임시로 차선규제봉 또는 오뚝이 등 설치물을 넘어 사고발생된 경우

⑥ 운전부주의로 핸들을 과대 조작하여 반대편 도로의 노견을 충돌한 자기 피해사고

⑦ 학교, 군부대, 아파트 등 단지 내 사설 중앙선 침범사고

3. 중앙선 침범사고시 조사요령

(1) 중앙선의 정의

중앙선이란 차마의 통행을 방향별로 명확하게 하기 위하여 도로에 황색실선이나 황색점선 등의 안전표시로 표시한 선 또는 중앙분리대 철책 울타리 등으로 설치한 시설물을 말하며, 가변차로가 설치된 경우에는 신호기가 지시하는 진행방향의 제일 왼쪽 황색점선을 말한다.

(2) 관련 법규

「교통사고처리특례법」 제3조 제2항(처벌의 특례) 제2호(중앙선 침범), 「도로교통법」 제13조 제3항의 규정에 위반하여 중앙선을 침범하거나 동법 제57조 고속도로 자동차 전용도로에서는 횡단·유턴·후진한 경우도 해당된다.

(3) 중앙선 침범의 적용기준

① 관련 학설 및 판례

중앙선 침범의 기준에 대해 사고차량의 바퀴와 차체가 완전히 중앙선을 침범해야 한다는 주장 (완전침범설)과 차체기준 일부라도 중앙선에 걸치면 중앙선침범으로 본다는 주장(일부침범설) 이 있다. 법원은 중앙선 침범으로 인한 교통사고의 참혹성과 예방목적을 위하여 특히 양쪽방향 차량들이 중앙선을 걸치면 사고를 유발케 되고 대향방향의 차량의 신뢰보호를 위해 중앙선에 차체일부라도 걸치면(침범) 중앙선 침범을 인정하고 있다.

② 중앙선 침범 행위내용

중앙선을 넘었거나 중앙선상에 차체가 걸친 행위를 중앙선 침범으로 처리한다.

(4) 중앙선 침범으로 인정되는 경우

① 중앙선을 침범한 행위가 있어야 한다.

② 중앙선 침범행위가 교통사고발생의 직접적인 원인이 있어야 한다.

③ 중앙선을 침범하여 운행한 행위로 인한 치사상의 결과가 발생해야 한다.

(5) 사고조사 요령

① 신속히 현장을 방문하여 차선상태를 확인한다.

② 충돌지점을 파악하여 중앙선 침범 여부를 확인한다.

③ 사고 당시 부득이한 사유가 있었는지를 조사한다.

④ 기후에 따른 사고 당시 규정속도 준수 여부를 확인한다.

16

신호, 지시위반의 개념을 설명하고, 신호기 내용위반과 적용범위를 설명하시오.

1. 신호, 지시위반의 뜻

(1) 「교통사고처리특례법」 제3조 제2항 단서 제1호

「도로교통법」 제5조의 규정에 의한 신호기 또는 교통정리를 하는 경찰공무원 등의 신호나 통행의 금지 또는 일시정지를 내용으로 하는 안전표지가 표시하는 지시에 위반하여 운전한 경우를 말한다.

(2) 「도로교통법」 제5조

도로를 통행하는 보행자나 차마 또는 노면전차의 운전자는 교통안전시설이 표시하는 신호 또는 지시와 교통정리를 하는 경찰공무원 등의 신호나 지시를 따라야 한다.

① 신호기 위반내용

② 경찰공무원 등의 수신호위반

③ 통행금지 또는 일시정지 표시내용위반

2. 신호기 위반

(1) 신호기 내용위반

신호기 내용위반이란 신호기가 표시하는 신호의 뜻을 위반하여

① 정지신호에 직진이나 좌회전 또는 유턴한 경우

② 좌회전신호에 직진이나 유턴한 경우

③ 직진신호에 좌회전 또는 유턴한 경우

④ 황색주의신호에 직진이나 좌회전 또는 유턴한 경우

⑤ 직·좌 동시신호에 유턴한 경우 등을 말한다.

(2) 신호기의 영향권(적용범위)

신호위반 사고에 해당되려면 신호위반과 사고 사이에 인과관계가 있어야 한다. 인과관계가 인정되려면 신호기의 영향권 내에서 사고가 발생되어야 한다.

① 신호위반한 그 교차로에서의 사고 내지 횡단보도에서의 사고

② 신호기의 위반 구역으로 신호기의 직접 영향을 받는 곳에서의 사고

③ 피해자가 신호를 의식하고 횡단 중 사고[횡단보도 선내(線內)를 약간 벗어났다 하더라도 횡단보도 신호임을 확인하고 횡단보도 근처를 건너던 중의 사고]

(3) 신호기의 적용범위를 벗어난 경우

사고 전에 신호위반한 사실이 있었다 하더라도 신호위반 사고로 처리될 수 없다.

① 교차로나 횡단보도에서 상당히 떨어진 지점으로서 신호기의 직접 영향권이 아닌 구역에서의 사고

② 피해자가 신호를 의식치 않고 진행한 경우

(4) 신호기 적용 예시

① 피해자의 명시한 의사에 관계없이 기소되는 경우

    ㉠ 운전자의 신호위반으로 일어난 사고

    ㉡ 교통정리 업무를 부여받은 경찰관의 수신호위반으로 일어난 사고

    ㉢ 경찰공무원을 보조하는 사람(경찰공무원 등)의 신호나 지시위반으로 일어난 사고

    ㉣ 안전표시판의 지시위반으로 일어난 사고

② 피해자의 명시한 의사에 반하여 공소를 제기할 수 없는 경우

    ㉠ 운전자의 책임이 없는 신호기의 고장으로 일어난 사고

    ㉡ 안전표지판이 설치되지 않아 일어난 사고

판례

1. 일방통행구역을 정상 진행하는 차량이 역주행하여 오는 차량까지 예측하여 주의할 의무는 없다고 보아야 하므로 역주행사고의 경우 보상책임이 없다고 본다(서울고등법원 1999.2.24. 98나45432 판결).
2. 횡단보도에서 일시정지함이 없이 자동차를 운전하였다 하더라도 일시정지를 내용으로 하는 안전표지가 표시하는 지시위반에 해당하지 아니한다(대법원 1986.12.23. 85도1977 판결).
3. 교차로에서 자신의 진행방향에 대한 별도의 진행신호는 없지만 다른 차량들의 진행방향이 정지신호일 경우를 이용하여 교통법규에 위배되지 않게 진행하는 차량운전자에게 다른 차량이 신호를 위반하여 진행하여 올 것까지 예상하여야 할 주의의무는 없다(대법원 2001.11.9. 2001다56980 판결).
4. 신호기가 표시하는 신호 중 녹색등화에 의한 신호는 차마가 직진할 수 있다는 뜻이기는 하나, 여기서 '직진'이라 함은 어디까지나 방향전환에 대한 상대적 개념으로서 문자 그대로 직선으로 나아감만을 의미하는 것이 아니라, 다른 길로 방향전환을 하지 않고 오던 길을 따라 그대로 계속 진행하는 것을 의미하는 것이다(대법원 2001.1.14. 99다24201 판결).
5. 신호등에 따라 교차로를 통과하는 차량 운전자에게 신호가 바뀐 후 다른 차량이 신호를 위반하여 교차로에 새로 진입하여 올 경우까지 예상하여 할 주의의무가 있다고 할 수 없다(대법원 1998.6.12. 98나14252, 14269 판결).
6. 신호등보다 경찰관의 수신호가 우선하므로 직진신호 따라 진행하더라도 도로상황을 살펴야 하는 데도 경찰관의 수신호를 보지 못했다면 사고운전자의 100% 책임이 인정된다(서울지방법원 1998.3.19. 판결).

17

녹색등화시 비보호좌회전을 하는 차가 반대 차선에서 마주오는 직진차와 충돌할 때 사고처리에 대해 설명하시오.

1. 비보호좌회전 사고

(1) 녹색등화시 비보호좌회전 사고

녹색등화시 비보호좌회전을 하는 차가 반대 차선에서 마주오는 직진차와 충돌할 때 일반사고로 처리되도록 법이 개정되었다. 종전까지는 비보호좌회전 차가 신호위반한 것으로 인정되어 자동차보험에 가입했더라도 운전자가 형사처벌을 받았으나, 이제는 운전자가 형사처벌 면제 혜택을 받을 수 있도록 하였다. 자동차보험 보상은 이전과 같이 쌍방과실로 처리한다. 개정 전에는 녹색등화 때 비보호좌회전을 하다가 반대 차선에서 마주오는 직진차와 충돌하면 운전자는 자동차종합보험을 가입한 경우라도 「교통사고처리특례법」에 따라 형사처벌을 받았으나, 이제는 형사처벌 면제 혜택을 받을 수 있도록 바뀌었다. 그러나 직진차 우선 원칙은 변함없으므로 비보호좌회전 운전자는 종전과 다름없이 주의해서 운전해야 한다.

더 알아보기

직진차와 비보호좌회전 차가 녹색등화 때 접촉사고를 내면 보통 쌍방과실로 인정되며, 이것은 법 개정 이전과 이후 변함이 없는 사항이다.

[개정 법규]

구 분	내 용
개정 전 (2010.8.24. 이전)	비보호좌회전 표시가 있는 곳에서는 신호에 따르는 다른 교통에 방해가 되지 않을 때에는 좌회전 할 수 있다. 다른 교통에 방해가 된 때에는 신호위반 책임을 진다.
개정 후 (2010.8.24. 이후)	비보호좌회전 표시가 있는 곳에서는 좌회전 할 수 있다(단서조항 "다른 교통에 방해된 때에는 신호위반의 책임을 진다" 삭제).

---

(2) 적색등화시의 비보호좌회전 사고

비보호좌회전은 표지판이 설치돼 있는 교차로에서 녹색등화일 때만 허용된다. 따라서 적색등화일 때 비보호좌회전 사고를 내면 12대 중대법규인 신호위반으로 처리되기 때문에 자동차종합보험에 가입한 운전자라도 「교통사고처리특례법」에 따라 형사처벌을 받게 된다.

2. 사고처리

(1) 적용법조

「도로교통법」제5조(신호 또는 지시에 따를 의무), 「도로교통법 시행규칙」별표 2(신호기가 표시하는 신호의 종류 및 신호의 뜻)

(2) 법규내용

① 「도로교통법」제5조

㉠ 도로를 통행하는 보행자, 차마 또는 노면전차의 운전자는 교통안전시설이 표시하는 신호 또는 지시와 교통정리를 하는 경찰공무원(의무경찰을 포함한다) 및 제주특별자치도의 자치경찰공무원이나 경찰공무원(자치경찰공무원 포함)을 보조하는 사람으로서 대통령령으로 정하는 사람(이하 "경찰보조자"라 한다)이 하는 신호 또는 지시를 따라야 한다.

㉡ 도로를 통행하는 보행자, 차마 또는 노면전차의 운전자는 교통안전시설이 표시하는 신호 또는 지시와 교통정리를 하는 경찰공무원 또는 경찰보조자(이하 "경찰공무원 등"이라 한다)의 신호 또는 지시가 서로 다른 경우에는 경찰공무원 등의 신호 또는 지시에 따라야 한다.

② 「도로교통법 시행규칙」[별표 2]

녹색등화시 비보호좌회전 표지 또는 비보호좌회전 표시가 있는 곳에서는 좌회전할 수 있다.

③ 사고실례

> #1 차량이 비보호좌회전 지점에서 직진신호시에 좌회전하던 중 반대편에서 직진하고 있던 #2 차량과 충돌한 사고

㉠ 결과 : #1 차량 가해차량, #2 차량 피해차량

㉡ 사고처리 : 사고차량이 종합보험(공제조합)에 가입되어 있거나 상대 차량 운전자와 합의를 하면 일반 교통사고와 마찬가지로 검찰에서 '공소권 없음' 처리(교차로 통행방법위반 또는 안전운전의무 불이행)

㉢ 면허처분 : 위반행위와 피해 결과를 합산하여 면허행정 처분

㉣ 예외 : 비보호좌회전하고 있는 앞차를 뒤차가 추돌한 경우

④ 유사한 사고유형

적색신호에 비보호좌회전 중 적색신호에 직진차와 충돌한 사고 경우 비보호좌회전은 녹색신호(직진신호)에만 가능하므로 적색신호에 좌회전한 차량은 신호위반에 해당하며, 또한 반대편 직진차량도 적색신호에 직진하였으므로 사고가 발생한 경우 두 차량 모두 쌍방 신호위반을 적용한다.

(3) 과실적용

비보호좌회전 신호에 좌회전한 차량은 신호위반이 아니지만, 안전운전 불이행에 대한 책임이 존재하므로 가해차량이며, 정상신호에 직진한 차량 또한 약한 의미의 부주의에 대한 과실상계 대상으로 사고 당시의 여러 상황을 조사한 후에 10~30% 내외의 과실비율을 직진차량에게 적용할 수 있을 것이다.

판 례

"신호등에 의하여 교통정리가 행하여지고 있는 교차로를 진행신호에 따라 진행하는 차량의 운전자는 특별한 사정이 없는 한 다른 차량이 신호를 위반하고 자신의 진로를 가로질러 진행하여 올 경우까지 예상하여 그에 따른 사고발생을 방지할 특별한 조치까지 구할 주의의무는 없으며, 이는 교차로에서 자신의 진행방향에 대한 별도의 진행신호가 없다고 하여도, 다른 차량들이 진행방향이 정지신호일 경우를 이용하여, 교통법규에 위배되지 않게 진행하는 경우에도 적용된다 할 것이다(대법원 2002.9.6. 선고 2002다38767 판결)."

⇒ 자신의 진행방향에 별도의 진행신호, 즉 비호보좌회전이나 적신호시 좌회전 표시가 별도로 없더라도 다른 차량의 진행신호가 정지신호일 경우를 이용하여 교통법규에 위반되지 않도록 진행하는 경우에 있어서도 신뢰의 원칙이 적용되어 신호를 위반하여 진행 중인 차량과 충돌사고가 발생한 경우 과실이 주어지지 않는다.

18

신호등 없는 교차로 사고에서 관련 법규와 통행우선순위를 약술하고, 사고조사요령을 서술하시오.

1. 교차로에서 좌회전 중 사고

(1) 관련 법규

신호등 없는 교차로는 절대적 우선권이 아닌 상대적 우선권이 적용되는 장소이다.

① 「도로교통법」 제25조(교차로 통행방법)

② 「도로교통법」 제26조(교통정리가 없는 교차로에서의 양보운전)

③ 「도로교통법」 제31조(서행 또는 일시정지할 장소)

④ 「도로교통법」 제48조(안전운전 및 친환경 경제운전의 의무)

(2) 교차로 통행우선순위

모든 차는 신호등 없는 교차로를 통행하고자 할 때에는 일시정지 또는 서행하고, 전·후, 좌·우 주시, 교통상황을 예의 파악한 후 다음의 우선순위에 따라 진입하고 안전하게 통행하여야 한다.

① 선진입 차량

② 동시 진입시 통행우선 순위차

③ 동시 진입시 넓은 도로에서 진입한 차

④ 동시 진입시 우측도로에서 진입하는 차

⑤ 동시 진입시 직진차가 좌회전차보다 우선

⑥ 동시 진입시 우회전차가 좌회전차보다 우선

(3) 사고실례

> #1 차량은 신호등 없는 교차로를 통행하며 막연히 진행하다가 통행우선순위가 우위인 #2 차량과 충돌한 사고

① **결과** : #1 차량 가해차량, #2 차량 피해차량

② **사고처리** : 사고차량이 종합보험(공제조합)에 가입되어 있거나, 피해자가 처벌을 원치 않으면 (합의)공소권 없음으로 사고처리

③ **면허처분** : 위반행위(운전자의 준수사항 위반)와 피해 결과를 합산하여 면허행정 처분

④ **예외** : 신호등 있는 교차로, 주차차량의 출발 중 사고의 경우 등

2. 사고조사요령

(1) 교차로의 정의

'교차로'란 '十'자로, 'T'자로나 그 밖에 둘 이상의 도로(보도와 차도가 구분되어 있는 도로에서는 차도를 말한다)가 교차하는 부분을 말한다.

(2) 사고조사요령

① 교차로 진입 전 일시정지 또는 서행 여부를 조사한다.

② 전, 후, 좌, 우에 대한 예의 주시 이행 여부를 조사한다.

③ 교차로 진입시 통행우선권 이행 여부를 조사한다.

④ 선진입 차량 인정 여부는 단순한 진입거리 또는 충돌부위로 판단하기보다는 속도, 일시정지, 서행 등을 준수할 것인지를 전제로 하여야 한다.

(3) 교차로 정지선의 기준

① 교차로상의 차량 충돌시 진입거리를 측정해야 할 경우 그 기준은 교차로에 정지선이 있는 경우 그 정지선을 기준으로 하며, 횡단보도 직전 정지선이 그어져 있으면 그 지점으로부터 교차로 직전 정지선까지를 의미한다.

② 교차로에 정지선이 없고 도로에 중앙선이 있는 경우에는 중앙선이 끝난 지점으로 하여야 한다.

③ 진행도로에 중앙선이나 정지선이 없는 경우는 곡각지점을 기준으로 하여야 한다.

19

선행차량이 신호변경으로 정지하는 순간 후속차량에 의한 3중 추돌사고에서 충격 순서를 구분하기 위한 조사방법을 서술하시오.

1. 3중 추돌사고 형태

가장 앞선 차량부터 #1, #2, #3라고 할 때, #1 차량이 충격을 몇 번 느꼈는지가 충격 순서를 구분하는데 있어 중요하게 작용한다. #1 차량이 충격을 한 번 느꼈다면, #3 → #2 → #1순의 추돌이 있었던 것이고, #1 차량이 충격을 두 번 느꼈다면 #2 → #1 추돌사고 이후에 #3 → #2 → #1 추돌이 있었던 것이다.

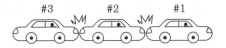

(1) 단순 추돌사고

#3 차량이 #2 차량 추돌한 후 그 충격으로 #2 차량이 #1 차량을 추돌하는 경우이다.

(2) 1차, 2차 추돌사고

① 1차 사고 : #2 차량이 #1 차량을 추돌
② 2차 사고 : #3 차량이 #1 차량을 추돌

2. 사고조사방법

(1) 앞차의 급정지 사유를 조사

① 선행차량의 이유 없는 급정지인 경우 증거를 서면으로 확보한 후 선행차량에 대해 급정지 사유에 대한 과실을 적용한다.
② 급정지 사유에 따라 20~30% 과실을 적용한다.

(2) 추돌사고 형태 조사

연쇄 추돌사고인 경우 추돌 후 추돌사고인지, 단순 추돌사고인지를 명확히 조사해야 한다.

① 선행차량(#1)의 운전자 진술을 확보하여 충격횟수가 1회인지, 2회인지 확인한다.
  ㉠ 충격횟수가 1회인 경우 : 단순 추돌사고로 판단
  ㉡ 충격횟수가 2회인 경우 : 추돌 후 추돌사고로 판단

② 차량의 손상 장소와 충돌 높이를 측정한다.
  ㉠ 밀리면서 추돌한 경우와 추돌 후 추돌한 경우 충돌높이가 다르다.
  ㉡ 추돌시 급정지를 하므로 차량의 중량이 앞부분에 쏠리는 현상에 의해 충돌높이가 5~15cm
    정도 차이가 난다.

3. 추돌사고 형태에 따른 책임

(1) 단순 추돌사고의 경우

　　#3 → #2 → #1순의 추돌사고가 일어난 경우 #3 차량이 사고에 대한 모든 책임을 지게 된다.

(2) 1차, 2차 추돌사고(추돌 후 추돌사고)의 경우

① #1 차량 후미는 #2 차량, #2 차량 후미는 #3 차량이 책임지며, #3 차량, #2 차량 전면부는
　 각자 책임진다.

② #2 차량이 1차 사고시 전손사고인 경우 자차 보상(종결)하고, 1차 사고시 분손인데 2차 사고
　 손해액 포함시 전손인 경우에는 #2 차량 자차 우선 전손처리, #1 차량 회사에서는 시가를
　 기준으로 산출한 손해액에서 1차 사고 손해액을 공제한 금액을 부담한다.

20

과실의 개념을 설명하고, 과실상계의 이유와 조건, 기본과실의 설정방법 및 과실
비율의 수정방법에 대해서 설명하시오.

1. 과실의 개념

(1) 과실의 의의

통상적인 사람을 기준으로 하여 마땅히 해야 할 의무를 게을리 하였거나 또는 해서는 안 될 의무를
행한 경우로서 행위자에게 부과된 주의의무위반을 말한다. 여기서, 가해자의 과실은 법적 의무위
반의 강한 의미의 주의의무위반을 말하고, 피해자의 과실은 사회통념상 신의성실의 원칙상 공동
생활상 요구되는 약한 의미의 부주의를 말한다.

(2) 과실인정기준의 필요성

불법행위로 인한 손해배상에서 피해자의 과실이 손해의 발생 또는 확대에 기여한 경우, 손해의
공평한 부담을 위하여 피해자의 손해배상금을 산정할 때 피해자의 과실만큼 상계 내지 참작하는
것이 원칙이다. 따라서 과실인정기준은 자동차사고의 공평한 손해배상을 위하여 절대적으로 필요
하다.

2. 과실상계

(1) 과실상계를 하는 이유

피해자 스스로의 과실로 초래된 손해는 피해자 자신이 부담하고 이를 가해자에게 전가할 수 없다.
즉 자기의 고의 내지 과실에 의한 손해는 자신이 책임을 부담하는 과실책임의 원칙과 가해자와
피해자간의 손해의 공평한 분담이라는 손해배상의 기본원칙에 과실상계의 근거가 있다.

(2) 과실상계의 조건

① 피해자 측에게 과실이 존재하여야 한다.

② 피해자 측에게 사고발생을 회피하는데 필요한 주의의무를 할 수 있는 사리변식능력, 즉 책임능
력이 있어야 한다.

③ 피해자 측의 과실과 손해의 발생 또는 확대 사이에 상당인과관계가 있어야 한다.

3. 기본과실의 설정방법 및 과실비율의 수정방법

(1) 기본과실의 설정방법

① 각 사고유형별로 도표에 기본과실을 먼저 정한다.

② 자동차와 보행자사고의 경우는 보행자의 기본과실만을 표시하고 이에 수정요소를 가·감산한다.

③ 자동차와 자동차사고 자동차와 이륜자동차사고 자동차와 자전거사고 및 고속도로 사고의 기본과실은 원칙적으로 두 차량 모두에게 정하고 두 차량을 도표에서 AB로 과실비율은 숫자로 표시한다. 예 A30 B70

④ 수정요소의 비율은 도표상 해당차량에 표시하되 (−)표시는 감산을 표시가 없는 경우 가산을 의미한다.

(2) 과실상계를 위한 과실비율의 수정방법

① 먼저 구체적 사고에 맞는 유형을 찾는다. 이때 해당되는 수정요소가 있을 경우 해당 차량에는 가산 내지 감산을 상대차량에는 반대로 감산 내지 가산한다. 단, 현저한 과실과 중과실이 경합할 경우는 중과실의 수정요소만을 적용한다. 만일 도표에서 현저한 과실·중과실이 같이 표시된 경우 앞의 값은 현저한 과실비율을 나타내고, 뒤의 값은 중과실비율을 나타낸다. 예 현저한 과실·중과실이 +10~20인 경우 현저한 과실은 10, 중과실은 20이다.

② 도표에서 수정요소의 구분이 점선으로 되어 있는 경우는 하나를 선택해서 무거운 쪽의 과실만을 적용한다.

③ 수정요소의 수치는 기본과실에 가산 또는 감산한다. 어느 한 쪽에 가산을 하는 경우 상대방에게 감산을 하고 반대로 어느 한 쪽에 감산을 하는 경우 상대방에게 가산을 하여 준다. 따라서 양자의 최종 과실비율의 합계는 언제나 100%가 되어야 한다.

21 자동차사고에서 과실의 정의와 과실상계조건을 설명하고, 자동차의 현저한 과실과 중과실에 대하여 약술하시오.

1. 과실의 정의

과실이란 통상적인 사람을 기준으로 마땅히 해야 할 의무를 게을리 했거나 해서는 안 될 의무를 행한 경우로서 행위자에게 부과된 주의의무위반을 말한다. 여기서, 가해자의 과실은 법률 의무위반 등의 주의의무위반을 말하고, 피해자의 과실은 사회통념상, 신의성실의 원칙상, 공동생활상 요구되는 약한 의미의 부주의를 말한다.

2. 과실상계조건

(1) 과실상계를 하는 이유

피해자 스스로의 과실로 초래된 손해는 피해자 자신이 부담하고 이를 가해자에게 전가할 수 없다. 즉 자기의 고의 내지 과실에 의한 손해는 자신이 책임을 부담하는 과실책임의 원칙과 가해자와 피해자간의 손해의 공평한 분담이라는 손해배상의 기본원칙에 과실상계의 근거가 있다.

(2) 과실상계의 조건

① 피해자 측에게 과실이 존재하여야 한다.
② 피해자 측에게 사고발생을 회피하는데 필요한 주의의무를 할 수 있는 사리변식능력, 즉 책임능력이 있어야 한다.
③ 피해자 측의 과실과 손해의 발생 또는 확대 사이에 상당인과관계가 있어야 한다.

3. 현저한 과실과 중과실

(1) 현저한 과실

① 자동차의 과실이 통상의 주의의무위반이나 사고회피의무 등의 의무보다 그 정도가 무거운 경우에 한하여 보행자의 과실을 감산한다.
ㄱ 한눈팔기 등 전방주시의무위반이 현저한 경우
ㄴ 「도로교통법」의 주취한계 미달 음주운전
ㄷ 시속 10km 이상 20km 미만의 제한속도 위반
ㄹ 핸들 또는 브레이크 조작의 현저한 부적절
ㅁ 「도로교통법」 제49조 제1항 제2호(시각장애인·지체장애인의 횡단시 일시정지의무), 제3호(차량 유리의 암도가 높은 경우), 제10호(휴대전화 사용)에 정해진 의무위반의 경우 등으로 한다.

② 다만, 「도로교통법」 제49조 제1항 제2호 가목에 정한 어린이 횡단시 일시정지의무위반시에는 '어린이'를 별도의 감산요소로 고려하고 있으므로, 이 경우의 감산요소로는 적용하지 않는다.

③ 「도로교통법」 제37조에 위반하여 야간에 전조등 등화를 켜지 않은 경우에도 현저한 과실로 본다.

(2) 중과실

① '현저한 과실'에 비하여 그 정도가 중한 법규위반이 있는 경우에 보행자의 과실을 감산한다.

② 졸음운전, 무면허운전(도로교통법 제43조), 음주운전(도로교통법 제44조), 과로운전(도로교통법 제45조), 공동위험행위(도로교통법 제46조), 시속 20km 이상의 제한속도위반, 마약 등 약물운전 등 운전자의 과실이 중대한 법규위반인 경우에 적용한다.

22

현행 대물차량보상 실무상의 과실상계 기본조건을 기술하고, '차 대 차 비접촉사고'에 대한 설명과 긴급피난행위 판단 조건 및 사고 인과관계 성립에 대해 약술하시오.

---

(1) 과실상계 기본조건

　① 피해자 측에 과실이 존재하여야 한다.

　② 피해자 측에 사고발생을 회피하는데 필요한 주의의무를 할 수 있는 사리변식능력, 즉 책임능력이 있어야 한다.

　③ 피해자 측의 과실과 손해의 발생 또는 확대 사이에 상당인과관계가 있어야 한다.

(2) '차 대 차 비접촉사고'

교통사고는 보통 차량 대 차량의 충돌사고로 발생하지만, '차 대 차 비접촉사고'는 차량 대 차량, 차량 대 사람 등과의 물리적 접촉 없이 발생하는 사고를 말한다. 즉 비접촉사고는 충돌로 인해 발생한 사고가 아니라, 사고를 유발할만한 원인을 제공해 발생하는 사고를 말하며, 가해자는 없고 피해자만 있는 사고유형이라 할 수 있다.

(3) 긴급피난행위 판단 조건

「형법」제22조 제1항의 긴급피난이란 자기 또는 타인의 법익에 대한 현재의 위난을 피하기 위한 상당한 이유 있는 행위를 말하고, 여기서 '상당한 이유 있는 행위'에 해당하려면, 첫째 피난행위는 위난에 처한 법익을 보호하기 위한 유일한 수단이어야 하고, 둘째 피해자에게 가장 경미한 손해를 주는 방법을 택하여야 하며, 셋째 피난행위에 의하여 보전되는 이익은 이로 인하여 침해되는 이익보다 우월해야 하고, 넷째 피난행위는 그 자체가 사회윤리나 법질서 전체의 정신에 비추어 적합한 수단일 것을 요하는 등의 요건을 갖추어야 한다(대법원 2006.4.13. 선고 2005도9396 판결).

(4) 사고 인과관계 성립

① 손해의 발생

불법행위가 성립하려면 가해행위에 의하여 손해가 발생하였어야 하고(민법 제750조), 그 손해는 실제로 발생한 것에 한하여 배상된다. 따라서 피해자가 그 손해발생을 증명하지 않으면, 손해배상책임은 발생하지 않는다. 즉 입증책임은 불법행위의 성립을 주장하는 손해배상청구권자, 즉 피해자에게 있다.

② 인과관계 성립

가해자가 배상하는 손해는 가해행위로 인해 피해자에게 입힌 손해이므로, 가해행위와 손해의 발생 사이에는 인과관계가 있어야 한다. 여기에서 인과관계의 범위는 '상당인과관계'를 의미한다.

더 알아보기 상담인과관계

상당인과관계설이란 일반인의 일반적인 생활경험에 비추어 p라는 행위로부터 q라는 결과가 발생하는 것에 개연성이 크다면 상당한 인과관계가 있다고 보는 견해이다. 현재 판례가 취하는 입장이다. 다만, 상당인과관계의 상당성의 기준은 일반인의 통념상 상당성이다.

「민법」에서는 원인과 결과 사이에 상당인과관계가 있는 경우에 한하여 그 원인을 사고원인으로 하고 있으며, 그 원인 행위자가 피해자에 대하여 손해배상책임을 지는 동시에 사고와 상당인과관계가 있는 손해에 대해서 배상책임을 지게 된다. 즉 상당인과관계는 인과관계의 정도가 상당한 것을 의미하는 것으로 선행사실이 있을 때 그 결과 발생이 일반적이고 통상적인 경우 "상당인관관계가 있다"라고 한다.

23

도심지 도로변 주·정차 사고에 대해 적용하는 과실 수정요소에 대한 해설과 정차 또는 주차를 금지하는 곳을 열거하고, 도로 가장자리에 표시되어 있는 차선의 종류와 의미를 약술하시오.

1. 주·정차 사고에 대해 적용하는 과실 수정요소

도로의 가장자리(갓길 포함) 또는 도로와 보도의 가장자리에 동시에 걸치고 주·정차 중인 A차량을 동일방향에서 후행하여 진행하는 B차량이 추돌한 사고이다.

(1) 야간 등 기타 시야장애

폭우, 진한 안개, 야간에 가로등이 없어서 어두운 곳에서는 추돌차량이 주·정차 중인 차량을 발견하기가 용이하지 않으므로 피추돌차량인 A차량의 과실을 10% 가산한다.

(2) 주·정차 금지장소

「도로교통법」 제32조, 제33조를 위반하여 주·정차한 경우에는 피추돌차량인 A차량의 과실을 10% 가산한다.

(3) A차량의 주·정차 방법위반

「도로교통법」 제34조를 위반하여 주·정차한 경우에는 피추돌차량인 A차량의 과실을 10% 가산한다.

(4) A차량의 비상등화 등 안전조치 불이행

차량이 야간에 도로에 있는 경우에는 전조등, 차폭등, 미등, 비상등을 켜야 함에도 그렇지 아니한 경우나, 시야가 불량한 상황임에도 주·정차 차량이 비상등을 켜지 아니한 경우 등에는 추돌차량이 주·정차 차량을 발견하기가 용이하지 않으므로 피추돌차량인 A차량의 과실을 20% 가산한다.

(5) A차량의 회피불능

고장 등의 사유로 부득이하게 주·정차한 경우에는 도로 오른쪽에 주·정차하여야 하고, 주행차로에서 운전하는 것이 불가능한 경우 지체 없이 차량을 주행차로 이외의 장소로 이동시켜야 하나, A차량의 고장정도가 심하여 갓길로 옮길 수 없었거나 갓길로 옮길 시간상 여유가 없는 경우 A차량의 과실을 10% 감산할 수 있다.

(6) 현저한 과실

현저한 과실을 한 A 또는 B차량에 10% 가산한다.

① 한눈팔기 등 전방주시의무위반이 현저한 경우

② 음주운전(혈중 알코올농도 0.03% 미만)

③ 10km/h 이상 20km/h 미만의 제한속도위반

④ 핸들 또는 브레이크 조작의 현저한 부적절

⑤ 차량 유리의 암도가 높은 경우

⑥ 운전 중 휴대전화 사용

⑦ 운전 중 영상표시장치 시청·조작

(7) 중대한 과실

중대한 과실을 한 A 또는 B차량에 10% 가산한다.

① 음주운전(혈중 알코올농도 0.03% 이상)

② 무면허운전

③ 졸음운전

④ 제한속도 20km/h 초과

⑤ 마약 등 약물운전

⑥ 공동위험행위(도로교통법 제46조)

2. 정차 또는 주차를 금지하는 곳

모든 차의 운전자는 다음의 어느 하나에 해당하는 곳에서는 차를 정차하거나 주차하여서는 아니
된다. 다만, 「도로교통법」이나 「도로교통법」에 따른 명령 또는 경찰공무원의 지시를 따르는 경우
와 위험방지를 위하여 일시 정지하는 경우에는 그러하지 아니하다(도로교통법 제32조).

① 교차로·횡단보도·건널목이나 보도와 차도가 구분된 도로의 보도(주차장법에 따라 차도와
   보도에 걸쳐서 설치된 노상주차장은 제외한다)

② 교차로의 가장자리나 도로의 모퉁이로부터 5m 이내인 곳

③ 안전지대가 설치된 도로에서는 그 안전지대의 사방으로부터 각각 10m 이내인 곳

④ 버스여객자동차의 정류지(停留地)임을 표시하는 기둥이나 표지판 또는 선이 설치된 곳으로부
   터 10m 이내인 곳. 다만, 버스여객자동차의 운전자가 그 버스여객자동차의 운행시간 중에
   운행노선에 따르는 정류장에서 승객을 태우거나 내리기 위하여 차를 정차하거나 주차하는
   경우에는 그러하지 아니하다.

⑤ 건널목의 가장자리 또는 횡단보도로부터 10m 이내인 곳

⑥ 다음의 곳으로부터 5m 이내인 곳
　　㉠「소방기본법」제10조에 따른 소방용수시설 또는 비상소화장치가 설치된 곳
　　㉡「소방시설 설치 및 관리에 관한 법률」제2조 제1항 제1호에 따른 소방시설로서 대통령령으로 정하는 시설이 설치된 곳
⑦ 시·도경찰청장이 도로에서의 위험을 방지하고 교통의 안전과 원활한 소통을 확보하기 위하여 필요하다고 인정하여 지정한 곳
⑧ 시장 등이 「도로교통법」제12조 제1항에 따라 지정한 어린이 보호구역

3. 도로 가장자리에 표시되어 있는 차선의 종류

(1) 백색실선
백색실선은 진로 변경을 제한하며, 주차와 정차가 가능하다.

(2) 한줄 황색실선
시간대와 요일에 따라 탄력적으로 주·정차가 가능하다.

(3) 황색점선
주차는 금지하지만, 정차는 5분간 허용한다.

(4) 두줄 황색실선
주·정차 절대금지 구간이다.

24

동종 차종 승용차량의 A차량(우측)과 B차량(좌측)이 신호등 없는 동일 폭의 십
(十)자 교차로를 동시 진입하여 앞부분의 충돌사고로 A차량 500만원, B차량
300만원의 손해가 발생하였다. 상기 조건에서 초동조사, 과실비율 결정, 보험금
(결정금액) 분담방법에 대하여 서술하고 과실분쟁시 적용 우선순위에 대해 논하
시오(단, 양 차량은 과실 수정요소도 없음).

1. 초동조사

(1) 의 의

자동차사고가 발생하고 이를 보험회사에 접수하면, 보험회사에서는 최초로 사고를 조사하게 되는
데 이를 초동조사라 한다.

(2) 목 적

자동차사고 초동조사의 원칙에 따라 보험회사의 면책·부책 여부를 판단하고, 적절한 과실상계비
율의 판단, 부당한 청구 배제로 적정 손해액을 산정함을 목적으로 한다.

(3) 초동조사 내용

① 계약사항 확인조사

② 각종 경위서 및 확인서 징구

③ 사고현장조사

④ 사고차량 손상 확인조사

⑤ 경찰기록열람

⑥ 면·부책 판단 및 과실 확정

⑦ 피해자 조사방법

⑧ 치료 병(의)원 조사

⑨ 피해물의 확인

⑩ 불입건 사고의 조사

(4) 신호등 없는 교차로에서의 중점조사사항

교차로 통행의 우선순위에 의해 조사한다.

① 선진입 차량 우선(자차의 선진입 확인)

② 동시진입일 경우

    ㉠ 긴급자동차 등 통행우선순위 차량

    ㉡ 폭이 넓은 도로진행 차량

    ㉢ 우측도로진행 차량

    ㉣ 직진차가 좌·우회전 차량보다 우선함

    ㉤ 우회전 차량이 좌회전 차량에 우선함

2. 과실비율 결정

A차량(우측)과 B차량(좌측)이 신호등 없는 동일 폭의 십(十)자 교차로를 동시 진입한 경우 과실비율은 A : B = 40 : 60이다.

① 「동일 폭의 교차로」라 함은 한 쪽 도로의 폭이 "명확하게 넓은" 경우 이외의 교차로이고, 엄격히 말하면 한 쪽이 명확하게 넓다고 말할 수 없는 두 개의 도로가 교차하는 교차로의 뜻이다.

② B가 긴급자동차인 경우는 기본과실비율이 A 60 : B 40으로 정하여 진다.

3. 보험금(결정금액) 분담방법

쌍방과실의 경우 양 차량이 가입한 보험회사에서 과실비율을 산정하여 과실비율에 따라 손해액을 분담하여 처리하게 된다. 분담방법은 교차책임주의 방법과 단일책임주의 방법이 있다.

[손해액 예시]

사고차량	과실비율	손해액
A차량	40%	5,000,000원
B차량	60%	3,000,000원

(1) 교차책임주의 방법

상대방의 과실비율에 따라 상호교차로 배상하는 방법이다.

① A차량의 부담액

B차량에 대한 배상책임액 = 3,000,000원 × 40% = 1,200,000원

자차손해에 대한 자기부담액 = 5,000,000원 × 40% = 2,000,000원

<u>계 : 3,200,000원</u>

② B차량의 부담액

A차량에 대한 배상책임액 = 5,000,000원 × 60% = 3,000,000원

자차손해에 대한 자기부담액 = 3,000,000원 × 60% = 1,800,000원

<u>계 : 4,800,000원</u>

실무에서는 쌍방 보험이 가입되어 있는 경우에 적용하는 과실상계방법이다.

(2) 단일책임주의 방법

쌍방의 손해액을 합산한 후 각자의 과실비율을 곱하여 각각 자기부담금을 산출한 후 자기손해액을 공제한 후 차액만을 배상하는 방법이다.

① A차량의 부담액

(5,000,000원 + 3,000,000원) × 40% = 3,200,000원

② B차량의 부담액

(5,000,000원 + 3,000,000원) × 60% = 4,800,000원

실무에서는 어느 한 쪽이 보험에 가입되어 있지 않거나, 어느 한 쪽이 손해액이 경미하여 보험금을 청구포기하거나 면책사고의 경우에 적용하는 과실상계방법이다.

4. 과실분쟁시 적용 우선순위

① 별도로 정한 자동차사고 과실비율의 인정기준에 따라 적용하며, 해당 도표가 없을 때에는 그와 유사한 도표를 적용한다.

② 사고유형이 기준에 없거나 기준에 의한 과실비율의 적용이 곤란할 때에는 판결례를 참작하여 적용한다.

③ 소송이 제기되었을 경우에는 확정판결에 의한 과실비율을 적용한다.

25

신호등이 없는 (+)교차로에서 직진하는 자동차와 자동차간의 사고에서 적용되는 (1) 기본 과실비율과 (2) 수정 요소에 대한 설명, (3) 도로교통법규위반 내용을 설명하시오(단, 답안 작성시 답안 예시를 참조하여 작성하고, 기본 과실비율은 하단의 표를 참고하여 해당 번호와 과실비율을 답안에 기재하시오).

1. 기본 과실비율

조 건	A · B 동시 진입		A 선진입		B 선진입	
	A	B	A	B	A	B
동일폭 교차로 A : 우측차 B : 좌측차	(1)	(2)	(3)	(4)	(5)	(6)
A : 대로차 B : 소로차	(7)	(8)	(9)	(10)	(11)	(12)
A : 일시정지 표시 없음 　　일반통행 위반 없음 B : 일시정지 표시 있음 　　일반통행 위반차	(13)	(14)	(15)	(16)	(17)	(18)

(답안 예시) (1) : 50%, (2) : 50%, …

2. 수정 요소(선진입, 대형차, 현저한 과실, 중과실)에 대한 설명
3. 도로교통법규위반 내용설명

---

1. 기본 과실비율

(1) : 40%, (2) : 60%, (3) : 30%, (4) : 70%, (5) : 70%, (6) : 30%

(7) : 30%, (8) : 70%, (9) : 20%, (10) : 80%, (11) : 60%, (12) : 40%

(13) : 20%, (14) : 80%, (15) : 10%, (16) : 90%, (17) : 30%, (18) : 70%

※ 수정 요소가 여러개 있을 경우 각각 그 수치를 가산 또는 감산한다.

2. 수정 요소(선진입, 대형차, 현저한 과실, 중과실)

(1) 개 요

수정 요소란 과실비율을 산정함에 있어 기본 과실에 가산·감산을 조정하는 것을 말한다. 후진입한 차는 선진입한 차보다, 대형차는 우자위험부담의 원칙에 의해 승용차보다, 과실(휴대전화 사용 등)·중과실(음주운전 등)의 책임이 있는 차는 그렇지 않은 차보다 과실비율이 높다. 따라서 선진입은 감산 요소에, 대형차, 현저한 과실 및 중과실은 가산 요소에 해당한다.

(2) 명확한 선진입

① 교차로에 진입할 때(일시정지선이 있는 교차로의 경우에는 그 정지선을 통과하는 시각) 우선 진입한 차량이 다른 차량보다 통행의 우선권이 있다.

② 명확한 선진입의 여부는 교차로(또는 일시정지선)에서부터 충돌지점까지 거리와 양 차의 속도를 고려하여 결정해야 하며, 선진입의 정도가 명확한 경우에만 적용한다.

③ 동시에 교차로에 진입시에는 좌회전차와 직진 및 우회전차와의 사이에는 직진 및 우회전차가 좌회전차보다 우선한다. 또한 긴급자동차, 대로차, 우측차에 통행의 우선권이 있다.

(3) 대형차

① 대형차는 파괴력이 커서 운전상 많은 주의의무가 요구되므로 결과 발생에 대해 많은 책임을 부담해야 하며, 교차로 등을 통과할 때 차지하는 면적이 넓고 많은 시간을 필요로 하는 등 다른 자동차에 대한 진로방해의 정도가 크고, 위험회피 가능성이 적기 때문에 과실을 가산한다.

② 여기서, 대형차란 상대 차량에 비해 상대적으로 대형인 차량을 의미하는 것이 아니라, 해당 차량 자체가 대형인 경우를 말한다.

③ 대형차의 범위는 승차정원이 36인승 이상이거나 길이·너비·높이 모두가 소형을 초과하여 길이가 9m 이상인 승합자동차, 최대적재량이 5톤 이상이거나 총중량이 10톤 이상인 화물자동차, 총중량이 10톤 이상인 특수자동차, 건설기계, 기타 이와 유사한 자동차를 말한다.

(4) 현저한 과실

자동차 운전자의 과실이 통상의 전방주시의무위반이나 사고회피의무위반의 정도보다 중한 경우로서

① 한눈팔기 운전 등의 현저한 전방주시의무위반의 경우

②「도로교통법」상 주취한계 미달 음주운전의 경우

③ 핸들·브레이크 조작이 현저하게 부적절한 경우

④ 10km 이상 20km 미만의 제한속도위반의 경우 등을 말한다.

(5) 중과실

자동차 운전자의 과실이 현저한 과실보다도 그 정도가 중한 법규위반 내용의 경우로서

① 졸음운전의 경우

②「도로교통법」상 주취한계 이상의 음주운전의 경우

③ 무면허운전의 경우

④ 20km 이상의 제한속도위반의 경우

⑤ 마약 등의 약물운전의 경우 등을 말한다.

3. 도로교통법규위반 내용

(1) 교통정리가 없는 교차로에서의 양보운전(도로교통법 제26조)

① 선진입

교통정리를 하고 있지 아니하는 교차로에 들어가려고 하는 차의 운전자는 이미 교차로에 들어가 있는 다른 차가 있을 때에는 그 차에 진로를 양보하여야 한다.

② 도로의 폭

교통정리를 하고 있지 아니하는 교차로에 들어가려고 하는 차의 운전자는 그 차가 통행하고 있는 도로의 폭보다 교차하는 도로의 폭이 넓은 경우에는 서행하여야 하며, 폭이 넓은 도로로부터 교차로에 들어가려고 하는 다른 차가 있을 때에는 그 차에 진로를 양보하여야 한다.

③ 동시 진입

교통정리를 하고 있지 아니하는 교차로에 동시에 들어가려고 하는 차의 운전자는 우측도로의 차에 진로를 양보하여야 한다.

(2) 일시정지 · 일방통행위반

① 모든 차의 운전자는 교통정리가 행하여지고 있지 아니하고 일시정지 또는 양보를 표시하는 안전표지가 설치되어 있는 교차로에 들어가고자 하는 때에는 일시정지하거나 양보하여 다른 차의 진행을 방해하여서는 아니된다(도로교통법 제25조 제6항).

② 모든 차 또는 노면전차의 운전자는 교통정리를 하고 있지 아니하고 좌우를 확인할 수 없거나 교통이 빈번한 교차로에서는 일시정지하여야 한다(도로교통법 제31조 제2항 1호).

26

자동차 도난사고발생시 조사 처리요령과 회수시 관리방법을 서술하시오.

1. 자동차 도난사고발생시 조치요령

(1) 개 요

주차해 놓았던 자동차가 도난당했다면 운전자는 즉시 알리바이를 만드는 일에 착수해야 된다. 왜냐하면 도난범이 교통사고를 내고 차를 버린 채 도망쳐 버린다면, 운전자는 뜻하지 않게 결백을 입증해야 하는 처지에 몰리기 때문이다.

(2) 자동차 도난사고발생시 조치순서

① 도난신고 접수

자동차가 없어졌다면 즉시 112로 전화하여 신고한다. 112로 신고하면 접수 기록이 남게 되므로 자연히 운전자의 알리바이가 성립되며, 112의 종합상황실에서는 접수 즉시 순찰대에게 연락하여 도난 현장에 출동하도록 조치한다.

② 견인차 보관소에 있는지 확인

자동차가 견인차 보관소에 있는지는 경찰에서 확인해 준다. 도난현장에 출동한 순찰대는 운전자와 함께 경찰지구대나 파출소에 가서 도난인지, 가족에 의한 운행인지, 불법주차로 견인되었는지 등의 여부를 확인한다.

③ 도난자동차의 수배

도난사고로 확인되면 경찰은 전국에 차를 수배한다. 지구대나 파출소에서 도난사고로 확인되면 운전자에게 피해자 조서를 받은 후 경찰서에 기록을 넘겨서 전산에 입력하고 전국에 도난차량을 수배한다.

④ 보험사에 사고접수

경찰서 신고가 끝나면 보험사에 사고를 접수한다. 그러나 자동차보험의 보장항목 중에서 자기차량손해를 가입하지 않았다면 굳이 보험사에 사고접수를 할 필요는 없다. 차량의 도난보험금은 자기차량손해를 가입한 경우에만 지급되기 때문이다.

⑤ 보험금 청구

경찰서에 신고한 지 30일이 지났다면 차량 보험금을 청구한다. 단, 경찰서 신고일로부터 30일이 지나기 전에 차를 찾았다면 파손된 부분이 있는지 확인한다. 도난 중 파손된 부분은 자기차량손해에서 보상받을 수 있다.

⊙ 자동차 도난사고발생시 보험금 청구는 도난사실을 경찰관서에 신고한 날로부터 30일 이후에 하도록 한다.

　ⓛ 먼저 보험금을 청구하기 전(경찰관서에 신고한 날로부터 30일 이후)에 도난차량이 발견된 경우 보험사는 도난 중에 피보험자동차에 생긴 손해와 비용을 보험가입금액 한도 내에서 지급한다.

　ⓒ 보험금을 청구하였지만 지급받기 전에 도난차량이 회수된 경우에는 피보험자의 의사에 따라 보험금을 지급하거나 피보험차량을 반환한다.

　ⓔ 보험금을 지급한 후에 도난차량이 발견되었을 때에도 피보험자의 의사에 따라 차량을 반환하거나 보험금을 지급하게 되는데, 피보험자가 피보험차량 인수 의사를 표시한 때에는 지급한 보험금액에서 도난 중에 입은 손해와 점유권 회복에 소요된 비용을 제외한 금액을 환입한다.

⑥ 보험금 지급 후 사후관리

　⊙ 보험금을 지급하면 지체 없이 관할 경찰서장 앞으로 "도난자동차발견통지협조요청" 공문을 발송한다.

　ⓛ 보험금을 지급한 날로부터 3년 동안 도난자동차의 발견 여부에 대하여 관할 경찰서 및 피보험자 등에게 연 4회 이상 조사확인하고 그 내용을 "도난차량관리대장"에 기록관리한다.

2. 도난차량 회수시 관리방법

① 자동차 소유자는 자기의 자동차를 도난당한 경우에는 시·도지사에게 말소등록을 신청할 수 있다. 말소등록을 신청하려는 자는 신청서에 관할 경찰서장이 발급한 도난신고확인서를 첨부하여야 한다.

② 도난으로 말소등록을 한 후 그 자동차를 회수한 경우에는 그 회수한 날로부터 3개월 이내에 부활 신규등록을 신청하여야 한다.

③ 도난차량의 부활등록시에는 등록세가 면제되며, 도시철도채권을 매입한지 1년이 지나지 않았을 때에는 도시철도채권 매입의무도 면제된다.

④ 도난차량을 회수하여 부활등록하고자 할 때에는 관할 자동차등록관청에서 신규등록을 위한 임시운행 허가를 받고, 지정된 자동차검사소에서 신규검사에 합격한 다음, 부활 신규등록 신청서를 등록관청에 제출하면 된다.

3. 자동차 도난방지 수칙

① 차에서 떠날 때는 차의 창문과 도어를 잘 잠그고 항상 키를 몸에 간직한다.

② 주차를 할 때에는 앞바퀴를 깊숙이 꺾어두고 사이드 브레이크도 채운다. 그래야만 강제로 견인해가는 도난사고를 방지할 수 있다.

③ 도난방지 장치를 꼭 작동시킨다. 차 키를 뺐을 때 자동으로 작동하는 도난방지 장치를 장착한다.

④ 차 도둑을 유인할 수 있는 개인소지품을 차 안에 남겨두지 않는다.

⑤ 고속도로를 주행할 때는 가능하면 중앙 쪽 차선을 이용한다. 길 가장자리 쪽 차선으로 한가롭게 달리면 범죄자의 관찰 대상이 될 수 있다.

⑥ 집에 차고가 있다면 꼭 차고 안에 차를 보관하고 차키와 차고키를 반드시 잠근다.

⑦ 쇼핑센터 등을 이용할 때는 출입구에서 가까운 쪽에 주차한다. 인적이 드문 곳이나 쉽게 보이지 않는 곳에 주차하면 차도둑의 범행 대상이 될 수 있다.

⑧ 자동차 번호판은 야광이나 색칠을 해서 선명하게 만든다(차의 매트나 시트 아래에 명함 또는 주소 스티커 등을 넣어두면 도난 후 차를 찾았을 때 도움이 될 수 있다).

27

기명피보험자가 차량사고로 사고접수 후 손해사정사가 사고조사 중, 음주운전사
고로 의심이 되었다. 이러한 사고의 음주운전을 정의하고, 측정방법과 조사요령
을 약술하시오.

1. 음주운전

「도로교통법」 제44조(술에 취한 상태에서의 운전 금지) 규정을 위반하여 술에 취한 상태에서
자동차 등을 운전한 상태를 말한다. 운전이 금지되는 술에 취한 상태의 기준은 운전자의 혈중
알코올 농도가 0.03% 이상인 경우로 한다.

여기서, 자동차 등은 승용자동차, 승합자동차, 화물자동차, 특수자동차, 이륜자동차, 원동기장치
자전거, 「건설기계관리법」에 따른 건설기계(덤프트럭, 아스팔트살포기, 노상안전기, 콘크리트믹
서트럭, 트럭적재식의 천공기 등)를 말한다.

2. 측정방법

(1) 음주측정기에 의한 방법

경찰공무원은 교통의 안전과 위험방지를 위하여 필요하다고 인정하거나 술에 취한 상태에서 자동
차 등을 운전하였다고 인정할 만한 상당한 이유가 있는 경우에는 운전자가 술에 취하였는지를
호흡조사로 측정할 수 있다. 이 경우 운전자는 경찰공무원의 측정에 응하여야 한다.

(2) 혈액채취에 의한 방법

측정결과에 불복하는 운전자에 대하여는 그 운전자의 동의를 받아 혈액채취 등의 방법으로 다시
측정할 수 있다.

(3) 위드마크공식(Widmark formula)에 의한 방법

뺑소니 등으로 음주운전자의 호흡이나 혈액으로 음주정도를 곧바로 잴 수 없을 때 시간당 평균
0.015%씩 혈중 알코올 농도가 줄어드는 것으로 보고 음주운전 당시의 혈중 알코올 농도를 계산하
는 방법이다. 이 공식은 1930년대 스웨덴 생화학자 위드마크(Widmark)의 제안에 의해 발달된
공식으로 운전자가 사고 전 섭취한 술의 종류와 음주량, 운전자의 체중, 성별 등을 조사하여
사고 당시의 주취상태를 계산한다.

$$Y = C - X$$

$$C = \frac{A}{P \cdot R} = \text{mg}/10 = \%$$

Y : 사고 당시 혈중 알코올 농도(%)

X : 제거된 알코올 양(시간당 0.015%씩 감소)

C : 혈중 알코올 농도 최고치(%)

A : 섭취한 알코올의 양[= 음주량(ml) × 술의 농도(%) × 0.7894]

P : 사람의 체중(kg)

R : 성별에 따른 계수(남자 : 0.86, 여자 : 0.64)

※ 대법원 판례에 의해 피고인에게 가장 유리한 최고치 적용

3. 조사요령

① 경찰조사기록 확인

② 피해자, 탑승자, 운전자 면담조사

③ 병원방문조사

④ 현장출동요원, 레커운전자, 목격자 등 면담조사

28

고속도로(자동차 전용도로 포함) 주정차시 안전조치의무(도로교통법)와 주정차 중 발생한 사고에 대해 초동조사 요령을 약술하시오.

1. 고속도로(자동차 전용도로 포함) 주정차시 안전조치의무

(1) 고속도로 등에서의 정차 및 주차의 금지(도로교통법 제64조)

자동차의 운전자는 고속도로 등에서 차를 정차하거나 주차시켜서는 아니 된다. 다만, 다음의 어느 하나에 해당하는 경우에는 그러하지 아니하다.

① 법령의 규정 또는 경찰공무원(자치경찰공무원은 제외한다)의 지시에 따르거나 위험을 방지하기 위하여 일시 정차 또는 주차시키는 경우

② 정차 또는 주차할 수 있도록 안전표지를 설치한 곳이나 정류장에서 정차 또는 주차시키는 경우

③ 고장이나 그 밖의 부득이한 사유로 길가장자리구역(갓길을 포함한다)에 정차 또는 주차시키는 경우

④ 통행료를 내기 위하여 통행료를 받는 곳에서 정차하는 경우

⑤ 도로의 관리자가 고속도로 등을 보수·유지 또는 순회하기 위하여 정차 또는 주차시키는 경우

⑥ 경찰용 긴급자동차가 고속도로 등에서 범죄수사, 교통단속이나 그 밖의 경찰임무를 수행하기 위하여 정차 또는 주차시키는 경우

⑦ 소방차가 고속도로 등에서 화재진압 및 인명 구조·구급 등 소방활동, 소방지원활동 및 생활안전활동을 수행하기 위하여 정차 또는 주차시키는 경우

⑧ 경찰용 긴급자동차 및 소방차를 제외한 긴급자동차가 사용 목적을 달성하기 위하여 정차 또는 주차시키는 경우

⑨ 교통이 밀리거나 그 밖의 부득이한 사유로 움직일 수 없을 때에 고속도로 등의 차로에 일시 정차 또는 주차시키는 경우

(2) 고장 등의 조치(도로교통법 제66조)

자동차의 운전자는 고장이나 그 밖의 사유로 고속도로 등에서 자동차를 운행할 수 없게 되었을 때에는 행정안전부령으로 정하는 표지(이하 "고장자동차의 표지"라 한다)를 설치하여야 하며, 그 자동차를 고속도로 등이 아닌 다른 곳으로 옮겨 놓는 등의 필요한 조치를 하여야 한다.

(3) 운전자의 고속도로 등에서의 준수사항(도로교통법 제67조 제2항)

고속도로 등을 운행하는 자동차의 운전자는 교통의 안전과 원활한 소통을 확보하기 위하여 「도로교통법」 제66조에 따른 고장자동차의 표지를 항상 비치하며, 고장이나 그 밖의 부득이한 사유로 자동차를 운행할 수 없게 되었을 때에는 자동차를 도로의 우측 가장자리에 정지시키고 행정안전부령으로 정하는 바에 따라 그 표지를 설치하여야 한다.

2. 주정차 중 발생한 사고에 대해 초동조사 요령

경찰공무원(자치경찰공무원은 제외한다)은 교통사고가 발생하였을 때에는 다음의 사항을 조사하여야 한다. 다만, ①~④의 사항에 대한 조사 결과 사람이 죽거나 다치지 아니한 교통사고로서 「교통사고처리특례법」 제3조 제2항 또는 제4조 제1항에 따라 공소(公訴)를 제기할 수 없는 경우에는 ⑤~⑦의 사항에 대한 조사를 생략할 수 있다(도로교통법 시행령 제32조).

① 교통사고발생 일시 및 장소

② 교통사고 피해상황

③ 교통사고 관련자, 차량등록 및 보험가입 여부

④ 운전면허의 유효 여부, 술에 취하거나 약물을 투여한 상태에서의 운전 여부 및 부상자에 대한 구호조치 등 필요한 조치를 하였는지 여부

⑤ 운전자 과실 유무

⑥ 교통사고현장상황

⑦ 그 밖에 차량 또는 교통안전시설의 결함 등 교통사고 유발요인 및 규제 「교통안전법」 제55조에 따라 설치된 운행기록장치 등 증거의 수집 등과 관련하여 필요한 사항

29

도로상의 속도를 제한하기 위해 설치한 과속방지턱을 충돌한 사고에서 자기차량 손해에 대한 사고조사요령, 손상형태(승용차량 전면부로 한정), 보상책임 및 보상처리절차에 대해 서술하시오.

1. 사고조사요령

사고조사는 사고접수, 계약확인, 피해차량(물) 확인, 사고관련자 면담, 현장 확인, 경찰조사기록 확인, 과실비율, 구상성립 여부 등을 판단하기 전까지 여러 단계에 걸쳐 광범위하게 이루어진다.

(1) 현장 확인단계
① 도로 및 신호등 체계
② 목격자 확인 및 확보
③ 사고 잔흔 및 파손물 확보
  ㉠ 타이어자국
  ㉡ 노면의 긁힘, 패인 현상
  ㉢ 파손 잔존물
  ㉡ 액체 잔존물
④ 사고장소 주변환경 등

(2) 경찰기록 확인 및 조사단계
① 접수내용과의 일치 여부
② 조사내용과의 일치 여부
③ 운전자 및 피해자 관련 사항
④ 음주, 면허·차량번호 등 확인

(3) 구상성립 여부 검토
① 공동불법행위 사고 여부
② 도로, 신호등, 공작물, 영조물 등의 하자 여부

2. 손상형태(승용차량 전면부로 한정)

(1) M형 손상형태

차량의 전면 중앙부에 집중적인 수직입력을 받아 프런트보디 전체가 M형으로 변형되는 손상형태이다.

(2) D형 손상형태

수직입력이 차량 앞부분의 우측 또는 좌측으로 치우쳐 한쪽에 수평압력이 작용하여 그 외압작용 부분이 수축되어 반대방향으로 외압이 당겨지고 구부러진 상태로 프런트보디가 우측 또는 좌측으로 기울어진 손상형태이다.

(3) S형 손상형태

차량 전면부로부터 우측 또는 좌측 대각선방향으로 압력이 가해져 프런트보디에 국부적인 변형이 발생하거나 앞부분 전체가 좌·우 어느 쪽으로 구부러져 마름모꼴 변형이 발생된 손상형태이다.

(4) 차량 앞바퀴의 직접손상

외관적으로 소손상인 것처럼 보이나 서스펜션 부품을 사이에 두고 보디골격 부위에 손상이 파급되는 경우이다.

3. 보상책임

보험회사는 피보험자가 피보험자동차를 소유·사용·관리하는 동안에 다음과 같은 사고로 인하여 피보험자동차에 직접적으로 생긴 손해를 보상한다. 이 경우 피보험자동차에 통상 붙어있거나 장치되어 있는 부속품과 부속기계장치는 피보험자동차의 일부로 본다. 그러나, 통상 붙어 있거나 장치되어 있는 것이 아닌 것은 보험증권에 기재한 것에 한한다.

① 타차 또는 타물체와의 충돌, 접촉, 추락, 전복 또는 차량의 침수로 인한 손해

② 화재, 폭발, 낙뢰, 날아온 물체, 떨어지는 물체에 의한 손해 또는 풍력에 의해 차체에 생긴 손해

③ 피보험자동차 전부의 도난으로 인한 손해. 그러나, 피보험자동차에 장착 또는 장치되어 있는 일부 부분품, 부속품, 부속기계장치만의 도난에 대해서는 보상하지 않는다.

4. 보상처리절차

(1) 사고접수 및 보험금 청구

① 사고접수

콜센터나 홈페이지를 통해 자동차보험 사고접수가 가능하며, 교통사고가 발생하면 사고운전자인 피보험자가 직접 신고하면 보상서비스를 보다 효과적으로 받을 수 있다.

② 보험금 청구

사고가 발생한 때 보험금을 청구한다.

(2) 사고내용조사 및 피해조사(피해물 확인)

① 사고내용조사

현장사진, 경찰서 신고내용, 사고당사자 및 목격자 진술 등을 바탕으로 사고내용을 객관적으로 파악한다.

② 피해조사

자기차량손해의 경우 사고내용, 파손사진, 정비업체 견적서를 기준으로 피해내용의 사실관계를 판단한다.

(3) 청구서류 제출(본인, 피해자)

① 보험금 청구서

② 손해액을 증명하는 서류(진단서 등)

③ 사고가 발생한 때와 장소 및 사고사실이 신고된 관할 경찰관서의 교통사고사실확인원 등

④ 그 밖에 보험회사가 꼭 필요하여 요청하는 서류 등

(4) 보험금 산정

보험회사는 '피보험자동차에 생긴 손해액'과 '비용'을 합한 액수에서 보험증권에 기재된 '자기부담금'을 공제한 후 보험금으로 지급한다.

> 지급보험금 = 피보험자동차에 생긴 손해액 + 비용 − 보험증권에 기재된 자기부담금

(5) 보험금 지급(피해자, 피보험자)

자동차보험표준약관에 근거한 보험금 지급기준에 따라 수리비, 기타 보험금 등을 확정하여 지급한다. 수리비의 경우 정비업체로 지급한다.

30

국제운전면허증에 대해 정의하고, 이 면허증으로 운전이 가능한 자동차 및 사고
조사요령에 대해 약술하시오.

국제운전면허증

(1) 정 의

"국제운전면허증"이란 다음과 같은 협약에 따라 외국의 권한 있는 기관에서 발급한 면허증을
말한다(도로교통법 제96조 제1항).

① 1949년 제네바에서 체결된 「도로교통에 관한 협약」

② 1968년 비엔나에서 체결된 「도로교통에 관한 협약」

③ 우리나라와 외국간에 국제운전면허증을 상호 인정하는 협약, 협정 또는 약정

(2) 국제운전면허증으로 운전이 가능한 자동차

① 국제운전면허증 소지자는 국제운전면허증에 기재된 자동차의 종류에 한정하여 운전할 수 있다
(도로교통법 제96조 제1항 후단).

② 「여객자동차 운수사업법」 또는 「화물자동차 운수사업법」의 적용을 받는 사업용 자동차는 운전
할 수 없다. 그러나 「여객자동차 운수사업법」에 따른 대여사업용 자동차를 임차(賃借)한 자동차
(렌터카를 말함)는 운전할 수 있다(도로교통법 제96조 제2항).

구 분	운전할 수 있는 자동차
A	2륜 자동차(사이드카 장착 포함), 신체장애자용 차량 및 공차 상태에서 중량이 400kg을 초과하지 않는 3륜 자동차
B	승용으로 운전석 외에 8인승을 초과하지 않는 좌석을 가진 자동차 또는 화물운송용으로 허용 최대중량이 3,500kg을 초과하지 않는 자동차
C	화물운송용으로 허용 최대중량이 3,500kg을 초과하는 자동차
D	승용으로 운전석 외에 8인승 이상의 좌석을 가진 자동차
E	운전자가 면허를 받은 B, C 또는 D의 자동차에 경량 피견인차 이외의 피견인차를 연결한 자동차

(3) 사고조사요령

① 해외 운전 중에 사고가 발생하면 대사관, 총영사관과 같은 재외공관에 연락하여 현지 경찰서의 연락처와 신고방법 등을 안내받는다.

② 사고 후에는 지나치게 위축된 행동이나 감정적인 행동을 하지 않는다. 자신의 실수를 인정하는 것으로 보일 수 있다.

③ 침착하게 사진을 촬영하여 사고현장을 정확하게 기록한다.

④ 만약, 의료비 등 긴급 경비가 필요한 상황이 생긴 경우 재외공관에 연락해 신속해외송금 지원을 받는다.

05 손상진단과 복원수리기법

출제포인트
☐ 손상진단
☐ 복원수리기법

01 손상진단의 목적과 사고원인별 손상의 종류를 서술하시오.

1. 손상진단의 목적과 사고원인별 손상

(1) 손상진단의 목적

자동차사고로 인하여 생긴 손상부위는 사고형태와 차량의 종류 등에 따라 다양하게 나타난다. 보디(Body) 외부에만 주로 나타나는 경미한 접촉에 의한 손상으로부터 자동차의 주요 기능장치까지 충격이 파급되어 나타나는 대형손상 등, 복잡 다양한 형태의 사고부위는 시각과 촉각으로 용이하게 판단할 수 있는 경우도 있지만 분해, 검사, 계측 등으로 통해서만 판단이 가능한 경우도 있다. 따라서 사고부위에 대한 작업 범위와 수리방법 등을 결정하는데 있어서 사고부위의 정확한 판단은 매우 중요한 의미를 가진다. 손상진단은 사고로 인한 손상과 고장으로 인한 손상인지를 판별하는데 그 목적이 있다.

(2) 사고원인별 손상

손상형태 발생원인에 따라 각각 독특한 특징을 가지고 나타나므로 손상 결과를 면밀히 분석 검토하여 보험사고 여부를 정확히 판단하여야 한다. 자동차에 생기는 손상을 주요원인별로 분류하면 다음과 같다.

① 자동차사고에 의한 손상
② 화재, 침수, 태풍 등에 의한 손상
③ 사용으로 인한 자연마모 등의 손상
④ 보수, 정비의 결함으로 인한 손상
⑤ 제조과정에서의 가공, 조립 또는 재료 등의 결함에 기인한 손상

2. 손상의 발생조건과 손상의 종류

(1) 손상의 발생조건

교통사고에 생긴 손상은 소성 충돌에 의한 손상으로서 자동차가 일정속도 이상으로 진행하다가 타차 또는 타물체와의 '충돌'이라는 기계적인 부하를 받아 손상이 생긴다. 즉 손상을 발생시키기 위한 조건으로서는 주행 중인 자동차가 가지고 있는 '운동에너지'와 타물체와의 '충돌'이라는 현상이 존재하고 충돌시 순간적인 에너지소비(충격력)가 차량과 타물체인 구조물에 작용하여 손상이라는 '일'을 한 결과라고 생각할 수 있다. 따라서 사고부위의 형태는 자동차의 구조 및 강도와 충격력이 가해지는 형태에 따라 다르게 나타난다.

(2) 손상의 종류

차량충돌사고에 있어 부재의 손상을 발생 과정별로 분류하면 다음과 같다.

① **직접손상** : 타물체와의 충돌 또는 접촉에 의해서 외력을 직접적으로 가해져 발생한 손상

② **간접손상** : 외력이 직접 손상부위를 경과하여 다른 부위에 간접적으로 가해져 발생한 손상

③ **파급손상** : 직접 충격부위에 인접되었거나 충격력의 전파경로서 작용하여 발생되는 손상

④ **유발손상** : 직접손상 및 파급손상에 의한 타부재의 당김, 또는 누름 등의 효과로 인하여 유발되는 손상

⑤ **관성(2차적)손상** : 충돌현상 따른 급격한 속도변화에 의해 탑승자 또는 적재물 등이 관성운동에 의한 이동으로 차량 실내의 보디(Body) 부분에 재충돌하여 일어나는 손상

따라서, 사고부위를 판단함에 있어 이러한 각각의 손상은 중요한 요소이므로 그 발생원인과 과정을 확실하게 파악하여야 한다.

[주요 부재의 손상 상태에 따른 손상종류]

구성부재	손상의 종류
Body Penal(박강판) (Body 외판, 내판류)	긁힘, 찌그러짐(凹凸), 구부러짐, 꺾어짐, 늘어남
Body 강도부재	좌굴, 구부러짐, 찌그러짐, 늘어남, 줄어듦, 비틀어짐, 휨
수지부품	찌그러짐, 구부러짐, 꺾어짐, 균열, 깨짐, 긁힘, 박리(도막 도금층)
유리부품	타흔, 균열, 파단
기능부품	찌그러짐, 구부러짐, 균열, 꺾어짐, 파단, 타흔, 흔들림

02 차체손상진단의 의의와 요소를 설명하고, 차체 파손의 유형을 약술하시오.

1. 차체손상진단

(1) 의 의

차체손상은 가해진 외력의 크기, 방향, 힘이 와서 닿는 부분 및 그 분포상태가 집중 또는 분산된 여부에 따라 달라지는데, 차량손상진단은 다양한 손상범위를 정확하게 진단하려 함에 있다.

(2) 차체손상 분석의 4요소

① 센터 라인(Center Line)

차량 전후측방향에서 가상의 중심축이다. 언더 보디의 평형 정렬 상태, 즉 센터 핀의 일치 여부를 확인하여 차체 중심선의 변형을 판독하는 것이다.

② 데이텀 라인(Datum Line)

게이지 수평바의 높낮이를 비교 측정하여 언더 보디의 상하 변형을 판독하는 것으로서 높이의 치수를 결정할 수 있는 가상 기준선(면)을 말한다.

③ 레벨(Level)

차체의 각 부분들이 수평한 상태인지를 고려하는 파손분석의 요소이다. 센터링 게이지 수평바의 관찰에 의해 언더 보디의 수평상태를 판독하는 것으로 차량의 모든 부분들이 서로 평행한 상태에 있는가를 고려하는 높이 측면의 가상 기준축이다. 레벨로 측정이 가능한 변형은 트위스터(Twist)변형, 새그(Sag)변형이다.

④ 치 수

차량제작과정의 메이커 회사의 치수이다

2. 차체 파손의 유형

차체 파손을 분석하는데 있어서 충돌 점에서 그 힘이 퍼져나가는 파손 형태인 외부 파손과 현저한 파손의 내면에는 잘 보이지 않은 변형으로 또 다른 파손을 초래하는 내부 파손이 있다.

(1) 외부 파손

① 1차원 파손

1차원 파손은 직접적인 충돌에 의한 파손의 형태로 범퍼나 패널의 변형, 후드, 도어, 트렁크 리드 등의 변형과 프레임의 변형 등이 있다.

② 2차원 파손

2차원 파손은 직접적인 충돌영향을 받은 부분의 힘의 전달로 간접적인 충돌 변형 형태로 된 변형된 패널이나 루프, 금이 간 유리, 비틀어진 도어 등이 있다.

③ 3차원 파손

3차원 파손은 엔진 및 하체 부품들의 기계적인 파손형태로 엔진 블록, 트랜스 액슬케이스, 드라이브 샤프트 등의 변형 등을 들 수 있다.

④ 4차원 파손

차량 인테리어의 파손형태로 전기장치의 파손 및 인스트루먼트 패널 파손 및 변형 등을 들 수 있다.

⑤ 5차원 파손

5차원 파손은 외관상 부품의 파손으로 몰딩의 파손, 벗겨진 페인트 등의 손상 등을 들 수 있다.

(2) 내부 파손

① 새그(Sag)

사이드 레일의 상단 표면에 가장 현저히 나타나는 휨의 상태를 표현한 것으로 데이텀 라인 차원에서 변형된 것인데, 약간 들려 올라가면서 구부러진 것을 말한다.

② 스웨이(Sway)

센터라인 중심으로 좌측 또는 우측으로 변형된 것이며, 일반적으로 전방측면, 후방측면에 생긴다.

③ 트위스트(Twist)

차체의 하체 면이 데이텀 라인에 평행하지 않은 비틀림 상태를 말한다. 프런트 사이드멤버의 변형이 한 쪽은 내려가고, 한 쪽은 올라가는 변형으로 서로 엇갈린 변형 형태를 말한다.

④ 다이아몬드(Diamond)

프레임의 한 쪽 면이 전면 쪽이나 후면 쪽으로 밀려난 상태를 말하며, 차체의 사각형이 다이아몬드형으로 변형된 것을 말한다.

⑤ 콜렙스(Collapse)

사이드 멤버 한 쪽 면 또는 전체 면이 붕괴된 형태의 변형으로 한 쪽 면 또는 전체 면의 길이가 짧아진 형태의 변형을 말한다.

03

차체 수리의 파손 분석에서 중요한 충돌 손상 분석의 4요소는 (차체 치수), (①), (②) 및 (③)이 있으며, 차체 수정의 실제 작업에서 차체 수정의 3요소는 (④), (고정) 및 (⑤)이 있다. (   ) 속에 있는 각 번호에 해당하는 용어를 쓰시오.

> 차체 수리의 파손 분석에서 중요한 충돌 손상 분석의 4요소는 (차체 치수), (① 센터 라인), (② 데이텀 라인) 및 (③ 레벨)이 있으며, 차체 수정의 실제 작업에서 차체 수정의 3요소는 (④ 계측), (고정) 및 (⑤ 견인)이 있다.

① 센터 라인(Center Line)

차량 전후방향 면에서 가상의 중심축을 말하는 것으로 차량의 중심을 가로지르는 데이텀의 길이에 해당하는 것이다.

② 데이텀 라인(Datum Line)

데이텀은 센터링 게이지 수평바의 높낮이를 비교 측정하여 언더 보디의 상하 변형을 판독하는 것으로서 높이의 치수를 결정할 수 있는 가상 기준선(면)을 말한다.

③ 레벨(Level)

레벨은 센터링 게이지 수평바의 관찰에 의해 언더 보디의 수평상태를 판독하는 것으로 차량의 모든 부분들이 서로 서로 평행한 상태에 있는가를 고려하는 높이 측면의 가상 기준축이다.

④ 계 측

내부적으로 손상된 차체의 손상은 육안으로 점검하기가 어렵기 때문에 반드시 계측장비를 사용한 계측이 동시에 이루어져야 한다. 계측장비에는 센터링 게이지와 트램 게이지가 가장 많이 사용되고 있다.

⑤ 견인(인장)

패널을 제거한 후, 충격을 받은 반대방향으로 인장작업을 한다. 변형된 패널을 중심으로부터 인장하게 되면 변형되어 있는 패널의 탄성변형부가 회복되면서 원래의 상태와 비슷한 형태로 되돌아간다.

04

승용차 사고시 발생할 수 있는 차량손상을 아래와 같이 구분하였다. 아래 손상에 대한 차체손상부위(손상개소에 해당하는 차체 부품명 3개 이상 열거) 및 충격력 작용방향에 대하여 기술하시오.

(1) 롤 오버 데미지(Roll over damage)
(2) 프론트 엔드 데미지(Front end damage)
(3) 리어 엔드 데미지(Rear end damage)
(4) 사이드 데미지(Side damage)

---

(1) 롤 오버 데미지(Roll over damage)

① 차체손상부위

필러, 루프패널, 보디패널, 사이드패널 등

② 충격력 작용방향

추락, 전복 사고로서 자동차가 1회 이상 구르기 때문에 좌·우·상·하 방향으로 충격력이 작용한다.

(2) 프론트 엔드 데미지(Front end damage)

① 차체손상부위

범퍼, 프런트 패널, 후드, 펜더, 프런트 사이드멤버 등

② 충격력 작용방향

자동차 앞부분에서 곧바로 충격력이 작용한다.

(3) 리어 엔드 데미지(Rear end damage)

① 차체손상부위

뒤 범퍼, 리어패널, 트렁크 리드 등

② 충격력 작용방향

추돌사고 등으로 자동차 뒷부분에서 충격력이 작용한다.

(4) 사이드 데미지(Side damage)

① 차체손상부위

도어, 센터필러, 플로어 등

② 충격력 작용방향

교차로에서 자주 발생하며, 자동차 측면에서 충격력이 작용한다.

05

자동차사고의 형태를 열거하고, 사고유형별 손상형태를 설명하시오.

1. 자동차사고의 형태와 차량손상

(1) 차량 진행방향에 따른 사고구분

　① 충 돌

　　㉠ 정면충돌

　　㉡ 대각선충돌

　　㉢ 측면충돌

　② 역돌(逆突)

　　역돌이란 차량이 후진하면서 뒤에 있는 차량을 충돌시킨 것을 말한다.

　③ 추돌(追突)

　　추돌이란 2대 이상의 차량이 동일방향으로 진행하다가 뒤차량이 앞차량의 뒷부분을 부딪친 것을 말한다.

　④ 접촉(接觸)

　　접촉이란 차량이 추월 또는 교행을 하다가 차량의 좌·우 측면을 서로 스친 것을 말한다.

　⑤ 전도(顚倒)

　　전도란 차량이 진행하다가 넘어져 차체의 측면이 지면에 접하고 있는 상태를 말한다.

　⑥ 전복(顚覆)

　　전복이란 차량이 도로의 절벽 또는 교량 등 높은 곳에서 아래로 떨어진 것을 말한다.

　⑦ 이탈(離脫)

　　차량이 도로를 완전히 벗어난 상태를 말한다.

　⑧ 일탈(逸脫)

　　차량이 도로를 이탈하였으나 차량의 일부분이 도로에 남아있는 상태를 말한다.

(2) 차량 단독사고

　① 추락, 전복 등으로 인한 손상

　　추락, 전복 등으로 위치에너지가 작용하는 경우와 자동차의 운동에너지가 복합하여 자동차의 손상으로 나타난다. 통상, 손상은 보디(Body) 겉표면에 변형이 크게 나타난다. 또한, 차량의 지점이 되는 부위에 집중하중을 받아 보디(Body)에 국부적인 손상을 유발하는 경우가 있다.

② 건축물, 전주 등과의 충돌사고

전주, 가로수, 가드레일 또는 구조물 등 충돌의 대상물이 완전 고정물인 경우에는 자동차의 운동에너지가 거의 자동차에 나타나므로 손상은 크게 된다. 손상의 정도는 상대방 물체의 크기, 형상, 재질과 고정상태 등에 따라 현저하게 다르고 충돌시의 각도와 압력을 받는 부분의 강도 및 면적에 따라 다르게 나타난다. 일반적으로 압력을 받는 면적이 넓은 경우에는 운동에너지가 집중으로 작용하여 깊은 곳까지 손상이 나타난다.

(3) 차량 상호간의 충돌사고

① 정면충돌

② 추 돌

    ㉠ 정지 중 앞차량과의 추돌

    ㉡ 주행 중인 앞차량과의 추돌(연쇄추돌)

    ㉢ 후진으로 인한 뒤차량 역돌(逆突)

③ 측면충돌

④ 연쇄충돌

2. 사고형태와 사고부위 판단

(1) 개 요

사고차량에 발생하는 손상형태는 사고유형에 따라 다양하게 나타나지만, 대체적으로는 동일유형의 손상패턴을 나타나게 된다. 따라서 사고부위를 판단함에 있어 충돌형태를 고찰하고 분석하는 것은 매우 중요하다.

(2) 충돌요소별 사고부위 판단 요령

① 충돌 상대물

'무엇과 충돌했는가'를 자동차에 발생한 직접 손상부위의 손상형태, 흔적 등에 따라 분석한다.

② 충돌속도

충돌시 차량속도는 대략 몇 km/h 정도였나를 손상형태, 흔적 등에 따라 분석한다.

③ 충돌위치

손상상태에 따라 외압의 작용점과 방향(각도)을 판단한다.

④ 충돌시의 관성

관성에 따른 2차적 손상유무 및 범위를 결정하는 요소로서 차량속도, 사고 당시 탑승자 유무, 적재물 등의 조건을 분석, 확인한다.

⑤ 다량충돌

동일사고에 인한 손상범위를 결정하는 요소로서 각각의 직접 손상부위 및 사고형태와의 상당인과관계를 분석, 확인한다.

3. 사고유형별 손상형태

(1) 전면충돌

① 외부의 충돌과 직접 접촉이 있는 차체의 전면 부위는 파손과 함께 정지한다.

② 차체의 중앙과 후면 부위는 관성에 의해 계속 진행하려는 힘이 발생한다.

③ 중앙과 후면의 관성력이 내부의 힘으로 작용하여 차체 각 부위에 전달된다.

④ 내부의 관성력이 전면부의 파손을 더 크게 하는 요인으로 작용한다.

⑤ Rear Side Member와 Side Sill 후면이 위쪽으로 변형되며 Door와 이탈된다.

⑥ Roof와 Front Pillar 부위까지 상하 분산되는 변형의 손상이 발생된다.

(2) 후면충돌

① 외부의 충돌과 직접 접촉이 있는 차체의 후면 부위는 직접적인 파손이 발생한다.

② 차체 내부에는 상대적인 관성에 의해 후면 충돌에 대응하는 힘이 발생한다.

③ 전면부 무게로 인한 강한 반발력이 발생하여 차체 각 부위에 전달된다.

④ 내부의 관성력이 후면부의 파손을 더 크게 하는 요인으로 작용한다.

⑤ Rear Side Member와 Side Sill 후면이 위쪽으로 변형되며 Door와 이탈된다.

⑥ Roof와 Front Pillar 부위까지 상하 분산되는 변형의 손상이 발생된다.

(3) 측면충돌

① 외부의 충돌과 직접 접촉이 있는 차체의 측면 부위는 직접적인 파손이 발생된다.

② 차체 내부에는 상대적인 관성에 의해 측면 충돌에 대응하는 힘이 발생한다.

③ 충돌 부위는 충돌력과 같은 방향으로, 나머지 부위는 반대방향으로 변형된다.

④ 내부의 관성력이 차체 측면의 파손을 더 크게 하는 요인으로 작용한다.

⑤ 차량이 정지할 때까지 측면 변형의 손상이 지속적으로 발생한다.

(4) 전복(굴러버린 충돌)

① 차체의 윗부분이 지면과 충돌하며 Roof, Pillar 등에 직접적인 파손이 발생한다.

② 지면의 충돌력에 대응하는 내부 반발력이 차체 각 부위에서 발생한다.

③ Roof, Pillar 등과 같이 지면과 직접 충돌한 상층부의 변형에 크게 증가한다.

④ 상층부의 변형 저항이 Side Member, Side Sill 등의 하층부에 전달된다.

⑤ 차체가 굴러서 하층부가 다시 지면에 접촉하는 경우, 지면과의 충돌력이 상하층부 모두에 추가적인 변형과 파손을 유발한다.

⑥ 차체가 구르면서 연속적인 회전과 충돌을 반복할 경우, 각 회전시의 충격이 계속해서 누적되어 전체적인 차체의 변형을 형성한다.

06

국산승용차량(2,000cc급 가솔린 세단형, 3년 경과)이 정차 중인 선행 동종 차량을 뒤늦게 발견하고 급제동하면서 우측 1시방향으로 핸들을 조향하였으나, 좌측 전면 코너부위로 선행차량 우측후미를 충격한 경우 자기차량손해에서 다음 질문사항을 각각 서술하시오.

〈조 건〉
1. 날씨 맑음, 주간, 아스팔트, 충돌 당시 속도 약 25km/h
2. 프론트 범퍼에서 도어필러(또는 A필러)까지만 손상범위로 함
3. 충격 높이는 프론트 사이드 멤버 위치

— 다 음 —

(1) 차량 전면에 대한 손상형태
(2) 엔진, 에어컨 컨덴서, 서브프레임 각각의 손상진단 방법
(3) 외판패널과 내판골격패널(메카니즘 부품은 제외)에 대한 손상진단 방법
(4) 예상 수리범위

(1) 차량 전면에 대한 손상형태

좌측전면 코너부위로 선행차량 우측후미를 충격한 경우 프론트 보디의 손상형태는 D형 손상형태를 보인다. D형 손상형태는 수직입력이 차량 앞부분의 우측 또는 좌측으로 치우쳐 한쪽에 작용하여 그 외압작용 부분이 수축되어, 반대방향이 외압으로 당겨지고 구부러진 상태로 프론트 보디가 우측 또는 좌측으로 기울어진 변형형태이다.

(2) 엔진, 에어컨 컨덴서, 서브프레임 각각의 손상진단 방법

① 엔 진

통상적으로 25km/h의 속도로 전면추돌이 있는 경우, 엔진에 직접적인 충격이 발생하지는 않지만 간접손상으로 인해 엔진 마운트, 엔진 블록 등이 파손될 수 있다.
손상진단 방법은 다음과 같다.
㉠ 사이드 멤버나 크로스 멤버의 비틀림으로 인한 엔진 지지부(엔진 마운트) 파손 여부는 육안 점검 및 계측기에 의한 측정이 가능하다.
㉡ 엔진 블록의 파손은 냉각수의 누수와 엔진오일의 누출이 있으므로 육안으로 파악이 가능하며, 수리보다는 교환이 필요하다.
㉢ 엔진 부품 등의 파손 여부는 분해를 통해 파손 여부를 진단할 수 있다.

② 에어컨 컨덴서

에어컨 컨덴서는 응축기를 말하며, 압축기에서 들어온 고온·고압의 기체 냉매의 열에너지를 대기 중에 방출시켜 액체로 만드는 일종의 방열기를 말한다. 응축기에는 방열효과를 높이기 위해 수많은 코어가 부착되어 있으며, 이 코어가 파손되는 경우 에어컨의 기능저하가 오게 된다.

손상진단 방법으로는 코어의 찌그러짐이나 찢어짐을 육안으로 점검하는 육안점검과 가압하여 누수 여부를 판단하는 가압점검이 있다. 손상의 경우 교환을 한다.

③ 서브프레임

서브프레임이란 모노코크 보디의 강성을 보강하기 위한 프레임으로 서스펜션 멤버라고도 한다. 서브프레임은 서스펜션 등을 지지하고, 안으로는 엔진과 결합하며, 사이드 멤버 등과 볼트로 체결된다.

서브프레임은 사이드 멤버 등이 파손되면, 그 영향으로 인한 간접손상이 발생한다. 뒤틀림 등에 의한 손상이나 각종 부품의 연결부위의 부싱 등의 파손은 육안으로 가능하며, 정밀한 계측이 필요한 경우 계측기에 의한 진단이 가능하다. 뒤틀림 등의 파손이 있는 경우 교환하며, 부싱의 파손인 경우 부싱만을 교환한다.

(3) 외판패널과 내판골격패널(메커니즘 부품은 제외)에 대한 손상진단 방법

① 외판패널 손상진단 방법

외판패널의 경우 육안으로 점검이 가능하며, 손상형태로는 긁힘, 찌그러짐, 구부러짐, 꺾어짐, 늘어남 등이 나타난다.

② 내판골격패널 손상진단 방법

손상진단 방법으로는 육안 점검과 계측기에 의한 점검으로 나눌 수 있다.

외판패널의 손상처럼 긁힘, 찌그러짐, 구부러짐, 꺾어짐, 늘어남 등의 손상은 육안점검으로 가능하며, 육안점검보다 정밀한 진단을 위해서는 계측기에 의한 점검을 해야 하며, 트램트레킹 게이지나 센터링게이지 등이 사용된다.

(4) 예상 수리범위

전면부의 범퍼와 레일, 펜더, 후드, 프론트 패널, 사이드멤버, 휠하우스, A필러, 대시패널 등의 파손이 나타날 수 있고, 섀시로는 라디에이터와 에어컨 콘덴서(파손 여부 확인), 쇽업소버 등 현가장치, 타이로드, 조향너클 등 조향장치의 파손이 나타날 수 있다.

07

자동차용 강판의 특징 중 소성변형과 탄성변형, 가공경화에 대해서 설명하고, 외판패널을 크라운 구조로 만드는 이유는 무엇이며, 크라운 종류를 열거하고 약술하시오.

1. 자동차용 강판의 특징

(1) 보디패널의 재료

① 자동차의 보디패널의 재료는 플라스틱이나 알루미늄도 일부 사용되지만 대부분 철강석을 원료로 한 강판이 사용된다.

② 승용차의 모노코크 보디에는 어느 정도 두꺼운 강판을 상온상태로 안정시켜 만든 냉간압연강판을 사용한다.

③ 강판의 두께는 보디 외판인 경우 0.6~0.8mm, 멤버와 필라류 및 바닥패널 등의 용접패널에는 0.8~1.4mm 정도의 것을 주로 사용하고 있다.

(2) 소성변형과 탄성변형

① 강판에 힘을 가하여 변형시키는 도중에 힘을 빼면 스프링과 같이 원래의 형태로 되돌아온다. 그러나 어느 정도 이상으로 힘을 가하면 강판은 변형된 그 상태로 고정된다. 이와 같이 주어진 외력을 제거할 경우 원래대로 되돌아오는 성질을 탄성변형이라 하고, 되돌아오지 않는 성질을 소성변형이라 한다.

② 강판을 변형시켜서 특정 형태로 만들거나 본래의 형태로 복원시키기 위해서는 탄성한계를 초과하는 힘을 가해야 한다.

(3) 가공경화

① 가느다란 봉을 몇 번 반복해서 구부러뜨리거나 늘리거나 하면 구부러진 장소가 딱딱해지고 일정 횟수를 반복하면 그 부분이 절단되는 현상을 가공경화라 한다. 이것은 강판과 봉이 탄성한계를 넘어서 변형된 것이므로 변형된 부분의 내부구조가 변화해서 탄성을 잃어버렸기 때문이다.

② 가공경화는 강판에 소성변형이 나타나면 반드시 발생하는 현상으로 생산공장에서의 프레스 가공에 의한 경화는 보디패널의 강도를 보존하기 위해서는 효과적이지만 사고로 인한 손상에서의 가공경화는 복원수리를 어렵게 한다.

③ 가공경화에 의해서 강판이 잃어버린 탄성은 강판을 약 600~800℃까지 열을 가한 후 서서히 냉각하는 불림작업을 통해 회복시킬 수 있다.

④ 손상된 패널을 복원수리하기 위해 열을 가하게 되면 경화된 부분의 탄성을 회복할 수 없을 뿐만 아니라 강판의 내부 조직을 파괴해서 강도를 저하시킬 염려도 있기 때문에 멤버나 필라류 등 특히 강도를 필요로 하는 부제에는 사용하지 않는다.

2. 강판의 크라운 구조

(1) 크라운 구조로 만드는 이유

보디패널에는 보디 전체의 강도를 높이면서 디자인성을 개선하기 위해 여러 가지 곡면이 만들어져 있다. 이와 같은 곡면을 크라운이라 하며 "일정한 패널의 곡률"이라고 정의할 수 있다.

(2) 크라운의 종류

패널의 곡면이 매우 완만한 것을 저 크라운, 패널의 곡면이 매우 급격한 것을 고 크라운이라고 하며, 한 장의 패널에 저 크라운과 고 크라운이 같이 있는 것을 콤비네이션 크라운이라고 한다. 또한 펜더나 후드 패널 안쪽의 매우 급격한 곡면을 역 크라운이라고 한다.

① 저 크라운(저 곡률)
  ㉠ 저 크라운 강판은 곡률이 작기 때문에 하중력이 작다.
  ㉡ 패널의 곡면이 매우 완만하면서 작은 하중을 받는 부위에 만들어져 있다. 이 부분을 수정할 시 필요 이상의 열을 가하게 되면 패널면 전체가 변형되는 사례가 있으므로 수정시에는 반드시 "가공탄성회복" 유무를 확인해야 한다.
  ㉢ 대표적인 예로 루프 강판(지붕)의 경우 가장자리에 약간의 곡면이 있으며, 중앙부분은 거의 평평하다.

② 고 크라운(고 곡률)
  ㉠ 패널의 곡면이 매우 급격하며 어느방향으로도 성형이 가능하다.
  ㉡ 고 크라운의 강판은 펜더의 윗면 및 앞쪽부분, 윗면 뒷부분의 보디 등에 사용되고 있다.
  ㉢ 고 크라운 강판을 사용하는 경우에는 그 부분 자체가 아주 강해서 저 크라운 강판처럼 보강을 하지 않는다.

③ 콤비네이션 크라운
  ㉠ 콤비네이션 크라운은 1매의 강판에 저, 고 크라운을 합친 것을 말한다.
  ㉡ 일반적으로 고저의 콤비네이션 강판(예 펜더와 도어 패널)을 사용하고 있으며, 이는 차체에 강인한 구조를 갖게 한다.

④ 역 크라운
  ㉠ 역 크라운은 후드 패널이라든가 펜더에서 볼 수 있는 것과 같이 안쪽으로 심한 커브가 진 것으로 주로 설계가 복잡한 부분에 사용된다.
  ㉡ 이들 부분에는 강도가 집중되어 있기 때문에 손상을 받았을 때는 판금 수정이 어렵게 되지만 일반적으로 이 부분에 생기는 손상은 심한 것일 때도 극히 국부적으로 나타난다.

08

외판패널의 판금작업 수리기법에 대해서 설명하시오.

1. 기본지식

(1) 기초정형작업

① 손상된 패널을 수정작업하는 경우 면적이 넓거나 깊이 파인 곳은 최초에 조금 큰 힘을 가하여 어느 정도 본래의 형태로 돌아오게 작업하는 하는데 이를 기초정형작업이라 한다.

② 손상차량의 복원수리작업에서 기초정형작업은 패널에 대한 착수작업 전에도 시행하지만 근본 적으로 보디 수정작업시 수시로 하기 때문에 매우 중요하다.

(2) 패널의 늘어남과 줄어듦

① 패널의 늘어남

㉠ 판금작업 중에 해머링을 과도하게 하면 그 부분의 철이 늘어나는 경우가 있다. 그러나 주위는 본래 그대로이므로 늘어난 부분만큼 철이 남아서 얇아지면 작업의 완성도를 기대할 수 없다.

㉡ 이런 경우에 패널을 두드리면 두드릴수록 늘어나기만 할 뿐이기 때문에 퍼티작업도 할 수 없게 된다.

㉢ 판금작업시 가능한 한 패널이 늘어나지 않도록 하고 두드리는 횟수를 적게 하는 등 주의가 필요하다.

② 패널의 수축작업

㉠ 늘어난 강판을 줄이는 일련의 과정을 수축작업이라 한다.

㉡ 수축작업은 금속을 가열하면 팽창하고 식히면 줄어드는 성질을 이용한다.

㉢ 패널이 늘어난 여러 부위에 수축작업을 행하면 늘어난 현상이 해소된다.

㉣ 수축작업에는 카본 봉이나 에레키 해머, 산소, 아세틸렌 등을 사용하는 방법이 있다.

2. 판금작업공정

(1) 수정 전 작업

① 손상부분을 수리하는 가장 좋은 방법을 결정하기 위해서는 그 손상부분의 상태를 면밀하게 조사해야 한다.

② 기본적으로 손상 정도를 조사하는 순서는 손상발생과정을 역으로 추정해가는 것이 일반적이다.

③ 판금작업자의 최초 임무는 강판의 어느 부분이 최초로 충격을 받고 또 어느 요철이 파급 손상 등의 영향으로 마지막에 충격을 받아 발생했는지를 조사하는 것이다.

(2) 기초수정작업

① 손상된 패널에 대해 관련 부속품을 탈거한 다음 제일 먼저 시행하는 작업이 기초수정작업이다.

② 그 다음에 해머나 돌리를 이용한 작업과 수축 및 연삭과 같은 마무리 작업을 시행한다.

③ 손상된 패널을 원래의 형태로 대충 복원시켜서 적어도 강판이 자동차의 일부처럼 보이게 되면 수리작업의 다음 단계인 제2, 제3의 단계로 넘어간다.

(3) 중간수정작업

① 면고르기

㉠ 기초수정작업이 완료되면 디스크 샌더기를 이용하여 수정 면에 대한 도막을 제거한 후 해머와 돌리로 패널에 발생된 요철을 수정작업한다.

㉡ 돌리는 해머의 보조공구이기 때문에 반드시 해머와 함께 사용한다.

㉢ 패널 수정시 가장 많이 하는 작업은 해머에 의한 타출작업이며, 돌리를 받침대로 사용하는 타격방법이다.

② 수축에 의한 수정방법

㉠ 충돌시 대부분의 외판 패널은 늘어나게 되며, 돌리와 다듬질 해머 등을 사용하여 작업하는 과정에 강판의 두께가 더 넓어지는 경향이 있다.

㉡ 강판이 늘어나 부풀은 경우에 산소, 아세틸렌 가스의 열을 이용하여 강판을 압축하여 본래 의 면적과 같게 해주는 작업이 필요하다.

(4) 최종 마무리 작업

① SPOT 텐트풀러(슬라이딩 해머)에 의한 수정작업

㉠ 자동차 보디에 생긴 주름을 대충 펴서 수정하려고 하는 경우 그 강판의 내측으로부터 작업 을 시작해야 한다면 부품의 탈착이나 내부 트림류의 탈착에 많은 시간이 필요하다.

㉡ SPOT 텐트풀러를 사용하면 내부 트림류의 탈착이나 부품의 부분 탈거 없이 외부에서 직접 당김작업을 할 수 있다.

② 핸드슬라이드 해머를 이용한 수정작업

㉠ 핸드슬라이드 해머의 선단은 송곳처럼 날카롭게 되어 있어 그 부분을 손상된 패널에 찔러 넣고 원통모양의 해머를 미끄러뜨림으로써 그 충격력으로 패널을 수정할 수 있다.

㉡ 최근에는 구멍을 뚫지 않고 슬라이딩 해머에 의한 당김작업을 하는 공구가 보편화되고 있다.

㉢ 강판의 표면에 와셔를 용접으로 붙여놓고 슬라이드 해머로 그 와셔를 당기면서 수정하는 방법도 널리 보급되고 있다.

③ 최종 마무리 작업

㉠ 해머에 의한 마무리

㉡ 퍼티를 이용한 마무리

㉢ 납땜에 의한 마무리

(5) 수정 후 작업

판금작업의 최종단계에서 강판의 표면을 매끈한 본래의 형태로 복원시키는 작업을 말한다. 수정 후 작업은 수정 면에 아직 남아 있는 작은 요철 부위를 알아내기 위해 손으로 강판을 문지르면서 점검하는 방법과 판금 줄 또는 디스크 샌더기로 연마하여 점검하는 방법이 있다.

① 판금 줄

    ⊙ 판금 줄은 강판을 깎아낸 것보다는 울퉁불퉁한 면을 찾기 위해 사용하는 공구이다.

    ⊙ 판금 줄은 샌더와 같이 신속한 작업을 할 수 없으나 샌더를 사용했을 때보다 작업의 정밀도는 훨씬 높다.

    ⓒ 보디 수리기술자가 강판의 표면을 매끄럽게 만들기 위해서는 평평한 줄을 사용하는 것이 좋다.

    ⓔ 수정된 부분을 줄로 밀면서 낮은 부분이 나타나면 픽해머 등을 이용하여 들어 올려주면 평평한 면을 만들 수 있다.

② 디스크 샌더기

일반적으로 공구를 사용하지 않고 수작업으로 연마작업을 하면 많은 시간과 노력이 필요하지만 디스크 샌더기를 사용하면 연삭과 연마작업을 쉽게 할 수 있다.

09

승용자동차의 본네트와 앞 펜더의 손상시 판금작업의 기술적 특징에 대해서 서술하시오.

1. 본네트

(1) 부품형태 및 조립구조

① 외판 및 내부 보강판으로 구성되어 있으며, 패널 상호간의 연결을 위해 씰링 접착제가 사용되었다.

② 통상 12mm 볼트로 좌, 우 본네트 힌지와 연결되어 있으며, 본네트 록크에 의해 앞패널 부위와 체결되도록 구성되어 있다.

③ 본네트 전면부위에 대한 작업성은 라디에이터 그릴이 본네트 앞에 장착된 조립구조가 본네트 전체를 감싸고 있는 구조에 비해 용이하다.

④ 본네트의 구성요소는 본네트 패널, 인슐레이션, 본네트 힌지, 스테이 또는 본네트 쇼바, 본네트 씰, 스프레쉬 가드, 본네트 록크, 케이블, 와셔노즐 및 호스로 되어 있다.

(2) 판금작업의 기술적 특징

① 라디에이터 그릴이 조합된 형태의 본네트는 전면부가 다소 강할 수 있으나, 충돌시 충격흡수점에서 꺾임이 발생하면 교환해야 한다.

② 손상정도가 심하지 않고 꺾임발생이 없는 경우에는 본네트 양측단과 앞 펜더 부위와의 단차 및 간격을 고려하여 판금작업을 한다.

③ 본네트 중앙 부위인 경우 손상면적이 적으면 판금수리가 가능하며, 중앙부위가 아닌 라운드 부위 및 모서리인 경우에는 판금작업의 난이도가 있다.

④ 본네트 수리시 가장 중요한 점은 프레스 라인과 본네트 인너패널에 손상이 발생하였는지를 파악하는 것이다.

⑤ 프레스 라인에 손상이 발생하면 본네트 전체가 비틀린 경우가 있기 때문에 육안으로 식별이 가능하며, 이와 같은 손상을 판금하면 패널면적이 넓어져서 패널 면적이 늘어나고 상, 하의 진동이 발생하여 퍼티가 떨어질 수 있다.

⑥ 인너패널의 경우 외판과 씰링 접착되어 있으므로 판금작업으로 접착부가 떨어지면 패널의 떨림 현상에 의해 진동(소음)이 발생한다.

⑦ 본네트의 손상부위가 넓으면 수리작업 후에도 퍼티흔적이 나타나는 사례가 많기 때문에 판금작업의 난이도가 요구된다.

2. 앞 펜더

(1) 부품형태 및 조립구조

① 패널 1장으로 구성되어 있으며, 통상 10mm 볼트로 체결되어 있다.

② 앞 펜더에는 머드가드와 휠가드가 함께 조립되어 있다.

③ 구성요소는 펜더 패널, 펜더 몰딩, 펜더 시그날램프, 머드가드, 휠가드 부품이 있다.

(2) 판금작업의 기술적 특징

① 앞 펜더의 경우 전체적으로 판금작업이 양호하지만 판금에 소요되는 작업시간과 부품가격을 비교하여 경제적 측면에서 교환하는 사례가 많다.

② 프레스 라인 부위에 손상이 발생하여도 판금작업으로 대부분 원상복구가 가능하다. 다만, 휠하우스와 연결되는 부위 및 앞 도어와 인접한 사이드라인 부위는 응력이 집중된 크라운 형태이므로 판금작업의 난이도가 높다.

③ 작업순서는 크라운 부위를 먼저 판금수리하고, 면수정작업을 수행한다.

④ 판금작업시 인접된 패널인 본네트 및 앞도어와의 단차 및 맞춤을 정확히 해야 한다. 특히 앞도어와 인접된 부분의 단차가 정확하지 않으면 도어 개폐시 간섭이 발생한다.

⑤ 작업방법은 앞 펜더를 탈거한 상태에서 하거나, 차체에 장착된 상태에서 스푼을 이용하거나 휠가드를 탈거한 후 해머와 돌리를 이용하여 작업한다.

더 알아보기　앞 펜더 판금작업 사례

① **손상정도** : 앞 펜더에 불규칙적인 손상이 발생된 차량
② **수리방법**
  • 이러한 손상은 휠가드를 제거하고 돌리와 해머로 수정하는 것이 더 효율적이고, 수정면도 원형에 가깝게 얻을 수 있다.
  • 작업 순서는 먼저 휠가드를 제거하고 방향지시등을 탈거한 후 슬라이딩 해머를 이용해 휠라인을 복원(표시부분)한다.
  • 손상면을 돌리와 해머로 수정하고 플렉시블 파일로 수정면을 다듬고 작업을 종료한다.
③ **사용공구** : 그라인더(도막제거용), 해머, 돌리(수정 및 다듬질), 플렉시블 파일(마무리)
④ **정미 작업시간** : 약 30분

10 승용자동차의 뒤 펜더 대(大)손상시 판금작업의 작업공정에 대해 약술하시오.

1. 대손상의 의미

손상면적은 해당 패널의 상당부분으로서 외형상 교환을 해도 적합할 정도의 손상면적을 가진 경우로 규정할 수 있다. 손상부위는 패널의 크라운 부위 및 모서리 부분 등에 손상이 집중된 형태로 직접적인 1차 충격에 의해 파급손상이 광범위하게 발생하였으며, 트림류 등 부속품을 탈거하여도 내측에서의 작업이 극히 제한적인 경우로 볼 수 있다. 이와 함께 패널의 조립구조상 내측에서 작업이 불가능하여 외부에서만 작업이 가능한 경우를 들 수 있다.

2. 뒤 펜더의 작업공정

(1) 판금작업의 기술적 특성

① 뒤 펜더는 관련된 인접부품들이 많이 있기 때문에 교환작업보다는 판금작업이 편리할 경우가 있다.

② 교환작업시 뒤 범퍼 및 뒤 유리, 트렁크트림, 시트류 등 탈거부품이 많으므로 보관에 각별한 주의가 요구된다.

③ 패널부위에 심하게 주름이 발생하거나 찢어짐 등이 있는 경우에는 교환작업을 시행하기도 한다.

④ 뒤 펜더와 같이 용접패널을 교환하는 경우 신품부착시 종전의 용접점수보다 20% 정도 가산하여 용접한다.

⑤ 판금작업시 프레스 라인 부분을 우선 수정작업하며, 뒤 램프 부위가 손상된 경우에는 크라운 형상인 관계로 판금작업의 난이도가 요구된다.

⑥ 작업시 방청과 방수처리가 반드시 요구되는 부위이다.

⑦ 기본적으로 뒤 펜더는 내부에서의 작업에 한계가 있고, 패널이 복수로 조합되어 있으므로 작업성이 불량하다.

⑧ 특히 뒤 도어 및 사이드 스텝 부위와 인접된 부분의 판금작업은 작업후 인접부품과의 단차맞춤을 정확히 해야 한다.

(2) 작업난이도

① 내측에서 작업시 부분적인 제약을 받는다.

② 램프 부착 부위이기 때문에 성형이 복잡하고 램프와 형상을 동일하게 복원하는 과정이 패널 수정보다 더 중요하다.

③ 트렁크리드와 펜더의 간격 및 단차 조정이 중요하다.

(3) 작업방법

① 트렁크 내부 트림 및 램프를 제거한다.

② 내·외측에서 기초정형작업을 시행한다.

③ 램프 및 가니쉬를 부착해 가면서(현물 맞춤법) 패널면을 수정한다.

④ 패널의 신장에 대응하기 위해 수정면에 대한 수축작업을 시행한다.

더 알아보기 뒤 펜더 판금작업 사례

① **손상정도** : 뒤 펜더 좌측이 넓게 손상된 차량
② **손상정도 및 수리방법**
- 덴트풀러를 사용하지 않고 트렁크 내부를 통해 해머와 돌리 등을 이용하여 수정한다.
- 수입차량의 경우 특별히 작업시간이 더 소요되거나 수리작업이 난해하지 않다.
- 오히려 경우에 따라서 패널이 얇은 것보다 두꺼운 것이 작업 후의 결과가 더 좋아서 기술적으로 용이하다.
③ **사용공구** : 해머, 돌리(수정 및 다듬질), 플렉시블 파일(마무리)
④ **정미 작업시간** : 약 30분(컴비네이션 램프 및 내부 트림 탈부착 시간 별도)

제1과목 자동차보험의 이론과 실무(대물배상 및 차량손해)

외판패널 판금작업의 구성요소와 작업요소별 착안사항, 작업성의 난이도와 완성도에 대해 약술하시오.

1. 외판패널 판금작업의 구성요소

(1) 외판패널 판금작업의 수정요소

① 손상범위

② 손상정도

③ 맞춤작업 유무

④ 내측으로부터의 작업가능 여부

(2) 외판패널 작업시간요소

① 손상면적

② 손상정도

③ 손상부의 형태

④ 손상부품의 구조

(3) 외판패널 작업난이도

① 손상정도

② 손상부의 형상

③ 손상부품의 구조

2. 작업요소별 착안사항

착안점	판단요소	작업성
손상정도	완만한 요철 / 패널의 신장이 작음 / 돌출정도 낮음	소
	요철중앙부에 패널이 신장되었음 / 돌출된 손상과 꺾임 손상이 혼재	대
손상부의 형상	평면부와 엣지부 및 프레스 라인부의 손상수정은 정확히 복원 가능	소
	• 엣지부 및 프레스 라인 등은 인접 패널과의 형상을 맞추어야 함 • 인접부품과의 맞춤작업 필요	대
손상부품의 구조	부가작업 및 탈착작업을 하면 내측에서 작업이 가능	소
	부가 및 탈착작업을 하여도 내측에서 작업이 불가능	대

3. 외판패널 판금작업의 난이도와 완성도

(1) 난이도의 종류

① 소손상

　㉠ 손상면적이 해당 패널의 일정부분으로 통상 10% 미만을 말한다. 동일패널에 복수의 손상이 발생한 경우에는 각각의 손상면적을 산출한 후 합산하는 형태로 한다.

　㉡ 손상형태는 크라운 부위 및 프레스라인(보디라인)에 손상이 없어야 하며, 도어힌지 및 본네트, 트렁크리드의 경우 모서리가 꺾이거나 왜곡되지 않아야 한다.

　㉢ 손상부위 대부분이 탄성변형이어야 하고, 이와 동시에 작업성은 내측에서 작업이 용이해야 한다.

② 중손상

　㉠ 통상 해당 패널의 30% 이상 손상면적일 때를 말한다.

　㉡ 패널에 광범위하게 손상이 발생되면서 소성변형과 탄성변형이 복합적으로 이루어진 경우와 패널의 가장자리 및 모서리 등에서도 일부 손상이 나타난다.

　㉢ 작업성은 트림류 등 부속품을 탈거하면 내측에서 부분적으로 작업이 가능하다.

③ 대손상

　㉠ 손상부위는 패널의 크라운 부위 및 모서리 부분 등에 손상이 집중된 형태로 직접적인 1차 충격에 의해 파급손상이 광범위하게 발생한 경우이다.

　㉡ 트림류 등 부속품을 탈거하여도 내측에서의 작업이 극히 제한적이다.

　㉢ 패널의 조립구조상 내측에서 작업이 불가능하여 외부에서만 작업이 가능한 경우이다.

(2) 완성도

① 패널에 발생된 응력(탄성변형)이 제거된 상태

② 수정작업 후 패널 본래의 형상과 허용오차가 ±0.5mm 이내일 것

③ 면고르기 작업완료(끝마무리작업) 후 패널 표면의 거칠기가 연마페이퍼 #120보다 거칠지 않을 것

④ 도장공정시 판금 퍼티면의 두께가 2mm 이내일 것

12 손상된 자동차의 복원수리 원칙에 대하여 약술하시오.

1. 복원수리의 원칙

① 안정성 확보

② 성능 확보

③ 미관 확보

④ 내구성 확보

보험수리의 경우는 위 4가지 외에 경제성을 추가로 고려하여 복원수리작업을 진행한다.

2. 복원수리의 절차

사고차량이 입고되면 우선 견적작업을 행하고 보디프레임의 수정이 필요한 큰 손상차량인가, 외관패널만 수리하는 작은 손상차량인가를 판단하여 각각의 손상에 맞는 수리작업을 행한다.

(1) 큰 손상 패널

프레임 수정기를 사용하여 보디 기초정형작업을 행하고 손상이 큰 패널과 프레임을 교환한다.

(2) 작은 손상 패널

덴트폴러, 해머, 드릴 등을 사용하여 손상된 패널을 수정하고 퍼티와 납땜, 살올림 등에 의해 정형한다.

3. 복원수리방법의 판정

손상진단에 의해 손상부위, 손상범위, 손상정도가 정확하게 파악되면 다음 단계로 수리방법을 결정하고 종합적인 수리계획을 수립한다. 수리계획의 전제가 되는 것은 현재 현장에서의 수리기술로 복원수리가 가능한가, 수리비 총액이 차량가액을 현저히 초과하지 않는가 등에 대한 종합적인 판단이다.

(1) **손해사정사의 판단**

손해사정사는 이러한 수리계획에 따라 견적을 작성하게 되는데 우선 다음과 같은 사항에 대한 구체적인 검토와 수리방법에 대한 구체적인 판단이 필요하다.

① 손상부분의 수정, 교환 여부

② 수리작업시 인접한 부품과 관련된 기능부품의 탈착 여부

③ 손상파급이 예상되는 부품의 수리 후 예상되는 구성품의 성능 및 안전도에 대해서 부착상태에서의 점검 필요성과 탈착, 분해한 상태에서의 정밀점검 필요성

④ 어떤 기기, 공구류를 사용하면 능률적인 작업이 가능한가, 그리고 어떤 순서로 작업을 할 것인가에 대한 판단

⑤ 보수 도장의 범위와 도료의 종류

이러한 판단은 주행안전성의 확보, 성능 확보, 미관 및 내구성 회복 등 복원수리 원칙에 따라 이루어진다.

(2) **복원수리방법의 판단요소**

① 손상상태

② 보급부품형태

③ 조립구조

④ 재 질

⑤ 부품가격

⑥ 수리설비

더 알아보기 복원수리와 고장정비의 비교

구 분		복원수리	고장정비
상 황	원 인	외적 요인	내적 요인
	주변부위	사고 직전까지 정상	거의 같은 정도의 손상, 마모
	현 상	여러 가지로 복잡	정형적
수리의 목적		파손 직전의 상태로 원상복구	성능회복 소비자의 의사에 따름
작업 조건	작업요령	• 변형의 수량적 파악을 위하여 계측작업이 필요함 • 현품 맞춤을 필요로 하는 경우가 있음	정비지침서에 의함
	관련 작업	비교적 많음	비교적 적음
	간략화 작업	판금공정과 부착순서가 비교적 많음	적 음
	보류항목	비교적 많음	비교적 적음

제1과목 자동차보험의 이론과 실무(대물배상 및 차량손해)

CHAPTER 05 손상진단과 복원수리기법 **269**

13

보험사고로 손상된 자동차의 복원수리에서 수리비와 원상회복에 대해 정의하고, 복원수리의 요건과 확대·과잉·편승수리시 조사 및 대응요령을 기술하시오.

(1) 수리비

수리비란 손상된 자동차를 사고발생 직전의 상태로 원상회복하는데 소요되는 필요 타당한 실제 수리비를 말한다.

(2) 원상회복

원상회복이란 현재 일반적으로 행해지고 있는 수리방법에 의해 외관상, 기능상, 사회통념상 사고 발생 직전의 상태로 원상회복 되었다고 인정되는 정도로 복구하는 것을 말한다.

(3) 복원수리의 요건

① 안정성 확보

「자동차안전기준에 관한 규칙」과 「자동차안전기준 시행세칙」에서 규정하고 있는 안전기준에 적합하도록 손상된 차량을 복원수리 하여야 한다.

② 성능 확보

본래 자동차가 가지고 있는 여러 장치들의 성능이 복원수리 하는 과정에서 저하되거나, 상실되지 않도록 하여야 한다.

③ 미관 확보

복원수리의 마지막 단계인 보수 도장의 경우 도료의 재료와 작업공정 등을 기준에 맞도록 시행하여 사고발생 전에 손상차량이 가지고 있던 미관을 원상복구 하여야 한다.

④ 내구성 확보

자동차 보디의 대부분이 모노코크 형식이므로 각종 패널과 멤버를 복원수리 하는 경우 각각의 부재가 가지고 있는 강성과 수리부위의 부식방지 등을 통해 내구성을 확보하여야 한다.

⑤ 경제성 확보

복원수리를 함에 있어서 과잉수리나 편승수리가 있어서는 안 되므로 부품교체 수리와 부품교체 없이 수리하는 두가지 방법이 있다면 가장 경제성이 좋은 방법을 선택하여야 한다.

(4) 확대 · 과잉 · 편승수리시 조사 및 대응요령

손해사정사의 수리방법에 대한 구체적인 판단은 안전성의 확보, 성능 확보, 미관 확보, 내구성 확보 및 경제성 확보 등 복원수리의 원칙에 따라 이루어지며, 확대 · 과잉 · 편승수리 등이 의심되는 건에 대해서는 현장실사를 통해 수리의 근거 및 타당성 여부를 철저히 검증하여야 한다.

자동차 수리업자 등에 대한 구체적인 조사항목은 다음과 같다.

① 수리위탁 상황, 손상부위 정도

② 사고상황 설명과 차량의 손상상황의 일치 여부

③ 과거의 동일차량 또는 피의자 소유차량의 수리 유무

④ 수리견적서 등 관계서류 및 차량손상 상황사진 입수

⑤ 수리견적서의 과다 기재 또는 다수 견적서 작성의뢰 유무

> **판례**
>
> 대법원 판례는 과잉수리나 편승수리 등 사고와 상당인과관계가 없는 수리비용은 손해액에서 제외되어야 한다고 판시하였다.
>
> 사고로 인하여 자동차가 파손된 경우에 그 수리가 가능한 경우에 인정되는 수리비용은 특별한 사정이 없는 한 실제 소요된 비용의 전액이 되어야 하나, 그 수리는 필요하고도 상당한 것이어야 하므로 이른바 편승수리나 과잉수리 등 사고와 사이에 상당인과관계가 없는 비용은 수리비용에서 제외되어야 한다(대법원 1990.8.14. 선고 90다카 7569 판결).
>
> 자동차정비업자가 보험가입차량 등을 정비하고 차주들로부터 보험사업자 등에 대한 보험금청구권 내지 손해배상청구권을 양도받아 보험사업자 등에게 정비요금을 청구하는 경우, 당해 정비작업이 필요한 것이어야 함은 물론 나아가 그 정비요금의 액수 또한 상당한 것이어야 그 청구를 인용할 수 있고, 정비작업의 필요성과 정비요금 액수의 상당성에 관하여 당사자 사이에 다툼이 있다면 그 주장 · 증명책임은 자동차정비업자에게 있다(대법원 2009.12.24. 선고 2007다5076 판결).

14

외판패널의 전형적인 4가지 손상패턴을 설명하고, 그에 따른 복원수리기법을 약
술하시오.

1. 외판패널의 전형적인 4가지 손상패턴

(1) 범위가 넓고 완만한 변형

① 루프패널, 본네트 등 평면에 가까운 넓은 면을 가진 패널의 변형에서 발생한다.

② 대부분 탄성변형이지만 일부분의 소성변형이 패널의 복원을 방해하는 경우가 많다.

③ 소성변형을 외형적으로 판단할 수 있는 방법은 예각으로 굽어져 있는 장소와 도막이 벗겨져
있는 부분, 프레스라인 등에 걸려 있는 주변 부위 등이다.

(2) 범위가 좁고 예각적인 변형

① 심한 곡면, 코너부, 강성이 높은 부위 등에 발생하는 변형으로 손상을 받은 시점에서 강판이
늘어나 있고, 수정작업 중에도 늘어나기 쉽다.

② 해머링만으로 복원하는 것이 어렵기 때문에 신중한 작업이 요구된다.

③ 변형량에 비해 당겨내는데 큰 힘을 가하지 않으면 원상복구가 쉽지 않는 작업 특성이 있다.

(3) 길고 가느다란 변형

① 폭이 좁고 길고 가느다란 패널 및 사이드 스텝 채널 등에 발생하는 변형이다.

② 아래·위는 소성변형이며, 좌·우는 탄성변형이다.

③ 해머를 대는 것은 아래·위의 변형부분이 중심이 되지만 파인 곳의 중앙에 가로로 와셔를
늘어놓고 모아서 당겨낸 힘이 걸린 그대로 해머링하면 효과적으로 수정할 수 있다.

(4) 주름형태로 된 변형

① 패널의 전·후방향으로 힘을 받을 때 생기는 변형이다.

② 수정시에는 패널을 전·후방향으로 당겨서 늘리면 대부분의 변형이 원래에 가까운 상태로
되돌아온다.

2. 손상패턴별 복원수리기법

(1) 범위가 넓고 완만한 변형

① 강판은 그다지 늘어나지 않으므로 수정은 비교적 쉽다.

② 일부만 날카롭게 변형되어 있거나 도막이 벗겨진 부문은 소성변형된 장소이므로 이 부분만을 수정하면 전체가 복원된다. 완만한 변형부에 손을 대서는 안 된다.

③ 패널의 가장자리나 리인포스먼트에 가까운 곳은 복수패널 형상이므로 이러한 곳에서 발생된 변형은 복수패널을 들어 올리는 것이 중요하다. 이때 해머나 돌리로 갑자기 안에서 시끄럽게 하는 것은 금물이다. 복수패널의 길이에 따라서 목편 등을 대든지 핀이나 와셔를 연속적으로 옮겨 모아서 당기는 등 가능한 한 넓은 범위로 균등하게 힘을 가해야 한다.

④ 변형된 부분을 거의 복원할 수 있으면 나중에는 가느다란 요철 밖에 남지 않으므로 해머링이나 와셔로 당겨내면 좋다.

⑤ 변형량이 많을 때는 안에서 돌리로 가볍게 들어 올리고 변형부의 주변을 오프돌리로 해머링하던지 와셔 등으로 가볍게 당겨놓고 같은 방법으로 해머 또는 나무해머로 두드리게 되면 원래상태로 되돌아온다.

(2) 범위가 좁고 예각적인 변형

① 파인 곳이 얕은 경우에는 안에서 돌리를 강하게 눌러서 들어 올리고 주변을 해머로 가볍게 두드린다. 오프돌리, 온돌리 순서로 해머링한다.

② 파인 곳이 깊은 경우에는 안에서 돌리로 두들겨 내든지 슬라이드 해머로 기초정형하기 위해서 얕은 경우와 같은 방법으로 변형을 수정한다.

③ 온돌리에서는 강판이 늘어나기 쉬우므로 강한 힘으로 해머링하지 않도록 한다.

④ 당겨내기 판금에서는 변형이 넓을 때는 급격히 힘을 가하지 않고 슬라이드 해머 전체를 손으로 당기는 방법을 취한다.

⑤ 좁은 범위로 파인 곳에서는 급격한 힘을 가하는 것이 효과적이다.

(3) 길고 가느다란 변형

① 가늘고 길게 파인 곳은 강판이 늘어나 있기 때문에 깨끗하게 마무리하기 어렵다.

② 자루형태로 된 부분이 많기 때문에 당겨내기 판금을 주로 시행한다.

③ 사이드스텝 패널 등은 비교적 강성이 높은 장소이므로 최초에 큰 힘으로 기초정형작업을 하면 후속작업이 쉽다.

④ 파인 곳의 중앙에 가능한 한 많은 핀이나 와셔를 용식해서 그것들을 연결한다.

⑤ 얇은 판을 파인 곳에 땜납해서 클램프를 부착해도 좋다. 힘을 가하는 도구는 파인 곳의 정도에 따라서 대형 슬라이드 해머라든지 수정장치의 당김도구(체인풀러나 유압 램) 등을 사용한다.

⑥ 파인 곳의 복원 상태에 따라 가해지는 힘을 작게 하고 범위를 좁혀나가면서 수정한다.

⑦ 슬라이드 해머를 이용하여 넓은 범위의 파인 곳에 대하여는 해머 전체를 당길 수 있도록 힘을 가하고, 파인 곳이 적을 때에는 추의 이동 충격력을 이용하면 효과적이다.

⑧ 외판의 가늘고 길게 파인 곳은 강판이 늘어난 만큼 수축작업을 중심으로 복원한다.

⑨ 기초정형작업시 안에서 돌리나 스푼으로 파인 곳을 들어 올리면서 파인 곳의 끝을 해머링해서 수정한다.

(4) 주름형태로 된 변형

① 패널의 전후방향에서의 충격에 의해 발생하므로 충격과 반대의 힘, 즉 패널을 전후에서 당겨 늘이면서 복원한다.

② 이것만으로는 완전하게 수정할 수 없으므로 당겨 늘이는 힘을 유지한 채 소성변형된 부분을 해머링해 준다.

③ 강판이 늘어난 상태가 작기 때문에 수정이 그리 어렵지 않다.

더 알아보기 **라인부의 수정**

- 프레스라인과 같이 각으로 된 장소는 해머링이나 당겨내기 판금만으로는 상당히 수정하기 어렵기 때문에 안쪽에서 작업할 수 있는 경우 날의 폭이 넓은 정을 사용한다.
- 날을 라인의 안쪽에 대고 해머로 한번 내려친다.
- 정을 단단하게 눌러서 엇갈리지 않도록 하는 것이 중요하다. 또한 날의 대는 방법을 똑바로 해서 기울어지지 않게 하는 것이 중요하다.
- 안에 손이 들어가지 않는 경우는 라인의 정점 부위를 핀이나 와셔로 당겨내고 가능한 한 원형에 가깝게 해놓고 나서 퍼티를 사용한다.

15

중형 승용차간 후미추돌 사고에서 추돌 차량의 전면부가 중손상(전면부 내판패널과 좌, 우측 사이드 멤버 및 휠 하우스가 변형)인 경우 직접손상 및 간접손상으로 인한 주요 파손부품을 열거하고, 복원수리시 내판패널의 판금 작업공정을 약술하시오.

1. 직접손상 및 간접손상으로 인한 주요 파손부품

① 크로스멤버

② 사이드멤버

③ 인사이드패널

④ 휠 하우스

⑤ 프론트 펜더

⑥ 대쉬패널

⑦ 사이드실패널

⑧ 플로어패널

⑨ 후 드

⑩ 도 어

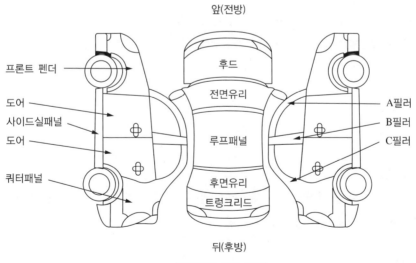

[자동차의 주요 부품]

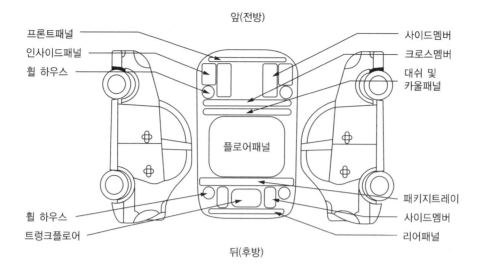

2. 내판패널의 판금 작업공정

(1) 기초 수정작업

보디프레임 수정기를 이용하여 내판패널에 발생한 손상을 수정하는 작업이다.

① 사전 계측작업 : 충격력의 압력방향, 손상의 범위, 변형 정도 등을 계측장비를 통해 파악하는 작업

② 준비작업 : 보디프레임 수정기에 손상 차량을 고정시키거나 작업 완료된 차량을 분리하는 작업

③ 내판패널 부위의 치수 복원작업 : 보디프레임 수정기를 이용하여 당김과 밀기 등의 방법으로 내판패널 부위 등을 원래의 상태로 복원하는 작업

④ 확인 계측 및 맞춤작업 : 치수 복원작업 과정에서 반복하여 치수를 계측하고 맞춤작업을 통해 원래의 치수를 복원하는

(2) 부분 수정작업

기초 수정작업을 완료 후 잔존해 있는 손상흔적을 제거하는 작업

(3) 부품 교체작업

① 교체 : 손상된 부품을 떼어내고 순정부품과 재생부품 및 중고부품을 조립과정을 통해 부착한다.

② 수리 : 손상된 부품을 수정 가공하여 형태 및 기능을 회복시키는 작업이다.

(4) 보수 도장작업

차체의 보호와 차체 미관을 회복시킬 목적으로 보수도료를 도포하고 건조 및 경화를 통해 도막을 형성시키는 작업이다.

16

자동차의 센터필러에 사용되는 초고장력강(UHSS ; Ultra High Strength Steel)
의 정의와 수리장비 및 공구, 수리방법에 대하여 서술하시오.

1. 초고장력강(UHSS ; Ultra High Strength Steel)의 정의

고장력강(HSS)은 항복강도(Yield Strength ; 재료가 감당할 수 있는 최대의 응력) 기준으로
210MPa~550MPa 범위의 스틸을 말하며, 항복강도가 550MPa 이상을 초고장력강(UHSS)으로
정의하고 있다. 인장강도(Tensile Strength)로 환산하면 340MPa 이상을 고장력강, 780MPa
이상을 초고장력강으로 구분한다.

2. 수리장비 및 공구

(1) 개 요

① 초고장력강은 강도가 매우 높아 일반 수리공구 및 장비로 수리하기가 어렵다.

② 핫 스탬핑 공법으로 제작된 센터필러 보강재 부위의 스포트 용접점 제거는 일반 스포트커터드릴
로는 1~2점 밖에 제거할 수 없으며, 계속 연마를 해야 하는 불편함이 있다. 로터리 바가 가장
효율적인 초고장력강 스포트 용접점 제거를 위한 공구이다.

③ 수리장비는 일반적으로 정비업계에서 많이 사용하는 CO_2 용접기(MIG 용접기)뿐 아니라 스포트
용접기를 병행 사용해야만 수리품질이 확보된다.

(2) 수리공구

① 스포트커터드릴

ㄱ 제조사 : Wielander Schill(독일)

ㄴ 특징 : 3중날, 고가, 낮은 RPM의 적용, 작업 중 움직임을 최소화해야 드릴날 마모를 최소화
할 수 있다(전용 드릴링 머신 사용).

※ 실제 수리작업 적용결과, 효용성이 낮은 것으로 나타났다.

② 로터리 바(Rotary Bar)

ㄱ 초고장력강 적용부위의 스포트 용접점 제거를 위한 공구이다.

ㄴ 작업시간이 많이 소요되고 작업 난이도가 높으나 비용대비 효과가 가장 우수하다.

ㄷ 수리작업시 안전에 유의해야 한다.

③ 에어드릴링 머신

    ㉠ 일반 드릴링 머신보다 낮은 RPM에서 구동되는 방식이다.

    ㉡ 초고장력강 스포트 용접점 제거시 에어 드릴링 머신을 사용할 경우 회전수(RPM)가 낮으면서 높은 토크 적용이 가능한 공구를 적용해야 스포트커터드릴의 마모를 최소화할 수 있다.

④ 에어 톱(Air Saw)

    ㉠ 초고장력강에 적용 불가하며, 외판 패널 등 초고장력강이 아닌 부위에 대한 절단작업에 사용한다.

    ㉡ 에어 톱을 이용한 외판패널 절단은 정교한 작업이므로 작업자는 고도의 숙련도가 요구된다.

⑤ 에어 펀치(Air Punch)

    MIG 용접(CO_2 용접)을 위한 전면패널의 구멍(Hole)을 신속하게 뚫기 위해 사용한다.

⑥ 커팅 그라인더(Cutting Grinder)

    ㉠ 초고장력강 부위를 절단할 경우 Air Saw작업이 불가하기 때문에 사용한다.

    ㉡ 그라인더에 장착되는 디스크는 커팅용 디스크를 적용해야 하며, 초고장력강 절단시 디스크의 마모량이 심하므로 여유분을 보유하여 작업의 연속성을 유지할 필요가 있다.

⑦ MIG 용접기

    일부 초고장력강 부위 및 스포트 용접점 접근성이 좋지 않은 부위에 대해 사용한다.

⑧ 스포트 용접기

    ㉠ 용접전류가 최소 8,000암페어 이상의 성능을 낼 수 있는 최근에 보급되는 신 기종 사용이 요구된다.

    ㉡ 초고장력강 스포트 용접작업시 강판의 종류, 소재의 두께 등을 설정해야 하는 경우 주의를 요한다.

    ㉢ 스포트 용접을 위해서는 패널의 도막제거가 필요하며, 실제 수리작업 전에 시험을 실시하여 용접성능 확인이 필요하다.

3. 수리방법

(1) 개 요

① 핫 스탬핑 공법으로 제작된 초고장력강은 수리가 불가능하며, 반드시 교환하는 수리방법을 적용해야 한다.

② 작업의 편의성 등을 위한 산소용접의 사용은 절대 금해야 하며, MIG 용접(CO_2 용접)과 스포트 용접이 병행되어야 한다(맞대기용접 : MIG 용접, 단면용접 : 스포트 용접).

(2) 수리절차

수리절차	주요 내용
사전작업	• 시트(앞, 뒤), 센터필러 트림, 안전벨트 탈착 • 도어(뒤) 도어 탈착 • 바닥매트, 도어배선 일부 탈거 • (커튼에어백 장착시) 전원 분리, 충격 센서 탈착 　※ 수리작업 중 스파크 발생으로 유리가 일부 손상될 수 있으므로 주의 요망 　　(마스킹 처리 필요)
센터필러 상부 외판 절단	• 초고장력강 스포트용접점 제거를 위한 센터필러 외판 일부 절단작업 • 공구 : Air Saw(에어 톱)
초고장력강 스포트용접점 제거	• 스포트용접점 제거작업(10개 용접점) • 작업자 안전 유의
센터필러 상·하부 절단	• 센터필러 상·하부 절단작업 • 공구 : 그라인더 + 커팅 디스크 　※ 스파크 주의, 마스킹 필요
사이드실 일부 절단	• 신품 교환을 위한 사이드실 전후 일부 절단작업 • 공구 : Air Saw(에어 톱)
사이드실 스포트용접점 제거	• 사이드실 플랜지 스포트용접점 제거작업 • 공구 : 드릴링 머신 + 스포트커터드릴 　※ 사이드실 외판의 강도는 그리 높지 않으므로 일반 스포트커터드릴을 이용하여 　　용접점 제거 가능
신품 제단작업	• 사이드실 부위 신품 제단작업 • 공구 : 에어 톱(Air Saw)
센터필러 내측패널 임시고정	• 센터필러 내측패널 임시고정 • 도막제거, 맞춤작업으로 용접작업 준비
센터필러 내측패널 용접작업	• 센터필러 내측 용접작업 • 장비 : 스포트용접기(하단), MIG 용접기(CO_2 용접, 상단)
센터필러 외판패널 설치	• 센터필러 외측 접합을 위한 보강패널(Backing Plate) 삽입 : 사이드실 부위(전, 후) • 보강패널(Backing Plate) 삽입은 차체 안전도의 향상, 용접작업시 맞춤작업의 　용이 등 수리품질을 향상시킴
부식방지 도포	부식방지를 위한 도포(용접 프라이머)
패널 접착제 도포	• 패널접착제 도포 • 도포부위 : 센터필러 인너 및 아우터 패널 　※ 패널접착제는 소음, 진동 최소화를 위해 차량 양산시에 적용되어 있으므로 　　수리작업시 반드시 적용해야 함
센터필러 외측 임시고정	• 센터필러 아우터 + 보강재 임시고정 • 공구 : 클램프
센터필러 용접작업	• 센터필러 내측 및 외측 패널 용접작업 • 장비 : 스포트 용접기
사이드실 리인포스먼트 용접	• 사이드실 리인포스먼트 용접작업(맞대기 용접) • 장비 : MIG 용접기
용접 프라이머 도포	사이드실 용접부위 부식방지를 위한 용접 프라이머 도포

센터필러 상부 접합	• 초고장력강 적용부위 용접(10개 용접점, 플러그 용접) • 방법 : MIG 용접(CO_2 용접) ※ 신품 핫 스탬핑 부위 루프사이드레일 분리를 위한 사전에 Hole 제작(로터리 바이용)
용접 프라이머 도포	초고장력강 부위 CO_2 용접부위 부식방지를 위한 용접 프라이머 도포
센터필러 외측 상단 용접	• 센터필러 상단 부위 용접(맞대기 용접) • 방법 : MIG 용접(CO_2 용접)
연마, 맞춤작업	• 파일 연마 • 맞춤작업
수리작업 확인	수리작업 확인
인너 왁스 도포	도장작업 후 부식방지를 위한 인너 왁스 도포

〈자료출처 : 초고장력강 수리방법 및 대물보상기법, 보험개발원 자동차기술연구소〉

17

알루미늄 패널의 특징과 수리작업공정, 수리작업시 고려사항에 대해 약술하시오.

1. 알루미늄 패널의 특징

(1) 개 요

알루미늄 패널은 강판(Steel) 패널보다 강도와 응력이 다르기 때문에 복원수리작업시 강판패널에서 수행하였던 것보다 더욱 정교한 작업이 요구된다. 알루미늄은 강판 패널보다 좋은 열전도성 및 전기적 전도성을 가지고 있으며, 녹는점은 강판 패널보다 낮은 특성을 지니고 있다. 따라서 일반 강판에 적용했던 용접방법을 적용한다면 차체가 모두 녹아 버릴 것이다.

(2) 알루미늄 패널과 일반 강판 패널의 비교

성 질	알루미늄(Al)	일반 강판(Fe)
용융 온도(℃)	560~640	1,535
열전도율(kcal/m · h · ℃)	196	50~60
탄성계수(kgf/mm^2)	700	2,000

2. 수리작업공정

(1) 일반 손상에 대한 작업방법

일반적인 알루미늄 패널의 수리방법은 손상된 부위에 열을 가한 후 가열된 손상 부위의 수리 및 이완된 패널 조직을 강한 조직으로 만드는 것이다.

① **손상 부위에 열(Heat) 가열**

손상 부위를 유연하게 만들기 위해 열기구를 이용하여 손상 부위에 열을 가하는데 지나친 패널의 신장(伸張)을 피하기 위해 가열온도는 150℃를 넘지 말아야 한다.

② **손상 부위 수리**

손상 부위에 열을 가하면서 알루미늄 전용 판금장비를 이용하여 손상된 부위를 수리한다. 알루미늄 판금작업에 사용되는 장비는 강판 패널에 사용되는 장비와 달리 나무, 테플론(열에 강한 수지) 및 알루미늄으로 만들어져 있다.

③ **강한 조직을 만드는 작업(수축작업)**

이완된 조직을 보다 강하게 만들기 위해 스포트용접기를 이용하여 패널 수축작업을 실시한다. 이때 스포트용접기는 전류를 3,500암페어 이상 올리는 것은 금물이며, 스포트용접기 건은 직경 16mm인 구리 전극을 지닌 장비여야 한다.

(2) 엣지 부위 손상에 대한 작업방법

① 선행작업

연마기를 이용하여 손상된 부위에 연마를 실시한 후 Nail Puller를 이용하여 Nail을 고정시킨다.

② 용접작업

Puller를 패널과 직각으로 하여 용접한다.

③ 손상 부위 수리

Nail에 기구를 세팅시키고 강판패널의 스프링 와셔를 이용하여 당김작업을 하는 것과 유사하게 수직으로 힘이 작용하도록 기구를 들어 올리면서 복원수리작업을 수행한다. 복원수리가 완료된 후 Nail을 절단한 다음 Nail에 의한 홀 또는 찢어진 부위를 MIG용접기를 이용하며 용접작업 후 수축작업을 병행한다.

3. 알루미늄 패널류의 수리작업시 고려해야 할 사항

① 알루미늄의 풀림 온도(250~300℃)를 고려하여, 가열시 열감지 크레용을 사용한다.

② 알루미늄 패널 수정작업으로 해머일을 선택할 때, 가급적 차체 패널과 동일한 재질의 해머를 선택한다.

③ 열전도율이 스틸보다 2배 정도 높기 때문에 신속히 작업을 해야 한다.

④ 변형이 적은 곳의 수리는 가열 수정한다. 저온에서 순간적인 헤머링작업시 알루미늄 패널의 균열이 일어날 가능성이 있다.

⑤ 알루미늄 패널과 일반 스틸 패널과의 부착시 부식 현상을 억제하기 위해 수지 와셔나 절연체를 사용한다.

18

자동차사고로 수지(플라스틱) 범퍼가 손상되었을 때 부품교환 인정기준과 복원 수리 기법들을 약술하시오.

1. 부품교환 인정기준

(1) 부품의 교환기준
부품의 교환기준은 다음 원칙에 의한다.

① 수리를 함으로써 주행안전도가 크게 저하되거나, 보안기준에 미달하는 경우(보안성)

② 파손부품의 수리가 곤란하거나, 판금, 교정, 용접 등의 방법으로 수리를 함으로써 부품의 기능 및 내구성이 상당히 저하될 경우(기술성)

③ 교환부품 가액보다 수리비(탈부착공임 제외)가 더 많이 소요되는 경우(경제성)

(2) 위 (1)항에 해당되지 않으나 피보험자 및 피해자 등이 임의로 부품을 교환하는 경우의 처리

① 신부품을 교환하는 경우
 ㉠ 수리비로 산출하여 인정한다.
 ㉡ 위 수리비(탈부착공임 제외)가 신부품 가액에서 감가상당액 및 잔존물가액을 뺀 금액보다 많은 경우에는 부품교환을 인정한다.

② 중고부품을 교환하는 경우
 ㉠ 수리비로 산출하여 인정한다.
 ㉡ 위 수리비(탈부착공임 제외)가 "전 ①, ㉡"에서 산출한 금액보다 많은 경우에는 "전 ①, ㉡"의 금액 내에서 중고부품의 실구입 가액을 인정한다.

③ 신부품 가액에서 공제할 감가상각액 및 잔존물 가액의 합산액이 신부품 가액의 90%를 초과하는 경우에는 90%를 한도로 공제한다.

(3) 감가율 적용요령

① 용도, 차종별, 차령에 의한 표준감가율표를 참작하여 감가한다.

② 신자동차 또는 신부품을 구입한 때로부터 사고가 발생할 때까지의 기간을 경과기간이라 하며 경과기간이 1년 미만인 경우에는 감가율을 적용하지 않는다.

③ 경과기간이 1년 이상일 때에는 전 경과기간에 대하여 감가율을 적용한다.

④ 특수자동차의 특수부품에 대하여는 감가율 적용대상부품이 아니더라도 부품의 기능과 내구성 등을 감안하여 감가한다.

⑤ 경과기간의 계산방법

　㉠ 경과기간의 기산일

　　• 국내생산 자동차는 최초의 신규등록일, 신규등록일이 미상인 자동차는 제작연도의 초일

　　• 수입자동차로서 제작연도에 등록된 자동차는 최초 신규등록일, 제작연도에 등록되지 아니한 자동차는 제작연도의 말일

　㉡ 경과기간의 산출 : 경과기간은 경과연수와 월수까지를 산출하여 월 미만은 절사한다.

⑥ 적용감가율의 계산

적용감가율의 계산은 다음과 같이한다.

> 차종별 1년 경과기간의 감가율(%) × (총경과월수 / 12) = 적용감가율(%)

[주] 소수점 이하 2자리에서 반올림한다.

[용도차종별 차량연수 및 감가율표]

용 도	자가용			영업용			
				승합자동차		화물자동차	
차 종	승 용	승 합	화 물	운송사업용 장의자동차	사업용 기타	용 달	사업용 기타
차량연수	10년	10년	13년	11년	8.5년	8년	11년
1년 경과 감가율	9%	9%	7%	8.2%	10.5%	11.3%	8.2%

[주] 1) 부분품의 감가경향을 자동차의 차량연수까지 표준감가율을 산정한 것이며, 이는 부분품 사용한계(차령제한)에 도달하는 시점의 추정잔존가액을 10%로 하고 차량연수까지 정액적으로 감하는 것으로 산출한 것임.
　　2) 표준감가율 = [신부품가액(100%) − 추정 잔존가액(10%)] × 경과연수/차량연수
　　3) 경과연수가 차량연수를 초과한 경우의 감가율은 90%로 한다.

[감가율 적용대상 주요 부품]

연 번	부분부품	적 용	차 종		
			승용차	승합차	화물차
1	Engine Ass'y	Cooler Engine 포함	○	○	○
2	Transmission Ass'y		○	○	○
3	Differential Carrier Ass'y	Gear Ass'y 또는 Housing과 함께 교환시 포함	−	○	○
4	Steering Gear Box Ass'y	Gear Box 또는 부스터를 함께 교환시 포함	−	○	○
5	Hoist Cylinder Ass'y	Cylinder와 Piston을 함께 교환	−	−	○
6	운전대(Cabin)	Only 또는 Complete 포함(Jeep인 경우)	○	○	○
7	적재함 Ass'y	Tank 및 콘크리트 믹서 드럼 포함	−	−	○
8	Body Ass'y (Monocoque Body 포함)	대형 버스는 Body 2/3 이상을 교환 또는 신조하는 경우(승용차는 전체교환)	−	○	−
9	타이어	손모도를 감안하여 적용	−	○	○

[주] 상기 품목 이외의 부품이라도 손모도가 심하여 교환 후 차량가액이 현저하게 증가한다고 판단되는 부품은 위 품목에 준하여 감가율을 적용할 수 있다.

2. 플라스틱 범퍼의 복원수리 기법

(1) 플라스틱 범퍼의 수리 순서

재질조사 → 성질파악 → 손상상태 확인 → 수리실시

① 플라스틱 범퍼의 재질 조사 : 일반적으로 범퍼이면에 PP, PC, TRUP, FRP 등 재질의 부호가 타각되어 있다.

② 플라스틱의 성질 파악 : 변형온도, 연소상태, 내용제성

③ 손상상태 확인 : 변형, 찢어짐, 갈라짐

④ 수리실시 : 가열수정, 용접수정, 접착수정, 도장

(2) 플라스틱 범퍼의 재질별 수리방법

① 우레탄 범퍼의 수리방법

㉠ 변형수정은 히터건, 열풍기, 원적외선 건조기 등으로 열변형 온도까지 열을 가해 부드럽게 함으로써 수정할 수 있다(가열수정).

㉡ 찢어지거나 갈라진 경우는 플라스틱 전용 순간접착제로 결합시킨 뒤 플라스틱 전용 퍼티를 사용하거나 플라스틱 용접공구를 사용하여 용접 수정한다.

㉢ 보수 도장의 경우 일반 자동차보수용 도료에 범퍼재질과 같은 유연성을 갖게 하는 첨가제를 사용한다.

② 폴리플로필렌(PP) 범퍼의 수리방법

㉠ 변형수정은 히터건, 열풍기, 원적외선 건조기 등으로 열변형 온도까지 열을 가해 부드럽게 함으로써 수정할 수 있다(가열수정).

㉡ 찢어지거나 갈라진 경우는 플라스틱 전용 순간접착제로 결합시킨 뒤 플라스틱 전용 퍼티를 사용하거나 플라스틱 용접공구를 사용하여 용접 수정한다.

㉢ 보수 도장의 경우 일반 프라이머, 서페이서 대신에 PP전용 프라이머를 사용해야 하며, 기타재료로는 일반 보수용 도료로 도장이 가능하다.

③ 폴리카보네이트(PC) 범퍼의 수리방법

㉠ 변형수정은 열변형 온도에서 수리가 가능하며(가열수정), 찢어지거나 갈라진 경우는 열가소성수지 접착제와 용접으로 수리가 가능하다.

㉡ 보수 도장의 경우 수지성분이 제조회사마다 다르기 때문에 제조부품에 따라 도료를 결정하지 않으면 부작용이 발생되므로 범퍼이면에 보수도료를 시험 도장해 보고 확인하여 사용하는 것이 필요하다.

19

최초등록일이 2015년 9월 1일인 2.5톤 자가용 화물자동차가 2020년 9월 5일 추락사고로 자기차량손해가 발생하여 수리를 하는 경우 감가율 적용 근거를 설명하고, 대상부품 및 적용감가율과 계산식을 쓰시오(단, 내용연수 15년, 최종 잔존율은 10%임).

1. 감가율 적용 근거

① 용도, 차종별, 차령에 의한 표준감가율표를 참작하여 감가한다.

② 신자동차 또는 신부품을 구입한 때로부터 사고가 발생할 때까지의 기간을 경과기간이라 하며, 경과기간이 1년 미만인 경우에는 감가율을 적용하지 않는다.

③ 경과기간이 1년 이상일 때에는 전 경과기간에 대하여 감가율을 적용한다.

④ 특수자동차의 특수부품에 대하여는 감가율 적용대상부품이 아니더라도 부품의 기능과 내구성 등을 감안하여 감가한다.

2. 대상부품(화물자동차)

① Engine Ass'y

② Transmission Ass'y

③ Differential Carrier Ass'y : Gear Ass'y 또는 Housing과 함께 교환시 포함

④ Steering Gear Box Ass'y : Gear Ass'y 또는 Booster와 함께 교환시 포함

⑤ Hoist Cylinder Ass'y : Cylinder와 Piston을 함께 교환

⑥ 운전대(Cabin) : Only 또는 Complete

⑦ 적재함 Ass'y : Tank 및 콘크리트 믹서드럼 포함

⑧ 타이어 : 손모도를 감안하여 적용

3. 적용감가율과 계산식

(1) 경과기간의 산출

경과기간은 경과연수와 월수까지를 산출하여 월 미만은 절사한다.

사고일자 − 최초 등록일 = 2020년 9월 5일 − 2015년 9월 1일 = 5년

(2) 표준감가율

(신부품가액 − 최종 잔존율) ÷ 내용연수

(100% − 10%) ÷ 15년 = 6%/년

(3) 적용감가율

경과기간 × 표준감가율 = 5년 × 6%/년 = 30%

20

국산 승용차량이 전면부 헤드램프 높이까지 빗물에 침수된 경우 "운행 중 침수된 차량과 주차 중 침수된 차량의 피해물에 나타난 현상과 일반적인 침수차량의 손상특성"을 약술하시오.

1. 침수사고의 정의

침수사고란 주로 장마철에 태풍, 홍수, 해일 등에 의해 자동차가 물에 잠기거나 물이 차내로 유입되어 자동차가 기계적, 전기적 결함 등을 일으키는 사고를 말한다.

2. 침수사고의 유형

(1) 운행 중 침수

① 운행 중 침수 차량의 경우에는 침수 지역을 통과하면서 엔진 등이 심하게 훼손되는 특징이 있다.

② 물이 고인 도로를 지나는 자동차의 경우 빠른 속도로 달리면 올라오는 물의 양이 많아져 엔진에 물이 들어가기 쉬워지며, 이때 시동이 꺼질 경우 절대 다시 시동을 걸어서는 안 된다.

③ 침수사고시 할증이 되는 경우

    ㉠ 태풍, 홍수, 해일 등으로 인해 도로 유실 또는 침수지역임을 알면서 운행하다가 침수된 경우

    ㉡ 천재지변 등에 의한 침수지역임을 알면서도 주의를 게을리 하여 침수된 경우

    ㉢ 침수된 지역을 무리하게 운행하다가 침수된 경우

(2) 주차 중 침수

① 차량이 주차상태에서 태풍이나 홍수 등으로 인하여 불어난 물에 의해 차량이 침수된 경우이다.

② 보험료 할증 여부 : 지상 또는 지하 주차장 내에 정상적인 주차구획 내에 주차상태에서 침수된 경우 할증 대상이 아니다(할인 1년간 유예).

③ 주차 중 침수 차량의 경우에도 헤드램프 높이까지 빗물에 침수된 경우 엔진이나 각종 전기장치에 물이 유입됐을 가능성이 높으므로 배터리 연결을 차단해 차량 각 부분의 누전을 막는 것이 가장 중요하며, 절대 시동을 걸어서는 안 된다.

3. 일반적인 침수차량의 손상특성

① 일반적으로 차량 내부 바닥이 잠길 정도로 침수된 경우 엔진이나 각종 전기장치에 물이 유입되었을 가능성이 높다.

② 침수가 될 경우 전기부분과 기계부분에 물이 들어갈 가능성이 생기는데 전기부분이 침수되면 자동차는 폐차하는 것이 바람직하다. 기계부문 중 엔진부위(엔진오일, 연료탱크)에 물이 들어간 경우 주로 배기구를 통해 유입되는데 배기구는 엔진과 연료탱크까지 연결되어 있기 때문에 연료탱크까지 물이 들어갈 가능성이 생긴다.

③ 전기장치, 엔진, 미션, 실내장치 등에 대한 훼손으로 대부분 교환작업을 해야 하므로 수리비용이 고액이고 수리 이후에도 수리할 가능성이 많은 것이 특징이다.

더 알아보기 | 침수사고

침수는 크게 해수와 담수에 의한 침수로 구분할 수 있으며, 담수의 경우에는 오염된 오수와 일반 담수에 의한 침수로 다시 구분한다. 최근의 차량들은 대부분 전자장치로 구성되어 있어서 해수와 오염된 담수에 차량이 완전 침수될 경우에는 신속한 전손 여부의 판단이 우선되어야 한다.

• 주차 중 침수의 경우에는 차량 내부에 있던 흙탕물이 빠지면서 차량 내부에 지층과 같은 흔적을 남기게 되는데 이런 상태를 보고 운행 중 침수와 구분할 수 있다. 운행 중 침수는 급작스럽게 물이 에어크리너 부위로 흡입되어 엔진 관련 부분이 파손되지만 주차 중 침수의 경우에는 엔진의 파손이 아닌 전체적인 침수로, 특히 전기장치의 파손 여부와 차량 내부의 오손에 대한 상태를 점검해야 한다.

• 최근의 하이브리드 차량 및 전기차량의 경우에는 고전압 배터리의 이상 유무 및 점검작업에 유의하여야 한다.

21

자기차량손해 보통약관과 「차량단독사고보장 특별약관」의 '보상하는 손해'에서 말하는 사고를 각각 기술하고, '침수사고'에 대한 정의와 사고유형별 조사요령 및 보상처리 절차를 서술하시오.

1. '보상하는 손해'에서 말하는 사고

(1) 자기차량손해 보통약관

자기차량손해에서 보험회사는 피보험자가 피보험자동차를 소유·사용·관리하는 동안에 발생한 사고로 인하여 피보험자동차에 직접적으로 생긴 손해를 보험증권에 기재된 보험가입금액을 한도로 보상한다. '사고'는 다음 중 어느 하나에 해당하는 사고를 말한다.

① 타 차량과의 충돌 또는 접촉으로 인한 손해

② 피보험자동차 전부의 도난으로 인한 손해(단, 전부도난이 아닌 경우에는 보상하지 않는다)

※ '타 차량'이란 피보험자동차 이외의 자동차로서 그 자동차의 등록번호(차량번호 또는 차대번호를 말함)와 사고발생시의 운전자 또는 소유자의 신분이 확인된 경우만을 말한다. 이 경우, '자동차'란 「자동차관리법」에 따른 자동차, 「건설기계관리법」에 따른 건설기계, 「군수품관리법」에 따른 차량, 「도로교통법」에 따른 원동기장치자전거 및 「농업기계화촉진법」에 따른 농업기계를 말한다.

(2) 차량단독사고보장 특별약관

보험회사는 피보험자가 피보험자동차를 소유·사용·관리하는 동안 발생한 사고로 인하여 피보험자동차에 직접적으로 생긴 손해를 보험증권에 기재된 보험가입금액을 한도로 보상한다. '사고'는 다음 중 어느 하나에 해당하는 사고를 말한다.

① 타 물체와의 충돌, 접촉, 추락, 전복 또는 차량의 침수로 인한 손해

② 화재, 폭발, 낙뢰, 날아온 물체, 떨어지는 물체에 의한 손해 또는 풍력에 의해 차체에 생긴 손해

※ '물체'란 구체적인 형체를 지니고 있어 충돌이나 접촉에 의해 자동차 외부에 직접적인 손상을 줄 수 있는 것을 말한다. 단, 엔진 내부나 연료탱크 등에 이물질을 삽입하는 경우와 보통약관에서 규정한 '타 차량'은 물체로 보지 않는다.

2. '침수사고'에 대한 정의

'침수사고'란 주로 장마철에 태풍, 홍수, 해일 등에 의해 자동차가 물에 잠기거나 물이 차내로 유입되어 자동차가 기계적, 전기적 결함 등을 일으키는 사고를 말한다.

차량단독사고보장 특별약관에서 '침수'란 흐르거나 고여 있는 물, 역류하는 물, 범람하는 물, 해수 등에 피보험자동차가 빠지거나 잠기는 것을 말하며, 차량 도어(Door)나 선루프(Sun roof) 등을 개방해 놓았을 때 빗물이 들어간 것은 침수로 보지 않는다.

3. 사고유형별 조사요령 및 보상처리 절차

(1) 침수사고의 유형

① 운행 중 침수

도로를 운행 중 침수지역을 통과하면서 물이 차내로 유입되어 엔진 등 차량이 훼손되는 사고로, 할증이 되는 주요 유형은 다음과 같다.

㉠ 태풍, 홍수, 해일 등으로 인해 도로유실 또는 침수지역을 알면서 운행하다가 차량이 침수된 경우

㉡ 천재지변에 의한 침수지역임을 알면서도 주의를 게을리 하여 차량이 침수되는 경우

㉢ 침수된 지역을 무리하게 운행하다가 침수된 경우

② 주차 중 침수

차량이 주차상태에서 태풍이나 홍수 등으로 인하여 불어난 물에 의해 차량이 침수된 사고로, 지상 또는 지하주차장 내에 정상적인 주차구획선 내에 주차된 상태에서 침수가 발생한 경우에는 침수사고 무과실의 경우 할증은 되지 않으나, 할인도 1년간 유예된다.

(2) 조사요령 및 보상처리 절차

① 침수사고는 전기장치, 엔진, 미션, 실내장치 등에 대한 훼손으로 대부분 교체작업을 해야 하므로 수리비용이 고액이고, 또한 수리 이후에도 수리하자 가능성이 많은 것이 특징이다.

② 수리견적에 따라 전손, 분손 처리 여부를 신속히 결정하여 전손처리 건에 대하여는 전손보험금 지급과 함께 잔존물 가액을 결정하여 그 가액을 환입 처리한다.

③ 도로 배수시설의 하자로 인한 침수와 상습범람 지역에 대한 제방시설의 확충 여부, 하천부지 주차장의 주차차량에 대한 관리 여부, 아파트, 건물 지하주차장의 배수시설의 하자에 따른 침수였는지의 여부에 따라 구상이 발생할 수 있으므로 기초조사를 철저히 해야 한다.

④ 주차장에 주차 중 침수사고를 당한 경우, 태풍·홍수 등으로 차량이 파손된 경우, 홍수지역을 지나던 중 물에 휩쓸려 차량이 파손된 경우 모두 피해보상을 받을 수 있다.

22

기후 변화로 인하여 태풍에 의해 발생하는 자기차량손해의 사고유형을 설명하고,
각 유형별 사고조사 요령 및 보상처리 절차에 대해 약술하시오.

1. 침수사고

(1) 정 의

침수사고란 주로 장마철에 태풍, 홍수, 해일 등에 의해 자동차가 물에 잠기거나 물이 차내로
유입되어 자동차가 기계적, 전기적 결함 등을 일으키는 사고를 말한다. 차량 도어나 선루프 등을
개방해 놓았을 때 빗물이 들어간 것은 침수로 보지 않는다.

(2) 사고조사 요령

① 침수사고는 전기장치, 엔진, 미션, 실내장치 등에 대한 훼손으로 대부분 교환작업을 해야 하므로
수리비용이 고액이고 수리 이후에도 수리할 가능성이 많은 것이 특징이다.

② 수리견적에 따라 전손, 분손처리 여부를 신속히 결정하여 전손처리 건에 대하여는 전손보험금
지급과 함께 잔존물가액을 결정하여 그 가액을 환입 처리한다.

③ 구상 여부 검토

침수사고의 경우 도로 배수시설의 하자로 인한 침수와 상습범람 지역에 대한 제방시설의 확충
여부, 하천부지 주차장의 주차차량에 대한 관리 여부, 아파트 · 건물 지하주차장의 배수시설
하자에 따른 침수 여부에 따라 구상이 발생할 수 있으므로 기초조사를 철저히 해야 한다.

④ 침수사고조사는 침수환경조사, 침수 전 상황조사, 침수 후 조치사항, 경과시간, 침수원인조사
순으로 한다.

(3) 보상처리 절차

태풍, 홍수, 해일 등 자연재해로 인한 차량손해시 「차량단독사고보상특약」에 가입되어 있어야
보상받을 수 있다. 주차 중 침수된 경우는 기본적으로 차량침수로 인한 보상이 가능하다. 단,
불법주차 등의 경우 보상을 받더라도 보험료 할증이 될 수 있으니 주의해야 한다.

운행 중 침수된 경우에도 보상이 가능하지만 보험료 할증이 될 수 있다. 또한 문이나 선루프를
개방해두어 빗물이 들어간 경우는 보상이 되지 않으며, 차 안이나 트렁크에 넣어 둔 물건도 보상되
지 않는다. 일반적인 보상처리 절차는 다음과 같다.

① 사고신고

② 사고접수 및 손사법인통보

③ 손해평가인 모집 및 평가지시

※ 손해평가인은 「풍수해보험법」 제16조에 의거 현장조사를 통해 피해사실의 확인, 보험가입 시설물 확인, 손해구분, 피해면적 확정, 손해액 및 보험금의 산정 등 손해평가 업무를 담당하는 사람을 말한다.

④ 손해평가 실시 및 결과통보

⑤ 결과취합 및 지역손사센터 보고

⑥ 보고서 검토

⑦ 보험금 지급결의

2. 풍력에 의한 차체사고

(1) 정 의

강풍으로 인해 차량 운행 중 본넷과 전면 유리가 충돌하거나, 바람에 의해 가로수나 간판 등이 차량 위로 떨어져 차량이 파손된 경우로 「차량단독사고보상특약」에서 보상하는 손해이다.

(2) 사고조사 요령

① 건물에 부착된 입간판이나 기타 외부 시설물이 차량을 손상시켰는지를 판단한다.

건물에 부착된 입간판이나 기타 외부 시설물이 차량을 손상시켰을 경우 시설물관리자가 1차 책임을 지고, 시설물소유자는 2차 책임을 지게 된다(판례). 만일 이와 유사한 피해로 차량 피해를 입었다면 관리책임에 인한 사고이므로 해당 시설물관리자에게 수리비를 청구할 수 있다.

② 가로수가 쓰러져 통과하던 차량에 발생한 사고인지 또는 가로수의 늘어진 가지에 의해 신호등을 가려 운전자의 시야를 방해하여 발생한 사고인지를 판단한다. 가로수나 이정표, 신호등의 시설물로 인한 손해의 경우 관할 관청에 수리비 청구를 할 수 있다.

(3) 보상처리 절차

풍력에 의해 차체에 손해가 발생한 경우 자동차보험의 「차량단독사고보상특약」에 가입했다면 자동차보험에서 풍력에 의한 손해를 보상받을 수 있다. 즉 풍력에 의해 가로수가 바람에 쓰러져 차량을 덮치거나 기타 시설물이 날아와 유리창 등을 파손했을 때 이는 자연재해로 인한 '직접 피해'가 아닌 '간접 피해'로 간주하므로 보상이 가능하다.

풍력에 의해 발생한 손해에 대한 보상은 차량이 운행 중이건 주차 중이건 모두 보상을 받을 수 있지만, 차 안이나 트렁크에 실은 물건은 보상받을 수 없다.

① 자동차보험 피보험자동차를 운행 중 바람에 의해 본넷이 열리면서 전면 유리를 충돌하여 파손된 사고의 경우 풍력에 의한 자물간 충돌이므로 보상한다.

② 비오는 날 낙뢰로 인하여 자동차보험 차량에 화재가 발생한 경우 낙뢰, 화재 모두 자동차보험 자기차량손해에서 보상하는 손해이므로 보상한다.

23

차체수리작업에서 용접 불량의 종류를 나열하고, 그 불량에 대한 원인에 대하여
서술하시오.

1. 뒤틀림(변형)

용접에 의한 변형이란 일시적 또는 영구적으로 형상 및 치수가 변하는 것을 말한다.
금속의 팽창과 수축의 물리적인 법칙이 변형의 주요 요인이다.

2. 기공(Blow Hole)

기공은 용착금속 내에 생기는 공동이며, 여러 곳에 분산되어 구상 또는 원주상으로 존재한다.
용접 중에 생긴 가스나 금속 응고시에 가스방출로 인하여 생긴 결과이다.

3. 균열(Cracking)

용착금속이 냉각 후 실모양의 균열이 형성되어 있는 상태로서 열간 및 냉간균열이 있다.
열간균열(hot cracking)은 용융부 균열로서 길이방향과 횡방향 및 용접비드의 루트에 발생한다.
냉간균열(cold cracking)은 주로 열영향부에서 발생하며, 용착금속이 응고한 후에 발생한다.

4. 슬래그혼입

용접부에 산화물, 용제, 용접봉 피복 재료가 갇혀서 생긴다.
아크용접에서 슬래그 혼입은 전극 봉의 부적절한 취급 및 급격한 응고와 용융금속의 높은 점성
때문에 생긴다.

5. 융합불량

용융금속과 모재 사이에 충분히 융합되지 않은 상태를 말하며, 융합불량은 불충분한 용접에너지,
용접봉의 부적절한 취급 및 용접표면의 산화물 미제거 등이 원인이다.

6. 용입불량

용입불량은 홈의 밑부분까지 충분히 용융되지 않고 틈이 남아 있는 불량을 말하며, 불충분한 용접 에너지, 부적절한 전극성 및 고속 용접의 경우에 발생되기 쉽다.

7. 언더컷(Under cut)

지나치게 녹아서 오목하게 패어서 생기는 현상으로 용접전류 및 전압이 지나치게 높거나 용접속도가 지나치게 빠르게 때문이다.

8. 오버랩(Overlap)

용접부 밖으로 용융금속이 튀어나온 상태로서 표면이 균일하지 못하며 노치효과를 일으킨다. 용접전류가 너무 낮거나 용접속도가 느릴 때 발생한다.

9. 스패터(Spatter)

스패터는 용융금속의 소립자가 비산하는 것으로 슬래그의 점도가 높을 때, 전류가 과대할 때, 피복재 중의 수분, 긴 아크, 운봉각도의 부적당, 모재온도가 낮은 경우 등에 발생하기 쉽다. 스패터는 완전히 제거되어야 한다.

※ 운봉이란 용접봉의 운행, 즉 용접작업을 말한다.

10. 용접비드의 외관불량

용접전류가 너무 높거나 낮은 경우, 용접속도가 너무 늦어 용접부가 과열된 경우, 모재에 이물질이 많은 경우 비드의 외관이 불량해진다.

24

자동차 차체수리에 사용되는 아래 방청부품의 사용용도에 대해 설명하고, 손해사정시 유의사항을 약술하시오.

(1) 보디 실런트
(2) 스프레이 실런트
(3) 테이프형 실런트
(4) 알루미늄 스프레이
(5) 인너왁스
(6) 언더코팅

1. 방청부품의 사용용도

방청부품(실런트, 언더코팅, 접착제, 인너왁스 등)은 자동차를 제조하거나 수리(교환, 판금) 할 때 방음, 방수 및 차체 부식 방지 등을 위해 보닛 – 후드, 도어, 프런트 패널, 프런트 사이드 멤버, 리어 사이드 멤버, 사이드스텝 패널, 필러, 실내 바닥, 트렁크 바닥, 휠 하우스, 리어 팬더, 백패널 부위 등에 사용하는 부품이다.

(1) 보디 실런트

폴리우레탄을 주성분으로 하는 실런트로 자동차의 자체 보수에 사용된다.

(2) 스프레이 실런트

이미 작업된 왁스나 실런트 및 유리막의 코팅을 보호해주며, 자동차를 깨끗한 상태로 오랫동안 유지시킬 수 있다.

(3) 테이프형 실런트

액상 우레탄 보디 실런트의 불편함을 해소하여 완성차와 동일한 수준의 실링작업을 할 수 있다. 경화되는 시간이 필요 없으며, 실링 후 곧바로 도장작업이 가능하다.

(4) 알루미늄 스프레이

녹과 부식으로부터 모든 금속표면을 보호하며 표면 부착성 및 건조성 뛰어나다. 용접시 불꽃발생이 상대적으로 적다.

(5) 인너왁스

차체 내부에서 수분이나 염분 등의 이물질이 들어가거나 고이는 경우 부식을 막는 역할을 한다.

(6) 언더코팅

차량 하부의 부식을 방지하기 위하여 주로 타르 또는 중합체 왁스가 주성분으로 이루어진 코팅제를 차체 밑바닥에 흡착 · 코팅하는 것이다. 국내에서 언더코팅을 하는 이유는 빗물에 의한 부식, 겨울철 제설용도로 사용되는 염화칼슘에 의한 부식을 예방하기 위함이다.

2. 손해사정시 유의사항

차체수리작업에서 수리와 교환을 결정하는 것은 매우 어렵다. 차체수리방법의 판단요소는 다음과 같다.

(1) 손상상태

충격력이 작용한 부위, 충격력의 전달경로를 따라 손상상태를 파악하여 복원 가능성 여부를 판단한다.

(2) 부품보급형태

수리대상 부품의 공급형태(일체 또는 분할 공급)를 파악한다.

(3) 조립구조

손상차량의 구조(모노코크 보디, 프레임부착 보디)와 조립형태를 파악한다.

(4) 재 질

변형부분의 재질(플라스틱, 유리, 스틸 등)에 따라 수리 여부를 판단한다.

(5) 부품가격

부품가격을 어떻게 적용할 것인지를 판단한다.

(6) 수리설비

정비업체가 보유하고 있는 수리설비와 수리기술에 따라 작업방법을 판단한다.

06 자동차 도장과 견적기법

출제포인트
☐ 자동차 도장
☐ 견적기법

01
자동차 도장의 목적과 특징을 설명하고, 다음의 도장용어를 약술하시오.

(1) 2톤 도장
(2) 폴리싱(Polishing)
(3) 보카시 도장
(4) 불소 도장
(5) 3코트 도장

1. 자동차 도장의 목적과 특징

(1) 목 적

① 차체보호

도장의 목적은 물체 표면에 도료를 도장해서 건조 또는 경화시켜 연속피막을 만들고 물체 표면과 외부를 차단시켜 물체 표면의 부식, 오염 등을 방지하는데 있다.

② 미관확보

내수성, 내습성, 내열성, 내약품성 등의 도막성능을 부여하고 피조물을 보호하며 색채, 광택, 외관 등을 부여하여 미장을 향상시킨다.

③ 경제적 가치 부여

도장된 제품을 보호하여 경제적 가치를 부여하는데 있다.

④ 물체표시

도장은 소방차, 경찰차 등에서와 같이 특정 색상과 무늬 등을 통하여 물체의 기능과 의미 및 소속 등을 표시하여 다른 것들로부터 구분될 수 있도록 해준다.

(2) 특 징

① 전형적인 대량 생산방식의 공업 라인의 일부를 구성하고 있기 때문에 균일한 품질 및 양질의
도막으로 만들어져야 한다.

② 아주 복잡한 형상 및 구조의 피조물일지라도 도장되지 않고 남는 부분이 없이 마감되어야
한다.

③ 우수한 외관, 고도의 내구성 등을 유지하여야 한다.

④ 색의 종류가 매우 많으며 차의 모델 변경에 따라 교체된다.

⑤ 자동차 차체에 적용되는 기타의 재료들(접착제, 필러, 고무, 플라스틱, 방음재, 왁스, 유류
등)과의 접촉에서 문제가 없어야 한다.

⑥ 보수 도장 및 재도장시 아무런 지장이 없어야 한다.

2. 도장용어

(1) 2톤 도장

일부 승용차 및 RV(SUV, CUV) 차량에 적용되는 도장으로 한 패널을 상·하로 나누어 상이한
컬러를 도장하는 방법을 말한다.

(2) 폴리싱(Polishing)

상도후 도막에 붙은 먼지, 이물질, 흘러내림 등을 방지하기 위하여 광택기 및 콤파운드를 이용하여
도막을 연마하는 등의 마무리 작업을 말한다.

(3) 보카시 도장(숨김 도장, Blend in System, Fade Out)

새로 도장할 부분의 색과 구도막색과의 차이를 자연스럽게 연결시켜주는 도장을 말한다.

(4) 불소 도장

불소 도장이란 종래의 클리어(아크릴수지)를 불소수지클리어로 변경한 것으로, 종전의 도장에
비해 내후성이 뛰어난 특징이 있다.

(5) 3코트 도장

컬러 베이스 도장 후 펄 베이스로 도장하고, 마지막으로 클리어 도료로 도장하는 방법을 말한다.

02 도료의 구성요소를 설명하고, 자동차용 도료의 종류를 약술하시오.

1. 도료의 구성요소

(1) 안 료

안료는 도막에 색이나 충진 효과를 부여하는 분말로 물이나 기름, 용제 등에 잘 혼합되지 않으며, 수지에 의해 용해되어 피도물에 부착된다. 도료에는 안료가 들어간 도료와 들어가지 않은 투명도료(클리어)가 있다.

① 안료의 기능

안료는 도료에 첨가되어 색상을 주며 바탕을 은폐시키는 역할을 수행한다.

ㄱ 착색과 은폐력 부여

ㄴ 도료의 유동성 및 점도 등의 물성 조절

ㄷ 도막의 형성을 결정

ㄹ 도막의 강도 및 광택 조절

ㅁ 방청 및 내구성 향상

② 안료의 종류

ㄱ 체질 안료 : 도료의 점도를 높이거나, 주로 두터운 도막을 형성하는 중도, 하도에 사용하여 충진성과 연마성을 향상시키는 안료로 탈크 분말, 탄산칼슘 등이 있다.

ㄴ 방청 안료 : 강판 등에 녹이 발생하지 않도록 하고 도료에 사용되어 부식을 방지하며, 다음에 도장되는 도료와 소재의 부착력을 향상시켜 준다.

ㄷ 착색 안료 : 도막에 색채와 은폐력을 주고 빛에 의해 수지가 열화되는 것을 방지하며, 주로 상도베이스 도료에 적용된다.

- 일반적인 안료 : 일반적인 색상(적색, 청색, 백색 등)을 나타내는 안료이다.
- 메탈릭 안료 : 밝은 입체감과 금속감을 주는 알루미늄의 작은 조각이다.
- 마이카 안료 : 도막에 진주와 같은 느낌을 주는 안료로 이산화티타늄(TiO_2)으로 코팅된 운모조각으로 이루어져 있다.

(2) 수지(Resin)

① 수지의 역할

수지는 도장 후 도막을 형성하고 광택을 주며, 피도체에 안료가 골고루 퍼져 밀착이 잘되게 하여 주는 도막의 주성분으로 도료의 성능은 수지의 성질에 좌우된다. 일반적으로 상도용 도료에는 투명성과 내구력이 좋은 아크릴 수지가 주로 사용되고, 하도용 도료에는 폴리에스테르, 에폭시 수지 등이 사용된다.

② 수지의 종류

    ㉠ 천연 수지 : 천연의 동식물에서 채집되며 송진, 코우펄, 셀탁 등이 있다.

    ㉡ 합성 수지 : 인공적으로 합성시켜 만든 수지로 현재 거의 모든 도료에는 이 합성 수지가 사용되며, 특히 자동차 보수도료는 합성 수지의 일종인 폴리우레탄 수지가 주로 사용된다.

        • 열가소성 수지 : 가열하면 연화되는 수지로 유연성이 좋고 용제에 쉽게 용해된다. 염화비닐 수지, 아크릴 수지, NC(Nitrocellulose), 셀룰로스 등이 있다.

        • 열경화성 수지 : 열을 가하면 경화되는 수지로 경도가 높고 용제에 강하다. 에폭시 수지, 멜라닌 수지, 폴리우레탄 수지, 아크릴우레탄 수지 등이 있다.

(3) 용제(Solvent)

① 용제의 역할

    도료에 섞여 도장이 잘되게 하는 역할을 하며 자기 자신은 변하지 않으며 다른 물질을 녹인다. 점도가 높은 수지를 적당한 점도로 용해하여 유동성과 유전성을 갖도록 한다.

② 용제의 종류

    ㉠ 락커용 : 톨루엔, 초산에틸, 이소프로필알코올, 메틸에틸케톤(MEK), 부틸셀로솔브

    ㉡ 아크릴우레탄용 : 크실렌, 톨루엔, 초산에틸, 셀로솔브아세데이트, 메틸이소부틸케톤(MIBK)

    ㉢ 열경화아크릴용 : 크실렌, 톨루엔, 부틸알코올, 초산에틸, 부틸셀로솔브

(4) 첨가제

① 첨가제의 역할

    도료에 첨가하여 건조를 증진(경화제 등)시키거나 피막을 방지하고, 그 외 여러 가지 도료의 성능을 보완시키거나 새로운 특성을 나타나게 한다.

② 첨가제의 종류

    ㉠ 가소제(연화제) : 도막에 유연성을 주고 굴곡성과 내충격성을 향상시켜 주며, 도막의 내노화성, 내한성, 내광성의 향상을 목적으로 사용한다.

    ㉡ 자외선 흡수제 : 도막의 노화에 영향을 미치는 자외선을 도막의 표면층에서 흡수하여 도막 외관 광택의 감소와 변색과 같은 노화를 방지하기 위한 것이다.

    ㉢ 분산제 : 안료가 수지 속에서 잘 분산되고 용기 바닥에 침전되는 것을 방지하기 위해 첨가하는 것이다.

    ㉣ 건조제 : 안료에 소량을 넣어 건조를 촉진시키는 것으로 경화제와는 구별되며, 도료 속에 들어 있다.

    ㉤ 경화제 : 2액형 도료의 반응제로 사용하며, 도장할 때 첨가한다.

    ㉥ 증점제, 방부제 : 도막의 점도를 높이기 위해서 사용한다.

(5) 희석제

대표적인 희석제로는 리듀서와 시너가 있다. 이 솔벤트들은 언더코트나 탑코트의 점도를 묽게 만들어 도료를 캔에서 금방 꺼냈을 때 스프레이 하기 좋은 상태로 만들어 준다.

희석제를 사용함으로써 얻을 수 있는 이점은 다음과 같다.

① 스프레이건의 사용을 부드럽게 할 수 있고, 비산입자가 치밀해진다.

② 점도가 적정하면 필요 없는 도막이 형성되어 들뜨는 일이 없다.

③ 솔벤트의 완전 증발로 부드럽고 내구성 있는 도막이 형성된다.

2. 자동차용 도료의 종류

(1) 락커계 도료

① 락커계 도료의 특성은 작업성과 건조성이 좋기 때문에 현재도 보수 도장의 분야에 많이 사용되고 있다.

② 도장면의 연마작업이 필요하고 광택내기 작업을 필요로 하기 때문에 점차 2액형 우레탄 도료로 바뀌어 가고 있다.

(2) 2액형 우레탄 도료

① 2액형 도료는 주제와 경화제를 혼합하였을 때 서로 반응하여 경화되는 도료이다.

② 경화제로 사용되고 있는 이소시아네이트(isocyanate)가 인체에 유독하며, 건조시간이 길어 건조과정에서 먼지가 부착되므로 부스 등의 설비가 필요하다.

③ 이 타입의 도료로는 주제와 경화제의 중량비 혼합 비율에 따라 표준형(4 : 1), 속건형(10 : 1)이 사용되고 있다.

④ 표준형의 완전 경화한 도막은 새차 도막과 같은 정도의 도막을 얻을 수 있다.

⑤ 속건형은 표준형보다 도막 성능은 조금 떨어지나 작업성과 건조성이 좋아 현재 보수 도장의 주류를 이루고 있다.

(3) 열처리 도료

① 현재 거의 모든 새차 라인에 채용되고 있는 도료로서 솔리드용에는 아미노 알키드 열처리, 메탈릭에는 아크릴 열처리가 사용되고 있다.

② 이 도료는 1액형이며, 120~170℃의 온도에서 30~40분 가열시켜 경화하는 도료이다.

③ 보수용으로 사용하는 경우에는 램프 렌즈, 몰딩, 내장재 등에 온도 손상이 없도록 마스킹을 해야 하며, 대형 열처리 도장 설비가 필요하므로 보수 도장용으로는 적합하지 않고 신차 라인용 도료로 사용되고 있다.

(4) 아크릴 실리콘 도료

우레탄 도료의 장점을 가지면서 이소시아네이트를 넣지 않는 것을 목표로 1980년대 후반에 개발된 도료로서 상온 건조형의 1액형 도료이지만, 도막 성능은 2액형 우레탄보다 좋다.

(5) 불소 수지 도료

① 초내후성 수지로서 테프론(Teflon)이라고도 하며, 항상 표면이 왁스칠한 것같이 윤기가 있어 3~5년 동안 광택이 유지된다.

② 이러한 특성 때문에 종래부터 건축용으로 사용되었으나, 최근에는 자동차 도장에도 사용되고 있다.

03

기능적인 측면에서 도료를 구분하고, 그 기능을 약술하시오.

1. 프라이머(Primer)

금속 소재에 바르는 최초의 도료이다. 전 도막의 밀착과 보호, 다음의 도막을 위하여 만족한 표면을 만들기 위한 토대가 된다. 따라서 프라이머의 도막은 탄력성이 풍부하고 온도 변화에 수반하는 팽창, 수축에 대한 순응성을 갖게 하는 동시에 방청 안료(징크로메이트)를 포함하고 있다.

2. 서페이서(Surfacer)

프라이머나 퍼티 위에 칠하여 최종적으로 요철을 조정하고 상도 도장을 할 때에 마무리가 좋게 하는 도료이다. 마무리 도료의 흡입을 방지하고 연마성, 내수성 및 프라이머로서 마무리 도료에 대한 밀착성이 우수해야 한다.

3. 퍼티(Putty)

도장되는 표면에 있는 구멍, 균열, 깊은 오목 부분을 충분하게 메우기 위한 도료이다. 보통 주걱을 사용하여 두껍게 도장한다. 안료가 매우 많기 때문에 내충격성이 나쁘고, 또한 무르며 여러 성능이 불량하므로 가급적 사용하지 않는 것이 좋다.

4. 프라이머 서페이서(프라서페)

프라이머(Primer)와 서페이서(Surfacer)의 기능을 함께 가지고 있는 바탕 도료이다. 선징형(서페이서의 성능이 주가 됨)과 논선징형(프라이머의 성능이 주가 됨)이 있으며, 주로 소부형 합성수지 도료에 적당하다.

> **더 알아보기** 프라이머 서페이서의 기능
>
> • 상도와 하도 사이의 부착력을 향상시킨다.
> • 부식을 방지한다.
> • 외부로부터의 충격에 대해 완충작용을 한다.
> • 상도에 좋은 외관을 제공한다.
> • 최종적으로 요철 부분을 메운다.
> • 상도 도료의 용제가 하도로 침투되지 않도록 한다.

5. 필러(Filler)

목재 표면에 있는 무수한 작은 구멍을 메우고 평활한 도장면을 만들어서 바탕을 견고하게 하고 마무리 도료의 흡입을 방지하는 도료이다.

6. 실러(Sealer)

다공질인 표면에 도장하는 도료로서 마무리 도료의 흡입을 적게 하고 도장 표면을 안정화시키기 위하여 바른다. 또는 틈 손질, 송진 손질, 알칼리에 대한 손질을 하기 위하여 목재, 슬레이트, 플라스터 등에 도장한다.

7. 언더코트(Under Coat)

보통 필러 또는 실러 위에 도장을 하며 평활한 면과 흡입이 없는 면을 만들기 위하여 사용한다. 이 때문에 마무리 도장은 광택이 좋게 마무리를 할 수 있다.

8. 마무리 도장(Top Coat)

마지막으로 바르는 도료로서 색이나 광택이 좋은 미관을 만들어주는 도료이다.

04

자동차 보수 도장에서 중도 도료(Intermediate Coat)인 프라이머 서페이서(Primer Surfacer)의 기능과 역할에 대해 약술하시오.

프라이머 서페이서(Primer Surfacer)의 기능과 역할

(1) 부식(녹) 방지와 부착성 향상

차량 대부분의 소재인 철재는 공기 중의 수분이나 산소, 물에 닿으면 부식(녹)이 진행된다. 녹이 발생한 부위나 도장한 곳에 녹이 발생하면 도막의 부착력이 떨어지고 페인트가 벗겨지게 된다. 프라이머 서페이서는 이러한 녹을 방지하는 기능과 하도와 상도 사이의 부착성을 향상시키는 기능을 한다.

(2) 상도 도장을 위한 밑바탕 역할

하도 도료인 퍼티나 프라이머는 흠이나 균열을 보수하기 위한 작업이라면 중도 도료인 프라이머 서페이서는 상도작업이 잘 될 수 있도록 밑바탕을 다져주는 역할을 하며, 상도에 좋은 외관을 제공한다.

(3) 충격에 대한 완충작용

퍼티 면이나 부품 패널의 프라이머 면에 일정한 도막의 두께를 유지하여 외부로부터의 충격에 대해 완충작용을 한다.

(4) 메꿈역할

연마자국이나 퍼티의 미세한 기공이나 깊은 스크래치를 어느 정도 메워준다.

05
자동차의 상도 도장에서 솔리드(Solid) 도장, 메탈릭(Metallic) 도장, 펄-마이카
(Pearl-Mica) 도장의 방법 및 특징에 대하여 약술하시오.

상도 도장은 자동차의 미관과 상품가격에 영향을 주는 도장작업의 최종공정이다.

(1) 솔리드(Solid) 도장

① 1코트 도장 : 상도 도장을 한가지 종류의 도료만으로 작업을 완료하는 도장이다.

② 솔리드 도장은 베이스 수지에 다양한 색상의 안료를 분산시킨 형태이다.

(2) 메탈릭(Metallic) 도장

① 2코트 도장 : 컬러베이스 도료 및 클리어(투명) 도료 두가지를 사용하여 2단계로 작업하는
도장이다.

② 솔리드 컬러에 은빛 알루미늄입자(분말소재)를 첨가하여 금속성의 광택이 나도록 한 형태이다.

(3) 펄-마이카(Pearl-Mica) 도장

① 3코트 도장 : 컬러베이스 도료, 펄 베이스 도료, 클리어(투명) 도료를 사용하여 3단계로 작업하
는 도장이다.

② 알루미늄입자(분말소재) 대신에 마이카(운모) 안료를 첨가하여 진주광택이 들어간 색상(pearl)
을 나타낸다. 펄(pearl) 입자의 특성은 흡수와 반사를 동시에 하기 때문에 보는 각도에 따라
색상이 달라지는 형태를 보인다.

06

대기환경보전법 강화에 따라 자동차 보수 도장이 유용성에서 수용성으로 대체되고 있다. 이와 관련 "유용성"과 "수용성" 도장의 차이점을 설명하고, 수용성 도장의 작업공정을 약술하시오.

1. 개 요

자동차 도료산업에도 최근 환경문제와 관련하여 여러 가지 규제가 강화되고 있다. 자동차 도장작업시 공기 중으로 방출되는 휘발성 유기화합물(VOC ; Volatile Organic Compounds)이 지구온난화 및 오존층 파괴의 주범으로 떠오르면서 휘발성 유기화합물의 배출이 없는 도료의 개발을 필요로 하게 되었으며, 이에 대안으로 개발된 도료기법이 수용성 도장이다. 수용성 도장은 기존의 시너(thinner)와 같은 유용성 도료를 대체하여 물을 사용하는 도료기법이다.

2. "유용성" 도장과 "수용성" 도장의 차이점

(1) 수용성 도장의 특성

① 가격 : 재료비는 유용성 도료에 비해 비싸다.

② 작업시간 : 유용성 도장에 비해 수정작업이 어렵고 건조시간이 오래 걸린다.

③ 은폐력 : 안료 입자가 미세하므로 완전한 은폐가 가능하다.

④ 친환경성 : 유용성 도료에 비해 VOC 화합물을 70% 이상 감소시킬 수 있다.

(2) 작업공정상 차이점

① 수용성 도장의 작업공정은 유용성 도장과 거의 유사하지만, 물을 혼합하여 작업한다는 점에서 차이가 있다.

② 수용성 도료는 수분이 건조되고 난 후 유기용제가 반응하여 건조된다.

③ 수용성 도료는 건조가 느리기 때문에 에어드라이 젯(air dry jet)을 사용해야 한다.

④ 수용성 도료는 유용성 도료에 비하여 교반시간이 더 길며, 부스의 온도 변화에 보다 민감한 반응을 보인다(15℃ 이하 또는 35℃ 이상에서는 작업이 불가하며, 최적 작업온도는 25~28℃임).

⑤ 수용성 도료는 스프레이 작업방법에 따라 입자배열이 다르게 나타나므로 도장 면을 눈으로 직접 확인하면서 적정한 속도를 유지해야 한다.

⑥ 스프레이건을 사용한 후 세척할 때 유용성 도료는 용제를 사용하지만, 수용성 도료는 물을 이용한다.

⑦ 수용성 도료는 사용 후 남은 도료를 밀봉상태로 상온에 보관하면 재사용이 가능하다.

3. 수용성 도장의 작업공정

(1) 수용성 도장의 주요 작업공정

① 퍼티(putty) 부착 및 건조

② 프라이머 서페이서(primer surfacer) 도포 및 플래시 타임(flash time)

 ※ **플래시 타임(flash time)** : 재도장이 가능하도록 용제가 도막으로부터 증발되는데 소요되는 최소시간

③ 프라이머 서페이서(primer surfacer) 열처리 건조

④ 베이스코트(base coats) 도장

⑤ 에어드라이 젯(air dry jet) 건조

⑥ 클리어 도포 및 플래시 타임(flash time)

⑦ 도장 부스(booth) 가열건조

(2) 수용성 도장시 주의사항

① 도료 교반

수용성 도료는 용제를 사용하지 않으므로 기존 유용성 도료에 비해 보다 세밀한 교반이 요구되며, 교반시간도 더 소요된다. 그러므로 정확한 교반이 이루어졌는지 확인하면서 완전히 교반될 때까지 교반해야 한다.

② 소지면 탈지

수용성 도료는 기존의 유용성 도료에 비하여 표면장력이 높아서 크레이터링(cratering ; 분화구 현상)이 일어날 가능성이 크므로 완전히 탈지하고 수용성 표면처리제로 다시 한번 세척한 후 건조시켜야 한다.

③ 건조방법

수용성 도료는 유용성 도료에 비해 상온에서는 건조가 느리기 때문에 반드시 에어드라이 젯(air dry jet)을 사용해야 한다. 다만, 전체 도장 등 작업부위가 넓을 경우는 사용하지 않아도 무방하다.

④ 스프레이 횟수

수용성 도료는 유용성 도료에 비해 스프레이 횟수가 줄어들어 약 1.5회로 베이스 도장이 마무리된다.

⑤ 스프레이 압력

스프레이시 에어압력은 2bar를 유지하는 것이 좋다. 단, 넓은 부위에 대한 1회 도장시에는 압력을 다소 낮추어 사용할 경우도 있다.

⑥ 도막의 수정

도막을 수정해야 할 경우 건조 전에는 물로 세척이 가능하며, 건조 후에는 시너(thinner)로 세척이 가능하다. 샌딩(sanding)이 필요할 경우에는 반드시 미스트 도장 후 건조를 마친 상태에서 시행해야 한다.

⑦ 스프레이건의 세척

작업 후 스프레이건은 수돗물로 1차 세척하고 미세하게 남아있는 도료는 락카(lacquer)계 시너(thinner)로 세척한다.

⑧ 남은 도료의 처리

사용 후 남은 도료는 밀봉상태로 상온에서 보관시 6개월까지는 사용이 가능하다. 단, 부식으로 인한 변색 또는 변질의 우려가 있으므로 금속용기는 사용하면 안 된다. 따라서 도료를 절약하기 위해서는 가급적 필요량을 혼합하여 사용하고 남은 도료도 최대한 빠른 시간 내에 사용해야 한다. 또한 스프레이건 세척 후 수용성 도료와 수돗물이 혼합된 상태의 액체는 응고제를 투입하여 물과 슬러지로 구분하여 폐기한다.

07 차량 보수용 수용성 도장의 작업공정 및 특성에 대하여 기술하시오.

1. 보수 도장의 작업공정

(1) 일반적인 작업공정

① 하처리 단계

㉠ 하처리작업이란 방청, 방수작업은 물론 작업부위를 평평하게 다듬고 패널의 부식을 방지하는 워시 프라이머를 도장하여 도료의 부착성을 증대시키는 작업이다.

㉡ 세부작업내용 : 구도막 제거 및 엣지 형성 → 금속표면처리 → 1차 퍼티 바르기 → 1차 퍼티 연마 → 2차 퍼티 바르기 → 2차 퍼티 연마

② 하도장 단계

㉠ 하도장작업은 퍼티의 기포구멍이나 샌드페이퍼 자국을 메꾸고 상도 도장시 도료와 용제의 침투현상을 방지하며, 밀착성을 향상시키는 작업공정이다.

㉡ 세부작업내용 : 마스킹 → 프라이머 서페이서 도장 → 마무리 퍼티 바르기 → 프라이머 서페이서 연마 → 주변부 연마

③ 상도장 단계

㉠ 도장할 부위에 색상을 입히고 광택을 부여하는 작업공정으로 미관 및 컬러가 중시된다.

㉡ 세부작업내용 : 마스킹 보완 → 베이스코트 도장 → 클리어코트 도장 → 가열건조

④ 마무리 단계

㉠ 마무리공정은 마스킹을 제거하고 도장이 미진한 곳에 대한 보완 도장 및 도장면의 먼지나 오물을 깨끗이 청소하는 작업단계이다.

㉡ 세부작업내용 : 가열도막 냉각 → 마스킹 제거 → 붓칠 및 마무리 작업 → 폴리싱 → 세차

(2) 자동차 보수 도장 표준작업공정

구 분		작업내용
하처리 단계	1. 표면세척	물로 도장할 부분을 씻고 물기를 없앤 다음 표면 세척제를 솔, 종이 걸레에 묻혀서 골고루 닦고 표면 세척제가 완전히 건조되기 전에 마른 종이걸레로 다시 닦아낸다.
	2. 구도막 제거	도막면과 연마기와의 각도를 15°로 세워서 연마하고 움푹 파인 부분은 90° 각도로 구도막을 제거한다.
퍼티 작업 단계	3. 엣지 형성	신차 도막은 #60 → #80 → #120순으로, 재보수 도막면이나 도막성이 좋지 않은 도막은 #60 → #80 → #120 → #180 → #240까지 연마한다.
	4. 연마면 부식방지작업 (표면처리)	기초퍼티 바르기를 위한 사전 준비 공정으로서 단 낮추기작업시 발생된 분진 및 오염물을 철저히 제거한다.
	5. 1차 퍼티 바르기	가장 깊게 들어간 부분을 메운 다음 주걱방향을 안에서 밖으로 바르고 굴곡 상태에 따라 2~3회에 걸쳐 골고루 바른다.
	6. 1차 퍼티 연마	구도막 면에 연마자국이 생기지 않도록 유의하며, 작업면적에 따라 샌더를 선별하여 사용하는 것이 편리하다.
	7. 2차 퍼티 바르기	기초 퍼티에서 완벽하지 못한 부분을 완벽하게 마감퍼티로 메운다. 마감퍼티로 사용되는 재료 중에는 스프레이건으로 퍼티작업을 하는 스프레이 퍼티도 있다.
	8. 2차 퍼티 연마 및 퍼티면 주변부 연마	퍼티주위를 먼저 가볍게 연마하고 난 후 서페이서 도장할 구도막 전체를 골고루 연마한다.
하도장 단계	9. 마스킹	서페이서를 도장하기 위한 사전준비 공정이다. 전면 연마시 발생된 분진 및 오염물을 철저히 제거한다. 서페이서를 도장한 주변부위는 마스킹 종이와 테이프를 이용하여 가린다.
	10. 프라이머 서페이서 도장	퍼티면과 단 낮추기 한 부위를 먼저 도장한 후 전면 도장한다. 구도막 재질에 따라 알맞은 서페이서를 선택하여 사용하는 것이 중요하다. 건조기로 20분 정도 건조한다.
	11. 마무리 퍼티 바르기	프라이머 서페이서 도장면에 발생된 작은 홈과 샌드페이퍼 연마 흔적 등을 퍼티로 얇게 메운다. 상온에서 10분가량 자연건조 시킨다.
	12. 프라이머 서페이서 및 주변부 연마	#240 → #320 → #400순으로 연마하고 짙은 색은 #600번까지 연마한다. 주변부를 넓게 연마한다.
상도장 단계	13. 서페이서면 탈지	상도 도장전 표면 탈지는 철저하게 하여야 한다. 표면세척제 중에는 정전기를 방지하는 기능을 갖고 있는 세척제도 있다.
	14. 상도조색 및 도장하기	조색은 오전 10시부터 오후 3시 사이에 작업하는 것이 바람직하다.
마무리 단계	15. 마무리작업	마무리작업은 마스킹을 제거하고 먼지 등으로 상도표면이 오염되었을 때 오염된 부위만 수정하기 위한 작업단계이다

2. 수용성 도장과 유성 도장의 비교

(1) 작업공정상 차이점

① 수용성 도장의 작업공정은 유성 도장과 거의 유사하지만, 물을 혼합하여 작업한다는 점에서 차이가 있다.

② 수용성 도료는 수분이 건조되고 난 후 유기용제가 반응하여 건조된다.

③ 수용성 도료는 교반시간이 유성 도료에 비하여 더 많이 소요되며 부스의 온도 변화에 보다 민감한 반응을 보인다(15℃ 이하 또는 35℃ 이상에서는 작업이 불가하며, 최적 작업온도는 25~28℃임).

④ 스프레이건을 사용한 후 세척할 때 유성 도료는 용제를 사용하지만, 수용성 도료는 물을 이용한다.

⑤ 사용 후 남은 도료의 처리는 기존 유성 도료의 경우 폐도료를 별도로 보관하여 특정폐기물 처리업자에게 위탁하여 처리하지만 수용성 도료의 경우 응고제를 활용하여 물과 페인트 슬러지로 분리하여 슬러지는 고체 상태로 폐기하고 물은 배출하기 때문에 폐기물 처리 비용을 현저히 줄일 수 있는 장점이 있다. 수용성 도료의 슬러지에는 중금속, VOC 물질 등이 함유되어 있지 않기 때문에 이와 같은 처리가 가능하다.

(2) 수용성 도장의 특성

① 가격 : 우레탄 도료나 유성 베이스코트에 비해 재료비가 비싸다.

② 작업시간 : 유성 도장에 비해 수정작업이 어렵고 건조시간이 오래 걸린다.

③ 은폐력 : 안료 입자가 미세해 완전한 은폐가 가능하다.

④ 친환경성 : 유성 도료에 비해 VOC 화합물을 70% 이상 감소시킬 수 있다.

3. 수용성 도료(베이스코트) 보수 도장시 주의사항

(1) 도료 교반

수용성 도료는 용제를 사용하지 않으므로 기존 유성 도료에 비해 보다 세밀한 교반이 요구되며, 교반시간도 다소 더 소요된다. 그러므로 정확한 교반이 이루어졌는지 확인하면서 완전히 교반될 때까지 교반해야 한다.

(2) 소지면 탈지

수용성 도료는 기존의 유성도료에 비하여 표면장력이 높아서 크레이터링(Cratering ; 분화구 현상)이 일어날 가능성이 크므로 완전히 탈지하고 수용성 표면처리제로 다시 한번 세척한 후 건조시켜야 한다.

(3) 건조방법

수용성 도료는 유성도료에 비해 상온에서는 건조가 느리기 때문에 반드시 드라이젯트건을 사용해야 한다. 다만, 전체 도장 등 작업부위가 넓을 경우는 사용하지 않아도 무방하다.

(4) 스프레이 횟수

수용성 도료는 유성도료에 비해 스프레이 횟수가 줄어들어 약 1.5회로 베이스 도장이 마무리된다.

(5) 스프레이건의 선택

수용성 도료의 스프레이건으로는 SATA NR – 2000HVLP 1.3 또는 1.4 구경을 사용하는 것이 좋다. 스프레이패턴과 토출량은 완전히 개방하며 스프레이건의 필터도 제거하는 것이 바람직하다.

(6) 스프레이 압력

스프레이시 에어압력은 2bar를 유지하는 것이 좋다. 단, 넓은 부위에 대한 1회 도장시에는 압력을 다소 낮추어 사용할 경우도 있다.

(7) 도막의 수정

수용성 도료는 특성상 건조가 느리고 송진포작업이나 연마 등이 어려우므로 최대한 부스환경과 작업자의 복장을 깨끗이 유지하여 원천적으로 먼지를 줄이는 방향으로 관리해야 한다. 도막을 수정해야 할 경우 건조 전에는 물로 세척이 가능하며, 건조 후에는 시너로 세척이 가능하다. 샌딩이 필요할 경우에는 반드시 미스트 도장 후 건조를 마친 상태에서 시행해야 한다.

(8) 스프레이건의 세척

작업 후 스프레이건은 수돗물로 1차 세척하고 미세하게 남아있는 도료는 락커계 시너로 세척한다.

(9) 남은 도료의 처리

사용 후 남은 도료는 밀봉상태로 상온에서 보관시 6개월까지는 사용이 가능하다. 단, 부식으로 인한 변색 또는 변질의 우려가 있으므로 금속용기는 사용하면 안 된다. 따라서 도료를 절약하기 위해서는 가급적 필요량을 혼합하여 사용하고 남은 도료도 최대한 빠른 시간 내에 사용해야 한다. 또한 스프레이건 세척 후 수용성 도료와 수돗물이 혼합된 상태의 액체는 응고제를 투입하여 물과 슬러지로 구분하여 폐기한다.

더 알아보기　　**수용성 도장**

최근 사회적으로 환경문제와 관련하여 자동차 도료산업에도 여러 가지 규제로 건강과 환경보호에 대하여 압박을 가하고 있다. 유럽의 경우 공기 중으로 방출되는 휘발성 유기화합물(VOC ; Volatile Organic Compounds)의 배출량이 연간 1,100만톤을 넘어서고 있으며, 이 중에 도료산업이 약 20% 정도에 이르러 지구온난화 및 오존층 파괴의 주범으로 떠오르면서 이러한 휘발성 유기화합물의 배출이 없는 도료의 개발을 필요로 하게 되었으며, 대안으로 개발된 도료기법이 수용성 도장이다. 수용성 도장은 기존의 시너와 같은 유용성 도료를 대신하여 물을 사용하는 도료기법이다.

08

다음은 일반적인 차체 보수 도장의 공정순서를 나타낸 것이다. (   )에 적합한 공정을 쓰시오.

> 차체표면검사 → 차체오염물제거 → (   ) → 단 낮추기작업 → 퍼티혼합 및 도포
> → (   ) → 래커퍼티 혼합 및 도포 → 래커퍼티 연마 → (   ) → 중도연마 →
> (   ) → 상도 도장 → (   ) → 광택 및 왁싱작업

차체 보수 도장의 공정순서

차체표면검사 → 차체오염물제거 → (구 도막 및 녹 제거) → 단 낮추기작업 → 퍼티혼합 및 도포
→ (퍼티연마) → 래커퍼티 혼합 및 도포 → 래커퍼티 연마 → (중도 도장) → 중도연마 → (조색작업)
→ 상도 도장 → (투명도료 도장) → 광택 및 왁싱작업

09

자동차 표면 도장작업 중 구도막의 판별법과 손상 점검방법을 설명하시오.

1. 구도막의 판별법

구도막의 종류를 확인하는 것은 보수 도장에서는 필수적이고 매우 중요한 공정이다.

(1) 육안판별법(Visual Test)

① 고온 건조형 아미노알키드수지는 오렌지 필(Orange Feel)의 표면으로 보인다.

② 락커와 몇몇의 속건형 우레탄도료는 외관이 매끈하고 좋게 되어 있어 구분이 어렵다.

③ 아크릴 우레탄도료는 불규칙한 오렌지 필이 나타나고 광택도 일정하지 않게 보인다.

(2) 용제판별법(Solvent Test)

① 락커 시너를 적신 면 타월로 도장면을 문지를 때 고온건조된 도막은 용제에 녹지 않는다.

② 락커 타입의 도막은 용제에 녹고 면 타월에 색상이 묻는다.

③ 속건형 우레탄도막은 쉽게 녹지 않지만 노화된 도막에서는 영향을 줄 수가 있다.

④ 아크릴 우레탄과 고온 건조된 도막은 용제에 의한 영향은 전혀 없고 노화된 도막은 미세하게 영향을 줄 수가 있으나, 색상이 묻어나지는 않는다.

2. 구도막의 손상 점검방법

(1) 육안확인법

① 형광등을 패널에 비춰 반사되는 상을 보면서 손상정도와 부위를 확인한다.

② 실외에서는 해를 등지고 15~45° 측면에서 손상부위를 관찰한다.

(2) 촉감확인법

① 손에 면장갑을 끼거나 손바닥에 연마 가루를 묻힌 상태에서 힘을 가하지 않고 손바닥으로 손상부위를 촉감으로 확인한다.

② 손바닥을 굴곡되지 않은 면에서 굴곡된 면으로 이동하면서 패널의 굴곡 정도를 감지한다.

(3) 눈금자확인법

손상되지 않은 패널에 직선자를 맞추어 보고 패널과 직선자 사이의 틈새를 확인한 후 손상된 패널에 직선자를 맞추어 그 차이를 비교하며 확인한다.

10 자동차 보수 도장시 광택작업 4단계를 설명하고, 작업시 주의사항을 약술하시오.

1. 광택작업의 4단계

(1) 컬러 샌딩 공정

보수 도장 후 심한 오렌지 필이 흐른 부위의 큰 먼지 결함 등을 제거하여 표면을 평활하게 한다.

① 작업부위를 표시한다.

② 더블액션 샌더기에 중간패드를 부착하고 P1200 연마지를 이용하여 무리한 힘을 가하지 않고 건식 연마한다.

③ 연마하면서 수시로 표면 상태를 확인하고 면이 평활해질 때까지 연마한다.

④ 수정부위를 먼저 샌딩하고, 도장 표면 전체의 오렌지 필을 주의하면서 연마한다.

(2) 컴파운딩 공정

컬러 샌딩작업으로 발생되는 연마자국을 제거하여 어느 정도의 광택을 살려주는 공정으로 도장 표면을 액상 연마제로 연마하여 도장 결함을 제거한다(거친 스크래치, 심한 산화상태, 산성비자국).

① 폴리셔에 양털 버프를 부착시킨다.

② 작업면에 컴파운드를 골고루 묻힌다.

③ 작업면에 컴파운드가 골고루 묻도록 문지른 후 폴리셔를 구동시킨다.

④ 컬러 샌딩에 의한 연마자국이 완전히 없어질 때까지 수시로 확인하면서 작업한다.

⑤ 컬러 샌딩 자국 제거 후 컴파운딩 자국(스크래치)을 없애는 작업을 한다.

⑥ 한 곳을 너무 집중적으로 컴파운딩작업하면 베이스층이 드러날 수 있으므로 주의한다.

⑦ 컴파운딩작업이 완료되면 깨끗한 광택전용 타월을 이용하여 흩어진 컴파운드를 닦아 낸다.

(3) 폴리싱(광택) 공정

컴파운딩작업에서 발생된 스크래치를 완전히 없애주거나 도장 표면의 매우 얇은 층을 제거하는 공정이다(미세한 스크래치, 가벼운 산화물, 세차 후 물방울이나 빗물 자국).

① 폴리셔에 스펀지 버프를 부착한다.

② 스펀지 버프를 이용해 연마제를 골고루 작업면에 발라준다.

③ 무리한 힘을 가하지 않은 상태에서 폴리셔를 구동시켜 전체를 작업한다.

④ 라인부위나 가장자리, 블렌딩 부위는 도막이 얇아 베이스코트가 드러나기 쉬우므로 가볍게 작업한다.

⑤ 폴리셔가 잘 구동되지 않을 때 분무기로 비눗물을 뿌려주면서 작업하게 되면 쉽게 구동이 되고 도장면도 매끄럽게 된다.

⑥ 광택작업 완료 후 깨끗한 광택전용 타월을 이용하여 흩어진 글레이즈를 닦아낸다.

(4) 코팅 공정

도장 면에 묻은 미세한 양의 오염물질은 제거할 수 있으나, 도막 자체의 결함은 제거할 수 없다. 광택작업까지 끝난 후 코팅작업을 해주므로 도장 면을 보호하는 역할과 동시에 광택을 높여준다.

① 더블액션 샌더에 코팅용 스펀지패드를 부착한다.

② 작업 면에 코팅제를 골고루 바르고 코팅제가 어느 정도 건조되면 광택전용 타월로 광택제가 없어질 때까지 닦아준다.

③ 광택전용 타월에 먼지, 티가 있으면 도장 면에 스크래치를 낼 수 있으므로 깨끗이 털어서 사용한다.

④ 코팅제의 종류에는 왁스(실리콘)성분이 포함된 것과 포함되지 않은 것이 있는데 일반적으로 페인트가 완전 건조되는 데는 약 90일 정도가 소요되므로 보수 도장 후 90일이 지나기 전에는 왁스(실리콘)성분이 포함된 코팅제를 사용하지 않는다(왁스막이 형성되어 시너증발을 막게 되므로 수개월 뒤 도막에 하자가 발생).

2. 광택작업시 주의사항

① 직사광선을 피해야 하며, 도장 면이 뜨거울 때는 식혀서 작업해야 한다.

② 작업전 광택제를 충분히 흔들어준 다음 사용한다.

③ 작업시 무리한 힘을 가하지 말고 한 곳을 너무 집중적으로 작업하지 않는다.

④ 적정 작업부위는 가로세로 각각 60cm씩 나누어서 작업한다.

⑤ 양털 및 스펀지 버프를 세척할 때는 중성세제를 사용하지 말고 미지근한 물로만 세척한다.

자동차 보수 도장에서 블렌딩(Blending) 도장의 개요 및 작업방법에 대하여 약술하시오.

1. 블렌딩(Blending) 도장의 개요

블렌딩 도장이란 보수 도장 부위의 색상과 원래 자체의 색상과의 차이가 육안으로 나타나지 않도록 하는 것을 말한다.

2. 작업방법

(1) 표면 연마

고운 연마지를 사용하여 손상된 부위를 연마한다. 작은 부위와 작은 손상부위를 위해 거친 연마지 사용을 피한다.

(2) 블렌딩 부위 준비작업

① 블렌딩 부위는 적합한 공구를 사용하여야 한다. → 오비탈 샌더, 소프트 백업 패드(스펀지 패드)

② 스카치 브라이트를 이용한 손으로 연마는 피한다.

(3) 표면세정

연마 후 반드시 세정한다. 탈지포와 세정제를 사용하여 닦는다.

(4) 블렌딩 첨가제

① 손상된 부위를 둘러싸고 있는 주변 전체를 Permahyd® 블렌딩 첨가제 1051을 도장한다.

② Permahyd® 블렌딩 첨가제 1051은 단독으로 사용한다.

③ 블렌딩 첨가제 1051 도장은 부분적으로 혹은 인접해 있는 부분 전체에 적용할 수 있다.

(5) 베이스코트 블렌딩

① 블렌딩 첨가제 1051이 적용된 부위를 벗어나지 않도록 베이스코트를 도장한다.

② 베이스코트작업과 인접한 준비된 부위에 블렌딩작업은 동시 한번으로 완료되어야 한다(one operation).

③ 인접 부위에 블렌딩작업시 방아쇠를 당겼다 풀었다 하면서 원을 그리듯이 작업한다.

④ 한번 작업으로 신 판넬 혹은 보수부위에 즉시 도장하여야 한다.

(6) 투명 도장

Perma solid® clear coat를 공정에 따라 도장한다.

12

자동차 도장작업의 일부분으로 광택(폴리싱)작업이 이루어지고 있는데, 폴리싱 작업이 필요한 경우와 작업방법에 대하여 약술하시오.

1. 폴리싱작업

(1) 정 의

도막위의 광택휘도를 최상으로 만들기 위한 연마작업을 폴리싱(Polishing)이라고 한다.

(2) 폴리싱작업이 필요한 경우

폴리싱작업은 도장할 부위에 색상을 입히고 광택을 부여하는 작업 공정인 상도장 후 도막에 붙은 먼지나 이물질 등을 제거하기 위해 필요하며, 최근에는 차의 광택을 내기 위한 마무리작업으로 폴리싱이 이루어지기도 한다.

① 도막표면에 먼지나 이물질이 생겼을 때

② 상도장시 흐름현상이 생겼을 때

③ 도막표면에 오렌지 필 현상이 생겼을 때

④ 오버 스프레이 현상이 생겼을 때

⑤ 작은 스크래치가 생겼을 때

⑥ 부분 도장작업시 작업부위의 색을 다른 부분과 동일하게 하고자 할 때

2. 폴리싱작업방법

여러 가지 원인에 의해서 생긴 손상된 도막층을 폴리싱 샌더기와 패드를 이용해 표면 상태에 따라 다양한 컴파운드를 사용해서 손상된 도막층을 매끄럽게 깍아(연마)내는 작업이라고 할 수 있다.

(1) 컬러 샌딩 공정

보수 도장 후 심한 오렌지 필이 흐른 부위의 큰 먼지 결함 등을 제거하여 표면을 평활하게 한다.

(2) 컴파운딩 공정

컬러 샌딩작업으로 발생되는 연마자국(스크래치)을 제거하여 어느 정도의 광택을 살려주는 공정으로 도장 표면을 액상연마제로 연마하여 도장결함을 제거한다.

에 거친 스크래치, 심한 상화상태, 산성비자국

(3) 폴리싱(광택) 공정

컴파운딩작업에서 발생된 스크래치를 완전히 없애주거나 도장표면의 매우 얇은 층을 제거하는 공정이다.

예 미세한 스크래치, 가벼운 산화물, 세차 후 물방울이나 빗물자국

(4) 코팅 공정

① 도장면에 묻은 미세한 양의 오염물질을 제거할 수 있으나, 도막 자체의 결함은 제거할 수 없다.

② 광택작업까지 끝난 후 코팅작업을 해주므로 도장면을 보호하는 역할과 동시에 광택을 높여준다.

더 알아보기 　광택기(Polisher)

최종 상도 도막을 연마하여 광택을 내는 작업을 폴리싱(Polishing)이라 하고, 이 작업에 사용하는 연마기를 폴리셔라 하며 패드에 버프(Buff)를 붙여 사용한다.

1. 광택기의 종류

　전동식과 공기 공급식이 있으며, 전동식은 기계 자체의 무게를 이용하여 광택을 낼 수 있고, 힘을 가하여도 회전하는 속도가 변화하지 않기 때문에 많이 사용된다. 전동식은 타올 버프나 울(양모) 버프, 스펀지 버프를 장착하여 상도 도막을 연마하며, 고광택을 내는데 적합하다. 또한 중량이 비교적 무겁고 회전수 조정이 가능하여 작업성과 안전성이 높다. 공기 공급식은 중량이 가볍고 구조가 간단하지만, 회전수가 공기의 압력 차이에 의해 달라지므로 불안정하고 작업성이 떨어진다.

2. 버프의 종류

- **타올 버프** : 거칠거나 중간 거칠기의 컴파운드로 연마할 때 적당하며 비교적 연마력이 강하다.
- **울 버프** : 아주 고운 컴파운드로 연마작업하는데 적당하다.
- **스펀지 버프** : 최종 마감용으로서 초미립자의 컴파운드로 연마할 때 사용한다.

13

자동차의 차체 외부 광택(Polishing) 공정 및 작업시 주의사항에 대하여 약술하시오.

광택(Polishing) 공정 및 작업시 주의사항

(1) 광택(Polishing) 공정

컴파운딩작업에서 발생된 스크래치를 완전히 없애주거나 도장 표면의 매우 얇은 층을 제거하는 공정이다(미세한 스크래치, 가벼운 산화물, 세차 후 물방울이나 빗물 자국).

① 폴리셔(Polisher ; 광택기)에 스펀지 버프(Sponge Buff)를 부착한다.

② 스펀지 버프(Sponge Buff)를 이용해 연마제를 골고루 작업면에 발라준다.

③ 무리한 힘을 가하지 않은 상태에서 폴리셔(Polisher)를 구동시켜 전체를 작업한다.

④ 라인부위나 가장자리, 블렌딩 부위는 도막이 얇아 베이스코트(base coats)가 드러나기 쉬우므로 가볍게 작업한다.

⑤ 폴리셔(Polisher)가 잘 구동되지 않을 때 분무기로 비눗물을 뿌려주면서 작업하게 되면 쉽게 구동이 되고 도장면도 매끄럽게 된다.

⑥ 광택작업 완료 후 깨끗한 광택전용 타월을 이용하여 흩어진 글레이즈를 닦아낸다.

(2) 작업시 주의사항

① 직사광선을 피해야 하며, 도장 면이 뜨거울 때는 식혀서 작업해야 한다.

② 작업전 광택제를 충분히 흔들어준 다음 사용한다.

③ 작업시 무리한 힘을 가하지 말고 한 곳을 너무 집중적으로 작업하지 않는다.

④ 적정 작업부위는 가로세로 각각 60cm씩 나누어서 작업한다.

⑤ 양털 및 스펀지 버프(Sponge Buff)를 세척할 때는 중성세제를 사용하지 말고 미지근한 물로만 세척한다.

14

자동차 보수 도장 공정 중 퍼티(Putty) 연마 후에 이루어지는 공정 명칭을 쓰고, 이 공정의 주요 기능을 3가지 이상 나열하고, 그 목적을 각각 약술하시오.

중도작업(서페이서작업)

(1) 작업공정

① 퍼티연마와 전착면 연마가 종료되면 패널 전체를 꼼꼼히 탈지시킨다.

② 퍼티작업 부위에 서페이서작업을 하므로 리버스 마스킹을 실시하여 단층이 생기지 않도록 한다.

③ 서페이서작업은 1차는 얇게 스프레이하고, 플래시타임을 준 후 2차, 3차까지 실시하여 퍼티자국이나 스크래치가 발생되지 않도록 한다.

④ 서페이서작업을 한 후 적외선 건조기를 이용하여 10분 정도 건조시킨다.

(2) 주요 기능

① 녹 방지와 부착성 향상

차량 대부분의 소재인 철재는 공기 중의 수분이나 산소, 물에 닿으면 부식(녹)이 진행된다. 녹이 발생한 부위나 도장한 곳에 녹이 발생하면 도막의 부착력이 떨어지고 페인트가 벗겨지게 된다. 프라이머 서페이서는 이러한 녹을 방지하는 기능과 하도와 상도 사이의 부착성을 향상시키는 기능을 한다.

② 상도 도장을 위한 밑바탕 역할

하도는 흠이나 균열을 보수하기 위한 작업이라면 중도는 상도작업이 잘 될 수 있도록 밑바탕을 다져주는 역할을 한다.

③ 완충작용

퍼티 면이나 부품 패널의 프라이머 면에 일정한 도막의 두께를 유지하여 완충작용을 한다.

④ 메꿈역할

연마자국이나 퍼티의 미세한 기공이나 깊은 스크래치를 어느 정도 메워준다.

더 알아보기 보수 도장 공정	
1. 탈지작업(준비)	2. 퍼티작업(하도)
3. 프라이머 서페이서작업(중도)	4. 사전 조색작업
5. 베이스 도장	6. 크리어 도장(상도)
7. 열처리 건조작업	8. 폴리싱작업

15 손상된 자동차 판금작업 후 마무리 작업공정으로 도장작업을 한다. 도장작업 중 발생되는 결함의 종류를 나열하고 각각의 방지대책에 대하여 약술하시오.

1. 크레이터링(Cratering)

(1) 현 상
도막에 분화구모양과 같은 구멍이 생기는 현상을 말한다.

(2) 발생원인
① 퍼티, 프라이머 서페이서작업에서 생긴 기공이 도장 후에 그대로 나타난 경우

② 도장면의 탈지 및 이물질 제거가 불량한 경우

③ 다른 도료의 성분이 날아와서 붙었을 경우

④ 부스 내의 먼지를 제거하지 못했을 경우

⑤ 마스킹 테이프의 접착제가 남아있을 경우

⑥ 부적합한 첨가제를 사용했을 경우

(3) 방지대책 및 조치사항
① 퍼티 및 프라이머 서페이서작업시 기공이 발생하지 않도록 주의한다.

② 상도 전에 하지 점검을 확실히 하고 기공이 있을 경우 가벼운 퍼티로 메운다.

③ 도막건조 후 결함부위가 심한 곳은 퍼티부터 다시 작업하여 재도장한다.

2. 오렌지 필(Orange Peel)

(1) 현 상
도막의 표면이 오렌지 껍질과 같이 요철모양으로 되는 현상을 말한다.

(2) 발생원인
① 건조 중용제 증발이 빨라 도료의 유동이 정지되는 경우

② 부스 내의 온도가 높거나 풍속이 빠를 경우

③ 차체 보디의 온도가 높은 경우

④ 도료의 토출량이 많거나, 에어 압력이 높은 경우

⑤ 도료의 점도가 높거나, 도료의 유동성이 적은 경우

⑥ 시너의 증발속도가 빠른 경우

(3) 방지대책 및 조치사항

① 도장시 온도에 적합한 시너를 선택한다.

② 스프레이건의 속도, 초기압, 패턴을 정확하게 조절한다.

③ 도료의 점도를 조정하고, 시너의 증발속도를 늦춘다.

④ 메탈릭 도장에서는 클리어층만 연마하여 재도장한다.

⑤ 광택작업으로 결함을 제거한다.

3. 흐름(Sagging & Running)

(1) 현 상

도료가 흘러내리거나 처지는 현상으로 오렌지 필과 반대되는 현상을 말한다.

(2) 발생원인

① 도료의 점도가 낮거나 두꺼운 도장, 시너의 증발이 느린 경우

② 온도가 낮거나 부스 내의 풍속이 느린 경우

③ 스프레이 압력이 낮고 스프레이 양이 많을 경우

④ 도장 면과 스프레이건의 거리가 가까울 경우

⑤ 스프레이건의 노즐구경이 클 경우

(3) 방지대책 및 조치사항

① 도장 조건에 맞추어 점도조정, 시너의 선택을 정확히 한다.

② 증발이 쉬운 시너를 사용하고, 도료를 너무 묽게 하지 않는다.

③ 스프레이건의 패턴과 거리, 운행속도를 일정하게 한다.

④ 플래시타임을 지키며 두껍게 도장하지 말고, 여러 번 나누어 도장한다.

⑤ 지촉건조(도막을 손가락으로 가볍게 대었을 때 접착성은 있으나 도료가 손가락에 묻지 않는 상태)를 될 수 있는 한 빠르게 한다.

⑥ 흐름 흔적이 약한 경우는 광택작업으로 마무리한다.

⑦ 흐름 흔적이 심할 경우는 흔적이 남지 않도록 연마하여 재도장한다.

4. 주름(Wrinkle)

(1) 현 상

리프팅(Lifting)이라고도 하며, 도막의 표면층과 내부층의 뒤틀림으로 인하여 도막표면에 주름이 생기는 현상을 말한다.

(2) 발생원인

① 건조가 완전하지 않은 하도 위에 도장을 할 경우

② 성분이 다른 도료의 겹침 도장으로 도막이 두꺼울 경우

③ 락커로 도장 후 우레탄 투명으로 도장할 경우

④ 용해력이 강한 시너를 사용했을 경우

(3) 방지대책 및 조치사항

① 성분이 다른 도료의 겹침 도장은 되도록이면 피하는 것이 좋다.

② 락커계 도막이 도장되어 있는 경우에는 2액형 우레탄 서페이서로 도장한 후 후속 도장을 하는 것이 바람직하다.

③ 우레탄의 경우 상온에서 건조시키지 말고 60℃에서 30분 이상 건조시킨 후에 도장한다.

④ 주름진 부분을 완전히 벗겨내고 서페이서 도장을 한 후에 재도장한다.

5. 색 번짐(Bleeding)

(1) 현 상

상도 도막 면으로 하도의 색상이나 구도막의 색이 섞여서 번져 나오는 현상을 말한다.

(2) 발생원인

① 용제 침투가 강한 시너를 과다하게 사용한 경우

② 차체 보디에 타르가 부착되어 있는 경우

③ 구도막의 노화가 심한 부분에 도장할 경우

④ 왁스형 판금퍼티의 표면이 눌러 붙어 남아있는 경우

(3) 방지대책 및 조치사항

① 번지기 쉬운 색(적색이나 황색)으로 도장하여 번지는가를 확인한다.

② 이 현상이 발생할 경우 프라이머 서페이서로 차단 후 도장한다.

③ 지정된 시너를 사용한다.

④ 어두운 색상 위에 밝은 색상을 도장하지 않는다.

⑤ 번짐 방지 실러로 막아준다.

⑥ 심한 경우에는 구도막을 제거하고 다시 작업한다.

6. 메탈릭 얼룩(Metallic Mottling)

(1) 현 상

알루미늄 입자의 배열이 불균일하거나 분산 상태가 나빠서 얼룩이 생기는 현상을 말한다.

(2) 발생원인

① 증발이 느린 시너를 사용하거나 스프레이건의 취급이 적합하지 않을 경우

② 베이스와 클리어 사이의 플래시타임이 충분하지 않은 경우

③ 주위의 온도가 낮을 경우

④ 도막이 두꺼울 경우

⑤ 스프레이건의 노즐구경과 도료의 토출량이 일정하지 않을 경우

⑥ 도료의 점도가 낮을 경우

(3) 방지대책 및 조치사항

① 도료의 토출상태를 균일하게 한다.

② 클리어는 한꺼번에 두껍게 도장하지 않는다.

③ 스프레이건의 거리, 속도, 패턴을 일정하게 한다.

④ 도료가 건조되면 연마하여 재도장한다.

⑤ 플래시타임을 준수하여 도장한다.

7. 용제 퍼핑(Solvent Poping)

(1) 현 상

프라이머 서페이서나 상도에 함유된 용제에 의해 작은 기포자국이 생기는 현상을 말한다.

(2) 발생원인

① 플래시타임을 너무 오래 주었을 경우

② 플래시타임의 간격이 너무 짧을 경우

③ 도막을 너무 두껍게 올렸거나 눌러 뿌린 경우

④ 건조를 빠르게 하기 위해 원적외선 건조기나 램프를 이용하여 강제 건조시켰을 경우

⑤ 증발 속도가 빠르거나 부적합한 시너를 사용하였을 경우

(3) 방지대책 및 조치사항

① 정해진 도막두께 이상으로 도장하지 않으며 점도를 맞추어 도장한다.

② 플래시타임의 간격을 적당하게 한다.

③ 결함 부위가 심할 경우에는 소재까지 벗겨낸 후 연마하여 재도장하고 심하지 않을 경우에는 상도층만 연마하고 재도장한다.

16 자동차에 발생하는 도장의 결함종류, 발생원인 및 방지대책을 설명하시오.

1. 부풀음(Blistering)

(1) 현 상

　도막층 사이에 크고 작은 부풀음이 수없이 발생된 현상을 말한다.

(2) 발생원인

　① 표면의 탈지가 부족하거나 건조가 불량할 경우
　② 도막에 수분이 있거나 불순물 등이 있는 경우
　③ 부스 내의 습도가 높거나 기온차가 심할 경우
　④ 에어 호스 내에 기름이나 수분이 있을 경우
　⑤ 시너의 선택이 부적절하거나 용해력이 나쁜 경우
　⑥ 경화제가 부족한 경우

(3) 방지대책 및 조치사항

　① 부스 내의 습도를 적절하게 유지한다.
　② 깨끗한 압축공기를 주입하고 에어 호스 내의 먼지나 수분을 제거한다.
　③ 탈지작업을 확실히 하고 물 연마 후에는 수분을 확실히 건조시킨다.
　④ 부풀음이 생긴 부분은 도막을 모두 제거한 후 재도장한다.

2. 물 자국(Water Spot)

(1) 현 상

　도막 위에 광택이 소실된 물방울 모양의 자국이 나타나는 현상을 말한다.

(2) 발생원인

　① 새의 배설물, 나무의 수액, 가솔린 등이 장시간 부착된 경우
　② 건조하기 전에 비나 안개같은 수분이 도막 면에 부착된 경우
　③ 도막이 두꺼워서 건조가 부족할 경우
　④ 경화제가 부족할 경우
　⑤ 왁스의 잔량이 남아 있을 경우

(3) 방지대책 및 조치사항

    ① 도막이 건조될 때까지 옥외에 방치하지 않는다.

    ② 도막이 두껍게 도장되었을 경우에는 충분히 건조시킨다.

    ③ 물방울이나 이물질이 묻지 않도록 하고, 묻은 경우에는 깨끗이 씻어서 제거한 후 닦아낸다.

    ④ 물 자국이 작은 경우에는 광택작업을 한다.

    ⑤ 물 자국이 심할 경우에는 발생한 곳을 물 연마 후 재도장한다.

3. 황변(Yellowing)

(1) 현 상

    자외선에 의해 수지가 변해 도막의 색상이 노란색으로 변색되는 현상을 말한다.

(2) 발생원인

    ① 경화제의 양이 많이 투입되었을 경우

    ② 자외선에 노출이 많거나 산성비의 농도가 높은 경우

(3) 방지대책 및 조치사항

    ① 내구성이 좋은 도료를 선정해야 한다.

    ② 무황변 도료를 사용한다.

    ③ 우레탄계 도료의 경화제 투입은 비율대로 정확하게 해야 한다.

    ④ 황변이 약한 경우에는 컴파운딩으로 제거하고 심한 경우는 재도장한다.

4. 백화(Chalking)

(1) 현 상

    수지의 노화로 인해 안료가 가루상으로 표면에 떠올라 광택이 없어지는 현상을 말한다.

(2) 발생원인

    ① 표면의 수지가 자외선, 열, 물에 많이 노출되었을 경우

    ② 내구성이 나쁜 도료를 사용했을 경우

    ③ 도료를 저장할 때 침강이 많이 되었던 도료를 사용할 경우

    ④ 안료의 농도가 수지에 비해 높을 경우

(3) 방지대책 및 조치사항

　① 내구성이 좋은 도료를 사용한다.

　② 적정한 안료농도가 될 수 있도록 충분히 교반한다.

　③ 가루가 묻어 나오는 도막 면은 연마하여 재도장한다.

5. 크랙(Crack)

(1) 현 상

도막 면이 불규칙하게 갈라지는 현상을 말한다.

(2) 발생원인

　① 저온에서 도장을 할 경우

　② 자외선이 강할 경우

　③ 도막이 두껍고 건조가 부족할 경우

　④ 우레탄계 도료에서 경화제가 부족한 경우

　⑤ 도료 타입이 서로 다른 것을 혼합하여 사용할 경우

(3) 방지대책 및 조치사항

　① 도막이 너무 두껍게 도장되지 않도록 한다.

　② 매 도장마다 충분히 건조시킨다.

　③ 지정된 시너와 제조사에서 추천하는 도료를 사용한다.

　④ 균열된 부분은 박리하여 재도장한다.

6. 칩핑(Chipping)

(1) 현 상

작은 돌이나 유리알 같은 모래 등이 도막표면에 부딪혀 자국이 생기는 현상을 말한다.

(2) 발생원인

　① 주행 중 작은 돌이나 고체 물질이 차와 부딪히는 경우

　② 강력한 충격으로 상도나 전체 도막에 손상을 주었을 경우

　③ 손상된 표면에 습기가 침투하여 철판이 부식되었을 경우

(3) 방지대책 및 조치사항

① 경제속도로 운전하고 도막에 충격을 가하지 않는다.

② 손상된 표면에는 습기가 침투하지 않도록 조치한다.

③ 손상 정도가 적을 때는 붓이나 종이로 터치업 처리한다.

④ 손상이 심할 경우에는 연마 후 재도장한다.

17

국토교통부에서 공표한 자동차보험 적정 정비요금 중 도장요금 산정과 관련하여 다음 사항들에 대해 각각 설명하시오.

1. 도장요금 산출공식
2. 도장작업시간 구성요소인 "기본시간, 공통시간, 할증률"에 대한 개념
3. 판금패널의 도장과 교환패널의 도장의 비교
4. 도장코트(1, 2, 3 코트)의 개념

1. 도장요금 산출공식

도장요금은 도장작업시간에다 도장작업자가 수리용역의 대가로 받아야 할 공임률(시간당 공임)을 곱하여 산출한다.

$$도장요금 = 도장작업시간 \times 공임률$$

(1) 공임률
보험사와 정비공장간에 계약이 체결된 공임률(시간당 공임)을 적용한다.

(2) 도장작업시간
도장작업시간은 도장준비작업시간, 도장정미작업시간, 도장여유작업시간으로 구성된다. 도장준비작업시간은 정미작업을 수행하기 위하여 필요한 준비작업에 소요된 시간을 표준화한 것이며, 도장정미작업시간은 순수한 생산적 작업시간을 표준화한 것이고, 도장여유작업시간은 정미작업을 하면서 불규칙적으로 발생하는 물적·인적 사유에 의해 지연되는 시간을 표준화한 것이다.

2. 도장작업시간 구성요소

교환패널의 도장인지 판금패널의 도장인지 여부에 따라 각기 다른 표준작업시간이 설정되며, 기본시간, 공통시간 및 할증률로 구성된다.

(1) 기본시간

도장작업 면적에 비례하여 증가하는 작업시간으로서 스프레이 도장작업, 샌딩(연마)작업, 마스킹 작업 등 도장작업시간의 대부분을 차지한다.

(2) 공통시간

도장작업 면적이나 도장부품 수에 관계없이 도장작업 1회당 정량적으로 발생하는 작업시간, 즉 도료(퍼티, 프라이머 서페이서상 도료) 건조작업, 조색작업, 가열건조작업 등에 소요되는 시간을 말한다. 공통시간은 도장방법과 도장종류에 영향을 받으므로 교환 도장, 판금 도장, 1코트 도장, 2코트 도장, 3코트 도장으로 구분하여 각각의 특성에 맞게 작업시간을 산출한다.

(3) 할증률

일반적인 도장작업과는 별개로 보수 도장 특성상 추가적으로 작업이 시행된 경우 이에 소요된 시간과 비용을 기본시간에다 일정비율만큼 곱하여 시간화한 것으로서 2톤 도장, 폴리싱, 보카시 (숨김 도장) 등이 있다. 복수의 패널에 선택적인 할증작업이 이루어질 경우 할증률은 할증작업이 이루어진 패널의 기본시간에만 적용된다.

3. 도장패널 종류별 작업공정 비교

도장되는 패널이 교환패널인지 판금패널인지에 따라 도장작업 공정이 다르며, 일반적으로 판금패널이 교환패널에 비해 작업공정이 더 많기 때문에 재료비, 작업시간이 더 많이 소요된다.

(1) 판금패널의 도장

손상된 패널을 판금수정하여 프라이머 서페이서 도포 및 연마, 퍼티부착 및 연마, 베이스코트 및 클리어 도포 등의 작업을 수행하는 도장을 의미한다.

(2) 교환패널의 도장

신품으로 교환수리한 부품을 보수 도장하는 작업으로 부품의 외판표면과 내측면의 도장을 포함한다. 교환 도장작업에는 프라이머 서페이서 도장과 부품 운반과정의 손상수리작업도 포함되며, 용접방식으로 교환된 부품의 경우 용접면에 대한 퍼티작업도 포함된다.

작업공정	구 분	교환패널			판금패널		
		락 카	우레탄	베이스코트	락 카	우레탄	베이스코트
하처리 공정	1. 구도막제거 및 엣지처리	–	–	–	○	○	○
	2. 금속표면처리	–	–	–	○	○	○
	3. 1차 퍼티 부착	–	–	–	○	○	○
	4. 1차 퍼티 연마	–	–	–	○	○	○
	5. 2차 퍼티 부착	–	–	–	○	○	○
	6. 2차 퍼티 연마	–	–	–	○	○	○
	7. 퍼티주위 연마	○	○	○	○	○	○
하도장 공정	8. 마스킹작업	○	○	○	○	○	○
	9. 서페이서 도포	○	○	○	○	○	○
	10. 마무리 퍼티 부착	○	○	○	○	○	○
	11. 서페이서 연마	○	○	○	○	○	○
상도장 공정	12. 마스킹 보완	○	○	○	○	○	○
	13. 컬러 베이스 도포	○	○	○	○	○	○
	14. 클리어 도포	–	–	○	–	–	○
	15. 강제건조	–	○	○	–	○	○
마무리 공정	16. 마스킹 제거	○	○	○	○	○	○
	17. 붓 칠	○	○	○	○	○	○
	18. 폴리싱	–	○	○	–	○	○

4. 도장코트(1, 2, 3 코트)의 개념

(1) 개 요

도장은 햇빛, 습기 등을 견딜 수 있는 내구성의 역할과 외부로부터 차량을 보호하는 역할을 한다. 그리고 색상과 밝음 등을 표현하여 차량의 아름다움을 돋보이게 한다. 일반적으로 1코트는 보호 및 꾸밈 기능을 포함한 페인트 층이고, 2코트는 색상과 눈에 보이는 효과를 포함하는 베이스코트이며, 3코트는 최종적인 보호 및 밝음 기능을 담당하는 클리어코트이다.

(2) 펄 색상 도장(3Coat Pearl방식)

① 펄 색상(Pearl Color)

  ㉠ 펄 색상은 마이카라고 하는 진주 빛을 내는 인조진주 안료를 첨가한 색상을 말한다.

  ㉡ 메탈릭 안료는 불투명하여 거의 대부분의 빛을 반사하지만 펄 안료는 반투명하여 일부 빛은 통과시키고 일부는 흡수 그리고 나머지 대부분은 반사시킨다.

  ㉢ 펄의 도장은 2Coat방식보다 3Coat Pearl방식을 더 많이 사용한다.

② 도장 시스템 : 3C 1B(3Coat 1Bake) 시스템

  상도 도장에서 컬러 베이스, 펄 베이스, 클리어코트 순으로 도장하며, 이것을 통상 3Coat Pearl 도장이라 한다.

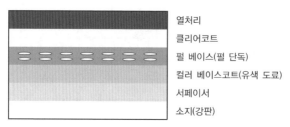

[3C 1B]

③ 펄 색상 도장작업

  ㉠ 컬러 베이스, 펄 베이스(단독), 클리어코트 순으로 도장한다.

  ㉡ 컬러 베이스는 백색계통의 솔리드 색상이 주로 적용되며, 베이스코트 타입으로 경화제 없이 희석제만 투입하여 도장한다.

  ㉢ 컬러 베이스는 상도를 기준으로 가장 아래층에 도장되어 언더코트(Undercoat)라고도 불린다.

  ㉣ 펄 베이스 도료는 펄 단독으로 혼합된 도료로 희석제만 투입하여 도장한다.

  ㉤ 펄 베이스는 클리어와 컬러베이스의 중간에 도장된다고 해서 미드코트(Mid – coat)라고도 불린다.

18

표준작업시간의 정의와 표준작업시간 산출에 영향을 미치는 표준 5조건을 설명하시오.

1. 표준작업시간의 정의

표준작업시간[Standard Operation(= Repair) Time, Flat Labor Time]이란 특정작업을 수행하는데 필요한 숙련도와 기술을 갖춘 작업자가 표준화된 작업환경 및 방법하에서 정상적인 작업속도로 작업을 완료하는데 소요되는 시간을 말한다.

2. 표준작업시간의 필요성

① 표준작업시간은 일반적인 생산현장에서 이루어지고 있는 작업자들의 작업상태, 작업방법, 작업시간 등을 체계적이고 과학적인 방법으로 측정하여 업무의 생산성과 효율성을 평가하고 최적의 작업방법, 작업속도 산출 및 작업과정의 문제점을 개선하려는 생산관리 시스템에서 도입된 개념이다.

② 자동차 수리작업과 관련해서는 손상자동차를 복원수리 하는데 소요되는 작업시간의 기준을 설정함으로써 수리비용의 산정 및 정비공장의 생산성 평가에 활용할 수 있다.

3. 표준작업시간의 구성

손상자동차의 복원수리에 소요되는 직접적인 작업시간을 내용별로 분류하면 준비작업시간, 정미작업시간, 여유작업시간으로 구성된다.

표준작업시간 = 준비작업시간 + 정미작업시간 + 여유작업시간
= (정미작업시간 × 준비율) + 정미작업시간 + (정미작업시간 × 여유율)
= 정미작업시간 × (1 + 준비율 + 여유율)

4. 표준 5조건

손상차량의 표준작업시간 산출에 영향을 미치는 5가지 중요한 요소를 표준 5조건이라 한다. 표준 조건을 어떻게 설정하는가에 따라 산출되는 작업시간도 달라질 수 있으므로, 표준작업시간 실측 전에 표준조건을 정확히 설정해야 한다.

(1) 표준공장

손상차량을 복원수리하는데 필요한 일정한 수준의 작업장, 설비, 장비 및 공구 등을 갖추고 「자동 차관리법」상의 허가기준에 따라 시설 및 장비가 설비된 공장을 말한다.

① 허가기준에 부합된 기계설비

② 보디수정기

③ 퍼트파워

④ 도장부스

⑤ 스포트(또는 CO_2) 용접기

⑥ 가스 용접기

(2) 표준부품

자동차 제작사에서 수리용 부품으로 직접 출하되며, 제작사 발행의 부품 카탈로그 및 부품번호가 수록된 순정부품을 말한다.

(3) 표준작업자

자동차 정비경력 5년 또는 자동차정비기능사 자격증을 소유한 작업자를 말한다.

(4) 표준차량

국내 자동차 등록대수, 일반적인 자동차 보유기간, 차량 모델별 생산대수 및 판매기간 등을 고려하 여 선정한 차량으로, 출고된 지 1~3년 정도되고 주행거리가 2~5만km인 일반적인 상태의 차량을 말한다.

(5) 표준작업속도

표준작업자가 처리해야 할 작업량의 누적 또는 업무 실적에 따른 수당지급 등을 통하여 작업속도 를 증가시키려는 자극을 받거나 육체적, 정신적 컨디션에 의해 작업속도가 급격히 변화하지 않는 상태, 즉 정상적인 작업관리하에서 행해지는 보통의 작업속도를 의미한다.

19

손상차량의 표준작업시간 책정에 필요한 준비율(준비작업시간) 및 여유율(여유작업시간)의 기본개념과 산출기법에 대해 약술하시오.

1. 표준작업시간의 구성

손상자동차의 복원수리에 소요되는 직접적인 작업시간을 내용별로 분류하면 준비작업시간, 정미작업시간, 여유작업시간으로 구성된다.

> 표준작업시간 = 준비작업시간 + 정미작업시간 + 여유작업시간
>   = (정미작업시간 × 준비율) + 정미작업시간 + (정미작업시간 × 여유율)
>   = 정미작업시간 × (1 + 준비율 + 여유율)

2. 표준작업시간의 구성요소별 산출방법

(1) 정미작업시간

① 정미작업시간의 개념

정미작업시간은 차량을 직접적으로 수리하는데 소요되는 시간으로 손상된 부품의 분리, 분해, 조립, 부착, 검사, 조정, 계측 등의 시간을 말하며, 일반적으로 규정된 작업 공간(예를 들면 가로 7m, 세로 5m) 내에서 행해지는 여유작업을 제외한 대부분의 작업시간을 의미한다.

② 주체정비작업시간

주체정비작업시간은 손상차량을 수리하는데 직접적으로 투여된 작업시간으로 부품의 탈착, 분해, 조립 등의 시간을 말하며, 설정된 작업항목에 따라 차이가 있다.

③ 부대정비작업시간

주체정비작업의 전·후 또는 작업을 수행하는 중에 간접적으로 투여된 시간으로, 예를 들면 부품계측, 검사, 이동과 같은 시간을 말한다.

④ 정미작업시간의 특징

동일한 경력의 표준작업자가 작업을 수행하더라도 작업자의 컨디션에 의해 소요작업시간이 달라질 수 있으므로 다수 작업자의 작업시간 분포 평균치를 기준으로 이를 평가(작업수행도 평가)하여 표준작업시간화할 필요가 있다.

⑤ 작업수행도 평가(Rating)

작업수행도 평가는 다음과 같은 절차에 따라 실시한다.

㉠ 기준이 되는 정상적인 작업속도의 개념을 정립한다.

㉡ Rating은 작업시간 관측 중에 실시한다.

ⓒ Rating의 단위를 정한다.

- 요소작업별로 실시
- 작업 사이클 전체를 대상으로 실시

ⓓ 비교한 결과를 정량적으로 나타낸다.

- 정상적인 작업속도는 1.0(100%)로 함
- 실제 작업속도를 0.8(80/100), 1.2(120/100) 등으로 표시함

ⓔ 정미작업시간 = 관측된 정미작업시간 $\times \dfrac{\text{Rating}}{100}$

(2) 준비작업시간

① 준비작업시간의 개념

정미작업을 수행하기 전·후에 발생되는 작업으로서 차량, 공구, 부품 등의 준비작업과 정미작업 후의 공구 반납, 폐부품 처리 등의 작업이 이에 해당된다.

② 준비작업 항목의 설정

ⓐ 손상차동차에 대한 복원수리시 정비작업을 수행하는데 반드시 수반되는 모든 준비작업 항목을 추출하여 표준적으로 설정한다.

ⓑ 복원수리시의 각 작업항목은 상호 연관되어 작업이 수행되기 때문에 이미 수행된 작업이 있을 경우 준비작업시간의 일부 또는 전부를 공제하여 준비작업시간이 중복 산정되지 않도록 유의해야 한다.

③ 준비작업시간의 실측 및 표준화

ⓐ 표준적인 준비작업시간은 공구 및 장비, 차량 등을 소정의 위치에서 미리 정해진 작업장소까지 운반 또는 이동하는데 소요되는 시간을 항목별로 측정해서 측정된 시간치를 평균하여 산출한다.

ⓑ 2인 이상을 필요로 하는 준비작업은 1인의 작업시간으로 환산(작업시간 × 작업인원)한다.

ⓒ 작업항목별 준비작업시간은 실측을 통해 미리 책정된 표준적인 준비작업항목이 각 작업항목에서 수행되는 횟수를 측정하여 이를 합산하고 평균한다.

ⓓ 복원수리작업시 부수적으로 발생하는 작업항목도 단독작업의 발생이 예상되는 경우에는 준비작업시간을 별도로 산출한다.

ⓔ 준비작업시간을 산출하는 가장 일반적인 방법으로는 Work Sampling법이 있다.

(3) 여유작업시간

① 여유작업시간의 개념

여유작업시간은 정미작업을 진행하는 중에 불규칙적이면서 우발적으로 발생하는 물적·인적 사유로 인해 지연되는 시간을 표준화한 것이다. 여유작업시간으로는 일반적으로 작업여유, 직장여유, 용달여유 및 피로여유 등이 있다.

② 여유작업시간의 산출방법

준비작업시간과 마찬가지로 Work Sampling법을 이용하여 정미작업시간의 일정한 비율(여유율)로 산출된다.

3. 준비율 및 여유율 산출방법

(1) 관측자

관측자는 표준작업시간 연구에 필요한 다년간의 관측경험과 노하우를 보유한 전문 관측자로서 작업시간 구성요소(준비, 정미, 여유작업)별 세부작업내용을 완전히 숙지한 후 실제 정비작업현장에서 발생되는 작업 상황을 Work Sampling법을 적용하여 무작위로 관측하고, 작업시간 구성요소별 소요시간을 관측용지에 기록한다.

(2) 관측횟수 결정

관측횟수는 다음과 같은 방법으로 결정한다.

$$N = \frac{z^2(1-p)}{s^2 p}$$

여기서, N : 관측횟수, z : 신뢰도 계수, s : 상대오차, p : 발생비율

(3) 관측대상

주된 관측대상은 차량을 수리하는 과정에 실제로 발생되는 준비·정미·여유작업이며, 휴식시간, 작업대기, 부품대기, 수주대기시간 등은 준비율 산출시 제외한다.

(4) 관측방법

① 관측자는 Stop Watch를 이용하여 약 1~2분 간격으로 각 작업자의 작업동작을 순간적으로 관측한 후 작업요소가 기 설정한 준비, 정미, 여유 기타 작업 중 어디에 속하는가를 관측용지에 기록한다.

② 관측 당일 특수 사정으로 인하여 한 작업자의 작업이 오랫동안 지연되거나 작업 도중에 일상적인 여유시간 이상으로 작업자가 휴식하거나 개인적 용무를 보는 경우에는 기타 작업으로 분류한다.

③ 관측자는 자신의 작업동작이 관측되고 있음을 의식하여 부자연스럽게 행동하거나 고의적으로 작업동작을 연출하지 않도록 작업 전에 관측목적 등을 작업자에게 주지시켜야 한다.

④ 관측자는 각 작업자가 작업을 수행하는데 방해가 되지 않도록 적당한 거리를 두고 서 있는 자세로 관측하되 관측위치에서 작업요소를 구별하기 어려운 경우에는 작업장을 이동하며 관측한다.

(5) 관측용지

관측용지는 관측자가 관측내용을 기록하기 용이하도록 준비, 정미, 여유, 기타 작업으로 구분하여
작성한다.

(6) 결과 분석

관측결과를 준비, 정미, 여유, 기타 작업으로 구분하여 작업횟수를 집계한 후 관측된 정미작업요
소의 합계에 대한 비율로 준비작업시간율(준비율)과 여유작업시간율(여유율)을 산출한다.

- 준비율 $= \dfrac{\text{관측된 준비작업요소의 합계}}{\text{관측된 정미작업요소의 합계}} \times 100\%$

- 여유율 $= \dfrac{\text{관측된 여유작업요소의 합계}}{\text{관측된 정미작업요소의 합계}} \times 100\%$

(7) 산출결과의 보정

준비작업시간과 여유작업시간 요소는 지역적·계절적 요인, 정비공장 시설·인력규모, 정비공장
의 특수상황, 일반적인 가동률 등에 영향을 받을 수 있으므로, 이를 고려하여 산출결과를 적정한
수준으로 보정할 필요가 있다.

$$\text{확정 준비율} = \text{준비율(여유율)} \times \text{보정치(\%)}$$

20

자동차 수리 작업시간의 종류 중 표준작업시간(자동차손해배상보장법)과 표준정
비시간(자동차관리법)의 차이점을 설명하고, 관측법에 의해 표준작업시간을 산
출하는 경우의 표준 5조건에 대해 약술하시오.

(1) 표준작업시간과 표준정비시간의 차이점

① 표준작업시간

표준작업시간이란 특정작업을 수행하는데 필요한 숙련도와 기술을 갖춘 작업자가 표준화된
작업환경 및 방법하에서 정상적인 작업속도로 작업을 완료하는데 소요되는 시간을 말한다.

② 표준정비시간(자동차관리법 제2조 제12호)

표준정비시간이란 자동차정비사업자 단체가 정하여 공개하고 사용하는 정비작업별 평균 정비
시간을 말한다.

표준정비시간은 작업별 평균 정비시간으로 자동차의 제작사, 사용연료, 정비공구 및 구조
등에 따라 게시한 내용과 다를 수 있으며, 이를 사전에 정비의뢰자에게 안내하여야 한다(표준
정비시간의 공개방법 등에 관한 규정 제4조).

(2) 관측법에 의해 표준작업시간을 산출하는 경우의 표준 5조건

손상차량의 표준작업시간 산출에 영향을 미치는 5가지 중요한 요소를 표준 5조건이라 한다.

① 표준작업자

자동차정비 경력 5년 또는 자동차정비기능사 자격증을 보유한 작업자를 말한다.

② 표준공장

손상차량을 복원수리하는데 필요한 일정한 수준의 작업장 설비, 장비 및 공구 등을 갖추고
「자동차관리법」상의 인가기준에 따라 설립된 소형자동차 및 종합자동차 정비공장을 말한다.

③ 표준차량

국내 자동차 등록대수, 자동차 보유기간, 차량 모델별 생산대수 및 판매기간 등을 고려하여
선정한 차량으로, 출고 후 운행기간이 1~3년 정도이고 주행거리가 2~5만km인 경미한 손상상
태의 차량을 말한다.

④ 표준부품

자동차 제작사에서 수리용 부품으로 직접 출하된 것으로서, 제작사 발행의 부품 카탈로그
및 부품 VAN(부가가치통신망)에 부품번호가 수록된 순정부품을 말한다.

⑤ 표준작업속도

정상적인 작업관리하에서 행해지는 평상시의 작업속도를 말한다.

21

자동차 수리공임 산정기준 중 탈부착·교환 표준작업시간 적용시 관련되는 작업 용어와 범위에 있어서 다음의 용어를 약술하시오.

(1) Overhaul(O/H)
(2) 측 정
(3) 포 함
(4) 조 정
(5) 적 용

1. 수리공임

수리공임이란 기술적 요소인 표준작업시간(SOT ; Standard Operation Time)과 사회적, 경제적 요소인 공임률(Labor Rate)의 전산방식에 의하여 산출되는 금액을 말한다.

(1) 표준작업시간(SOT ; Standard Operation Time)

표준작업시간이란 특정작업을 수행하는데 필요한 숙련도와 기술을 갖춘 작업자가 표준화된 작업 환경 및 방법하에서 정상적인 작업속도로 작업을 완료하는데 소요되는 시간을 말한다.

(2) 공임률(Labor Rate)

공임률이란 작업자 1인당, 1시간당 공임의 매출을 말한다.

2. 표준작업시간 작업용어

(1) Overhaul(O/H)

어셈블리를 완전히 분해하고 각 구성 부품의 점검, 수정, 교환, 조립, 조정 등을 포함하여 완료할 때까지의 모든 작업을 말한다.

(2) 측정(Measurement)

단일작업이며 측정기기를 사용하여 측정값을 구하는 작업을 말한다.

(3) 포함(Inclusion)

주체작업에 포함되어 있는 작업으로서 별도로 작업시간을 가산하지 않는다.

(4) 조정(Adjustment)

작동상의 기능에 대하여 조정하는 작업이며, 완료시에 필요로 하는 시험 등을 포함한다.

(5) 적용(Application)

주체작업을 수행하면서 작업범위가 일부 조정됨에 따라 작업시간이 상이할 경우 적요란에 명기된 작업시간을 인정하는 것을 말한다.

22

보험정비 수리비 분쟁 해소방안으로 마련된 수리개시 전(前) 견적서 작성에 관한 내용을 약술하시오.

1. 개 요

차량 과잉수리를 예방하기 위해서는 차량수리개시 전에 전문가인 보험사가 정비견적서를 확인함으로써 차량 파손정도 및 예상 수리비용을 사전에 파악하는 것이 중요하다. 그러나 정비업체 중 상당수가 보험사는 「자동차관리법」상 정비견적서 발급대상인 정비의뢰자에 해당하지 않는다는 이유로 보험사에게 수리개시 전 정비견적서를 발급하지 않고 있는 실정이었다.

2. 수리개시 전 견적서(사전견적서) 작성

보험사가 차량 파손정도를 수리개시 전에 확인할 수 있도록 보험금 청구서류에 '수리개시 전 자동차점검·정비견적서, 사진 등' 제출자료를 구체적으로 명기하였다. 소비자의 정비견적서 발급을 보험사에 위임하는 근거를 마련하고, 보험사는 견적내용에 대한 검토의견서를 정비업체에 회신토록 함으로써 과잉수리를 방지하고 정비견적서 제출과 관련한 소비자의 불편을 해소함과 동시에 정비업계에는 보험사의 수리비 임의삭감에 대한 견제수단을 부여하였다.

(1) 정비견적서 발급 전 수리작업 착수 예방 문제
정비견적서의 발급시기를 '수리개시 전'으로 명확화하였다.

(2) 소비자 불편문제
보험사가 위임을 통해 소비자를 대신하여 정비견적서를 발급받도록 함으로써 소비자 불편을 최소화하였다.

(3) 정비완료 후 수리비 임의 삭감에 대한 정비업체의 불만 사항
보험사가 정비견적서에 대한 검토의견서를 정비업체에 제공토록 하여 견적내용에 대한 동의 여부를 명문화하였다.

23

자동차의 라디에이터, 에어컨 컨덴셔, 스티어링기어박스, 드라이브 샤프트에 대한 순정부품과 비순정부품의 식별 방법(차이점)에 대하여 기술하시오.

1. 순정부품과 비순정부품

순정부품이란 자동차 제조시 사용된 부품과 동일한 품질과 설계 요구사항을 만족시키는 제품으로 자동차 제조사가 인증하고 책임공급하는 부품을 말한다. 이에 반해 비순정부품이란 신품이기는 하나 순정부품과 다른 부품을 일컫는다. 즉 비순정부품(대체부품)은 순정부품과 경쟁관계에 있는 시판품·시중품·재활용 부품 등을 지칭하며, 상표·디자인 등 지적재산권을 침해하거나 품질이 불량한 불법제품은 아니다.

2. 순정부품과 비순정부품의 식별

(1) 라디에이터

① 라디에이터는 재활용이 매우 일반화 되어 있는 부품으로 재활용업체의 상표로 공급된다.

② 승합차 및 화물차용 라디에이터는 황동 재질로 되어 있고, 라디에이터 코어가 별도로 공급되므로 신품과 유사한 형태로 재생이 가능하다.

③ 승용차용은 코어가 알루미늄 재질이고 부분 손상된 중고부품을 분해하여 재사용 가능한 부분품을 조립하여 재활용하는 것이 일반적이다.

④ 재활용 부품은 라디에이터 코어 부위의 방열핀이 조밀하지 못하고, 긁힘 흔적이 있으며, 전체적으로 재도장한 흔적이 나타나고, 라바호스 연결구와 오일냉각 파이프(자동변속기용) 끝단 또는 수온 센서 장착부 주변에 이물질이 묻어 있다.

(2) 에어컨 컨덴셔

① 일반 사제품에 비해 코어의 방열핀 개수가 조밀하며, 포장상태가 양호하고 제조업체 상호표기 및 검사필증이 부착되어 있다.

② 에어컨 파이프 연결부위가 원형 또는 타원형이고 고무 캡이 씌워져 있는지 여부 및 컨덴셔 장착 브라켓 형상이 둥글거나 사각형태 여부를 통해 제조업체를 구별한다.

③ 비순정부품의 가격이 순정부품 가격보다 일반적으로 싸다.

(3) 스티어링기어박스

① 순정부품 체크사항

㉠ 부트고무 밴드 체결상태와 밴드 체결위치가 일직선으로 고르게 조립되었는지를 확인한다.

㉡ 스티어링 샤프트가 조립되는 슬리브 부위 및 너트체결 부위의 마모나 흠집 유무를 확인한다.

㉢ 기어박스 보디의 충돌흔적, 도장상태, 검사필증, 파트넘버 등을 확인한다.

㉣ 기어박스를 부착하는 브라켓의 볼트체결 부위 및 오일 파이프 연결지점을 확인한다.

② 비순정부품(재활용품)

㉠ 부트고무 밴드 체결상태가 조잡하고, 밴드 체결위치가 일직선으로 고르지 못하다.

㉡ 스티어링 샤프트가 조립되는 슬리브 부위와 엔드 파이프 체결 부위에 마모나 흠집이 있다.

㉢ 기어박스 보디에 충돌흔적이나 재도장 흔적이 있으며, 기어박스를 부착하는 브라켓에 볼트 체결 흔적이 있거나 오일 파이프 연결지점에 이물질이 묻어 있다.

(4) 드라이브 샤프트(등속 조인트)

① 순정부품 체크사항

㉠ 부품 포장지의 포장상태, 제조업체 상표, 파트넘버, 검사필증(홀로그램)을 확인한다.

㉡ 등속조인트 슬리브 부위 및 너트체결 부위의 마모나 흠집 유무를 확인한다.

㉢ 부트고무 밴드 체결상태와 밴드 체결위치가 일직선으로 고르게 조립되었는지를 확인한다.

㉣ 부트고무는 파트부품으로 공급되므로 이것만으로 순정품 여부를 판단하는 것은 곤란하다.

② 비순정부품(재활용품)

㉠ 부품 포장지의 포장상태, 제조업체 상표 등을 확인(주로 재생업체의 상호를 표기)한다.

㉡ 등속조인트 슬리브 부위 및 너트체결 부위에 마모나 긁힘 흠집이 있다.

㉢ 부트고무 밴드 체결상태가 조잡하거나 밴드 체결위치가 일직선으로 고르지 못하다.

㉣ 조인트 부위를 굴절된 상태로 회전시켜 보면서 동작의 원활성, 이음발생, 유동성을 확인한다.

더 알아보기

재활용이 불가능한 자동차 부품
스티어링기어, 브레이크 마스터 실린더, 버스 또는 대형화물차량의 전륜 타이어

Re - Cycling(재활용) 부품
- Re - Use(재사용) : 중고 부품의 가공작업 없이 바로 재사용하는 것
- Re - Make(재제조) : 중고 부품을 다시 가공하여 재사용하는 것

24

보험사고차량의 수리에 소요되는 부품 중 순정부품, 비순정부품, 재활용부품에 대하여 설명하고, 각각의 유통과정과 부품별 식별방법에 대하여 약술하시오.

1. 자동차 수리에 사용되는 부품

자동차 수리에 사용되는 부품은 순정부품(OEM), 비순정부품(Non – OEM), 중고 · 재활용부품, 再제조부품으로 분류한다.

(1) 순정부품(OEM)

순정부품이란 자동차 제작사에서 직접 생산하거나 또는 자동차 제작사의 주문에 의해 협력업체가 생산한 후 자동차 제작사에서 부품의 품질을 인증하고 제작사의 상표를 부착하여 부품대리점을 통해 판매하는 부품을 말한다.

(2) 비순정부품(Non – OEM)

부품제조업체가 독자적으로 제조 · 공급하는 부품으로 자동차 제작사의 보증이 없기 때문에 품질 불량이나 가공결함이 있는 것도 있으며, 가격면에서도 순정부품보다 싸다. 신품이기는 하나 순정 부품과는 다른 부품으로 통상 '비품' 또는 '시중품'이라고도 하며, 제조업체 자체 브랜드 부품과 순정부품을 위조한 위조부품이 있다.

(3) 중고 · 재활용부품

중고부품이란 폐차 등으로부터 재사용이 가능한 부품을 분리하여 다시 공급되는 부품을 말한다. 재활용부품이란 중고부품의 일부분을 수리하거나 분해하여 타 부품이나 신품 부분품으로 교체하여 공급하는 부품을 말한다.

(4) 再제조부품

중고부품을 원료로 하여 신제품의 조립 및 품질시험 등의 공정을 거쳐 공급되는 부품이다.

2. 유통과정

(1) 순정부품(OEM)

순정부품의 유통경로는 제작사 또는 부품생산업체로부터 생산된 부품이 현대모비스(현대차 및 기아차), 부품직매장(특약점), 직영정비사업소(A/S센터)를 거쳐 부품대리점과 정비공장 또는 최종 소비자에게 유통된다.

> 부품생산업체(협력업체) → 현대모비스 → 부품직매점 또는 A/S 사업소 → 부품대리점 → 소매상(정비공장, 카센타) → 최종 소비자

(2) 비순정부품(Non – OEM)

비순정부품은 부품제조업체로부터 직영대리점 또는 도매상(1차 또는 2차 도매상)을 거쳐 부품대리점(순정부품 취급점) 또는 별도의 전문대리점을 통해 정비공장 및 최종 소비자에게 유통된다.

> 부품생산업체 → 직영대리점 또는 1, 2차 도매상 → 부품대리점(순정부품 취급점) 또는 비대리점 → 소매상(정비공장, 카센타) 또는 최종소비자

(3) 중고 · 재활용부품

중고 · 재활용부품은 폐차장 또는 정비공장으로부터 수집된 재활용 가능한 부품이 재생업체나 중고부품 판매상을 통해 유통단계를 거쳐 제작사 부품대리점이나 정비공장(카센타) 또는 최종소비자에게 유통되고 있으며, 유통경로가 투명하지 않고 음성적인 부분이 많으며 일부는 불법적인 사항도 있다.

> 폐차업체 → 재생업체 또는 중고부품 판매상 → 도매상 또는 중고부품 판매상 → 소매상(정비공장, 카센타) → 최종소비자

3. 각 부품별 식별방법

(1) 검사필증(홀로그램) 식별방법

① 구형 검사필증(2001년 7월 이전) 식별방법

㉠ 정품 홀로그램을 떼었을 때 홀로그램 무늬가 접착제에 의해 바둑판 모양으로 남아 있다.

㉡ 홀로그램에 인쇄되어 있는 일련번호를 조회하여 정품 여부를 식별할 수 있다.

② 신형 검사필증(2001년 7월 이후) 식별방법

㉠ 이전 홀로그램에 비해 선명도와 세밀도가 높고 고급화된 특징을 가진다.

㉡ 현대는 'H' 로고 바탕 위에 'MOBIS' 글자를 색인, 기아는 'KIA' 로고 바탕 위에 'MOBIS' 글자가 색인되어 있다.

㉢ 홀로그램 탈거시 홀로그램이 붙어있던 자리에 'MOBIS' 라는 글자가 나타난다.

㉣ 레이저 판독기나 광학기구를 이용하여 HIDDEN IMAGE를 확인한다.

㉤ 홀로그램에 인쇄되어 있는 일련번호를 조회하여 정품 여부를 식별할 수 있다.

(2) 제조업체 상표 및 제품포장지 식별방법

① 제조업체별 상표 샘플

2001년 7월 이후에도 현행과 동일한 상표를 사용하며, 이 상표는 등록된 것으로 위조시 상표법에 의해 처벌된다.

② 제품포장지 식별방법

위조된 포장지는 마크 인쇄가 다소 조잡하고 컬러가 다른 점을 확인함으로써 식별할 수 있으나 최근에는 위조품 샘플이 정밀하게 인쇄되어 쉽게 확인이 곤란하다.

25

대체부품 및 대체부품 인증제도의 도입 배경에 대하여 약술하고, 현행 대체부품 인증품목으로 선정된 부품을 열거하시오.

1. 대체부품

자동차 제조사에서 출고된 자동차에 장착된 부품과 성능·품질이 동일하거나 유사한 부품으로서, 자동차 수리시에 자동차 제조사에서 출고된 자동차에 장착된 부품을 대체하여 사용할 수 있는 부품을 말하며, 부품자기인증 품목 외의 부품이다.

2. 대체부품 인증제도

(1) 정 의

정부의 심사를 거쳐 지정된 인증기관에서 중소기업에서 제작된 대체부품의 성능·품질을 심사하여 성능·품질 기준 만족시 인증함으로써, 인증된 대체부품은 소비자가 안심하고 사용할 수 있게 하는 제도이다.

(2) 도입배경

① 국내에서는 자동차 수리시 자동차 제작사에서 공급한 OEM 부품(일명 순정품)을 대부분 사용하고 있으나, 수입자동차의 경우 수리시에 고가의 OEM 부품이 주로 사용되어 수리비 및 보험비 증가 등의 문제가 발생하고 있다(사회 이슈화). 국산자동차의 경우에도 수리시에(해외 주요 선진국과 달리) OEM 부품만 주로 사용되는 것이 문제로 지적되었다. 즉 비싼 부품비로 인한 소비자 부담을 가중시키고, 중소 부품업체의 활동을 위축시키고 있는 실정이다.

※ OEM(Original Equipment Manufacturing) : 주문자상표 부착품. 즉, 주문자가 요구하는 제품과 상표명으로 완제품을 생산하는 것

② 자동차 수리시 OEM 부품을 대체할 수 있는 저렴하면서도 안전한 '대체부품' 사용이 활성화될 수 있는 정책 도입을 각계에서 촉구하고 있다. 이에 국토교통부에서는 자동차부품의 인하 효과를 통한 소비자 만족 및 권익보호, 정비업체의 경쟁력 향상을 위해 2015년 1월부터 시행하게 되었다.

3. 대체부품 인증품목

(1) 외장부품

범퍼커버(Bumper Cover), 펜더(Fender), 본네트(Hood), 도어스킨(Door Skin), 트렁크덮개(Deck Lid), 그릴(Grilles), 후사경(Side Mirror), 내흙받이(Inner Fender Liner), 몰딩(Moulding) 등

(2) 램프류

미등 및 제동등(Tail Lamp & Stop Lamp), 방향지시등(Turn Signal Lamp), 차폭등(Position Lamp), 보조제동등(High Mount Stop Lamp), 후퇴등(Back Up Lamp) 등

26

손상차량의 원상복구시 부품의 교환기준을 정의하고, 유통과정별 부품의 종류와
약관에서 정한 친환경(Eco) 부품을 나열하시오.

1. 부품 교환기준

(1) 원 칙

부품의 교환기준은 다음 원칙에 의한다.

① 수리를 함으로써 주행안전도가 크게 저하되거나, 보안기준에 미달하는 경우(보안부품)

② 파손부품의 수리가 곤란하거나, 판금, 교정, 용접 등의 방법으로 수리를 함으로써 부품의 기능
및 내구성이 상당히 저하될 경우(기술적인 판단)

③ 교환부품가액보다 수리비(탈부착공임 제외)가 더 많이 소요되는 경우(경제성)

**(2) 부품 교환기준에 해당되지 않으나, 피보험자 및 피해자 등이 임의로 부품을 교환하는 경우의
처리**

① 신부품을 교환하는 경우

㉠ 수리비로 산출하여 인정한다.

㉡ 위 수리비(탈부착공임 제외)가 신부품가액에서 감가상당액 및 잔존물가액을 뺀 금액보다
많은 경우에는 부품교환을 인정한다.

② 중고부품을 교환하는 경우

㉠ 수리비로 산출하여 인정한다.

㉡ 위 수리비(탈부착공임 제외)가 "전 ①, ㉡"에서 산출한 금액보다 많은 경우에는 "전 ①,
㉡"의 금액 범위 내에서 중고부품의 실구입가액을 인정한다.

③ 신부품가액에서 공제할 감가상각액 및 잔존물가액의 합산액이 신부품가액의 90%를 초과하는
경우에는 90%를 한도로 공제한다.

2. 유통과정별 부품종류

자동차 수리에 사용되는 부품은 순정부품(OEM), 비순정부품(Non – OEM), 중고·재활용부품, 再제조부품으로 분류한다.

(1) 순정부품(OEM)

순정부품이란 자동차 제작사에서 직접 생산하거나 또는 자동차 제작사의 주문에 의해 협력업체가 생산한 후 자동차 제작사에서 부품의 품질을 인증하고 제작사의 상표를 부착하여 부품대리점을 통해 판매하는 부품을 말한다.

(2) 비순정부품(Non – OEM)

부품제조업체가 독자적으로 제조·공급하는 부품으로 자동차 제작사의 보증이 없기 때문에 품질 불량이나 가공결함이 있는 것도 있으며, 가격면에서도 순정부품보다 싸다. 신품이기는 하나 순정부품과는 다른 부품으로 통상 '비품' 또는 '시중품'이라고도 하며, 제조업체 자체 브랜드 부품과 순정부품을 위조한 위조부품이 있다.

(3) 중고·재활용부품

중고부품이란 폐차 등으로부터 재사용이 가능한 부품을 분리하여 다시 공급되는 부품을 말한다. 재활용부품이란 중고부품의 일부분을 수리하거나 분해하여 타 부품이나 신품 부분품으로 교체하여 공급하는 부품을 말한다.

(4) 再제조부품

중고부품을 원료로 하여 신제품의 조립 및 품질시험 등의 공정을 거쳐 공급되는 부품이다.

3. 약관에서 정한 친환경(Eco) 부품

특별약관에서 정한 방법으로 리싸이클부품(중고부품 또는 再제조부품)을 사용한 경우라 함은 보험개발원이 인정한 업체로부터 다음의 친환경부품을 공급받아 자동차를 수리한 경우를 말한다.

(1) 중고부품

사이드 미러, 프론트 펜더, 본네트, 라디에이터 그릴, 프론트 도어, 리어 도어, 트렁크 판넬, 프론트 범퍼, 리어 범퍼, 백 도어, 리어 피니셔, 쿨러 콘덴서, 테일 램프, 헤드 램프

(2) 再제조부품

교류발전기, 등속조인트

27

수리비 산출을 위한 견적에 있어서, 손상차량에 대한 정비업체의 견적과 손해사정사의 견적과의 차이점에 대하여 약술하시오.

1. 견적의 개념

견적이란 일의 흐름을 생각하고 계산하여 예측을 세우는 것을 말한다. 일반적으로 물품의 판매와 작업 및 공사에 대한 품질과 공법을 설정하여 납품과 완성의 기일을 정하고 그 비용을 개략적으로 산출하여 나타내는 것을 의미한다. 즉, 견적이란 "수주자가 발주자에게 어떤 상품의 구입 또는 물품의 제작수리 등의 거래신청에 대해서 발주자가 그 상품의 발매나 물품의 제작 수리에 관한 금액 및 납기기일 또는 품질 등의 거래조건을 수주자에게 명시하는 행위"라고 정의할 수 있다.

2. 정비업체의 견적

(1) 자동차사고의 경우

자동차정비업체는 사고차량의 복원수리에 대한 견적서를 작성하여 소비자에게 제출한다. 그 내용에는 수리의 범위 및 방법, 수리비용과 수리일수가 명시되어 있다. 서식으로 제시하지 않을 경우에는 반드시 구두로 개략적인 견적을 제시한다. 소비자는 그것을 검토해서 수리의 의뢰 여부를 결정하게 되는데, 여기서 소비자가 공장에 수리를 의뢰한 경우 견적 또는 견적서는 계약 또는 계약서의 의미를 갖고 있다.

(2) 보험사고의 경우

자동차정비업체는 복원수리견적서를 작성하여 보험회사에 제출한다. 이 견적서로 보험회사와 수리비를 협의한 경우 견적서는 지급보험금 산정의 기초가 된다. 이처럼 자동차정비업체는 사고차량의 복원수리에 있어서 우선 견적을 작성하는 것이 필요하다.

(3) 정비업체 견적의 의미

견적서는 소비자, 보험회사에 제시되는 것만이 아니고 수리공장 내부의 현장에서도 작업지시서 대신으로 사용된다. 이 경우 견적서는 사고차에 대한 수리방법, 완성예정일 등을 기재한 상세한 작업지시서이다. 현장에서는 견적서에 의해서 필요한 작업자, 부품, 수리기자재, 작업장 등을 조사하여 확보하게 된다. 따라서 견적서 작성은 수리공장으로서는 당연하고 필수적인 업무이다.

3. 손해사정사의 견적

자동차보험에 가입된 차량이 사고가 발생하여 차량이 손상된 경우에는 대부분 보험계약자 측으로부터 보험회사로 통보가 오며, 사고의 통보를 받은 보험회사는 보험금의 신속, 적정한 지급을 위해 손해사정사에게 조사를 의뢰한다. 조사 의뢰를 받은 손해사정사는 손상차량에 관해 정비업체로부터 제시된 견적서의 내용에 대한 적정성 여부를 조사하기 위해 자신이 직접 확인한 손상차량의 손상부위와 사고와의 인과관계를 기초로 해서 손상범위의 파악, 수리방법의 판정, 수리비용의 계산 등 사고차량의 견적을 낸다. 이것을 근거로 제시된 견적서 내용의 적정 여부를 판단하고 그 결과를 보험회사에 보고한다. 이와 같이 손해사정사의 견적은 조사행위이며, 손해사정사의 견적능력이 정비공장 등이 소속된 견적작성자의 견적능력과 동등하거나 또는 더 우수한 견적능력을 보유해야만 신속하고 적정한 판단을 기대할 수 있다.

> **저자의 TIP**
>
> 정비업체의 견적은 소비자의 의견이 반영되어 있으나, 손해사정사의 견적은 사고와 손상과의 상당인과관계를 고려하여 판단하므로 견적에 차이가 발생한다.

28

자동차 보험사고 차량수리비 견적의 정의와 견적내용, 다음 약호에 대하여 설명하시오.

> I, A, R, R/I, X

1. 차량수리비 견적의 정의

차량수리비 견적은 고장차량에 대한 수리비 견적과 사고차량에 대한 복원수리비 견적으로 나눌 수 있다.

(1) 계약 또는 계약서의 의미

차량소유자는 정비업체가 제시한 견적 내용을 검토하여 수리 여부를 결정하는데, 이 때 견적서는 차량소유자와 정비업체간의 계약 또는 계약서의 의미를 갖는다.

(2) 지급보험금 산정의 기초

사고차량을 보험으로 처리하는 경우 정비업체에서는 작성된 견적서를 보험회사에 제출하고 제출된 견적서에 의해 보험회사와 정비업체가 자동차수리비를 협의하는 경우 견적서는 지급보험금 산정의 기초가 된다.

(3) 작업지시서 역할

견적서는 사고차량에 대한 수리의 범위 및 방법, 각 항목별 부품금액 및 재료비, 공임 등의 수리비용과 수리 소요일수 및 수리완료 예정일 등이 기재된 작업지시서 역할을 한다.

2. 견적내용

(1) 견적항목의 설정

① 작업항목

ㄱ 주체작업 ㄴ 부대작업 ㄷ 부수작업 ㄹ 관련 작업 ㅁ 기타 작업

② 부품항목

교체되는 부품과 필요로 하는 자재·오일류 등을 항목으로 설정하고 동시에 사용량과 가격을 산정한다.

(2) 견적작성의 요건

① 손상부위를 정확히 살펴보아야 한다.

② 견적서는 정확하고 보기 쉬어야 한다.

(3) 견적서의 기재내용

① 소유자 : 차량소유자의 주소, 성명, 전화번호 등

② 차종 : 차명, 연식, 차대번호, 최초등록연월일, 차량형식, 보디형태, 엔진형태, 배기량, 미션형태, 등급, 특장품, 도장, 주행거리, 시가 등

③ 수리방법 : 작업항목, 교환부품

④ 예상 수리비용 : 부품대금, 공임, 도장비용, 부대비용(견인·구난비용, 기타) 등의 합계금액

⑤ 기타 : 입고관계(입고일, 입고방법), 수리일 등

3. 약호설명

① I(점검) : 부품의 불량, 파손 또는 마모된 곳을 점검하는 작업

② A(조정) : 작업상의 기능에 대하여 조정완료할 때까지의 작업

③ R(수정) : 부품의 구부러짐, 면의 찌그러짐 등에 대한 수정, 절단, 연마 등의 작업

④ R/I(탈착) : 부품을 단순하게 떼어내고 부착하는 작업

⑤ X(교체) : 조정 또는 수정을 할 수 없는 상태로 있는 것을 탈착하여 교체하는 작업

29

자동차보험 사고차량의 원상회복 개념과 수리비 산출을 위한 견적작성 업무 프로세스 및 손해사정시 수리비 인정기준을 서술하시오.

1. 원상회복의 개념

원상회복이란 현재 일반적으로 행해지고 있는 수리방법에 의해 외관상, 기능상, 사회통념상 사고발생 직전의 상태로 원상회복 되었다고 인정되는 정도로 복구하는 것을 말한다.

2. 수리비 산출을 위한 견적작성 업무 프로세스

(1) 견적항목의 설정

① 작업항목

㉠ 주체작업 ㉡ 부대작업 ㉢ 부수작업 ㉣ 관련 작업 ㉤ 기타 작업

② 부품항목

교체되는 부품과 필요로 하는 자재·오일류 등을 항목으로 설정하고, 동시에 사용량과 가격을 산정한다.

(2) 견적작성의 요건

① 손상부위를 정확히 살펴보아야 한다.

② 견적서는 정확하고 보기 쉬어야 한다.

(3) 견적서의 기재내용

① 소유자 : 차량소유자의 주소, 성명, 전화번호 등

② 차종 : 차명, 연식, 차대번호, 최초등록연월일, 차량형식, 보디형태, 엔진형태, 배기량, 미션형태, 등급, 특장품, 도장, 주행거리, 시가 등

③ 수리방법 : 항목, 교환부품

④ 예상 수리비용 : 부품대금, 공임, 도장비용, 부대비용(견인·구난비용, 기타) 등의 합계금액

⑤ 기타 : 입고관계(입고일, 입고방법), 수리일 등

(4) 기재순서

① 기점을 정해서 차량을 일순하는 방법

② 작업 내용에 따라 부위별, 기능별로 구분하는 방법

③ 직접 충격을 받은 부분에서 시작하여 충격의 진행방법에 따르는 방법

④ 차의 앞부분에서 뒷부분으로, 뒷부분에서 앞부분으로 이동하는 방법

(5) 기재방법

① 부품명칭은 제작사 정식명칭으로 한다.

② 상하, 좌우, 전후 등 부착위치의 표시에서 주체부품은 부품명칭의 앞에 부착위치를 기재한다. 부대부품은 주체부품과 구별해서 표시하고 부품명칭의 앞에 부착위치를 기재하며, 주체부품 명칭의 기재는 생략해도 된다.

③ 수량, 용량, 중량(1세트, 1리터, 1kg) 등도 정확히 기재한다.

④ 타이어, 배터리 등의 규격을 명기한다.

⑤ 부품가격은 정확히 기재한다. 정가와 시가의 차이가 큰 부품은 실거래가격을 조사하여 기재한다.

3. 손해사정시 수리비 인정기준

(1) 수리비의 정의

수리비란 자동차가 사고로 손상된 경우 사고현장에서 견인하거나 응급조치 후 자력으로 공장에 입고시키는데 필요한 인양 및 운반비를 포함하여 현재의 일반적 수리방법에 의해 사회통념상 손상 직전의 상태로 원상회복되었다고 인정되는 정도의 수리에 소요된 비용을 말한다.

(2) 수리비의 인정기준

① 수리 과정에서 발생하는 잔존물은 그 가액을 수리비에서 공제한다.

② 수리시 신부품을 사용하여 교환하였을 경우 감가 적용 대상 주요 부품에 대하여 표준감가율을 적용하여 공제한다.

③ 사고차량이 자력으로 움직일 수 없는 경우 이를 고칠 수 있는 가장 가까운 정비공장이나 회사가 지정하는 장소까지 소요되는 인양 및 운반비용은 수리비로 인정한다.

④ 정비공장이나 회사가 지정하는 장소까지 이동하는데 소요된 임시수리비(가수리비)도 수리비로 인정한다.

30

보험사고 차량수리비 견적서 작성 및 처리 등과 관련하여 손해사정사가 숙지해야 할 다음 항목에 대해 설명하시오.

(1) 사고차량의 관찰내용
(2) 작업항목 설정시 고려할 사항
(3) 도장비용 산정시 확인해야 할 사항
(4) 부품교체 판단요건

(1) 사고차량의 관찰내용

① 외관의 관찰

② 내판, 골격의 관찰(충격의 입력, 파급경로에 따른 점검)

③ 구조적 측면에서의 검토

④ 계측에 의한 파악

⑤ 손상형태에 의한 파악

(2) 작업항목 설정시 고려할 사항

① **주체작업** : 차량을 구성하는 주요 부분에 대한 작업과 이에 대한 부대작업 또는 관계되는 작업량이 소규모인 작업을 포함하는 작업으로서 반드시 공임이 계상되는 작업을 말한다.
　📋 프런트 펜더의 탈착 또는 교체

② **부대작업** : 작업량이 비교적 작고 주체작업 범위 내에 포함되는 것을 말하며, 단독으로 공임을 계상하지 않는다.
　📋 프런트 펜더에 부착된 휠 가드, 머드 가드와 몰딩 등의 탈착 또는 교체

③ **부수작업** : 주체작업을 수행하는데 필요한 비교적 작업량이 큰 다른 작업을 말하며, 별도의 작업항목을 설정하여 공임을 계상한다.
　📋 뒤 펜더 교체의 주체작업에 대해서 뒷유리, 뒷자석 시트, 뒷범퍼의 탈착 또는 교체

④ **관련 작업** : 2개 이상의 주요 부품을 교환하는 복합 주체작업의 경우 관련 또는 중복되어 작업과정상 생략되는 작업범위를 말하며, 이 부분에 대한 공임은 작업시간이 생략되는 만큼 감소한다. 관련 부품을 동시에 탈착하거나 교체하는 경우에는 관련 작업을 공제해야 함에도 개별 공임의 적산으로 중복 산정하는 경우가 있다.

(3) 도장비용 산정시 확인해야 할 사항

① 재료비

　㉠ 재료비는 도장작업에 소요되는 도료, 시너 등 주재료와 샌드페이퍼, 마스킹 등 부재료 일체를 포함하며, 도장작업이나 보관과정에서 손실되는 분량도 포함된다.

　㉡ 도장재료비는 재료소요량에 재료단위당 가격을 곱하여 산출한다.

　㉢ 상도 도료의 재료비는 각 차종에서 사용되는 해당 도료의 가격을 적용한다.

② 도장시간

실제 도장작업에 소요된 시간에 1시간당 공임을 곱하여 산출한다. 도장작업의 특성에 따라 기본시간, 공통시간, 할증률 등으로 구분한다.

　㉠ 기본시간 : 도장한 부품의 개수와 작업면적에 비례하여 증가되는 특성을 가지고 있고 연마, 퍼티 바르기, 스프레이 도포, 마스킹, 세척 등 실제 작업시간에 소요된 시간으로서 소수점 이하 두자리까지 인정한다.

　㉡ 공통시간 : 도장할 부품의 개수와 작업면적에 관계없이 도장할 때 1회의 과정만 시행하는 작업으로 퍼티, 프라이머 서페이서 등의 건조, 조색 및 도료배합작업, 가열건조작업을 위한 부스 가동에 소요된 작업시간으로서 소수점 이하 두자리까지 인정한다.

　㉢ 할증률 : 보수 도장 특성상 추가로 작업이 이루어진 경우 이에 소요된 비용을 할증률(%)로 표기한 것으로서 할증률에는 작업이 소요된 재료비, 공임, 장비사용료 등이 반영되어 있다. 할증률을 적용하는 도장작업에는 2톤 도장, 폴리싱, 숨김 도장이 해당되며, 작업을 시행한 패널에 대해서만 정해진 할증률을 적용한다.

③ 가열건조비용

　㉠ 열처리를 위하여 부스를 1시간 동안 가동하는데 소요되는 제비용이 포함된 1시간당 열처리 원가를 산출하고 실제 소요된 작업시간을 곱하여 산출한다.

　㉡ 1시간당 열처리 원가에는 부스 감가비용, 인건비, 연료비, 필터교체비용, 제잡비, 이윤 등을 포함한다.

　㉢ 부스 가동시간에는 부스 예열시간, 건조시간, 플래시타임, 냉각시간 등을 포함한다.

(4) 부품교체 판단요건

① 기술적 판단

구성부품에 큰 손상을 받아 기술적으로 수정이 불가능하거나 곤란한 경우

② 보안부품

수리함으로써 주행안전도가 크게 저하되거나 보안기준에 미달하는 경우

③ 경제적 판단

손상부품이 기술적으로 수정이 가능하다 하더라도 수정작업이 어려워 작업시간이 길어지고 이로 인해 공임(수리비)이 높아져서 교체 수리를 할 경우보다 수리비가 고액이 되는 경우

31

공정한 손해사정 업무수행을 위해 「보험업감독규정」에서 정한 '손해사정서 접수 및 처리절차'와 「보험업감독업무시행세칙」의 '손해사정서 기재 및 설명사항'에 대해 서술하시오.

1. 「보험업감독규정」에서 정한 '손해사정서 접수 및 처리절차'(감독규정 제9-21조)

① 보험회사는 손해사정사가 제출하는 손해사정서의 접수를 거절하지 못하며, 제9-18조 제1항 단서(다만, 소송이 제기된 경우 또는 보험금청구권자가 제출한 서류 심사만으로 지급심사가 완료되어 서류접수 완료일로부터 제3영업일 이내에 보험금이 지급되는 경우에는 손해사정서를 작성하지 아니할 수 있다)의 사유에 해당하는 경우를 제외하고는 손해사정서가 제출되지 아니한 상태에서 보험금을 지급하여서는 아니된다.

② 보험회사는 손해사정사가 제출한 손해사정서를 접수한 때에는 지체 없이 보험금을 심사·지급 하여야 한다. 다만, 다음 각 호의 1에 해당되어 보험금지급이 지연될 경우에는 손해사정서 접수일부터 10일 이내에 그 사유를 보험금청구권자에게 통보하여야 한다.
  1. 손해사정서의 내용이 사실과 다르거나 자체적으로 조사·확인한 내용과 다른 것으로 판명 된 때
  2. 손해사정서의 내용이 관련 법규, 약관에 위반된 경우
  3. 보험금청구권자가 손해사정서의 내용에 이의를 제기한 경우
  4. 민원 또는 소송이 제기되거나 수사기관에 의하여 수사가 진행 중인 경우

③ 보험회사는 손해사정사가 제출한 손해사정서가 제2항 제1호 또는 제2호에 해당되어 정정·보 완(이하 "보정"이라 한다)이 필요한 경우에는 손해사정서 접수일부터 10일 이내에 구체적인 사유와 근거를 명시하여 손해사정사 또는 보험금청구권자에게 서면으로 요청하여야 한다.

④ 손해사정사 또는 보험금청구권자는 보험회사로부터 제3항의 규정에 의한 보정을 요청받은 경우에는 지체 없이 손해사정서를 보정하거나 기 제출한 손해사정서의 정당성에 대한 의견과 근거를 작성하여 보험회사에 서면으로 제출하여야 한다.

⑤ 보험회사는 제4항의 규정에 의한 보정서 또는 의견서를 접수한 때에는 지체 없이 보험금을 심사·지급하여야 하며, 다음 각 호의 1에 해당하는 경우를 제외하고는 다시 보정을 요청할 수 없다.
  1. 보정서 또는 의견서의 내용이 부당하다는 객관적이고 명백한 반증이 있는 경우
  2. 제2항 제1호 또는 제2호에 해당하는 경우(기존의 보정요청에 대하여 보정이 완료된 경우는 제외)

⑥ 보험회사는 제9-18조 제1항 단서의 규정에 해당하는 경우를 제외하고는 제2항 내지 제5항의 절차에 따라 확정된 손해사정서에 의한 보험금을 지급하여야 한다. 다만, 다음 각 호의 1에 해당하는 경우에는 손해사정서에 따른 보험금을 정정하여 지급할 수 있다.

1. 민원 또는 소송이 제기되어 보험회사가 지급하여야 하는 보험금이 손해사정서와 다르게 결정된 경우
2. 보험금청구권자가 손해사정서내용의 부당함에 대한 근거 및 자료를 서면으로 제출하고 보험회사가 이를 수용하여 보험회사가 지급하여야 하는 보험금이 손해사정서와 다르게 된 경우
3. 보험회사가 결정한 보험금을 보험금청구권자가 수용한 경우

2. 「보험업감독업무시행세칙」의 '손해사정서 기재 및 설명사항'

(1) 손해사정서 기재사항(감독규정 제9-18조 제1항, 시행세칙 제6-18조 제1항)

손해사정사는 법 제188조의 규정에 의한 업무를 수행한 때에는 지체 없이 <u>감독원장이 정하는 사항</u>을 기재한 손해사정서를 작성하고 자격을 표시한 후 서명(전자서명법 제2조 제2호에 따른 전자서명을 포함한다) 기명날인하여 보험회사(법 제185조 단서에 의하여 보험계약자 등이 선임한 독립손해사정사의 경우에는 보험계약자 등을 포함한다)에게 제출하여야 한다.

"감독원장이 정하는 사항"이라 함은 다음 각 호를 말한다. 다만, 제1호 및 제8호의 규정은 독립손해사정사에 한한다.

1. 손해사정 수임일자, 수임내용 및 위임자 인적사항(전화번호 등 연락처를 포함한다) 등 수임계약 내용
2. 손해사정 업무를 수행하는 손해사정사 및 보조인의 성명, 등록번호(보조인의 경우 법 제178조의 규정에 의한 손해사정사 단체에 신고한 현황 등 해당 손해사정사의 보조인임을 증명할 수 있는 자료), 연락처 등 인적사항
3. 보험계약 사항
4. 사고 및 손해조사내용(손해액 사정에 관한 중요 근거 및 결과를 포함한다)
5. 손해사정시 적용된 관계법규 및 약관
6. 약관상 보험자 지급책임의 범위(보험금 사정에 관한 중요 근거 및 결과를 포함한다)
7. 그 밖에 손해액 및 보험금 사정에 크게 영향을 미친 사항
8. 보수청구서(실비변상적 추가경비 명세표를 포함한다)

(2) 손해사정서 설명사항(감독규정 제9-18조 제2항, 시행세칙 제6-18조 제2항)

손해사정사는 손해사정서의 내용 중 <u>감독원장이 정하는 사항</u>에 대하여 보험회사 및 보험금청구권자에게 설명하여야 한다.

"감독원장이 정하는 사항"이라 함은 다음 각 호를 말한다.
1. 손해액 및 보험금 사정에 관한 중요 근거 및 결과
2. 손해사정시 적용된 관계법규 및 보험약관
3. 그 밖에 손해액 및 보험금 사정에 크게 영향을 미친 사항

32 자동차사고시 인양 및 견인비 인정기준과 견인료 할증기준에 대하여 약술하시오.

1. 인양 및 견인비(운반비)

자동차가 자력으로 이동할 수 없는 경우 사고 장소에서 이를 고칠 수 있는 가장 가까운 수리 공장 또는 회사가 지정하는 장소까지 운반하는데 든 인양·견인비용(레커 비용), 운송비(트럭, 철도)를 말한다.

2. 인정기준

① 피보험자동차가 화물을 적재한 채 추락하여 화물과 동시에 인양하는 경우에는 차량만을 인양하는데 소요된 비용만을 인정한다.

② 인양할 때 나무를 벌채하거나 전답에 피해를 끼친 경우의 손해는 인양비의 일부로서 인정한다. 다만, 추락으로 인한 직접손해는 대물손해로 처리한다.

③ 피보험자가 사고차량 인양에 부적합한 차종을 선정하여 인양작업에 실패한 경우에는 특별한 사유가 없는 한 비용을 인정하지 않고, 실제로 인양작업을 완수한 차량의 비용만을 인정한다.

④ 피보험차량 자체의 손해는 없으나, 인양할 필요가 있는 경우에는 인양비를 수리비의 일부로 인정할 수 없다. 그러나 현장을 그대로 방치하면 손해가 발생할 위험이 있다고 인정될 경우에는 손해방지 경감비용으로 보상한다.

⑤ 인양 및 운반 중 운반업자가 주의 및 선량한 관리의무를 다하지 못함으로써 늘어난 손해는 보상하지 않는다.

3. 견인료 할증기준

다음의 경우에는 기본운임 또는 요금의 30%를 가산한다.

① 시간당 50mm 이상의 심한 폭우 또는 폭설로 작업이 위험한 경우

② 야간(20:00~익일 06:00), 휴일 또는 법정 공휴일

③ 10톤 이상 대형차량, 냉동차, 냉장차

④ 배기량 3,000cc 이상 승용차

⑤ 다음의 경우 당사자 합의에 따라 30% 범위 내에서 할증요금 가산
　　㉠ 도심밀집지역 등 교통체증구간을 운행하는 경우
　　㉡ 특수한 상황의 변동에 의하여 운행이 현저히 지연되는 경우

⑥ 다만, 화학류, 유류, 방사선 고압가스 등으로 인정되는 경우는 50% 할증 적용

33
최근 외제차(국산차 제외) 신규등록이 급증하고 있는 가운데 외제차 수리비가 고액화되고 있어 사회적으로 이슈가 되고 있다. 이에 대한(외제차 수리비) 개선방안을 약술하시오.

1. 외제차 수리비의 문제점

(1) 수직적 제한의 반경쟁 효과 심화

① 자동차 제조업체(상류기업)가 생산·공급한 제품이 딜러(하류기업)를 통해 소비자에게 전달되어 최종 소비가 발생하는 경우에 자동차 제조업체와 딜러간 수직적 거래관계가 성립된다.

② 수직적 거래관계하에서는 흔히 상류기업인 자동차 제조업체와 하류기업인 딜러간 외부성의 문제가 발생한다. 수직적 거래관계하에서 발생하는 외부성 문제들로는 이중마진의 문제, 하류기업의 판매촉진전략과 관련된 상·하류 기업간의 수직적 외부성의 문제, 하류시장에서의 하류기업간의 수평적 외부성 문제, 최종 재시장 수요의 불확실성에 따른 위험분산의 문제 등이 있다.

③ 자동차 제조업체는 외부성의 문제가 자신에게 보다 유리한 방향으로 해결되도록 하기 위해 유통업자(딜러)와의 거래에 배타적 소비할당, 선택적 유통, 단일브랜드, 재판매가격 유지 등과 같은 수직적 제한을 가한다.

④ 이러한 수직적 제한은 공급 측면에서 비효율성을 제거함으로써 효율성을 증진하는 효과가 있는 반면, 경쟁을 제한함으로써 자동차 제조업체 및 딜러가 소비자로부터 독점적 이윤을 취하도록 한다.

⑤ 수직적 제한의 반경쟁적 효과가 효율성 증진효과를 상쇄하는 경우 당국은 수직적 제한을 금하는 것이 바람직하다.

(2) 소비자의 부품 및 정비에 대한 정보 부족

① 부품 및 정비에 대한 정보 부족은 소비자의 합리적 선택권을 제한함으로써 부품 및 정비 시장의 공정경쟁을 제한한다.

② 자동차보험을 통한 제3자 지불제도로 인해 부품가격 인상에 대한 소비자의 저항 및 감시가 이루어지기 어렵고, 이는 부품 및 정비 시장의 가격 및 품질경쟁을 약화시킨다.

③ 수리비 내역의 불투명성으로 인해 부품가격에 대한 소비자의 적극적인 감시권이 제한됨에 따라 OEM 부품 및 승인정비업체에 대한 쏠림현상이 발생한다.

④ NON-OEM 부품에 대한 정보부족은 NON-OEM 부품에 대한 잘못된 인식과 불신을 초래함으로써 소비자의 합리적 선택을 저해한다.

2. 외제차 수리비의 개선방안

(1) NON-OEM 부품의 활성화

① 필요성

ⓐ 외제차 부품시장의 실효경쟁 촉진 : NON-OEM 부품에 대한 소비자의 접근성 및 선택권을 확대하고 수리비 부담을 줄이기 위해서는 NON-OEM 부품 활성화를 통해 부품시장의 경쟁을 촉진해야 한다.

ⓑ 수리비 및 보험료 인하 효과 : 상대적으로 저렴한 NON-OEM 부품과 경쟁하기 위해서 OEM 부품의 가격도 낮아질 개연성이 있으므로 그만큼 수리비 및 보험료가 내려갈 것이다.

② 실행방안

ⓐ 공급측면 : 자동차 제조업체 유통망과 독립유통망간 상호교역에 대한 제한을 완화해야 한다. 유통망간 상호교역이 허용된다면 독립유통망은 NON-OEM 부품을 딜러·승인정비업체에게 판매할 수 있다.

ⓑ 수요측면

- NON-OEM 부품에 대한 수요촉진을 위해 무엇보다도 보수용 부품에 대한 용어를 정비할 필요가 있다. 순정부품을 OEM 부품, 비순정부품을 NON-OEM 부품으로 표현하는 것이 바람직하다.
- 자동차보험약관 개선을 통해 NON-OEM 부품 사용을 공식화하고, 보험회사의 NON-OEM 부품 적용에 대한 구속력 있는 지침을 마련해야 한다.
- 소비자가 NON-OEM 부품을 안심하고 선택할 수 있도록 자기인증제 대상 부품을 확대하거나 별도의 부품인증제도를 도입할 필요가 있다.
- 외제차 부품가격에 대한 투명성 제고를 통해 부품가격에 대한 소비자의 적극적인 감시권을 보장해야 한다.

(2) OEM 부품 및 정비기술정보의 접근성 제고

① 필요성 및 기대효과

ⓐ 독립정비업체의 OEM 부품 및 정비기술정보의 접근성 제고는 정비산업내 공정한 경쟁기회 제공, 소비자 선택권 및 안전성 제고 등 소비자, 정비산업, 보험산업 등에 긍정적인 영향을 미칠 것으로 기대된다.

ⓑ 독립정비업체의 정비기술정보의 접근이 자동차 제조업체의 지식재산권을 침해한다는 주장이 있으나, 이는 제공대상 기술정보의 범위 설정을 통해 방지할 수 있다.

② 실행방안

ⓐ 자동차 제조업체의 정비기술 제공의무가 실효성을 갖기 위해서는 제공대상 정비기술정보 및 제공방식이 구체적으로 논의되어야 한다.

ⓑ 제공 기술정보의 가격산정원칙이 논의되어야 한다.

ⓒ 자동차 제조업체의 정비기술정보 제공을 법제화할 것인지, 산업내 이해당사자간 합의에 근거한 시장의 자율적 규제에 의존할 것인지 논의되어야 한다.

34

다음 교통사고의 조사요령을 약술하시오.

1. 당일사고
2. 음주운전사고
3. 무면허운전사고
4. 운전자 바꿔치기 사고
5. 차량 바꿔치기 사고

1. 당일사고

(1) 의 의

사고발생일자가 보험계약 체결일자 또는 보험계약 종료일자와 같거나 직전·직후 기간으로서 계약 체결 전 또는 계약 종료 후 발생된 사고를 유효기간내 발생된 사고인 것처럼 조작하였을 가능성이 추정(의심)되는 사고를 말한다. 통상 실무적으로 보험계약 전·후로 14일 이내의 사고를 '당일사고'라 한다.

(2) 조사요령

① 사고 전·후의 계약사항을 확인(계속계약, 부활계약 여부 등)
② 계약지점 방문조사
③ 피해자, 피보험자 및 운전자 방문조사
④ 경찰서, 병원 및 정비업체 방문조사
⑤ 현장조사
⑥ 기타(현장 CCTV, 목격자 등)

(3) 세부내용

① 사고일자의 전·후 보험계약을 확인하여 공백기간 없이 보험계약이 연속하여 체결되어 있는지 여부를 확인한다.
② 가상계좌의 보험료 입금일시, 통장자동이체일시, 카드영수시점 등과 보험료 영수금액의 일치 여부를 확인한다.
③ 필요시 모집조직(설계사/대리점 등)을 면담하여 계약 및 입금경위를 확인하고, 모집경위서를 징구한다.
④ 피해자로부터 사고차량의 차종 및 색상, 사고일시 및 내용에 대하여 사실 여부를 확인한 후 가급적 확인서를 받는다.
⑤ 피보험자로부터 보험계약 체결경위 및 사고발생경위를 구체적으로 청취하고 확인서를 받는다.

⑥ 사고발생지역 관할경찰서를 방문하여 사고접수 여부를 확인하고 사고일시, 차량번호, 운전자 인적사항, 사고관련자 진술내용 등을 확인 후 필요시 필사한다.

⑦ 피해자 및 사고차량 운전자의 치료병원을 방문하여 부상일시, 내원일시, 가해차량번호, 운전자 인적사항 등을 확인하고, 특히 1차 치료병원을 숨기고 사고일시를 조작하는 사례가 있으므로 사고장소 및 거주지 주변병원에 대한 탐문조사를 실시한다(응급일지, 진료기록부, 원무과 업무 일지, 방사선과 X-ray 필름상 촬영일자, 촬영일지 등을 대인보상직원과 공조하여 확인).

⑧ 차량이 입고된 정비업체로부터 입고시간, 차량번호, 운전자 인적사항 등을 확인하고, 견인차량 운행일지, 작업지시서 등을 확인하고 가능하면, 견인차량 운전자의 확인서를 징구한다.

⑨ 사고차량의 부식상태 등을 확인하고, 특히 1차 입고되었던 정비업체를 숨기고 사고일시를 조작하는 사례가 있으므로 사고장소 및 피보험차량 운전자 또는 피보험자 거주지 주변 정비업체 를 탐문조사하고 사고 당일에 견인차량이 출동하였는지 여부를 확인한다.

⑩ 사고현장에 출장하여 주변 목격자를 탐문조사하고 사고현장에서 치료병원 또는 입고정비업체 까지의 거리 및 소요시각을 추정한 후 피해자의 내원시각 또는 피해차량의 입고시각 등이 적정한지 여부를 확인한다.

⑪ 기타 사고지점을 경유하는 노선버스가 있는지를 확인하고 해당 업체를 방문하여 배차시간, 운행일지 등을 확인하여 사고 상황을 목격한 운전기사가 있는지 여부를 확인조사하고, 가급적 확인서를 징구한다(사고지 주변의 CCTV 및 노선버스의 블랙박스 영상 확인).

(4) 사고사례

① 사고개요

2015년 1월 20일 05:00경 지방출장을 위해 이른 시각에 이동하다가 신호대기 중인 피해차량을 자차가 빙판에 미끄러지며 추돌하여 차량이 파손되어 정비업체에 입고하였다고 보험회사에 사고접수됨

② 착안사항

보험계약사항을 확인하여 보니 타인소유 차량을 양도받은 후 약 1주일이 경과된 2015년 1월 19일 보험계약을 체결하였음이 확인되어 당일사고 여부에 대해 중점 조사하게 됨

③ 적발경위

상대방 피해차량의 연락처를 확인하고자 하였으나, 현장에서 현금 50만원을 지급하고 합의한 후 합의서를 작성하였으나 보관 중에 분실하여 연락처를 알 수 없다고 피보험자는 주장하고, 보험계약 체결경위를 보험모집설계사에 확인해 보니 보험계약 당시 피보험차량을 확인하지 못한 상태로 계약을 체결하였음을 조사함

정비업체에 출장하여 차량파손상태를 점검하는 과정에서 다른 차량들은 눈이 많이 쌓여 있는 상태인데 해당 피보험차량에는 눈이 없어 기상대를 통하여 서울지역에 눈이 내린 날짜와 강설량 등을 확인(2015년 1월 19일 눈이 안 왔으며, 1월 20일 눈이 내림)하였으며, 이 과정에서 2015년 1월 19일 05:00경 사고가 발생하였으나, 보험가입이 안된 상태로 뒤늦게 보험에 가입하고 차량은 견인차량을 이용하여 다른 장소로 옮겨 놓았다가 1일이 지난 1월 20일 다시 사고 장소에 견인차량으로 이동시켜 놓은 상태에서 보험사고접수하였음을 밝혀냄

2. 음주운전사고

(1) 의 의
「도로교통법」제41조 및 「동법 시행령」제31조에서 규정한 주취한계를 초과한 상태에서 운전하던 중 발생한 사고를 말한다.

(2) 조사요령
① 경찰조사기록 확인
② 피해자, 탑승자, 운전자 면담조사
③ 병원방문조사

(3) 세부내용
① 경찰조사기록 확인시 음주측정 여부 및 음주기록, 측정시각 등을 집중적으로 확인한다.
② 피해자 측으로부터 사고 직후 가해운전자의 행동, 언어상태, 주취유무, 술 냄새의 정도 등을 확인하고 가급적 확인서를 징구한다.
③ 차내 탑승자가 있는 경우 반드시 탑승자를 개별적으로 면담하여 운전자의 음주 여부를 조사하고, 탑승자가 있었음에도 없었다고 할 수도 있으므로 탑승인에 의한 관성손상 여부, 경찰조사기록 및 사고관련자를 면담하여 상황에 대한 종합적인 조사를 실시한다.
④ 운전자가 부상을 입어 병원에서 치료를 받는 경우 치료병원의 의사, 간호사, 직원 등으로부터 음주 여부를 확인하고 진료기록부를 조사하여 진료기록부상 "Drunken state"가 확인된 경우라도 객관적인 입증자료(운전자의 행적조사를 통한 음주량 확인, 목격자 확인 등)를 확보한다.
⑤ 음주에 대한 물증이 없는 경우 조사내용을 토대로 사고발생 직전 수시간 동안의 운전자 행적을 조사하여 객관적인 증거확보에 노력한다.
⑥ 기타 사고차량 견인기사, 정비업체 관계자, 대차 운전자 및 탑승자로부터 음주 여부에 대해 확인조사를 실시한다.

(4) 사고사례
① 사고개요
2003년 11월 15일 24:00경 피보험자가 피보험차량을 운행하여 자택으로 귀가하던 중 사고장소에 이르러 무단횡단을 뒤늦게 발견, 무단횡단을 충격 후 우측 노견으로 추락한 사고로 접수됨
② 착안사항
심야사고로서 사고장소가 직선도로이며, 사고발생이 드문 장소인 점, 경찰에 신고가 안되고 당일 퇴근후 약 4시간 정도의 행적이 명쾌하지 않은 점 등에 착안하여 정밀하게 조사하게 됨

③ 적발경위

정비공장을 방문하여 차량입고경위, 입고시각, 파손상태 등을 확인하고, 병원 응급실을 방문하여 당직자 및 피해자를 면담한 바, 사고 당시 가해운전자의 음주 여부에 대하여 특별한 사항이 없었으나, 평소 정비업체와 친분이 있는 직원을 통해 렉카기사를 면담하는데 성공, 렉카기사로부터 사고차량의 운전자가 음주상태였다는 사실을 확인하게 됨

좀 더 보완조사를 위해 관할소방서를 방문하여 구급일지 등을 확인하여 운전자가 당시 "Drunken state"였음을 확인하고 동 내용을 출동대원으로부터 재확인, 운전자가 음주사실을 시인하게 되었음

3. 무면허운전사고

(1) 의 의

「도로교통법」 또는 「건설기계관리법」의 운전(조종)면허에 관한 규정을 위반하여 무면허 또는 무자격운전(조종)을 하던 중 발생한 사고를 말하며, 운전(조종)면허의 효력이 정지 중에 있거나 운전(조종)이 금지 중에 있을 때 운전하는 것을 포함한다.

(2) 조사요령

① 경찰조사기록 확인

② 동승자 유무 확인

③ 자동차 형식 · 구조장치의 변경 여부

④ 위험물 및 고압가스운반차량의 적정면허소지 여부 등

(3) 중점조사 사항

① 기명피보험자의 명시적 또는 묵시적 승인 여부 조사

   ⊙ 무면허운전자와 기명피보험자와의 관계

   ⓛ 사고차량 무면허운전자가 과거에도 피보험자동차를 운전한 사실이 있었는지와 그 횟수 등

   ⓒ 무면허운전이 가능하게 된 경위와 운행목적 및 평소 차량사용 및 관리 실태 등

② 기명피보험자로부터 포괄적 승인(또는 승낙)을 받은 자로부터 승인 여부 조사

   ⊙ 무면허운전을 허용한 자가 기명피보험자로부터 차량사용에 관하여 허락받은 권한의 범위 (포괄적 사용승낙 여부)

   ⓛ 기명피보험자와 허락피보험자, 허락피보험자와 무면허운전자와의 구체적인 관계

   ⓒ 과거 무면허운전 사실을 기명피보험자가 알고 있었는지 여부

   ⓔ 무면허운전이 가능하게 된 경위와 사고 당시 운행목적

   ⓜ 무면허운전자의 운전에 관하여 평소 기명피보험자 등이 취해온 태도

   ⓗ 평소 차량사용 및 관리 상태 등

     ※ 상기 유형은 주로 기명피보험자의 고용운전자 등이 허락피보험자의 지위에서 차량의 사용 · 관리를 전적으로 하는 경우에 나타나는 유형임

(4) 세부내용

① 경찰 미신고건의 경우 운전면허 허위통보와 관련하여 운전면허 자동응답, ARS확인, 경찰전산망 조회, 운전면허경력증명서를 징구한다.

② 사고 당시 동승자가 있었는지 여부 및 그들의 면허소지 여부를 확인한다(특히 운전자의 경우 우측 어깨선에 안전벨트 자국이 남는 경우가 많으므로 수상부위를 확인하고 가급적 사진촬영을 해둔다).

③ 「자동차관리법」 제30조 및 제33조 규정에 의하여 자동차의 형식구조 또는 장치가 변경·승인된 경우라 하더라도 차량등록 당시 자동차를 기준으로 면허종별을 구분한다.

(5) 사고사례

① 사고개요

피보험차량이 신호대기 중인 대차를 추돌한 사고

② 착안사항

경찰 미신고건으로 조사자가 피해자와 피보험자에게 사고처리에 따른 보상안내를 하고 피보험차량 운전자의 운전면허증과 자동차등록증을 제시해 줄 것을 요청하자 피보험자는 Fax를 이용하여 서류를 제출하였음

면허증이 검게 복사되어 면허번호 식별이 곤란하므로 면허증 사본을 재요구하자 번호를 유선상으로 통보하고 서류를 제시하지 않으므로 정밀조사에 착수하게 됨

③ 적발경위

운전면허 유효 여부에 대해 경찰청에 전산조회를 실시한 결과 운전자는 본 사고 이전에 음주운전으로 인하여 면허가 취소된 상태임을 확인함

4. 운전자 바꿔치기 사고

(1) 의 의

보상하는데 결격사유가 있는 운전자가 사고를 발생시켜 보험처리를 받을 수 없음을 알고 보험처리를 받을 수 있는 사람으로 바꿔 사고접수한 것으로 추정(의심)되는 사고를 말한다.

(2) 조사요령

① 동승자 유무 확인

② 피해자 및 주변목격자 확인

③ 자차 및 피해물 확인

④ 경찰서 및 병원 등 확인

(3) 운전자 바꿔치기 유형

① 가족한정운전특약 가입차량을 타인이 운전하던 중 사고발생한 건을 가족이 운전한 것으로 사고 통보

② 연령한정운전특약 가입차량을 연령위반자가 운전하던 중 사고발생한 건을 운전가능한 자가 운전한 것으로 사고 통보

③ 무면허(면허정지·취소포함) 또는 면허종별 위반자가 운전하던 중 사고발생한 건을 면허가 유효한 자가 운전한 것으로 사고통보(운전자 바꿔치기 및 무면허운전 사고건의 경합)

(4) 세부내용

① 사고 당시 차내에 동승자가 있었는지와 동승자의 면허소지 여부 등을 확인하고, 안전벨트에 의한 자국 및 동승경위를 구체적으로 확인한다.

② 피해자 및 주변목격자 등으로부터 사고차량 운전자의 성별, 연령, 외모, 부상상태 등을 확인한다.

③ 자차 및 피해물의 파손 정도, 부위, 혈흔의 위치 등을 확인하고, 운전자의 부상상태와 부상부위를 추정한다.

④ 응급실 진료기록, 원무과 업무일지, 정비업체 업무일지 및 접수대장 등에 기재되어 있는 가해자의 인적사항, 연락처 등을 확인한다.

⑤ 사고장소 및 운전자의 거주지 주변병원에서 치료사실 여부를 확인한다.

⑥ 정비업체 관계자 및 렉카기사 등을 면담하여 운전자의 인상착의 등을 확인한다.

⑦ 운전자의 행적 및 사고지역 관할경찰서를 방문하여 사고사실을 확인한다(경찰서에서는 타인이 운전한 것으로 신고되었음에도 경찰미신고건으로 접수하는 사례가 있음).

(5) 사고사례

① 사고개요

피보험차량이 신호위반한 채 교차로를 진행 중 정상신호에 따라 진행하는 피해차량을 충격한 사고로서 계약내용은 가족한정운전특약 및 만 21세 연령한정운전특약에 가입된 상태임

② 착안사항

중과실 사고임에도 경찰서에 신고되지 않은 점, 가해자가 보험처리를 잘 해달라고 하며, 피해자에게 지나치게 우호적인 점 등에 의구심을 가지고 조사를 실시함

③ 적발경위

㉠ 운전자로부터 사고경위를 확인하기 위해 면담하였으나, 사고정황, 사고장소, 피해자의 부상부위에 대해 잘 알지 못하고 있는 사실을 확인함

㉡ 피해자 측에 가해자의 신체상 특징(안경착용 여부, 대략적인 나이, 키, 얼굴형, 모발 상태 등)을 질문하자 역시 얼버무리며, 정확한 답변을 못하는 사실을 확인함

㉢ 병원접수대장을 열람하는 과정에서 가해자의 인적사항이 사고접수내용과 다르게 되어 있는 것을 확인함

㉣ 상기 내용을 가해자 측에 설명하고 사실관계를 집중적으로 조사하자, 만 20세인 아들이 운전하다가 사고가 발생되어 보험처리를 받고자 부인이 운전한 것으로 위장한 사실을 확인하게 됨

5. 차량 바꿔치기 사고

(1) 의 의

보험처리를 받을 목적으로 보험처리가 안 되는 차량에 의해 발생된 사고를 보험처리가 가능한 차량에 의해 사고발생한 것으로 위장통보된 것이 추정(의심)되는 사고를 말한다.

(2) 조사요령

① 신속한 현장조사

② 피보험자 및 운전자 면담조사

③ 주변목격자 확인

④ 자차 및 피해물 확인

(3) 세부내용

① 배당 즉시 신속하게 사고현장에 출장하여 사고잔흔(사고의 잔해, 고정물의 파손 흔적, 일부 남아있는 도료의 색상확인 등)을 세밀하게 조사·확인한다.

② 피보험자(피보험회사) 소유의 차량보유대수 및 보험가입 여부를 확인한다.

③ 차량이 다수일 경우 사고 당일 배차일지 등을 확인하고 사고현장을 운행한 차량을 추적 조사한다.

④ 차량의 운행목적과 운행경위를 확인하고, 특히 차량다수보유업체에 대하여는 각 차량별로 고정운전자를 지정하는 경우가 대부분임을 감안하여 사고차량과 타차량의 고정운전자를 확인한다(신문보급소, 중국음식점, 피자점 등 배달전문업체에서의 차량 바꿔치기에 유의).

⑤ 사고현장에서의 목격자를 수소문하여 평소에도 사고차량이 사고현장 부근에서 운행한 사실이 있는지 여부 및 사고차량의 차종, 색상, 사고정황 등에 관하여 목격자 진술을 확인한다.

⑥ 자차 및 피해물의 파손형태를 조사하여 사고정황과 파손부위 등이 일치하는지 여부와 가해차량의 차대번호, 차량번호가 일치하는지 여부를 조사한다(보험가입차량의 번호판을 보험미가입 차량에 부착하여 위장하는 사례도 있음).

(4) 차량 바꿔치기 유형

① 군부대차량 바꿔치기

군부대차량에 의하여 사고가 발생하는 경우 피해자 측에서도 상대가 군부대라는 특수성 때문에 보험처리만 원만히 받기를 원하는 경향이 있고, 조사자가 사고조사를 수행함에 있어서도 어려움을 겪는 경우가 많다.

② 차량번호 바꿔치기

무보험차량이 사고를 발생시킨 것을 보험가입한 다른 차량의 차량번호로 교체 후 사고통보

③ 파손부위 바꿔치기

무보험차량의 파손부위(전·후 범퍼 등)를 보험가입한 다른 차량의 동일부위와 교체 후 사고통보

④ 면허종별 위반차량 바꿔치기

2종 보통면허를 소지한 운전자가 12인승 승합자동차를 운전하다가 사고가 발생하자 사고접수 시 9인승 승합자동차를 운전하던 중 사고발생한 것으로 바꿔서 사고접수

⑤ 공기호 부정사용(번호판 바꿔치기)

차량번호만 분실신고 후 번호판을 재교부 받아 보관하다 무보험차량이 사고발생하는 경우 그 번호판을 부착하고 보험금을 청구

⑥ 할증회피 목적으로 차량을 바꿔치기

피보험자가 다른 자동차를 운전하다가 사고발생하는 경우 실제 사고차량의 할증을 회피할 목적으로 본인차량을 운전 중 사고발생한 것으로 사고접수(피해자 측으로부터 사고차량의 파손상태 등을 확인하여 사고접수된 차량이 실제 사고차량인지 여부를 확인·조사한다)

제2과목

자동차구조 및
정비이론과 실무

CHAPTER 01   자동차 일반상식

CHAPTER 02   자동차용 기관

CHAPTER 03   자동차 섀시

CHAPTER 04   시동, 점화, 충전, 전기장치

CHAPTER 05   안전, 냉방, 기타 편의장치

CHAPTER 06   차세대 자동차

01 자동차 일반상식

출제포인트
- ☐ 자동차규격 관련 용어
- ☐ 자동차 구동방식
- ☐ 자동차검사기준
- ☐ 자동차검사항목

---

01 다음 자동차규격 관련 주요 용어 대해 약술하시오.

(1) 축거(Wheel Base)

(2) 윤거(Tread)

(3) 전장(Overall Length), 전폭(Overall Width), 전고(Overall Height)

(4) 오버행(Overhang)

(5) 필러(Pillar)

---

(1) 축거(Wheel Base)

자동차에서 앞바퀴의 중심과 뒷바퀴의 중심 사이의 거리를 말한다. 차축이 2개인 것은 앞 차축 사이를 제1축거, 중간 차축과 뒷 차축 사이를 제2축거라고 한다. 주로 축거는 차크기 등급을 나타내는 하나의 기준으로 사용된다.

(2) 윤거(Tread)

좌우 타이어의 접촉면의 중심에서 중심까지의 거리를 말한다. 일반적으로 윤거가 넓을수록 조종성, 안정성이 좋으며, 차종에 따라 전윤거와 후윤거 길이가 다소 다르다.

① 전(前)윤거

전륜 좌우 타이어의 접촉면의 중심에서 중심까지의 거리

② 후(後)윤거

후륜 좌우 타이어의 접촉면의 중심에서 중심까지의 거리

(3) **전장(Overall Length), 전폭(Overall Width), 전고(Overall Height)**

① **전 장**

자동차의 앞부분에서 뒷부분까지의 길이로 대개 앞·뒤 범퍼의 끝을 잰다.

② **전 폭**

자동차의 문을 닫고 중심에서 직각으로 재었을 때 가장 큰 폭으로 양쪽 백미러는 포함시키지 않는다.

③ **전 고**

빈차 상태에서 접지면으로부터 가장 높은 곳까지 잰 차량의 높이를 말한다. 안테나 등은 포함되지 않는다.

(4) **오버행(Overhang)**

오버행은 앞범퍼에서 앞바퀴 중앙까지의 거리를 의미하며, 리어 오버행은 뒤 범퍼에서 뒷바퀴 중앙까지의 거리를 의미한다. 전륜구동 자동차의 경우 차량의 앞바퀴와 엔진, 미션을 앞쪽으로 배치하게 되는데 이런 장치들의 무게가 한 쪽으로 쏠려 조향장치의 효율성을 떨어뜨리지 않게 하기 위해 앞바퀴를 최대한 앞쪽으로, 엔진은 최대한 뒤쪽으로 밀어 차량의 무게를 배분한다. 따라서 전륜구동차는 오버행이 짧아지게 된다.

(5) **필러(Pillar)**

기둥을 뜻하는 단어로, 차체와 지붕을 잇는 기둥 모양의 구조를 말한다. 지붕을 떠받쳐 차가 전복되었을 때 실내공간을 보호하고 차체의 비틀림을 방지한다. 차량 옆에서 볼 때 앞에서부터 A필러, B필러, C필러의 순서로 부른다. A필러(프론트 필러)는 프런트 윈도와 사이드 윈도의 중간에 있는 필러이고, B필러(센터 필러)는 앞·뒤 도어의 중간에 있는 필러이다. C필러(리어 필러)는 리어 도어와 리어 윈도 사이의 필러로 쿼터 필러라고도 한다.

02

다음의 용어들에 대하여 100자 이내로 설명하시오.

(1) 차동제한장치(LSD ; Limited Slip Differential)
(2) 휠 밸런스(Wheel Balance)
(3) 회생제동 시스템(RBS ; Regenerative Braking System)
(4) 등속자재이음(CV Joint ; Constant Velocity Joint)
(5) 돌리(Dolly)

---

(1) 차동제한장치(LSD ; Limited Slip Differential)

좌·우 구동륜 또는 전·후륜 어느 한 쪽이 마찰계수가 낮은 노면상에 있게 되면, 타이어 하중이 감소하여 미끄러지면서 차동장치만으로는 총 구동력 감소로 주행불능 상태에 빠지게 된다. 이러한 문제를 방지하기 위하여 본래 이 차동기능에 제한을 가하여 구동력을 확보하도록 하는 장치를 말한다.

(2) 휠 밸런스(Wheel Balance)

타이어를 디스크 휠에 조립한 상태에서의 평형 상태를 말한다. 즉 회전시켰을 때, 원심력도 모멘트도 발생하지 않는 상태를 휠 밸런스가 맞춰져 있다고 한다. 원심력이나 모멘트가 발생하는 경우는 언밸런스이다. 언밸런스에는 원심력만을 발생하는 정적 언밸런스, 모멘트를 발생하는 동적 언밸런스가 있다.

(3) 회생제동 시스템(RBS ; Regenerative Braking System)

제동시 전기모터를 발전기로 작동시켜 운동에너지를 전기에너지로 변환하여 배터리에 충전시키는 방식이다. 전기모터로 구동하는 하이브리드 자동차와 전기자동차에 쓰인다.

(4) 등속자재이음(CV Joint ; Constant Velocity Joint)

유니버설 조인트의 일종으로 구동축과 수동축과의 동력전달에서 회전속도의 변동이 없이 등속으로 동력을 전달한다. 앞바퀴 굴림식의 구동과 뒤바퀴 굴림식의 독립현가방식 등 큰 각도로 동력을 전달하는 부분에 사용된다.

(5) 돌리(Dolly)

자동차의 보디를 수리할 때 해머작업에서 반대쪽에 대고 타격할 수 있도록 받치는 블록으로, 강판의 형태 및 굴곡에 따라 다양한 형상의 돌리가 있다.

03

기관의 설치 위치 및 구동륜의 위치에 따라 FF식(Front - engine, Front - drive), FR식(Front - engine, Rear - drive), 그리고 RR식(Rear - engine, Rear - drive) 등으로 구분한다. 이들 중에서 FF식과 FR식의 차이점 및 장·단점에 대해 약술하시오.

1. FF방식(Front - engine, Front - drive ; 전륜구동방식)

(1) 특 징

① 차량의 앞쪽에 엔진이 위치하고, 차량의 앞바퀴에 동력을 전달하여 구동하는 방식으로 소형 및 중형 승용차에 많이 사용되고 있다.

② 앞바퀴가 구동과 조향을 모두 담당하며, 긴 추진축이 필요 없다.

③ 앞바퀴 쪽의 구조가 복잡하고 앞부분이 무거워지는 경향이 있다.

④ 구동방법

기관 → 클러치(자동 포함) → 변속기(트랜스액슬) → 종감속 및 차동장치(변속기 내부에 포함) → 드라이브샤프트(등속조인트) → 휠 순서

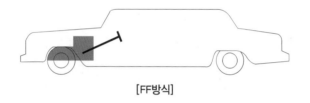

[FF방식]

(2) 장·단점

① 장 점

㉠ 구조가 단순하고 단가가 저렴하다.

㉡ FR방식보다 커브 길과 미끄러운 길에서 조향 안정성이 양호하다.

㉢ 동력전달 경로가 짧아 동력전달 손실이 적다.

㉣ 추진축이 불필요하므로 바닥이 평평하게 되어 실내공간이 넓어진다.

② 단 점

㉠ 고속, 고출력 주행시 조향이 힘들다(언더 - 스티어 현상).

㉡ 차량 앞부분에 거의 모든 기계부를 설치하기 때문에 상대적으로 엔진이 작아진다(저출력 엔진).

㉢ 하중이 앞바퀴에 많이 걸리므로, 브레이킹의 많은 부분을 차지하는 앞바퀴 브레이크에 부담감도 커진다.

2. FR방식(Front - engine, Rear - drive ; 후륜구동방식)

(1) 특 징

① 차량의 앞쪽에 엔진을 배치하고 차량의 뒷바퀴를 구동축으로 삼는 구동방식으로 중·대형 차량에 많다.

② 앞쪽에서 발생한 힘이 동력전달축을 지나 구동축에 전달되는 방식으로 일반적으로 앞바퀴가 조향(스티어링)만 담당하고 뒷바퀴는 구동만을 전담한다.

③ **구동방법**

기관 → 클러치(자동 포함) → 변속기(트랜스미션) → 프로펠러샤프트 → 뒷바퀴 차축 → 휠 순서

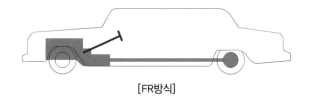

[FR방식]

(2) 장·단점

① 장 점

㉠ 엔진과 구동축의 무게배분이 가능해지면서 다이나믹한 운전이 가능하다.

㉡ 앞바퀴가 방향전환을 하는 동안에도 직선방향으로 계속 힘을 전달하므로 조향이 훨씬 수월해진다.

㉢ 엔진 외에 기어박스 등을 동력전달축과 함께 차량의 아래쪽에 배치할 수 있어서 FF방식에 비해 상대적으로 엔진의 공간을 크게 확보할 수 있다.

㉣ 조향에 유리한 오버 - 스티어 성향과 강한 엔진 덕분에 고성능 차량에 유리하다.

② 단 점

㉠ 추진축이 통과하므로 바닥 중앙부의 터널이 높게 되어 차실내의 공간이용도가 낮다.

㉡ 오버 - 스티어 성향을 제어하기 위해서 운전자의 숙련된 운전기술이 필요하다.

㉢ FF방식과 공유할 수 있는 부품이 적고, 부품 수도 많아지기 때문에 생산 비용이 증가한다.

더 알아보기	RR방식(Rear - engine, Rear - drive)
차량의 뒷쪽에 기관(엔진)을 비치하고 후륜을 구동하는 승용차이다.	

04

모노코크 보디(Monocoque Body)를 구성하는 부품을 열거하시오.

모노코크 보디(Monocoque Body)는 일체구조식의 차체(Body)로 앞 차체, 중심 차체, 뒤 차체로 나누어지며, 차체 외장은 범퍼, 차체 내장은 시트 등으로 이루어진다.

1. 앞 차체(Front Body)

(1) 내판부분

내판부분은 앞 차체에 강성을 가짐과 동시에 외판의 설치를 용이하게 한다.

① 대시 패널(Dash Panel)

엔진룸과 차량 실내를 구분하는 패널로서, 엔진룸 측에는 방음, 방열 등을 위하여 인슐레이션 패드와 브레이크 마스터 실린더 및 각종 파이프, 배선이 부착되고, 실내 측에는 각종 페달류와 스티어링축이 통과한다.

② 휠 에이프런(Wheel Apron)

차체 아래에 휠(Wheel)을 감싸고 있다.

(2) 외판부분

외판부분은 앞 차체의 부분으로 주로 0.8mm 정도의 강판이 사용되고 있다.

① 후 드

② 앞 패널(Front End Fender)

③ 앞 펜더(Front Fender)

2. 중심 차체(Center Body)

중심 차체는 플로어 뒤쪽에 구동장치가 설치되는 것 이외에는 외부에서의 하중을 받지 않으므로 엷은 판을 프레스로 가공하여 상자모양으로 결합해서 이것을 점용접(Spot Welding)하여 설치한다.

① 플로어 패널(Floor Panel)

② 사이드 패널(Side Panel)

③ 루프 패널(Roop Panel)

④ 카울 패널(Cowl Panel)

3. 뒤 차체(Rear Body)

① 뒤 플로어 패널(Rear Floor Panel)

② 뒤 펜더(Rear Fender) 또는 쿼터 패널(Quarter Panel)

③ 뒤 펜더 또는 쿼터 안쪽 패널(Rear Fender(Quarter) Inner Panel)

④ 쿼터 패널(Quarter Panel)

⑤ 위쪽 백 패널(Upper Back Panel)

⑥ 아래쪽 백 패널(Lower Back Panel)

05 차체구조에서 볼트 온(Bolt – on) 부품과 웰드 온(Weld – on) 부품을 정의하고, 수리방법의 차이점에 대하여 약술하시오.

일체형 자체구조(Uni – body)는 볼트 온(Bolt – on) 부품과 웰드 온(Weld – on) 부품으로 구성되어 있다.

1. 볼트 온(Bolt – on) 부품

볼트 온(Bolt – on) 부품은 볼트와 너트로 결합되는 부품을 말한다. 대표적인 것으로 볼트 온 패널(외판 부분)로 대부분의 외장 차체 패널이 여기에 속한다.

자동차에서는 헤드램프와 같은 전장부품, 범퍼나 그릴, 프런트 펜더나 후드, 트렁크, 도어 등이 있으며, 내장 패널의 경우는 셀프 피어싱 리벳기를 사용한 이종재료 리벳 접합으로 결합되어 있다.

2. 웰드 온(Weld – on) 부품

용접이나 접착제로 차체에 결합되는 부품을 말한다. 스폿 용접(Spot welding)으로 결합되는 부품은 플로어 패널(Floor panel), 사이드 패널(Side panel), 루트 패널(Root panel), 카울 패널(Cowl panel) 등이 있다.

3. 수리방법의 차이점

(1) 볼트 온(Bolt – on) 부품

볼트 온 부품의 일반적인 특징은 탈착이 비교적 간단하며, 몇 번이고 반복이 가능하다. 차체수리작업에서 차체 패널 교환 등의 빈도가 높은 기능 부품이나 차체외장 부품에 많이 이용되지만 차체 구조적 부위에 사용되는 범위는 상당히 좁다.

볼트 온 부품은 부품(피조립물) 일부에 너트 또는 클립을 삽입할 수 있는 부분을 형성하여야 하므로 금형이 복잡하고, 부품을 조립하기 위해 볼트 또는 클립이 필요하므로 부품수가 많고 작업시간이 길어지며, 차량에서 다량의 금속재 볼트 및 금속재 너트를 사용하므로 어셈블리 부품의 중량과 가격이 상승한다는 문제점이 있다.

(2) 웰드 온(Weld – on) 부품

용접은 모재의 접촉부의 일부를 녹여 일체화하는 것으로 결합부분의 형태가 자유롭고 강도와 수밀성, 기밀성이 우수하나 차체에 용접작업을 할 경우 용접 열에 의한 패널 부식이 빨리 진행되는 경우가 발생하므로 부식방지에 대한 기술도 함께 적용해야 한다.

용접방식의 접합은 작업공정을 줄일 수 있고, 파손부 등의 보수와 수리가 용이하지만, 다른 접합방법과 비교하면 용접 설비와 경험을 필요로 하며, 차체 패널의 탈부착 반복이 거의 불가능하므로 차체수리작업의 전체적인 기술이 필요하다.

접착제를 사용하는 방법은 작업이 쉽고 편리하게 작업을 할 수 있지만 한번 붙여 버리면 떼어 내거나 교환하는 것은 어렵다. 접합 강도는 접합제의 능력에 따라 결정된다. 자동차에는 트림, 몰딩 접착 외 후드, 루프의 레인포스먼트, 사이드 패널, 바닥 패널, 리어 패널, ABCD필러, 유리 등의 부착에 사용된다.

최상의 접합 공법은 고강도 에폭시 1액형 접착제를 사용하는 기술이다. 볼트와 너트 같은 기계적 체결보다 무게를 줄일 수 있고 구조상 용접이 곤란한 알루미늄이나 카본 파이버 등 경량 소재와 강철을 쉽게 이어 붙일 수 있기 때문이다. 또 볼트와 너트를 사용하거나 스폿 용접, 리벳(rivet) 결합보다 체결 부위가 넓어져 차체 강성이 높아지며 부품끼리 맞닿은 곳에서 발생하는 소음까지 줄일 수 있는 있다.

자동차 구조용 접착제는 하이브리드카와 전기차에 사용되는 전기 모터의 마그넷을 고정하는 용도로 쓰이기도 하고, 차량용 컴퓨터 전자제어장치의 기판이나 인버터와 컨버터의 부품 케이스, 각종 센서와 카메라 같은 플라스틱 부품 장착, 전장 부품 등에도 적용된다.

엔진에 사용되는 접착제는 엔진의 실린더 커버와 실린더 헤드, 엔진 블록, 오일 팬, 체인 케이스의 체결을 위해 사용한다.

06
프레임식 보디와 모노코크식 보디의 차이점을 설명하고, 모노코크식 보디의 장·단점에 대하여 설명하시오.

1. 프레임식 보디와 모노코크식 보디

(1) 프레임식 보디

① 차체의 골격 역할을 하는 두꺼운 프레임 위에 새시 부품을 장착하는 구조이다.

② 보디는 고무 마운트(또는 부싱)를 사이에 두고 프레임 위에 조립한다.

(2) 모노코크식 보디

① 새시 부품을 직접 보디에 장착하는 구조이다.

② 새시 부품의 응력 완화와 보디의 강성 확보를 위해 부분적으로 크로스멤버 등을 설치한다.

2. 장·단점 비교

구 분	프레임식	모노코크식
장 점	• 보디와 프레임 사이에 있는 고무 마운트가 노면과 엔진의 소음, 진동을 걸러준다. • 차체 강성이 높아 극한 오프로드에서도 내구성이 좋다. • 프레임이라는 기본 골격이 있기 때문에 개조가 쉽다.	• 단독 프레임이 없기 때문에 경량화 설계가 가능하다. • 프레임식보다 가벼워 연비가 좋다. • 차체가 낮아 무게중심을 낮출 수 있어서 주행안전성 확보에 유리하다. • 원자재가 싸고 점용접을 많이 사용하기 때문에 생산성이 우수하다. • 보디구조상 충돌 때 충격에너지의 흡수율이 좋고 안전성이 높다.
단 점	• 무게 증가로 연비와 주행성능이 상대적으로 불리하다. • 프레임을 바닥에 깔고 보디를 얹는 방식이어서 차체가 높아진다. • 대규모 프레임 생산설비가 필요해 단가가 높아진다. • 충돌사고시 차체가 잘 찌그러지지 않아 충격을 쉽게 흡수하지 못한다.	• 서스펜션 및 파워트레인의 진동과 소음이 보디에 들어오기 쉬우므로 충분한 방진, 방음이 필요하다. • 비틀림 강성이 상대적으로 낮다. • 보디 공용화가 어려워 휠베이스 증가시 새로 제작해야 한다. • 일체형 구조이므로 개조가 어렵고, 손상되었을 때 복원수리가 복잡하다.

07

다음 차대번호(V.I.N)의 각 항목에 대하여 간략하게 설명하시오.

K	M	H	E	M	4	1	B	P	Y	U	123456
①	②	③	④	⑤	⑥	⑦	⑧		⑨	⑩	

① 국가(K – 대한민국)
② 제작사(M – 현대자동차)
③ 차량 구분(H – 승용차)
④ 차종 구분(E – 중형차)
⑤ 세부 차종(M – 고급차종)
⑥ 차체 형상(4 – 도어수)
⑦ 안전장치(1 – 장치 없음)
⑧ 배기량(B – 2,000cc)
⑨ 제작연도(Y – 2000년)
⑩ 생산 공장(U – 울산공장)

> **더 알아보기** 차대번호로 차량연식을 확인하는 방법
>
> 차대번호의 좌측에서 10번째 알파벳 또는 숫자를 통해 확인할 수 있다.
> - **2000년 이전 차량 차대번호로 연식 확인하는 방법**
>   Y : 2000 / X : 1999 / W : 1998 / V : 1997 / T : 1996 / S : 1995 / R : 1994 / P : 1993 / N : 1992
> - **2001년 이후 차량 차대번호로 연식 확인하는 방법**
>   1 : 2001 / 2 : 2002 / 3 : 2003 / 4 : 2004 / 5 : 2005 / 6 : 2006 / 7 : 2007 / 8 : 2008 / 9 : 2009
>   A : 2010 / B : 2011 / C : 2012 / D : 2013 / E : 2014 / F : 2015 / G : 2016 / H : 2017 / I : 2018

08

국토교통부장관은 제작자동차의 각종 구조 및 장치의 제원이 규칙에 의한 기준과 다른 경우 허용차 범위 안에서 적합한 것으로 인정할 수 있다. 차종별 제원의 허용차를 약술하시오.

국토교통부장관은 제작자동차의 각종 구조 및 장치의 제원이 자동차 및 자동차부품의 성능과 기준에 관한 규칙의 기준과 다른 경우 다음 표에서 정하는 범위 안에서 이 규칙의 기준에 적합한 것으로 인정할 수 있다(자동차 및 자동차부품의 성능과 기준에 관한 규칙 제115조 별표 33).

[제원의 허용차]

제원 \ 종별	길이 (mm)	너비 (mm)	높이 (mm)	윤간거리 (mm)	축간거리 (mm)	오버행 (mm)	객실 및 하대(mm)			차량중량 (kg)
							길이	너비	높이	
경형 및 소형자동차	±40	±30	±50	±30	±30	±30	±30	±30	±30	±60
중형자동차 및 대형자동차	±50	±40	±60	±40	±30	±40	±50	±30	±30	±100 또는 ±3% 중 큰 허용차 적용

[주] 1. 자동차 등화장치의 부착위치 허용차는 제원 중 길이·너비 및 높이의 허용차를 준용한다.
2. 승용자동차와 이륜자동차의 제원 및 등화장치의 허용차는 경형 및 소형자동차의 허용차를 적용한다.
3. 초소형자동차의 경우에는 차량중량(kg) 허용치를 ±40을 적용한다.
4. 「자동차관리법 시행규칙」 별표 1 제1호에 따른 길이·너비·높이 및 총중량에 대해서는 이 표에 따른 허용차를 적용하지 않는다.

09

자동차를 운행하기 전 안전운행을 하기 위한 일상점검의 요령에 대해 설명하시오.

1. 운행 전 점검

구 분	점 검	점검확인
운전석	클러치와 브레이크 페달 밟는 감각	클러치나 브레이크 페달을 2~3번 밟아 보았을 때 느껴지는 감각이나 위치가 정상이 아닐 때에는 정비공장에 문의하고, 정비조치 후 운행토록 한다.
	계기판, 각종 경고등 및 계기 확인	• 엔진 시동을 건 후 5초 정도 경과 후에도 운전석 앞 계기판 경고등에 계속 불이 들어와 있는 곳이 있으면 해당 계통에 이상이 있으므로 정비조치 후 운행해야 한다. • RPM(공회전)계기 바늘이 정상을 가리키는지 확인한다. • 연료량은 충분한지 확인한다.
엔진룸	냉각수	• 엔진·룸 부분을 점검할 때에는 엔진 시동을 걸지 않은 상태에서(만약 이때 시동을 걸어 놓은 상태라면 끄고 5분 정도 지난 후) 본네트(Bonnet)를 열고 냉각수와 각종 엔진오일, 브레이크 액, 축전지(Battery) 전해액 등이 정상인지와 벨트의 상태 및 장력을 점검해야 한다. • 라디에이터 뚜껑을 열고 냉각수 주입구를 보았을 때, 뚜껑이 얹혀 지는 금속판 밑까지 채워져 있어야 한다. • 앞유리 세척액이 들어 있는 리저브 탱크(Reserve Tank) 측면의 윗 눈금선까지 부족액을 보충한다.
	• 각종 오일 (엔진오일, 파워핸들 오일, 자동변속기오일) • 브레이크 및 클러치액	• 각종 오일 레벨 게이지를 빼내 마른 헝겊으로 게이지에 묻은 오일을 닦아 낸 후 다시 넣어 뽑아 보았을 때, 아랫부분 상단(MAX 혹은 H)과 하단(MIN 혹은 L)표시 눈금 사이에 있으면 정상이지만 오일량이 감소되는 것을 감안, 윗 눈금표시선 부근까지 부족량을 보충하도록 한다. • 먼저 기어레버를 중립(N) 위치에 놓고 시동을 걸어 5~10분 경과 후, 브레이크 페달을 밟은 상태에서 기어레버를 P에서 위치까지 서서히 2~3회 왕복 움직인 후, 최종 N위치에서 핸드브레이크를 잡아 당겨 놓고, 시동이 걸린 상태에서 오일 레벨 게이지를 뽑아 점검한다. • 이때 "HOT"이라고 표시된 눈금 부근까지 채워져 있어야 하며, 부족량은 주입된 오일과 똑같은 종류의 오일로 보충한다. • 액이 담겨 있는 플라스틱 용기 측면에 표시된 위, 아래 선 사이에 있으면 정상이지만 액량이 감소되는 것을 감안, 위 표시선 부근까지 보충한다.
	축전지(Battery) 전해액	• 축전지 바깥 플라스틱 용기 측변의 아래 표시선 사이에 있으면 정상이지만 액량이 감소되는 것을 감안, 윗 표시선까지 되도록 증류수를 보충한다. • MF축전지의 경우 윗면에 색깔로 나타내는 상태 표시기가 있는데 이를 이용하면 편리하다. • 초록색 : 정상 • 흰색 또는 무색 : 축전지 충전 부족으로 팬벨트가 늘어지지 않았는지 확인하고 충전을 해도 초록색이 나타나지 않고 아침 첫 시동도 어려울 때에는 축전지의 수명이 다 된 것이므로 새 것으로 교환 조치해야 한다. • 적색 : 액이 부족한 것으로 증류수로 부족량을 보충한 후(극판 상부 10mm까지) 충전한다.

엔진룸	각종 벨트	• 엄지손가락으로 벨트 한가운데를 눌렀을 때 벨트 처짐 정도가 다음 규정치보다 더 처질 때는 규정치로 조절한다.
		• 벨트의 장력 조정은 올터네이터(Alternator : 발전기) 부근에 위치한 벨트 조정 볼트넛을 돌려서 한다.
		• 벨트의 장력 규정치(승용차 기준)
		  – 팬벨트 : 7~9mm
		  – 에어컨벨트 : 4~6mm
		  – 파워핸들벨트 : 10~15mm

차체 주변	차체 및 지면	차체 및 지면에 냉각수나 오일이 떨어진 흔적이 있는지 살펴보고, 강력 접착 고무테이프나 고무줄 등으로 운전자 조치가 어려울 때에는 정비공장에 문의하고, 정비토록 한다.
	• 전기장치 • 작동 여부 (전기 점등장치)	• 전기장치를 작동시켰을 때 전혀 작동이 되지 않으면 먼저 퓨즈가 끊어지지 않았는지 확인해 보고, 교환시는 똑같은 전지 용량의 퓨즈로 한다. • 앞유리닦개(와이퍼)의 경우 먼저 워셔액을 앞유리에 뿌린 후 작동 여부를 확인한다. • 각종 전기 점등장치는 ① 전조등 ② 방향지시등 ③ 제동등 ④ 미등 ⑤ 번호등 ⑥ 실내등 ⑦ 안개등 순서로 확인한다. • 양쪽 모두 안 들어올 때는 먼저 퓨즈를 확인하고, 한 쪽만 안 들어올 때는 전구가 끊어지지 않았는지 확인한 후 똑같은 전기 용량의 전구로 교환한다.
	타이어 공기압력	• 어느 한 쪽 타이어 공기압력이 현저히 줄지 않았는지 눈으로 확인해 보고 어느 한 쪽이 적다는 느낌이 들면 좌우 양쪽 타이어 공기압력이 똑같게 되도록 보충한다. • 타이어가 지면에 닿은 트레드 부분이 과마모되지 않았는지(1.6mm 이하), 타이어 측면이 갈라지거나 찢기지 않았나 확인해 보고 특히 측면 부분의 손상은 주행 중 타이어 파열과 함께 치명적인 사고로 이어질 수 있기 때문에 교환 조치토록 해야 한다.

2. 운행 중 점검사항

① 자동차 어느 부분에선가 이상한 소리가 나지 않는가?

② 이상한 냄새가 나지 않는가?

③ 계기판 경고등에 불이 들어오지 않는가?

④ 냉각수 온도 계기는 정상을 가리키는가?

⑤ 브레이크, 엑셀러레이터, 핸들조작시 이상한 감각이 느껴지지는 않는가?

3. 운행 후 점검사항

① 핸드 브레이크의 정확한 작동

② 언덕길 주차시 굄목 삽입이나 기어변속

③ 각종 전기장치 스위치를 끈 후 다시 한번 확인

④ 문(Door)의 잠김 상태 확인

⑤ 차체 외관과 타이어 상태 확인

10

「자동차관리법」상 자동차사용자의 정비작업의 범위를 열거하시오.

1. 자동차정비시설 등을 갖추지 아니한 경우

(1) 원동기

① 에어클리너 엘리먼트의 교환

② 오일펌프를 제외한 윤활장치의 점검·정비

③ 디젤분사펌프 및 가스용기를 제외한 연료장치의 점검·정비

④ 냉각장치의 점검·정비

⑤ 머플러의 교환

(2) 동력전달장치

① 오일의 보충 및 교환

② 액셀러레이터 케이블의 교환

③ 클러치케이블의 교환

(3) 제동장치

① 오일의 보충 및 교환

② 브레이크 호스, 페달 및 레버의 점검·정비

③ 브레이크라이닝의 교환

(4) 주행장치

① 허브베어링을 제외한 주행장치의 점검·정비

② 허브베어링의 점검·정비(브레이크라이닝의 교환작업을 하는 경우에 한한다)

(5) 완충장치

다른 장치와 분리되어 설치된 쇽업소버의 교환

(6) 전기장치

전조등 및 속도표시등을 제외한 전기장치의 점검·정비

(7) 기 타

① 안전벨트를 제외한 차내 설비의 점검·정비

② 판금·도장 및 용접을 제외한 차체의 점검·정비

③ 세차 및 섀시 각부의 급유

2. 자동차정비시설 등을 갖춘 경우

(1) 자동차정비시설 등을 모두 갖춘 경우

자가자동차의 점검·정비

(2) 차고 및 기계·기구를 갖추고, 자동차정비에 관한 기사 2급 이상 또는 기능사 2급 이상의 자격을 가진 자 1인을 갖춘 경우

① 원동기

㉠ 실린더헤드 및 타이밍벨트의 점검·정비(원동기의 종류에 따라 매연측정기·일산화탄소 측정기 또는 탄화수소측정기를 갖춘 경우에 한한다)

㉡ 윤활장치의 점검·정비

㉢ 디젤분사펌프 및 가스용기를 제외한 연료장치의 점검·정비

㉣ 냉각장치의 점검·정비

㉤ 배기장치의 점검·정비

㉥ 플라이휠(Flywheel) 및 센터베어링(Centerbearing)의 점검·정비

② 동력전달장치

㉠ 클러치의 점검·정비

㉡ 변속기의 점검·정비

㉢ 차축 및 추진축의 점검·정비

㉣ 변속기와 일체형으로 된 차동기어의 교환·점검·정비

③ 조향장치 : 조향핸들의 점검·정비

④ 제동장치

㉠ 오일의 보충 및 교환

㉡ 브레이크 파이프·호스·페달 및 레버와 공기탱크의 점검·정비

㉢ 브레이크라이닝 및 케이블의 점검·정비

⑤ 주행장치

차륜(허브베어링을 포함한다)의 점검·정비(차륜정렬은 부품의 탈거 등을 제외한 단순조정에 한한다)

⑥ 완충장치

　㉠ 쇽업소버의 점검·정비

　㉡ 코일스프링(쇽업소버의 선행작업)의 점검·정비

⑦ 전기·전자장치

　전조등 및 속도표시등을 제외한 전기·전자장치의 점검·정비

⑧ 기 타

　㉠ 판금 또는 용접을 제외한 차체의 점검·정비

　㉡ 부분 도장

　㉢ 차내 설비의 점검·정비

　㉣ 세차 및 섀시 각부의 급유

더 알아보기 자동차정비시설 등

구 분	내 용
차 고	보유자동차의 일상점검과 정비에 지장이 없는 면적의 차고를 갖출 것
기계·기구	가. 휠 밸런서 나. 공기압축기 다. 검차시설(핏트 또는 리프트) 라. 스프레이건 마. 부동액회수재생기(당해 사업장에서 발생하는 폐부동액을 「폐기물관리법」 제25조의 규정에 의하여 위탁 처리하는 경우에는 이를 갖춘 것으로 본다)
시설·장비	시·도의 조례로 정하는 자동차종합정비업 및 소형자동차정비업시설기준과 같다. 다만, 작업장 면적과 점검·정비 및 검사용 기계·기구는 이를 적용하지 아니한다.
기술인력	가. 정비책임자 1인을 포함하여 「국가기술자격법」에 의한 자동차정비에 관한 기사 2급 이상 또는 기능사 2급 이상의 자격을 가진 자가 2인 이상일 것 나. 정비요원 총수의 5분의 1 이상은 「국가기술자격법」에 의한 자동차정비에 관한 기능사보 이상의 자격을 가진 자일 것

11

「자동차관리법」상 자동차검사의 종류를 약술하고, 비사업용 자동차의 검사기준 및 방법을 항목별로 설명하시오.

1. 자동차검사의 종류

① 자동차 소유자(신규검사의 경우에는 신규등록 예정자를 말한다)는 해당 자동차에 대하여 다음의 구분에 따라 국토교통부장관이 실시하는 검사를 받아야 한다.
ⓐ 신규검사 : 신규등록을 하려는 경우 실시하는 검사
ⓑ 정기검사 : 신규등록 후 일정 기간마다 정기적으로 실시하는 검사
ⓒ 튜닝검사 : 자동차를 튜닝한 경우에 실시하는 검사
ⓓ 임시검사 : 「자동차관리법」 또는 「자동차관리법」에 따른 명령이나 자동차 소유자의 신청을 받아 비정기적으로 실시하는 검사
ⓔ 수리검사 : 전손 처리 자동차를 수리한 후 운행하려는 경우에 실시하는 검사
② 국토교통부장관은 자동차검사를 할 때에는 해당 자동차의 구조 및 장치가 자동차검사기준에 적합한지 여부와 차대번호 및 원동기형식이 자동차등록증에 적힌 것과 동일한지 여부를 확인하여야 하며, 자동차검사를 실시한 후 그 결과를 자동차 소유자에게 통지하여야 한다.

2. 비사업용 자동차의 검사기준 및 방법(신규검사 및 정기검사)

항 목	검사기준	검사방법
동일성 확인	자동차의 표기와 등록번호판이 자동차등록증에 기재된 차대번호·원동기형식 및 등록번호가 일치하고, 등록번호판 및 봉인의 상태가 양호할 것	• 자동차의 차대번호 및 원동기 형식의 표기 확인 • 등록번호판 및 봉인 상태 확인
제원 측정	제원표에 기재된 제원과 동일하고, 제원이 안전기준에 적합할 것	길이·너비·높이·최저지상고, 뒤오버행(뒤차축 중심부터 차체 후단까지의 거리) 및 중량을 계측기로 측정하고 제원허용차의 초과 여부 확인
원동기	시동 상태에서 심한 진동 및 이상음이 없을 것	공회전 또는 무부하 급가속상태에서 진동·소음 확인
	원동기의 설치 상태가 확실할 것	원동기 설치 상태 확인
	점화·충전·시동장치의 작동에 이상이 없을 것	점화·충전·시동장치의 작동상태 확인
	윤활유 계통에서 윤활유의 누출이 없고, 유량이 적정할 것	윤활유 계통의 누유 및 유량 확인
	팬벨트 및 방열기 등 냉각 계통의 손상이 없고 냉각수의 누출이 없을 것	냉각계통의 손상 여부 및 냉각수의 누출 여부 확인

동력 전달 장치	손상·변형 및 누유가 없을 것	• 변속기의 작동 및 누유 여부 확인 • 추진축 및 연결부의 손상·변형 여부 확인
	클러치 페달 유격이 적정하고, 자동변속기 선택레버의 작동상태 및 현재 위치와 표시가 일치할 것	클러치 페달 유격 적정 여부, 자동변속기 선택레버의 작동상태 및 위치표시 확인
주행 장치	차축의 외관, 휠 및 타이어의 손상·변형 및 돌출이 없고, 수나사 및 암나사가 견고하게 조여 있을 것	• 차축의 외관, 휠 및 타이어의 손상·변형 및 돌출 여부 확인 • 수나사·암나사의 조임 상태 확인
	타이어 요철형 무늬의 깊이는 안전기준에 적합하여야 하며, 타이어 공기압이 적정할 것	타이어 요철형 무늬의 깊이 및 공기압을 계측기로 확인
	흙받이 및 휠하우스가 정상적으로 설치되어 있을 것	흙받이 및 휠하우스 설치 상태 확인
	가변축 승강조작장치 및 압력조절장치의 설치위치는 안전기준에 적합할 것	가변축 승강조작장치 및 압력 조절장치의 설치 위치 및 상태 확인
조종 장치	조종장치의 작동상태가 정상일 것	시동·가속·클러치·변속·제동·등화·경음·창닦이기·세정액분사장치 등 조종장치의 작동 확인
조향 장치	조향바퀴 옆미끄럼량은 1m 주행에 5mm 이내일 것	조향핸들에 힘을 가하지 아니한 상태에서 사이드슬립측정기의 답판 위를 직진할 때 조향바퀴의 옆미끄럼량을 사이드슬립측정기로 측정
	조향 계통의 변형·느슨함 및 누유가 없을 것	기어박스·로드암·파워실린더·너클 등의 설치 상태 및 누유 여부 확인
	동력조향 작동유의 유량이 적정할 것	동력조향 작동유의 유량 확인
제동 장치	[제동력] • 모든 축의 제동력의 합이 공차중량의 50% 이상이고 각축의 제동력은 해당 축중의 50%(뒤축의 제동력은 해당 축중의 20%) 이상일 것 • 동일 차축의 좌·우 차바퀴 제동력의 차이는 해당 축중의 8% 이내일 것 • 주차제동력의 합은 차량 중량의 20% 이상일 것	주제동장치 및 주차제동장치의 제동력을 제동시험기로 측정
	제동계통장치의 설치 상태가 견고하여야 하고, 손상 및 마멸된 부위가 없어야 하며, 오일이 누출되지 아니하고 유량이 적정할 것	제동계통장치의 설치 상태 및 오일 등의 누출 여부 및 브레이크 오일량이 적정한지 여부 확인
	제동력 복원상태는 3초 이내에 해당 축중의 20% 이하로 감소될 것	주제동장치의 복원상태를 제동시험기로 측정
	피견인자동차 중 안전기준에서 정하고 있는 자동차는 제동장치 분리시 자동으로 정지가 되어야 하며, 주차브레이크 및 비상브레이크 작동상태 및 설치 상태가 정상일 것	피견인자동차의 제동공기라인 분리시 자동 정지 여부, 주차 및 비상브레이크 작동 및 설치 상태 등 확인
완충 장치	균열·절손 및 오일 등의 누출이 없을 것	스프링·쇽업소버의 손상 및 오일 등의 누출 여부 확인

연료 장치	작동상태가 원활하고 파이프·호스의 손상·변형 및 연료누출이 없을 것	• 연료장치의 작동상태, 손상·변형 및 조속기 봉인상태 확인 • 가스를 연료로 사용하는 자동차는 가스누출감지기로 연료누출 여부를 확인 • 연료의 누출 여부 확인(연료탱크의 주입구 및 가스배출구로의 자동차의 움직임에 의한 연료 누출 여부 포함)
전기 및 전자 장치	[전기장치] • 축전지의 접속·절연 및 설치 상태가 양호할 것 • 전기배선의 손상이 없고 설치 상태가 양호할 것	• 축전지와 연결된 전기배선 접속단자의 흔들림 여부 확인 • 전기배선의 손상·절연 여부 및 설치상태를 육안으로 확인
	[고전원전기장치] • 고전원전기장치의 접속·절연 및 설치상태가 양호할 것 • 고전원 전기배선의 손상이 없고 설치상태가 양호할 것 • 구동축전지는 차실과 벽 또는 보호판으로 격리되는 구조일 것 • 차실 내부 및 차체 외부에 노출되는 고전원전기장치간 전기배선은 금속 또는 플라스틱 재질의 보호기구를 설치할 것 • 「자동차 및 자동차부품의 성능과 기준에 관한 규칙」 별표 5 제1호 가목에 따른 고전원전기장치 활선체부의 보호기구는 공구를 사용하지 않으면 개방·분해 및 제거되지 않는 구조일 것 • 고전원전기장치의 외부 또는 보호기구에는 「자동차 및 자동차부품의 성능과 기준에 관한 규칙」 별표 5 제4호에 따른 경고표시가 되어 있을 것 • 고전원전기장치 간 전기배선(보호기구 내부에 위치하는 경우는 제외한다)의 피복은 주황색일 것 • 전기자동차 충전접속구의 활선도체부와 차체 사이의 절연저항은 최소 $1M\Omega$ 이상일 것	• 고전원전기장치(구동축전지, 전력변환장치, 구동전동기, 충전접속구 등)의 설치상태, 전기배선 접속단자의 접속·절연상태 등을 육안으로 확인 • 구동축전지와 전력변환장치, 전력변환장치와 구동전동기, 전력변환장치와 충전접속구 사이의 고전원 전기배선의 절연 피복 손상 또는 활선 도체부의 노출 여부를 육안으로 확인 • 구동축전지와 차실 사이가 벽 또는 보호판 등으로 격리 여부 확인 • 육안으로 확인이 가능한 고전원 전기배선 보호기구의 고정, 깨짐, 손상 여부 등을 확인 • 고전원전기장치 활선도체부의 보호기구 체결상태 및 공구를 사용하지 않고 개방·분해 및 제거 가능 여부 확인. 다만, 차실, 벽, 보호판 등으로 격리된 경우 생략 가능 • 고전원전기장치의 외부 또는 보호기구에 부착 또는 표시된 경고표시의 모양 및 식별가능성 여부를 육안으로 확인 • 육안으로 확인 가능한 구동축전지와 전력변환장치, 전력변환장치와 구동전동기, 전력변환장치와 충전접속구에 사용되는 전기배선의 색상이 주황색인지 여부 확인 • 절연저항시험기를 이용하여 충전접속구 각각의 활선도체부(+극 및 −극)와 차체 사이에 충전전압 이상의 시험전압을 인가하여 절연저항 측정
	[전자장치] • 원동기 전자제어장치가 정상적으로 작동할 것 • 바퀴잠김방지식 제동장치, 구동력제어장치, 전자식차동제한장치, 차체자세제어장치, 에어백 및 순항제어장치 등 안전운전 보조장치가 정상적으로 작동할 것	전자장치진단기로 각종 센서의 정상 작동 여부를 확인. 다만, 차로이탈경고장치가 전자장치진단기로 진단되지 않는 경우에는 육안으로 설치 여부 확인

차체 및 차대	차체 및 차대의 부식·절손 등으로 차체 및 차대의 변형이 없을 것	차체 및 차대의 부식 및 부착물의 설치 상태 확인
	후부안전판 및 측면보호대의 손상·변형이 없을 것	후부안전판 및 측면보호대의 설치 상태 확인
	최대적재량의 표시가 자동차등록증에 기재되어 있는 것과 일치할 것	최대적재량(탱크로리는 최대적재량·최대적재용량 및 적재품명) 표시 확인
	차체에는 예리하게 각이 지거나 돌출된 부분이 없을 것	차체의 외관 확인
	어린이 운송용 승합자동차의 색상 및 보호표지는 안전기준에 적합할 것	차체의 색상 및 보호표지 설치 상태 확인
연결 장치 및 견인 장치	변형 및 손상이 없을 것	커플러 및 킹핀의 변형 여부 확인
	차량 총중량 0.75톤 이하 피견인자동차의 보조연결장치가 견고하게 설치되어 있을 것	보조연결장치 설치 상태 확인
승차 장치	안전기준에서 정하고 있는 좌석·승강구·조명·통로·좌석안전띠 및 비상구 등의 설치 상태가 견고하고, 파손되어 있지 아니하며 좌석수의 증감이 없을 것	좌석·승강구·조명·통로·좌석안전띠 및 비상구 등의 설치 상태와 비상탈출용 장비의 설치 상태 확인
	머리지지대가 설치되어 있을 것	승용자동차 및 경형·소형 합자동차의 앞좌석(중간좌석 제외)에 머리지지대의 설치 여부 확인
	어린이 운송용 승합자동차의 승강구가 안전기준에 적합할 것	승강구 설치 상태 및 규격 확인
물품 적재 장치	• 적재함 바닥면의 부식으로 인한 변형이 없을 것 • 적재량의 증가를 위한 적재함의 개조가 없을 것 • 물품적재장치의 안전잠금장치가 견고할 것 • 청소용자동차 등 안전기준에서 정하고 있는 차량에는 덮개가 설치되어 있어야 하고, 설치 상태가 양호할 것	• 물품의 적재장치 및 안전시설 상태 확인(변경된 경우 계측기 등으로 측정) • 청소용 자동차등 안전기준에서 정하고 있는 차량의 덮개 설치 여부를 확인
창유리	접합유리 및 안전유리로 표시된 것일 것	유리(접합·안전)규격품 사용 여부 확인
	「자동차 및 자동차부품의 성능과 기준에 관한 규칙」 제94조 제3항에 따른 어린이운송용 승합자동차의 모든 창유리의 가시광선 투과율 기준에 적합할 것	창유리의 가시광선 투과율을 가시광선투과율 측정기로 측정하거나 선팅 여부를 육안으로 확인
배기 가스 발산 방지 및 소음 방지 장치	배기소음 및 배기가스농도는 운행차 허용기준에 적합할 것	배기소음 및 배기가스 농도를 측정기로 측정
	배기관·소음기·촉매장치의 손상·변형·부식이 없을 것	배기관·촉매장치·소음기의 변형 및 배기계통에서의 배기가스누출 여부 확인
	측정결과에 영향을 줄 수 있는 구조가 아닐 것	측정결과에 영향을 줄 수 있는 장치의 훼손 또는 조작 여부 확인

등화 장치	변환빔의 광도는 3천 칸델라 이상일 것	좌·우측 전조등(변환빔)의 광도와 광도점을 전 조등시험기로 측정하여 광도점의 광도 확인
	변환빔의 진폭은 10m 위치에서 다음 수치 이내 일 것 | 설치 높이 ≤ 1.0m	설치 높이 >1.0m
---	---
−0.5% ~ −2.5%	−1.0% ~ −3.0%		좌·우측 전조등(변환빔)의 컷오프선 및 꼭지점 의 위치를 전조등시험기로 측정하여 컷오프선의 적정 여부 확인
	컷오프선의 꺽임점(각)이 있는 경우 꺽임점의 연 장선은 우측 상향일 것	변환빔의 컷오프선, 꺽임점(각), 설치상태 및 손 상 여부 등 안전기준 적합 여부를 확인
	정위치에 견고히 부착되어 작동에 이상이 없고, 손상이 없어야 하며, 등광색이 안전 기준에 적합 할 것	전조등·방향지시등·번호등·제동등·후퇴등· 차폭등·후미등·안개등·비상점멸표시등과 그 밖의 등화장치의 점등·등광색 및 설치 상태 확인
	후부반사기 및 후부반사판의 설치 상태가 안전기 준에 적합할 것	후부반사기 및 후부반사판의 설치 상태 확인
	어린이 운송용 승합자동차에 설치된 표시등이 안 전기준에 적합할 것	표시등 설치 및 작동상태 확인
	안전기준에서 정하지 아니한 등화 및 금지등화가 없을 것	안전기준에 위배되는 등화설치 여부 확인
경음기 및 경보 장치	경음기의 음색이 동일하고, 경적음·싸이렌음의 크기는 안전기준상 허용기준 범위 이내일 것	• 경적음이 동일한 음색인지 확인 • 경적음 및 싸이렌음의 크기를 소음측정기로 확인(경보장치는 신규검사로 한정함)
시야 확보 장치	후사경은 좌·우 및 뒤쪽의 상황을 확인할 수 있 고, 돌출거리가 안전기준에 적합할 것	후사경 설치 상태 확인
	창닦이기 및 세정액 분사장치는 기능이 정상적일 것	창닦이기 및 세정액 분사장치의 작동 및 설치 상태 확인
	어린이 운송용 승합자동차에는 광각 실외후사경 이 설치되어 있을 것	광각 실외후사경 설치 여부 확인
계기 장치	모든 계기가 설치되어 있을 것	계기장치의 설치 여부 확인
	속도계의 지시오차는 정 25%, 부 10% 이내일 것	매시 40km의 속도에서 자동차속도계의 지시오 차를 속도계시험기로 측정
	최고속도제한장치 및 운행기록계, 주행기록계의 설치 및 작동상태가 양호할 것	최고속도제한장치, 운행기록계, 주행기록계의 설치 상태 및 정상작동 여부 확인
소화기 및 방화 장치	소화기가 설치위치에 설치되어 있을 것	소화기의 설치 여부 확인
내압 용기	용기 등이 관련 법령에 적합하고 견고하게 설치되어 있으며, 용기의 변형이 없고 사용연한 이내 일 것	용기 등이 「자동차관리법」에 따른 합격품인지 여부, 설치 상태 및 변형·손상 여부 및 사용연한 확인
기 타	어린이 운송용 승합자동차의 색상 및 보호표지 등 그 밖의 구조 및 장치가 안전기준 및 국토교 통부장관이 정하는 기준에 적합할 것	그 밖의 구조 및 장치가 안전기준 및 국토교통 부장관이 정하는 기준에 적합한지를 확인

출제포인트

☐ 일반사항
☐ 기관의 작동원리
☐ 자동차 연료와 연소
☐ 내연기관 본체
☐ 디젤기관

01

내연기관의 상사점, 하사점, 행정의 용어를 정의하고, 4행정 사이클 기관과 2행정 사이클 기관의 작동원리를 비교 설명하시오.

1. 용어정의

(1) 상사점(TDC ; Top Dead Center)

피스톤 운동의 최상단점으로 피스톤이 최대로 상승한 후 내려오는 지점을 말한다.

(2) 하사점(BDC ; Bottom Dead Center)

피스톤 운동의 최하단점으로 피스톤이 최대로 하강한 후 올라가는 지점을 말한다.

(3) 행정(Stroke)

상사점과 하사점 사이의 이동한 거리를 말한다.

(4) 사이클(Cycle)

실린더 내로 혼합가스의 흡입으로부터 배출되기까지 실린더내 가스의 주기적인 변화를 기관의 사이클이라 한다.

2. 4행정 사이클 기관

(1) 작동원리

1사이클을 완성하는데 피스톤이 흡입, 압축, 폭발, 배기의 4행정을 하는 기관이다. 즉, 크랭크축의 2회전으로 1사이클을 완성한다.

(2) 작동순서 : 흡입 → 압축 → 폭발 → 배기행정

① 흡입행정

피스톤이 상사점에서 하사점으로 내려가는 행정으로 흡기밸브는 열려있고 배기밸브가 닫혀있다. 피스톤이 하강행정을 하면서 실린더 내에 혼합기를 흡입한다.

② 압축행정

피스톤이 하사점에서 상사점으로 상승하며 흡기밸브와 배기밸브는 닫혀있다. 피스톤이 상승하며 실린더 내의 혼합기를 압축하고, 실린더 내의 혼합기는 고온, 고압이 된다.

③ 폭발행정(팽창행정, 동력행정)

압축된 혼합기에 점화플러그로 전기스파크를 발생시켜 혼합기를 연소시키면 순간적으로 실린더 내의 온도와 압력이 급격히 상승한다. 피스톤이 하강행정을 하여 크랭크축이 회전하게 된다.

④ 배기행정

배기밸브가 열리고 피스톤이 상승하여 혼합기체의 연소로 인하여 생긴 가스를 배출한다. 배기행정이 끝남으로써 크랭크축은 720° 회전하여 1사이클을 완성하게 된다.

[4행정 사이클의 작동]

구 분	흡입행정	압축행정	폭발행정	배기행정
피스톤	상사점 → 하사점	하사점 → 상사점	상사점 → 하사점	하사점 → 상사점
흡기밸브	열 림	닫 힘	닫 힘	닫 힘
배기밸브	닫 힘	닫 힘	닫 힘	열 림
혼합기	흡 입	압축, 점화	연소, 팽창	배 기

3. 2행정 사이클 기관

(1) 작동원리

① 밸브 및 밸브장치가 없고, 흡기구와 소기구 및 배기구를 피스톤이 여닫는다.

② 피스톤의 2행정(1왕복)으로 1사이클을 마치는 기관이다. 즉 크랭크축 1회전으로 1사이클을 완성한다.

(2) 작동순서 : 압축 → 점화 · 흡입 → 폭발 → 배기 · 소기
  ① 상승행정
    ㉠ 압축 : 피스톤이 상승하면 소기구와 배기구가 닫히고, 실린더 안의 혼합기는 압축된다.
    ㉡ 점화 · 흡입 : 피스톤이 더욱 상승하면 흡기구가 열려 새로운 혼합기가 크랭크실로 들어오고, 실린더 안의 압축된 혼합기는 점화되어 폭발한다.
  ② 하강행정
    ㉠ 폭발 : 압축된 혼합기의 폭발로 피스톤이 하강하면 배기구가 열려 연소가스의 배출이 시작된다.
    ㉡ 배기 · 소기 : 피스톤이 더욱 하강하면 소기구가 열리고 크랭크실에서 압축된 새로운 혼합기가 실린더 안으로 들어오면서 연소가스가 배출된다.

[2행정 사이클 기관의 작동]

구 분	압 축	점화 · 흡입	폭 발	배기 · 소기
피스톤	상 승	상 승	하 강	하 강
흡기구	닫 힘	열 림	닫 힘	닫 힘
배기구	닫 힘	닫 힘	열 림	열 림
소기구	닫 힘	닫 힘	닫 힘	열 림
혼합기	압 축	점화, 흡입	연소, 배기	배기, 소기

[4행정 사이클 기관과 2행정 사이클 기관의 비교]

항 목 \ 기 관	4행정 사이클 기관	2행정 사이클 기관
폭발 횟수	크랭크축이 2회전하는 사이에 1번 폭발한다.	크랭크축의 매 회전 때마다 폭발한다. 따라서 실린더 수가 적어도 기관의 회전이 원활하다.
열효율	4개의 행정이 각각 독립적으로 이루어져 각 행정마다 작용이 확실하며 효율이 좋다.	유효행정이 짧고 흡 · 배기구가 동시에 열려있는 시간이 길어서 소기를 위한 신기(급기)의 손실이 많으며 효율이 나쁘다. 따라서 극소형 기관에 많이 사용하며 가솔린기관으로는 적합하지 않다.
밸브기구	밸브기구를 필요로 하기 때문에 구조가 복잡하고 마력당 중량이 커지며 제작비도 높아진다.	밸브기구가 없거나 배기밸브를 위한 기구만이 있어 구조가 간단하고 제작비도 낮다. 그러나 실린더 벽에 소 · 배기구가 있어 피스톤 링이 마멸되기 쉽다.
발생 동력 및 연료소비율	배기량이 같은 기관에서 발생 동력은 2사이클에 비하여 떨어지나 가솔린기관의 경우 연료 소비량은 2사이클 보다 적다.	배기량이 같은 기관에서 동력은 4행정 사이클에 비하여 더 얻을 수 있으나 연료 소비량이 많고 대형 가솔린기관으로서는 적합하지 못하다.
윤활유 소비량	윤활 방법이 확실하고 윤활유의 소비량이 적다.	소형 가솔린기관의 경우 윤활을 하기 위하여 연료에 처음부터 윤활유를 혼합시켜 넣어야 하는 불편이 있고 또 윤활유 소비량이 많다.

02

내연기관을 점화방식과 열역학적 사이클에 따라 분류하고, 엔진의 P−V 선도에 대해 서술하시오.

1. 내연기관의 분류

(1) 점화방식에 의한 분류

① 전기점화기관

점화플러그에 의해 전기점화를 하는 기관으로 가솔린기관, 가스기관 등이 있다.

② 압축점화기관

공기만을 흡입하여 고온·고압으로 압축한 후 고압의 연료를 분무하여 자기착화시키는 기관으로 디젤기관이 여기에 속한다.

(2) 열역학적 사이클에 의한 분류

① 정적 사이클(오토 사이클)기관

혼합기의 연소가 일정한 체적하에서 일어나는 것으로 가솔린기관, 가스기관, 석유기관 등이 여기에 속한다.

② 정압 사이클(디젤 사이클)기관

혼합기의 연소가 일정한 압력하에서 일어나는 것으로 공기분사식 디젤기관이 여기에 속한다.

③ 정적 정압 사이클(사바테 사이클)

정적 및 정압 사이클이 복합되어 일정한 압력에서 연소되는 것으로 복합 사이클 또는 혼합 사이클이라고도 한다.

2. P-V 선도

(1) P-V선도의 가정

P-V선도의 연료-공기 사이클에서는 다음과 같은 가정을 하고 계산한다.

① 압축과 팽창은 마찰이 없는 단열변화이다.

② 가스와 연소실벽과의 사이에 열교환은 없다.

③ 연소는 상사점에서 순간적으로 이루어진다.

④ 연료는 완전히 증발하여 공기와 완전히 혼합되어 있다.

(2) P-V선도의 목적

① 점화시기 또는 연료분사밸브의 개폐시기의 적부

② 압축 및 최고압력의 크기와 연소의 상태

③ 흡·배기밸브의 개폐시기의 적부

④ 평균유효압력 및 출력의 산출

(3) P-V선도와 사이클

① 정적 사이클(오토 사이클)

> 압축행정(단열압축) - 폭발행정(정적) - 팽창행정(단열팽창) - 배기과정(정적)

㉠ 압축과정에서 단열압축으로 압력이 증가하면서 체적이 감소(곡선)

㉡ 일정한 체적에서 압력만 증가하는 폭발이 일어남(수직선)

㉢ 단열팽창으로 압력이 감소하면서 체적이 증가(곡선)

㉣ 일정한 체적 내에서 압력만 감소하는 배기과정(수직선)

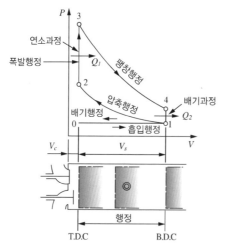

T.D.C ; Top Dead Center(상사점)
B.D.C ; Bottom Dead Center(하사점)

[가솔린기관의 P-V선도]

② 디젤 사이클(정압 사이클)

> 압축행정(단열압축) - 폭발행정(정압) - 팽창행정(단열팽창) - 배기과정(정적)

㉠ 단열압축 : 정적 사이클과 같음(곡선)

㉡ 폭발행정(정압) : 일정압력에서 체적만 늘어남(수평선)

㉢ 단열팽창 : 정적 사이클과 같음(곡선)

㉣ 배기과정(정적) : 정적 사이클과 같음(수직선)

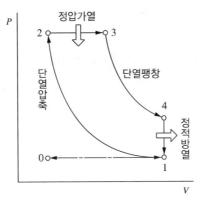

[디젤기관의 P - V선도]

0 ⇒ 1 : 흡입,　　1 ⇒ 0 : 배기
1 ⇒ 2 : 단열압축, 2 ⇒ 3 : 정압가열
3 ⇒ 4 : 단열팽창, 4 ⇒ 1 : 정적방열

03

DOHC 엔진과 SOHC 엔진의 특징을 비교 설명하고, 최근 SOHC에서 DOHC 엔진으로 넘어간 이유를 약술하시오.

1. DOHC 엔진과 SOHC 엔진의 비교

(1) DOHC(Double Over Head Camshaft)

① 가솔린을 원료로 사용하고, 실린더 헤드에 2개의 캠축을 설치하여 흡입 및 배기밸브를 작동시키는 엔진으로 트윈캠이라고도 한다.

② DOHC 엔진은 SOHC 엔진보다 고출력이므로 고속회전에서는 출력과 토크가 증가하지만 저속회전에서는 엔진의 출력과 토크가 작아지는 특징이 있다.

(2) SOHC(Single Over Head Camshaft)

① 밸브를 1개의 캠축으로 개폐하는 엔진이다.

② 엔진은 기화한 가솔린과 공기의 혼합물에 점화하여 동력을 얻는데, 실린더에는 이 혼합물과 배기가스를 출입시키기 위한 마개가 있다. 이것을 밸브라 하고, 밸브를 여닫는 타원형 기구를 캠, 캠의 동작을 제어하는 회전축을 캠축이라고 한다.

(3) SOHC와 DOHC의 장 · 단점 비교

구 분	SOHC	DOHC
장 점	• 소음과 고장 빈도가 적음 • 유지비용과 수리비가 적게 듦 • 시내 등 저속 주행시 연비 면에서 유리함	• 효율적인 연소실 설계 가능 • 흡입효율과 연소효율 향상 • 높은 엔진 출력(SOHC 엔진에 비해 최대 출력에서 약 20~30% 정도 높음) • 보통 70~80km(엔진경제속도 : 2,500rpm 부근) 이상의 고속 주행시 유리함
단 점	• 고속회전에 제한 • 연소실 형상에 제한	• 부품수 증가로 구조가 복잡함 • 가격이 비쌈 • 배출 가스량이 상대적으로 많음

2. SOHC 엔진에서 DOHC 엔진으로 넘어간 이유

(1) 개발배경

기존의 엔진은 흡·배기밸브가 각각 한 개씩 장착되었으나, 고속운전이 증가함에 따라 기존의 엔진으로는 밸브개폐가 불안전하고 흡입효율이 저하되어 점차 고성능 엔진개발의 필요성이 증가되었다. 이의 해결을 위해 DOHC 엔진을 개발하게 되었다.

(2) SOHC 엔진에서 DOHC 엔진으로 대체

① SOHC 엔진은 고속이든 저속이든 1개의 구멍으로 공기를 흡입하는데 엔진 회전수를 빠르게 하면 할수록 흡입밸브가 열리는 시간이 짧아져 실린더에 흡입되는 혼합기량은 한계에 도달하게 된다.

② 따라서 흡기용 캠축과 배기용 캠축을 별도로 설치하여 각각의 실린더마다 흡기밸브 2개와 배기밸브 2개를 장착하여 흡입효율을 더욱 향상시킨 DOHC 엔진을 만들었다.

③ 국내에서는 배기량은 작으나, 차체가 큰 차량에 대한 선호(과시욕, 세제, 판매의 문제 등) 때문에 출력향상, 최대 토크향상을 이루기 위해 DOHC 엔진이 개발되기 시작했다.

04

실린더 헤드는 무엇이며, 변형원인에 대해 설명하고, 연소실의 구비조건 및 종류
에 대해 약술하시오.

1. 실린더 헤드

(1) 실린더 헤드의 기능
실린더 헤드는 피스톤과 함께 연소실을 형성하며 점화플러그가 설치되어 있다.

(2) 구비조건
① 고온 고압에 견딜 것
② 내마멸성이 우수할 것
③ 조기점화를 방지하기 위하여 가열되기 쉬운 돌출부가 없을 것

(3) 실린더 헤드의 재질
실린더 헤드는 통상 단일구조물로서 재질은 주로 보통 주철이나 알루미늄 합금을 사용한다.

(4) 실린더 헤드의 변형원인
① 헤드 볼트 조임의 과다
② 냉각수의 동결
③ 엔진의 과열
④ 구조와 재질의 불량

(5) 실린더 헤드 개스킷(Cylinder Head Gasket)
① 기 능
실린더 블록과 실린더 헤드 사이에 끼워서 그 접합면은 밀착시켜 기밀을 유지하고, 냉각수나
기관 오일이 새는 것을 방지한다.
② 재 질
단열성과 내압성이 좋은 구리판이나 강철판으로 석면(Asbestos)을 감싼 것을 사용한다.
③ 실린더 헤드 개스킷 파손시 예상되는 현상
㉠ 라디에이터 냉각수에서 기포가 많이 발생한다.
㉡ 기관이 과열된다.
㉢ 연소실에 냉각수가 들어가 배기가스에 수증기가 많이 발생한다.
㉣ 냉각수가 엔진내부와 외부로 누수된다.

2. 연소실의 구비조건 및 종류

(1) 구비조건

① 기관의 회전수 높이기 위해 화염 전파에 요하는 시간을 짧게 한다.

② 열효율 높이기 위해 연소실이 차지하는 표면적이 최소가 되게 한다.

③ 흡·배기밸브의 지름 및 통로 구멍을 크게 하여 흡·배기작용이 원활히 이루어지게 한다.

④ 연소기간 단축을 위해 압축행정시 혼합기의 와류를 발생시키는 구조가 되어야 한다.

⑤ 조기 점화 및 노킹 방지를 위하여 가열되기 쉬운 열점(Hot Spot)을 없게 한다.

(2) 종 류

① 반구형 연소실

㉠ 연소실이 콤팩트하여 연소실의 체적당 표면적(표면적/체적비)이 작아 열손실이 적다.

㉡ 지름이 큰 밸브를 설치할 수 있고, 또 밸브 구멍의 배열을 알맞게 할 수 있어 체적효율을 높일 수 있다.

② 쐐기형 연소실

㉠ 고압축비를 얻을 수 있어 열효율이 높다.

㉡ 혼합기의 와류작용이 좋아 혼합기가 완전 연소된다.

㉢ 혼합기의 연소속도가 낮아 압력상승이 급격하지 않으므로 연소에 의한 운전의 거칠음이 없다.

③ 지붕형 연소실

연소실의 꼭대기 각도를 90° 정도로 하면 반구형과 비슷한 성질을 갖는다.

④ 욕조형 연소실

반구형과 쐐기형의 중간형이라 할 수 있다.

05

밸브의 구조 및 기능, 구비조건을 설명하고, 밸브 스프링의 서징(Surging) 현상에 대해서 약술하시오.

1. 밸브의 구조 및 기능, 구비조건

(1) 밸브의 구조 및 기능

밸브는 연소실에 마련된 흡·배기 구멍을 각각 개폐하여 공기 또는 혼합기, 연소가스를 내보내는 일을 한다. 자동차용기관에는 주로 포핏밸브(Poppet Valve)가 사용된다.

① 밸브 헤드

고온 고압의 가스에 노출되며, 특히 배기밸브인 경우 열적 부하가 매우 크다.

② 마 진

두께가 얇으면 고온과 밸브작동의 충격으로 기밀이 충분히 유지되지 않는다.

③ 밸브면

밸브 시트에 밀착되어 기밀작용을 한다.

④ 스 템

스템은 그 일부가 밸브 가이드에 끼워져 밸브의 운동을 유지하고 밸브 헤드의 열을 가이드를 통하여 실린더블록에 전달하는 일을 한다.

⑤ 리테이너록홈

밸브 스프링을 지지하는 스프링리테이너를 밸브에 고정하기 위한 록이나 키를 끼우는 홈이다.

⑥ 스템끝

밸브에 운동을 전달하는 밸브 리프터나 로커암과 충격적으로 접촉하는 곳이다.

(2) 구비조건

① 짧은 시간에 개폐되므로 흡입과 배기효율이 높게 설치되어야 한다.

② 압축·폭발행정시 기밀이 잘 유지되어야 한다.

③ 밸브는 고온, 고압에 노출되므로 충분히 견디어야 한다.

④ 장시간 운전에도 소손되거나 변형되어서는 안된다.

2. 밸브 스프링의 서징(Surging) 현상

(1) 밸브 스프링

① 압축과 폭발행정시 밸브면이 시트에 밀착되게 하여 기밀을 유지하게 한다.

② 밸브가 캠의 형상에 따라 정확하게 작동하도록 한다.

③ 충분한 장력과 내구성이 있어야 하며, 서징 현상을 일으키지 말아야 한다.

(2) 서징(Surging) 현상

밸브 스프링의 고유진동수와 캠에 의한 강제진동수가 서로 공진하여 캠의 작동과 상관없이 심하게 진동하는 현상을 말한다. 밸브 스프링의 서징 현상이 나타나게 되면 밸브 개폐가 불규칙하게 되며, 밸브 스프링의 절손이 발생된다.

(3) 서징 현상의 방지법

① 부등 피치 스프링을 사용한다.

② 밸브 스프링의 고유진동수를 높인다.

③ 고유진동수가 다른 스프링을 2개 사용한다.

④ 부등 피치의 원추형 스프링을 사용한다.

(4) 밸브 스프링의 점검사항

① 자유높이는 표준값보다 3% 이상 감소하면 교환한다.

② 장착한 상태에서 장력이 규정값보다 15% 감소하면 교환한다.

③ 직각도는 자유높이 100mm에 대해 3mm 이상 기울어지면 교환한다.

④ 밸브 스프링 접촉면 상태는 2/3 이상 수평이어야 한다.

06

자동차 엔진의 피스톤의 기능, 구조, 구비조건을 설명하고, 피스톤 링의 기능과 구비조건을 약술하시오.

1. 피스톤

(1) 피스톤의 기능

피스톤은 실린더 내를 왕복운동하여 동력행정에서 고온 고압의 가스로부터 받은 압력으로 커넥팅 로드를 거쳐 크랭크축에 회전력을 발생시킨다.

(2) 피스톤의 구조

피스톤은 피스톤 헤드(Head), 피스톤 스커트(Skirt), 피스톤 링(Ring), 피스톤 핀(Pin) 등으로 이루어져 있다.

① 피스톤 헤드는 연소실의 일부를 형성한다.

② 피스톤 스커트는 피스톤이 왕복운동을 할 때 측압을 받는다.

③ 피스톤 링은 피스톤과 실린더 내벽 사이의 기밀을 유지하고 또 실린더 벽의 윤활유를 긁어내려 윤활유가 연소실로 들어가지 않도록 한다.

④ 피스톤 핀은 피스톤 보스에 삽입되어 피스톤과 커넥팅로드의 소단부를 연결하는 기능을 한다.

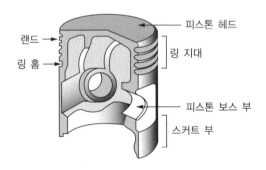

(3) 피스톤의 구비조건

① 실린더 벽과의 마찰이 적고 윤활하기 위한 적당한 간극이 있을 것

② 고온에서 강도가 저하되지 않으며 열전도가 잘 될 것

③ 관성력에 의하여 동력 손실을 적게 하기 위하여 가능한 한 가벼울 것

④ 다기통기관의 경우 각 피스톤의 무게가 같을 것

2. 피스톤 링(Piston Ring)

(1) 피스톤 링의 기능

① 기밀작용

혼합가스의 누출을 방지한다.

② 오일제어작용

오일이 연소실 내로 유입되는 것을 방지한다.

③ 열전도작용

피스톤 헤드가 받는 열을 실린더벽으로 전달한다.

(2) 피스톤 링의 구비조건

① 내열, 내마멸성을 가질 것

② 적절한 장력과 높은 면압을 가질 것

③ 고온에서 장력의 감쇠가 작을 것

④ 실린더벽을 마멸시키지 않을 것

⑤ 열전도성이 좋을 것

07

자동차 엔진의 윤활장치에 사용되는 엔진오일의 작용 및 구비조건, 윤활방식에 대해 약술하고, 윤활장치의 정비사항에 대해 서술하시오.

1. 엔진오일의 작용 및 구비조건

(1) 엔진오일의 작용

① 마찰 감소 및 마멸 방지

강인한 유막을 형성하여 표면의 마찰을 방지한다.

② 밀봉작용

실린더 내의 가스 누출을 방지하기 위해 기밀을 유지한다.

③ 냉각작용

마찰에 의해 발생한 열을 오일 팬이나 오일 냉각기를 통해 냉각시킨다.

④ 세척작용

불순물을 오일의 유동 과정에서 흡수하여 윤활부를 깨끗이 한다.

⑤ 응력분산작용

연소행정, 노크 등에 의해 발생한 압력을 액 전체에 분산시켜 평균화 시키는 작용을 한다.

⑥ 방청작용

외부 공기, 수분, 부식성 가스의 침투를 막아 금속이 부식되는 것을 방지한다.

(2) 엔진오일의 구비조건

① 점도가 적당할 것

② 점도지수가 커 온도와 점도와의 관계가 적당할 것

③ 인화점 및 자연 발화점이 높을 것

④ 강인한 오일 막을 형성할 것(유성이 좋을 것)

⑤ 응고점이 낮을 것

⑥ 비중이 적당할 것

⑦ 기포 발생 및 카본 생성에 대한 저항력이 클 것

⑧ 열과 산에 대하여 안정성이 있을 것

2. 윤활방식

(1) 비산식
오일펌프가 없는 방식으로 커넥팅 로드의 대단부에 부착한 주걱(Oil Dipper)으로 오일 팬 내의 오일을 크랭크축이 회전할 때 원심력으로 올려 뿌려주는 방식이다.

(2) 압력식(압송식)
크랭크축 또는 캠축으로 구동되는 오일펌프로 오일을 흡입·가압하여 각 윤활부에 보내는 방식이다. 순환하는 유압은 약 $2\sim3kgf/cm^2$이다.

(3) 비산 압력식
비산식과 압력식을 조합한 방식으로 크랭크축과 캠축 베어링, 밸브 기구 등에 압송방식으로 공급하고, 실린더벽, 피스톤 링과 핀 등에는 커넥팅 로드 대단부에서 뿌려지는 오일로 윤활하는 방식이다. 현재 이 방식이 가장 많이 사용되고 있다.

3. 윤활장치의 정비사항

(1) 윤활계통의 고장원인
① 윤활유가 외부로 누설되는 원인
  ㉠ 크랭크축 오일실로부터의 누설
  ㉡ 오일펌프 커버로부터의 누설
  ㉢ 타이밍 벨트 커버 주위로부터의 누설
  ㉣ 오일팬 드레인 플러그 및 가스켓으로부터의 누설
  ㉤ 오일팬 균열에 의한 누설
  ㉥ 로커암 커버로부터의 누설
② 연소실 내에서 윤활유가 연소되는 원인
  ㉠ 윤활유의 열화 또는 점도 불량
  ㉡ 오일팬 내의 윤활유량 과대
  ㉢ 피스톤과 실린더의 간극 과대
  ㉣ 피스톤의 불량
  ㉤ 밸브 스템과 밸브 가이드 사이의 간극 과대
  ㉥ 밸브 스템 오일실 불량

(2) 윤활장치의 정비

① 윤활유 소비량이 많을 때

    ㉠ 압축압력 부족 : 피스톤, 피스톤링의 마멸손상, 실린더의 마모손상

    ㉡ 압축압력 정상 : 오일이 외부로 누출

② 기관의 유압(오일압력)이 낮을 때

    ㉠ 오일의 양과 오일 불량 : 오일의 점도가 낮거나 오일양의 부족

    ㉡ 유압조정밸브 스프링의 장력이 약하거나 절손되었을 때

    ㉢ 베어링의 오일간격이 클 때

    ㉣ 오일펌프가 마멸되었거나 회로 내에서 오일이 누유될 때

    ㉤ 연료 등이 유입되어 현저하게 희석되었을 때

③ 오일압력이 높을 때

    ㉠ 유압조정밸브 스프링의 장력이 강할 때

    ㉡ 윤활유 점도가 높을 때

    ㉢ 오일 간극이 규정보다 작을 때

    ㉣ 윤활회로의 유로 일부가 막혔을 때

08

엔진오일의 점검요령과 적정량, 보충요령에 대해 설명하고, 엔진오일의 규격에 대해 약술하시오.

1. 엔진오일의 점검요령과 적정량

(1) 엔진오일의 점검요령

① 차를 평지에 주차한 후 엔진오일이 뜨거워질 때까지 워밍업을 한 후 시동을 끈다.

② 5분 이상 지난 상태에서 엔진오일 게이지를 잡아 당겨 게이지를 뽑는다.

③ 깨끗한 헝겊으로 게이지 지시선 부분을 깨끗이 닦은 후 다시 게이지를 꽂는다.

(2) 적정량

① 게이지를 다시 뽑아 지시선 안에 묻은 엔진오일의 양을 확인한다.

② F와 L 사이에 표시되면 정상이다.

③ 하부표시점(L)에 접근하거나 그 이하로 내려갔을 경우에는 즉시 동일한 오일로 보충하되, 상부표시점(H)을 넘지 않도록 한다.

(3) 보충요령

① 엔진 상단의 오일캡을 돌려서 탈거한다.

② 규정된 엔진오일을 보충한다.

③ 오일 보충 후 1~2분이 지난 상태에서 위의 방법으로 재점검하여 오일량이 F와 L 사이에 오도록 한다.

2. 엔진오일의 규격

(1) 점도규격 : SAE(Society of Automotive Engineers ; 미국 자동차엔지니어협회)

① 엔진오일의 물리적인 성질만을 규정한 것으로, 고온과 저온에서의 점도의 범위를 정하고 있다.

② 저온특성을 규정한(숫자 뒤에 0W~25W, W ; Winter)것과 고온특성을 규정(20~60)한 것이 있으며, 저온과 고온점도 특성을 동시에 만족하기에는 기유(Base Oil)만으로 불가하므로 점도 조절제(VM ; Viscosity Modifier)를 사용하여야 한다.

> 예 5W-40의 의미 : 앞의 5W는 저온에서의 유동성 정도, 뒤 40은 실온에서의 점도를 나타낸다.

③ 저온과 고온특성을 동시에 만족할 수 있게 점도조절을 한 엔진오일을 다급점도유라고 하며, 4계절이 뚜렷한 지역에서는 다급점도유를 사용하여야 한다. 항상 온도가 30~40℃인 중동이나 아프리카 지역은 단급점도유(SAE 30, SAE 50 등)를 사용하여도 된다.

[SAE 점도 분류표]

SAE 점도 등급	점도(mPa, S)	100℃에서 점도(mm²/S)
0W	-35℃에서 6,200	3.8 이상 ~
5W	-30℃에서 6,600	3.8 이상 ~
10W	-25℃에서 7,000	4.1 이상 ~
15W	-20℃에서 7,000	5.6 이상 ~
20W	-15℃에서 9,500	5.6 이상 ~
25W	-10℃에서 13,000	9.3 이상 ~
20		6.9 이상 ~ 9.3 미만
30		9.3 이상 ~ 12.5 미만
40		12.5 이상 ~ 16.3 미만
50		16.3 이상 ~ 21.9 미만
60		21.9 이상 ~ 26.1 미만

(2) 성능규격

① API(America Petroleum Institute ; 미국 석유협회)

㉠ 미국 석유업계와 오일업계가 공동으로 제시하는 엔진오일의 품질기준이다.

㉡ 가솔린 엔진오일은 S(Service)로 시작하며, 현재 SJ~SN까지 등급을 사용하고 있다.

　　예 API SM/CF의 의미 : 가솔린 SM등급/디젤 CF등급을 충족한다는 의미이다. 따라서 가솔린 엔진과 디젤 엔진 모두 사용이 가능하다는 의미이다.

② ILSAC(International Lubricant Standardization and Approval Committee ; 국제윤활유 표준 인증기관)

㉠ 엔진오일의 성능등급은 미국(AAM) 및 일본의 자동차협회(JAMA)에서 제안한 규격을 관련 업체(윤활유 업체, 첨가제 업체)및 기관(SAE, ASTM)들이 검토 후 제정한다.

㉡ ILSAC 등급은 GF-1, GF-2, GF-3, GF-4, GF-5로 나타내고 있으며(GF ; Gasoline Fuel의 약자), 높을수록 최신의 규격이라고 보면 된다.

㉢ ILSAC 규격 = API 규격 + 연비개선시험규격 + 대상내구시험규격

※ 2020년 현재 새로운 가솔린 엔진오일 표준은 ILSAC 규격인 GF-6A와 GF-6B, 그리고 새로운 API 서비스 범주인 API SP이다.

09

냉각장치의 기능 및 목적, 구성, 냉각방식에 대해 서술하시오.

1. 냉각장치의 기능 및 목적

(1) 냉각장치의 기능

냉각장치는 혼합기의 연소에 의하여 발생되는 열의 일부를 냉각시켜 기관의 과열을 방지하여 운전을 원활하게 하기 위한 장치이다.

(2) 냉각장치의 목적

① 조기점화 방지

② 충전효율의 향상

③ 변형 및 균열방지

④ 윤활작용의 원활

2. 냉각장치의 구성

(1) 물재킷(Water Jacket)

실린더블록과 헤드에 설치된 냉각수의 통로이다.

(2) 물펌프(Water Pump)

크랭크축에 의해 벨트로 구동되며, 냉각수를 순환시키는 일을 한다.

(3) 냉각팬(Cooling Fan)

냉각팬은 보통 펌프축과 일체로 되어 회전하며, 라디에이터를 통해 공기를 흡입하여 라디에이터의 통풍을 보조한다.

(4) 시라우드(Shroud)

라디에이터와 냉각팬을 감싸고 있는 판으로서 공기의 흐름을 도와 냉각효과를 도와준다.

(5) 벨트(Belt)

크랭크축과 발전기, 물펌프의 풀리와 연결되어 구동되며 내구성 향상을 위해 섬유질과 고무로 짜여 있고 이음매 없는 V-벨트가 사용된다. 팬벨트의 장력이 크면 베어링 마멸을 촉진하게 되고, 팬벨트의 장력이 작으면 펌프와 팬의 속도가 느려져 기관이 과열된다.

(6) 라디에이터(Radiator)

라디에이터는 엔진에서 가열된 냉각수를 냉각하는 장치로 상부탱크와 코어 및 하부탱크로 구성되어 있으며, 상부탱크에는 라디에이터 캡, 오버 프로워 파이프 및 입구 파이프가 있고 하부탱크에는 출구 파이프와 드레인 콕(Drain cock)이 부착되어 있다. 라디에이터의 코어 막힘률이 20% 이상일 경우 교환하여야 한다.

(7) 수온조절기(Thermostat)

수온조절기는 물재킷 출구 부분에 설치되어 있으며, 수온에 따라 냉각수 통로를 개폐하여 냉각수의 온도를 알맞게 조정하는 일을 한다. 냉각수의 온도가 정상 이하이면 밸브를 닫아 냉각수가 라디에이터 쪽으로 흐르지 못하게 하고, 냉각수의 온도가 76~83℃가 되면 서서히 열리기 시작하여 라디에이터 쪽으로 흐르게 하며, 95℃가 되면 완전히 열린다. 종류로는 벨로즈형과 펠릿형이 있으나, 현재는 펠릿형이 사용된다.

3. 냉각방식

(1) 공냉식

기관을 직접 대기와 접촉시켜 열을 방산하는 형식이다. 구조가 수냉식에 비해 간단하나 운전 상태에 따른 엔진의 온도가 변화되기 쉽고 냉각이 균일하게 되지 않아 과열되기가 쉽다. 이 방식은 자동차용 엔진에는 거의 이용되지 않고 모터사이클이나 경비행기의 엔진에 이용되고 있다.

① 자연통풍식

주행할 때 받는 공기로 냉각하는 방식으로 실린더나 실린더 헤드와 같이 과열되기 쉬운 부분에 냉각핀(Cooling Fin)이 있다.

② 강제통풍식

냉각팬을 사용하여 강제로 유입되는 다량의 공기로 냉각하는 방식이다.

(2) 수냉식

① 작용원리

보통 냉각수를 사용하여 기관을 냉각하는 방식이다. 냉각수는 물펌프(Water Pump)를 돌려서 냉각수를 실린더 블록과 실린더 헤드의 물재킷(Water Jacket)으로 보낸 다음, 가열된 냉각수를 라디에이터(Radiator)로 보내 방열하며 식힌 다음 다시 물펌프로 순환시킨다. 물펌프에는 냉각팬(Cooling Fan)이 부착되어 외부 공기를 라디에이터를 통해 강제적으로 흡입하여 방열효과를 좋게 한다.

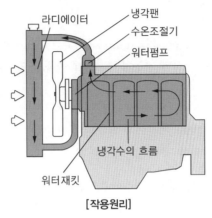

라디에이터　　냉각팬
　　　　수온조절기
　　　　워터펌프
냉각수의 흐름
워터재킷

[작용원리]

② 방 식

㉠ 자연순환식 : 냉각수를 대류에 의하여 순환시키는 것이다.

㉡ 강제순환식 : 실린더 블록과 헤드에 설치된 물재킷 내에 냉각수를 순환시켜 냉각작용을 한다.

㉢ 압력순환식 : 냉각장치의 회로를 밀폐하고 냉각수가 팽창할 때의 압력으로 냉각수를 가압하여 비점을 올려 비등에 의한 손실을 작게 하는 형식이다.

㉣ 밀봉압력식 : 라디에이터 캡을 밀봉하고 냉각수의 팽창과 맞먹는 크기의 저장탱크를 두어 냉각수의 유출을 방지하는 형식이다.

더 알아보기　　**수냉식 기관의 과열원인**

• 방열기 코어가 막히거나 파손
• 발전기 설치 볼트의 풀림
• 냉각팬의 고장
• 수온조절기의 열리는 온도가 높음
• 수온조절기가 닫힌 채로 고장남
• 물펌프의 작동 불량
• 물재킷 내에 쌓인 스케일

10 자동차의 연비를 정의하고, 자동차의 연비를 향상시키기 위하여 자동차 설계시 고려해야 할 기술적인 사항에 대하여 약술하시오.

1. 자동차의 연비

(1) 공인연비

연비란 연료 1 L 로 주행 가능한 거리(km)를 말하는 것으로, 국가에서 규정한 시험법 및 절차에 따라 공인시험기관에서 측정된 자동차의 소비효율을 공인연비라 한다.

(2) 공인연비의 객관성

차량의 객관적인 비교정보를 제공하기 위해서 우리나라를 비롯하여 세계 각국은 카본밸런스법 (Carbon – Balance)에 의한 공인연비제도를 운영하고 있다.

동일한 외부조건(항온, 항습 등)을 설정하고, 실제주행 상황을 그대로 모의한 주행모드로 차대동 력계에서 차량을 실제로 주행하여, 자동차에서 배출된 탄소성분(즉, 연료소모량)을 분석장치를 통해 정밀하게 측정하여 연비를 산출한다.

(3) 공인연비의 측정

자동차에너지소비효율·등급에 적용되는 공인연비는 공인시험기관의 시험실에서 규정의 시험절 차를 통하여 측정된다. 자동차의 제작 및 수입사는 자동차를 국내에 시판하기 전에 공인시험기관 의 연비측정결과 또는 자제 제작사의 연비시험결과를 에너지관리공단에 신고하게 된다.

(4) 공인연비 시험 절차

① 시험준비과정

준비된 연비측정 대상 자동차(주행 축적거리 3,000km 이상)를 시험실의 차대동력계에 위치시 킨 후 예비주행을 실시하고, 자동차 전체의 냉간상태가 지속될 수 있도록 25℃의 항온·항습실 에서 12~36시간 동안 보관한다.

② 모의 주행과정

냉간 보관이 완료된 차량을 시동을 걸지 않고 차대동력계상에 위치한 뒤 배기분석계 및 시료 채취관의 연결, 냉각팬을 설치 후 공인연비 주행모드에 따라 모의주행을 실시한다.

③ 배기가스 분석

모의주행 동안 자동차의 배기구에 연결된 시료채취관을 통하여 측정된 배기가스를 분석하여 대상 차량의 연비를 결정한다.

2. 자동차의 연비를 향상시키기 위해 자동차 설계시 고려해야 할 사항

(1) 가솔린차량 개량

① 엔진부문
직접분사방식, 하이브리드화, 공회전 정지 제어, 감속시의 연료 중단, 공연비, 점화시기의 정밀제어, 메커니즘에서는 4밸브, 가변밸브 및 실린더 메커니즘, 마찰 저감에서는 윤활 특성의 개선, 운동부문의 경량화 등

② 구동과 동력전달계통
무단 변속기, 자동기계 변속기, 자동 변속기의 전자제어 및 다단변속

③ 차 체
경량화기술(수지, 경금속, 초고장력 강판의 이용), 주행저항저감기술(고속시의 공기저항 저감, 타이어의 품질과 성능 개량)

(2) 디젤차량 개량

① 기존의 터보 차저나 인터쿨러의 적용확대
터보 차저의 역할은 공기량을 증가시켜서 출력 증대를 하는 것으로 연비 개선에는 효과적인 기술이다.

② 4밸브 엔진
실린더당 2개씩의 흡·배기밸브를 갖춤으로써, 펌핑 손실을 저감하고 유용한 공기량을 증가시키며, 연료분사노즐을 연소실 중심 수직위치에 배치할 수 있어서 연소개선에 의한 연비개선과 배출가스의 저감도 얻을 수 있다.

③ 전자제어 고압분사 시스템
고압분사에 따른 연료분무의 미세화에 따라 연료와 공기의 혼합이 개선되어 보다 균일한 희박 연료공기혼합기로 운전이 가능하여 연소를 대폭 개선하여 연비를 개선할 수 있다.

④ 균일 혼합 압축착화방식(HCCI ; Homogeneous Charge Compression Ignition)
저온에서의 희박연소를 실현하여 NO_x를 크게 감소시키고, PM도 동시에 감소시킬 가능성이 있다.

(3) 연료특성의 개선

① 가솔린과 경유의 저유황화
배기가스의 후처리 시스템의 성능과 내구성을 확보하기 위해서는 한층 더 높은 연료의 저유황화가 필요하다.

② 바이오 연료의 이용
최근 바이오계연료를 자동차에 이용하는 연구도 추진되고 있다. 구체적으로는 바이오 에탄올을 가솔린에 혼합하는 것과 식물성 기름계통의 지방산 메틸 에스테르를 단독 또는 경유에 혼합한 것이 검토 중이다.

11

연료의 옥탄가(Octane Number)와 세탄가(Cetane Number)를 비교 설명하시오.

1. 옥탄가(Octane Number)

(1) 정 의
휘발유에 있어서 안티노크성의 고저를 표시하는 상대적인 척도를 말한다.

(2) 특 징
휘발유 엔진에서 요구되는 옥탄가를 만족하지 못하는 연료를 사용할 경우 연소 속도가 너무 빨라져 피스톤이 상사점(연소실 내 피스톤이 도달 가능한 최상부)에 도달하기 전에 연소실 내에서 폭발이 일어나 피스톤과 엔진에 손실을 주게 되는데, 이러한 현상을 노킹(Knocking) 현상이라고 한다.

(3) 측정원리
① 옥탄가는 이소옥탄의 옥탄가를 100, 노말헵탄의 옥탄가를 0으로 한다.
② 옥탄가가 높을수록 안티노크성이 높은 것을 의미한다.

> **더 알아보기** 안티노크성
>
> 불꽃 점화기관의 연료인 가솔린 노킹에 대한 저항성을 말하는데, 내연기관의 실린더 안에서의 이상 폭발을 방지하기 위하여 옥테인 값을 올린 가솔린의 성질이다.

2. 세탄가(Cetane Number)

(1) 정 의
휘발유의 옥탄가와 대별되는 성질로 디젤(경유)에 성능평가에 적용되는 척도를 말한다.

(2) 특 징
① 디젤(경유) 엔진은 휘발유 엔진과는 달리 경유와 공기의 혼합가스를 실린더 내에서 고압으로 압축할 때 발생하는 자연발화에 의해 동력을 얻는 기관으로, 휘발유와 달리 압축된 상태에서 자연발화가 잘 이루어져야 연소성이 높아지며 고출력을 얻을 수 있다.
② 연료의 점화성을 측정하는 지표가 세탄가이다.

(3) 측정원리

① 세탄의 세탄가를 100, 알파·메틸 – 나프탈린의 세탄가를 0으로 하는 착화성의 척도이다.

② 높은 세탄가를 갖는 연료는 낮은 세탄가를 갖는 연료보다 낮은 압축비, 낮은 온도에서 점화가 된다.

③ 일반적으로 세탄가가 높으면 연소시 엔진 출력 및 효율을 증가시키고 소음 또한 감소되는 장점이 있다. 세탄가가 너무 높으면 오히려 빨리 점화되어 불완전연소가 일어나고 엔진 출력이 저하된다.

더 알아보기   **디젤 연료의 세탄가**

세탄가는 디젤 엔진용 연료의 착화성(Ignition Quality)을 평가하기 위해 측정된다. 디젤 엔진은 가솔린 엔진과 달리 실린더 내의 연료를 높은 압력으로 압축하여 연료의 자연발화 온도 이상으로 높인 후 자연 착화된다. 연료분사에 착화까지 0.001~0.004초 착화 지연이 있으나, 지연시간이 길어지면 순차적인 화염 전파가 되지 않고 분사된 연료가 일시에 급격히 연소되어 온도, 압력이 급격히 상승하면서 진동 및 소음을 일으키는데 이를 디젤 노킹이라고 한다. 디젤 연료의 노킹은 연료의 착화성과 관계가 있다.

12

가솔린, 경유 등을 연료로 사용하는 자동차에서 배출되는 유해물질의 종류를 나열하고, 이들이 인체에 미치는 영향과 발생원인에 대하여 서술하시오.

1. 자동차 배출가스의 종류

자동차에서 배출되는 가스는 배출원에 따라 ① 배기관(Exhaust Pipe)으로부터의 배기가스(Exhaust Gas), ② 엔진 크랭크케이스(Crank Case)로부터의 블로바이가스(Blow – By Gas), ③ 연료탱크로부터의 증발가스(Evaporative Gas)의 3종류로 나누어진다.

(1) 배기가스(Exhaust Gas)와 입자상 물질(Particulate Matters)

배기가스는 연료가 실린더 내에서 연소하여 고온, 고압의 가스로 된 후, 팽창함으로써 일을 마치고 Exhaust Pipe로부터 대기 속에 방출되는 가스이다. 배기가스는 복잡한 조성을 가지고 있는데, 그 대부분은 수증기(H_2O), 이산화탄소(CO_2)이며, 그 밖에 일산화탄소(CO), 탄화수소(HC), 질소산화물(NO_x), 입자상물질(PM), 미량유해물질 등이 포함되어 있으나, 이 중에서 CO, HC, NO_x와 PM이 규제물질이다.

(2) 블로바이가스(Blow – By Gas)

블로바이가스는 피스톤과 실린더의 틈새에서 크랭크케이스 내에 빠져 나오는 가스이며, Crank Case Emission이라고도 부른다. 이 가스의 조성은 70~95%가 미연소 가스상태로 된 연료(HC)이고, 나머지가 연소가스 및 부분 산화된 혼합가스로 되어 있다. 이 가스가 크랭크케이스 내에 체류하면 엔진 내부의 부식, 오일의 열화 등을 초래하므로, 종래에는 크랭크케이스의 환기를 충분히 행하여 블로바이가스를 대기 중으로 방출하였으나 유해 물질인 HC의 배출비율이 크므로, 이것을 재연소시킨 뒤 대기 속으로 배출하는 장치를 하도록 의무화되어 있다.

(3) 증발가스(Evaporative Gas)

증발가스란 자동차의 연료 라인이나 연료 탱크 내의 가솔린이 증발해서 대기 중으로 방출되는 가스를 말한다. 주성분은 사용 연료의 탄화수소와 같은 조성을 하고 있으며, 자동차로부터 배출되는 탄화수소의 약 15%를 차지하고 있다.

2. 배출가스가 인체에 미치는 영향

(1) 탄화수소(HC)

탄소(C)와 수소(H)로 되어있는 화합물을 총칭해서 탄화수소라 한다. 탄화수소는 배기가스뿐만 아니라 블로바이가스나 연료증발가스 속에도 포함되어 있으며, 저 농도에서는 호흡기에 자극을 줄 정도이지만 산화되면 알데히드류로 되어 점막이나 눈을 강하게 자극한다.

(2) 일산화탄소(CO)

배기가스 중에 포함된 성분 중 가장 유해하며, 연료가 불완전 연소하였을 경우에 많이 발생한다. 인체에 흡수되면 혈액 속의 헤모글로빈과 결합하여 혈액의 산소 운반 기능이 저해되어 중독증상을 나타낸다.

(3) 질소산화물(NO_x)

질소산화물은 NO, NO_2, N_2O 등의 여러 가지 화합물이 있기 때문에 총칭하여 NO_x라 부른다. 질소는 공기의 약 77%를 차지하며 안정된 원소로 간단히 산화하지 않으나 연소실 안의 고온, 고압에서 공기와 접촉, 산화하여 질소화합물이 된다. 이것은 눈에 자극을 주고 폐의 기능에 장해를 일으키며, 광화학 스모그의 원인이 된다. 자동차 배기가스 속에 있는 질소화합물의 95%가 NO이고, NO_2는 3~4% 정도이다.

(4) 입자상 물질(Particulate Matters)

디젤 엔진에서 주로 배출되며, 그 주성분은 탄소의 미립자이다. 이것은 연료 속의 탄소가 연소열에 의해 유리된 것이다. 탄소는 유해성인 적지만 흑연은 시계를 나쁘게 하며, 호흡기 계통에 자극을 주며 폐에 축적된다.

3. 배출가스의 발생과정

자동차에서 배출되는 유해가스로는 주로 CO, HC, NO_x이며, 그 발생과정을 설명하면 다음과 같다.

(1) 탄화수소(HC)의 발생

HC의 발생은 혼합비와 직접 관계가 적으며, 비교적 온도가 낮은 연소실벽 부근에는 연소 온도에 다다르지 않고 화염이 꺼지는 부분(Quenching Zone ; 소염층)이 생기거나 점화 플러그의 불꽃이 약해서 완전히 착화가 되지 않을 때의 미연소 현상, 밸브 오버랩시에 혼합기가 빠져 나가는 것이 원인이 된다. 따라서 혼합비가 17 : 1의 범위에서는 혼합비가 짙을수록 HC의 배출량은 증가하나, 혼합비가 17 : 1이 넘는 희박한 혼합비이면 연료 성분이 너무 적기 때문에 보통의 연소방식으로는 실화(Misfire)이며 미연소 HC가 대량으로 배출된다.

(2) 일산화탄소(CO)의 발생

기관이 일정한 회전속도로 전부하 운전을 할 때 발생하는 유해가스의 배출비율은 이론 혼합비를 기준으로 이보다 짙은 혼합비일 때는 공기가 부족하므로 불완전 연소가 되어 CO 발생비율이 높아진다. 최근에는 유해가스의 발생량과 관련이 있는 출력 및 연료 소비율에 대한 요구도 엄격하다. 출력은 혼합비가 12.5 : 1때 최대가 되고, 연료 소비율은 15 : 1 부근에서 최저값을 나타낸다. 또한 엔진의 성능과는 다음과 같은 관계가 있다.

① CO가 많이 발생할 때는 연료소비가 증가하는 것을 나타내고, 짙은 혼합기를 공급하는 최고 출력시에는 CO의 발생량이 증가한다.

② NO_x의 발생량이 감소할 때는 CO의 발생량은 증가하여 연료소비율은 악화된다.

(3) 질소산화물(NO_x)의 발생

NO_x의 발생은 혼합기 속의 공기에 함유된 질소(N_2)와 산소(O_2)가 연소실 안에서 고온, 고압의 화염 속을 통과할 때 화합하여 생기며, 이것은 혼합비가 15 : 1 부근에서 가장 많이 발생하고 이보다 짙어지거나 옅어져도 그 발생량은 감소한다. NO_x의 발생은 완전 연소에 가까울수록 증대하고, 반대로 CO가 증가하는 불완전 연소에 가까울수록 감소한다.

13

엔진의 성능을 나타내는 최대출력과 최대토크를 설명하고, 자동차 엔진의 출력을 증대시키는 요인을 약술하시오.

1. 최대출력과 최대토크

(1) 최대출력

최대출력(Maximum Power)이란 엔진에서 발생할 수 있는 최고동력을 말하는 것으로 최대마력이라고도 한다. 즉, 1분당 엔진 회전수(rpm)를 몇 회전하면 몇 마력(PS)의 최고출력을 얻을 수 있는가를 나타낸다. 1마력이라고 하는 것은 1초 사이에 75kg의 물체를 1m 끌어올리는 힘이다. 최대출력이 나오는 영역이라고 해서 꼭 최대토크가 나오지는 않는다.

(2) 최대토크

토크는 엔진이 발생시키는 회전력이다. 토크란 어떤 것을 어떤 점 주위에 회전시키는 효과를 나타내는 양으로 힘이 걸리는 점에서 회전 중심점까지의 길이의 곱(kg·m)으로 나타낸다. 내연기관 엔진의 연료를 압축시켜서 폭발시킬 때 발생하는 힘을 '토크'라고 표현한다. '최대토크'라는 것은 '일상적인 주행'을 할 때의 자동차의 가속능력을 의미한다. 엔진의 토크가 크면 가속력이 좋아 운전하기가 수월하다.

2. 엔진 출력을 증대시키는 요인

(1) 엔진 회전속도의 증가

엔진의 출력은 토크와 회전수의 곱에 비례한다.

(2) 흡입 공기량의 증가

엔진에 흡입되는 공기량을 증대시킨다.

(3) 평균유효압력의 증가

평균유효압력의 증가하면 열효율이 증가한다.

평균유효압력 = 열효율 × 충전효율

14

엔진 과열의 원인을 나열하고, 그 원인에 대하여 서술하시오.

1. 냉각수 부족

냉각수가 단순히 부족한 경우도 있으나 어딘가에서 새는 경우도 있다. 자동차가 연식이 오래되면 라디에이터, 라디에이터 캡(radiator cap), 워터펌프(water pump), 써모스탯 가스켓(thermostat gasket), 엔진헤드 가스켓, 실린더헤드, 그리고 각종 라디에이터 호스의 노후화 현상이 생겨 호스의 파열과 호스의 연결부위의 클램프(clamps)의 풀림으로 냉각수 누수가 발생할 수 있다. 냉각수 호스나 호스 연결부 등에서 냉각수가 누설되면 결국에는 냉각수가 부족하게 되어, 다른 모든 부품이 정상적으로 작동한다고 해도 엔진 과열이 발생할 수 있다. 보충용 탱크 겉면에 표시되어 있는 만큼 냉각수 양을 확보하는 것이 필요하다.

2. 써모스탯(Thermostat)

써모스탯은 엔진 내부를 순환하는 냉각수의 온도가 설정 범위보다 높아지면, 냉각수가 라디에이터 쪽으로 흐를 수 있도록 통로를 제어하는 밸브를 말한다. 이 밸브가 고장이 나면 냉각수의 순환이 제대로 이뤄지지 않기 때문에 엔진 과열이 일어난다. 또, 다른 이유로 엔진 과열이 발생하였을 때에도 이 밸브가 손상될 가능성이 많으므로 엔진 과열이 발생되었다면 꼭 점검해야 한다.

3. 냉각팬(Fan)

차량이 주행하고 있는 동안에는 주행풍에 의한 냉각을 기대할 수 있지만, 차량의 속도가 낮으면 냉각팬의 역할이 커진다. 대개의 경우 차량이 공회전 상태이거나 저속으로 가다 서다를 반복하는 상태에서는 냉각팬의 작동을 운전자가 느낄 수 있다. 요즘 차량들은 대부분 전동팬을 사용하므로 냉각수 온도 센서로부터 냉각수의 온도를 감지하여 전동팬을 필요에 따라 저속 또는 고속으로 통제하게 된다. 예전에는 팬벨트가 끊어져 엔진 과열이 자주 발생했으나 지금은 거의 없다.

4. 워터펌프(Water Pump)

워터펌프는 엔진 내부로 냉각수가 순환되게 하는 기능을 한다. 워터펌프는 대개 벨트에 의해서 엔진 회전과 맞물려 회전하게 되어 있는데 팬벨트가 노후화되어 끊어지면 워터펌프(냉각수펌프)의 작동이 안 되어 엔진이 과열된다. 따라서 팬벨트의 손상 여부나 슬립을 점검하는 일도 중요하다. 또 간혹 워터펌프 자체가 손상을 입어 냉각수를 순환시키지 못하고 헛도는 수도 있다.

5. 라디에이터의 막힘

라디에이터의 내부에 모래먼지, 벌레 등의 이물질이 붙어 오염되거나, 부식이 생겨 냉각수의 순환이 제대로 되지 않아 엔진의 열을 방출하지 못하면 과열이 발생된다. 자동차의 노후화와 함께 라디에이터의 노후화가 함께 진행되면서 자연 발생되므로 정해진 시기(km)에 따라 냉각수를 교체하고 점검을 해야 라디에이터의 막힘 현상을 방지할 수 있다.

6. 배기관의 막힘

자동차의 배기가스는 차의 아래에 위치한 파이프를 통해 배출되는데, 언덕이나 과속방지턱을 지날 때 배기관이 눌리거나 파손되어 배기가스가 원활하게 배출되지 못하면 엔진 과열이 일어날 수 있다.

7. 엔진 과부하

기온이 높은 여름철에 경사가 급한 고갯길을 차량을 무겁게 하여 주행하면 엔진은 과부하 상태가 된다. 특히, 장시간 오르막길을 계속해서 주행하게 되면 엔진의 온도가 급속하게 높아져서 엔진 과열의 염려가 커진다.

15

기화기식과 비교할 때 가솔린 연료분사장치의 장·단점을 설명하고, 연료분사장치의 종류를 열거하시오.

1. 가솔린 연료분사장치의 장·단점

(1) 장 점

① 흡입공기의 관성 과급효과를 충분히 이용할 수 있도록 흡기 통로를 설계할 수 있다.

② 각 실린더에 동일한 양의 연료를 공급할 수 있기 때문에 전 회전 영역에 걸쳐서 실린더간에 균일한 혼합기 조성이 가능하다(MPI).

③ 기화기식은 중속과 고속 위주로 설계된 반면, 저속에서 회전력이 증대되었다.

④ 행정체적 출력이 증대되었다.

⑤ 기화기식에 비해 분사장치의 응답성이 양호하여 가속성능과 감속특성이 증대되었다.

⑥ 공연비 제어가 우수하여 연비향상 및 유해배출가스 저감효과가 크다.

(2) 단 점

① 값이 비싸다.

② 흡기관 통로 중의 접속부에서 AFS에서 계측되지 않은 공기 유입시 엔진의 부조현상이 심하다.

③ 고온시동성(Hot Start)이 냉시동성(Cold Start)보다 불량하다. 고온시 연료의 비등으로 인한 연료분사량의 불균일을 초래하거나 베이퍼 록(Vapor Lock) 발생 가능성이 있다.

2. 가솔린 연료분사장치의 종류

(1) 분사제어방식에 따른 분류

① 기계식 : 전자식 연료펌프에서 일정한 분사압력을 얻으면 분사되며, 분사량 제어는 흡기다기관의 통로에 설치된 감지기에 의하여 연료분배기의 제어 플런저를 상하로 움직여 인젝터로 통하는 연료 통로면적을 바꾸어 제어하는 방식이다.

　　예 기계식 직접분사장치와 K – Jetronic

② 전자식 : 일정압력의 연료를 흡기다기관 내에 분사시키는 방식으로 각 사이클마다 흡기공기량에 따라 인젝터를 일정시간 동안 열어주는 것에 의하여 분사량을 제어하는 방식이다.

　　㉠ L – Jetronic방식 : 흡입공기량 검출식

　　㉡ D – Jetronic방식 : 흡입다기관 부압감지식

(2) 분사밸브의 설치위치에 따른 분류

① 직접분사방식(Direct Injection) : 분사밸브를 직접 연소실에 설치한 방식으로 초기에 사용된 기계식 직접분사방식이다.

　예 GDI

② 간접분사방식(Indirect Injection) : 분사밸브를 흡기다기관이나 흡입통로에 설치한 방식으로 대부분의 가솔린분사는 이 방식을 사용한다.

　예 K – Jetronic, L – Jetronic

(3) 분사밸브의 수에 따른 분류

① SPI(Single Point Injection) : 분사밸브가 1개인 경우

　예 TBI, CFI, Mono – Jetronic 등

② MPI(Multi Point Injection) : 분사밸브가 2개 이상인 경우

　예 K – Jetronic, L – Jetronic

(4) 연료분사방식에 따른 분류

① SPI 엔진

　㉠ 연속분사 : 기관 기동 후 계속적으로 분사하는 방식 예 K – Jetronic

　㉡ 간헐분사 : 일정시간 간격으로 분사하는 경우 예 L – Jetronic

② MPI 엔진

　㉠ 동시분사 : 1사이클당 2회 분사(흡입, 압축 등의 행정에 무관하게 각 기통 모두에게 동시에 분사)

　　예 No.1실린더의 흡입과 폭발행정에서 각각 분사할 때 나머지 실린더에도 동시에 분사되는 형태

　㉡ 그룹분사 : 각 기통을 그룹별로 구분하여 흡입행정 근처에서 분사(가속시 응답성 향상)

　　예 No.1 – No.4는 흡입행정 때 1회 분사, No.2 – No.3는 배기행정 때 1회 분사

　㉢ 독립분사 : 1사이클당 1회 분사(각 기통별로 엔진 흡입행정 직전에 분사)

　　예 No.1 – 3 – 4 – 2 순으로 흡입행정 직전에 순차적으로 분사

(5) 흡입공기량 계측방법에 따른 분류

① 직접계측방식 : 흡입공기체적 또는 공기질량을 직접 계량하는 방식

　예 L – Jetronic, LH – Jetronic

② 간접계측방식 : 흡입공기량을 직접 계측하지 않고 흡기다기관의 절대압력 또는 스로틀밸브의 개도와 기관의 회전속도로부터 공기량을 간접 계량하는 방식[MAP Sensor]

　예 D – Jetronic, Mono – Jetronic

16

가변흡기 제어장치(VICS ; Variable Intake Control System)의 개요를 설명하고, 운전영역에 따른 작동원리를 서술하시오.

1. 개 요

가변흡기 제어장치는 다양한 운전자의 요구에 대응하고, 저속에서 고속까지 높은 출력을 발휘하도록 개발된 엔진의 부속장치이다. 즉, 가변흡기 제어장치는 엔진회전 및 부하상태에 따라서 공기흡입 통로를 조절하여 엔진의 전운전 영역에서 엔진출력을 향상시키는 장치이다.

엔진 컴퓨터는 엔진 회전수와 엔진부하를 계산하는 스로틀밸브 열림량에 따라 VIS(Variable Intake System)밸브 모터를 구동하여 공기흡입 통로의 방향을 제어한다. 저속 및 고부하시에는 VIS밸브를 열어 일반 엔진보다 흡입공기 통로를 짧게 제어하여 엔진출력을 향상시킨다.

[가변흡기 제어장치의 제어도]

2. 운전영역에 따른 작동원리

(1) 저속 및 저부하시

① 엔진 회전수 : 4,500rpm 이하

② 스로틀밸브 개도 : 70% 이하

③ 작동원리

컴퓨터는 저속 및 저부하시에 VIS밸브를 닫는다. VIS밸브가 닫히면 일반 엔진보다 흡입통로가 길어지게 되고, 이에 따라 흡입 관성력이 증가함으로써 흡입효율이 증대된다. 따라서 저속 및 중속 영역에서 흡입효율이 높아져 엔진출력이 향상된다.

(2) 고속 및 고부하시

① 엔진 회전수 : 4,500rpm 이상

② 스로틀밸브 개도 : 70% 이상

③ 작동원리

엔진 회전속도 및 부하가 증가하면 다량의 공기가 엔진으로 흡입되는데 이때 흡입저항 (Pumping Loss)이 발생되어 흡입효율이 떨어지게 된다. 컴퓨터는 고속 및 고부하 영역에서는 VIS밸브를 열어 일반 엔진보다 흡입통로를 짧게 하여 흡입저항을 감소시킨다. 따라서 흡입저항이 감소함으로써 상대적으로 흡입효율이 높아지고 엔진출력이 증대된다.

3. 결 론

엔진 회전수와 엔진부하에 따라 흡입통로를 조절하면 전 운전영역에서 엔진출력이 향상되고, 특히 저·중속영역에서는 엔진출력이 약 10% 정도 향상된다.

17

자동차 엔진에서 밸브 서징(Valve Surging) 현상을 정의하고, 이를 방지하기 위한 대책방안을 3가지 이상 약술하시오.

1. 밸브 서징(Valve Surging) 현상

엔진이 고속으로 회전할 때 밸브의 작동 횟수와 밸브 스프링의 고유진동수가 공진하면서 밸브 스프링이 캠의 작동과는 상관없이 진동을 일으키는 현상을 말한다. 심한 경우에는 관련 부품이 파손된다.

2. 대책방안

① 밸브 스프링의 고유진동수를 크게 한다.
② 고유진동수가 다른 스프링을 합쳐 이중 스프링으로 한다.
③ 부등(不等) 피치 스프링을 사용한다.
④ 원추형 스프링(코니컬 스프링)을 사용한다.

18

전자제어 가솔린 엔진에서 흡기계통과 연료계통의 구성 및 작동에 대해 설명하시오.

1. 흡기계통의 구성 및 작동

흡기계통은 공기청정기, 공기유량감지기, 스로틀보디, 서지탱크 및 흡입다기관으로 구성된다.

(1) 공기유량 센서(AFS ; Air Flow Sensor)

공기유량 센서는 공기청정기 뒤쪽에 설치되며, 기관에 유입되는 공기량을 감지하여 ECU에 전달하는 장치이다.

(2) 대기압력 센서(BPS ; Barometric Pressure Sensor)

대기압력 센서는 공기유량 센서에 부착되어 대기압력을 검출하며, 대기압력은 전압으로 변환되어 그 신호는 ECU로 보내진다. 이 신호는 ECU에서 대기압력에 따라 고도를 계산하여 적절한 혼합비가 되도록 연료분사량과 점화시기를 조절하는데 사용된다.

(3) 흡입공기온도 센서(ATS ; Air Temperature Sensor)

공기유량 센서에 부착되어 흡입공기의 온도를 검출하는 일종의 저항기이다. 이 신호는 ECU로 보내져 흡입공기의 온도에 상응하는 연료분사량을 조절하는데 사용된다.

(4) 스로틀보디(Throttle Body)

스로틀보디는 공기유량 센서와 서지탱크 사이에 설치되어 흡입통로의 일부를 형성한다. 공회전시에는 스로틀밸브는 거의 닫혀 있으며, 공회전시에 필요한 공기는 스로틀보디에 마련되어 있는 바이패스 통로를 통하여 공급된다.

① 공전속도조정기(ISC ; Idle Speed Controller)

공전속도조정기는 ECU가 기관의 회전속도 및 온도에 따라 조절신호를 보내면 스로틀밸브를 조정하여 기관에 공기를 가감시키며 공회전속도를 조정하는 역할을 한다.

② 모터포지션 센서(MPS ; Motor Position Sensor)

모터포지션 센서에서 검출된 신호는 ECU로 보내지며, ECU에서 모터포지션 센서의 신호, 공회전신호, 냉각수온의 신호, 차량속도신호 등을 바탕으로 스로틀밸브의 열림 정도를 조절하게 된다.

③ 공전스위치(Idle Switch)

공전속도조정기의 플런저 아랫부분에 설치되어 있으며, 스로틀밸브가 공전 상태에 놓이게 되면 공전속도조정기 레버에 의하여 푸시핀이 눌려져 접점이 통전(ON)되어 기관이 공회전 상태에 놓여 있음을 ECU로 보내주게 된다.

④ 스로틀포지션 센서(TPS ; Throttle Position Sensor)

스로틀밸브의 열림 정도를 스로틀보디의 스로틀 축과 함께 회전하는 가변저항의 변화에 따라 출력전압의 변화로 읽어 ECU에서 열림 정도를 감지한다. ECU는 스로틀포지션 센서의 출력전압과 기관 회전수 등의 입력신호에 따라 기관 상태를 판정하여 연료분사량을 조절해준다.

⑤ 패스트아이들 에어밸브(Fast Idle Air Valve)

냉각수온의 온도에 따라 흡입공기량을 조절하여 기관회전속도를 조절해주는 장치이다.

(5) 서지탱크와 흡입다기관

① 서지탱크는 기관의 충전효율을 높이기 위하여 설치되는 장치로서 흡입다기관과 일체로 제작되어 있다. 흡기장치에 서지탱크를 설치하는 이유는 흡입되는 공기가 맥동적으로 이루어지는 것을 방지하기 위함이다.

② 흡입다기관은 서지탱크에서 보내온 공기와 인젝터에서 분사된 연료를 혼합하여 각 실린더에 균일하게 분배하여 주는 작용을 한다.

2. 연료계통의 구성 및 작동

(1) 구 성

연료계통은 연료탱크, 연료펌프, 연료여과기, 연료공급파이프, 연료압력제어기 및 인젝터로 구성된다.

(2) 작 동

① 연료탱크 내의 연료는 전기로 구동되는 연료펌프에 의하여 약 $2.5kg/cm^2$의 압력으로 연료여과기를 거쳐 연료공급파이프로 공급되며, 연료공급파이프에 설치되어 있는 연료압력조절기에서 흡입다기관의 부압 정도에 따라 연료압력을 조절하여 각 인젝터와 냉시동밸브에 연료를 공급하고, 과잉 공급된 연료는 리턴라인(Return Line)을 따라 연료탱크로 되돌려진다.

② 인젝터에서는 ECU의 신호에 의하여 인젝터 내부의 솔레노이드 코일을 작동하면 니들밸브가 열려 각 실린더의 점화순서에 따라 흡입다기관 내에 연료를 분사시키게 된다.

19

전자제어 가솔린 엔진에서 전자제어 연료분사장치의 개념을 설명하고, 연료분사량을 제어하는 ECU의 작동원리 및 기능을 약술하시오.

1. 전자제어 연료분사장치

(1) 전자제어 연료분사장치의 의의

전자제어 연료분사장치는 기관의 출력 증대, 유해 배기가스의 감소, 연료소비율의 저감 및 신속한 응답성을 동시에 만족시키기 위하여 각종 센서를 부착하고, 이 센서에서 보낸 신호와 기관의 운전 상태에 따라 연료의 분사량을 ECU(Electronic Control Unit)로 제어하며, 인젝터를 통하여 실린더 내에 가솔린을 분사시키는 방식이다.

(2) 전자제어 연료분사장치의 특징

장 점	• 기관의 효율 증대 • 저온기동이 용이함 • 연료소비율의 저감 효과	• 기관의 운전성 향상 • 기관의 출력 증대 • 배기가스의 최소화
단 점	• 고온기동이 불량함 • 구조가 복잡하여 정비가 어려움 • 값이 비쌈	

2. ECU(Electronic Control Unit)

(1) 작동원리

ECU는 각종 센서에서 입력되는 기관 작동상태에 관한 정보를 처리하여 대응하는 인젝터의 니들밸브 열림시간을 계산한다. 즉, ECU는 인젝터의 분사지속시간을 제어하는 방법으로 분사량을 제어한다.

(2) 기 능

① 연료분사제어

공기유량 센서로부터 흡입공기량을 검출하여 이에 대응하는 연료를 분사시키기 위하여 인젝터의 구동시간을 제어한다.

② 공전속도제어

모터포지션 센서에 의하여 공전속도조정기의 플런저 위치를 감지하고 스로틀밸브의 열림 정도를 제어한다. 이외에도 패스트아이들제어(Fast Idle Control), 대시포트제어(Dash Port Control), 에어컨 작동시 공전속도상승제어 등이 있다.

③ 점화시기제어

온 주행모드에서 점화시기와 캠각을 제어한다.

④ 컨트롤릴레이제어

ECU, 연료펌프, 인젝터, 공기유량 센서 등에 전원을 공급해 주는 릴레이를 컨트롤릴레이
(Control Relay)라고 하며, 기관 정지시 연료펌프의 구동을 정지시키는 기능이다.

⑤ 에어컨릴레이제어

기관 시동시 또는 가속시에 일시적으로 에어컨릴레이가 오프(Off)되어 에어컨콤프레서의 작
동을 정지시켜 주는 기능이다.

⑥ 피드백제어(Feedback Control)

배기가스 중의 산소농도를 검출하여 혼합비가 자동적으로 적정혼합비로 되도록 하는 기능이다.

⑦ 증발가스제어

캐니스터(Canister)에 포집된 연료증발가스를 기관의 상태에 따라 흡기다기관으로의 유입을
제어하는 기능이다.

(3) ECU의 연료분사제어

연료의 분사량은 인젝터의 구동시간에 의하여 제어되는데, 인젝터의 구동시간은 공기유량 센서,
크랭크각 센서, O_2 센서의 배기가스 정보 및 각종 센서로부터의 신호를 근거로 하여 ECU에서
산정된다.

① ECU의 정보처리 과정

㉠ 기본분사시간 : ECU는 기본 분사량을 결정하는 영향인자인 흡입공기량과 기관회전속도의
센서로부터 보내오는 정보로부터 기본분사시간을 계산한다.

㉡ 보정분사시간 : 기관냉각수온도, 흡입공기의 온도와 압력, 스로틀밸브의 개도 및 시동
여부 등에 따른 정보로부터 보조증가량에 대응하는 보정분사시간을 추가하여 결정한다.

㉢ 인젝터의 구동시간 : ECU에서 연산되는 인젝터의 구동시간은 기본분사시간과 보정분사시
간의 합으로 결정되며, 이외에 전원전압의 변화에 따른 분사시간을 추가하여 결정한다.

② 분사시기제어

연료의 분사시기는 운전상태에 따라 결정되며 동기분사와 동시분사가 있다.

㉠ 동기분사 : 각 실린더의 배기행정에서 인젝터를 구동시키며, 크랭크각 센서의 신호에 동기
하여 구동된다. 1번 실린더의 신호는 동기분사의 기준신호로서 이 신호를 검출한 곳에서
크랭크각 센서의 신호와 동기하여 분사가 시작된다. 각 실린더의 분사는 크랭크각 2회전에
점화순서에 따라 1회씩 분사된다.

㉡ 동시분사(비동기분사) : 기관기동시나 공전스위치가 오프(Off)된 상태에서 스로틀밸브의
열림 정도가 규정값보다 클 때, 즉 급가속시 4개의 인젝터가 동시에 연료를 분사한다.

20

자동차 엔진의 전자제어 스로틀 제어(ETC ; Electronic Throttle Control) 시스템의 구조와 특징에 대하여 약술하시오.

전자제어 스로틀 제어(ETC ; Electronic Throttle Control) 시스템

(1) 구 조

① ETC(Electronic Throttle Control)는 전자제어식 스로틀 컨트롤밸브로서 운전자의 의도에 따라서 엔진에 유입하는 공기량을 제어하도록 하는 장치이다.

② ETC는 모터와 스로틀보디, 스로틀 포지션 센서(TPS ; Throttle Position Sensor)로 구성되어 있다.

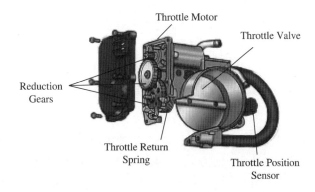

③ 기존의 기계식 스로틀밸브는 악셀 페달과 와이어 케이블을 이용하여 연결하였지만, ETC는 전자식 악셀 페달 모듈의 입력값을 ECM(PCM)이 받아서 ETC 모터를 이용하여 스로틀밸브를 원하는 만큼 개폐하여 엔진 출력을 조절할 수 있도록 하였다.

(2) 특 징

① 별도의 장치 없이 크루즈 컨트롤 기능을 사용할 수 있다.

② 차체 자세 제어장치의 출력 조절을 쉽게 할 수 있다.

③ 금속 케이블을 사용하지 않아 차량의 무게를 줄일 수 있다.

④ 금속 케이블의 탄력에 의해 지연되던 반응속도가 개선된다.

⑤ 차량의 설계 자유도가 굉장히 높아진다.

⑥ 전자식 케이블은 움직이는 부품이 아니므로 케이블의 노후화 또는 마모로 인해 끊어지는 문제가 사라진다.

⑦ ECM이 스로틀 조작까지 개입함으로써, ECM 오류로 인한 급발진의 가능성이 생긴다.

21

엔진 과급장치의 일반적인 효과에 대하여 설명하고, WGT(Waste Gate Turbo-charger) 시스템과 VGT(Variable Geometry Turbocharger) 시스템에 대한 작동원리 및 특징을 비교 서술하시오.

1. 엔진 과급장치의 일반적인 효과

① 연소가 양호하여 연료소비율이 감소한다.

② 출력증가로 엔진의 소형·경량화가 가능하다.

③ CO, HC, NO_x 등 배기가스의 정화효율이 향상된다.

④ 엔진소음의 감소로 정숙성이 향상된다.

⑤ 과급에 의한 기관의 출력 증대로 운전성이 향상된다.

2. WGT(Waste Gate Turbocharger) 시스템

(1) 작동원리

터보차저 내의 고정식 베인(Vane)에 배기가스 압력이 작용하여 강제로 흡기효율을 올리게 되는데 고속/고출력에서 터보차저는 20,000rpm 이상 고회전을 하기 때문에 무조건 터보차저에 배기압력이 걸리게 되면 부품이 파손되는 등의 문제가 발생 될 수 있다. 그래서 일정 압력 이상이 걸리게 되면 배기가스 압력을 Bypass 시키는 장치가 달려 있는데 이것이 Waste Gate이다. WGT 시스템에서는 터보차량의 최대 단점이라고 할 수 있는 터보랙(Turbo lag ; 일정량의 공기가 압축되어 실제 엔진 출력에서 효과를 보기까지의 시간차)이 필연적으로 발생하게 되며, 특정구간에서만 터보차저의 효과를 볼 수 있게 된다.

(2) 특징

① 출력증가(N/A 대비 40% 향상)

② 단위 출력당 연료 소비율 저감

③ 배기가스 저감

3. VGT(Variable Geometry Turbocharger) 시스템

(1) 작동원리

WGT 시스템과 달리 터빈 휠을 돌리는 배기가스의 양과 속도를 조절하는 장치가 달려 있다. 저회전에서는 터빈 하우징 입구를 조여 유체의 속도에너지를 높이는 방법으로 터빈 휠의 회전력을 키운다. 반대로 고회전에서는 입구를 넓혀 많은 배기가스를 들여보내 고출력을 끌어낸다. 저회전에서 반응이 빨라 터보랙(Turbo lag)이 크게 줄어드는 것이 장점이다.

(2) 특 징

① 엔진성능 향상(최대 출력/토크)

② 응답성 향상

③ 단위 출력당 연료 소비율 저감

22

엔진의 밸브 트레인 제어기술 중 CVVD(Continuously Variable Valve Duration)
의 작동원리 및 특징에 대하여 서술하시오.

CVVD(Continuously Variable Valve Duration)

(1) 작동원리

가변밸브 제어기술로는 밸브의 여닫힘 시점을 제어하는 연속가변밸브 타이밍 기술(CVVT ;
Continuously Variable Valve Timing), 밸브 개폐 깊이를 조절해 실린더내 공기량을 제어하는
연속가변밸브 리프트(CVVL ; Continuously Variable Valve Lift)가 있다. 하지만 CVVT와
CVVL기술은 "밸브를 언제 어느 정도 열지"를 조절할 수는 있지만, "어느 정도의 시간만큼 열고
있을지"는 조절할 수 없는 한계가 있다.

CVVD는 '밸브가 열려 있는 시간을 엔진의 작동상태에 따라 가변하는 기술'이다. 즉 CVVD는
엔진의 상태에 따라 연속적으로 캠샤프트(Camshaft)의 회전속도를 변화시켜(편심축의 원리),
밸브 듀레이션(Valve Duration)을 변화시키는 장치이다.

CVVD는 다음과 같은 순서로 작동된다.

① ECU(Electronic Control Unit)는 <u>CAN통신</u>을 통하여 목표위치를 엑추에이터에 전달하고,
   엑추에이터는 모터를 동작하여 엔진 기구부를 목표하는 위치로 제어한다.
   ※ CAN통신(Controller Area Network)은 차량 내에서 호스트(Host) 컴퓨터 없이 마이크로 컨트롤러
      (Microcontroller)나 장치들이 서로 통신하기 위해 설계된 표준 통신 규격이다.
② 엔진 기구부의 위치가 바뀜에 따라 가변기구들은 캠샤프트(Camshaft)의 회전속도를 변화시키
   게 되며, 그에 따라 밸브의 열고 닫히는 시점이 변경된다. 즉 엑추에이터(Actuator)의 회전력에
   의해 캠샤프트의 회전속도에 영향을 미치는 시스템 동작이 수행됨에 따라 밸브 듀레이션(Valve
   Duration)이 가변되는 원리이다.

(2) **특 징**

   ① 다양한 운전조건에 맞춰 흡기밸브가 열려 있는 시간을 최적화해 실린더로 유입되는 공기량을 제어할 수 있다.

   ② 출력이 적게 필요한 정속 주행시에는 흡기밸브를 압축행정의 중후반까지 열어두어 압축시 발생하는 저항을 감소시키고 압축비도 낮춰 연비 개선 효과를 거둘 수 있다. 반대로 가속 주행시에는 흡기밸브를 압축행정 초반에 닫아 폭발에 사용되는 공기량을 최대화 함으로써 엔진의 토크를 향상시켜 가속성능을 개선할 수 있다.

   ③ 엔진의 작동조건에 따라 흡기밸브의 여닫는 타이밍을 최적화하여 엔진의 성능과 효율을 동시에 향상시키고, 배출가스도 획기적으로 줄일 수 있다. CVVD 기술 적용시 엔진 성능은 4% 이상, 연비는 5% 이상 향상되며, 배출가스는 12% 이상 저감된다.

   〈자료출처 : BLDC 모터를 이용한 CVVD 액추에이터 개발, 최지훈·서영택·김래겸·김남규 저, 현대케피코 기술연구소, 2019〉

23

가솔린 엔진에서 연료탱크내 증발가스 누출감시장치의 구성부품을 나열하고, 연료증발가스 누출감시 원리와 고장 판정방법을 서술하시오.

1. 개 요

증발가스는 주로 연료탱크 내의 연료가 증발하여 대기 중으로 방출되는 것을 말하며, 그 주성분은 탄화수소이다. 배출가스 자기진단 감시장치(On-Board Diagnostic ; OBD)는 전체 증발가스 계통에 대한 점검을 통해 탄화수소성분의 대기 유출을 확인하여야 하며, 전체 증발가스 계통의 유출량이 일정 기준 이상일 경우, 증발가스 계통을 오작동으로 판단해야 한다. 증발가스 누기가 발생될 수 있는 부분은 연결 호스 및 클램프 부분이며, 연료 주유 후 연료 마개를 닫지 않는 경우에는 대량의 누기가 발생하게 된다.

2. 연료증발가스 누출감시장치의 구성부품

증발가스 계통은 연료탱크, 활성탄 캐니스터, 퍼지제어밸브, 캐니스터 닫힘밸브 등으로 구성되어 있다.

(1) 활성탄 캐니스터

활성탄 캐니스터는 입자상의 활성탄(charcoal)을 가득 담고 있는 용기로서, 연료탱크에서 발생한 증발가스를 유입하게 된다. 캐니스터에 유입된 증발가스는 곧바로 활성탄 입자의 표면에 흡착된다.

(2) 퍼지제어밸브

퍼지제어밸브는 캐니스터에 포집된 증발가스를 제거하는 밸브로서 엔진제어장치의 명령에 따라 개폐된다. 퍼지제어밸브가 열리면 캐니스터에는 엔진의 흡기관 부압이 작동하게 되며, 이때 활성탄 캐니스터에 흡착된 증발가스는 엔진으로 유입되어 연소된다.

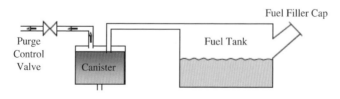

[일반적인 증발가스 계통]

3. 연료증발가스 누출감시 원리와 고장 판정방법

(1) 부압방식

부압방식의 경우 퍼지제어밸브와 캐니스터 닫힘밸브의 여닫힘 조합에 따라 증발가스 계통에 압력이 발생되게 되며, 이 때 측정된 압력이 기준 압력과 상이할 경우를 오작동으로 판단하게 된다. 즉, 퍼지제어밸브가 열리고 캐니스터 닫힘밸브가 닫힌 상태에서 증발가스 계통에 강한 부압이 작용하게 된다. 이 때 측정된 압력이 정상 압력보다 높은 경우 계통 내에 누기가 발생하는 것으로 판단될 수 있다.

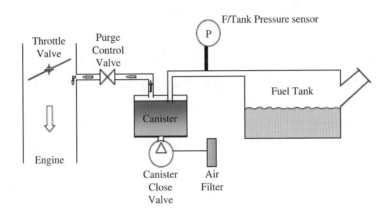

(2) 가압방식

가압방식의 경우, Change-Over밸브를 정상모드, 기준모드, 감시모드별로 각각 구동하여 누기 여부를 확인하게 된다.

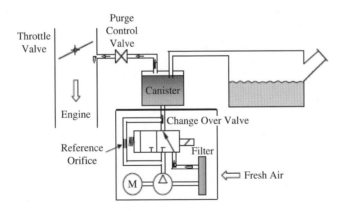

24

LPG 연료와 LPG 엔진의 특성을 설명하고, LPG 엔진과 LPI 엔진의 차이점을 비교하시오.

1. LPG 연료와 LPG 엔진

(1) LPG 연료의 특징

① LPG 연료는 원유를 정제하는 과정에서 가장 먼저 나오는 추출물로 프로판, 부탄을 주성분으로 하며 프로필렌, 부틸렌 등을 포함하는 혼합물이다.

② LPG 연료는 수송과 저장에 용이하고 가스 상태로 연소되므로 착화성이 좋다.

③ 공기와 균일하게 혼합되므로 완전 연소가 가능하여 연소성이 좋다.

④ 연료 자체에 유황 함유량이 적고 완전 연소하므로 환경오염을 일으키지 않는다.

(2) LPG 엔진(차량)의 특징

장 점	단 점
• 엔진의 수명이 연장된다. • 연료비를 경감시킬 수 있다. • 연소실 내의 탄소의 부착이 없다. • 엔진소음이 적다. • 점화 플러그의 수명이 길다. • 엔진오일 사용 수명이 길어진다. • 엔진의 노킹이 일어나지 않는다. • 배기가스의 해가 적다.	• 고압용기 자체로 승차에 불안감이 있다. • 가솔린 엔진에 비해 출력이 떨어진다. • 무색 투명가스이므로 누출 발견이 어렵고 폭발위험성이 있다. • 구조가 복잡하다. • 증발잠열로 인하여 겨울철 엔진시동이 어렵다.

2. LPG 엔진과 LPI 엔진의 차이점

(1) LPG 엔진

① LPG 엔진은 봄베에서 나온 기체 및 액체상태의 연료가 고압밸브와 저압밸브를 거쳐 베이퍼라이저로 이동한다.

② 이곳에서 액체상태의 LPG는 모두 기화되어 기체상태가 된다.

③ 이 기체 LPG가 믹서라고 불리는 엔진 스로틀보디로 들어가 공기와 혼합되고 이 혼합기(혼합된 기체)가 엔진의 연소실에 들어가 폭발하면서 엔진이 구동된다.

④ LPG 엔진은 공기와 LPG를 혼합하여 분사, 점화하는 시스템이라 정확한 공연비 조정이 불가능하고, 배기가스 배출량 증가, 엔진출력 성능저하, 겨울철 저온시동성 문제, 기화기 등에 의해 연료방식이 복잡하다.

(2) LPI 엔진

① LPI 엔진은 기존 LPG 연료를 고압액상으로 유지한 후 혼합기가 필요 없이 분사하는 방식이다.

② 봄베 내의 연료펌프에서 나온 액체상태의 LPG가 압력 레귤레이터를 거쳐 인젝터로 보내져 ECU의 신호에 따라 연료가 분사되면서 연소가 일어난다.

③ 엔진에서의 연소방식은 가솔린 GDI 엔진과 유사하다.

④ 연료를 고압액상으로 분사하기 때문에 엔진출력 성능이 향상되고 연료절감 효과, 배기가스의 유해물질 최소화, 겨울철 저온시동성이 향상된다.

[LPG 엔진과 LPI 엔진의 비교]

구 분	LPG 엔진	LPI 엔진
겨울철 저온시동성	나 쁨	우 수
역화 현상	발 생	없 음
타르 발생	발 생	없 음
출력 및 연비	나 쁨	우 수

25

가솔린 엔진과 LPG 엔진의 차이점을 설명하고 LPG 엔진의 관리방법을 서술하시오.

1. 가솔린 엔진과 LPG 엔진의 차이점

가솔린 엔진과 LPG 엔진의 차이점은 가솔린과 LPG라는 연료 특성의 차이에서 생긴다.

(1) 압축비

LPG 연료를 사용하게 되면 가솔린에 비해서 더 낮은 출력을 얻게 된다. 반면에 LPG 연료는 가솔린에 비해 옥탄가가 높아 노킹이 상대적으로 덜 발생한다. 그러므로 더 낮은 출력을 보상하는 방법으로 실린더의 압축비를 높이는 방법을 사용한다. 압축비를 높이면 더 높은 출력을 얻을 수 있어 가솔린 엔진과의 출력 차이를 줄일 수 있다.

(2) 밸브 시트(Valve Seat)

LPG 엔진은 가솔린 엔진에 비해 연소실의 온도가 높다. 연소실의 온도가 높으면, 엔진오일에 의해 발생되는 퇴적물(Deposit)이 접착성을 가지게 되어, 밸브가 연소실에 안착하는 자리인 밸브 시트의 마모를 촉진한다. 따라서 LPG전용 자동차의 엔진과 가솔린 엔진의 밸브 시트는 차이가 있다.

(3) 점화플러그의 전극 간극

LPG 엔진은 가솔린 엔진의 점화플러그 전극 간극에 비해 더 좁은 간극(0.6~0.8mm)을 사용한다. 점화플러그 전극 간극이 좁으면, 방전에 요구되는 전압이 낮아지고 점화지연이 짧아져서 보다 안정적인 점화가 일어날 수 있지만, 전극으로의 점화에너지 손실이 많아진다. 가솔린 엔진의 점화플러그 전극 간극이 보통 1.1mm 정도인데, LPG 엔진의 전극 간극이 이 정도가 되면 역화가 발생하기 쉽다.

(4) 2차 공기 시스템

LPG 엔진은 연소실 온도는 높은 대신에 배기가스의 온도가 낮아 공회전시에는 유해배출가스를 정화시키기에 충분할 만큼 촉매의 온도를 높일 수 없는 경우가 있다. 이때, 엔진에서 배출되는 탄화수소(HC)와 일산화탄소(CO)를 배기관 내에서 산화시키려는 목적으로 배기관에 여분의 공기를 따로 주입시키는 2차 공기 시스템장치가 있다. 예전에는 많이 사용되었지만 현재에는 별로 사용되지 않고 있다.

2. LPG 엔진(차량)의 관리방법

(1) 엔진오일과 부동액

① 엔진오일 : LPG 엔진의 경우 가솔린 엔진에 비해 엔진 내부 온도가 평균적으로 10℃ 정도 더 상승하므로 엔진오일의 산화가 빠르다. 따라서 산화방지제가 첨가된 LPG전용 엔진오일로 교환한다.

② 부동액 : 부동액의 경우 신차 출고 후 주기적인 점검이 필요하다. 20,000km마다 정비소에서 점검을 하고 보통 2년마다 1회 정도 교환해 주는 것이 좋다.

(2) 겨울철 시동불량 예방

LPG 차량의 주원료인 부탄은 낮은 온도에서 휘발성이 떨어지므로 차가운 겨울철에는 시동이 잘 걸리지 않는다. LPG 엔진 차량에는 시동키 외에 LPG 장치들을 끄고 켜는 스위치가 따로 있으므로 시동을 켤 때는 이 스위치를 On으로 한 후 시동을 켜고 시동을 끌 때는 먼저 이 스위치를 Off로 한 다음에 시동을 끈다. 이렇게 하면 연료공급계통에 잔류 LPG가 없어서 초기시동을 원활하게 해준다.

(3) 타르 배출 청소

엔진작동 중에 타르가 베이퍼라이저 안쪽에 형성될 수 있으므로 월 1회 정도 코크를 열어 이를 배출시켜줘야 한다. 타르(Tar)는 부탄(Butane)이 기체로 변환되는 과정에서 산소와 결합하여 만들어지는 것으로 LPG 차량에 있어서 근본적으로 제거될 수 없는 물질이다.

(4) LPG 누출 여부

LPG 스위치를 눌러 연료를 공급시킨 다음 시동키를 'ON'에 놓은 상태에서 베이퍼라이저 주변이나, 파이프 연결부 등에 비눗물을 이용해서 칠한다. 이때, 거품이 생기면 LPG가 샌다는 증거이므로 바로 문을 열어서 환기를 시켜야 한다.

(5) 가스 충전시 주의사항

주위의 온도 상승으로 인해서 액체 상태의 가스가 팽창할 수 있는 위험이 있기 때문에 가스를 충전할 때에는 반드시 엔진을 끈 상태에서 충전해야 하며, 가스탱크 용량의 85% 이상을 넘지 않도록 해야 한다.

(6) 여름철 장시간 주차시 주의사항

무더운 여름철 같은 때, 햇볕에 장시간 주차할 때에는 자동차 배관에 남아 있는 LPG를 모두 제거한 후 용기의 액체 송출밸브를 완전히 잠가 놓아야 한다. 장시간 높은 열에 의해 노출 되어 40℃가 넘어가게 되면 큰 사고를 유발할 수 있기 때문에 그늘진 곳이나 지하 주차장 같은 곳에 주차해 내부 온도가 상승하지 않도록 주의해야 한다.

26

가솔린 엔진과 디젤 엔진에서의 노크 발생 현상과 그 방지대책에 대하여 비교 약술하시오.

1. 가솔린 엔진

(1) 개 요

가솔린 엔진은 연료와 공기의 혼합기를 흡입하여 고온·고압 상태로 압축한 후 점화플러그에서 불꽃을 발생시켜 연소시키는 불꽃점화방식이다. 가솔린 엔진에서 노크가 발생하는 이유는 실린더 내의 연소에서 화염 면이 미연소 가스에 점화되어 연소가 진행되는 사이에 미연소의 말단가스가 고온·고압이 되었기 때문이다. 이를 방지하기 위해서는 연료의 착화를 지연하고, 착화온도를 높게 하며, 압축비 및 흡입온도와 흡입압력을 낮게 하여야 한다.

(2) 가솔린 엔진의 연소 과정

① 실린더 내에 공기와 연료의 혼합기를 흡입하여 압축행정에서 온도와 압력을 올린다.

② 점화플러그에 의하여 점화한 다음 불꽃에 의해 화염전파가 시작된다.

③ 화염 면이 거의 균일한 속도로 미연혼합기 부분으로 전파된다(화염속도 ; 20~30m/s).

④ 상사점 전 5~30°일 때 점화하여 상사점 후 5~10°에서 최고압력에 도달한다.

(3) 가솔린 엔진의 노크 발생 현상과 방지대책

① 노크가 엔진 성능에 미치는 영향

㉠ 실린더 내의 가스의 온도가 상승하여 과열된다.

㉡ 연소가스가 가진 에너지가 열로 되어 실린더에 열전달되고, 연소압력으로의 변화율이 적어 열효율이 저하된다.

㉢ 엔진의 열효율이 저하되고 연비가 증가한다.

㉣ 최고 압력이 커지므로 엔진 각부의 응력이 증가한다.

② 노크 방지대책

㉠ 노크를 일으키기 어려운 안티노크성 연료를 사용한다.

㉡ 미연소 가스의 온도와 압력을 저하시킨다.

㉢ 혼합기의 점화부분에서 말단 혼합기까지의 거리를 짧게 한다.

㉣ 헤드부에 과열부분이 생기지 않도록 밸브, 점화플러그를 배치한다.

㉤ 엔진 연소실 실린더벽 등 엔진 내부에 카본이 퇴적되지 않도록 한다.

㉥ 점화시기를 늦추고 냉각수의 온도를 낮춘다.

2. 디젤 엔진

(1) 개 요

디젤 엔진은 고압으로 압축된 500℃의 공기에 연료를 뿜어 저절로 폭발하게 만드는 방식이다. 디젤 엔진에서 노크가 발생하는 이유는 착화 지연시 분사된 다량의 연료가 화염전파기간 중에 일시적으로 연소되어 실린더 내의 압력이 급격히 상승하였기 때문이다. 이를 방지하기 위해서는 연료의 착화지연 시간을 짧게 하고, 착화온도를 낮게 하며, 압축비 및 흡입 온도와 흡입 압력을 높게 하여야 한다.

(2) 디젤 엔진의 연소단계

① 착화지연기간 : 연료분사가 개시되고 연료가 증발하여 공기와 혼합되는 시기(1~6ms)

② 급격연소기간 : 자연착화가 일어나며 연료가 급격하게 연소하여 압력이 급상승하는 시기

③ 제어연소기간 : 화염이 실린더 내로 확산되어 연료는 분사와 동시에 연소하는 시기

④ 후 연소기간 : 연료분사가 종료된 후 연소되지 못한 연료가 연소되는 시기

(3) 디젤 엔진의 노크 발생 현상과 방지대책

① 디젤 엔진의 노크 발생

　㉠ 연소 초기에 발생되며 착화지연 시간이 길어진다.

　㉡ 실린더에 분사된 많은 연료가 일시에 연소되며 연료의 착화온도가 높다.

　㉢ 실린더 내의 급격한 압력 상승에 의하여 진동과 소음이 발생하고 원활한 회전이 안 된다.

② 노크 방지대책

　㉠ 착화성이 좋은 세탄가가 높은 연료를 사용하여 착화지연을 짧게 한다.

　㉡ 연료분사시 입자를 무화시키고 관통력을 크게 하여 연소실 내에 고루 분포시킨다.

　㉢ 와류를 형성시켜 연소반응을 빠르게 한다.

　㉣ 압축비를 높이고 실린더의 온도, 흡기온도, 압축압력을 높인다.

　㉤ 연료 분사시기를 상사점 전·후로 하고 엔진 회전속도를 낮춘다.

3. 가솔린 엔진과 디젤 엔진의 노크 발생 비교

가솔린 엔진 노크는 연소 후기에 일어나는데 반해, 디젤 엔진 노크는 연소 초기에 일어난다. 가솔린 엔진 노크와 디젤 엔진 노크의 원인은 서로 반대이며, 그 방지대책도 서로 반대이다.

[가솔린 엔진과 디젤 엔진의 노크 방지대책]

비교사항	디젤 엔진	가솔린 엔진
연료의 착화온도	낮게 한다	높게 한다
연료의 착화지연	단축시킨다	길게 한다
압축비	높인다	낮춘다
흡입공기온도	높인다	낮춘다
회전속도	낮게 한다	높게 한다
실린더의 용적	크게 한다	작게 한다
실린더 벽의 온도	높게 한다	낮게 한다

27 가솔린 엔진의 이상연소현상인 노킹(Knocking)과 조기점화(Pre – ignition)를 설명하고, 엔진 연소에 영향을 미치는 인자를 약술하시오.

1. 가솔린 엔진의 이상연소현상

(1) 노킹(Knocking)

① 정상적으로 화염이 전파하여 연소 진행 중에 미연소 가스가 고온·고압으로 자기발화를 일으켜 연소하는 현상이다.

② 연소실 내에 큰 압력 불균형을 일으키고 압력파동이 발생하여 연소실 벽면에 충격이 가해진다.

③ 실린더 벽을 망치로 두드리는 금속음과 진동이 발생하여 출력저하, 부품손상을 일으킨다.

④ 실린더의 열손실이 많아지게 되어 엔진이 과열된다.

⑤ 노킹현상이 지속될 경우, 엔진이 소손되거나 마모될 수 있다.

(2) 조기점화(Pre – ignition)

실린더 내의 엔진이 과열되어 점화플러그나 밸브 등의 고온부분이 점화원이 되어 정규 점화 시기보다 빨리 발화하여 연소하는 현상으로 엔진의 부조와 부품이 소손될 수 있다.

2. 엔진 연소에 영향을 미치는 인자

(1) 혼합비의 영향

최대출력을 내는 혼합비에서 화염전파 속도가 가장 크며, 혼합비가 희박하면 연소 속도가 저하한다.

(2) 점화시기의 영향

점화시기가 너무 늦으면 상사점에서 온도와 압력의 상승이 저하되고 배기의 온도가 상승되어 엔진의 출력과 효율이 저하되며, 반대로 점화시기가 너무 빠르면 상사점에서 지나친 온도와 압력이 과도하게 높아진다.

(3) 엔진 속도의 영향

실린더 내 혼합기의 연소 속도는 엔진 회전속도가 증가함에 따라 증가한다. 엔진 속도의 증가로 실린더 내의 와류가 증가하여 연소 속도를 증가시킨다.

(4) 조기점화의 영향

조기점화가 발생하면 엔진의 부조를 일으키고, 압축행정 중에 점화하여 압력이 상승하면서 역방향 힘이 발생하여 출력이 감소한다.

(5) 배기압력의 영향

배기압력이 증가하면 실린더 내의 연소가스의 완전배기를 저항하는 배압이 발생하여 혼합기 내에 잔류가스 함량이 증가하여 연소 속도를 감소시킨다.

더 알아보기 ┃ **혼합비와 배기가스에 함유된 유해가스 발생량과의 관계**

배출가스조성에 가장 영향을 주는 여러 가지 인자 가운데 특히 큰 영향을 주는 것은 공기와 연료의 혼합비이다. 엔진에 공급되는 혼합비는 연소효율이 가장 높은 이론공연비(14.7 : 1)를 중심으로 이보다 조금 희박한 경제혼합비(16 : 1)와 반대로 더 농후한 최대출력 혼합비(12.5 : 1)의 범위에서 사용된다. 이러한 혼합비와 배기가스에 함유된 유해가스의 발생량과의 사이에는 다음과 같은 관계가 있다.

- CO의 발생은 이론혼합비보다 농후해짐에 따라 급격히 증가하고 희박해 짐에 따라 점차 줄어들지만 완전한 제로 상태는 되지 않는다.
- HC의 발생은 다른 성분에 비해서 혼합비와 직접적인 관계는 적지만 혼합비가 농후할수록 증가하고 혼합비가 16~17 : 1에서 최저가 되며 이보다 희박해 지면 배기온도의 저하로 증가되기 시작하여 실화영역에서는 다시 급격하게 증가한다.
- NO_x의 발생은 연소온도가 최고로 되는 공연비 15 : 1 부근에서 가장 많이 배출되며, 이보다 농후하거나 희박해져도 그 발생은 감소한다.

28

디젤 엔진 연소실의 종류별 특징을 비교 설명하시오.

1. 직접분사식

(1) 작용원리

① 연소실을 피스톤 헤드에 설치하고 연소실 중앙에 다공노즐을 배치한다.

② 연료의 분무와 공기와의 혼합 상태가 연소의 특성을 좌우하므로 분사밸브의 기능과 연소실 내의 공기 유동이 가장 중요한 역할을 한다.

(2) 특징(장·단점)

장 점	단 점
• 구조가 간단하여 열효율이 높고 연료소비량이 작다. • 열에 의한 변형이 작다. • 냉각손실이 작다. • 시동이 용이하다.	• 세탄가가 높은 연료를 사용하여야 한다. • 분사압력 및 연소압력이 높다. • 다공 노즐을 사용하므로 막히기 쉽다. • 분무 상태가 기관의 성능에 민감하게 작용한다. • 복실식에 비하여 와류가 약하므로 발열한계가 높고 고속회전이 곤란하다.

2. 예연소실식

(1) 작용원리

① 피스톤과 실린더 헤드 사이에 주연소실이 있고 이외에 따로 예연소실(= 부실)을 갖고 있어 예연소실에서 착화시키면 압력이 상승되고 반연소상태의 연소가스나 고온가스의 상태에서 연락공을 통하여 주연소실에 강하게 분출되어 주연소실 내의 공기에 의해 완전연소가 된다.

② 예열플러그를 사용하여 시동한다.

(2) 특징(장·단점)

장 점	단 점
• 사용연료의 범위가 넓다. • 분사압력이 낮기 때문에 분사시기 변화에 대하여 민감하지 않다. • 노크가 적고 세탄가가 낮은 연료를 사용할 수 있다. • 착화지연이 짧다. • 노킹이 적어 정숙한 운전을 할 수 있다.	• 열손실이 커서 압축행정시 온도 증가가 둔하다. • 연료소비율이 높고 열효율이 낮다. • 시동을 위하여 예열플러그를 설치하지 않으면 안 된다. • 예연소실 내의 잔류가스 때문에 체적효율이 나쁘고 평균유효압력이 저하된다.

3. 와류실식

(1) 작용원리

① 노즐 가까이에서 많은 공기와류를 얻을 수 있도록 와류실 구조를 가진다.

② 압축행정 중에 부실 내에 강한 와류를 형성시켜 와류 중에 연료를 분사하여 연소시킨다.

③ 고속회전에 적당하며 연소실의 형상이 복잡하고 제작이 어렵다.

(2) 특징(장·단점)

장 점	단 점
• 회전수 및 평균 유효압력을 높일 수 있다. • 고속운전이 가능하다. • 회전범위가 광범위하여 원활한 운전이 가능하다. • 연료소비율은 예연소실식보다 우수하다.	• 실린더 헤드의 구조가 복잡하다. • 직접분사식보다 열효율이 떨어진다. • 저속시에 예열플러그를 필요로 하기 때문에 시동성이 나쁘다. • 열손실이 크다.

4. 공기실식

(1) 작용원리

예연소실식과 와류실식이 부실에 분사노즐이 설치되어 있는데 반해, 공기실식 연소실은 부실의 대칭되는 위치에 노즐이 설치되어 있으며 연료의 분사방향이 부실방향으로 되어 있다.

(2) 특징(장·단점)

장 점	단 점
• 연소압력이 낮기 때문에 작동이 비교적 정숙하다. • 시동이 용이하여 예열플러그를 사용하지 않아도 된다. • 핀들형 노즐을 사용할 수 있으므로 고장이 적다.	• 기관의 회전속도가 낮다. • 열효율이 낮고 연료소비율이 낮다. • 평균유효압력이 낮다. • 후연소를 일으키기 쉽고 배기온도가 높다.

29

디젤 자동차에 사용되는 기계식 직렬형 분사펌프와 분배형 분사펌프(VE형)의 특징과 구성, 작동원리에 대해 설명하시오.

1. 기계식 직렬형 분사펌프

(1) 기계식 분사펌프의 구성

기계식 분사펌프는 연료탱크, 연료파이프, 공급펌프, 연료여과기, 분사펌프(조속기, 분사시기조정기), 분사파이프, 분사노즐로 구성된다.

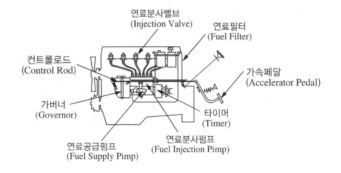

① 공급펌프

연료를 일정한 압력으로 가압하여 분사펌프에 공급하는 장치로 분사펌프의 캠축에 의해 작동된다. 공급펌프는 펌프보디와 그 내부에서 작동되는 플런저, 태핏, 푸시로드, 첵밸브 등으로 구성되어 있다.

② 연료여과기

연료 속에 들어있는 먼지나 수분을 제거 분리하며 연료파이프에 의해 연료공급펌프와 분사펌프에 연결되어 있다.

③ 분사펌프

㉠ 캠축 : 캠축의 캠의 수는 기관실린더 수와 같고 구동 쪽에는 분사시기 조정장치, 다른 한 쪽에는 조속기를 설치하기 위한 나사홈이 파져 있다.

㉡ 태핏(tappet) : 태핏은 캠축에 의하여 상하운동을 하면서 플런저를 작동한다. 캠과 접촉하는 부분이 롤러로 되어 있으며, 롤러는 태핏에 부싱과 핀으로 지지되어 있다.

㉢ 펌프엘리먼트 : 펌프엘리먼트는 플런저와 플런저배럴로 구성되어 있으며, 펌프하우징에 고정되어 있는 배럴 속을 플런저가 상하로 섭동하고 동시에 어느 각도만큼 회전하게 되어 있다. 연료분사량은 플런저의 유효행정에 따라 정해지며 유효행정은 제어슬리브와 피니언의 위치변화에 따라 정해진다. 플런저의 유효행정을 크게 하면 연료분사량(송출)이 많아져 기관이 고속회전을 한다.

ⓔ 플런저리드 : 플런저리드의 종류에는 직선형과 나선형이 있으며, 리드는 오른쪽 리드와 왼쪽 리드가 있다.

ⓜ 딜리버리밸브(Delivery Valve) : 딜리버리밸브는 플런저의 상승행정으로 배럴 내의 연료 압력이 규정(약 $10kgf/cm^2$)에 이르면 밸브가 열려 연료를 분사노즐에 압송하고 플런저의 유효행정이 끝나면 밸브는 스프링 힘으로 닫혀서 연료의 역류를 방지한다.

④ 연료제어기구

연료분사량을 조정하는 가속페달이나 조속기의 움직임을 플런저에 전달하는 기구이며, 가속페달에 연결된 제어래크, 제어피니언, 제어슬리브 등으로 구성되어 있다.

⑤ 조속기(Governer)

㉠ 역할 : 조속기는 기관의 오버런이나 기관정지를 방지하기 위하여 자동적으로 분사량을 조정하여 기관의 회전속도를 제어하는 역할을 한다.

㉡ 종류
- 기계식 조속기 : 연료 분사펌프의 축과 함께 회전하는 플라이 웨이트(Flyweight)의 원심력 이용하여 컨트롤로드를 작동시켜 연료분사량을 조절한다.
- 공기식 조속기 : 스로틀밸브의 개도와 엔진의 속도에 따른 부압의 변화를 이용하여 분사펌프의 컨트롤로드를 움직여 연료분사량을 조절한다.
- 유압식 조속기 : 연료 래크의 작동원리는 유압작용을 이용한 것이다.
- 전자식 조속기 : 전자식 조속기는 기관의 모든 작동 조건에 알맞은 연료를 전자제어 유닛을 통하여 제어하는 조속기이다. 이것은 전자제어 유닛 솔레노이드 액추에이터(Solenoid Actuator), 기관속도 센서, 컨트롤로드 등으로 구성되어 있다.

⑥ 분사시기조정기(Timer)

기관의 부하 및 회전속도에 따라 분사시기를 변화시키기 위한 장치로, 분사시기조정기는 기계식과 자동식이 있다.

(2) 작동원리

① 흡입

입구 포트를 통해 플런저실 내로 흡입한다.

② 압송

플런저가 상승하여 입구 포트가 닫는 위치부터 플런저실 내의 압력이 상승하기 시작하며, 압력이 상승한 연료는 딜리버리밸브를 밀어 올려 분사관 내로 압송된다.

③ 분사

분사관 내의 연료 압력이 상승하여 분사노즐의 개방 압력보다 높으면 분사 노즐의 니들이 상승하여 연료가 분사된다.

④ 종료

플런저가 상승하여 플런저리드가 입구 포트를 관통하면 고압의 연료는 연료 갤러리로 유출되며, 압력이 강하되어 압송이 끝난다.

2. 분배형 분사펌프(VE형)

(1) 구조 및 기능

분배형 분사펌프는 기통수에 관계없이 1개의 플런저가 회전과 왕복운동을 하여 각 계통에 연료를 공급한다.

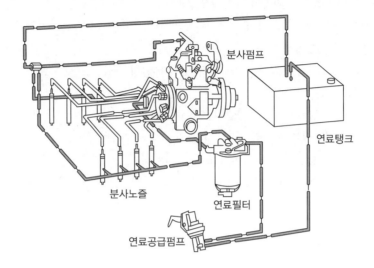

(2) 분배형 분사펌프의 특징

① 소형, 경량으로 부품수가 적다.

② 시동이 용이하다.

③ 고속회전이 가능하다.

④ 분사량 조정이 가능하다.

⑤ 토크 조정이 간단하다.

⑥ 역회전을 방지할 수 있다.

⑦ 여러 가지 성능에 대한 맞춤이 용이하다.

⑧ 펌프 내의 윤활은 연료로 한다.

(3) 분배형 분사펌프의 구성 및 작동

① 분배형 분사펌프 연료장치

연료는 공급펌프에 의해 연료탱크로부터 뽑아 올려 물분리장치 연료필터를 통하여 분사펌프에 보내어 펌프 내부에 있는 피드펌프에 의해 가압되어 펌프실로 보내진다. 연료는 펌프실로부터 분배헤드의 통로를 통과하여 배럴 흡입포트(구멍)를 거쳐서 플런저 상부의 펌프고압실에 이른다. 플런저는 연료를 분사 순서에 의해 노즐을 통하여 고압 분사시킨다.

② 분배형 분사펌프의 작동

㉠ 공급펌프 : 구동축 쪽 하우징에 들어있는 베인형 공급펌프는 연료를 연료펌프에서 흡입하여 펌프실로 압송한다.

㉡ 조정밸브 : 공급펌프에서 공급되는 연료는 분사량의 몇 배가 되기 때문에 초과되는 연료는 조정밸브를 경유하여 공급펌프의 흡입 쪽으로 되돌아간다.

㉢ 연료의 압송 및 분배 : 연료의 압송은 플런저의 왕복운동에 의하여 이루어지며, 분배는 각각의 분사홈에서 플런저의 중앙에 있는 분배슬릿에 의하여 행해진다.

30

디젤기관에 설치하는 터보차저(Turbo Charger, 과급기)의 기능 및 특징, 구조, 작동원리에 대해 서술하시오.

1. 터보차저의 기능 및 특징

(1) 터보차저의 기능

① 실린더 내에 제한된 용적에 비해 보다 큰 출력을 얻기 위하여 흡기다기관에 터보차저(Turbo Charger, 과급기)를 설치한다.

② 터보차저는 공기량을 증대시키기 위해 흡기 밀도를 대기압으로 가압하여 실린더 내에 공급시켜 기관의 충전효율을 높이고 평균유효압력을 높여 출력을 증대시킨다.

(2) 터보차저의 특징

① 장 점

ㄱ 연소가 양호하여 연료소비율이 3~5% 감소한다.

ㄴ 엔진의 소형 경량화가 가능하다.

ㄷ 배기가스 정화 효율이 향상된다.

ㄹ 착화지연 시간을 짧게 한다.

ㅁ 기관의 출력을 증대시킬 수 있다.

② 단 점

ㄱ 엔진의 강도가 저하한다.

ㄴ 섭동부의 내구성이 저하한다.

2. 터보차저의 구조 및 작동원리

(1) 구 조

터보차저는 압축기, 터빈, 플로팅베어링, 과급압력조정장치, 인터쿨러, 노킹방지장치 등으로 구성되어 있다.

① 압축기

압축기는 원심식이며 100,000rpm 이상의 고속회전으로 공기를 가압하는 임펠러와 흐름속도가 빠를 때 감속하여 속도에너지를 압력에너지로 바꾸는 디퓨저와 하우징으로 되어 있다.

② 터 빈

압축기를 구동하는 부분으로 배기가스의 열에너지를 회전력으로 변화시킨다.

③ 플로팅베어링

베어링의 윤활은 보통 엔진오일을 사용한다. 터보장치가 과열된 상태에서 엔진을 정지하면 베어링에 오일이 공급되지 않아 소결을 일으키는 경우가 있기 때문에 고속주행 직후에는 바로 엔진을 정지시키지 말고 충분히 공회전시켜 터보차저를 냉각시켜야 한다.

④ 압력조정장치

　㉠ 배기가스 바이패스방식 : 과급압력이 규정압력 이상으로 상승하였을 경우에 터빈으로 들어가는 배기가스 중에서 일부를 배출하여 그 이상으로 터빈이 회전하지 못하도록 하는 방식이다.

　㉡ 흡기 릴리프방식 : 배기가스 흐름을 조정하는 것이 아니라 과급압력 자체를 조정하는 것으로 과급압력이 규정값 이상으로 되면 흡기 릴리프밸브가 열려 과급된 흡입 공기를 외부로 배출하는 방식이다.

⑤ 인터쿨러

인터쿨러는 과급된 공기의 온도를 낮추어 충전효율의 저하 또는 노킹을 방지한다.

⑥ 노킹방지장치

노킹이 발생하면 노킹 센서가 노킹진동을 감지하여 바로 점화시기를 느리게 하여 그 이상 노킹이 발생하지 않도록 한 장치이다. 노킹방지장치는 노크 센서, 노크조정장치, 진각제어부분으로 구성된다.

(2) 작동원리

① 엔진이 작동 중일 때 배기가스는 터빈으로 유동하여 터빈 날개를 회전시킨다.

② 배기가스가 터빈의 날개에 충돌하여 120,000rpm 이상으로 회전시킨다.

③ 압축기도 같은 축에 설치되어 있으므로 압축기가 같은 속도로 회전한다.

④ 압축기가 회전하여 흡입 공기를 압축시켜 실린더 내로 강제 유입한다.

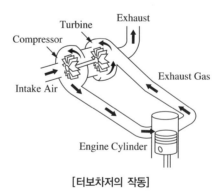

[터보차저의 작동]

31

전자제어 디젤연료분사장치 커먼레일(Common Rail) 시스템의 구성, 작동원리 및 특징을 설명하시오.

1. 커먼레일(Common Rail) 시스템의 구성

커먼레일 시스템은 고압연료펌프, 커먼레일, 압력제어밸브, 인젝터, 연료제어기 등으로 구성된다.

(1) 고압연료펌프

연료를 고압으로 압축하고, 고압의 연료를 레일로 보내는 기능을 한다. 고압연료펌프는 엔진에 의해 구동되기 때문에 엔진이 작동하는 동안 계속해서 일정한 압력을 유지할 수 있다.

(2) 커먼레일

고압의 연료를 저장하고, 연료관 내에 항상 일정한 압력 상태가 유지되도록 한다. 커먼레일은 압력이 가해진 연료를 각 인젝터로 분배하는 역할을 하는데, 이를 위해 인젝터와 관으로 연결되어 있다.

(3) 압력제어밸브

연료 압력의 제어는 압력제어밸브나 계량 유닛을 이용한다.

(4) 인젝터

커먼레일 시스템의 핵심 요소인 인젝터에서는 전자제어장치의 명령에 따라 정확한 양의 연료를 정확한 시기에 연소실로 분사한다.

(5) 연료제어기

엔진의 회전수나 부하에 따라 가장 적절한 연료분사시기, 연료분사량, 연료분사율 등을 제어한다.

2. 작동원리 및 특징

(1) 작동원리

연료에 압력을 가하는 부분과 연료를 분사하는 부분이 독립적으로 작동한다. 즉 고압연료펌프와 인젝터가 전자제어 시스템에 의해 독립적으로 제어되어, 고압연료펌프는 엔진의 작동상태에 따라 최적의 압력으로 연료를 공급하고 인젝터는 최적의 시기에 필요한 만큼의 연료를 정확하게 분사할 수 있다.

(2) 특 징

① 커먼레일 내의 일정한 압력으로 압축한 연료를 공급한다.

② ECU 신호에 의해 인젝터 니들밸브가 개폐되어 분사한다.

③ 전자제어 인젝터 분사방식을 사용한다.

④ 고압연료 공급 시스템을 사용하여 연료의 경제성 및 유해배출가스 저감에 효과가 크다.

(3) 장·단점

① 장 점

　㉠ 분사연료를 완전연소에 가깝게 소모시켜 일반 디젤 엔진보다 유해 배기가스 배출을 크게 줄일 수 있다.

　㉡ 기존의 로타리 펌프를 사용하는 엔진에 비해 A/F를 최대화하여 20% 정도의 연비 향상을 이룰 수 있다.

　㉢ 일반 디젤 엔진보다 저속에서 토크 및 출력의 증가를 얻을 수 있다.

　㉣ 진동, 소음을 획기적으로 줄임으로써 운전성을 향상시킨다.

　㉤ 컴팩트한 설계 및 경량화가 가능하다.

② 단 점

　㉠ 일반 디젤 엔진에 없는 구성요소와 부품이 쓰이므로 값이 비싸다.

　㉡ 수분을 비롯한 연료 속 불순물이 충분히 걸러지지 않으면 인젝터가 고장날 수 있으므로 연료필터를 수시로 점검하고 수분을 제거해야 한다.

　㉢ 일단 고장이 나면 수리비가 많이 들므로 철저한 관리가 필요하다.

32

디젤연료분사장치 커먼레일(Common Rail) 디젤 엔진의 전자제어 입력 요소와
출력 요소를 설명하시오.

1. 전자제어 입력 요소

(1) 연료압력 센서

연료압력을 측정하여 ECU로 출력하며, ECU는 이 신호를 받아 연료량, 분사시기를 조정하는
신호로 사용된다. 연료압력 센서의 내부는 피에조 압전소자방식으로 되어 있다.

(2) 에어플로 센서(AFS)와 흡기온도 센서

① 에어플로 센서

　㉠ 핫필름방식을 적용하고 있다.

　㉡ 가솔린 엔진과는 달리 에어플로 센서 주기능은 EGR 피드백 컨트롤 제어에 사용되며, 스모
　　크 리미트 부스트 압력 컨트롤 제어용으로도 사용된다.

② 흡기온도 센서

기존에 사용되는 센서와 동일한 부특성 서미스터방식이 사용되고 있으며, 각종 제어(연료량,
분사시기, 시동시의 연료량 제어 등)에 보정신호로 사용된다.

(3) 액셀러레이터 포지션 센서 1, 2

액셀러레이터 포지션 센서는 TPS(스로틀 포지션 센서)와 동일한 원리를 사용하고 있으며, 액셀러
레이터 포지션 센서 1(주 센서), 즉 포지션 센서 1에 의해서 연료량과 분사시기가 결정되며, 센서
2는 센서 1을 검사하는 센서로 차량의 급출발을 방지하기 위한 센서이다.

(4) 냉각수온 센서(WTS)

냉간시동시에는 연료량을 증가시켜 원활한 시동이 될 수 있도록 엔진의 냉각수온을 감지하여
냉각수온의 변화를 전압으로 변화시켜 ECU로 입력시켜 주면, ECU는 이 신호에 따라 연료량을
증감하는 보정 신호로 사용되며 열간시에는 냉각팬 제어에 필요한 신호로 사용된다.

(5) 크랭크 포지션 센서(CPS, CKP)

크랭크 포지션 센서는 실린더 블록에 설치되어 크랭크축과 일체로 되어있는 센서 휠의 돌기가
회전할 때, 즉 크랭크축이 회전시 교류(AC) 전압이 유도가 되는 마그네트 인덕티브방식이며,
이 교류 전압을 가지고 엔진 회전수를 계산한다. 센서 휠에는 총 60개의 돌기가 있으며, 그 중
2개의 돌기가 없으면 TDC 센서의 신호를 이용하여 1번 실린더를 찾도록 되어 있다.

(6) TDC 센서(캠 센서 CMP)

엔진에 장착되어 있는 TDC 센서는 캠축에 설치되어 캠축 1회전(크랭크축 2회전)당 1개의 펄스 신호를 발생시켜 ECU로 입력시킨다. ECU는 이 신호에 의해 1번 실린더 압축상사점을 검출하게 되며 연료 분사의 순번을 결정하게 된다.

2. 전자제어 출력 요소

(1) 인젝터

고압연료펌프로부터 송출된 연료가 레일을 통해 인젝터까지 연료를 공급하고 공급된 연료를 연소실에 직접 분사하는 방식이다. 작동원리는 ECU에서 코일에 전원을 공급함으로써 볼밸브를 연료의 압력으로 올린 후 컨트롤 챔버에 연료를 배출함과 동시에 니들과 노즐이 상승되며, 고압의 연료가 연소실로 분사되는 원리이다.

① 예비분사(Pilot Injection)

예비분사란 주분사가 이루어지기 전에 연료를 분사하여 연소가 잘 이루어지게 하기 위한 분사이며, 예비분사 실시 여부에 따라 엔진의 소음과 진동을 줄이기 위한 목적을 두고 있다.

② 주분사(Main Injection)

엔진의 출력에 대한 에너지가 주분사로부터 나온다. 주분사는 예비분사가 실행되었는지를 고려하여 연료량을 계산한다. 주분사의 기본값으로 사용되는 것은 엔진 토크량(가속페달 센서값), 엔진 회전수, 냉각수온, 흡기온도, 대기압이며, 값을 받아 주분사 연료량을 계산한다.

(2) 레일압력조정밸브

레일의 압력을 조정하는 밸브이며, 냉각수온, 배터리 전압 및 흡기온도에 따라 보정을 하며 연료온도가 높은 경우 연료온도를 제어하기 위해 압력을 특정 작동점 수준으로 낮추는 경우도 있다.

(3) EGR장치

① EGR(Exhaust Gas Recirculation)밸브

EGR밸브는 엔진에서 배출되는 가스 중 질소산화물(NO_x)의 배출을 억제하기 위한 밸브이다.

② EGR솔레노이드밸브

㉠ EGR솔레노이드밸브는 ECU에서 계산된 값을 <u>PWM방식</u>으로 제어하며, 제어값에 따라 EGR밸브 작동량이 결정이 되는데, 각종 입력되는 값과 흡입공기량을 계산하여 실제 제어값을 출력하도록 되어 있다.

> **더 알아보기** PWM(Pulse Width Modulation)방식
>
> 주기를 일정하게 하여 펄스의 1과 0의 듀티 비율(Duty Ratio)을 가변으로 하는 것으로 펄스폭의 변조를 말한다.

㉡ EGR을 제어하는 동안 기타 서브 시스템(연료량 제어 등)의 경우 공기량의 실제값이 추가로 계산되도록 되어 있다. 또한 EGR 작동시간은 부하를 줄이기 위해 엔진 회전수를 제한한다.

33

자동차 기관에 사용되는 EGR(Exhaust Gas Recirculation)밸브에 대한 정의, 장점과 단점, 구조 및 작동원리, 비정상 작동시 발생하는 현상에 대하여 서술하시오.

1. EGR(Exhaust Gas Recirculation)밸브에 대한 정의

EGR(Exhaust Gas Recirculation)밸브는 엔진에서 배출되는 가스 중 질소산화물(NO_x)의 배출을 억제하기 위한 밸브이다.

2. 장점과 단점

(1) 장 점

① 가솔린 엔진에 사용할 경우 배기가스의 10% 정도를 재순환 시키는데, 이 경우 EGR이 스로틀링(Throttling) 손실을 줄여주는 역할을 하므로 엔진의 효율, 즉 연비가 상승한다.

② 디젤 엔진의 경우에는 최대 배기가스의 50%까지 재순환 시키는데, 가솔린 엔진처럼 스로틀링 손실이 없기 때문에 연비 상승 효과가 없지만, 산성비와 미세먼지의 원인인 질소산화물(NO_x) 발생량을 줄이기 위해 사용한다.

(2) 단 점

① EGR을 달게 되면 출력과 연비가 떨어지게 된다.
② 배기연소 가스에 매연성분이 증가한다.
③ 매연증가로 인한 DPF(Diesel Particulate Filter, 배기가스 후처리장치) 수명이 저하한다.
④ DPF 재생을 위한 연료소비가 증가한다.

3. EGR의 구조 및 작동원리

(1) EGR의 구조

EGR밸브를 작동하는 장치에 따라 기계식과 전자식으로 나누어진다.

① 기계식

기계식은 밸브의 응답성이 느리고 엔진이 충분한 부압을 발생시키지 못하는 경우에는 작동이 어렵고 공간상의 문제와 정밀한 제어가 어려운 단점이 있다.

② 전자식

기계식의 단점을 보완하기 위해서 개발되었으며, 흡기 부압라인을 없애 밸브를 보다 정밀하게 응답할 수 있도록 제어하기 위해 밸브 구동을 모터나 솔레노이드에 의해서 작동하도록 하는 방식이다.

(2) EGR의 작동원리

EGR밸브는 작동구간이 ECU 로직에 따라 정해져서 프로그램화 되어 있다. 차량 운전조건에 따라 ECU가 EGR밸브로 신호를 보내게 되고, 그 입력신호에 따라 Solenoid / Motor Actuator가 밸브를 움직여 정한 위치까지 움직이게 된다. 이런 밸브의 움직임에 따라 Valve Position Sensor에서 밸브 위치에 따른 출력을 ECU로 피드백(Feedback)하게 되고, 이런 Feedback 출력을 ECU가 분석하여 밸브의 위치를 재조정하여 컨트롤하게 된다. 이를 통해 정확한 EGR 유량 제어가 이루어지게 된다.

① 작동조건

최적의 연소조건이 형성되어 연소온도가 높은 조건이 형성될 때 작동한다.

② 비작동조건

ㄱ 높은 출력을 필요로 할 때

ㄴ 냉각수 온도가 낮을 때

ㄷ 공회전시

ㄹ 급감속시

ㅁ 시동시

③ 디젤차량의 경우

NO_x와 PM(입자상 물질)은 동시에 줄일 수 없다. 즉 연소온도가 높으면 PM은 줄어드나 NO_x의 배출량이 증가하게 되고 연소온도를 낮추면 NO_x는 줄어들게 되나 PM은 증가하게 된다(PM저감 : DPF부착, NO_x저감 : EGR부착).

4. 비정상 작동시 발생하는 현상

① EGR에 문제가 생기면 연소실 온도가 상승을 하게 되어 NO_x의 생성량이 많아진다.

② 연소실 온도의 상승으로 인하여 조기착화 가능성이 매우 높고, 그로 인하여 노킹의 가능성이 높아지게 된다.

③ 출력의 향상을 위하여 EGR을 제거하는 경우 엔진경고등이 점등하고 ECU에서 컨트롤하는 모든 변수값들에 영향을 주게 되므로 연비, 출력이 떨어질 수 있다.

④ 연소실 내의 온도가 상승하게 되므로 엔진오일의 수명도 짧아지게 된다.

34

내연기관의 배출가스 후처리장치 중 LNT(Lean NO$_x$ Trap) 촉매 시스템의 구성 요소와 정화원리, NO$_x$ 재생과정 및 탈황과정에 대하여 서술하시오.

LNT(Lean NO$_x$ Trap) 촉매 시스템

(1) 구성요소

LNT(Lean NO$_x$ Trap)는 디젤 엔진에서 질소산화물을 저감하기 위한 장치이다. LNT는 흡착제, 산화제, 환원제로 구성된다.

① 흡착제

② 산화제 : 산소(O$_2$)

③ 환원제 : 일산화탄소(CO)

(2) 정화원리

LNT는 기본적으로 배출가스 중에 포함된 질소산화물(NO$_x$)을 촉매 표면에 흡착시켰다가 엔진을 연료 농도를 높게 사용하는 농후(rich)한 상태로 만들면 불완전 연소로 남은 일산화탄소(CO)와 탄화수소(HC)를 이용하여 질소산화물(NO$_x$)을 질소(N$_2$)와 이산화탄소(CO$_2$) 그리고 물(H$_2$O)로 정화한다. 작동온도는 150~550℃ 전후이며, HC, CO, H$_2$ 등을 이용한 촉매반응으로 질소산화물을 분해시킨다.

(3) NO$_x$ 재생과정 및 탈황과정

① 재생과정

    ⊙ Step 1 : 먼저 연료성분이 부족하고 산소의 농도가 높은 운전조건인 희박(lean)한 분위기에서 산화질소(NO)가 백금(Pt)에 의하여 이산화질소(NO$_2$)로 산화된다.

    ⓛ Step 2 : 이후 생성된 NO$_2$는 탄산바륨(BaCO$_3$)의 카보네이트(CO$_3$)와 치환되어 Ba(NO$_3$)$_2$ 형태로 저장된다.

    ⓒ Step 3 & 4 : 흡장된 NO$_2$는 엔진제어를 통해 인위적으로 연료 환원제 성분이 풍부하고 산소농도가 낮은 농후(rich)한 분위기를 만들어 흡착된 NO$_2$를 환원시켜 N$_2$와 CO$_2$로 전환한다.

    ⓔ Step 5 : 생성된 CO$_2$는 BaO와 결합하여 BaCO$_3$ 형태로 돌아감으로써 LNT는 본래의 상태로 재생된다.

Step 1 : NO + 1/2O$_2$ ↔ NO$_2$

Step 2 : BaCO$_3$ + 2NO$_2$ ↔ Ba(NO$_3$)$_2$

Step 3 : Ba(NO$_3$)$_2$ ↔ BaO + 2NO$_2$

Step 4 : 2NO$_2$ + 2CO/HC ↔ N$_2$ + 2CO$_2$

Step 5 : BaO + CO$_2$ → BaCO$_3$

② 탈황과정

LNT에서 질소 산화물을 흡장하는 물질은 염기성이기 때문에 배기가스에 포함된 질소산화물과 함께 황산화물(연료 또는 엔진 오일에 포함된 황 성분이 산화된 물질) 역시 흡착하게 된다. LNT 내 황 성분의 피독은 LNT의 정화 효율을 떨어뜨리게 된다. 이에 따라 LNT의 탈황과정이 필요하다. 즉 LNT 내부에 주기적으로 연료를 주입해 NO$_x$와 SO$_x$를 태워서 제거하는 과정이 필요하다(Desulphation). 이 과정에서 전체 연료의 2~4% 정도가 필요하다. 또한 주기적인 탈황을 위해 500~600℃의 고온이 필요한데, 인위적인 HC injection과 흡착된 황의 탈착을 위한 온도의 상승은 LNT의 부분적인 온도상승을 일으켜 촉매의 열화를 일으키기도 한다.

자동차 섀시

출제포인트

☐ 동력전달장치
☐ 현가장치(Suspension System)
☐ 조향장치(Steering System)
☐ 제동장치(Brake System)
☐ 주행 및 자동차의 성능

01

자동차 섀시의 주요 구성장치를 열거하고, 그 장치의 기능, 역할, 구성 등에 대하여 약술하시오.

섀시(chassis)란 자동차의 차체를 뺀 나머지 부분으로 주행의 원동력이 되는 엔진을 비롯하여 엔진의 동력을 구동바퀴에 전달하는 동력전달장치, 주행방향을 조정하는 조향장치, 충격이나 진동을 완화하는 현가장치, 정차 및 주차 등을 위한 제동장치와 프레임 등으로 구성되어 있다.

1. 엔진(기관)

엔진은 자동차가 주행하는데 필요한 동력을 발생하는 장치로 사용연료에 따라 가솔린 엔진, 디젤 엔진, LPG 엔진, 천연가스 엔진 등이 자동차에 사용된다. 엔진은 본체와 부수장치인 연료장치, 냉각장치, 윤활장치, 흡·배기장치 및 시동, 점화, 충전장치 등으로 구성되어 있다.

2. 동력전달장치

동력전달장치는 엔진에서 발생된 동력을 구동바퀴까지 전달하는 모든 부품의 총칭으로 엔진의 동력을 전달 및 절단(차단)하는 클러치, 자동차의 주행조건에 따라 선택하는 변속기, 변속기에서 선택된 구동력을 전달하는 드라이브라인(자재이음, 슬립이음, 추진축)과 엔진의 동력을 직각 또는 직각에 가까운 방향으로 전환하는 종감속기어장치와 좌우 바퀴의 회전차를 주어 커브길 등을 원활하게 회전하도록 하는 차동장치, 차축, 바퀴 등으로 구성되어 있다.

3. 조향장치

조향장치는 주행 중 자동차의 진행방향을 운전자가 의도하는 바에 따라 임의로 조작할 수 있는 장치로 조향핸들을 조작하면 조향기어에 그 회전력이 전달되며, 조향기어에 의해 감속하여 앞바퀴의 방향을 바꿀 수 있도록 되어 있다. 구성요소로는 조향핸들, 조향축, 조향기어 박스, 피트먼 암, 드래그링크, 조향너클, 타이로드 등으로 구성되어 있다.

4. 현가장치

현가장치는 자동차가 주행할 때 노면에서 받는 진동이나 충격을 흡수하기 위해 프레임과 차축 사이에 완충장치를 설치하여 승차감을 좋게 하고 또한 자동차 각 부분이 충격과 진동에 의한 손상이 발생되는 것을 방지한다. 구성요소로는 각종 스프링과 쇽업소버 등으로 구성되어 있다.

5. 제동(브레이크)장치

제동장치는 자동차를 주행 중에 감속 및 정지와 정차 그리고 정차 중인 차량의 이동을 방지(주차)하는 역할을 하는 중요한 장치이다. 마찰력을 이용하여 차량의 운동에너지를 열에너지로 바꾸어 제동작용을 하며, 운전자의 발로 조작하는 풋 브레이크, 손으로 조작하는 핸드 브레이크, 눈길이나 가파른 경사길에 사용하는 가속 브레이크 등이 있다. 구성요소는 브레이크 페달, 마스터 실린더, 휠 실린더, 브레이크 파이프, 브레이크 슈, 브레이크 드럼 등으로 구성되어 있다.

6. 타이어와 바퀴

타이어와 바퀴는 하중의 부담과 완충, 구동력과 제동력 등 주행시에 발생하는 여러 힘에 견디는 구조로 되어 있으며, 타이어, 휠 등으로 구성되어 있다.

7. 프레임

프레임은 자동차의 골격을 이루는 뼈대를 말하는 것으로 자동차의 가장 기초가 되는 부분이다. 승용차는 일체식으로 된 모노코크 보디가 사용되며, 대형 차량은 별도의 프레임을 사용한다.

8. 기타 보조장치

자동차를 안전하게 운행하기 위하여 앞에서 설명한 장치들 외에도 조명이나 신호를 위한 각종 등화장치, 차량의 속도나 엔진의 운전 상태 등을 나타내는 제계기류, 경음기, 윈도 실드 와이퍼 등의 장치가 부착되어 있다.

02

자동차 클러치의 기능과 구비조건을 설명하고, 마찰 클러치의 구성 부품과 작동 원리에 대해 약술하시오.

1. 클러치의 기능과 조건

(1) 클러치의 기능

클러치는 기관과 변속기 사이에 설치되며 동력전달장치에 전달되는 기관의 회전력을 단속하는 일을 한다. 즉, 엔진의 시동 또는 기어의 변속을 할 때에는 엔진의 동력을 차단하고 주행시에는 구동바퀴에 동력을 전달하는 역할을 한다.

① 엔진의 회전력을 변속기에 전달한다.

② 부드러우면서도 떨림이 없는 출발(Start)을 가능케 한다.

③ 엔진과 변속기 사이의 동력흐름을 필요할 때마다 일시 중단한다.

④ 엔진과 동력전달장치를 과부하로부터 보호한다.

⑤ 엔진의 회전진동을 플라이휠과 함께 감소시킨다.

(2) 클러치의 구비조건

① 접속이 원활하고 차단이 확실하며 용이할 것

② 회전 관성이 작을 것

③ 회전부분의 평형이 좋을 것

④ 충분한 토크전달 용량을 갖출 것

⑤ 방열성이 좋고 과열하지 않을 것

⑥ 구조가 간단하고 고장이 적을 것

2. 마찰 클러치의 구성과 작동원리

(1) 건식 단판 클러치의 구성

① 클러치판(원판, 마찰판)

플라이휠과 압력판 사이에 있으며 기관의 동력을 변속기에 전달하는 마찰판이다

② 클러치축

클러치축은 클러치판이 받는 동력을 변속기에 전달하는 일을 한다.

③ 압력판

압력판은 클러치스프링의 힘으로 클러치판을 플라이휠에 밀착시키는 일을 한다.

④ 클러치스프링

클러치커버와 압력판 사이에 설치되어 클러치판에 압력을 가한다.

⑤ 릴리스레버(Release Lever)

릴리스베어링으로부터 힘을 받아 압력판을 움직이는 작용을 한다.

⑥ 클러치커버

강판을 프레스 성형한 것으로 플라이휠에 설치하기 위한 플랜지부, 릴리스레버 지지부 등이 마련되어 있다.

⑦ 릴리스베어링

회전 중인 릴리스레버를 눌러 클러치를 압력판에서 떨어지게 하는 역할을 한다.

(2) 마찰 클러치의 작동원리

① 마찰 클러치의 작동

㉠ 클러치디스크가 엔진 플라이휠과 압력판 사이에 끼워져 있으며, 플라이휠과 압력판은 크랭 크축에 붙어 함께 회전한다.

㉡ 클러치스프링이 압력판을 밀어 붙이면 클러치디스크의 마찰력에 의해 동력을 전달한다.

㉢ 클러치축과 클러치디스크는 스플라인에 의해서 서로 끼워지게 되고, 클러치디스크는 전후 로 움직이도록 되어 있다.

② 클러치 페달을 밟는 경우

릴리스포크가 릴리스베어링을 밀어 릴리스레버를 누르며 압력판이 클러치스프링을 누르고 떨어지므로 클러치디스크에 마찰력이 작용하지 않게 되고, 동력은 끊어지게 된다.

③ 클러치 페달을 놓는 경우

클러치스프링 힘에 의해 압력판을 밀어 플라이휠과 압력판 사이의 클러치디스크를 압착하여 클러치디스크가 플라이휠과 함께 회전하여 동력을 전달한다.

(3) 다판 클러치

다판 클러치는 2개 이상의 클러치판과 압력판을 차례로 겹친 것으로 대형 견인차 등의 특수자동차 에 사용된다.

03

자동차의 수동변속기 형식에 사용되는 클러치 페달의 간격에 대해 설명하고, 점
검방법 및 점검사항에 대해 설명하시오.

1. 클러치 페달

(1) 원 리
클러치 페달은 페달의 밟는 힘을 감소시키기 위해 지렛대 원리를 이용한다.

(2) 자유간극(유격)
페달을 밟은 후부터 릴리스레버에 힘이 작용할 때까지의 페달이 움직인 거리를 말한다.
① 클러치의 유격이 크면 클러치가 클러치 차단이 불량하여 변속기의 기어를 변속할 때 소음이
발생하고 기어가 손상된다.
② 클러치 유격이 작으면 마찰판의 마모, 슬립의 원인, 클러치에서의 소음, 릴리스베어링의 마모가
발생한다.

(3) 작동간극
자유간극으로부터 클러치가 완전히 끊어질 때까지의 페달의 작동거리

(4) 밑판간극
클러치가 완전히 끊긴 상태에서 차실 바닥과의 간극

2. 점검방법 및 점검사항

(1) 점검방법

엔진 시동을 끈 상태에서 클러치 페달을 손가락으로 가볍게 눌러 저항이 느껴질 때까지의 거리를 측정한다.

(2) 점검사항

① 페달의 자유간극

기계식인 경우 20~30mm 정도, 자유간극은 10~15mm 정도가 좋다.

② 클러치판의 비틀림 : 0.5mm

③ 클러치스프링의 점검

㉠ 스프링 장력이 규정보다 15% 이상된 것은 교환한다.

㉡ 스프링은 규정보다 3% 이상 감소된 것은 교환한다.

④ 클러치하우징의 얼라이먼트의 편심

0.125mm 이상 되면 수정한다.

⑤ 플라이휠 흔들림 : 0.25mm

04

수동(기어)변속기의 개념과 필요성, 구성을 설명하고, 싱크로메시(Synchromesh) 기구의 역할과 종류별 특징을 설명하시오.

1. 수동변속기의 개념과 구성

(1) 수동변속기의 개념

수동변속기는 엔진과 추진축 사이에 설치되어 엔진에서 발생한 동력을 자동차의 주행상태 및 도로 상황에 적절하게 토크와 속도를 변화시켜 구동 바퀴에 토크를 전달하는 장치이다.

수동변속기는 FR 자동차에 사용되는 Transmission(T/M)과 FF 자동차에 사용되는 Tranaxle (T/A)로 구별 할 수 있다.

(2) 수동변속기의 필요성

① 기관의 회전속도와 구동바퀴의 회전속도의 비를 맞추어 주행저항보다 큰 구동력을 얻도록 한다.

② 구동바퀴의 회전방향을 역회전시켜 자동차가 후진이 가능하도록 한다.

③ 기관의 동력을 무부하 상태로 공전할 수 있도록 한다.

(3) 수동변속기의 구성

수동변속기는 엔진에서 동력이 들어오는 입력축과 동력을 연결하여 주는 부축, 그리고 부축과 연결되어 기어를 선택하면 기어가 차압되어 동력을 나가게 해주는 각 단 기어와 변속을 용이하게 해주는 싱크로메시 기구, 그리고 동력이 변속기에서 나가는 주축 등으로 구성되어 있다.

2. 싱크로메시(Synchromesh) 기구

(1) 기 능

동기물림식 수동변속기의 경우 기어가 물릴 때 기어의 속도가 일치되지 않으면 소음 발생과 파손의 원인이 된다. 이 단점을 보완하기 위해 싱크로메시 기구는 기어의 원주 속도를 신속하게 일치시켜 물림을 원활하게 한다. 변속시 시프트 레버로 슬리브를 움직이면 싱크로나이저 링이 작용하고, 이 링의 마찰력에 의해 주축과 변속되는 기어가 부드럽게 물리게 되므로 조용하게 변속을 시킬 수 있다.

(2) 부품 구성

싱크로메시 기구는 그림과 같이 싱크로나이저 허브, 슬리브, 링, 키 및 스프링으로 구성된다.

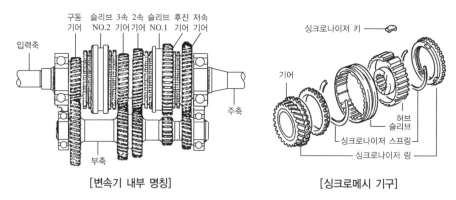

[변속기 내부 명칭] [싱크로메시 기구]

① 허 브

싱크로나이저 허브는 주축에 있는 스플라인과 고정되며, 외주에는 슬리브와 결합하여 슬리브가 움직일 수 있도록 안내하는 기어가 있다. 또한 허브의 3곳(120° 간격)은 키가 들어갈 수 있는 홈이 있다.

② 슬리브

슬리브는 허브 위에 물려서 움직일 수 있으며 바깥 둘레에는 시프트 포크가 물릴 수 있는 홈이 파져 있다. 시프트에 의해 전후로 움직이게 되면 싱크로나이저 링의 동기화작용에 의해 변속기의 클러치기어에 물리게 된다.

③ 싱크로나이저 링

링은 각 기어에 마련된 경사면에 결합되어 변속시 경사면과 접촉하여 마찰력에 따라 클러치작용을 하기 때문에 주축에 물려있는 허브와 변속기어를 동기화시키는 작용을 한다.

④ 키 및 스프링

키는 허브의 파진 홈에 들어가며, 스프링에 의해 슬리브 안쪽 면에 항상 눌려 있다. 양쪽 끝은 링의 홈에 일정한 틈새를 두고 끼워져 있다.

3. 수동변속기의 종류별 특징

(1) 동기물림식(Synchromesh Type)

① 동기물림식은 서로 물리는 기어의 원주 속도를 일치시켜서 이의 물림을 쉽게 한 것이다.

② 주축기어와 부축기어가 항상 물려져 있으며 주축 위의 제1속, 제2속, 제3속기어 및 후진기어가 공전한다.

③ 엔진의 동력을 주축기어로 원활히 전달하기 위하여 기어에 싱크로메시 기구를 두고 있다.

④ 변속소음이 거의 없고 변속이 용이하고, 변속하기 위하여 특별히 가속을 시키거나 더블클러치를 조작할 필요가 없다.

(2) 슬라이딩기어식(Sliding Gear Type, 섭동 = 활동 = 선택기어식)

① 주축과 부축은 평행이고 주축상의 기어는 축의 스플라인 부분에 끼워져 축방향으로 이동하는 슬라이딩기어가 있으며, 부축상의 기어는 축에 고정되어 있고 메인 드라이브기어에 의하여 항상 회전한다.

② 변속기 조작레버에 의해 주축상의 기어를 선택하고 축방향으로 밀어주어서 부축상의 기어와 물리게 되어 주축이 회전한다.

③ 자동차의 수동변속기에서 후진을 넣을 때 사용되는 방식이다.

④ 구조가 간단하고 정비가 쉬우나 변속시 소음이 난다.

(3) 상시물림식(Constant Mesh Type, Dog Clutch Type)

① 주축기어와 부축기어를 항상 물려있게 하는 방식으로 동력의 전달은 주축의 스플라인축에 끼워진 클러치기어를 변속레버로서 시프트포크를 작동시켜 주축의 기어와 물리게 함으로써 이루어진다.

② 기어를 파손시키는 일이 적고 변속조작이 쉬우며, 구조가 간단하고 소음이 적다.

③ 섭동식보다 마모 소음이 비교적 적어 대형버스나 트럭 등에 많이 사용된다.

더 알아보기　　**변속기의 계산식**

- **변속비**

$$변속비 = \frac{기관의\ 회전속도}{추진축의\ 회전속도} = \frac{피동기어의\ 잇수}{구동기어의\ 잇수}$$

- **총감속비**

  총감속비 = 변속기의 변속비 × 종감속비의 감속비

- **구동토크**

  구동토크 = 기관의 축토크 × 총감속비 × 전달효율

- **구동력**

$$구동력 = \frac{구동토크}{구동바퀴의\ 유효반지름}$$

05

유체 클러치와 토크 컨버터(Torque Converter)의 기능 및 작동원리, 차이점에 대해서 서술하시오.

1. 유체 클러치(Fluid Clutch)

(1) 유체 클러치의 작동원리

유체 클러치는 2개의 날개 차 사이에 오일을 가득 채운 후 한 쪽의 날개 차를 회전시키면 오일은 원심력에 의해 상대편 날개 차를 회전시킬 수 있다. 이 작용을 이용하여 엔진의 동력을 오일의 운동에너지로 바꾸고, 이 에너지를 다시 토크로 바꾸어 변속기로 전달하는 장치이다.

(2) 유체 클러치의 구조

유체 클러치는 엔진 크랭크축에 펌프[또는 임펠러(Impeller)]를, 변속기 입력축에 터빈[또는 러너 (Runner)]을 설치하고, 오일의 맴돌이 흐름(와류)을 방지하기 위하여 가이드 링(Guide Ring)을 두고 있다. 그리고 유체 클러치의 날개는 모두 반지름방향으로 직선 방사선 상을 이루고 있다.

(3) 유체 클러치의 작동

① 엔진에 의해 펌프가 회전을 시작하면 펌프 속에 가득 찬 오일은 원심력에 의해 밖으로 튀어 나간다. 그런데 펌프와 터빈은 서로 마주보고 있으므로 펌프에서 나온 오일은 그 운동에너지를 터빈의 날개 차에 주고 다시 펌프 쪽으로 되돌아오며, 이에 따라서 터빈도 회전하게 된다.

② 이때 오일은 맴돌이 흐름(Vortex Flow)을 하면서 회전 흐름(Rotary Flow)을 한다. 그리고 오일의 순환을 최대한 이용하기 위해서는 손실을 최소화하여야 한다. 이에 따라 원형(圓形)으로 함으로써 마찰 손실과 충돌 손실을 최소화시키고 있다.

③ 맴돌이 흐름 내부에서는 오일 충돌이 발생하여 효율을 저하시킨다. 이를 방지하기 위해 가이드 링(가이드 코어라고도 함)을 그 중심부에 두어 오일 충돌이 감소되도록 하고 있다.

(4) 유체 클러치의 성능

① 유체 클러치는 터빈의 회전속도가 펌프의 회전속도와 거의 같아 졌을 때 최대 효율로 토크를 전달한다.

② 펌프가 터빈보다 훨씬 빨리 회전할 때에는 터빈에 전달되는 토크 효율이 작아진다.

③ 실제에 있어서 유체 클러치의 펌프와 터빈 사이의 토크 비율은 미끄럼 때문에 1 : 1이 되지 못한다. 미끄럼 값은 2~3%이며, 전달 효율 η는 최대 98% 정도이다.

(5) 유체 클러치 오일의 구비 조건

    ① 점도가 낮을 것

    ② 비중이 클 것

    ③ 착화점이 높을 것

    ④ 내산성이 클 것

    ⑤ 유성이 좋을 것

    ⑥ 비등점이 높을 것

    ⑦ 응고점이 낮을 것

    ⑧ 윤활성이 클 것

2. 토크 컨버터(Torque Converter)

(1) 토크 컨버터의 기능

토크 컨버터는 그 내부에 오일을 가득 채우고 자동차의 주행 저항에 따라 자동적, 연속적으로 구동력을 변환시킬 수 있으며, 그 기능은 다음과 같다.

    ① 엔진의 토크를 변속기에 원활하게 전달하는 기능

    ② 토크를 변환시키는 기능

    ③ 토크를 전달할 때 충격 및 크랭크축의 비틀림 완화 등

(2) 토크 컨버터의 구조

토크 컨버터는 펌프[임펠러(Impeller)], 스테이터(Stator), 터빈[러너(Runner)]으로 구성되어 있으며, 비분해방식이다.

    ① 펌프는 구동판을 통해 크랭크축에 연결되어 있으며, 스테이터는 한 쪽 방향으로만 회전 가능한 원 웨이 클러치(One Way Clutch ; 일방향 클러치)를 통해 토크 컨버터 하우징에 지지되어 있다.

    ② 터빈은 펌프에서 전달된 구동력을 동력 전달 계통으로 전달하는 변속기 입력축과 스플라인으로 결합되어 있다.

    ③ 토크 컨버터는 오일이 가득 채워진 하우징 내에 이들 3요소로 구성되어 있으며, 엔진플라이휠에 볼트로 체결되어 있다.

(3) 유체 클러치와 토크 컨버터의 차이점

① 유체 클러치와 토크 컨버터의 날개 형상은 유체 클러치의 펌프와 터빈의 날개는 각도가 없이 방사선 상으로 되어 있고 토크 컨버터는 펌프와 터빈의 날개에 각도가 있으며, 또 이들 사이에는 스테이터가 있다.

② 토크 변환 비율은 유체 클러치가 1 : 1을 넘지 못하는데 비해 토크 컨버터는 2~3 : 1의 토크를 변환을 할 수 있다.

(4) 토크 컨버터의 장·단점

① 장 점

㉠ 토크 컨버터의 고유 기능인 토크 증대작용에 있어 저속에서의 출발 성능을 향상시켜 언덕 출발에서와 같은 경우 운전을 매우 용이하게 해 준다.

㉡ 자동차가 정지하였을 때 오일의 미끄럼에 의해 엔진이 정지되지 않는다. 즉 수동변속기와 같이 별도의 동력차단장치(클러치)가 필요 없다.

㉢ 펌프로 입력되는 엔진의 동력이 오일을 매개로 변속기에 전달되므로 엔진으로부터 비틀림 진동을 흡수하므로 비틀림 댐퍼(Torsional Damper)를 설치하지 않아도 된다.

㉣ 엔진의 동력을 차단하지 않고도 변속이 가능하므로 변속 중에 발생하는 급격한 토크의 변동과 구동축에서의 급격한 하중 변화도 부드럽게 흡수할 수 있다.

② 단 점

㉠ 펌프와 터빈 사이에 항상 오일의 미끄럼이 발생하므로 효율이 매우 저하된다.

㉡ 댐퍼 클러치의 설치로 인해 효율은 향상되었으나, 토크 컨버터의 구조가 복잡하게 되고 무게와 가격이 상승한다.

06

자동변속기의 특징 및 구조를 설명하고, 전자제어식 자동변속기 제어 유닛과 관련이 있는 다음의 센서를 약술하시오.

(1) 스로틀 포지션 센서(TPS ; Throttle Position Sensor)

(2) 차속 센서(SS ; Speed Sensor)

1. 자동변속기의 특징 및 구조

(1) 특 징

① 장 점

㉠ 변속레버를 조작할 필요가 없어 운전이 간편하다.

㉡ 항상 기관의 출력에 알맞은 변속을 할 수 있다.

㉢ 과부하나 조작실수로부터 엔진을 보호한다.

㉣ 유성기어장치의 마모가 적다.

㉤ 가속등판 성능이 좋다.

② 단 점

㉠ 구조가 복잡하다.

㉡ 연료소비율이 증가한다.

(2) 자동변속기의 구조

자동변속기는 토크 컨버터, 유성기어장치 및 유압제어장치, 전자제어장치 등으로 구성되어 있다.

① 토크 변환기

토크 변환기는 펌프, 임펠러, 터빈(러너), 스테이터 3날개바퀴가 케이스 안에 들어 있으며, 그 속에는 작동유체인 오일이 충만되어 있다.

② 유성기어장치

토크 변환기만 가지고는 등판길을 오르거나 노면상태가 고르지 못한 도로를 주행하기에는 불충분하므로 보조변속기로서 유성기어장치를 사용한다.

③ 유압제어장치

유압제어장치는 오일펌프, 조정밸브, 어큐물레이터(축압기), 오일통로로 구성되어 있다.

2. 자동변속기 센서

(1) 스로틀 포지션 센서(TPS ; Throttle Position Sensor)

① TPS는 스로틀보디의 한 부분으로 되어 있으며, 스로틀밸브의 열림량을 검출하는 센서이다. 즉 스로틀 개도, 물리량으로는 각도 변위를 전기저항의 변화로 바꿔주어 공전상태, 가속상태, 감속상태, 전부하상태 등의 정보를 ECU에 알려주어 연료분사량을 결정하고 점화시기를 보정하게 하는 기능을 한다.

② 자동변속기 차량의 경우에 변속시점을 결정하는 요소로도 사용된다. 운전자가 악셀 페달을 밟았는지 밟지 않았는지와 밟은 양을 감지하는 센서로 이 센서를 통해 ECU는 운전자의 가속 또는 감속 의지를 판단할 수 있게 된다.

③ 작동원리

스로틀 축이 회전함에 따라 스로틀 포지션 센서의 출력전압이 변하게 되고, 엔진 제어기는 이 전압변화를 기초로 스로틀밸브의 개도를 감지해 개도에 따라 연료량과 점화시기를 제어한다. 또한 개도의 변화를 계산하여 연료분사량과 점화시기를 보정하기도 한다.

(2) 차속 센서(SS ; Speed Sensor)

① 차속 센서는 차속을 측정하는 센서로, 스피드 미터 속에 설치되어 있는 리드 스위치로부터 신호를 측정하는 타입과 홀 센서 원리를 이용한 것이 있다.

② 리드 스위치 형식은 출력기어 1회전에 4펄스 신호가 출력된다. ECU에서 공급된 5V의 전원을 리드 스위치로 차단함으로써 발생되는 차속 신호를 펄스 신호로 변환시켜 ECU로 보내면 이 정보를 기초로 공회전속도조정을 하게 된다.

③ 홀 센서방식은 자동차가 공회전 상태인지 혹은 주행상태인지(작동할 때)를 파악한다. 즉 전류가 흐를 때는 0.5V, 홀 센서가 작동하지 않을 때는 12V 신호를 받아 차 속도를 감지한다. 즉, 부하와 부하를 감지하는 역할도 한다.

④ 자동변속기 차량의 경우에는 출력속도 센서(Hall Type)가 변속기 내부에 장착되어 현재의 차량 속도를 TCM이 ECU로 전달한다.

07 자동차 전자제어 변속 시스템 중 무단변속기(CVT ; Continuously Variable Transmission)의 개념 및 특징, 구성부품과 작동원리, 분류방식, 오일점검에 대해 설명하시오.

1. CVT의 개념 및 특징

(1) 개 념
무단변속기(CVT)는 변속비를 무단계로 제어하는 변속기로 높은 동력전달 효율과 주행 중 변속 충격을 없애고, 변속비를 자동적으로 제어하여 연비 성능 향상과 최적의 주행상태를 유지할 수 있다. 또한 구조가 간단하고 소형, 경량이어서 소형 자동차에 적합하다.

(2) 특 징
① 변속 충격이 없음
설정된 변속단이 없이 연속적으로 변속이 일어나므로 변속시 토크 변화도 연속적으로 변한다. 따라서 자동변속기에서 변속시마다 나타나는 변속 충격을 느끼지 못한다.

② 연비 개선
기존의 자동변속기는 연비개선을 위하여 로크 업(Lock – up) 기능을 가지고 있으나, 토크 컨버터 내부의 댐퍼클러치 작동시 나타나는 충격과 이 충격으로 인한 내구성 문제로 인해 로크 업 영역을 제한해야 했다. 하지만 CVT는 중간에 끊어지는 변속이 없어 로크 업 구간을 기존 자동변속기보다 많은 영역을 가질 수 있고, 최소 연비곡선을 따라 이동 제어가 가능하여 연비 향상을 시킬 수 있다.

③ 가속성능 향상
무단변속기는 변속이 연속적으로 이루어지기 때문에 엔진의 속도를 일정하게 유지하면서 변속할 수 있어 운전자의 성향에 따른 필요한 구동력 구간에서 운전이 가능하다.

④ 경량화
자동변속기에 비해 부품수가 적기 때문에 중량이 가볍다.

2. CVT의 구성부품, 작동원리

(1) 구성부품

무단변속기는 발진기구, 중립 및 전·후진 변환장치, 변속장치, 유압제어, 전자제어부로 구성된다. 변속장치인 풀리는 구동풀리(drive pulley), 종동풀리(driven pulley)로 구성되어 있고 벨트에 의하여 동력이 전달된다.

① 동력전달부 : 토크 컨버터, 입력축, 댐퍼클러치

② 오일펌프와 밸브 바디 : 오일펌프, 오일펌프 드리븐체인

③ 중립 및 전·후진 변환장치부 : 포워드클러치, 리버스브레이크, 유성기어셋, 1차축(고정시이브), 1차풀리(가변시이브), 2차축, 2차풀리, 스틸벨트

④ 기타 장치 : 출력축(차동장치), 파킹기어, 아이들기어, 디퍼런셜기어

(2) 변속 원리(엔진축 풀리 → 출력축 풀리)

① 발진할 때나 저속시

엔진축 풀리의 홈폭이 넓어져 벨트와의 접촉반경이 작아지고, 반대로 타이어측 풀리의 접촉반경은 크게 되어 엔진의 회전을 더욱 크게 타이어에 전달함으로써 순조롭게 발진하게 된다.

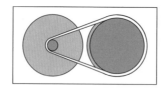

② 가속이나 감속시

엔진축, 출력축 풀리홈 폭이 변화하여 변속되므로 변속 쇼크가 없으며, 기어 변속에 의한 손실이 없어 빠르고 부드럽게 가속과 감속이 이루어진다.

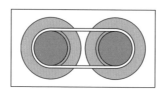

③ 고속주행시

엔진축 풀리와 출력축 풀리가 저속시와는 반대로 작용한다. 엔진 회전수를 작게 보전하여 연료를 절약하면서 효율적으로 고속주행을 할 수 있도록 한다.

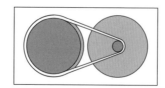

3. 분류방식

분류방식은 크게 동력전달방식과 변속방식으로 구분된다.

(1) 동력전달방식(발진장치)

① 토크 컨버터방식

자동변속기에 사용되는 토크 컨버터와 같은 구조로 되어 있다. CVT에서의 특성상 로크 업 구간이 자동변속기에 비하여 작동영역이 크게 되어 있어 연비 개선과 발진 성능을 향상시켰다.

② 전자 파우더방식

㉠ 전자클러치는 엔진 드라이브 플레이트에 볼트로 고정되어 있으며, 변속기 입력축과 연결된 로터, 드라이브 플레이트와 연결된 요크, 코일로 구성되어 있다.

㉡ 컨트롤 유니트에서 브러시에 전류를 보내면 슬립링을 통해 코일에 전류가 흐르면 파우더가 자화되고 요크와 로터 사이에 있는 자석성분의 파우더가 연속적으로 연결된다. 이 결합력에 의하여 요크와 로터가 연결되어 동력을 전달한다. 이 결합력은 전류의 세기에 비례한다.

㉢ 컨트롤 유니트에서 전류를 차단하면 클러치가 분리됨으로써 동력이 차단된다.

③ 멀티 클러치(MULTI – WET CLUTCH)방식

여러 개의 습식 클러치를 동력전달장치로 사용한 방식을 말한다.

(2) 변속방식(기어비 변환)

① 벨트방식 (고무벨트, 스틸벨트, 체인) : 건식(스텝모터 제어), 습식(유압 제어)

② 트로이달방식 : ON 센터 타입, OFF 센터 타입

4. CVT의 오일 점검방법

오일량 점검방법은 평평한 곳에서 실시해야 하며, 점검절차는 다음과 같다.

① 시동을 건다.

② 브레이크를 밟고 변속레버를 각각의 레인지로 천천히 이동시킨다.

③ 변속레버를 N 렌지에 위치시킨다.

④ 스캔툴(Scan Tool)을 이용하여 유온을 측정한다.

⑤ 오일 레벨 게이지를 깨끗이 닦은 다음 정상적으로 장착하였다가 레벨 게이지를 뽑아서 오일 레벨 게이지를 읽는다.

08

자동차 뒤차축 어셈블리를 구성하는 종감속기어의 기능 및 종류에 대해 설명하시오.

종감속기어

(1) 종감속기어의 기능

종감속기어는 추진축의 회전력을 직각 또는 직각에 가까운 각도로 바꾸어 뒤차축에 전달하고 동시에 감속하는 일을 한다.

(2) 종감속기어의 종류

① 웜기어(Worm Gear)

㉠ 감속비를 크게 할 수 있어 차의 높이를 낮출 수 있다.

㉡ 소음과 진동이 적다.

㉢ 전동 효율이 낮다.

㉣ 발열되기 쉽다.

② 베벨기어(Bevel Gear)

㉠ 물림비율이 크다.

㉡ 회전이 원활하다.

㉢ 전동 효율이 좋다.

㉣ 진동이나 소음이 적다.

㉤ 차고가 높아진다.

㉥ 축방향으로 트러스트가 발생한다.

③ 하이포이드기어(Hypoid Gear)

㉠ 구동피니언의 오프셋에 의해 추진축의 높이를 낮게 할 수 있다.

㉡ 바닥의 높이와 차고를 낮출 수 있어 안정성이 높아진다.

㉢ 동일 감속비, 동일 크기의 링기어의 경우 스파이럴 베벨기어에 비해서 구동피니언이 크게 되기 때문에 기어형 및 베어링의 강도를 높일 수 있다.

㉣ 동시물림률이 크고 회전이 조용하다.

㉤ 기어 이의 폭방향으로도 미끄럼 접촉을 하고 압력이 크기 때문에 특별한 윤활유를 사용하여야 한다.

㉥ 제작하기가 비교적 어렵다.

(3) 감속비

① 종감속비

$$종감속비 = \frac{링기어\ 이의\ 수}{구동피니언의\ 이의\ 수}$$

※ 보통 고속주행하는 승용차는 4~6 : 1, 중량물을 운반하는 버스나 트럭에서는 5~8 : 1 정도이다.

② 총감속비

$$총감속비 = 변속비(변속기) \times 감속비(최종감속기어)$$

09 자동차의 동력전달장치에서 차동장치(differential)의 기능과 원리에 대하여 약술하시오.

차동장치(differential)의 기능과 원리

(1) 기 능

차동기어장치는 자동차가 커브길을 돌 때 또는 울퉁불퉁한 도로를 주행할 때 양쪽 바퀴가 미끄러지지 않고 원활하게 회전하도록 하는 작용을 한다.

① 미끄러운 노면에서 출발이 용이하다.

② 슬립이 방지되어 타이밍 수명이 연장된다.

③ 요철 노면 주행시 후부 흔들림을 방지할 수 있다.

④ 급속 전진 후행에 안전성이 양호하다.

(2) 구 조

① 구동 피니언(Drive Pinion)

기어 부분은 링기어와 접촉을 하며, 축 부분은 추진축(Propeller Shaft)과 동력을 연결할 수 있도록 플랜지가 붙어 있으며, 두 개의 테이퍼 롤링 베어링으로 하우징에 위치한다.

② 링기어(Ring Gear)

구동 피니언으로부터 동력을 받는 부분으로 구동 피니언과 함께 종감속을 한다. 차동기 케이스와 볼트로 체결되어 있다.

③ 차동기 케이스(Differential Case)

링기어와 일체로 되어 회전하며, 내부에 2개의 피니언기어와 2개의 사이드기어가 들어 있으며, 피니언 축을 통하여 동력을 피니언기어에 전달한다.

④ 피니언기어(Pinion Gear)

2개가 차동기 케이스 내에서 마주 보고 있으며, 피니언 축에 의해 차동기 케이스로부터 동력을 전달받아 공전과 자전을 하면서 사이드기어에 동력을 전달한다.

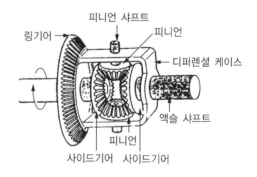

[차동기어장치]

⑤ 사이드기어(Side Gear)

링기어 중심과 같은 방향으로 놓여 2개가 차동기 케이스 내에서 마주 보고 있으며, 기어 중심부에 스플라인이 가공되어 각각 좌우의 차축이 연결되도록 되어 있다.

⑥ 피니언 축(Pinion Shaft)

2개의 피니언기어의 중심을 지나며 차동기 케이스에 고정되어 있으나, 피니언기어와는 미끄럼운동을 한다. 차동기 케이스의 회전운동을 피니언기어에 전달한다.

⑦ 차축(Axle Shaft)

사이드기어와 스플라인으로 연결되어 사이드기어의 회전속도와 같이 구동바퀴에 전달한다.

(3) 동력전달

일반적으로 동력전달 경로는 후륜구동형인 경우, 변속기 → 추진축 → 구동 피니언 → 링기어 → 차동기 케이스 → 피니언 축 → 피니언기어 → 좌우 사이드기어 → 좌우 차축 → 구동바퀴로 전달된다.

(4) 작용원리

① 직진시

자동차가 평탄한 길을 직진하는 경우는 좌우 구동바퀴의 회전저항이 같으므로 사이드기어에 걸리는 저항도 같다. 따라서 피니언기어는 공전만 하므로 좌우의 사이드기어의 회전수는 같아지며, 따라서 구동바퀴의 회전수도 같아져 직진이 된다.

② 자동차가 좌회전(선회)하는 경우

왼쪽 바퀴에 걸리는 저항이 오른쪽 바퀴에 걸리는 저항보다 크므로 피니언기어는 공전과 함께 왼쪽 사이드기어의 저항에 의한 자전도 동시에 한다. 따라서 왼쪽 사이드기어의 회전수는 (피니언기어의 공전회전수 − 피니언기어의 자전회전수)가 되고 오른쪽 사이드기어의 회전수는 (피니언기어의 공전회전수 + 피니언기어의 자전회전수)가 되어 좌회전이 된다.

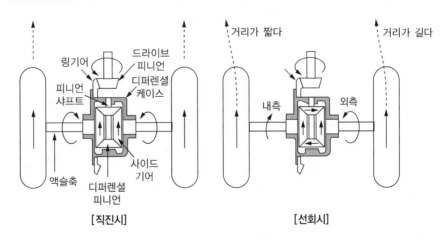

[직진시]　　　　　　　　　　　[선회시]

(5) 차동제한장치(LSD ; Limited Slip Differential)

주행하다가 한 쪽 바퀴가 모래에 빠진 경우에는 한 쪽 바퀴는 노면의 저항을 받고 모래에 빠진 바퀴는 저항을 받지 않으므로 노면 쪽의 바퀴에는 동력이 전달되지 않고 모래에 빠진 바퀴만 헛돌아서 진행이 어렵게 된다. 이와 같은 경우 차동기어장치의 작용을 정지시키면 동력이 양바퀴에 균일하게 분배되어 공전하는 바퀴가 없이 정상적으로 주행할 수 있다. 이러한 작동을 자동적으로 이루어지게 하는 장치를 차동제한장치라 한다.

① 차동제한장치(LSD)가 장착된 자동차는 한 쪽 바퀴가 공회전하여도 다른 쪽 바퀴의 구동토크는 전달된다.

② 차동제한장치(LSD)가 장착된 자동차는 선회할 때 좌우 바퀴의 회전력에 차이가 발생한다.

10

자동차 전자식 상시 4륜구동(AWD ; All Wheel Drive)장치를 정의하고, 구성 및 특징에 대하여 서술하시오.

전자식 상시 4륜구동(AWD ; All Wheel Drive)

(1) 정 의

AWD(All Wheel Drive)시스템은 변속기에서 출력되는 구동토크를 주행환경(노면상태 및 차량주행상태, 운전자 의지 등)에 따라 능동적으로 각 구동축(전·후)에 효율적으로 배분하여 구동력 및 주행안정성을 향상시킬 수 있는 시스템을 말한다.

전자식 AWD가 탑재된 차량은 기본적으로 차량 속도 및 노면 상태를 감지해 좌우 바퀴의 제동력과 전륜, 후륜에 구동력을 배분하므로, 눈길 등 미끄러운 도로와 코너링 운전에서도 안정적으로 주행이 가능하다.

(2) 구 성

AWD시스템은 변속기와 트랜스퍼 모듈, 그리고 전·후륜구동차축으로 구동력을 전달하는 각 프로펠러 샤프트로 구성된다.

(3) 특 징

① 눈길과 같이 노면에서 미끄러짐이 감지될 경우 미끄러짐이 적은 노면으로 구동력을 분배하여 차량을 견인한다.

② 가속시 차량의 주행상태에 따라 적절히 구동력을 전·후 분배하여 최대 가속력을 구현하도록 하는 역할을 수행한다.

③ 기계 시스템의 특성에 따라 발생되는 특정구간에서의 세밀한 구동력을 조절함으로써 진동 및 소음을 최소화한다.

④ 평소에는 4륜구동장비로 인해 자동차가 무겁고, 그에 따라 연비가 나빠지게 된다.

11

변속기의 고장원인에 대해 설명하고, 변속기의 오일점검요령을 설명하시오.

1. 변속기의 고장원인

(1) 자동변속기의 주행 중 기어가 빠지는 현상

    ① 기어 시프트 포크가 마멸된 경우

    ② 각 베어링 또는 부싱이 마멸된 경우

    ③ 각 기어가 빨리 마멸된 경우

(2) 수동변속기에서 변속이 어려운 현상

    ① 컨트롤 케이블의 조정이 불량한 경우

    ② 싱크로메시 기구가 불량한 경우

    ③ 클러치 끊김이 불량한 경우

(3) 클러치가 미끄러지는 현상

    ① 클러치판에 오일이 묻었을 경우

    ② 클러치판이 마모되었을 경우

    ③ 클러치레버의 조정이 부적당할 경우

    ④ 마찰면, 즉 라이닝의 경화한 경우

    ⑤ 압력판 및 플라이휠이 손상된 경우

    ⑥ 클러치 페달의 자유 간극이 작을 경우

    ⑦ 압력 스프링이 약할 경우

    ⑧ 크랭크축 뒤 오일 실(oil seal) 마모로 오일이 누유될 경우

더 알아보기   **클러치 미끄러짐 판별방법**

- 평소보다 연비가 급격히 나빠진 경우
- 클러치에서 소음이 발생한 경우
- 주행속도가 가속이 잘 되지 않는 경우
- 등판시 클러치디스크의 타는 냄새가 나는 경우

---

2. 변속기의 오일점검요령

(1) 수동변속기 오일

① 내부 윤활작용이 주기능이어서 특별한 점검이 필요하지 않다.

② 출고 후 최초 1만km 이전에 교환한 뒤 통상 매 4만km 주행 때마다 갈아준다.

(2) 자동변속기의 오일

① 자동변속기의 오일은 윤활의 목적뿐만 아니라 내부기어를 작동시키는 유압계통에도 오일이 사용되며, 토크 컨버터에 오일을 개입시켜 동력전달기능도 한다.

② 오일의 수명은 차종에 따라 다르나 대략 3만km~5만km 정도이다.

③ 점검요령

ㄱ 자동변속기 오일의 양은 시동이 걸린 상태에서 점검해야 정확하다.

ㄴ 평탄한 곳에서 주차 브레이크를 잠그고 엔진을 1,000~1,500rpm으로 약 1분간 유지시킨다.

ㄷ 그 다음 변속레버를 2회 정도 각 단수(P–R–N–D–D2–D1)에 고루 움직이고 중립 위치에 놓는다.

ㄹ 그 뒤 오일 레벨 게이지를 꺼내 깨끗이 닦고 다시 넣었다가 빼내 눈금을 확인한다. 만일 오일 양이 규정보다 부족하면 오일을 보충하고 눈금보다 많으면 반드시 빼내 늘 정상으로 맞춰야 고장을 예방할 수 있다.

ㅁ 오일의 양뿐 아니라 오일의 상태도 점검을 해야 한다. 투명도가 높은 붉은색이면 정상이고 갈색, 흑색, 유백색 또는 니스모양이면 정비를 받아야 한다.

12

다음 자동차 센서의 기능에 대하여 간략하게 설명하시오.

(1) 크랭크 각 센서
(2) 스로틀 포지션 센서
(3) 공기유량 센서
(4) 흡기온도 센서
(5) 대기압 센서
(6) 모터포지션 센서
(7) 패스트 아이들 조정밸브

---

(1) **크랭크 각 센서(Crank Angle Sensor)**

크랭크 각 센서는 엔진의 회전속도와 크랭크축의 위치를 검출한다.

(2) **스로틀 포지션 센서(Throttle Position Sensor)**

스로틀 포지션 센서는 스로틀밸브의 개도(열림정도)를 감지한다.

(3) **공기유량 센서(Air Flower Sensor)**

공기유량 센서는 기관에 유입되는 공기량을 감지하여 ECU에 전달하며, 공기청정기 뒤쪽에 설치되는 장치이다.

(4) **흡기온도 센서(Air Temperature Sensor)**

흡기온도 센서는 엔진으로 들어오는 흡입공기의 온도를 검출하여 연료분사량을 조절한다.

(5) **대기압 센서(Barometric Pressure Sensor)**

대기압 센서는 자동차의 고도에 따른 대기압의 압력을 검출하여 연료분사량과 점화시기를 보정하는 센서이다.

(6) **모터포지션 센서(Motor Position Sensor)**

모터포지션 센서에서 검출된 신호는 ECU로 보내지며 ECU에서 모터포지션 센서의 신호, 공회전신호, 냉각수온의 신호, 차량속도신호 등을 바탕으로 스로틀밸브의 열림정도를 조절하게 된다.

(7) **패스트 아이들 조정밸브(Fast Idle Control Valve)**

패스트 아이들 조정밸브는 냉각수온의 온도에 따라 흡입공기량을 조절하여 기관회전속도를 조절해주는 장치이다.

13

WTS(Water Temperature Sensor)와 산소 센서(O₂ Sensor)의 기능 및 작동원리를 설명하고, 고장시 나타나는 현상을 기술하시오.

1. WTS(Water Temperature Sensor)

(1) 기 능

냉각수온 센서는 흡기다기관 냉각수 통로에 설치되어 냉각수 온도를 검출하는 일종의 가변저항기(부특성 서미스터)이다. 기관이 시동되는 워밍업 운전기간의 냉각수 온도에 대한 정보를 ECU에 보낸다. 엔진이 차가우면 연료를 많이 분사하여 워밍업이 빨리 되게 하고, 수온이 높아지면 냉각팬을 돌린다.

(2) 작동원리

① 온도 센서 신호가 ECU로 입력되면 냉각수 온도 센서값에 따라 냉간 때에는 엔진 rpm을 보상시켜 주고 엔진 온도가 높아지면 높아진 만큼 엔진 rpm을 저하시키는 역할을 한다.

② 만약 온도 센서가 고장으로 판정되면 엔진 오버히트를 방지하기 위해 ECU가 라디에이터 팬을 고속으로 구동시킨다. 인젝터 분사방식이 순차분사인 경우 냉각수 온도가 낮게 입력되고, 셀프 모터 신호가 들어올 때는 연료분사를 동시분사로 바꾸어 냉간 때 시동을 원활하게 해주는 역할도 겸하고 있다.

③ 온도 센서 페일 세이프 기능에서 온도 센서가 고장 때 ECU에서 20℃로 감지하는 타입과 80℃로 감지하는 타입이 있다.

(3) 고장증상 현상

① 냉각수온 센서가 단선 되었을 때는 냉각수 온도를 매우 차가운 것으로 감지해서 연료분사량을 지나치게 증가시킬 수 있다.

② 냉각수온 센서가 고장났을 경우에는 연료를 필요 이상으로 분사하여 시동이 걸리기 어렵고 연료의 냄새가 나며, 시동이 걸린다고 하여도 공회전수가 불안정하게 되면서 시동이 꺼지는 경우가 생기기도 한다.

③ 이런 현상으로 인해 연료의 소비율이 많아지며, CO(일산화탄소)와 HC(탄화수소)의 배출량이 증가하게 된다.

2. 산소 센서(O₂ Sensor)

(1) 기 능

산소 센서는 배기관으로 배출되는 배기가스 산소의 농도를 검출한다. 즉, 산소 센서는 배기가스 중 함유된 산소의 양을 측정해 그 출력전압을 ECU로 전달하는 역할을 한다. ECU는 산소 센서의 신호를 받아 인젝터의 시간을 제어해 항상 이론적 공연비에 가깝도록 자동 조정함으로써 연료분사량을 보정해준다.

(2) 작동원리

① 센서 감지부 내측은 대기가 흡입되고 외측은 배기가스가 접촉된다. 이 때 산소농도 차이에 의해 기전력이 발생한다.

② 발생 전압은 0.1V~0.9V 정도이다.

③ 이 기전력은 항상 발생하는 것은 아니며, 일정한 조건일 때만 작동한다. 즉, 배기온도가 약 250℃ 이상 때 작동을 시작해 약 400~800℃ 사이에서 원활하게 작동한다.

④ 산소 센서는 이러한 작동조건하에서 이론공연비를 유지하기 위해 ECU와 함께 지속적으로 정보를 주고받아 피드백 작동을 한다. 하지만 배기온도가 200℃ 이하 때에는 피드백 작동이 이루어지지 않아 유해 배출가스가 그대로 대기로 방출된다.

⑤ 산소 센서의 종류에는 지르코니아형과 티타니아형이 있으며, 대부분 지르코니아방식을 많이 사용한다.

(3) 고장증상 현상

① 고장시 출력부족, 매연발생, 연비저하, 시동꺼짐 등의 증상이 발생된다.

② 센서들의 고장원인을 밝혀내는 방법과 테스트를 하는 방법은 튠업장비 스캐너와 하이디에스가 있다.

14

자동차 트랜스퍼 케이스의 기능과 구동방식, 제어 시스템에 대해 서술하시오.

1. 트랜스퍼 케이스(Transfer Case)의 기능

트랜스퍼 케이스(Transfer Case)는 4륜 구동 차량에 장치된 일종의 보조 변속기장치로서 변속기의 뒷부분에 설치되어 앞·뒤 바퀴로 가는 기관의 동력을 분배하는 일을 한다.

① 구동력 확보에 의한 주행성 향상

② 차량의 안정성, 조정성 향상 등을 목적으로 한 앞·뒤 바퀴의 구동력 분배기능(예 비포장도로에서 동력을 앞·뒤 바퀴에 나누어 전달)

③ 차동기구나 조작기구를 이용하여 선회시에 앞·뒤 바퀴의 선회 반지름에 의해 생기는 회전속도 차를 흡수하는 기능

2. 구동방식

(1) 풀타임방식

① 구동력을 전·후륜에 상시 전달하는 것으로서 전·후륜의 구동력 배분이 항상 일정한 배분이 되는 고정분배식과 노면 상황이나 주행상태 등에 따라 구동력 분배가 가변으로 되는 가변분배식으로 분류된다.

② 엔진의 구동력이 앞바퀴 40%, 뒷바퀴 60%로 배분되는 것이 가장 효율적이므로 풀타임 트랜스퍼 케이스는 항상 앞바퀴와 뒷바퀴의 구동력을 4 : 6으로 분배시킨다.

③ 풀타임 트랜스퍼 케이스는 파트타임 트랜스퍼 케이스와 달리 일반 도로에서 코너를 돌 때 4륜구동 상태이므로 앞바퀴와 뒷바퀴의 반지름 차이로 부드럽게 코너를 돌지 못한다. 그래서 풀타임 트랜스퍼 케이스 내부에 차동기어가 설치되어 있다.

(2) 파트타임방식

① 수동조작 등 필요에 따라서 전·후륜을 기계적으로 직결하는 방식으로 구동력 분배는 전·후륜의 동적 하중 분배에 비례하여 이루어진다.

② 파트타임 트랜스퍼 케이스는 운전자가 스위치를 키면 4륜구동이 되고 스위치를 끄면 2륜구동이 되는 방식이다. 풀타임 트랜스퍼 케이스에서 클러치가 추가적으로 설치되어 있어 클러치를 작동하면 4륜구동, 작동하지 않으면 2륜구동으로 달린다.

3. 제어 시스템

풀타임방식은 트랜스퍼 케이스 컨트롤 유닛(TCCU)으로 제어되며, 보통 스위치 조작에 따라 주행 중에도 4륜구동으로 변환이 가능하도록 해주는 기능이 있다. 파트타임방식에서는 2H, 4H 및 4L의 3가지 주행모드가 있으며, 주행조건에 따라 운전자가 자유롭게 설정할 수 있다.

15

자동차에 발생하는 진동의 종류에 대해서 약술하시오.

1. 개 요

자동차가 주행하면 엔진과 동력전달장치 등에 의한 고유진동이 발생하고, 또한 노면으로부터의
충격에 의한 진동, 그 외에 다른 힘(구동력, 제동력, 원심력, 풍력 등)에 의한 진동 등이 발생하여
차체의 운동과 진동은 복잡한 3차원적으로 나타난다. 자동차의 무게중심을 원점으로 하고, 원점
에서 세운 수직축을 Z축, 자동차의 길이(세로)방향으로 그은 선을 X축, 좌우(가로)방향을 그은
선을 Y축이라 하면 여러 가지 진동이 나타나는데 이들은 개별적으로 나타나지 않고, 복합된 형태
로 나타난다.

2. 차체의 진동

(1) **롤링(Rolling)**
차량의 세로방향(X축방향)을 중심으로 차체가 회전하는 진동

(2) **피칭(Pitching)**
차량의 가로방향(Y축방향)을 중심으로 차체가 회전하는 진동

(3) **요잉(Yawing)**
차량의 수직방향(Z축방향)을 중심으로 차체가 회전하는 진동

(4) **서징(Surging)**
차량의 세로방향(X축방향)을 따라 차체가 전체적으로 전·후로 직선 운동하는 진동

(5) 러칭(Lurching)

차량의 가로방향(Y축방향)을 따라 전체적으로 상·하 왕복 운동하는 진동

(6) 바운싱(Bouncing)

차량의 수직방향(Z축방향)을 따라 차체가 전체적으로 상·하로 직선 운동하는 진동

(7) 시밍(Shimmying)

스티어링 너클 핀을 중심으로 앞바퀴가 좌·우로 회전하는 진동

(8) 스키딩(Skiding)

타이어가 슬립하면서 동시에 요잉하는 진동

(9) 트램핑(Tramping)

판 스프링에 의해 현가된 일체식 차축이 세로축(X축)에 나란한 회전축을 중심으로 좌·우 회전하는 진동

(10) 스쿼트(Squat)

급발진시 또는 급가속시에 구동력에 의하여 차체의 뒷부분이 낮아지는 운동[노즈 업(nose up)]

(11) 다이브(Dive)

제동시에 제동력에 의하여 차체의 앞부분이 낮아지는 운동[노즈 다운(nose down)]

16

독립현가장치의 특징과 종류를 서술하시오.

1. 독립현가장치의 특징

독립현가장치는 차축을 분할하여 좌·우 바퀴가 서로 상관없이 움직이도록 한 것이다.

(1) 장 점

① 스프링 밑 질량이 가볍기 때문에 승차감이 좋다.

② 고속주행에 안정성이 있다.

③ 바퀴가 시미(Shimmy ; 조향 바퀴에 옆방향으로 요동하는 진동)를 잘 일으키지 않고 로드 홀딩이 우수하다.

④ 유연한 코일 스프링(Coil Spring)을 사용할 수 있다.

(2) 단 점

① 연결(Joint)부분이 많아 구조가 복잡하다.

② 휠 얼라인먼트(Wheel Alignment)가 변하기 쉽다.

③ 가격이 비싸다.

④ 주행할 때 바퀴가 상·하로 움직임에 따라 윤거(Tread)나 휠 얼라인먼트가 변하기 때문에 타이어가 빨리 마모된다.

2. 독립현가장치의 종류

(1) 위시본형(Wishbone type)

① 구 조

위시본형은 상·하 컨트롤 암(Upper and Lower Control Arm), 조향너클(Steering Knuckle), 코일 스프링(Coil Spring) 등으로 구성되어 있어 바퀴가 스프링에 의해 완충되면서 상하운동을 하게 되어 있다. 바퀴에 발생하는 제동력이나 선회력(Cornering Force)은 모두 컨트롤 암이 지지하고 스프링은 수직방향의 하중만을 지지하는 구조로 되어 있다.

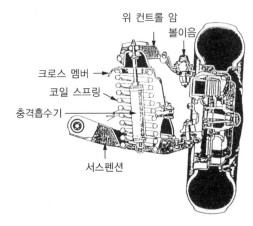

[위시본형]

② 종 류

㉠ 평행사변형 형식 : 상·하 컨트롤 암을 연결하는 4점이 평행사변형을 이루고 있기 때문에 바퀴가 상하운동을 하면 조향너클과 연결되는 두 점이 평행이동을 하므로 이에 따라 윤간거리가 변화됨으로써 타이어의 마멸이 심하게 된다. 캠버가 변화되지 않으므로 선회시 안전성이 높아 고속용 자동차 및 경주용 자동차에 사용된다.

㉡ SLA 형식(Short Long Arm Type) : 아래 컨트롤 암이 위 컨트롤 암보다 길게 되어 있어 바퀴의 상하운동시 위 컨트롤 암은 아래 컨트롤 암보다 작은 원호를 그리게 되어 윤간거리의 변화가 없어 타이어의 마멸이 적다. 컨트롤 암이 움직일 때마다 캠버의 변화가 생기는 결점이 있다.

(2) 맥퍼슨형(Macpherson type)

① 구 조

현가장치가 조향너클과 일체로 되어 있으며, 쇽업소버가 내부에 설치된 스트럿과 현가암, 현가암과 스트럿 아래 부분을 연결하는 볼이음 및 스프링 등으로 구성되어 있다.

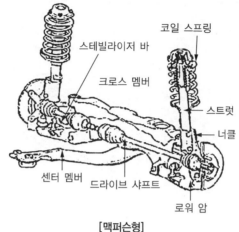

[맥퍼슨형]

② 특 징

㉠ 위시본형에 비하여 구조가 간단하다.

㉡ 마모나 손상을 일으키는 부분이 적고 보수가 용이하다.

㉢ 스프링 아래 질량이 작아서 바퀴의 접지성능 및 승차감이 우수하다.

㉣ 엔진실의 유효체적을 넓게 할 수 있다.

(3) 트레일링 링크 형식(Trailing link type)

    ① 구 조

        ㉠ 자동차 후방으로 향한 암에 의하여 바퀴를 지지하는 형식으로 암은 자동차의 진행방향과
           직각으로 되어 있다.

        ㉡ 쇽업소버와 코일 스프링 및 토션 바로 구성되어 있다.

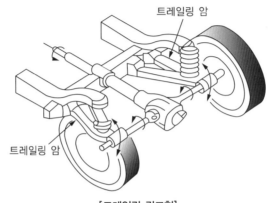

[트레일링 링크형]

    ② 특 징

        ㉠ 앞바퀴 정렬의 변화나 타이어의 마모를 줄일 수 있다.

        ㉡ 자동차의 진행방향에 대한 저항력이 부족하고 제동시 노즈 다운(Nose Down)을 일으킨다.

        ㉢ 주로 소형 FF 자동차의 뒤 현가장치로 많이 사용하고 있다.

(4) 토션 빔 액슬형(3링크형 = Three link torsion beam axle type)

① 구 조

고강력 강판을 사용한 U자형 액슬 빔 양단의 트레일링 암, 레터럴 로드(Lateral Rod) 및 쇽업 소버와 코일 스프링, 액슬 빔에 장치된 토션 바(Torsion Bar)로 구성되어 있다.

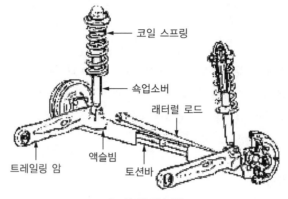

[토션 빔 액슬형]

② 특 징

㉠ FF 자동차 중 고급차의 뒤 현가장치로 많이 사용되고 있다.

㉡ 차체로 전달되는 진동을 감소시켜 조향 안정성과 승차감이 좋다.

(5) 스윙 차축 형식(Swing axle type)

① 구 조

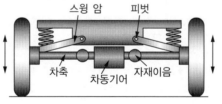

[스윙 차축 형]

② 특 징

㉠ 일체식 차축을 양쪽으로 분할하여 자재이음을 사용한 형식이다.

㉡ 좌우 바퀴가 모두 분할된 점을 중심으로 하여 상하운동을 할 수 있다.

㉢ 바퀴의 상하운동에 따라 캠버, 윤간거리 등이 크게 변화하기 때문에 앞차축에는 사용하지 않고 주로 뒤차축에 사용한다.

㉣ 차체의 롤링 중심이 높기 때문에 선회시 경사가 적다.

17

자동차 현가장치에서 독립식과 일체차축식을 구분하여 구조 및 특징에 대해 약술하시오.

1. 현가장치

현가장치는 자동차가 주행할 때 노면에서 받는 진동이나 충격을 흡수하기 위해 프레임과 차축 사이에 완충장치를 설치하여 승차감을 좋게 하고 또한 자동차 각 부분이 충격과 진동에 의한 손상이 발생되는 것을 방지한다. 구성요소로는 각종 스프링과 쇽업소버 등으로 구성되어 있다.

2. 독립식 현가장치

(1) 독립식 현가장치의 특징

독립현가장치는 차축을 분할하여 좌·우 바퀴가 서로 상관없이 움직이도록 하여 승차감이나 안정성을 향상시킬 수 있도록 한 구조이다.

① 장 점

  ㉠ 스프링 아래 질량이 가볍기 때문에 승차감이 좋다.

  ㉡ 고속주행에 안정성이 있다.

  ㉢ 바퀴가 시미(Shimmy ; 조향 바퀴에 옆방향으로 요동하는 진동)를 잘 일으키지 않고 로드 홀딩(타이어와 노면의 말착 안전성)이 우수하다.

  ㉣ 유연한 코일 스프링(Coil Spring)을 사용할 수 있다.

② 단 점

  ㉠ 연결(Joint)부분이 많아 구조가 복잡하고 취급 및 정비가 어렵다.

  ㉡ 휠 얼라인먼트(Wheel Alignment)가 변하기 쉽다.

  ㉢ 주행할 때 바퀴가 상·하로 움직임에 따라 윤거(Tread)나 휠 얼라인먼트가 변하기 때문에 타이어가 빨리 마모된다.

(2) 독립식 현가장치의 종류

① 위시본형(Wishbone type)

　㉠ 구 조

　　위시본형은 상·하 컨트롤 암(Upper and Lower Control Arm), 조향너클(Steering Knuckle), 코일 스프링(Coil Spring) 등으로 구성되어 있어 바퀴가 스프링에 의해 완충되면서 상하운동을 하게 되어 있다. 바퀴에 발생하는 제동력이나 선회력(Cornering Force)은 모두 컨트롤 암이 지지하고 스프링은 수직방향의 하중만을 지지하는 구조로 되어 있다.

　㉡ 종 류

　　• 평행사변형 형식 : 상·하 컨트롤 암을 연결하는 4점이 평행사변형을 이루고 있기 때문에 바퀴가 상하운동을 하면 조향너클과 연결되는 두 점이 평행이동을 하므로 이에 따라 윤간거리가 변화됨으로써 타이어의 마멸이 심하게 된다. 캠버가 변화되지 않으므로 선회시 안전성이 높아 고속용 자동차 및 경주용 자동차에 사용된다.

　　• SLA 형식(Short Long Arm Type) : 아래 컨트롤 암이 위 컨트롤 암보다 길게 되어 있어 바퀴의 상하운동시 위 컨트롤 암은 아래 컨트롤 암보다 작은 원호를 그리게 되어 윤간거리의 변화가 없어 타이어의 마멸이 적다. 컨트롤 암이 움직일 때마다 캠버의 변화가 생기는 결점이 있다.

　㉢ 특 징

　　• 차량 높이를 낮게 설계 가능하여 후드 높이를 낮출 수 있다.
　　• 강성이 높고 조정안전성이 높다.
　　• 구성 부품수가 많아 차량 중량이 증가한다.
　　• 값이 비싸고 구조가 복잡하다.

② 맥퍼슨형(Macpherson type)

　㉠ 구 조

　　현가장치가 조향너클과 일체로 되어 있으며, 쇽업소버가 내부에 설치된 스트럿과 현가암, 현가암과 스트럿 아래 부분을 연결하는 볼이음 및 스프링 등으로 구성되어 있다.

　㉡ 특 징

　　• 위시본형에 비하여 구조가 간단하다.
　　• 마모나 손상을 일으키는 부분이 적고 보수가 용이하다.
　　• 스프링 아래 질량이 작아서 바퀴의 접지성능 및 승차감이 우수하다.
　　• 엔진실의 유효체적을 넓게 할 수 있다.
　　• 횡방향력에 대한 저항력이 약하다.

3. 일체차축식 현가장치

(1) 일체차축식 현가장치의 구조

일체로 된 차축에 양쪽 바퀴가 설치되고 그 차축이 코일 스프링을 거쳐 차체에 장착하는 형식으로 대형트럭이나 버스 등의 앞뒤차축에 많이 적용되고 있다. 일반적으로 평행 판스프링 형식이 많이 사용되며, 조향 너클의 장착방법은 역 엘리옷형(Reverse Elliot Type)이 많이 사용된다.

(2) 일체차축식 현가장치의 특징

① 장 점

㉠ 부품수가 적어 구조가 간단하다.

㉡ 선회할 때 휠 얼라이먼트의 변화가 적다.

② 단 점

㉠ 스프링 아래 질량이 커서 승차감이 좋지 않다.

㉡ 앞바퀴에 시미(Shimmy)가 발생하기 쉽고, 반대편 바퀴의 진동에 영향을 받는다.

㉢ 스프링 정수가 너무 작은 것은 사용하기 어렵다.

18 공기현가장치의 구성 및 작동, 특징에 대해 서술하시오.

1. 구성

공기현가장치의 구성은 공기스프링, 레벨링밸브, 공기탱크, 공기압축기, 첵밸브, 거버너, 안전밸브, 물트랩, 서지탱크, 트레인밸브 등으로 구성되어 있다.

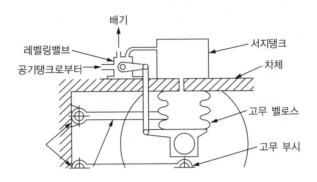

2. 작동

(1) 공기스프링(Air spring)

공기스프링은 섬유 등으로 보강된 고무막이나 강철재의 용기 속에 공기를 압입하여 공기가 수축·팽창하면서 스프링작용을 하게 한 것이다.

① 스프링 효과를 유연하게 할 수 있어 고유진동수를 낮출 수 있다.

② 하중의 증감에 관계없이 차체 높이를 일정하게 유지할 수 있다.

③ 하중의 변화에 따라 스프링 상수를 변화시킬 수 있으므로 공차시나 최대 적재시에도 진동수의 변화가 적어 승차감의 변화없이 일정하게 유지할 수 있다.

④ 공기스프링 자체의 감쇠 특성에 의하여 작은 진동도 흡수할 수 있다.

(2) 공기압축기(Air compressor)

엔진에 의해 구동되어 공기를 압축하며 압축된 공기를 주탱크에 보내고, 여기서 밸브를 거쳐 공기스프링에 보낸다.

(3) 서지탱크(Surge tank)

공기스프링 내부의 압력변화를 완화하여 스프링작용을 유연하게 한다.

(4) 레벨링밸브(Levelling valve)

① 자동차의 하중에 관계없이 항상 자동차의 높이를 일정하게 유지하도록 압축공기를 자동적으로 공기스프링에 공급하거나 배출한다.

② 레벨링밸브의 레버는 공기스프링과 연동되어 작동된다. 즉, 공기스프링이 줄어들면 레벨링밸브의 레버는 위로 움직이고, 공기스프링이 늘어나면 반대로 아래로 움직인다. 레벨링밸브 내부에는 공기탱크에서 공기스프링으로 통하는 통로를 제어하는 급기밸브와 공기스프링과 공기를 대기로 방출하는 포트(Port)를 통하는 통로를 제어하는 배기밸브가 있는데 이들 두 밸브는 레벨링밸브의 레버에 의해 작동된다.

3. 특 징

① 하중의 변화에 따라 스프링정수가 자동적으로 변한다.

② 고주파진동을 잘 흡수한다.

③ 하중의 증감에 관계없이 고유진동수는 거의 일정하게 유지된다.

④ 하중의 증감에 관계없이 차의 높이가 항상 일정하게 유지되어 차량이 전후좌우로 기우는 것을 방지한다.

⑤ 승차감이 좋고 진동을 완화하여 자동차의 수명이 길어진다.

19 자동차의 현가장치의 기능과 조건을 설명하고, 쇽업소버의 종류와 역할에 대해 기술하시오.

1. 현가장치의 기능 및 조건

(1) 기 능
현가장치는 차축과 프레임을 연결하고 주행 중 노면에서 받는 진동이나 충격을 흡수하여 승차감과 자동차의 안전성을 향상시키는 장치이다.

① 자동차 중량을 지지한다.

② 노면으로부터 오는 충격이나 진동을 완화시키는 일을 한다.

③ 타이어와 도로 사이의 견인력 및 운동성을 유지하게 한다.

④ 바퀴의 정렬을 유지하게 한다.

(2) 조 건
① 노면에서 받는 충격을 완화하기 위해서는 현가장치의 상하방향의 연결이 유연해야 한다.

② 바퀴에 생기는 구동력, 제동력 및 원심력에 견딜 수 있도록 수평방향의 연결이 견고해야 한다.

2. 쇽업소버(Shock Absorber)

(1) 쇽업소버의 종류
① 원통형
㉠ 긴 원통을 서로 조합한 구조로 되어 있으며, 내부에는 차축 쪽과 연결하는 실린더와 차체 쪽을 연결하는 피스톤이 결합되어 있고 그 속에는 오일로 채워져 있다.

㉡ 피스톤에는 오일이 통과하는 작은 구멍이 설치되어 있고, 이 구멍은 오일의 흐름방향에 따라 자동적으로 개폐하는 밸브가 설치되어 있다.

② 레버형
㉠ 피스톤식
- 피스톤과 실린더 사이의 유밀을 지지하기 쉽다.
- 낮은 점도의 오일을 사용할 수 있다.
- 레버나 링크를 사용하기 때문에 차체에 설치하기 쉽다.

㉡ 회전날개식
- 원통형의 하우징, 날개 바퀴, 압력실, 칸막이벽, 밸브 및 오일 통로 등으로 되어 있다.
- 구조가 간단하고 소형으로 할 수 있다.

③ 가스 봉입식
　㉠ 유압식 쇽업소버의 일종으로 실린더 내에 프리피스톤을 설치하여 오일실과 가스실이 분리되어 있다.
　㉡ 실린더가 하나로 되어 있기 때문에 방열효과가 있다.
④ 맥퍼슨식
　㉠ 쇽업소버가 서스펜션 링크의 일부를 형성하고 차체의 하중을 지지하며, 앞 스트럿 속에 장치되어 있다.
　㉡ 실린더 안에서 상하로 움직이는 피스톤 로드에 결합된 피스톤에는 피스톤밸브 및 논리턴밸브가 설치되어 있고, 실린더 밑부분에는 베이스밸브가 있어 피스톤 부분과 같은 작용을 한다.

(2) 쇽업소버의 역할
① 자동차 주행 중 발생된 스프링 자체의 진동 흡수
② 승차감 향상
③ 스프링의 피로를 감소시켜 수명을 연장
④ 고속주행시 발생하기 쉬운 로드 홀딩(Road Holding) 경감
　※ 로드 홀딩(Road Holding) : 타이어와 노면과의 점착성
⑤ 주행시와 제동시 안전성 향상
⑥ 스프링의 상하운동을 열에너지로 변환

20

전자제어 현가장치(ECS ; Electronic Controlled Suspension System)의 개념
과 특징을 설명하고, 제어기능을 서술하시오.

1. 전자제어 현가장치의 개념과 특징

(1) 개 념

전자제어 현가장치는 컴퓨터(ECU), 각종 센서, 액추에이터 등을 설치하고 노면의 상태, 주행
조건, 운전자의 선택 등과 같은 요소에 따라서 자동차의 높이와 현가 특성(스프링 정수 및 감쇠력)
이 컴퓨터에 의해 자동적으로 조절되는 현가장치이다.

(2) ECS의 특징

① 급제동할 때 노스 다운(Nose Down)을 방지한다.

② 급선회할 때 원심력에 대한 차체의 기울어짐을 방지한다.

③ 노면으로부터의 차량 높이를 조절할 수 있다.

④ 노면의 상태에 따라 승차감을 조절할 수 있다.

⑤ 차체의 좌·우, 앞·뒤의 자동차 높이, 조향핸들 각도, 가속 페달 조작 속도(스로틀 위치 센서),
주행속도, 노면 상태 등을 판단하고 연산하여 주행상태에 따른 쇽업소버의 감쇠력과 공기스프링
의 압력을 조정한다.

2. ECS의 제어기능

(1) 자세 제어기능

현가장치의 공기스프링의 압력을 제어하여 선회 중의 롤(Roll), 제동할 때의 다이브(Dive) 및
출발할 때의 스쿼트(Squat)에서도 노면에 대하여 차체의 평행을 유지할 수 있다. 감쇠력 특성
제어와 동시에 제어되므로 승차감, 주행 안정성이 매우 향상된다.

① 안티 롤(Anti-roll) 제어

조향핸들 각도, 차체 횡 원심력에 따라 선회 주행할 때 안쪽 및 바깥쪽 바퀴의 공기 압력을
제어하여 롤링하지 않고 선회할 수 있는 기능이다.

㉠ 바깥쪽 바퀴 : 공기스프링에 공기를 공급하여 압력을 높인다.

㉡ 안쪽 바퀴 : 공기스프링에 공기를 배출하여 압력을 낮춘다.

② 안티 다이브(Anti-dive) 제어

제동할 때 앞·뒤 감속도에 따라 앞바퀴 쪽 공기스프링에 공기를 공급하고, 뒷바퀴 쪽 공기스프
링의 공기를 배출시켜 차체를 평행하게 유지하도록 하는 기능이다.

③ 안티 스쿼트(Anti - squat) 제어

안티 다이브 제어와는 반대로 제어한다. 앞바퀴 쪽의 공기스프링의 공기는 배출하고, 뒷바퀴 쪽 공기스프링에는 공기를 공급하여 차체를 평행하게 하는 제어이다.

④ 피칭(Pitching) 및 바운싱(Bouncing) 제어

쇽업소버의 신축 상태(자동차 높이의 변화)에 따라 제어한다. 신장 쪽 공기스프링의 공기를 배출시키고, 수축 쪽 공기스프링에는 공기를 공급하여 차체를 평행하게 제어하는 기능이다.

(2) 감쇠력 제어기능

4바퀴의 쇽업소버 감쇠력 특성을 노면 상태와 주행 조건에 따라 4단계로 제어하여 쾌적한 승차감과 양호한 조종 안정성을 향상시킨다.

① 안티 롤(Anti Roll) 제어의 감쇠력 전환

급·배기 시작과 동시에 Map에 따라 감쇠력을 1초 동안 Soft와 Medium 또는 Hard로 전환시키고 난 다음 감쇠력을 1단 내려 유지한다. 다만, 좌우방향의 가속도가 규정값 이상인 경우에는 감쇠력을 Medium 또는 Hard로 유지한다. 처음 복귀할 때에는 다시 한번 감쇠력을 1단 올려서 약 1초 후에 처음의 감쇠력에 복귀한다.

② 안티 다이브(Anti Dive) 제어의 감쇠력 전환

급제동할 때의 Nose Dive를 감소시키기 위해 급·배기와 동시에 감쇠력을 Medium 또는 Hard로 전환한다.

③ 안티 스쿼트(Anti Squat) 제어의 감쇠력 변환

급출발을 할 때 스쿼트를 감소시키기 위해 급·배기 시작과 동시에 감쇠력을 Medium 또는 Hard로 전환한다.

④ 주행속도에 의한 감쇠력 전환

주행속도에 따른 감쇠력을 전환하여 고속주행 안정성을 높인다.

(3) 자동차 높이 제어기능

① 승차인원수, 화물의 변화량(하중의 변화)에 의한 자세에 대하여 목표 차고(Normal, High, Extra - High, Low)가 되도록 공기스프링 내의 압력을 자동적으로 조절한다.

② 자동차 높이는 앞·뒤 차고 센서에 의해 검출되며, 자동차 높이의 시작 및 정지 결정은 컴퓨터가 자동적으로 실행한다.

③ 자동차 높이 조정 모드는 Normal, High, Extra - High의 3가지가 있다.

(4) 기 타

① 공기압축기 제어기능

공기저장탱크 내의 압력이 기준치 이하로 내려가면 공기압축기를 작동시켜 공기저장탱크 내의 압력을 항상 기준치로 유지시킨다.

② 조향핸들 감도제어기능

ECS 패널의 스위치 선택에 따라 조향핸들의 감도를 선택할 수 있다.

③ ECS 지시등 제어기능

ECS 지시등은 계기판에 설치되어 운전자의 스위치 선택에 의한 명령이 컨트롤 유닛에 전달되어 현가 특성 및 차 높이 상태 등이 작동하고, 그 실행내용이 램프나 버저(Buzzer)에 의하여 표시된다.

④ 자기진단기능

ECS장치의 입출력 신호가 비정상적일 때 ECS 지시등이 점등되면 고장진단코드를 출력시켜 운전자에게 알려주는 기능이 있다.

21
차량 설계시 앞바퀴 휠 얼라인먼트(Wheel Alignment)를 두는 목적과 각각의 요소에 대하여 설명하시오.

1. 휠 얼라인먼트(Wheel Alignment)의 개요 및 목적

(1) 개 요

자동차에 장착되어 있는 4개의 바퀴가 제 위치에 있지 않을 경우 조향성과 직진성이 상실되어 주행 조종과 성능, 안전에 좋지 않은 영향을 미치게 된다. 특히 차의 방향을 바꾸는데 쓰이는 앞바퀴가 차체 및 노면과 이루는 각도는 매우 중요하다. 앞바퀴 휠 얼라인먼트는 차의 움직임을 원만하게 하는데 그 목적이 있다.

(2) 목 적

① 운전을 편안하게 해준다.

② 쏠림, 롤링, 떨림을 방지한다.

③ 타이어 편마모를 방지한다.

④ 기름이 절약된다.

⑤ 정밀진단으로 수리비를 최소화한다.

⑥ 하체 조기점검으로 안전을 보장한다.

2. 휠 얼라인먼트의 구성요소

(1) 캐스터(Caster)

① 앞바퀴를 옆에서 보았을 때 킹핀의 중심선이 노면의 수직선에 대하여 어느 한 쪽으로 기울어져 있는 각도를 말한다.

② 캐스터는 차량의 주행 중 방향성을 주며, 조향 후 직진방향으로 되돌아오려는 복원력을 발생시킨다.

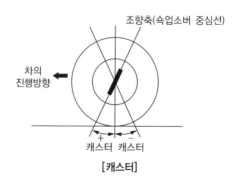

[캐스터]

(2) 캠버(Camber)

① 앞바퀴를 앞에서 보았을 때 타이어의 중심선이 노면의 수직선에 대하여 기울어져 있는 각도를 말한다.

② 캠버는 핸들의 조작을 가볍게 하고 주행 및 제동시 노면의 충격이 핸들로 전달됨을 감소시킨다. 또한 뒷바퀴 마이너스 캠버는 주행 또는 코너링시 차에 안정감을 부여한다.

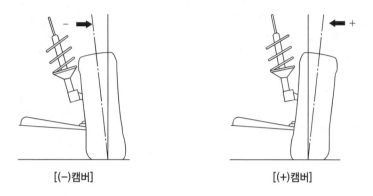

[(−)캠버]　　　　　[(+)캠버]

(3) 토우(Toe)

① 토인(Toe − in) : 앞바퀴를 위에서 보았을 때 앞쪽이 뒤쪽보다 좁게 된 상태

② 토아웃(Toe − out) : 앞바퀴를 위에서 보았을 때 뒤쪽이 앞쪽보다 좁게 된 상태

> **더 알아보기** ｜ **선회시 토아웃(Toe − out)**
>
> • 선회시 커브 내측륜의 조향각(β)과 커브 외측륜의 조향각(α)의 차이를 말한다.
> • 커브 내측륜을 직진상태에서 20°조향시킨 상태에서 커브 외측륜의 조향각을 측정하여 구한다.
> • 조향사다리꼴 장치의 고장(예 핸들의 쏠림, 너클암 또는 타이롯드의 휨)을 점검하는데 필요한 차륜정렬요소이다.

③ 기 능

　㉠ 타이어 편마모 방지

　㉡ 캠버에 의한 사이드슬립의 보상 효과

　㉢ 조향 링키지 유격 또는 마모에 대한 보상

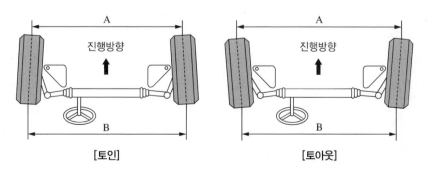

[토인]　　　　　[토아웃]

(4) 킹핀 경사각(King Pin Angle)

① 앞바퀴를 앞에서 보았을 때 수직선과 킹핀 축 중심이 이루는 각도를 말한다.

② 킹핀 경사각은 핸들조작력을 작게 하고 캠버와 함께 오프셋(Off-set)량을 적게 하여 조작력을 경감시킨다. 또한 차량의 무게와 조합하여 조향 후 직진상태로 되돌아오려는 복원력을 증대시킨다.

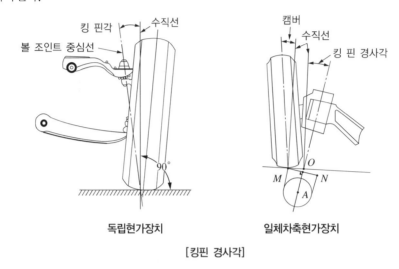

[킹핀 경사각]

(5) 사이드슬립(Side Slip)

직진시 타이어의 사이드슬립은 1m 주행하는 경우에 ±3mm 이하로 규정하며, 캠버와 토우를 주체로 하는 각 휠 얼라인먼트의 종합적인 관계를 조사하기 위한 것이다.

22

애커먼장토방식(Ackerman – Jeantaud Type)의 조향원리에 대해 서술하시오.

1. 개 요

애커먼장토방식(Ackerman – Jeantaud Type)은 자동차가 선회할 때 양쪽 바퀴가 옆방향으로 미끄러지는 것이나 저항을 줄이려면 조향바퀴가 동심원을 그리며 선회하도록 하여야 한다. 이와 같은 원리를 이용한 것이 애커먼장토방식이며, 현재 거의 이 형식이 사용되고 있다.

2. 조향원리

차량이 선회할 때 안쪽 바퀴의 조향각이 바깥쪽 바퀴의 조향각보다 크게 하여 각각의 바퀴가 동심원을 그리면서 주행할 수 있도록 한 조향방식이다.

(1) 구 조

① 차량이 직진위치에 있을 때 조향너클암, 타이로드 그리고 앞차축이 사다리꼴 모양이다(조향 사다리꼴 메커니즘).

② 조향너클암은 조향너클과 일체로 되어 있고, 조향너클은 볼트 또는 볼 조인트로 현가장치에 지지되어 있다.

③ 직진시에 타이로드는 앞차축에 평행한다. 커브 주행시엔 조향너클이 조향되면서 휠이 조향되어야 한다. 조향너클과 너클암이 90°가 아니면 어느 한 쪽으로 조향할 경우 타이로드는 앞 차축에 대하여 더이상 평행할 수 없게 된다. 따라서 양쪽 너클암의 끝부분이 운동한 거리에는 큰 차이가 나게 된다. 이와 같은 원리에서 커브 내측륜과 커브 외측륜의 조향각은 항상 서로 차이가 있게 된다. 선회하는 안쪽 바퀴의 조향각이 바깥 바퀴 조향각보다 크게 되어 뒤차축 연장선상의 한 점을 중심으로 동심원을 그리며 선회함으로써 양쪽 바퀴가 옆방향으로 미끄러지는 것을 방지하고 핸들조작에 따른 저항을 줄일 수 있다.

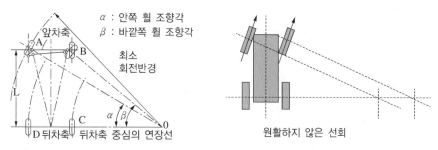

[애커먼장토방식]

(2) 최소 회전반지름

조향각도를 최대로 하고 선회로 하였을 때 그려지는 동심원 가운데 맨 바깥쪽 원의 반경을 그 자동차의 최소 회전반지름이라 한다.

$$R = \frac{L}{\sin\alpha} + r$$

여기서, L : 축간거리

     α : 바깥쪽 앞바퀴의 조향각

     r : 바퀴접지면 중심과 킹핀과의 거리

(3) 코너링 포스(Cornering Force)

애커먼장토방식 조향장치는 자동차가 선회할 때 옆방향 미끄러움이 거의 없는 상태이고, 실제로는 원심력이 작용하기 때문에 자동차가 일정의 반지름을 그리며 선회하려면 원심력에 평형되는 힘이 필요하게 된다. 이 힘은 타이어가 옆방향으로 미끄러지는 것에 의해 발생되며, 이 힘을 코너링 포스(Cornering Force)라 한다.

(4) 조향축의 회전력

조향축의 회전력은 다음과 같은 식으로 표현될 수 있다.

$$T_g = R \times F \times r_a \times \eta_n$$

여기서, T_g : 섹터축의 회전력(m·kgf)

     R : 휠의 반경(m)

     F : 휠의 작용력(kgf)

     r_a : 감속비

     η_n : 기계 효율(%)

23

일반 유압식 파워스티어링(NPS)과 전자제어 동력조향장치의 종류인 MDPS(Motor
Driven Power Steering)를 비교 설명하고, MDPS의 작동원리 및 특징을 서술하시오.

1. 유압식 파워스티어링(NPS)과 MDPS(Motor Driven Power Steering)의 개념

(1) 유압식 파워스티어링(NPS)

유압식 파워스티어링은 오일펌프에서 생성된 유압을 이용하여 스티어링기어를 움직이게 하는
방식이다. 엔진과 벨트로 연결되는 유압식 파워스티어링은 오일펌프에 의하여 발생하는 부하로
인하여 엔진은 더 많은 운동을 하게 되므로 연료소모율이 증가된다.

(2) MDPS(Motor Driven Power Steering)

MDPS는 기존의 유압으로 작동되는 조향장치 대신에 전기모터를 이용하는 조향장치로서 속도별
최적 조향력을 제공하여 친환경, 연비저감 등의 효과가 있다.

2. NPS와 MDPS 비교

구 분	일반 유압식 파워스티어링(NPS)	전동식 파워스티어링(MDPS)
속도별 조향력	차속에 따른 조향력이 변화 없음	저속 : 가벼움, 고속 : 무거움 저속·고속에서 최적 상세 튜닝
연 비	항시 작동 불필요한 연료 소모	조향시만 작동 유압시 대비 3~5% 향상
친환경	파워스티어링 오일 사용	전기 사용(무공해)
장비성	열 세	우 수
차 종	NF쏘나타, 싼타페	아반테

3. MDPS의 작동원리 및 특징

(1) 작동원리

운전자가 핸들을 움직일 때 센서가 회전방향과 속도를 감지하여, 부착되어 있는 전동모터를 작동하여 스티어링에 적절한 구동력을 전달한다. 즉, 속도가 낮을 때는 가볍게 하여 조향을 쉽게 하고, 고속주행시에는 파워스티어링을 무겁게 하여 조향에 안정감을 더해주는 장치이다.

(2) MDPS의 특징

① 장 점

  ㉠ 기존의 '유압식 파워스티어링 시스템'과 달리 유압식을 버리고 전기를 이용함에 따라 연비는 3~5% 정도 향상된다.

  ㉡ 부품이 엔진룸에서 차지하는 부분이 줄어들고 무게도 5kg 이상 가볍다.

  ㉢ 유압의 부하로 인한 차량 내로 잡음(Noise)의 유입이 없어지며, 부품의 단순화를 통하여 엔진내부의 공간 활용성을 높일 수 있다.

  ㉣ 벨트 대신 자동차의 발전기로부터 전기를 공급받아 필요시에만 모터를 작동하기 때문에 엔진의 연료 소모와 공해물질 배출이 줄어든다.

② 단 점

  ㉠ 유압식 파워스티어링에 익숙해 있던 많은 운전자들이 MDPS를 처음 접할 때 '조작감이 이상하다'라는 느낌을 받는다.

  ㉡ 핸들은 노면상태를 진동의 형태로 운전자에게 전달하고, 이러한 피드백을 통해 노면 상태는 어떠한지, 타이어의 그립 상태는 어떠한지 파악할 수 있는데 MDPS의 경우 이런 정보가 차단될 수 있다.

  ㉢ 불안한 조향감각과 핸들잠김 문제가 발생할 수도 있다.

  ㉣ MDPS의 모터는 조향을 하지 않으면 작동하지 않기 때문에 열이 발생하지 않지만, 좌우로 과격한 조향을 여러번 반복하거나 모터에 부하가 걸린 채로 고정된 경우 모터에서 심한 열이 발생해 파손될 위험이 있다.

더 알아보기 MDPS(= EPS ; Electronic Power Steering)의 종류

- **C - MDPS** : C - MDPS는 핸들의 회전을 전달하는 조향축(스티어링 칼럼)에 구동모터를 장착하기 때문에 설치가 쉽고 가격이 저렴한 반면 조향 감각이 좋지 않다. 조향 감각이 좋지 않은 이유는 구동모터의 도움을 받아 휠(바퀴)까지 전달하는 거리가 길고 거기엔 유니버설 조인트, 랙 앤 피니언, 타이로드, 너클 암 등의 부품들이 위치해 있기 때문이다. 이러한 부품들을 경유하여 전달이 되기 때문에 조향 감각이 좋지 않으며, 또한 스티어링 휠 바로 앞에 구동모터가 위치하기 때문에 모터의 운동에 따른 그 느낌과 소음이 운전자에게 바로 전달된다는 단점을 가지고 있다.
- **R - EPS** : R - EPS는 핸들의 조향축을 통해 회전하는 피니언(Pinion)이 랙(Rack)과 만나 직선운동으로 전환되는 곳인 휠(바퀴)의 연결부위에 구동모터가 위치하고 있어 유압식과 유사한 느낌을 주며 조향 감각이 뛰어나고 안정적이다. 그러나 엔진룸 아래의 바퀴 쪽에 장착되어 있기 때문에 외부에 노출되어 있어 별도로 방수작업을 해야 하고 사용온도가 높아서 단가가 높은 단점이 있다.

24 조향장치의 기능 및 조건을 설명하고, 조향기어비에 대해 기술하시오.

1. 조향장치의 기능 및 조건

(1) 기능 및 구성

조향장치는 자동차의 진행방향을 바꾸는 장치이며 조향핸들, 조향축, 조향기어 및 로드, 링크기구로 구성되어 있다.

(2) 갖추어 할 조건

① 주행조작이 주행 중의 충격에 영향을 받지 않을 것

② 조작하기 쉽고 방향 변환이 원활하게 이루어질 것

③ 진행방향을 바꿀 때 섀시 및 보디 각 부에 무리한 힘이 작용하지 않을 것

④ 고속주행에서도 조향핸들이 안정될 것

⑤ 조향핸들의 회전과 바퀴선회의 차가 크지 않을 것

⑥ 수명이 길고 정비가 쉬울 것

2. 조향기어비

(1) 개 념

조향기어비는 조향핸들의 회전각도와 피트먼 암의 회전각도와의 비를 말한다.

① 일반적으로 조향기어비는 소형차 10~15 : 1, 중형차 15~20 : 1, 대형차 20~30 : 1 정도이다.

② 조향기어비가 크면 조향핸들의 조작력이 작아지고, 조향기어비가 작으면 핸들조작은 신속하게 되나 큰 회전력을 필요로 한다.

③ 승용차보다 버스의 조향기어비가 크다.

(2) 계산식

감속비를 조향기어비라 하며, 조향핸들이 움직인 양과 피트먼 암이 움직인 양의 비로 표시한다. 예를 들어 조향핸들이 360° 회전하였을 때 피트먼 암이 60° 회전하면 조향기어비가 6이다.

$$\text{조향기어비} = \frac{\text{핸들의 움직인 양}}{\text{피트먼 암의 움직인 양}}$$

25

전자제어 동력조향장치(Electronic Power Steering ; EPS)의 특징 및 원리, 제어방식, 구성요소에 대해 설명하시오.

1. 전자제어 동력조향장치의 특징 및 원리

(1) 특 징

전자제어 동력조향장치는 동력조향장치의 결점인 자동차의 속도 증가에 따른 조향핸들의 민감성을 방지하기 위하여 기관회전수 및 차속의 변화에 따라 조향핸들의 조작력을 전자제어화하여 조향성능을 고도화하였다. 즉, EPS(Electronic Power Steering)는 가벼운 조향핸들조작력으로 자동차를 선회할 수 있도록 엔진으로 구동되는 유압 펌프의 유압을 동력원으로 하는 동력조향장치이다.

(2) 원 리

제어밸브는 발생하는 유압이 공급 유량의 제곱에 비례하는 특성에 착안하여 주행속도의 상승에 따라 동력조향장치에 공급 유량을 감소시켜 조향력을 제어한다.

2. 제어방식(종류)

(1) 유량제어방식(속도감응방식)

유량제어식 차속감응형 동력조향장치는 차속 센서에 의하여 검출된 자동차 속도에 따라 동력 피스톤에 작용하는 압력을 저속에서는 정상 압력을 유지하도록 하고, 자동차 속도가 증가할수록 작동압력을 저하시켜 적당한 무게의 조향감각이 주어지도록 변화시키는 방식이다.

(2) 실린더 바이패스 제어방식

조향기어 박스에 실린더 양쪽을 연결하는 바이패스밸브와 통로를 두고 주행속도의 상승에 따라 바이패스밸브의 면적을 확대하여 실린더작용 압력을 감소시켜 조향력을 제어하는 방식이다.

(3) 유압 반력 제어방식

자동차 속도 센서는 트로코이드형 유압모터를 활용하여 오일량을 자동차 속도에 따라 제어하고 유로를 변환하는 컨트롤밸브의 움직임을 변화시켜 조향력을 얻도록 하는 방식이다.

3. EPS의 구성요소

(1) 입력요소

① 차속 센서
계기판 내의 속도계에 리드스위치식으로 장착되어 차량속도를 검출하여 컴퓨터로 입력하기 위한 센서이다.

② TPS(Throttle Position Sensor)
스로틀보디에 장착되어 있고 운전자가 가속페달을 밟는 양을 감지하여 컴퓨터에 입력시켜줌으로써 차속 센서 고장시 조향력을 적정하게 유지하도록 한다.

③ 조향각 센서
조향핸들의 다기능 스위치 내에 설치되어 조향속도를 측정하며, 기존의 Power Steering의 Catch Up 현상을 보상하기 위한 센서이다.

(2) 제어부
컴퓨터(ECU)는 입력부의 조향각 센서 및 차속 센서의 신호를 기초로 하여 출력요소인 유량제어밸브의 전류를 적절히 제어한다. 저속시는 많은 전류를, 그리고 고속시는 적은 전류를 보내어 유량제어밸브의 상승 및 하강을 제어한다.

(3) 출력요소

① 유량제어밸브
차속과 조향각 신호를 기초 데이터로 하여 최적상태의 유량을 제어하는 밸브이다. 정차 또는 저속시는 유량제어밸브의 플랜저에 가장 큰 축력이 작용하여 밸브가 상승하고 고속시는 밸브가 하강하여 입력 및 바이패스(By Pass) 통로의 개폐를 조절한다. 유량제어밸브에서 유량을 제어함으로써 조향 휠의 답력을 변화시킨다.

② 고장진단 신호
전자제어 계통의 고장발생시 고장진단장비로 차량의 컴퓨터와 통신할 수 있는 신호이다.

26

전동형 동력조향장치(MDPS ; Motor Driven Power Steering) 시스템의 개요 및
특징에 대하여 설명하고, 이 시스템의 구성부품 4가지 이상을 열거하여 그 부품에
대한 기능을 서술하시오.

1. 개 요

MDPS(Motor Driven Power Steering)는 자동차의 주행속도에 따라 조향핸들의 조향조작력을
전자제어로 전동기를 구동시켜 주차 또는 저속으로 주행할 때에는 조향조작력을 가볍게 해주고
고속으로 주행할 때에는 조향조작력을 무겁게 하여 고속주행 안정성을 운전자에게 제공한다.

2. 특 징

(1) 장 점

① 연료소비율이 향상된다.

② 에너지 소비가 적으며, 구조가 간단하다.

③ 기관의 가동이 정지된 때에도 조향조작력 증대가 가능하다.

④ 조향특성 튜닝이 쉽다.

⑤ 기관 룸 레이아웃 설정 및 모듈화가 쉽다.

⑥ 유압제어장치가 없어 환경친화적이다.

(2) 단 점

① 전동기의 작동소음이 크고, 설치 자유도가 적다.

② 유압방식에 비하여 조향핸들의 복원력이 낮다.

③ 조향조작력의 한계 때문에 중·대형자동차에는 사용이 불가능하다.

④ 조향성능을 향상시키고 관성력이 낮은 전동기의 개발이 필요하다.

(3) 유압방식과 비교한 특성

① 전동방식은 유압방식에 필요한 오일을 사용하지 않으므로 환경친화적이다.

② 유압발생장치나 유압파이프 등이 없어 부품수가 감소하여 조립성능 향상 및 경량화를 꾀할
수 있다.

③ 경량화로 인한 연료소비율을 향상시킬 수 있다.

④ 전동기를 운전조건에 맞추어 제어하여 자동차 속도별 정확한 조향조작력 제어가 가능하고
고속주행 안전성이 향상되어 조향성능이 향상된다.

3. 구성부품

MDPS는 제어부, 차속 센서, 전동기 회전각도 센서, 조향기어박스, 토크 센서, 감속기구 등으로 구성되어 있다.

(1) 제어부
조향휠의 조작으로 동력 작동방향과 작동상태를 제어하는 부분이다.

(2) 차속 센서
자동차의 주행속도를 검출한다.

(3) 전동기 회전각도 센서
전동기의 로터 위치를 검출하여 신호를 보내 ECU가 전류출력 위상을 결정하도록 하는 역할을 한다.

(4) 조향기어박스
전동기에 발생한 회전력을 충분히 증대시켜 바퀴를 조향시키는 액추에이터이다.

(5) 토크 센서
운전자 조향핸들조작력을 검출한다.

27

제동장치(브레이크)의 기능 및 구비조건, 성능에 대해 설명하고, 브레이크의 종류를 열거하시오.

1. 제동장치의 기능 및 구비조건, 성능

(1) 제동장치의 기능

제동장치는 주행 중의 자동차를 감속 또는 정지시키고 동시에 주차상태를 유지하기 위해 사용되는 장치로 보통 마찰력을 이용해서 자동차의 운동에너지를 열에너지로 바꾸어 제동한다.

(2) 제동장치의 구비조건

① 신뢰성이 높고 내구력이 클 것

② 조작이 간단하고 운전자에게 피로감을 주지 않을 것

③ 최고 속도와 차량 중량에 대하여 항상 충분한 제동작용을 발휘할 것

④ 브레이크를 작동시키지 않을 때는 각 바퀴의 회전에 전혀 방해되지 않을 것

(3) 브레이크의 성능

① 브레이크의 응답성

$$\text{슈팩터(S.F. ; Shoe Factor)} = \frac{\text{슈에 의한 브레이크 토크}}{\text{슈 끝단 입력}}$$

② 브레이크 계수

$$\text{브레이크 팩터(B.F. ; Brake Factor)} = \frac{\text{출력 토크}}{\text{브레이크 입력}}$$

③ 페이드(Fade)

고속에서의 제동, 연속적인 비탈길 운전, 잦은 제동조작의 반복으로 드럼과 슈의 온도가 상승하고 그 결과 제동능력이 저하하는 현상을 말한다.

④ 베이퍼 록(Vapor Lock)

브레이크의 연속 사용이나 끌림 현상 등으로 브레이크가 가열되어 브레이크액 일부가 기화해서 배관 내에 기포가 발생하여 송유 또는 압력전달이 불가능해지는 현상을 말한다.

2. 브레이크의 종류

(1) 용도에 따른 분류

① 풋 브레이크(Foot Brake)

주행 중인 자동차를 감속시키거나 정지시에 사용되는 것으로 브레이크 페달을 밟아서 작동시킨다.

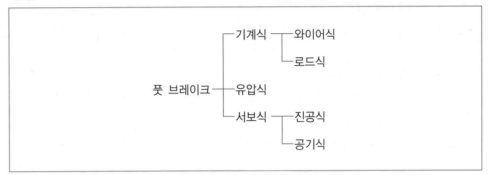

② 주차 브레이크

자동차를 정지한 상태로 유지시키기 위한 브레이크로서 보통 손으로 작동시키기 때문에 핸드브레이크라고도 한다.

③ 감속 브레이크

차량의 대형화, 고속화에 따라 마찰 브레이크를 보호하고 제동효과를 높여서 긴 경사길을 내려갈 때나 고속주행시 감속하기 위하여 사용하는 브레이크로, 배기 브레이크, 엔진 브레이크, 와전류 브레이크가 있다.

④ 비상 브레이크

압축공기를 사용하는 브레이크에서 공기계통의 고장이 생겼을 때 스프링의 장력을 이용하여 자동적으로 제동하도록 한 브레이크이다.

(2) 작동방식에 따른 분류

① 기계식 브레이크

브레이크 페달의 조작력을 로드나 와이어를 거쳐 제동기구에 전달하여 제동력을 발생시키는 브레이크이다.

② 유압식 브레이크

마스터 실린더, 휠 실린더, 오일 파이프, 호스 등으로 구성되어 있다.

③ 서보 브레이크

엔진의 흡기부압이나 압축공기를 이용하여 조작력을 증대시키는 것으로 흡기부압을 이용하는 하이드로백(Hydrovac)과 압축공기를 이용하는 공기서보 브레이크 하이드로에어팩(Hydro Airpak) 등이 있다.

④ 공기 브레이크

압축공기의 압력을 이용하여 모든 바퀴의 브레이크 슈를 드럼에 압착시켜 브레이크작용을
한다.

(3) 브레이크 구조에 따른 분류

① 디스크 브레이크

바퀴와 함께 회전하는 디스크를 양쪽에서 브레이크 패드를 유압으로 압착하여 제동력을 발생
하는 브레이크로 제동력의 변화가 적어 안정적이다.

② 외부 수축식 브레이크

브레이크 레버를 당기면 브레이크 밴드가 드럼에 압착되어 브레이크작용을 하는 브레이크이다.

③ 내부 확장식 브레이크

드럼 내부에 슈라이닝이 설치되어 풋 브레이크를 밟으면 슈라이닝이 확장되면서 제동작용을
하는 브레이크이다.

28 제동장치(브레이크)와 관련하여 고장진단과 그 원인에 대해 설명하시오.

제동장치(브레이크)의 고장진단과 원인

고장진단	원 인
브레이크 페달의 행정이 크게 되는 원인	① 브레이크 드럼, 라이닝의 마멸 또는 간격의 불량 ② 링크기구의 각 접속부의 마멸 ③ 브레이크 오일에 공기 혼입 ④ 베이퍼 록 발생 ⑤ 브레이크 오일의 누수
브레이크 페달을 밟았을 때 한 쪽으로 쏠리는 원인	① 타이어 공기압의 불균형 ② 드럼 간극의 조정 불량 ③ 한 쪽 라이닝에 오일이 묻었을 때 ④ 앞바퀴 정렬이 불량할 때 ⑤ 패드나 라이닝의 접촉 불량
브레이크 페달을 밟았을 때 소음이 나거나 떨리는 원인	① 브레이크 드럼의 불균일한 마모 및 균열 ② 브레이크 드럼 내에 불순물 ③ 패드나 라이닝의 경화 ④ 패드 접촉의 불균일
제동력이 불충분한 원인	① 브레이크 오일이 부족할 때 ② 라이닝에 페이드 현상이 발생되었을 때 ③ 브레이크 계통 내에 공기의 혼입 ④ 브레이크 라인이 막혔을 때 ⑤ 패드 및 라이닝의 접촉 불량 ⑥ 마스터 실린더의 오일 누출 ⑦ 패드 및 라이닝에 오일이 묻었을 때
페달을 놓아도 모든 바퀴에 브레이크가 풀리지 않은 원인	① 마스터 실린더 리턴 포트의 막힘 ② 브레이크 페달 자유간극이 적을 때 ③ 브레이크 페달 리턴 스프링이 불량할 때
브레이크가 끌리는 원인	① 주차 브레이크가 잠겨있을 때 ② 주차 브레이크의 조정 불량 ③ 브레이크 페달 리턴 스프링의 쇠약
베이퍼 록의 발생원인	① 긴 내리막길에서 계속 브레이크를 사용하여 드럼이 과열되었을 때 ② 드럼과 라이닝 간격이 작아서 라이닝이 끌리게 되어 드럼이 과열되었을 때 ③ 불량한 오일 ④ 오일의 변질로 비등점이 저하되었을 때
베이퍼 록의 방지방법	① 브레이크장치가 과열되지 않도록 함 ② 브레이크 회로 내에 잔압을 유지하도록 함 ③ 질 좋은 브레이크 오일을 사용함
브레이크 회로에 잔압을 두는 이유	① 신속한 브레이크작용 ② 휠 실린더 오일 누출 방지 ③ 베이퍼 록의 방지

29

유압 브레이크의 구성부품, 작동원리와 특징을 서술하시오.

1. 유압 브레이크의 구성

(1) 마스터 실린더

마스터 실린더는 오일 브레이크의 주체가 되는 부분으로 유압을 발생시키고, 이것을 유압계통에 보급하는 역할을 한다. 마스터 실린더는 피스톤, 피스톤컵, 리턴스프링 및 첵밸브로 구성된다.

(2) 휠 실린더

휠 실린더는 마스터 실린더에서 발생한 유압으로 브레이크 슈를 드럼에 압착시키는 역할을 한다.

(3) 브레이크 파이프와 호스

① 브레이크 파이프

마스터 실린더에서 휠 실린더로 브레이크 액을 유도하는 관으로 방청처리한 강파이프를 사용한다.

② 브레이크 호스

프레임에 결합된 파이프와 차축이나 바퀴 등을 연결하는 것으로 플렉시블 호스라고도 한다.

(4) 브레이크 슈(Brake Shoe)

슈는 원주방향의 휨에 대하여 강성을 필요로 하기 때문에 보통 그 단면은 Ⅰ형 또는 Ⅱ형(대형차)을 사용한다.

(5) 브레이크 라이닝

브레이크 라이닝은 드럼과의 마찰력을 크게 하기 위하여 마찰제이며 위븐 라이닝, 몰드 라이닝, 메탈릭 라이닝 등이 있다.

(6) 브레이크 드럼

브레이크 드럼은 바퀴와 함께 회전하며, 슈와의 마찰로 제동력을 발생시키는 역할을 한다.

2. 유압 브레이크의 작동원리 및 특징

(1) 작동원리

① 파스칼의 원리를 이용한 것으로 브레이크 페달을 밟으면 마스터 실린더에서 유압이 발생한다. 파스칼의 원리는 밀폐된 곳에 액체(오일)를 가득 채우고 힘을 가하면 이 액체가 맞닿는 곳은 어디든 동일한 압력이 가해진다는 원리이다.

② 이 압력은 브레이크 파이프를 거쳐서 같은 힘으로 휠 실린더에 전달되어 피스톤을 이동시킨다.

③ 피스톤의 이동으로 브레이크 슈가 확장되어 드럼에 밀어붙여 제동작용을 하게 된다.

(2) 유압 브레이크의 특징

① 장 점
　　㉠ 제동력이 모든 바퀴에 균일하게 작용한다.
　　㉡ 마찰손실이 적다.
　　㉢ 조작력이 작다.

② 단 점
　　㉠ 오일 파이프 등의 파손으로 기능을 상실한다.
　　㉡ 베이퍼 록(Vapor Lock, 증기폐쇄) 현상이 일어나기 쉽다.
　　㉢ 오일라인에 공기유입시 성능이 저하된다.
　　㉣ 페이드(Fade) 현상이 발생하기 쉽다.

더 알아보기

- **페이드 현상**
긴 내리막길이나 뜨거운 노면 위에서 브레이크 페달을 자주 밟는 경우에 패드와 라이닝이 가열되어 페이드 현상을 일으키기 쉽다. 그러므로 긴 내리막길을 내려갈 때에는 가능하면 엔진 브레이크를 사용하고, 필요한 경우에만 풋 브레이크를 써야 한다.

- **베이퍼 록 현상**
긴 내리막길에서 브레이크를 지나치게 사용하면 차륜 부분의 마찰열 때문에 휠 실린더나 브레이크 파이프 속의 오일이 기화되고, 브레이크 회로 내에 공기가 유입된 것처럼 기포가 형성된다. 이때 브레이크를 밟아도 스펀지를 밟듯이 푹푹 꺼지며, 브레이크가 작동되지 않는 현상이 생기는데 이를 베이퍼 록이라 한다. 브레이크액을 교환하고 1년 정도 지나면 3~3.5%, 2년이 지나면 4~5%의 수분이 생기게 된다. 한여름에 베이퍼 록 현상이 생기는 것은 이처럼 브레이크액 속에 수분이 많아졌기 때문이다. 이 현상이 일어나면 브레이크가 제대로 작동되지 않으므로 저단기어를 유지하면서 엔진 브레이크를 사용하는 것이 바람직하다.

※ **연료 계통에서 베이퍼 록 현상** : 연료의 과열 또는 불량 연료의 사용으로 연료 내에 기포가 형성되어 압력 전달이 안 되는 현상을 말한다. 주로 연료 라인 내에 공기가 흡입되거나 본네트 안의 온도가 높아 연료 내에 기포가 발생하는 현상을 말한다. 주로 여름철에 많이 발생한다. 기온이 높은 날 자동차를 장시간 운행하거나 장시간 주차했을 때 발생하며, 주행 중 급가속이 안 되거나 엔진이 부조 현상을 일으키고 심하면 시동 불량이 된다.

30

드럼 브레이크와 디스크 브레이크의 제동작용 및 특징을 약술하시오.

1. 드럼 브레이크

바퀴와 함께 회전하는 브레이크 드럼 안쪽으로 라이닝(마찰재)을 붙인 브레이크 슈를 압착하여 제동력을 얻는다. 브레이크 슈, 휠 실린더, 백 플레이트 및 브레이크 드럼 등으로 이루어진다. 페달을 밟으면 브레이크 슈는 확장기구에 의해 드럼 내면에 압착되고 브레이크 슈에 부착된 라이닝과 드럼 내면의 마찰력에 의해 바퀴가 정지하는 방식이다.

(1) 제동작용

전륜에서는 너클-스핀들, 후륜에서는 차축관에 부착된 고정원판에 브레이크 슈라고 하는 반달형 부재를 2개 갖추어 브레이크 페달로부터 전해진 힘으로 슈를 바깥쪽으로 밀어 확장시켜 주위를 회전하고 있는 통형 브레이크 드럼의 내면에 압력을 가하여 드럼과 일체의 차륜 회전에 마찰력을 가하여 제동한다.

(2) 자기작동작용

브레이크 슈의 작동방향을 각각 바깥쪽으로 확장시키면 드럼이 회전하고 있을 때에는 좌측 슈의 확장부는 회전에 대해서 저항하는 방향이 되고(리딩슈), 마찰력에 의해서 확장력은 더욱 크게 된다. 이에 비해 우측 슈의 확장부는 회전에 대하여 미끄러지는 쪽이 되고(트레일링 슈) 마찰력에 의해서 드럼으로부터 이탈하는 방향의 힘을 받아 확장력은 감소된다.

(3) 드럼 브레이크의 종류

① 리딩 트레일링 슈형 브레이크(Leading Trailing Shoe Brake)

차량의 전진과 후진에 상관없이 제동력이 같은 특징을 가지고 있다. 회전하는 드럼 사이에 마찰력을 발생하게 하는 두 개의 브레이크 슈는 각각의 슈 한 쪽이 핀으로 고정되고, 또 다른 한 쪽이 드럼 내면에 압착되어 있다.

② 투 리딩형 브레이크(Two Leading Brake)

브레이크 슈가 휠 회전방향에 대해서 2개 모두 리딩 슈가 되는 타입의 드럼 브레이크를 말한다. 리딩 슈는 드럼에 압착했을 때 자기배력작용이 작동하고 브레이크력이 향상되기 때문에 프론트 브레이크에 적용할 때가 많다.

③ 듀오 서보형 브레이크(Duo Servo Brake)

휠이 어느 쪽으로 향해서 회전하더라도 양방향의 슈가 리딩 슈가 되는 서보 효과(1차 슈가 2차 슈의 압착력을 증가시키는 작용)를 가장 잘 활용한 드럼 브레이크이다.

2. 디스크 브레이크

디스크 브레이크는 마스터 실린더에서 발생한 유압을 캘리퍼로 보내어 바퀴와 함께 회전하는 디스크를 양쪽에서 패드로 압착시켜 제동하는 방식이다. 디스크 브레이크는 디스크가 대기 중에 노출되어 회전하므로 페이드 현상이 적으며, 자동조정 브레이크 형식이다.

(1) 제동작용

드럼 대신 바퀴와 함께 회전하는 강주철제의 원판을 장치하여 그 양쪽의 바깥쪽에서 유압 피스톤으로 작용하는 브레이크 패드를 밀어 붙여 그 마찰력으로 제동한다.

(2) 특 징

① 장 점
  ⑦ 드럼 브레이크에 비하여 방열효과가 뛰어나다.
  ⑥ 드럼 브레이크에 비하여 브레이크 페이드(Fade) 현상이 적게 발생한다.
  ⑥ 자기배력(서보)작용은 없지만 브레이크력의 변동이 적다.
  ⑥ 디스크가 노출되어 회전하므로 열변형에 의한 제동력 저하가 적다.
  ⑥ 좌우 브레이크의 힘의 평형이 유지되어 방향 안정성이 좋다.
  ⑥ 패드의 마모는 빠르나 패드 교환이 용이하다.
  ⑥ 틈새가 자동으로 조절된다.
  ⑥ 자기 청소작용이 양호하다.

② 단 점
  ⑦ 외부물질에 의한 오염에 민감하다.
  ⑥ 마찰면적이 적기 때문에 패드를 압착하는 힘이 커야 한다.
  ⑥ 패드는 강도가 큰 재료를 사용해야 한다.
  ⑥ 브레이크 페달을 밟는 힘이 커야 한다.

31

승용자동차에 적용되는 디스크 브레이크 시스템의 구성부품에 대한 기능을 설명하고, 드럼식과 비교하여 제동방식의 차이를 약술하시오.

1. 디스크 브레이크 시스템의 구성부품

디스크 브레이크는 차 바퀴와 함께 회전하는 디스크(Disk) 양면에 유압식 기구(캘리퍼, Caliper)와 패드(Pad)를 장착하여, 페달을 밟으면 패드가 유압에 의해 디스크 쪽으로 조여지면서 감속력을 얻는 방식으로 제동한다.

(1) 디스크(Disk)

원판형으로 바퀴와 같이 회전한다.

(2) 캘리퍼(Caliper)

디스크의 양측에 끼워져 있다.

① 캘리퍼 고정식(Caliper fixed type)

캘리퍼가 고정되어 있고 양 쪽 피스톤이 패드를 밀어 제동작용을 한다.

② 캘리퍼 부동식(Caliper floating type)

한 쪽 피스톤이 패드를 디스크에 밀어 붙이면 반력에 의해 캘리퍼가 이동하여 패드를 디스크에 압착시킨다.

(3) 패드(Pad)

2개로 디스크에 압착하여 마찰작용을 한다.

2. 제동방식의 차이

(1) 드럼(Drum)방식

브레이크 페달에서 전달된 유압의 힘으로 브레이크 슈(Brake shoe)를 외부로 확장시켜 회전되고 있는 드럼(Drum) 내면에 밀착되면 드럼과 브레이크 슈의 마찰에 의해 발생하는 마찰력에 의해 제동한다.

(2) 디스크(Disk)방식

드럼 대신 바퀴와 함께 회전하는 원판형 디스크(Disk)를 장착하여 그 양쪽의 바깥쪽에서 유압 피스톤으로 작용하는 브레이크 패드(Pad)를 밀어 붙여 그 마찰력으로 제동한다.

32 배력식 브레이크와 공기 브레이크를 비교 설명하고, 진공 부스터 작동상태 점검 방법을 약술하시오.

1. 배력식 브레이크

배력식 브레이크는 대형 차량 등과 같이 큰 제동력이 필요한 경우 배력장치를 설치하여 일반 유압식 브레이크와 함께 사용하는 브레이크이다.

(1) 제동배력장치

제동배력장치는 유압식 브레이크에 제동보조장치로서 사용하여 운전자의 피로를 줄이고 작은 힘으로 큰 제동력을 얻기 위한 장치로서 일명 서보장치(Servo System) 또는 부스터장치(Booster System)라고도 한다.

(2) 원 리

제동배력장치는 어느 것이나 대기압과의 압력차를 응용한 것인데 진공식은 엔진의 흡입다기관에서 발생하는 진공과 대기압의 압력차를, 공기식은 엔진으로 구동되는 압축기로부터 얻은 압축기의 압력차를 응용한 것이다.

(3) 종 류

① 진공식
  ㉠ 부압을 이용해서 대기압과의 차압으로 브레이크 유압을 배가하는 장치이다.
  ㉡ 마스터 실린더로부터 브레이크 페달 쪽에 설치한 것을 마스터 백(Master Vac), 유압배관계의 도중에 설치하는 것을 하이드로 마스터(Hydro Master)라고 한다.

② 공기식
  ㉠ 압축공기를 사용해서 브레이크 유압을 배가하는 장치이다.
  ㉡ 적재량이 8톤 이상인 대형차에 주로 사용된다.

2. 공기 브레이크

(1) 원 리

공기 브레이크는 압축공기를 이용하여 제동작용을 하는 것으로, 휠 실린더 대신에 브레이크 챔버가 브레이크 슈를 드럼에 압축시켜 브레이크작용을 하는 것으로 주로 대형차량에 사용된다.

① 공기 압축기에서 만들어진 압축공기는 첵밸브를 거쳐 공기탱크에 저장된다.

② 브레이크 페달을 밟으면 압축공기는 퀵 릴리스밸브를 거쳐 앞 브레이크 챔버에 작동되어 앞 브레이크를 작동시킨다.

③ 브레이크 페달에서 릴레이밸브를 열어주면 공기탱크에서 직접 릴레이밸브를 거쳐 뒤 브레이크 챔버를 작동시켜 뒤 브레이크를 작동시킨다.

④ 브레이크 챔버에 압축 공기가 작동되면 막에 설치된 푸시로드를 밀어, 캠과 브레이크 슈를 드럼에 밀착시켜 제동력을 얻게 된다.

⑤ 브레이크 페달을 놓으면 브레이크밸브와 릴레이 사이 압축공기는 브레이크밸브 배기 구멍으로 대기로 방출되고, 앞·뒤 챔버 속의 압축공기는 퀵 릴리스밸브, 릴리스밸브에서 대기로 방출된다.

(2) 공기 브레이크의 종류

① 원격조작형

브레이크 페달의 움직임을 로드 등의 링키지 등을 사용하여 브레이크밸브에 전달하도록 된 것이다.

② 일체구조형

브레이크 페달과 브레이크밸브를 일체구조로 하여 직접 조작하게 되어 있다.

(3) 특 징

① 작은 힘으로 조작이 가능하다.

② 공기가 조금 누설되어도 제동 성능이 현저하게 저하되지는 않는다.

③ 드럼의 발열작용이 높아도 베이퍼 록의 우려가 없다.

④ 트레일러를 견인하는 경우 연결이 간편하고 원격조정을 할 수 있다.

⑤ 혼, 와이퍼 등을 압축공기를 사용하여 조작할 수 있다.

⑥ 압축공기의 압력을 높이면 더 큰 제동력을 얻을 수 있다.

3. 진공 부스터 작동상태 점검방법

(1) 작동 점검

① 엔진 시동을 끈 상태에서 브레이크 페달을 여러 차례(5~6회 정도) 밟는다.

② 페달을 밟은 상태에서 시동을 건다.

③ 이 때 브레이크 페달이 부드럽게 약간 내려가면 정상이다. 페달의 높이가 변하지 않으면 브레이크 부스터는 손상된 것이므로 부스터 실, 첵밸브, 진공호스 상태를 점검해본다.

(2) 기밀 성능 테스트

① 엔진 시동이 걸린 상태에서 1분 정도 공전시킨 상태에서 시동을 끈다.

② 평상시 페달을 밟는 힘으로 브레이크를 3~4회 정도 밟아본다.

③ 첫 번째 페달을 밟을 때보다 두 번째, 세 번째 밟았을 때 점점 페달이 딱딱해짐을 느끼면서 페달의 행정이 작아지면 정상이다.

④ 페달행정이 작아지지 않으면 부스터 실, 첵밸브, 진공호스 상태를 점검해본다.

(3) 부하 기밀 기능 점검

① 엔진 시동이 걸린 상태에서 브레이크 페달을 밟는다.

② 페달을 밟은 상태에서 시동을 끈다.

③ 계속 페달을 떼지 말고 30초정도 기다려도 높이 변화가 없으면 부스터는 정상이다. 만약 페달 높이가 변하면 불량이다.

33

자동차의 제동장치에서 브레이크 안전밸브가 왜 필요한지를 설명하고, 압력제한
밸브(리미트밸브), 프로포셔닝밸브에 대해 설명하시오.

1. 브레이크 안전밸브의 필요성

자동차 타이어의 제동장치는 신뢰성과 안전의 확보가 매우 중요하므로 브레이크 안전밸브의 역할
이 매우 크다. 특히 안전밸브는 자동차 주행시 오작동이나 비상시 브레이크의 이상작동으로 인한
피해를 줄이기 위해서 필요하다.

2. 압력제한밸브(Limiting Valve)

(1) 개 념

마스터 실린더로부터 발생한 압력이 설정되어 있는 압력에 도달하면 뒷바퀴로 작용하는 압력이
상승하지 않도록 제한(Limit)하는 밸브이다

(2) 작동원리

① 보통의 제동시(설정된 압력 이하일 때)
스프링의 장력에 의해 컷 오프밸브(Cut – off Valve)는 오른쪽으로 밀려 마스터 실린더에서
뒷바퀴로 통하는 유로는 열려있다.

② 급제동시(설정된 압력 이상일 때)
브레이크 페달을 통상의 제동시보다 많이 밟아 마스터 실린더에서 발생유압이 설정된 압력
에 도달하면, 유압에 의해 컷 오프밸브가 왼쪽으로 이동하여 뒷바퀴로 통하는 유로를 차단
시킨다.

3. 프로포셔닝밸브(Proportioning Valve ; P밸브)

(1) 개 념

급제동시 후륜이 잠겨서 차체가 옆으로 미끄러지는 것을 방지하기 위해 후륜 브레이크 유압을 전륜 브레이크 유압보다 낮게 하여 뒷바퀴가 조기에 고착되지 않도록 뒷바퀴의 브레이크 유압을 조정하는 밸브이다.

(2) 원 리

설정된 압력 이하에서는 앞바퀴와 뒷바퀴에 걸리는 유압이 같도록 되어 있으나, 설정된 압력 이상으로 압력이 상승하면 앞바퀴의 제동유압 증가비율에 비하여 뒷바퀴의 제동유압의 증가비율을 작게 하도록 작용하여 뒷바퀴가 고착되는 것을 방지한다.

(3) 부착위치

부착위치는 마스터 실린더의 출구 쪽에 부착하든가 뒷바퀴로 가는 유압회로에 부착한다.

34

브레이크 마스터 실린더의 구조, 역할 및 기능은 무엇이며, 브레이크 마스터 실린더에 잔압을 두는 직접적인 이유를 설명하시오.

1. 마스터 실린더(Master Cylinder)의 구조, 역할 및 기능

(1) 구 조

① 브레이크액 저장용기

마스터 실린더 위에 브레이크액을 보충, 저장하기 위한 용기가 필요하다.

② 실린더 보디

주로 주철제의 재질을 많이 사용하였으나, 최근에는 알루미늄을 많이 사용하고 있다. 알루미늄은 주철보다 강도가 약하므로 마스터 실린더 보어에는 산화피막처리를 하여 부식 등에 견딜 수 있도록 한다. 실린더 보어에는 피스톤이 들어오고, 브레이크액 저장용기 사이에는 보상구멍과 보충구멍이 두 개씩 뚫어져 있다.

③ 피스톤

브레이크 페달이나 배력장치의 푸시로드로부터 힘을 받으면 마스터 실린더 내에서 앞으로 이동하여 유압이 발생되고, 이 유압은 휠 실린더나 캘리퍼의 피스톤에 작용한다. 브레이크 페달은 놓으면 피스톤 앞에 있는 리턴 스프링에 의하여 원래의 위치로 되돌아간다.

④ 피스톤 씰(Piston Seal)

피스톤 씰은 실린더와 피스톤 사이의 좁은 틈으로 브레이크액이 새어 나오는 것을 방지한다.
  ㉠ 1차 컵씰(피스톤 컵)은 피스톤 앞쪽에 위치하며, 브레이크 페달을 밟을 때 실린더 내에서 유압을 발생시킨다.
  ㉡ 2차 컵씰은 피스톤 뒤쪽에 위치하며 브레이크액이 마스터 실린더 밖으로 유출되는 것을 방지한다.

(2) 역 할

마스터 실린더는 브레이크 페달의 답력을 유압으로 발생시켜 각 바퀴의 휠 실린더로 보내는 역할을 하는 것으로 싱글형(Single Type)과 텐덤형(Tandem Type)이 있다. 최근에는 앞·뒤 어느 한 쪽의 유압계통에 브레이크 액이 새어도 남은 한쪽을 안전하게 작동시킬 수 있도록 되어 있는 텐덤형 마스터 실린더를 많이 사용하고 있다.

(3) 기 능

① 제동시 유압을 발생시킨다.
② 브레이크 해제시 유압회로 내의 유압을 신속히 소멸시킨다.
③ 온도변화시 브레이크 오일의 체적변화를 보상할 수 있다.

2. 마스터 실린더의 잔압

(1) 잔압(첵)밸브

첵밸브는 마스터 실린더와 휠 실린더로 통하는 오일 토출구에 있으며 브레이크를 밟지 않은 상태에서는 스프링에 의해 눌려져 있다. 이 상태에서 휠 실린더와 브레이크 파이프 내의 압력이 첵밸브를 누르고 있는 스프링의 힘보다 약하면 첵밸브는 계속 닫힌 상태로 되고 일정한 압력이 파이프 내에 잔류하게 되는데 이 압력을 잔압이라고 한다. 잔압은 $0.7 \sim 1.4 \text{kgf/cm}^2$ 를 유지한다.

(2) 잔압을 두는 이유

① 브레이크 작동 지연 방지

② 베이퍼 록 방지

③ 휠 실린더 내에서 브레이크 오일 누설 방지

④ 회로 내의 공기 침입 방지

35

유압식 브레이크장치에서 발생하는 페이드(Fade) 현상과 증기폐쇄(Vapor Lock) 현상이란 무엇이며, 이러한 현상의 발생원인에 대하여 설명하시오.

1. 페이드(Fade) 현상과 증기폐쇄(Vapor Lock) 현상

(1) 페이드(Fade) 현상

긴 내리막길 등에서 짧은 시간에 풋 브레이크를 지나치게 자주 사용하면 마찰열이 발생하게 된다. 이러한 마찰열 때문에 브레이크 패드 또는 라이닝이 변질되어 마찰계수가 작아져 고유의 마찰력을 잃게 되어 브레이크를 밟아도 미끄러지고 브레이크가 듣지 않는 페이드 현상이 일어난다.

(2) 베이퍼 록(Vapor Lock) 현상

여름철 온도가 높을 때 긴 내리막길 등에서 풋 브레이크를 많이 사용하면 브레이크의 디스크(또는 드럼)와 패드(또는 라이닝)가 과열되어 휠 실린더 등의 브레이크 오일 속에 기포가 생기게 된다. 이에 따라 브레이크 페달을 밟아도 유압이 전달되지 않아 브레이크가 잘 작동되지 않는 베이퍼 록 현상이 일어난다.

2. 발생원인

베이퍼 록이나 페이드 현상은 어느 경우이든, 풋 브레이크를 너무 많이 사용함에 따라서 발생하는 것이며, 내리막길에서 이 같은 현상이 발생하면 매우 위험하다. 특히, 긴 내리막길 등에서는 풋 브레이크를 사용하지 말고 엔진 브레이크를 사용하는 것이 안전하다.

36

자동 긴급제동 시스템(AEB ; Autonomous Emergency Braking System)의 개요를 설명하고, 구성부품의 역할 및 시스템의 작동단계를 서술하시오.

1. 개 요

자동 긴급제동 시스템(AEB ; Autonomous Emergency Braking)은 차량이 타차량 또는 보행자 등 장애물과의 충돌을 방지하거나 경감시키기 위하여 차량 스스로 제동장치를 작동시키는 안전시스템이다.

차량 전방에 센서가 부착되어 차량 전방을 관찰하는 중 충돌 가능성이 높은 물체를 감지하여, 운전자가 이를 감지하지 못했다고 판단하는 경우 차량을 자동으로 제동시켜 충돌사고를 예방한다.

2. AEB의 방식

(1) 라이더(Lidar ; Light Detection and Ranging)방식
라이더방식은 레이저 광선을 쏘아 돌아오는 시간을 측정해 앞차와의 거리를 계산하는 방식으로, 느린 속도와 짧은 거리에서 큰 효과를 발휘한다.

(2) 레이더 및 카메라를 사용하는 방식
음파를 쏘거나 카메라를 통해 전방을 살펴 브레이크 시스템을 조작하는 방식으로 빠른 속도에서 사용할 수 있고, 측정거리가 길다는 장점이 있다.

3. 구성부품의 역할

AEB에 사용되는 전방감지 센서로는 LIDAR(Light Detection and Ranging), 레이다, 카메라 등이 있다. Volvo의 City Safety는 차량 앞유리에 장착된 광각 카메라 시스템을 이용 전방교통 상황을 지속적으로 모니터링 하여 시속 30km/h 이하의 주행상황에서 앞차와의 추돌 위험시 차량의 속도를 줄이거나 정지시킨다.

4. 시스템의 작동단계

① 장애물이 센서에 의해 감지될 경우 경보음이나 스티어링의 진동으로 주의를 환기한다.

② 운전자의 반응속도와 무관하게 제동성능을 최대한 높이기 위해 제동계통의 압력을 상승시킨다.

③ 브레이크 패드와 디스크 간격을 좁히는 등의 사전준비동작을 한다.

④ 운전자의 입력, 즉 브레이크 페달을 밟지 않을 경우 자동 긴급제동 시스템(AEB)이 개입하여 자동으로 브레이크 작동시킨다.

37

능동형 전자제어 브레이크(AHB ; Active Hydraulic Brake)의 기술적 특징 및 작동과정에 대하여 서술하시오.

1. 기술적 특징

능동형 전자제어 브레이크(AHB ; Active Hydraulic Brake) 시스템은 운전자가 브레이크 페달을 밟으면 시스템의 전반적인 제어를 수행하는 전자제어 유닛이 이를 감지하고, 모터에 의해 유압을 발생시키는 유압 파워 유닛(Hydaulic Power Unit ; HPU)을 통해 마스터 실린더에 유압을 발생시켜 공급하고, 각 휠의 제동력을 제어하는 차량자세제어장치(Electronic Stability Control System ; ESC 시스템)를 이용하여 각 바퀴의 휠 실린더에 제동유압을 전달하여 제동력을 발생시키는 브레이크 시스템이다. 최근에는 하이브리드 자동차, 연료전지자동차, 전기자동차 등의 차량에는 능동형 전자제어 브레이크(AHB ; Active Hydraulic Brake) 시스템이 설치되어 있다.

AHB는 모터를 이용해 유압을 직접 생성하고 그 유압을 통해 제동력을 확보하도록 한 전동식 유압 부스터로, 주행 중 우수한 제동력과 제동감 구현이 가능하며, 회생제동 모드에서 주행상태에 따라 수시로 변화하는 모터 발전량과 연동해 일정한 제동력을 확보할 수 있는 제동 시스템이다.

회생제동이란 감속 또는 제동시에 전기 모터를 발전기로 활용해서 차량의 운동에너지를 전기에너지로 변환시켜 고전압 배터리를 충전하는 것을 말한다. 이로 인해 에너지 손실을 최소화 하여 주행가능 거리를 향상시키는 효과가 있다. 특히 가속 및 감속이 반복되는 시가지 주행시에 연비 향상 효과가 뛰어나다.

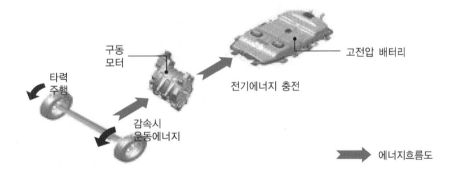

2. 구성 및 작동과정

능동 유압 부스터는 BAU(Brake actuation unit), HPU(Hydraulic power unit), ESC 시스템 3부분으로 구성된다. BAU는 페달 부분과 페달 시뮬레이터 두 부분으로 나눌 수 있다.

① 운전자가 제동 페달을 밟았을 때, 페달 센서로 운전자의 제동 의지를 측정하여 ECU로 전달하고, 페달 시뮬레이터는 내연기관 자동차 제동 페달과 유사한 답력을 생성한다.

② HPU는 모터 – 펌프로 고압 어큐뮬레이터(HPA)에 압력을 충진하고, 충진된 압력을 이용하여 제동에 필요한 유압(부스터 챔버 압력, BCP)을 생성한다.

③ BCP는 마스터 실린더와 ESC 시스템을 거쳐 각 휠로 전달되어 운전자 요구 제동력을 만든다.

④ ESC 시스템은 각 휠의 솔레노이드밸브를 제어하여 ABS(Anti – lock Brake System), ESC(Electronic Stability Control) 기능을 수행한다.

⑤ 전기자동차나 하이브리드 자동차의 경우 제동 할 때 일부 유압을 이용하여 운동에너지를 전기적 에너지도 변환하는 회생제동을 시행한다.

38

전자식 주차 제동장치(EPB ; Electric Parking Brake)의 개요를 설명하고, 구성 부품과 작동원리 및 주요 기능에 대하여 서술하시오.

전자식 주차 제동장치(EPB ; Electric Parking Brake)

(1) 개 요

전자식 주차 브레이크(EPB ; Electronic Parking Brake)는 페달 또는 레버로 케이블을 당겨 주차 브레이크를 작동시키는 대신 스위치 조작으로 모터 구동을 통해 주차 브레이크를 작동함으로써 운전자 편의성 향상을 도모하는 시스템이다.

(2) 구성부품

① EPB 작동스위치

운전자의 선택에 따라 EPB를 작동시킨다.

② EPB ECU

각종 데이터를 받아 구동모터를 제어한다.

③ 주차케이블 및 모터

주차 브레이크 체결 및 해제를 한다.

④ 계기판

브레이크 작동상태 및 고장상태를 알려준다.

(3) 작동원리

전자식 주차 브레이크 시스템은 제동력을 발생시키는 모터를 가진 액추에이터(actuator)와 액추에이터를 구동하기 위한 전자제어 유닛(ECU ; Electronic Control Unit)으로 구성된다. 전자제어 유닛은 스위치의 조작 상태에 따라 액추에이터를 구동하여 EPB 시스템을 작동(Apply) 또는 해제 (Release)한다.

① 작 동

차량이 정지한 상태에서 전자식 주차 브레이크의 스위치를 당긴다. 계기판에 브레이크 경고등이 켜졌다면 주차 브레이크가 잘 작동했다는 뜻이다.

② 해 제

　㉠ 수동 : 차의 시동이 켜져 있는 상태에서 발로 브레이크 페달을 밟고 전자식 주차 브레이크 스위치를 누른다. 계기판의 브레이크 경고등이 꺼졌는지 확인하고 브레이크 등이 꺼져 있다면 주차 브레이크가 해제되었다는 의미이다.

　㉡ 자동 : 자동변속기 레버가 P(주차)단에 있을 때 브레이크 페달을 밟는다. 레버를 R, N 또는 D로 변속하면 전자식 주차 브레이크는 자동으로 해제된다.

　　아래 조건을 모두 만족시켰을 때 가속 페달을 천천히 밟아 브레이크를 해제할 수 있다.

　　• 엔진이 켜져 있고 운전자 안전벨트를 착용한 상태
　　• 운전석 도어, 엔진 후드, 트렁크가 모두 닫힌 상태
　　• 자동변속기 레버가 R, D 또는 수동모드에 있는 상태

(4) 주요 기능

① 편의성 증대

시동을 끄면 주차 브레이크가 자동으로 작동되고, 출발시 기어를 변속하면 자동으로 해제된다.

② 거주성 증대

핸드레버나 풋페달이 불필요하므로 실내공간을 확보할 수 있다.

③ 안정성 증대

　㉠ 주차 브레이크를 사용한 비상제동 상황에서 차량의 스핀 방지 등 제어기능 향상
　㉡ 차체자세 제어장치(ESC)와 연계하여 정확한 자세유지
　㉢ 경사로 등에서 차량의 밀림 방지

39

자동차 운전자가 위험을 인지하고, 브레이크를 조작하여 정지할 때까지의 제동되
는 과정을 단계적으로 구분하여 약술하시오.

1. 정지거리

운전자가 상황을 인식한 순간부터 차가 완전히 멈출 때까지 자동차가 진행한 거리를 정지거리라고
하며, 이는 공주거리와 제동거리의 합과 같다.

2. 공주거리와 제동거리

(1) 공주거리

공주거리는 주행 중 운전자가 전방의 위험을 발견하고 브레이크를 밟아 실제 제동이 걸리기 시작
할 때까지 자동차가 진행한 거리이다. 도로의 상태 또는 운전자의 건강상태, 과로, 음주 등에
의해 공주거리가 길어질 수 있다.

(2) 제동거리

제동거리는 주행 중인 자동차의 브레이크가 작동하기 시작할 때부터 완전히 정지할 때까지 진행한
거리를 말한다. 제동거리는 차량속도의 제곱에 비례한다.

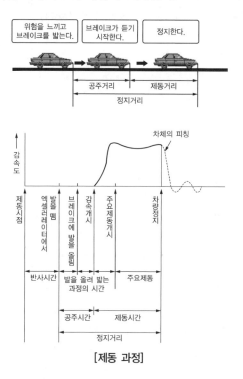

[제동 과정]

제2과목 자동차구조 및 정비이론과 실무

40

운전자가 위험상황을 인지하고 제동할 때 제동되는 과정을 2단계로 구분하여 설명하고, 아래의 인자를 사용하여 정지거리 S(m)를 산출하는 계산식을 유도하시오(단, 회전부분상당중량은 무시하고, 중력가속도 g = 9.8m/s^{2}이다).

F : 제동력(kgf)

W : 자동차의 중량(kgf)

V : 자동차의 속도(km/h)

t : 공주시간(sec)

---

1. 단계별 제동과정

(1) 공주거리

공주거리는 주행 중 운전자가 전방의 위험을 발견하고 브레이크를 밟아 실제 제동이 걸리기 시작할 때까지 자동차가 진행한 거리이다. 도로의 상태 또는 운전자의 건강상태, 과로, 음주 등에 의해 공주거리가 길어질 수 있다.

(2) 제동거리

제동거리는 주행 중인 자동차의 브레이크가 작동하기 시작할 때부터 완전히 정지할 때까지 진행한 거리를 말한다. 제동거리는 차량속도의 제곱에 비례한다.

2. 정지거리 계산식

(1) 공주거리

주행속도 V(km/h) $\left[= \dfrac{V}{3.6}(\text{m/s}) \right]$ 의 자동차가 공주시간(t) 동안 진행한 거리이므로, 즉

공주거리 = 속도 × 시간

공주거리(S_1) = $\dfrac{V}{3.6}$(m/s) × 공주시간(t)

(2) 제동거리

자동차가 한 일 = 제동력(F) $\times$ 제동거리(S_2)

자동차가 가지고 있는 에너지 = $\dfrac{1}{2}M(질량) \times V^2$

M = 자동차의 중량 $W(\text{kgf})$ / 중력가속도 $g(=9.8\text{m/s}^2)$

자동차가 가지고 있는 에너지 = $\dfrac{1}{2}\dfrac{W}{g} \times V^2$

자동차가 한 일 = 자동차가 가지고 있는 에너지이므로

$$F \times S_2 = \dfrac{1}{2}\dfrac{W}{g} \times V^2,\ 1(\text{km/h}) = \dfrac{1}{3.6}(\text{m/s})\ 이므로$$

$$= \dfrac{1}{2}\dfrac{W}{9.8} \times \left(\dfrac{V}{3.6}\right)^2$$

$$= \dfrac{W \cdot V^2}{254}$$

$\therefore$ 제동거리 $S_2 = \dfrac{V^2}{254} \times \dfrac{W}{F}$

(3) 정지거리

운전자가 상황을 인식한 순간부터 차가 완전히 멈출 때까지 자동차가 진행한 거리를 정지거리라고 하며, 이는 공주거리와 제동거리의 합과 같다.

$\therefore$ 정지거리$(S) = S_1 + S_2 = \dfrac{V}{3.6} \times t + \dfrac{V^2}{254} \times \dfrac{W}{F}$ (m)

41

타이어 사이드월에 표기된 다음 기호에 대해서 설명하시오.

[M+S], [DOT Y××× ×××× 4216],
　①　　　　②　　　　　　　　　　③

[P 185 / 60 R 17 82 H]
④　⑤　⑥　⑦　⑧　⑨　⑩

---

① M+S

Mud and Snow의 약자로 진흙(Mud)길이나 눈(Snow)길에서 사용할 수 있도록 설계된 타이어를 말한다.

② DOT

Department Of Transportation의 약자로 미국 교통부 안전기준에 따라 제조된 것임을 의미한다.

③ 제조주간 및 제조연도

숫자 네 자리 중 앞의 두 자리는 제조주간, 뒤의 두 자리는 제조연도를 의미한다(2016년 42주차 생산제품임).

④ 승용차 타이어

　㉠ P는 승용차타이어(Passenger Car Tire)

　㉡ C는 카고트럭용 타이어(Commercial Vehicle)

　㉢ D는 덤프트럭용 타이어(Dump truck Vehicle)

　㉣ B는 버스용 타이어(Bus Vehicle)

⑤ 타이어 너비(mm)

⑥ 편평비(%)

타이어 단면높이(H)와 단면너비(W)의 비[$(H \div W) \times 100\%$]

⑦ 레디얼 구조

트레드 중심선에 대하여 카카스 고무층 코드가 90° 각도로 배열된 구조를 가지며, 벨트에 의하여 단단히 보강된 타이어

더 알아보기　다이애거널 타이어(Diagonal tire)

카카스 코드의 배열각도가 타이어 트레드 중심선에 대해 약 26~40° 정도인 타이어이다. 일반적인 용도의 경우에는 약 35~38°인 경우가 대부분이고, 스포츠카용은 약 30~34° 정도가 대부분이다. 코드각이 크면, 타이어가 부드러우나 측면 안정성이 약하다. 역으로 코드각이 작으면 딱딱하기는 하지만 측면 안정성이 양호하고, 선회(cornering)속도를 높일 수 있다.

⑧ 휠의 직경(inch)

⑨ 하중지수(타이어 개당 최대하중)
    ㉠ 82 : 475kg
    ㉡ 92 : 630kg

⑩ 속도 계수(한계 속도 210km)
    ㉠ S : Up to 180km
    ㉡ V : Up to 240km
    ㉢ W : Up to 270km
    ㉣ Z : Over 240km

42

타이어의 편평비를 설명하고, 타이어의 규격 표기법에 대해 약술하시오.

1. 타이어의 편평비

타이어의 편평비는 단면높이를 단면폭으로 나눈 값에 100을 곱하여 얻어진 값이다. 편평비가 낮아질수록 타이어의 단면폭이 증가하는 것이므로 사이드월의 유연성이 증가하게 되어 승차감이 좋아진다. 따라서 소비자는 사용 용도에 따라서 적정한 편평비를 요구하게 되나, 요즈음의 추세는 고속성능의 차량에 맞추어 편평비가 낮은 타이어를 선호하는 추세이다.

예 60시리즈 = (단면높이 / 단면폭) × 100 = 60

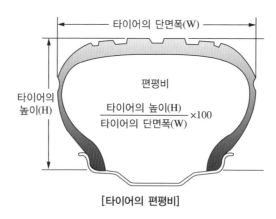

[타이어의 편평비]

2. 타이어의 규격 표기법

타이어의 규격 표기는 메트릭 표기법, 알파뉴메릭 표기법, 뉴메릭 표기법 등 여러 가지로 사용되어 왔으나, 최근 ISO(국제표준화기구)에서 정한 표기법을 사용하고 있다.

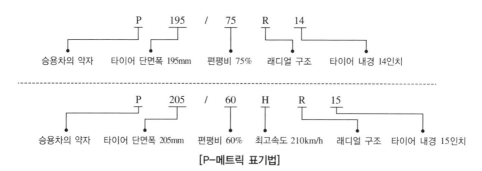

[P-메트릭 표기법]

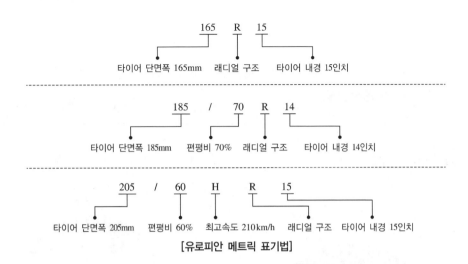

165   R   15
타이어 단면폭 165mm   래디얼 구조   타이어 내경 15인치

185   /   70   R   14
타이어 단면폭 185mm   편평비 70%   래디얼 구조   타이어 내경 14인치

205   /   60   H   R   15
타이어 단면폭 205mm   편평비 60%   최고속도 210km/h   래디얼 구조   타이어 내경 15인치

[유로피안 메트릭 표기법]

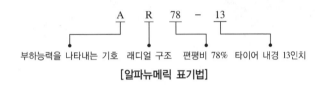

A   R   78   -   13
부하능력을 나타내는 기호   래디얼 구조   편평비 78%   타이어 내경 13인치

[알파뉴메릭 표기법]

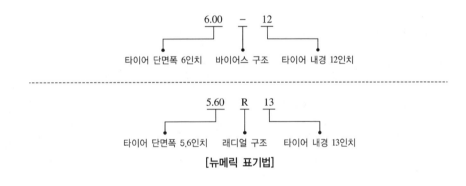

6.00   -   12
타이어 단면폭 6인치   바이어스 구조   타이어 내경 12인치

5.60   R   13
타이어 단면폭 5.6인치   래디얼 구조   타이어 내경 13인치

[뉴메릭 표기법]

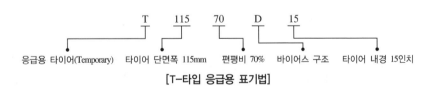

T   115   70   D   15
응급용 타이어(Temporary)   타이어 단면폭 115mm   편평비 70%   바이어스 구조   타이어 내경 15인치

[T-타입 응급용 표기법]

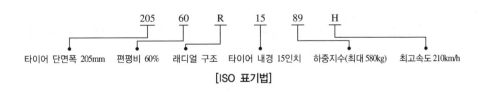

205   60   R   15   89   H
타이어 단면폭 205mm   편평비 60%   래디얼 구조   타이어 내경 15인치   하중지수(최대 580kg)   최고속도 210km/h

[ISO 표기법]

43

자동차용 일반 타이어 구조에 대한 구성 요소(트레드 등)를 열거하고, 각 요소에 대하여 약술하시오.

1. 일반타이어 구조

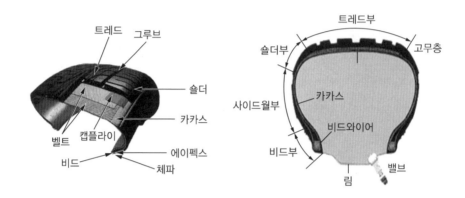

2. 일반타이어 구성 요소

(1) 트레드(TREAD)
트레드는 노면과 접촉하는 부분으로, 내마모성과 내커팅성이 양호해야 하며, 외부충격에도 충분히 견딜 수 있고 발열이 적어야 한다.

(2) 카카스(CARCASS)
카카스는 타이어 내부의 코드(CORD)층을 가리키는 것으로 하중을 지지하고 충격을 흡수하는 역할을 한다. 따라서 주행 중 굴신운동에 대한 내피로성이 강해야 한다.

(3) 비드(BEAD)
비드는 코드의 끝부분을 감아주어 타이어를 림에 징착시키는 역할을 하며, 비드와이어(강선)와 코아고무 등으로 구성되어 있다.

(4) 벨트(BELT)
스틸와이어 또는 직물 섬유로 구성되며, 주행시 노면 충격을 감소시키고 노면에 닿은 트레드 부위를 넓게 하여 주행 안정성을 좋게 하는 역할을 한다.

(5) 캡플라이(CAPPLY)

캡플라이는 벨트 위에 부착되는 특수코드지로 주행시 성능을 향상시켜 주며, 벨트의 이탈현상을 방지한다.

(6) 사이드월(SIDE WALL)

타이어의 옆부분을 지칭하는 것으로 카카스를 보호하고 굴신운동을 통해 승차감을 좋게 하는 역할을 한다.

(7) 숄더(SHOULDER)

트레드의 가장자리에서부터 사이드월의 윗부분까지를 지칭하는 것으로 외관 및 방열 효과가 우수해야 한다.

(8) 그루부(GROOVE)

트레드에 파인 홈으로 조종 안정성, 견인력, 제동성을 높이는 기능을 한다.

(9) 에이펙스(APEX)

에이펙스는 비드의 흐트러짐(분산)을 최소화 할 수 있도록 하며, 비드가 받는 충격을 완화시키는 역할을 한다.

(10) 체파(CHAFER)

림과 코드간의 직접 접촉을 방지하여 코드를 보호하는 역할을 한다.

(11) 인너 라이너(INNER LINER)

튜브대신 타이어 안쪽에 붙어 있는 것으로, 공기가 통하기 어려운 특수고무층을 가리킨다.

44

타이어 마모는 트레드 표면이 마모되는 현상으로 과도한 타이어 마모는 제동시 미끄럼 발생으로 결국 사고를 유발시키는 원인이 될 수 있다. 타이어 마모의 원인을 열거하고 트레드 편마모 경향의 종류 및 세부 요인들에 대해 약술하시오.

1. 타이어 마모의 원인

타이어 마모는 주행시 지면으로부터 발생하는 마찰력 혹은 마찰에너지에 의해 트레드 고무의 일부가 떨어져 나가는 현상이다. 타이어 마모에 영향을 주는 인자로는 타이어 및 지면 특성, 슬립률, 접지면적, 접지압력 등이 있다.

(1) 타이어의 특성원인

① 타이어의 종류

② 타이어의 적정 공기압을 유지하지 못한 경우

③ 타이어의 내구연한 경과 및 주행거리의 과다로 인한 마모

④ 타이어의 위치교환 시기를 지키지 않았을 경우

(2) 이상 마모

① 타이어 접지면의 편마모

② 휠 얼라인먼트 불량 및 휠 밸런스 불량

(3) 타이어의 접지 특성

① 노면의 마찰계수 및 상태에 따른 타이어 접지면에서 슬립에 의한 마모

② 자동차의 하중, 승차인원 및 적재량 등의 접지면에 걸리는 외력의 차이에 의한 마모

(4) 기 타

① 차량의 사용용도

② 운전자의 운전성향

③ 공기압 부족 상태로 장기간 운행하게 되면 타이어 옆면, 접지면에 크랙(균열) 발생

④ 주행 중 도로상에서 갑작스러운 충격에 의해 타이어의 옆면이 부풀어 오르는 코드 절상 현상

2. 트레드 편마모 경향의 종류

타이어 편마모는 타이어 정렬이 흐트러져 타이어의 어느 한 부분만 닳아 기능을 점차 상실하는 현상이다.

① 트레드의 양쪽부분 마모

　공기압 부족 또는 과하중(Over Coad)에 원인으로 발생된다.

② 트레드의 중앙부분의 마모

　공기압력 과다의 원인으로 발생한다.

③ 트레드의 외측이 내측에 비해 많이 마모되는 것

　캠버의 과대 또는 너클암 변곡의 원인으로 발생한다.

④ 트레드 내측이 외측에 비하여 많이 마모되는 것

　캠버의 과소의 원인으로 발생된다.

⑤ 트레드가 외측에서 내측으로 향하여 날개깃 상태로 마모되는 것

　토인의 과대, 너클암 변곡, 좌·우 타이로트의 길이의 상이 등의 원인으로 발생된다.

⑥ 트레드가 내측에서 외측으로 향하여 날개깃 상태로 마모되는 것

　토·아웃의 과대, 너클암 변곡 등의 원인으로 발생된다.

⑦ 트레드의 파상 마모

　휠 밸런스의 불량, 휠 베어링의 이완, 휠 얼라이먼트의 불량 등의 원인으로 발생된다.

⑧ 트레드부의 1개소 또는 2~3개소가 접시모양으로 평평하게 마모하는 것

　휠 얼라이먼트의 이완, 엑슬의 변곡, 브레이크 드럼의 편심 등의 원인으로 발생된다.

⑨ 트레드부가 피트(Pit) 모양으로 둘레 전체가 마모되는 것

　휠 밸런스 불량의 원인으로 발생된다.

⑩ 트레드부의 한쪽이 많이 마모되는 것

　타이어의 위치교환 불량의 원인으로 발생된다.

⑪ 트레드부의 외상

　주행 중 노상에 있는 예리한 유리, 금속편 등의 원인으로 발생된다.

⑫ 트레드부의 홈이 갈라지는 손상

　공기압의 과다가 원인이 된다.

⑬ 사이드 월의 고무가 갈라지는 손상

　과다한 굴곡 등이 원인으로 발생된다.

45

자동차 주행시 발생하는 주행저항의 종류를 설명하고, 자동차의 타이어를 교체한 경우 발생되는 현상을 약술하시오.

1. 자동차의 주행저항

(1) 개 요

자동차의 주행저항은 수평의 노면에서 일정속도를 유지하기 위한 저항, 즉 구름저항과 고속으로 주행할 때 차체의 유체저항(Drag)에 의한 공기저항, 경사진 노면을 오르기 위한 구배저항과 가속을 위한 가속저항으로 분류할 수 있다.

(2) 주행저항의 종류

① 구름저항

구름저항은 바퀴가 구르면서 노면으로부터 받는 저항이다. 노면은 언제나 평탄하지 않고 기복이 있는데 국부적인 장애는 타이어의 일시적인 변형으로 처리하기 때문에 구름저항에 영향을 미치지 않는다. 그러나 노면 자체가 기복이 있을 때에는 구름저항을 증가시킨다.

② 공기저항

자동차가 공기 속을 일정속도로 달릴 때 자동차 차체 주위의 공기흐름이 달라지면서 유체저항에 의한 저항(Drag)이 발생한다. 공기저항은 유체의 흐름이 교란될수록 커지기 때문에 이를 감소하기 위해 차체를 유선형으로 하고 있다. 공기저항은 속도의 제곱에 비례하므로 고속에서는 주행저항의 대부분이 공기저항으로 된다.

③ 가속저항

자동차에 속도의 변화를 주는데 필요한 힘을 가속저항이라고 한다. 일반적으로 물체를 가속하려 할 때는 그 물체의 관성에 이기는 힘이 필요하며 그 힘이 가속력, 즉 가속저항이 되기 때문에 가속저항은 관성저항이라고 할 수 있다.

④ 구배저항(등판저항)

자동차가 경사진 노면을 올라가는 경우 자동차에 작용하는 중력의 경사면방향의 분력만큼 자동차가 진행하는 역방향으로 작용한다. 이 힘을 구배저항 또는 등판저항이라 한다.

2. 자동차의 타이어를 교체하는 경우 발생되는 현상

(1) 가속성능과 타이어 사이즈의 관계

자동차 속도와 엔진 회전수 사이에 다음과 같은 관계가 성립한다.

> 시속(km/h) = 엔진 회전수/기어비 × 1.2π × 타이어 반지름(cm)/최종감속비 × 1,000

이 식에서 알 수 있듯이 같은 엔진 회전수로 운전하더라도 반지름이 작은 타이어를 쓰면 속도가 줄어든다. 같은 기어단수, 같은 엔진 회전수로 운전하면 타이어 회전수도 같지만 타이어 반지름이 작아져서 그만큼 달리는 거리가 줄기 때문이다. 이 때문에 타이어 사이즈가 달라지면 기어단수마다 최고속도도 변한다. 특정한 기어단수의 최고속도는 타이어 사이즈가 달라진 정도와 똑같은 정도로 달라진다.

(2) 속도계 오차

타이어 사이즈를 줄이면 운전자는 전반적으로 가속성능이 향상된 것처럼 느낄 수 있다. 속도계는 트랜스미션의 디퍼렌셜(Differential)에서 회전수를 감지해 속도를 표시한다. 즉, 속도계는 자동차의 절대속도를 표시하는 것이 아니라, 디퍼렌셜에 연결된 타이어의 회전수를 속도로 변환해 표시하기 때문에 운전자는 심리적으로 가속성능이 좋아졌다고 느끼게 될 것이다. 결론적으로 타이어 사이즈가 달라지면 속도계 오차도 생긴다. 속도계 오차가 생기면 주행거리(트립미터)의 오차도 생기게 마련이다. 이 때문에 작은 사이즈의 타이어로 바꾸고 나면 연비가 좋아진 것처럼 느끼게 된다.

(3) 제동력과 접지력의 변화

① 제동력의 변화

타이어 사이즈를 줄이면 제동력이 좋아진 듯한 느낌을 받게 된다. 실제로 브레이크 페달을 같은 힘으로 밟아도 제동력은 커진다. 타이어에 전달되는 엔진 토크는 같아도 타이어 사이즈를 줄이면 접지면에 가해지는 힘이 커지는 것과 마찬가지로 브레이크 페달을 밟아서 생기는 제동 토크는 같지만 접지면에 생기는 제동력이 그만큼 커지기 때문이다. 그렇다고 해서 차가 발휘할 수 있는 제동력 자체가 커지는 것은 아니다.

② 접지력의 변화

타이어 사이즈가 작아지면 타이어가 지면에 닿는 접지면적이 줄어든다. 접지력은 타이어와 지면 사이에서 생기는 마찰력이다. 접지력은 접지면적이 클수록 유리하기 때문에 타이어 사이즈가 큰 것이 유리하다. 큰 사이즈의 타이어로 접지력을 높이기 위해서는 휠 사이즈도 함께 키우는 것이 좋다.

(4) 구동계통의 부하

타이어 사이즈가 달라지면 구동계통의 부하도 변한다. 작은 타이어를 돌리는 것보다 큰 타이어를 회전시키는데 큰 토크(힘)가 필요하다.

더 알아보기   자동차의 바퀴를 반경이 큰 것으로 교체하는 경우 발생되는 현상

- 구동력이 줄어 등판 성능이 나빠진다.
- 계기판의 속도계 지시값이 실제보다 작게 지시된다.
- 무게중심이 높아지고 가속능력이 감소한다.
- 연비 측면에서는 조금 불리하며 동력 성능이 나빠진다.

---

46 타이어의 발열원인과 히트 세퍼레이션(Heat Separation) 현상에 대해 서술하시오.

1. 타이어의 발열원인

타이어는 주행 중 접지에 의한 변형과 복원이 주기적으로 반복되고 있지만, 타이어에 사용되고 있는 고무, 코드 등의 재료는 점탄성체이기 때문에 변형운동을 반복적으로 받으면 이력현상(Hysteresis Loss)에 의해 발열하게 된다. 그러나, 이들 재료는 열의 불량도체이기 때문에 방열이 적고 타이어 내에 축적되지만, 적정 조건하에서의 발열은 타이어 손상을 초래하지 않는다. 하지만 공기압 부족, 과적재 또는 타이어의 능력을 초과한 속도로 주행 등을 할 경우 타이어의 내부 온도는 더욱 높아지고, 임계 온도를 넘어 가면서 타이어를 구성하는 고무, 코드 등의 재료 강도 및 구성 물질간의 접착력과 타이어의 내구력이 저하되면서, 돌발적인 세퍼레이션이나 타이어 파손을 유발하는 원인이 되기도 한다.

2. 히트 세퍼레이션(Heat Separation) 현상

타이어의 심한 발열과 온도의 상승에 의해 타이어의 고무나 코드가 분리하는 현상을 히트 세퍼레이션이라고 한다.

타이어가 발열에 견딜 수 있는 일반적인 벨트의 온도는 125℃ 정도인데, 그 이상 온도가 상승하게 되면 타이어를 구성하는 고무, 코드 등은 열화나 접착력의 저하가 심해져서 타이어의 강도와 내구력을 급격히 저하시키고, 결국에는 타이어의 파손을 일으킨다.

47

자동차의 스프링 위중량(Spring Up Weight)과 스프링 아래중량(Spring Down Weight)을 구분하여 정의하고, 주행특성에 미치는 영향을 약술하시오.

1. 정 의

스프링 위중량(Spring Up Weight)은 차체, 엔진 등을 말하고, 스프링 아래중량(Spring Down Weight)은 타이어, 휠, 차축 및 브레이크 부품 등 스프링보다 아래쪽에 있는 부품의 중량을 말한다.

2. 주행특성에 미치는 영향

스프링 아래중량이 가벼울수록 바퀴는 노면에 따라 잘 움직이고(trace), 진동이 일어나더라도 스프링 위쪽 자체에 흔들림을 전하는 비율이 작아진다. 가벼운 알루미늄 휠이나 알루미늄으로 된 브레이크 부품은 스프링 아래중량을 줄이는 것이 목적이며, 종감속장치나 브레이크를 차체 쪽에 부착하는 것도 스프링 아래중량을 가볍게 하기 위함이다.

스프링 아래중량이 가벼우면 관성력이 작아지기 때문에 타이어는 노면의 요철(凹凸)에 따라 나아가고 노면으로부터 떨어지기 어렵기 때문에 조종안정성의 레벨도 높아진다.
스프링 아래중량을 가볍게 하는 것은 상대적으로 스프링 위중량을 크게 한 것과 마찬가지의 효과를 얻을 수 있기 때문에 승차감이 좋아진다.

결론적으로, 자동차의 주행특성은 스프링 위중량(Spring Up Weight)과 스프링 아래중량(Spring Down Weight)의 관계가 어떻게 되어 있는가에 따라 결정되며, 조종성, 승차감은 모두 스프링 아래중량이 가능한 한 가벼운 것이 바람직하다는 결과를 얻을 수 있다.

48

사고차량의 차체수리를 위한 충돌 손상분석의 4요소와 사용되는 계측기의 종류별 용도에 대하여 서술하시오.

(1) 충돌 손상분석의 4요소

① 센터라인(center line)

차체 중심을 가르는 가상 기준선으로 언더 보디의 평형 정렬상태, 즉 센터링 게이지의 센터 핀 일치 여부를 확인하여 차체 중심선의 변형을 판독한다.

② 데이텀 라인(datum line)

수평 바닥 부분을 기준선으로 하여 높이를 측정하는 가상 기준선으로 데이텀은 센터링 게이지의 수평 바의 높낮이를 비교 측정하여 언더 보디의 상하 변형을 판독한다.

③ 레벨(level)

센터링 게이지의 수평 바의 관찰에 의한 언더 보디의 수평상태를 판독한다. 레벨은 단지 수평인지 아닌지, 그리고 앞, 뒤로 평행인지 아닌지만 고려하면 된다.

④ 차체 치수도(body dimension)

모든 차량의 각 부분별 차체의 치수를 정확히 측정하여 작성된 것으로 어느 한 지점과 지점 사이의 길이를 규정하고 있다.

(2) 계측기의 종류별 용도

① 트램게이지(Tramgauge) : 차체의 대각선 또는 특정 부위의 길이 측정

② 센터링 게이지(centering gauge) : 수평 바, 수직 바, 센터 유닛(센터 핀) 등을 이용하여 언더 보디의 중심선 변형 측정, 보디와 프레임의 비틀림 변형 측정, 프레임 상하·좌우 휨 측정

③ 3차원(3D) 계측기 : 측정 포인트에 측정자를 위치시키면 통신으로 컴퓨터 화면에 치수가 표시되는 계측방법

49

자동차사고로 인해 발생하는 차체의 내부 파손형태 중에서 프레임 손상형태의 5가지 요소를 열거하여 약술하시오.

프레임 손상형태의 5가지 요소

(1) 사이드 웨이(Side Way)
센터 라인을 중심으로 좌측 혹은 우측으로의 변형

(2) 새그(Sag)
차체의 전·후 사이드 멤버가 상·하로 휘어진 변형

(3) Short Rail(Mash, Collapse)
차체의 사이드 멤버가 충격에 의해 눌리면서 길이가 짧아지는 변형

(4) 트위스트(Twist)
차체의 좌·우 사이드 멤버가 충격에 의해 상·하로 엇갈려서 비틀어지는 변형

(5) 다이아몬드(Diamond)
차체의 좌·우 사이드 멤버가 충격에 의해 전·후로 엇갈려서 비틀어지는 변형

50

스폿(Spot) 용접된 손상패널을 교환할 때, 용접부위의 강도 확보를 위한 CO_2 플러그 용접공정에 대해 약술하시오.

CO_2 플러그 용접공정

CO_2 용접은 차체수리작업에서 가장 많이 활용되는 방법으로 MAG(Metal Active Gas) 용접이라고도한다. 설비는 MIG(Metal Inert Gas arc welding) 용접과 유사하지만 아르곤과 헬륨 같은 불활성가스 대신에 CO_2를 이용한 용접이다.

MIG 용접은 불활성 가스용접을 말하며, 용접 와이어를 전극으로 하여 와이어와 모재 사이에 아크를 발생시켜 아크열에 의해 와이어와 모재를 녹여 접합하는 방법이다. 이때 용접부분을 불활성 가스롤 피복하여 용접부의 산화를 방지하는 것이 특징이다.

불활성 가스로는 아르곤과 헬륨가스가 사용되지만, 가격이 비싸 요즘에는 탄산가스와 아르곤가스의 혼합형(Ar 80% + CO_2 20%)을 많이 사용하기 때문에 MIG/MAG 용접이라고도 한다.

탄산가스는 활성이므로 고온의 아크에서는 산화성이 크고 용착금속의 산화가 심하여 기공 및 그 밖의 결함이 생기기 쉬우므로 Mn, Si 등의 탈산제를 함유한 와이어를 사용한다.
순수한 CO_2 가스 이외에 $CO_2 - O_2$, $CO_2 - CO$, $CO_2 - Ar$, $CO_2 - Ar - O_2$ 등이 사용되기도 한다.

51

자동차 차체수리작업에 사용되는 플라즈마 아크(Plasma Arc) 용접의 장점과 단점에 대하여 약술하시오.

플라즈마 아크(Plasma Arc) 용접

플라즈마 아크 용접은 아크 플라즈마를 좁은 틈으로 고속 분출시킴으로써 생기는 고온의 불꽃을 이용해서 절단·용접하는 방법이다.

(1) 장 점

① 안정적이고 집중적인 아크 발생으로 용접속도가 빠르다.

② 열 영향부가 적어 변형이 적다.

③ 용접부의 금속학적 성질, 기계적 성질이 좋다.

④ 전류 밀도가 크므로 아크가 좁은 각도로 분사되어 용입이 깊고 비드(bead) 너비가 좁으며, 능률적이다.

⑤ 산소·아세틸렌 용접보다 용접비용이 저렴하다.

⑥ 전극 소모가 적기 때문에 장시간 용접이 가능하다.

⑦ 용접의 목적에 따라 수동 용접이 용이하다.

(2) 단 점

① 설치비용이 비싸고, 좁은 공간에서 작업하기가 곤란하다.

② 용접속도가 빠르므로 가스보호가 불충분하다.

③ 용접할 모재의 청결도에 따라 용접부의 품질에 영향이 크므로 모재의 표면이 깨끗해야 한다.

52

차체 부식에서 녹의 종류별 발생원인을 제시하고, 차체수리 과정에서 녹 발생을 억제할 수 있는 방법에 대하여 서술하시오.

1. 녹의 종류별 발생원인

(1) 환경적원인

① 겨울철 제설용으로 살포되는 염화칼슘

겨울철 눈, 비, 얼음은 습도를 증가시켜 제설제의 염분과 반응하여 차체 강판을 부식시킬 수 있는 용액을 형성한다.

> **더 알아보기** **철의 이온화 단계**
>
> • 1단계 : 철의 이온화
> • 2단계 : 염화나트륨이 물과 만나 이온화 되면서 물분자 이온화
> • 3단계 : 이온화된 철과 수산화이온이 결합하여 수산화철 형성
> • 4단계 : 수산화철과 대기 중 산소가 결합하여 녹(부식) 발생

② 제설제의 온도에 따른 습도 발생 차이

살포되는 제설제의 온도에 따른 습도 발생 차이로 인해 부식이 발생된다. 즉 습도를 많이 발생시키는 제설제가 많은 물 분자를 이온화하여 수산화철을 촉진하고, 이것이 부식을 가속화한다.

③ 산업화에 따른 대기오염

아황산가스(SO_2), 황화수소(H_2S) 등의 대기 중 공해물질이 산성비를 만들어 차체 강판의 부식 원인으로 작용한다.

(2) 도장 결함원인

① 도장/차체 금 간 계면에 용해 가능한 염이 존재할 때 수분이 도장 층을 통하여 계면으로 침투하면 염이 녹아 도장 층과 화학적 반응을 일으켜 부풀음 현상을 일으키고, 부식이 발생된다.

② 내식성을 위한 유기피복층 *에 물이나 수용성 전해액(電解液) 침투로 인한 부피 팽창에 의해 부풀음 현상으로 부식이 발생된다.

※ **유기피복층** : 도장 색상을 내기 위한 안료의 층

③ 유기피복층의 도장시 기포나 휘발성 물질이 포집되어 기공을 형성하는 경우에 기공으로 인해 부식이 발생된다.

④ 또한, 도장시 두 개의 휘발성 용액(Solvent)을 사용하였을 경우, 그 중 하나가 친수성(Hydrophilic)일 때 이 친수성 용매의 농도가 적으면 이때 수분이 들어가 부풀음으로 인해 부식이 발생된다.

(3) 차체수리 과정에서 방청 및 실링작업의 불량

차량 파손 후 차체수리 과정에서 패널의 손상, 습기, 방청 및 실링작업의 불량 등으로 부식이 발생할 수 있다.

2. 녹 발생 유형

(1) 도장 결함의 유형

① 철판작업시 작업자가 장갑을 이용하지 않아 손에 묻은 수분과 염분으로 인해 도막이 변형(전처리 공정시 소재 취급 불량)

② 리벳작업 후 철판에 방청도료가 안되었거나 부착이 이루어지 않았을 때 나타나는 도장 불량

(2) 운행 과정의 도장 결함 유형

① **쿼터 패널 및 프런트 펜더**

패널 엣지 부분의 도장 또는 방청이 부족하여 수분, 공기, 배기가스, 염화칼슘 등의 부식원인물질과 접촉하는 부분에서 부식이 발생한다.

② **도 어**

도어의 유리와 몰딩 사이 및 기타 공간으로 침투한 빗물 등의 수분 등이 원활히 배출되지 않고 도어 내부에 잔류한 부분에서 도어 내부의 방청 도료의 원인미상 박리 또는 도막두께가 규정치 이하로 도장되었거나 도료가 부착되지 않은 금속소재를 도어 내부로부터 부식시킨다.

③ **트렁크 리드**

트렁크 리드의 패널부품과 부착부품(램프류) 사이 및 기타 공간으로 침투한 빗물 등의 수분 등이 원활히 배출되지 않고 패널 내부에 잔류한 부분에서 도어 내부의 방청도료의 원인미상 박리 또는 도막두께가 규정치 이하로 도장되었거나 도료가 부착되지 않은 금속소재를 도어 내부로부터 부식시킨다.

④ **본 넷**

후드의 내·외측 패널을 접합하는 과정에서 방청 또는 실링이 부분적 또는 전체적으로 부적합하여 패널 내부에서 부식이 발생한다.

⑤ **쇽업쇼버 마운트**

도장작업전 전처리 과정의 문제 또는 방청도료의 도장 문제, 실링작업 문제 등으로 인하여 도장 내부로부터 부식이 진행된다.

3. 차체수리 과정에서 녹 발생 억제 방법

(1) 차량 부식 방지를 위한 도장의 필요성

① 차체 도장은 눈, 비, 자외선, 대기오염 등으로 인한 차체 표면 보호와 부식(corrosion)을 방지하기 위한 기능적인 측면과 조형미 및 입체미를 색상으로 부여하여 자동차의 미관을 향상시켜 상품적 가치를 증대하기 위함이다.

② 도장 결함으로 차체가 심하게 부식되는 경우 충격흡수량이 저조하여 차체 충돌안전성기준에 미치지 못하는 결과가 초래될 수 있다.

(2) 철저한 도장 공정

① 전처리(前處理)

도료(pain)의 부착성을 확보하기 위해 차체(Body)에 묻어 있는 방청유나 오염물을 제거하거나 세정하는 공정(탈지·수세·건조과정, 약 20~25분)을 충분히 해야 한다.

② 전착(電着)

차체를 전착용의 도료 속에 담가서(3분간) 차체에 직류전류를 흘려 차체 외판은 물론 내부까지 도료를 균일하게 칠(도포)하는 공정(170~180℃로 25~30분 건조)이다.

※ 차체 패널이 겹쳐지는 부위는 제조 공정상 전착(차체 방청) 공정이 이루어지지 않아 내식성을 확보하기 어렵다.

③ 실러(sealer)

차체 접합 연결부(용접부 포함)를 결합하는 부위에 폴리우레탄(polyurethane)을 칠하는 공정(부분 보수 도장 후 160~170℃로 8~10분 건조)이다.

④ 언더코팅(undercoating)

주행시 차체 하부의 돌멩이 등으로 인한 충격, 소음, 진동 방지 목적으로 고무와 플라스틱 합성물질을 차체 하부에 칠하는 공정이다.

⑤ 중도(中塗)

전착 도장 표면의 미세한 굴곡을 평탄하게 하여 전착 도장과 상도간의 도막층간 부착력을 향상시키기 위한 공정(140~150℃로 30~35분 건조)이다.

⑥ 상도(上塗)

차체 외관 형성, 물리력, 내약품성, 산성비, 긁힘 등이 발생되지 않도록 하기 위한 도장의 마무리 공정(색상을 입히는 공정, 135~140℃로 25~30분 건조)이다.

53

도장작업 후 발생하는 결함 중 박리 현상(peeling), 부풀음 현상(blister), 치핑 현상(chipping), 초킹 현상(chalking)의 정의와 발생원인에 대해 약술하시오.

1. 박리 현상(peeling)

(1) 정 의

① 도막이 피도체, 구도막, 메탈릭 에나멜과 투명 층간 사이에서 벗겨지거나 떨어지는 현상

② 도막층간에 부착력이 불량하여 발생하는 현상

③ 장기적 사용으로 도막 내부의 내부 응력 불균형에 의해 벗겨지는 현상

(2) 발생원인

① 메탈릭 또는 펄 색도료 도장시 증발속도가 빠르고 용해력이 나쁜 신나를 사용했거나 너무 빠르게 수회 날려서 도장 했을 때

② 구도막 또는 피도체의 연마가 불충분했을 때

③ 습도가 높거나 실리콘, 왁스 등이 피도체 부착되었을 때

④ 연마 찌꺼기가 소재면에 남아 있을 때

⑤ 도료의 선택이 잘못 되었을 때

⑥ 플라스틱 프라이머 도막이 두껍게 도장 되었을 때

⑦ 플라스틱 소재와 도료의 적합성이 불량할 때

2. 부풀음 현상(blister)

(1) 정 의

① 도막층 사이에 크고 작은 수포(부풀음)가 수없이 생기는 현상

② 부풀음이 일어나는 과정 : 수분의 침투 → 확산 → 대류 → 증발 → 부풀음

(2) 발생원인

① 에어(공기) 호스 속에 기름, 수분 등 이물질이 혼입되었을 때

② 도장작업시 습도가 높거나 피도물의 온도와 도장시 온도 차이가 클 때

③ 소재처리 및 공정간 연마 불량으로 층간 부착력이 나쁠 때

④ 도장된 표면이 충분히 세척되지 않았을 때

⑤ 내수성 및 내방청성이 불량한 프라이머를 조장했을 때

⑥ 용해력이 나쁜 신나를 사용했을 때

⑦ 경화제가 부족했을 때

⑧ 퍼티 건조가 불충분한 상태에서 수(물)연마작업을 하고, 건조에 충분한 시간을 주지 않았을 때

3. 치핑 현상(chipping)

(1) 정 의
도장면이 작은 돌이나 유리알 같은 모래 등으로 움푹 들어가거나 도장표면의 일부가 긁힌 모양으로 도막이 벗겨지는 현상

(2) 발생원인
① 주행 중 작은 돌이나 고체물질이 차와 부딪히는 경우

② 도막 표면에 브러시의 털이나 먼지 등의 이물질이 묻었을 때

③ 손상된 패널에 습기가 침투하여 철판이 부식되었을 때

④ 샌딩 된 면이 재가공 되어 도장이 손상 될 때

4. 초킹 현상(chalking)

(1) 정 의
도막이 야외에서 태양에 장기간 노출되었을 때 도막의 열화로 도막 표면이 점차 약해져서 분필가루모양으로 도막이 일어나는 현상

(2) 발생원인
① 대기의 산소, 수분, 자외선 등의 영향을 받아 도막결합이 분해되어 밀착성이 떨어지게 될 경우

② 내구성이 나쁜 도료를 사용했을 경우

③ 도료의 장기 저장으로 침강된 도료를 사용할 경우

④ 잘못된 경화제나 안료에 대한 전색제가 적을 경우

04 시동, 점화, 충전, 전기장치

출제포인트

☐ 시동장치(Starting System)
☐ 점화장치(Ignition System)
☐ 충전장치
☐ 조명장치

01

다음은 전기장치에 기본 적용되는 원칙들이다. 간략하게 약술하시오.

(1) 키르히호프의 법칙
(2) 옴의 법칙
(3) 플레밍의 법칙
(4) 주울의 법칙
(5) 렌츠의 법칙

---

(1) 키르히호프의 법칙

① 제1법칙(전류에 관한 제1법칙)

복잡한 회로망에 있어서 임의의 접속점으로 흘러 들어오고 흘러나가는 전류의 대수합은 0(zero)이다.

$$\sum I_K = 0$$

② 제2법칙(전압에 관한 제2법칙)

회로망에서 임의의 한 폐회로의 각부를 흐르는 전류와 저항과의 곱(전압강하)의 대수합은 그 폐회로 중에 있는 모든 기전력의 대수합과 같다.

$$\sum V_K = 0$$

(2) 옴의 법칙

전기회로에 흐르는 전류(I)는 회로에 가한 전압(V)에 비례하고, 저항(R)에 반비례한다.

$$I = \frac{V}{R}$$

여기서, I : 전류(A), V : 전압(V), R : 저항(Ω)

(3) 플레밍의 법칙

① 플레밍의 오른손 법칙

자기장 속을 움직이는 도체 내에 흐르는 유도전류의 방향과 N극에서 S극으로 향하는 자기장의 방향, 도체의 운동방향과의 관계를 나타내는 법칙으로, 발전기의 원리를 나타낸다. 오른손의 엄지손가락, 집게손가락, 가운뎃손가락을 각각 직각이 되게 뻗어 집게손가락을 자기마당방향으로 향하게 하고, 이 자기마당 속에서 엄지손가락의 방향으로 도선을 움직이면, 도선에는 가운뎃손가락의 방향으로 전류가 흐른다.

② 플레밍의 왼손 법칙

전류가 흐르고 있는 도선에 대해 자기장이 미치는 힘의 작용방향을 정하는 법칙으로, 전동기의 원리를 나타낸다. 왼손의 엄지손가락, 집게손가락, 가운뎃손가락을 서로 직각이 되게 뻗어 집게손가락을 자기마당방향으로 향하게 하고, 이 자기마당 속에서 가운뎃손가락의 방향으로 전류를 흐르게 하면, 그 도선은 엄지손가락의 방향으로 힘을 받는다.

(4) 주울의 법칙

저항 $R[\Omega]$의 전선에 전류 $I[A]$를 $t[초]$동안 흘릴 때 공급되는 전기에너지를 표시하는 것을 전력량이라 하며, 그 단위를 [J] 또는 [Wh]로 표시한다. 만일 1[A]의 전류가 흐른다면 매초 1[C]의 전하가 통과하게 되므로

$$P = VI = RI^2 \, [\text{J/sec}]$$

1[J]은 0.24[cal]의 열량에 해당하므로 열량은,

$$W = 0.24 RI^2 \, [\text{cal/sec}]$$

t초 동안 발생한 전열량은,

$$W = RI^2 t \, [\text{J}] = 0.24 RI^2 t \, [\text{cal}]$$

이때 발생하는 열량을 주울열(Joule heat)이라 한다.

(5) 렌츠의 법칙

코일을 통과하는 자속을 변화시키면 코일 내에서 자속의 변화를 방해하는 방향으로 유도 기전력이 발생한다는 법칙이다. 즉, 전기회로에서 발생하는 유도 기전력은 폐회로를 통과하는 자속의 변화에 반하는 유도 자기장을 만드는 방향으로 발생한다.

02 자동차에 사용하는 반도체소자는 무엇이며, 다이오드와 트랜지스터에 대해 설명하시오.

1. 반도체소자

반도체는 양도체와 절연체의 중간범위의 것으로 고유저항이 $10^{-4}[\Omega m]$로부터 $10^4[\Omega m]$ 정도의 값을 가지는 것을 말하며, 실리콘(Si), 게르마늄(Ge), 셀렌(Se) 등이 이에 속한다.

2. 다이오드

(1) PN 접합다이오드

P형 반도체와 N형 반도체를 접합하여 만든 반도체소자로 접합면 부근에 공핍층이 존재한다.

(2) 제너다이오드

다이오드의 역방향 전압을 증가시켜 어떤 값에 이르게 하면 역방향 전류가 급격히 증가하고 다시 전압을 낮추면 처음 상태로 회복된다. 이때 역방향 전류가 급격히 증가하는 점의 전압을 항복전압 (제너전압)이라 한다. 이 특성은 각종 정전압회로와 전압조정기, 전압검출회로 등에 이용된다.

(3) 발광다이오드

순방향으로 전류를 보낼 때 빛이 발생되는 다이오드로서 가시광선으로부터 적외선 및 레이저까지 여러 파장의 빛을 발생시킨다. 일상 전자부품에서는 파이럿램프 또는 문자표시기로 쓰고 빛을 내어 표시하는 각종 표시기 또는 신호기에 사용된다.

(4) 포토다이오드

포토다이오드는 빛을 받으면 역방향으로도 전류가 흐를 수 있어 광 센서의 수광부로 주로 사용된다. 예 크랭크각 센서, TDC 센서

3. 트랜지스터(Transistor)

(1) 트랜지스터의 종류

　① PNP형 : N형 반도체를 중심으로 하여 양쪽에 P형 반도체를 접합한 트랜지스터

　② NPN형 : P형 반도체를 중심으로 하여 양쪽에 N형 반도체를 접합한 트랜지스터

(2) 트랜지스터의 회로

　① 스위칭회로 : 베이스 전류를 단속하여 컬렉터 전류를 단속하는 회로

　② 증폭회로 : 작은 베이스 전류를 이용하여 큰 컬렉터 전류를 만드는 회로

　③ 발광다이오드 : 외부로부터 주어진 신호가 아니고 전원으로부터 지속적인 진동을 발생시키는 회로

(3) 트랜지스터의 장·단점

　① 장 점

　　㉠ 극히 소형이고 가볍다.

　　㉡ 예열 시간을 요하지 않고 곧 작동한다.

　　㉢ 진공관에 비해 기계적으로 강하고 수명이 길다.

　　㉣ 전력손실이 적다.

　② 단 점

　　㉠ 열에 약하다.

　　㉡ 높은 전압이 걸리는 곳에는 사용할 수 없다.

　　㉢ 정격 값을 넘으면 곧 파괴되기 쉽다.

4. 사이리스터(Thyrister ; SCR)와 서미스터(Thermistor)

(1) 사이리스터(Thyrister ; SCR)

사이리스터(SCR)는 PNPN(또는 NPNP)의 4층 구조로 된 제어 정류기로서 방향성 소자와 쌍방향성 소자 등 여러 종류가 있다. 자동차용에는 한방향성 사이리스터를 사용하는 경우가 많다.

(2) 서미스터(Thermistor)

서미스터는 온도에 따라 민감하게 저항값이 변화하는 것을 이용한 것이며 온도검출용으로 쓰이고 있다. 자동차에서는 엔진수온 센서, 자동에어컨의 실온·외기온을 검출하는 내기 센서, 외기 센서 등에 이용하고 있다. 기본적 특성에 따라 서미스터를 분류하면 온도가 상승함에 따라 전기저항이 감소하는 부온도특성(NTC ; Negative Temperature Coefficient) 서미스터와 이와 반대로 온도가 상승함에 따라 저항값이 증가하는 정온도특성(PTC ; Positive Temperature Coefficient) 서미스터가 있다.

03

자동차용 교류발전기(AC 발전기)와 직류발전기의 작동원리와 구조를 비교 설명하시오.

1. 교류발전기(AC 발전기)

(1) 작동원리

교류발전기는 3상 교류발전기와 3상 전파정류기를 조합해서 직류출력을 얻도록 한 장치이다. 스테이터에 고정된 스테이터 철심과 코일에서 교류가 발생한다.

(2) 구 조

① 스테이터(Stator)

3상 교류의 전기를 발생시키는 곳으로 Y결선으로 되어 있다. 3상 교류발전기에 Y결선을 많이 사용하는 이유는 저속에서도 충분한 충전전압을 얻을 수 있기 때문이다.

② 로터(Rotor)

로터는 로터철심, 로터코일, 로터축, 슬립링 등으로 구성되어 있다. 로터코일과 자극편(Pole Shoe)에 의해 자극이 형성된다.

③ 다이오드(Diode)

다이오드는 실리콘 다이오드를 사용하며 (+), (−) 쪽에 각각 3개씩을 두어 3상 교류를 전파정류한다.

④ 브러시

2개의 브러시는 각각 브러시에 고정된 브러시 홀더에 끼우고 브러시 스프링으로 눌러서 슬립링에 접촉시키고 있다. 한 쪽 브러시는 발전기 F단자에 연결되고 다른 한 쪽 브러시는 브러시 홀더를 통하여 접지되어 있다.

2. 직류발전기

(1) 작동원리

직류발전기는 전기자코일에 발생한 교류를 정류자와 브러시로 정류하여 직류를 얻는 방식이다.

(2) 구 조

① 전기자

계자코일 내에서 회전하며 전류를 발생한다.

② 브러시

뒤쪽 브래킷에 고정된 브러시 홀더에 끼워져 정류자와 접속하여 전기자에 발생한 전류를 정류하여 외부에 내보내는 일을 한다.

③ 계자철심과 계자코일

자속을 발생하는 부분으로 스크루에 의하여 요크에 고정된 계자철심에 계자코일이 감겨진 구조로 되어 있다.

④ 내부결선

계자코일과 전기자 코일은 병렬접속으로 되어 있으며, 코일 한끝의 접지방법에 따라 내부접지식과 외부접지식으로 구분한다.

[교류발전기(AC 발전기)와 직류발전기의 비교]

교류발전기(AC 발전기)	직류발전기
• 소형, 경량으로 출력이 크다. • 브러시의 수명이 길다. • 공전 운전시에도 충전이 가능하다. • 고속회전에 견딜 수 있다. • 조정기는 전압조정기뿐이다. • 잡음이 적다.	• 중량이 크다. • 브러시의 수명이 짧다. • 보통의 아이들링 때에는 충전이 불가능하다. • 고속회전시키면 정류작용이 나빠지고 정류자가 소손되기 쉽다. • 전압조정기 이외에 전류제한기 및 컷아웃 릴레이가 필요하다. • 정류작용이 나쁘면 스파크가 발생되고 라디오에 잡음이 생긴다.

04 자동차 시동장치, 충전장치 및 점화장치 구성부품과 기능을 설명하고, 점화장치의 필요성을 엔진의 형식(가솔린, 디젤, LPG)에 따라 구분하여 약술하시오.

1. 시동장치, 충전장치 및 점화장치 구성부품과 기능

(1) 시동장치

시동장치는 축전지 전원에서 전류를 공급하여 시동전동기를 회전시킴에 따라 시동전동기의 피니언기어와 기관본체의 링기어가 맞물려 기관을 구동시키기 위한 장치이다.

① **전동기** : 회전력을 발생하는 부분

② **동력전달기구** : 회전력을 엔진에 전달하는 부분

③ **스위치부** : 마그네틱 스위치의 작동에 의해 피니언을 이동시켜 링기어에 물리게 하는 부분

④ **제동기구** : 피니언의 관성회전이 없도록 하여 빨리 재시동하기 위한 제동기구

(2) 충전장치

자동차에 필요한 전기를 지속적으로 공급하기 위한 장치로 발전기, 발전기조정기 등으로 구성된다.

① **발전기**

　ㄱ 교류발전기 : 교류발전기는 3상 교류발전기와 3상 전파정류기를 조합해서 직류출력을 얻도록 한 장치이다. 스테이터(Stator), 로터(Rotor), 다이오드(Diode), 브러시 등으로 구성된다.

　ㄴ 직류발전기 : 직류발전기는 전기자코일에 발생한 교류를 정류자와 브러시로 정류하여 직류를 얻는 방식이다. 전기자, 브러시, 계자철심과 계자코일 등으로 구성된다.

② **발전기조정기**

　조정기는 충전장치에서 일어날 수 있는 과전압, 과전류를 방지하여 발전기나 부하를 보호하고 발전기를 안정된 상태에서 작동하도록 한다.

(3) 점화장치

① **점화장치의 기능**

　점화장치는 연소실 내의 공기와 연료의 압축된 혼합기에 점화하여 연소폭발을 일으키는 장치이다.

② **점화장치의 구성**

　점화장치는 축전지, 점화코일, 배전기, 고압케이블, 점화플러그 등으로 구성되어 있다.

2. 점화장치의 필요성

(1) 가솔린 엔진

   ① 고압으로 압축된 혼합기 중에 불꽃방전을 일으키기 위해서는 점화플러그 전극간에 고전압을 걸어줄 필요가 있다.

   ② 점화시기(Spark Timing)에 의해 엔진출력과 유해배출가스가 변하므로 각 엔진조건에 맞는 최적의 점화시기에 불꽃이 튀도록 점화코일의 고전압 발생시기를 제어할 필요성이 있다.

(2) 디젤 엔진

   디젤 엔진은 구조상 가솔린 엔진에서 혼합기를 발생시키는 기화기나 가솔린 분사장치, 점화장치가 없으며, 그 대신 엔진으로 구동되는 연료분사펌프, 연료분사노즐이 있다. 즉, 디젤 엔진은 압축행정시 연료를 분사하여 점화를 시키므로 점화장치가 필요 없다.

(3) LPG 엔진

   LPG 엔진은 가솔린 엔진과 마찬가지로 엔진에서 압축된 혼합기를 폭발적으로 연소시키기 위하여 점화플러그로 점화하는 점화장치가 필요하다. 즉, 정확한 점화시기에 의한 방전으로 강한 불꽃을 얻는 것이 엔진에 필수적인 요소이다.

05

자동차용 납축전지의 기능 및 특성(장·단점), 구조, 성능을 서술하고, 축전지 관리요령을 약술하시오.

1. 축전지의 기능 및 특성

축전지는 화학적 에너지를 전기적 에너지로 변화시켜 저장하고 필요에 따라 전기적 부하에 에너지를 공급하는 2차 전지이다.

(1) 축전지의 기능

① 가동장치의 전기부하를 부담한다.

② 발전기의 고장이 있을 경우 주행전원으로 작용한다.

③ 주행상태에 따르는 발전기의 출력과 부하의 불균형을 조정한다.

(2) 납축전지의 원리

① 전체 반응식 $PbO_2 + Pb + 2H_2SO_4 \Leftrightarrow 2PbSO_4 + 2H_2O$

② 양극 반응식 $PbO_2 + H_2SO_4 + 2H^+ + 2e^- \Leftrightarrow PbSO_4 + 2H_2O$

③ 음극 반응식 $Pb + H_2SO_4 \Leftrightarrow PbSO_4 + 2H^+ + 2e^-$

(3) 특징(장·단점)

장 점	• 사용되는 원재료 구입이 용이하고 제조원가가 낮다. • 대용량이 가능하며 다양한 크기로 제작이 가능하다. • 고율방전 특성이 우수하다. • 저온, 고온방전 특성이 우수하다. • 충전 효율이 우수하다(방전/충전 = 70% 이상). • Cell 전압이 높다(개회로 전압 : 2.0V 이상). • 쉽게 충전상태를 확인할 수 있다. • 과충전 저항력이 강하다. • 다른 2차 전지 대비 가격 경쟁력이 우수하다.
단 점	• 상대적으로 수명이 짧다. • 에너지 밀도가 낮다. • 충전상태 지속성이 낮다. • 방전 후 장기 보존이 어렵다. • 매우 작은 size로 제작이 어렵다. • 수소가스가 발생하므로 화기에 주의해야 한다. • 중금속(납)이 발생한다. • 국부 열화(thermal runaway) 현상이 발생할 위험이 있다.

2. 납축전지의 구조 및 성능

(1) 구 조

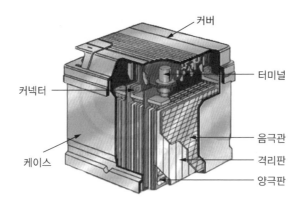

① 케이스
　　㉠ 축전지의 몸체를 이루는 부분으로 각 셀(Cell)에 극판을 넣은 다음 합성수지 또는 에보나이트, 경고무 등으로 성형한다.
　　㉡ 케이스의 밑부분에 설치되어 있는 엘리먼트 레스트(Element Rest)는 극판작용 물질의 탈락이나 침전불순물의 축적에 의한 단락을 방지한다.

② 격리판
　　㉠ 기능 : 음·양극판 사이에 끼워져 단락을 방지한다.
　　㉡ 종류 : 강화섬유 격리판, 비공성고무 격리판, 합성수지 격리판 등이 있다.
　　㉢ 격리판의 구비조건
　　　　• 비전도성일 것
　　　　• 다공성일 것
　　　　• 전해액에 부식되지 않을 것
　　　　• 전해액의 확산이 잘 될 것
　　　　• 기계적 강도가 있을 것
　　　　• 극판에 좋지 않은 물질을 내뿜지 않을 것

③ 극판군(단전지)
　　㉠ 여러장의 극판을 접속편에 용접하여 단자기둥에 연결한 것으로 셀(Cell)이라고도 한다.
　　㉡ 음극판이 양극판보다 1장 더 많게 조립된다.
　　㉢ 셀당 양극판의 수는 3~5장이며 최고 14장이다.

④ 커넥터(Connector)
　　각 셀을 직렬로 접속하기 위한 것으로 납 합금으로 되어 있다.

⑤ 단자기둥(Terminal Post)
　　납 합금으로 되어 있으며, 외부 회로와 확실하게 접속되도록 테이퍼로 되어 있다. 양극이 음극보다 더 크다.

(2) 성 능

① 전해액

전해액은 순도 높은 무색, 무취의 황산에 증류수를 혼합한 묽은 황산을 사용한다.

㉠ 전해액의 기능 : 전해액은 기전력을 높이고 방전시에 생기는 내부저항의 증가를 작게 한다.

㉡ 전해액의 비중 : 열대지방은 1.240, 온대지방은 1.260, 한대지방은 1.280이다.

㉢ 전해액의 비중과 온도 : 온도가 높으면 비중이 낮아지고 온도가 낮으면 비중은 높아지는데 그 변화량은 1℃에 대해 0.0007이다. 온도 t(℃)에서 측정한 비중을 표준온도 20℃로 환산하면 다음 식으로 나타낸다.

$$S_{20} = S_t + 0.0007(t-20)$$

여기서, S_{20} : 표준온도 20℃로 환산한 비중

S_t : 온도 t℃에서 측정한 비중

t : 측정시 전해액 온도

㉣ 전해액의 동결 : 전해액이 동결하게 되면 극판의 작용물질이 부스러져 축전지를 사용할 수 없게 된다.

② 축전지의 충·방전

㉠ 충전 : 충전기 또는 발전기 등의 직류 전원을 접속하여 축전지로 전류가 흘러들어가게 하는 것을 말한다.

㉡ 방전 : 축전지의 양단자 사이에 부하가 접촉하여 축전지에서 전류가 흐르는 것을 말한다.

• 측정한 전해액으로부터 방전량을 구하는 식

$$방전량(\%) = \frac{완전\ 충전시의\ 비중 - 측정한\ 비중}{완전\ 충전시의\ 비중 - 완전\ 방전시의\ 비중} \times 100$$

• 자기방전 : 충전된 축전지가 사용하지 않아도 자연 방전하여 용량이 감소하는 것을 말한다. 자기방전량은 전해액의 비중이 높을수록 또는 주위의 온도나 습도가 높을수록 많아진다.

③ 축전지의 용량

㉠ 용량 : 축전지의 용량은 극판의 넓이, 두께, 장수, 전해액의 양에 따라 결정된다.

$$축전지\ 용량 = (Ah) = 방전전류(A) \times 방전시간(t)$$

㉡ 방전율과 용량 : 축전기의 용량은 같은 축전지라도 방전전류의 크기에 따라 그 값이 달라진다. 방전전류가 크면 용량이 작아지고 방전전류가 작으면 용량은 커진다. 축전지용량은 방전시간으로 표시할 수 있는데 이를 시간율이라 한다.

3. 축전지의 관리요령

일반적인 자동차 운전자가 자동차 축전지를 관리함에 있어 주의할 사항들은 다음과 같다.

① 자동차 엔진이 시동이 걸리지 않은 상태에서 가급적 전기장치를 사용하지 않는다. 시동이 걸리지 않은 상태에서 전기장치를 사용하게 되면 축전지는 방전만 되어 축전지 성능이 저하된다.

② 전기장치 스위치가 켜진 상태로 방치하지 않는다.

③ 자동차 발전기 용량보다 전기 부하를 과다하게 사용하지 않는다.

④ 자동차가 시동불량인 경우 과도하게 시동을 하기 위해 엔진을 회전시키지 않는다.

⑤ 자동차를 시동하지 않고 장기간 방치하지 않는다. 자동차를 장시간 사용하지 않을 경우 축전지는 구조상 부득이하게 스스로 자기 방전을 하게 되어 있어 최소 15일에 한 번 이상은 시동을 걸어 충전을 시켜야 한다.

06

자동차 시동장치의 개념과 작동원리, 구성에 대해 설명하고, 기동전동기가 회전하지 않는 이유와 고장시 점검사항을 약술하시오.

1. 시동장치의 개념과 구성

(1) 개 념
자동차의 엔진은 정지된 상태에서 스스로 기동을 할 수가 없기 때문에 외부의 힘으로 일정속도 이상으로 크랭크축을 회전시켜야 한다. 이 회전으로 인해 실린더에 혼합기를 흡입하여 폭발을 일으키고 엔진을 기동하게 된다. 이러한 엔진의 기동에 사용되는 일련의 장치를 시동장치라고 한다. 주로 기동전동기(스타터모터)방식을 사용한다.

(2) 작동원리
기동전동기의 작동원리는 전류의 자기작용에 의해서 생기는 전자력을 이용한 것으로 구조는 회전력을 발생시키는 전동기부와 기동전동기의 회전력을 엔진에 전달하는 동력전달기구로 구성된다.

(3) 구 성
① 전동기부

┌ 회전하는 부분 : 전기자, 정류자 등
└ 고정부 : 계자코일, 계자철심, 브러시 등

㉠ 전기자 : 전기자축, 철심, 전기자코일, 정류자 등으로 구성되어 있다.
㉡ 정류자 : 정류자는 경동으로 만든 정류자편을 절연체(운모 등)로 싸서 원형으로 한 것이며 브러시에서의 전류를 일정방향으로만 흐르게 한다.
㉢ 요크(Yoke)와 계자철심
　• 요크 : 요크는 전동기의 몸통이 될 뿐만 아니라 자력선의 통로가 되고 안쪽에는 계자코일을 지지하는 계자철심이 나사로 고정되어 있다.
　• 계자철심 : 계자철심은 계자코일이 감겨져 전류가 흐르면 전자석이 된다.
㉣ 계자코일 : 계자철심에 감겨져 자력을 일으키는 코일이며, 그 자력의 세기는 전기자 전류의 크기에 좌우된다.
㉤ 브러시 : 브러시는 정류자에 미끄럼접촉을 하면서 전기자 코일에 흐르는 전류의 방향을 바꾸어 준다.
② 마그네틱 스위치(솔레노이드 스위치)
축전지에서 시동전동기까지 흐르는 대전류를 단속하는 스위치작용과 피니언을 링기어에 물려주는 일을 한다.

③ 동력전달기구

    ㉠ 오버러닝 클러치 : 기동이 시동된 다음 피니언이 링기어에 계속 물려 있어도 기관의 회전력이 시동전동기에 전달되지 않도록 하기 위한 클러치가 설치되어 있는 것으로 롤러식, 스프래그식, 다판식이 있다.

    ㉡ 벤딕스식(관성미끄럼식) : 피니언기어의 관성과 전동기가 무부하 상태에서 고속회전하는 성질을 이용하여 동력을 전달한다.

    ㉢ 전기자이동식 : 전기자축의 끝에 피니언이 고정되어 있고, 전기자철심의 중심과 계자철심의 중심이 어긋나게 조립되어 있다.

    ㉣ 감속기어식 : 소형 고속형의 전동기를 사용하고 감속기어에 의하여 피니언의 회전속도를 약 1/3로 감속시킨 것이다.

④ 제동기구

    ㉠ 기계식

      • 원심식 : 기동전동기 엔드커버 일부가 브레이크 드럼이 되고 전기자축에 브레이크 슈가 설치되어 전기자축과 함께 회전하여 제동작용이 이루어진다.

      • 스프링식 : 제동기의 엔드커버와 전기자축 사이의 스러스트와셔 사이에 제동스프링이 설치되어 제동스프링이 스러스트와셔를 눌러서 엔드커버와의 사이에 생기는 마찰력에 의하여 제동작용이 이루어진다.

      • 클러치식 : 오버러닝 클러치의 스플라인 튜브와 센서베어링 홀더 사이에 원추형 제동판이 설치되어 제동작용이 이루어진다.

    ㉡ 전기식

      • 계자코일 이외에 분권코일을 설치하여 시동시에는 전류가 축전지에서 계자코일과 분권코일에 흘러서 두 코일에 의한 자속이 합성되어 전동기의 발생토크가 증대된다.

      • 시동 스위치는 여는 순간 전기자는 관성으로 회전을 계속하여 발전기로 되기 때문에 계자철심의 잔류자기에 의하여 전기자 코일에 기전력이 발생된다.

      • 기전력에 의한 전류가 계자코일을 통하여 분권코일에 흐르면 분권코일에 의하여 다시 계자철심의 자속이 강해지고 전기자에는 반대방향의 토크가 생겨서 제동이 걸리게 된다.

2. 기동전동기의 고장

(1) 기동전동기가 회전하지 않는 원인

① 축전지의 과방전

② 기동회로의 단선

③ 솔레노이드 스위치의 작동 불량

④ 단선으로 인한 접촉 불량

(2) 기동전동기의 회전력이 저하되는 원인

① 기동전동기의 회전력이 저하되는 경우는 배터리의 방전뿐만 아니라 기동전동기 내부의 고장인 경우로서 베어링, 전기자, 브러시 등의 마모와 오버러닝 클러치 등 축의 휨으로 회전력이 저하되는 것으로 교환이 필요하다.

② 엔진을 시동할 때 부하가 과하거나 연속적으로 기동전동기를 회전시키면 전기자코일, 계자코일에 과다한 전류가 흘러 발열함으로써 회전력이 감소하며, 심하면 코일의 단선, 단락, 절연불량을 일으켜 교환해야 한다.

(3) 고장 진단

① 고장방지 요령

기동전동기는 연속적으로 10초 이상 돌리지 말고, 서너 차례 기동전동기를 돌린 후에는 잠시 쉬었다가 다시 시도해야 시동이 될 수 있으며, 기동전동기의 고장도 막을 수 있다.

② 고장 진단시 점검

시동 모터의 작동 여부를 확인한 후 연료탱크, 연료필터 확인하여 점화계통 점검(점화코일 불량, 배전기 불량, 점화코드 불량, 점화플러그 불량 가능성 체크) 및 연료계(연료펌프 고장, 연료탱크 이상, 연료파이프 막힘 가능성 체크)를 점검한다.

07

가솔린 엔진용 점화장치의 기본 구성 요소와 그 역할에 대하여 약술하고, 접점식 점화장치, 트랜지스터식 점화장치 및 디스트리뷰터리스식 점화장치의 차이점에 대하여 기술하시오.

1. 점화장치의 구성 요소

가솔린 엔진용 점화장치는 가솔린 기관의 동력행정시 압축된 혼합기에 고온의 전기불꽃을 공급하여 점화·연소시키는 장치로서 점화스위치, 점화코일, 배전기, 고압케이블, 점화플러그 등으로 구성된다.

(1) 점화코일

① 점화코일은 축전지로부터 얻은 12V 직류 전압으로 점화플러그의 불꽃 방전에 필요한 고전압을 발생시키는 장치로 전자기의 상호유도작용을 이용한 일종의 승압변압기이다.

② 1차 코일에 직렬로 연결하여 점화코일의 온도가 상승되는 것을 방지하고 저속에서 1차 전류가 많이 흐르는 것을 제어한다.

③ 1차 전류가 차단되고 점화 2차 코일에 유도되는 전압은 10,000~30,000V이다.

(2) 배전기

점화코일에서 유도된 고압전류를 기관의 점화순서에 따라 각 실린더의 점화플러그에 분배하는 역할을 한다.

① 기관의 회전속도에 따라 점화시기를 조정한다.

② 점화순서에 따라 고압의 전기를 점화플러그에 보낸다.

③ 1차 전류를 단속하여 2차 코일에 고압전기를 유도한다.

(3) 고압케이블

① 고압케이블은 점화코일의 2차 단자와 스파크 플러그 단자에 연결되어 점화코일 2차에서 발생한 고전압을 스파크 플러그에 전가시키는 고압의 절연전선이다.

② 보통 주석으로 도금한 10~20개의 구리선을 꼬은 것으로 고무로 절연하고 다시 비닐 등으로 피복한 것이 대부분이다.

(4) 점화플러그

　① 점화플러그는 압축된 혼합가스에 전기적인 불꽃을 일으켜서 착화, 연소시키는 역할을 한다.

　② 불꽃에너지는 점화코일에서 발생하여 고압 케이블을 지나 점화플러그로 들어오게 된다.

　③ 점화플러그는 전극, 절연체 및 셸(Shell)의 주요부로 구성되어 있다.

　④ 점화플러그의 요구조건

　　㉠ 내열성이 크고 방열성이 좋을 것

　　㉡ 급격한 온도변화에 견딜 것

　　㉢ 고온·고압에서 기밀 유지

　　㉣ 내식성이 크고 절연성이 좋을 것

　　㉤ 불꽃방전 성능이 우수하고 열전도성이 좋을 것

(5) 축전지

　① 축전지의 기능

　　㉠ 접점 사이에 발생되는 불꽃을 흡수하여 접점이 소손되는 것을 방지한다.

　　㉡ 1차 전류의 차단시간을 단축하여 2차 전압을 높인다.

　　㉢ 접점이 닫혔을 때에는 축전한 전하를 방출하여 1차 전류의 회복이 신속히 이루어지도록 한다.

　② 축전지의 규격

　　㉠ 정전용량 : 0.25~0.30μF

　　㉡ 절연저항 : 85℃로 1시간 지속한 후 절연저항이 1,000MΩ 이하

　　㉢ 내전압 : 전극과 대지 사이에 DC 1,000V를 가했을 때 1분간 견딜 것

2. 점화장치의 종류

자동차에는 축전지방식의 점화장치가 사용되고 있으며, 점화코일의 1차 전류를 단속하는 방법에 따라 접점식, 트랜지스터식, 디스트리뷰터리스식이 있다.

(1) 접점식

　① 접점식 점화장치는 점화 1차 코일의 단속을 기계적으로 하기 때문에 단속하는 과정에서 불꽃에 의한 접점의 소손과 2차 전압 저하 등의 발생으로 강력한 불꽃을 낼 수 없다.

　② 구조상 어떠한 경우에도 불꽃이 발생하므로 엔진이 고속회전할 때 기계적으로 움직이는 부분이 진동을 발생시키기 때문에 정확한 점화 타이밍을 유지하는 것이 곤란하다. 이런 점을 고려한 것이 기계적인 접점을 사용하지 않는 트랜지스터식 점화장치이다.

(2) 트랜지스터식
① 점화코일의 1차 전류의 단속에 접점 대신에 트랜지스터를 사용하는 것으로 무접점식 혹은 전자식 점화장치라 한다.
② 점화플러그가 혼합기를 점화시킬 때 신호장치가 그 시기를 픽업하여 점화코일의 1차측 전류를 차단하면, 점화코일 2차측에 고전압이 발생하는 장치이다.
③ 접점식 점화장치와 무접점식 점화장치의 차이는 신호장치와 점화코일의 구조가 다르다는 것이다.

(3) 디스트리뷰터리스식(Distributorless Ignition System)
① 배전기가 없는 점화장치로서 무배전기 점화방식(DLI) 또는 직접점화방식(DIS)이라고도 한다.
② 엔진의 각 실린더마다 점화코일을 설치하고 파워트랜지스터에 의해 1차 전류를 단속하여 점화플러그에 직접 2차 전류를 공급하는 방식이다.
③ 코일분배 동시점화식, 코일분배 독립점화식, 다이오드분배 동시점화식 등으로 구분된다.

더 알아보기 점화장치의 정비사항

고 장	원 인
단속기 접점 사이의 저항이 크게 되는 원인	• 접점면의 소손 • 접점면에 오일이 묻어 있을 때
단속기 접점이 소손되는 원인	• 단속기 접점의 얼라이닝이 잘 되어 있지 않을 때 • 단속기 접점이 너무 좁을 때 • 축전지 용량이 부적합 할 때 • 접점의 접촉 불량 • 단속기 접점에 오일이 묻어 있을 때
스파크가 일어나지 않을 때	• 축전지의 용량부족 또는 단자의 접촉 불량 • 저압회로부의 단선 또는 점화코일의 불량 • 포인트가 닫히지 않거나 닫힌 그대로일 때 접촉 불량
점화시기가 너무 빠를 경우 일어나는 현상	• 기관에서 노킹이 일어남 • 기관의 동력 저하 • 피스톤 헤드의 파손 • 커넥팅로드 및 크랭크축에 변형, 심할 때는 베어링이 파손 • 기관수명의 단축, 연료소비량의 증대
점화시기가 너무 늦을 경우 일어나는 현상	• 기관의 동력 감소 • 기관 과열 • 배기관에 다량의 카본 퇴적 • 기관의 수명 단축 • 실린더 벽 및 피스톤 스커트부 손상

08

트랜지스터 점화장치에 비교하여 전자제어 점화장치의 특성을 설명하고, 전자제어방식 점화장치의 작동회로 순서를 서술하시오.

1. 전자제어 점화장치의 특성

(1) 개 요

전자제어식 점화장치는 축전지 점화장치의 결점을 개선해 저속에서 고속까지 안정된 고전압이 발생되며, 점화코일의 1차 전류를 트랜지스터로 단속한다. 또한 점화시기, 점화성능 및 배기가스의 점화를 향상시킨다.

(2) 특 징

① 점화 1차 코일에 흐르는 전류는 컴퓨터에 의해 제어되므로 저속성능이 향상된다.

② 점화 1차 코일에 흐르는 전류를 신속하게 단속하므로 고속성능이 향상된다.

③ 접점이 없기 때문에 불꽃을 강하게 해 착화성이 향상된다.

④ 기관의 상태에 따라 점화시기를 입체적으로 제어할 수 있다.

⑤ 기관온도 등 다른 요소를 점화시기에 반영할 수 있다.

⑥ 시동특성이 양호하고, 연료소비율이 낮아진다.

⑦ 최고속도제한과 노크제어기능 등을 추가할 수 있다.

⑧ 몰드형 점화코일을 사용하므로 완전연소가 가능하다.

2. 전자제어방식 점화장치의 작동회로 순서

> 크랭크 각 센서 – ECU – 파워 TR – 점화코일

(1) 개 요

기관운전 상태에 따른 기준을 ECU 메모리에 미리 기억시켜 놓고 각 센서의 신호에 따라 엔진상태(회전수, 웜업 상태, 부하)를 검출해서 그 상태에 따른 최적 점화시기를 컴퓨터에서 연산해 1차 전류 차단하는 신호를 파워 TR에 보낸 후 점화코일을 구동해 점화시기를 제어한다.

(2) 배전기

① 구 조

㉠ 점화코일에서 유도된 고전압을 점화순서에 따라 각 점화플러그에 보내는 역할을 한다.

㉡ 전류가 흐르면 빛을 발생하는 발광 다이오드 2개가 설치되어 있다.

ⓒ 발광 다이오드의 빛을 받아 역방향으로 전류가 흐르는 포토 다이오드 2개가 설치되어 있다.

ⓔ 발광 다이오드와 포토 다이오드 사이에서 빛을 단속하는 디스크가 설치되어 있다.

ⓜ 분사순서를 결정하기 위해 상사점 위치를 검출하는 TDC 센서가 설치되어 있다.

ⓗ 분사시기를 결정하기 위해 크랭크 각을 검출하는 크랭크 각 센서가 설치되어 있다.

② 크랭크 각 센서

ⓖ 크랭크축의 회전각도를 검출한다.

ⓛ 점화시기를 결정하기 위한 신호로 이용된다.

ⓒ 엔진의 회전수를 연산하는 신호로 이용된다.

ⓔ 엔진 회전속도에 따른 점화시기를 조절한다.

③ TDC 센서

ⓖ 4실린더 엔진의 경우 : 1번 실린더 압축 상사점을 검출한다.

ⓛ 6실린더 엔진의 경우 : 1번, 3번, 5번 실린더의 압축 상사점을 검출한다.

ⓒ 연료 분사순서 및 점화순서를 결정하기 위한 신호로 이용된다.

ⓔ 각 실린더의 점화순서에 따른 점화시기를 결정한다.

(3) 파워 트랜지스터(POWER TR)

① 기능 및 구성

ⓖ 컴퓨터의 제어신호에 의해 점화 1차 코일에 흐르는 전류를 단속하는 역할을 한다.

ⓛ 베이스 단자 : 컴퓨터에 접속되어 컬렉터 전류를 단속한다.

ⓒ 컬렉터 단자 : 점화코일 단자에 접속되어 있다.

ⓔ 이미터 : 차체에 접지되어 있다.

② 작 동

ⓖ 크랭크 각 센서의 점화신호가 없을 때는 베이스에 전류를 공급해 점화 1차 코일에 전류가 흐르도록 한다.

ⓛ 점화신호가 입력되면 베이스 전류를 차단해 점화 2차 코일에 고전압이 발생되도록 한다.

(4) 점화코일

① 기 능

몰드식이 많이 사용되며, 파워 TR에 의해 저압을 고압으로 바꾸어 주는 변압기 역할을 한다.

② 몰드형 점화코일의 특징

ⓖ 1차 코일의 권수를 감소시켜 자기유도 기전력이 낮다.

ⓛ 유도 기전력이 낮아 1차 코일에서 전류를 발생시키는 시간이 빨라진다.

ⓒ 1차 전류가 증가되고 철심의 양이 많아 자속이 증가된다.

ⓔ 자속이 증가됨에 따라 2차 전압이 향상된다.

09

자동차 등화장치의 기능 및 종류별 특성을 기술하고, 등화장치의 효과적인 사용 및 관리방법을 설명하시오.

1. 등화장치의 기능

자동차의 등화장치는 차의 앞, 뒤, 옆면에서 조명 또는 신호를 제공하기 위한 용도로 장착되는 장치를 말한다.

(1) 조명용 등화장치

전조등, 앞면 안개등, 코너링 조명등, 후퇴등

(2) 신호제공 또는 위치를 알려주는 등화장치

후미등, 제동등, 보조제동등, 차폭등, 방향지시등, 주간주행등, 번호등, 후부반사기, 후부반사판, 반사띠, 뒷면안개등, 바닥조명등 등

2. 등화장치의 종류별 특성

(1) 자동차 앞면의 등화장치

① **주행빔 전조등(일명 "하이빔")** : 자동차 전방도로 먼 거리를 비추기 위한 등화장치로, 다가오는 차가 있는 경우 심각한 눈부심을 유발할 수 있다.

② **변환빔 전조등** : 다가오는 차 운전자와 주위 도로 이용자에게 눈부심을 감소시키고, 자동차 전방도로를 비추기 위해 사용하는 등화장치로, 일반적으로 야간 운전시 주로 사용하는 전조등이다.

③ **앞면안개등** : 눈이나 비가 내리거나, 안개 또는 먼지 등이 발생한 경우, 전방도로를 더 잘 볼 수 있도록 점등되는 등화장치이다.

④ **주간주행등** : 주간주행시 자동차를 쉽게 인식할 수 있도록 자동차 앞면에서 점등되는 등화장치 이다.

⑤ **앞면방향지시등** : 자동차 앞면에 장착되어 운전자가 오른쪽 또는 왼쪽으로 방향을 바꾸기 위해 주위 도로 이용자에게 신호를 전달하기 위한 목적으로 사용하는 등화장치이다.

⑥ **차폭등** : 자동차 앞면에 장착되어 자동차의 너비와 위치를 알려주는 등화장치이다.

⑦ **코너링 조명등** : 자동차 앞·측면에 장착되어 회전하고자 하는 도로에 조명을 증가시키기 위해 사용하는 등화장치이다.

(2) 자동차 뒷면의 등화장치

① **뒷면안개등** : 안개 또는 눈이 오거나, 비바람 또는 먼지가 발생한 경우, 뒷면안개등을 점등시켜 뒤따르는 자동차 운전자에게 자신의 위치를 알려주는데 사용하는 등화장치이다.

② **번호등** : 번호판을 비추기 위해 사용되는 등화장치이다.

③ **후미등** : 자동차 뒷면에 장착되어 자동차의 너비와 위치를 알려주는 등화장치이다.

④ **제동등** : 자동차 뒷면에 장착되어 브레이크가 작동되고 있음을 알려주는 등화장치이다.

⑤ **보조제동등** : 자동차 뒷면의 뒤따르는 운전자의 눈위치 높이에 장착되어 브레이크가 작동되고 있음을 보조적으로 알려주는 등화장치이다.

⑥ **후퇴등** : 자동차 뒷면의 도로를 비추고, 자동차가 후진하고 있거나 후진하려는 의도를 다른 도로 운전자에게 알려주는데 사용되는 등화장치이다.

⑦ **뒷면방향지시등** : 자동차 뒷면에 장착되어 운전자가 오른쪽 또는 왼쪽으로 방향을 바꾸기 위해 주위 도로 이용자에게 신호를 전달하기 위한 목적으로 사용하는 등화장치이다.

⑧ **반사기** : 주위 자동차의 전조등에서 비추는 빛을 반사시켜 자신의 위치를 알려주는데 사용하는 등화장치이다. 반사기를 뒷면에 장착할 경우 후부반사기, 옆면에 장착할 경우 옆면반사기라고 한다.

⑨ **비상점멸표시등** : 일시적으로 다른 도로 이용자에게 특정한 위험상황임을 알려주기 위해 모든 방향지시등을 작동하는 경우를 의미한다.

(3) 자동차 옆면의 등화장치

① **측면보조방향지시등** : 자동차 옆면에 장착되어 운전자가 오른쪽 또는 왼쪽으로 방향을 바꾸기 위해 주위 도로 이용자에게 신호를 전달하기 위한 목적으로 사용하는 등화장치이다.

② **옆면표시등** : 자동차 측면에 장착되어 자동차의 위치를 알려주는데 사용하는 등화장치이다.

③ **주차등** : 주차된 자동차의 위치를 알려주는데 사용하는 등화장치로 차폭등과 후미등을 이용하여 대체할 수 있다.

(4) 기타 등화장치

① **상부끝단표시등** : 자동차의 최외측 가장자리에 근접하게 장착되어 자동차의 전폭을 표시하는데 사용하는 등화장치를 의미하며, 일반적으로 대형화물 또는 버스에 사용한다.

② **반사띠** : 자동차의 옆면 또는 뒷면에 부착되어 주위 자동차의 전조등에서 비춰지는 빛을 반사시켜 대형차 및 트레일러의 외형이 잘 보이도록 하는 등화장치이다.

③ **바닥조명등** : 자동차 운전자 및 승객의 승·하차 또는 화물작업을 보조할 목적으로 점등되는 등화장치이다.

④ **후부반사판** : 대형화물 또는 트레일러의 뒷면에 부착하여 식별성을 증가시키기 위한 등화장치이다.

3. 등화장치의 효과적인 사용 및 관리방법

(1) 등화장치의 효과

① 등화장치는 주·야간 운전에서 사고방지에 매우 중요한 역할을 하고 있다. 야간에 전조등이 꺼지거나, 방향지시등 또는 제동등이 작동되지 않는 경우 교통사고를 유발할 수 있기 때문이다.

② 등화장치는 운전자 자신보다도 주위 도로 이용자에게 많은 영향을 준다. 즉, 적절한 불빛과 색상은 안전운전과 원활한 교통흐름에 매우 긍정적인 효과를 줄 수도 있고, 과도한 불빛 또는 혼란을 주는 등화장치는 반대로 부정적인 효과를 줄 수 있다.

(2) 등화장치의 관리방법

① 등화장치의 렌즈가 변색되거나 손상된 경우 즉시 교환하여 사용해야 한다. 렌즈가 변색되거나 손상된 경우 전조등은 전방 식별거리가 감소되거나 불빛의 변색 또는 손상으로 인해 주위 운전자에게 잘못된 정보를 제공할 수 있기 때문이다.

② 등화장치는 영구적으로 사용되는 장치가 아니므로 일정시간이 지나면 성능을 발휘하지 못할 수 있으므로 주기적으로 교체해야 한다.

③ 주기적으로 광원(전구)이 소등되었는지 확인하고, 교체해야 한다.

④ 등화장치는 안전운전을 위한 필수장치이므로 임의적으로 개조 또는 장착되어서는 안 된다. 전조등을 개조할 경우 다가오는 차의 운전자와 주위 도로 이용자에게 눈부심을 유발할 가능성이 높기 때문이다.

⑤ 등화장치의 색상 중 백색은 조명용도, 황색은 주의용도, 적색은 경고용도로 사용하기 때문에 이러한 색들의 용도에 맞게 사용해야 한다. 다른 색상의 불빛이 나오는 등화장치 또는 광원(전구)으로 교체할 경우, 주위 도로 이용자들이 혼란스러울 수 있기 때문이다.

⑥ 날씨조건에 따라 자동차 식별이 어려워지는 시점에는 반드시 전조등 또는 안개등을 꼭 점등하고 운행하여 본인 및 주위 도로 이용자 서로 보호하여야 한다.

⑦ 야간 운전시 등화장치를 물에 젖은 휴지로만 닦더라도 많은 효과를 볼 수 있다.

> **더 알아보기** **배선연결방식**
>
> - **전조등** : 복선식(비교적 큰 전류를 사용하므로 전조등과 축전지의 (+)와 (−)를 서로 연결하는 배선방식)
> - **일반등** : 단선식(작은 전류를 사용하므로 일반등과 축전지의 (+)를 연결하고 일반등의 (−)는 차체와 접지하는 배선방식)

10

HID(High Intensity Discharge) System이란 무엇이며, HID System 구성에 대하여 기술하시오.

1. HID(High Intensity Discharge) System의 정의 및 특징

(1) 정 의

HID 시스템은 백열등에 있는 필라멘트가 들어있지 않고 형광등과 같은 구조로 되어 있는 고전압방출 헤드램프이다. 얇은 캡슐처럼 생긴 방전관에는 제논·수은 가스와 금속 할로겐 성분 등이 들어 있어 전원이 공급될 경우 방전관 양쪽 끝에 달린 몰리브덴 전극에서 플라즈마 방전이 일어나면서 빛을 낸다. 방출된 빛은 다시 굴곡 있는 반사경에 의해 밖으로 쏘아져 나온다.

(2) 특 징

① 제논 가스의 빛 방출 튜브의 수명이 반영구적이기 때문에 헤드램프의 벌브(Bulb)를 교체할 필요가 없다.

② 전력 소모가 기존의 할로겐램프에 비하여 약 40%(HID 35W, 할로겐램프 55W) 정도이기 때문에 자동차의 연비가 향상된다.

③ 눈의 피로를 줄여준다.

④ 벌브의 수명이 할로겐램프의 벌브보다 최소한 5배 길다(3,000시간).

⑤ 헤드램프의 밝기가 최소한 기존의 할로겐램프보다 3배 이상 밝기 때문에 우천 및 야간 운행 중에 시야 미확보로 인하여 발생하는 사고를 미연에 방지할 수 있다.

2. HID System의 구성

HID 시스템은 Bulb(전구), Ignitor, Ballast(안정기)로 구성되어 있다.

(1) Bulb

얇은 캡슐 안에 들어 있는 제논 가스, 수은 Metal Halide Salts가 양끝의 몰리브덴 전극에 방전을 하면 에너지화되어 빛을 방출한다.

(2) Ignitor

Ballast로부터 전류를 받고, 모든 환경에서 아크라이트 소스를 점등하기 위해 승압시키는 전자기 변압기이다.

(3) Ballast(안정기)

Ignitor 전극에 순간 고압의 펄스를 전달함으로써 소스 내의 방전을 초기화시킨다.

11

할로겐 전조등이 제논 – 가스 전조등[또는 HID(High Intensity Discharge)] 시스템으로 바뀌고 있다. 그리고 여기에 조사거리 및 조사방향 조절장치가 부가되고 있다. 제논(Xenon) – 가스 전조등 시스템의 작동원리, 구성부품, 그리고 할로겐 전조등과 비교했을 때의 장·단점에 대해 약술하시오.

1. 작동원리

(1) 기본원리

HID램프의 기본원리는 가스방전의 원리를 근간으로 하며, 발광관 내의 방전에 의해 빛을 발산한다. 형광램프에 비하여 발광관 내에 첨가된 화합물의 내부압력(밀도)과 온도가 높기 때문에 다량의 가시광선이 발생한다. HID램프는 발광관 내의 첨가물(금속 할로겐화물)의 종류에 따라 다양한 광색을 고효율로 발광시킬 수 있다.

(2) 발광 원리

얇은 캡슐 안에 제논 가스, 메탈 할라이드 솔트가 양극의 몰리브덴 전극에 방전을 하면 에너지화되어 빛을 방출한다.

(3) 점등방식

HID램프를 점등하기 위해서는 안정기가 필요하다.

① 보조 전극을 이용한 점등회로

전원이 인가되면, 주 전극과 보조 전극 사이에 미약한 방전이 발생한다. 방전의 열로 주 전극간의 주 방전으로 발전시켜 램프를 시동시키는 방식으로 주로 수은램프에 채택된다.

② 이그나이터(IGNITOR)를 이용한 점등회로

점등 보조장치(이그나이터)를 사용하여 고전압 펄스를 발생시켜 램프를 점등하는 방식으로, 주로 고압 나트륨 및 메탈 할라이드램프에 이용된다.

제2과목 자동차구조 및 정비이론과 실무

2. 구성부품

(1) 전구(BULB)

① 성분 : 제논(XENON) 가스 → 초기반응을 활성화시켜 점등이 빨리되도록 한다.

② 몰리브덴 전극 : 양극에서 아크방전

③ 메탈 할라이드 솔트(Metal Halide Salts) : 칼라 구성요소

(2) 이그나이터(IGNITOR)

BALLAST로부터 전류를 받고, 모든 환경에서 아크라이트 소스를 점등하기 위해 승압시키는 전자기 변압기이다.

(3) BALLAST

일반 순정 할로겐램프의 필라멘트 전등식 램프가 아니라 방전형 램프이기 때문에 헤드램프의 스위치를 켬과 동시에 약 24,000V로 전압을 0.3~0.5초간 안전하게 상승시켜주는 기능을 한다.

3. 할로겐 전조등과 비교했을 때의 장·단점

(1) 할로겐램프(Halogen Lamp)의 특징

할로겐램프는 전구 내에 필라멘트의 증발을 억제시키는 할로겐 가스를 주입시켜 밀봉한 것으로, 필라멘트의 가열온도를 높일 수 있기 때문에 보통 백열전구에 비해 빛의 밝기(광도)가 높아 차량용 전조등으로 많이 사용되고 있다.

(2) 장·단점

① 장 점

㉠ HID(High Intensity Discharge) 전조등은 할로겐램프보다 광도가 2~3배 높아 충분한 시야확보가 가능하다.

㉡ 발광 색깔도 태양광과 비슷해 장시간 노출시 눈의 피로도 낮다.

㉢ 소비전력(35W)도 할로겐램프에 비해 우수하고 수명도 훨씬 길다.

㉣ 초기 작동시 BALLAST가 고압의 전원을 전극에 공급하여 점등이 빠르다.

② 단 점

㉠ 가격이 비싸 고급차 위주로 장착되고 있다.

㉡ 상대방 운전자에게 시야장애를 발생시킨다.

㉢ 초기 점등시 아크방전에 의한 고전압 및 고전류로 인한 화재의 위험이 있다.

12

실드 빔식(Sealed Beam Type)과 세미 실드 빔식(Semi Sealed Beam Type)의 전조등에 대해서 설명하고, 전조등의 조정방법을 약술하시오.

1. 개 요

전조등에는 실드 빔식(Sealed Beam Type)과 세미 실드 빔식(Semi Sealed Beam Type)이 있다. 최근에는 필라멘트가 생략되고 형광램프와 비슷한 원리로 작동되는 세미 실드빔 형식의 HID 램프가 나와 있다. 보통 일반램프에는 2개의 필라멘트가 있으며, 1개는 먼 곳을 비추는 하이빔 (High Beam)의 역할을 하고, 다른 하나는 시내 주행할 때나 교행할 때 대향자동차나 사람이 현혹되지 않도록 광도를 약하게 하고 동시에 빔을 낮추는 로우 빔(Low Beam)이 있다.

2. 전조등의 방식

(1) 실드 빔식(Sealed Beam Type)

① 반사경에 필라멘트를 붙이고 여기에 렌즈를 녹여 붙인 후 내부에 불활성 가스를 넣어 그 자체가 1개의 전구가 되도록 한 것이다.

② 대기의 조건에 따라 반사경이 흐려지지 않는다.

③ 사용에 따르는 광도의 변화가 적다.

④ 필라멘트가 끊어지면 렌즈나 반사경에 이상이 없어도 전조등 전체를 교환해야 한다.

(2) 세미 실드 빔식(Semi Sealed Beam Type)

① 렌즈와 반사경은 일체로 되어 있으나 전구는 별개로 설치한 것이다.

② 필라멘트가 끊어지면 전구만 교환하면 된다.

③ 전구의 설치 부분에 습기가 차면 반사경이 흐려지는 문제점이 있다.

더 알아보기	메탈 백 실드 빔형
금속으로 된 렌즈와 반사경이 일체로 밀봉되어 있다.	

3. 전조등의 조정방법

(1) 전조등의 배광 특성

상향용은 먼 곳까지 조명됨과 동시에 도로 위와 주변도 조명되어야 하고, 하향용은 자기의 진행방향에 필요한 만큼만 밝게 비추고, 서로 마주 보고 진행하는 차가 눈부시지 않도록 배광되어야 한다.

(2) 조정방법

① 전조등의 조사각을 조정할 때에는 먼저 자동차를 평평한 곳에 세우고 연료탱크에 연료를 가득 채운 후 운전자, 스페어 타이어, 공구를 제외한 모든 부하를 제거한 상태에서 프런트 및 리어 범퍼를 여러 번 눌러 준 후 조정을 해야 한다.

② 전조등 자체의 배광 특성이 좋더라도 조사 각도가 바르지 않으면 야간의 안전운행에 지장을 초래한다. 또, 처음에 정확히 조사각을 맞추었다 하더라도 운행 중 진동이나 다른 원인에 의하여 조사 각도가 변화될 수 있다. 이때에는 전조등의 아래와 옆에 있는 조사각 조정용 스크루를 돌려서 조사각을 조정해야 한다.

③ 조사각을 조정할 때에는 전조등 시험기를 지정한 장소에 위치시키고, 배광 특성을 확인하면서 조금씩 조정해야 한다.

더 알아보기   **등화장치의 분류**

- **조명용** : 전조등, 안개등, 후진등, 실내등, 계기등
- **표시용** : 주차등, 차폭등, 번호판등, 후미등
- **신호용** : 방향지시등, 제동등, 비상점멸표시등, 위험신호등

13

조명가변형 전조등(Adaptive Front Lighting System)의 정의 및 주요 기능과 제논 – 가스 전조등(Xenon – gas High Intensity Discharge)의 작동원리 및 구성부품에 대하여 서술하시오.

1. 조명가변형 전조등(Adaptive Front Lighting System)의 정의 및 주요 기능

(1) 정 의

조명가변형 전조등 시스템(AFLS ; Adaptive Front Lighting System)은 시가지, 고속도로, 교차로, 악천후 등 도로상황과 날씨에 따른 주행조건에 맞춰 자동으로 조명각도와 밝기를 조절하는 지능형 전조등 시스템이다. 차량의 주행정보를 ECU(Electronic Control Unit ; 전자제어장치)로부터 받아 헤드램프에 장착된 구동장치로 램프의 상하좌우 움직임을 제어한다.

(2) 주요 기능

자동차의 진행방향 및 도로환경 조건에 따라 자동적으로 전조등의 조사방향 및 불빛세기를 조절한다.

① 고속도로

일반도로 주행시보다 더 먼 곳까지 비춘다.

② 국도/곡선로

곡선로에서 스티어링 휠의 각도에 따라 헤드램프의 각도가 변하여 차량 진행방향으로 전조등을 비춘다.

③ 시가지/곡선로

가로등이 설치돼 있거나 주변 밝기가 충분한 곳에서 조명 길이를 줄이는 대신 좌우 폭을 넓혀 시야를 확보한다.

④ 시가지/교차로

교차로에서 추가 광원을 이용해 기존 전조등 빛이 도달하지 않는 차량 좌우 측면부의 시야를 확보한다.

⑤ 우천/악천후

전조등을 더 밝게 비추며, 반대편 차선 차량의 전조등으로 인한 눈부심을 최소화하기 위해 운전자측 헤드램프의 조사각을 낮춘다.

⑥ 기 타
　　㉠ 다이나믹 밴딩 기능
　　　곡선로 주행시 차량 진행방향의 부족한 시야 확보를 위해 운전자의 조향에 따라 좌우로 움직이는 조명을 제공한다.
　　㉡ 헤드램프의 오토레벨링 기능
　　　차량에 탑승한 사람 및 적재물에 의해 발생하는 차량의 전후 높이차를 감지해 헤드램프의 상하 각도를 조절한다.

2. 제논 - 가스 전조등(Xenon - gas High Intensity Discharge)의 작동원리 및 구성부품

(1) 작동원리

제논 - 가스 전조등(Xenon - gas High Intensity Discharge)은 필라멘트를 이용하여 발광하는 일반전구 및 할로겐전구와 달리 필라멘트가 없는 대신 얇은 방전관 안에 제논 가스(Xenon gas), 메탈 할라이드 솔트(Metal halide salts)가 혼합되어 있는 전구이다. 양극의 몰리브덴(Molybdenum) 전극에 고압 펄스(20,000V)를 발생시키면, 제논 가스가 활성화되면서 빛을 발생시키고, 이 상태에서 전구내 온도가 더욱 상승하면 수은이 증발하여 아크방전이 일어난다. 전구내 온도가 더욱더 상승하면 금속 할로겐화물이 증발하면서 플라즈마가 발생하는데 이 플라즈마가 금속원자가 충돌하면서 고휘도의 빛을 발생시킨다.

(2) 구성부품

① 전 구
　전구는 제논 가스, 몰리브덴 전극, 메탈 할라이드 솔트로 구성된다.
　㉠ 제논 가스 : 초기반응을 활성화시켜 점등이 빨리되도록 한다.
　㉡ 몰리브덴 전극 : 양극에서 아크방전을 발생시킨다.
　㉢ 메탈 할라이드 솔트 : 전구의 색상을 결정하는 요소이다.
② 이그나이터(Ignitor)
　밸러스트러부터 전류를 공급받아 어떠한 환경에서도 점등되도록 승압시키는 역할을 한다.
③ 밸러스트(Ballast)
　이그나이터(Ignitor)의 전극에 순간적으로 높은 압력의 펄스를 전달하여 방전을 초기화 시키고 아크 초기화와 아크 정상상태 동안에는 전구와 이그나이터(Ignitor)에 안정된 전원을 공급하는 역할을 한다.

14

전기 자동차에 사용되는 고전압 배터리 시스템(Battery Pack)의 구성장치 종류 및 종류별 주요 기능에 대하여 서술하시오.

고전압 배터리 시스템(Battery Pack)의 구성장치

(1) 배터리 셀

배터리의 가장 단위인 배터리 셀은 기본적으로 하나 당 3.6V~3.7V의 전압을 가지고 있으며, 양극재, 음극재, 분리막, 전해질(폴리머)의 2차 전지 소재들을 알루미늄과 같은 재질의 케이스에 조립하여 만든다.

(2) 배터리 모듈

배터리 셀을 외부 충격과 열, 진동 등으로부터 보호하기 위해 일정한 개수로 묶어 단단한 프레임에 넣어 조립한 것이다.

(3) 배터리 팩

여러 개의 배터리 모듈을 연결한 고전압 배터리 전체를 말한다. 배터리 온도·전압 등을 관리해주는 배터리관리 시스템(BMS)과 냉각장치 등도 탑재되며, 방진·방수 기능을 갖추고 있다.

(4) 냉각 시스템

배터리가 적정 온도 상태에서 안정적으로 충·방전될 수 있도록 하며, 최상의 주행조건을 유지하도록 하는 시스템이다.

① 냉각팬은 배터리가 동작하여 어느 온도 이상이 되면 팬을 구동시켜 배터리 케이스 내부 공기 흐름을 이용하여 냉각한다.

② 혹한기에는 배터리의 성능을 위해서 승온 시스템을 작동시켜 고전압 배터리가 일정 수준의 온도를 유지할 수 있게 도와준다.

(5) BMS(Battery Management System)

배터리의 성능을 제어하고 상태를 체크하는 역할을 한다.

① SOC(State of Charge)

배터리의 전류, 전압, 온도를 측정하여 SOC를 계산하고 적정 SOC 영역을 유지하도록 관리한다.

※ SOC : 배터리의 잔존 용량을 백분율(%)로 나타낸다.

② 파워제한

배터리의 과충(방)전을 방지하여 내구성 및 차량 동력 성능을 결정한다.

③ 배터리 셀 관리

각 셀의 전압 밸런싱을 조정하고 셀 온도를 측정한다.

④ 냉각 제어

최적의 배터리 동작 온도를 유지하기 위한 냉각팬 및 승온 시스템을 제어한다.

⑤ 배터리 진단

배터리 시스템의 고장을 진단한다. 예 과전압, 과전류, 과온 검출, 센서 고장 검출 등

(6) PRA(Power Relay Assembly)

고전압 배터리의 전력을 모터로 공급하거나 차단하는 역할을 하는 핵심 부품으로, (+)고전압 제어 메인 릴레이, (−)고전압 제어 메인 릴레이, 프리차저 릴레이, 프리차저 레지스터, 배터리 전류 센서로 구성된다.

(7) 안전플러그(Safety plug)

안전플러그는 고전압 배터리 전원을 임의로 차단시킬 수 있는 전원분리장치로 과전류 방지용 퓨즈를 포함하고 있다. 주로 전기차 충돌 사고시 또는 고전압 전기부품 정비 및 수리시 안전플러그를 탈거하면 고전압을 차단시킬 수 있다.

05 안전, 냉방, 기타 편의장치

출제포인트

☐ 안전장치
☐ 난방 및 냉방장치
☐ 에탁스(ETACS) 및 IMS

기출유형

01

다음의 용어에 대해 약술하시오.

(1) 스탠딩 웨이브(Standing wave) 현상
(2) 하이드로 플래닝(Hydro planing) 현상
(3) 베이퍼 록(Vapor lock) 현상
(4) 시미(Shimmy) 현상
(5) 트램핑(Tramping) 현상

---

(1) 스탠딩 웨이브(Standing wave) 현상

타이어의 공기압이 부족한 상태에서 고속주행하는 경우 타이어 접지면의 일부분이 물결모양으로 주름이 잡히는 현상이 발생한다. 이 경우 타이어 내부의 고열로 변형이 커져 타이어가 파열되는 치명적인 사고의 원인이 되기도 한다.

(2) 하이드로 플래닝(Hydro planing) 현상

차량이 빗길과 같이 물이 고여 있는 장소를 고속으로 주행할 때 발생될 수 있는 '수막에 의한 부유현상'을 말한다. 이는 노면과 타이어 사이에 물이 유입됨으로써 마찰이 극단적으로 감소되는 현상을 의미하며, 이 경우는 수면 위를 달리는 것과 같은 현상이 초래되므로 조종불능의 상태에 빠지게 된다.

(3) 베이퍼 록(Vapor lock) 현상

긴 내리막길 등에서 짧은 시간에 풋 브레이크를 지나치게 자주 사용하면 마찰열이 발생하게 된다. 이로 인해 브레이크 오일 속에 기포가 형성되어 브레이크가 잘 작동되지 않는 현상이 발생할 수 있다.

(4) 시미(Shimmy) 현상

바퀴가 옆으로 흔들리는 현상으로 타이어의 동적 평형(회전 중심축을 옆면으로 보았을 때 회전하고 있는 상태의 평형)이 잡혀있지 않으면 시미 현상이 발생한다.

(5) 트램핑(Tramping) 현상

바퀴가 상하로 흔들리는 현상으로 타이어의 정적 불평형일 때 발생한다. 타이어(바퀴)가 회전축을 기준으로 중량의 불균일이 존재하면 고속주행시 원심력으로 인해 상하진동이 발생하게 된다.

02 자동차용 계기장치의 목적 및 종류를 열거하고, 속도계 시험방법 및 유의사항을 약술하시오.

1. 계기장치의 목적 및 종류

(1) 목 적

자동차용 계기장치는 자동차의 주행상태와 제장치의 작동에 대한 정보를 정확하게 운전석에 전달 표시하여 운전자가 자동차를 안전하게 운행하고 정비 및 점검을 예고하여 사고를 미연에 방지하게 하는 장치이다.

(2) 종 류

① 속도계

속도계는 자동차의 시간당 주행속도(km/h)를 나타내는 속도지시계와 총주행거리를 나타내는 적산거리계 그리고 일정한 주행거리를 측정할 수 있는 구간거리계가 같이 조립되어 있다. 속도계에는 바늘로 표시되는 아날로그식과 숫자로 표시하는 디지털식이 있다.

② 기관회전계

기관회전계는 점화 1차 전압의 신호 주파수를 변환시켜 전류계를 통하여 기관의 회전수를 나타내는 일종의 전류계이다. 자석식, 발전식, 펄스식 등이 있다.

③ 운행기록계

운행기록계는 순간속도, 운행거리, 운전자 교대 등을 자동적으로 기록지에 기록하는 장치이다.

④ 유압계

유압계는 오일펌프에 의하여 압송된 오일이 오일계통을 순환하고 있는 압력을 표시하는 계기 장치로 유압은 온도에 따라 변화하는 것이므로 온도계와 짝을 이루어 사용하는 것이 보통이다.

⑤ 온도계(수온계)

온도계는 냉각수의 온도를 표시하는 계기이다. 온도계의 종류에는 밸런싱 코일식, 서머스탯 바이메탈식, 바이메탈 저항식 온도계가 있다.

⑥ 연료계

　㉠ 코일서미스터식 : 코일서미스터식 유압계와 같으나, 다만 연료탱크에 설치되어 송신부의 다이어프램 대신에 플로트로 작동되는 점이 다르다.

　㉡ 서모스탯 바이메탈식 : 바이메탈식 유압계와 같으나 송신부의 다이어프램 대신에 플로트로 작동하는 점이 다르다.

　㉢ 바이메탈 저항식 : 수신부는 바이메탈로 되어 있고 송신부는 가변저항기로 되어 있다. 바이메탈 저항식 온도계와 그 작동이 같으나 플로트의 위치에 따라 저항값이 정해지며 이에 따라 전류의 양도 결정된다.

② 플로트식 경고등 연료계 : 연료탱크 내에 연료의 양이 일정량 이하가 되면 스위치의 접점이 달혀 회로가 형성되고 경고등이 점등된다.

⑩ 서미스터식 경고등 연료계 : 연료계와 병렬로 회로가 형성되었으며 연료가 규정량 이하가 되면 서미스터가 작동하여 경고등이 점등된다.

2. 속도계 시험방법 및 유의사항

(1) 속도계 시험방법

① 시험 전 준비사항

㉠ 타이어의 공기압이 정상인지 확인한다.

㉡ 타이어 트래드에 이물질이 끼어 있는지를 확인한다.

㉢ 측정하고자 하는 자동차가 롤러 및 리프트 위에 진입되어 있는지를 확인한다.

② 시 험

㉠ 시험기의 메인 전원 스위치를 "ON" 시킨다.

㉡ 시험기의 "전원" 표시등이 점등되는지를 확인한다.

㉢ 시험기 조작 리모컨 중 "SPEED" 측의 리프트 하강 버튼을 누르고 "SPEED"에 점등되는지를 확인한 후 잠시 후 탑승자에게 신호를 보낸다.

㉣ 이때 탑승자가 차량의 액셀러레이터 페달을 밟아 시속이 40km/h가 되면 수검자에게 신호를 보내게 된다.

㉤ 탑승자가 보내는 신호에 따라 수검자는 시험기에 나타난 속도를 근거로 판정을 하여야 한다.

(2) 유의사항

① 공차 상태에서 운전자 1인만이 탑승하여 측정한다.

② 차량 앞에서 차량 상태를 관찰하면서 측정해서는 안 된다.

③ 측정 전 양쪽 바퀴의 타이어 공기압을 규정값으로 맞춘다.

④ 구동바퀴가 아닌 바퀴에는 고임목을 고여 차량이 추진되지 못하게 한다.

⑤ 속도계 시험기의 지침의 진동은 ±3km 이하이어야 한다.

⑥ 자동차의 바퀴는 흙 등의 이물질을 제거한 상태로 한다.

03

자동차 안전의 개념을 설명하고, 충돌안전장비인 시트벨트(Seat Belt)에 대해 약술하시오.

1. 자동차 안전의 개념

자동차 안전의 기본은 안전에 관련된 모든 장치와 부품, 즉 보안부품인 엔진, 동력전달장치, 스티어링, 서스펜션, 브레이크, 휠, 타이어, 안전장비 등과 차체구조가 요구되는 안전기준에 맞게 설계 · 개발 · 생산되어야 한다. 안전은 사고예방을 위한 적극적인 1차 안전과 사고 후 승객의 피해를 최소화하는 2차 안전으로 나누어 설명할 수 있다.

(1) 사고예방안전(적극적인 1차 안전)
　① 시계확보(헤드램프, 와이퍼, 안개등)
　② 계기판, 스위치 배치, 시트
　③ 브레이크, 서스펜션, 타이어
　④ ABS(Anti-lock Brake System), TCS(Traction Control System), VDS(Vehicle Dynamics System)
　⑤ 속도리미터

(2) 사고 후(충돌) 안전(2차 안전)
　① 차체구조[크럼플 존(Crumple Zone), 서바이벌 셀(Survival Cell)]
　② 충격흡수식 페달
　③ 시트벨트, 에어백
　④ 화재방지연료차단장치
　⑤ 안전강화유리

2. 시트벨트(Seat Belt, 안전벨트)

(1) 개 요

안전벨트는 가장 기본적이고 값싸며 확실한 효과를 얻을 수 있는 장비이다. 1차 충돌 이후 뒤로 밀렸다가 신체가 다시 튀어나가 2차 충돌하는 것을 막아주기 때문이다. 최근 안전벨트는 충돌 센서에 의해 벨트를 거꾸로 더 감아주는 프리텐셔너(Pretensioner)장치로 되어 있다.

(2) 안전벨트의 의무착용 이유

① 안전벨트를 착용하면 충돌사고시 승객을 붙잡아 주어, 사고시 승객이 차 밖으로 튕겨져 나가는 것을 방지해 준다.

② 머리나 다른 신체 부위가 자신의 앞쪽에 있는 인스트루먼트 판넬 또는 시트와 부딪치는 것을 막아주어 심각한 부상이나 생명을 잃을 수 있는 상황에서 가능한 승객을 보호하여 준다.

(3) 안전벨트 의무착용 규정(도로교통법 제50조)

① 자동차(이륜자동차는 제외한다)의 운전자는 자동차를 운전할 때에는 좌석안전띠를 매어야 하며, 모든 좌석의 동승자에게도 좌석안전띠(영유아인 경우에는 유아보호용 장구를 장착한 후의 좌석안전띠를 말한다)를 매도록 하여야 한다. 다만, 질병 등으로 인하여 좌석안전띠를 매는 것이 곤란하거나 행정안전부령으로 정하는 사유가 있는 경우에는 그러하지 아니하다.

② 좌석안전띠를 매지 아니한 경우 벌칙

20만원 이하의 벌금이나 구류 또는 과료(科料)에 처한다.

(4) 안전벨트 착용법

① 3점식 안전벨트

㉠ 운전자는 안전벨트를 착용하기 전에 운전하기 편안한 자세로 시트의 위치를 조정한다.

㉡ 안전벨트고리 부분을 잡고 위쪽 벨트가 어깨와 가슴 부위를 지나도록 잡아당겨 벨트고리를 "딸깍"소리가 나도록 버클에 끼운다. 이때 아래쪽 벨트가 골반부위를 지나도록 한다.

㉢ 반드시 위쪽 벨트는 어깨와 가슴 부위를, 아래쪽 벨트는 골반부위를 지나도록 한다. 위쪽 벨트가 늑골 또는 목부위를 아래쪽 벨트가 복부를 지나가면 충돌사고시 벨트에 의해 전달된 충격에너지로 인해 심각한 부상을 당할 수 있다.

㉣ 고리가 버클에 확실히 끼워졌는지 고리를 당겨서 확인한다. 절대로 벨트를 느슨하게 착용하지 말고, 안전벨트 착용시 안전벨트가 꼬이지 않도록 한다.

② 2점식 안전벨트

㉠ 벨트고리를 잡고 벨트가 골반부위를 지나도록 잡아당겨 준다.

㉡ 벨트고리를 "딸깍"소리가 나도록 버클에 끼운다.

㉢ 벨트의 끝단부를 잡아당겨 너무 느슨하지 않도록 벨트의 길이를 조절한다.

㉣ 뒷좌석 중앙의 2점식 안전벨트의 고리와 버클에는 "CENTER"라는 표시가 되어 있으므로 다른 안전벨트와 연결되지 않도록 주의한다.

04

다음은 자동차 안전벨트(Safety Belt) 구성품을 나열한 것이다. 각 구성품의 기능을 약술하시오.

(1) 로드 리미터(Load Limiter)

(2) 프리텐셔너(Pretensioner)

(3) 텐션 리듀서(Tension Reducer)

(4) 프리 세이프 시스템(Pre-Safe System)

자동차 안전벨트(Safety Belt) 구성품

(1) 로드 리미터(Load Limiter)

차량이 충돌할 때 안전벨트에 의해 가슴 부위에 과도한 하중이 걸리게 되면 프리텐셔너(리트랙터 프리텐셔너)에 내장되어 있는 로드 리미터(Load Limiter)가 작동하여 가슴 부위의 과도한 압박을 완화해 줌으로써 가슴에 받는 충격을 경감시켜 준다.

(2) 프리텐셔너(Pretensioner)

프리텐셔너[리트랙터 프리텐셔너, EFD(Emergency Fastening Device) 시스템]는 정면 충돌시 어깨 쪽 벨트나 골반 쪽 벨트를 순간적으로 잡아당겨 앞좌석 탑승자의 상체를 좌석에 확실히 고정시키거나 하체를 보호하는 안전벨트의 효과를 한층 높여주는 장치이다.

(3) 텐션 리듀서(Tension Reducer)

텐션 리듀서(Tension Reducer)는 운전자 혹은 승객이 안전벨트를 착용하고 운전시 갑갑함을 감소하기 위해서 스프링 힘을 전기적으로 감소시키는 전기식 장력 감속기이다.

(4) 프리 세이프 시스템(Pre-Safe System)

프리 세이프 시스템은 사고발생을 미리 감지하여 승차자 보호에 대비하는 안전 개념이다. 프리 세이프 시스템에서는 운전자가 위험을 피하기 위해 급핸들과 급브레이크를 조작한 경우, ABS(Anti-lock Brake System)와 BAS(Brake Assist System) 그리고 ESP(Electronic Stability Program)를 연동하여 이들 시스템 센서의 신호를 컨트롤 유닛(Control Unit)이 종합 판단하여 안전장치의 효과를 최대한 높인다. 즉 승차자의 시트를 가장 적절한 위치로 조절하여 안전벨트나 에어백의 효과를 높이고, 슬라이딩 루프를 닫아 차량전복시에 대비하며, 사고를 피하고 난 후에는 안전벨트의 조임을 자동 중단하고, 시트와 슬라이딩 루프 역시 원위치로 리셋(Reset)하는 장치이다. 프리 세이프 시스템(Pre-Safe System)은 프론트 에어백, 안전벨트 텐셔너, 사이드 에어백, 윈도우 백 등의 시스템을 보완하기 위해 작동한다.

05

자동차 안전장치인 ABS(Anti-lock Brake System)와 에어백(Air Bag) 시스템 구성품과 기능, 작동원리 약술하고, 이 시스템이 사고시 작동하지 않아 고객이 이의를 제기하였을 때를 가정하여 시스템의 작동범위와 특징을 약술하시오.

1. ABS(Anti-lock Brake System)

(1) 기 능

ABS는 바퀴의 회전속도를 감지하여 그 변화에 따라 제동력을 제어하는 방식으로 어떠한 주행조건 상에서도 바퀴의 잠김현상이 일어나지 않도록 제동 유압을 제어하는 장치이다.

(2) 구성품

ABS는 두뇌역할을 하는 ECU(Electronic Control Unit)와 심장역할을 하면서 각 바퀴에 가압과 감압을 발생시키는 HCU(Hydraulic Control Unit) 그리고 노면조건과 속도를 감지하는 센서 등으로 구성되어 있다.

> **더 알아보기** HCU(Hydraulic Control Unit)
>
> ECU의 출력 신호에 의해 각 바퀴의 휠 실린더 유압을 직접 제어하는 장치

(3) 작동원리

ABS 시스템은 급제동할 때, 그리고 동시에 슬립률이 클 때 차륜의 잠김(Locked)을 방지하기 위해 노면과 타이어간의 점착 능력에 맞추어 휠 브레이크의 제동압력을 제어한다.

(4) 작동범위

일반적으로 시스템의 제어영역은 슬립률 8%~35% 범위이며, 자동차 주행속도 약 10km/h 이상에서는 활성화되며, 약 6km/h 이하에서는 비활성화 된다.

(5) 특 징

ABS의 장점으로는 제동거리(브레이크를 밟는 순간부터 멈출 때까지의 거리)가 일반 브레이크의 경우보다 짧고 바퀴가 회전할 때 차체가 미끄러지지 않는다는 점을 들 수 있다.

2. 에어백(Air Bag) 시스템

(1) 기 능

에어백은 차량 충돌시, 전면부·측면부와의 충돌로 인한 충격으로부터 자동차 승객을 보호하는 장치로 안전벨트와 더불어 대표적인 탑승객 보호장치이다.

(2) 구성품

에어백 시스템은 감지 시스템(SDM ; Sensor Diagnostic Module)과 에어백 모듈(Air-bag Module)로 이루어져 있다. 감지 시스템은 센서·배터리·진단장치 등으로 구성되며, 에어백 모듈은 에어백과 작동기체 팽창장치로 이루어져 있다.

(3) 작동원리

센서에 의해 충돌이 감지되면 작동기체 팽창장치가 폭발하며, 폭발된 가스로 인해 에어백이 순간적으로 부풀게 된다.

(4) 작동범위

에어백의 작동은 변형이나 이동하지 않는 고정벽 따위에 정면으로 시속 20~30km 정도의 속도로 충돌했을 만큼의 강한 충격에서야 비로소 작동한다. 이런 조건이 만족하지 않으면 에어백은 작동하지 않는다. 하지만 자동차가 주행 중에 앞 범퍼 부분에 충격을 받거나 구덩이에 빠지면서 충격을 받았을 때 에어백이 작동하는 경우가 있다.

① 0~15km/h : 작동하지 않는다.

② 15~25km/h : 작동할 수도 있고 하지 않을 수도 있다(불확실).

③ 25km/h 이상 : 충돌이 감지되면 작동한다.

④ 정면으로 30° 이내의 각도에서 충격이 있을 경우 에어백은 작동한다.

(5) 특 징

① 에어백 작동 전체 범위의 차속은 고정벽 또는 물체에 충돌했을 때 충돌차와의 비교 속도이다. 즉, 차가 120km/h로 주행하다가 앞차의 급정지로 앞차와 충돌하였을 때, 앞차의 차속이 80km/h이고, 뒤차는 90km/h였다면 에어백 전개는 일어나지 않는다.

② 조수석 에어백은 운전석 에어백과 동시에 작동하도록 되어 있다. 단, PPD(Passenger Presence Detect) 센서가 장착된 차량은 탑승자가 있을 경우에만 조수석 에어백이 작동한다.

③ 운전석 에어백은 조향 휠에, 조수석 에어백은 글로브 박스에, 운전석 및 조수석 측면 에어백은 각각의 시트 측면에 장착되어 있다.

06

트랙션 컨트롤 시스템(Traction Control System ; TCS)이란 무엇이며, TCS의 특징, 제어방식에 대하여 기술하시오.

1. 트랙션 컨트롤 시스템의 개념

트랙션 컨트롤 시스템(TCS)은 눈길, 빗길 등과 같이 미끄러운 도로에서 가속하거나 출발할 때 타이어가 지나친 구동력으로 접지력의 한계를 넘어 공전하는 것을 방지하는 시스템이다. 트랙션 컨트롤 시스템은 눈길 등 미끄러지기 쉬운 도로에서 구동륜이 미끄러지는 것을 방지하는 슬리퍼 컨트롤 기능과 일반 포장도로 등에서 선회가속시 액셀의 과응답으로 인해서 코스로부터 이탈함을 방지하는 트레이스 컨트롤 기능으로 구성되어 있다.

2. 트랙션 컨트롤 시스템의 기능 및 특징

(1) 기 능
① 출발 및 가속시 안전성 향상
② 구동성능 향상
③ 선회 및 앞지르기 성능 향상

(2) 특 징
① 미끄러지기 쉬운 노면에서의 발진과 가속시에 미묘한 엑셀조작이 불필요하다.
② 가속성능과 가속 선회성능이 향상된다.
③ 일반 노면에서 선회가속할 때 운전자의 의지대로 가속을 보다 안정하게 하여 선회능력을 향상시킨다.
④ 선회가속할 때 조작핸들의 조작량을 감지하여 가속페달의 조작빈도를 감소시켜 목표로 하는 코스를 트레이스하는 것이 가능하다.
⑤ 미끄러운 노면에서 뒤바퀴 휠 스피드 센서에서 얻어지는 차체속도와 앞바퀴 휠 스피드 센서에서 얻어지는 구동 바퀴의 속도를 비교하여 슬립비가 적절하도록 기관의 회전력을 감소시켜 주행성능을 향상시킨다.

3. 트랙션 컨트롤 시스템의 작동원리

(1) 슬립 제어(SLIP CONTROL)

SLIP CONTROL은 ABS작동원리와 같이 타이어 슬립(SLIP)비를 제어하여 타이어의 구동력 및 횡력을 차량의 운전상황 및 노면상황에 대응하여 최적의 상태로 제어하는 것이다.

(2) 트레이스 제어(TRACE CONTROL)

트레이스 제어는 운전자의 조향핸들조작량과 가속 페달을 밟은 양 및 이때 구동되지 않은 바퀴의 좌우 속도 차이를 검출하여 구동력을 제어함으로써 안정된 선회가 가능토록 한다.

4. 트랙션 컨트롤 시스템의 제어방식

(1) 엔진 제어방식

① 흡입공기량 제어

흡입공기량 제어는 가장 운전자의 조작에 근접하는 방식으로서 스로틀에 흡입되는 공기량을 조절하여 엔진 출력을 제어하므로 엔진 출력의 절대량을 연속적으로 안정하게 조정할 수 있는 반면 미세슬립 영역에서는 충분한 기능을 발휘하기 어렵다.

② 엔진토크 제어

전자제어 연료분사장치 엔진에서 엑추에이터의 추가 없이 소프트웨어만의 대응이 가능하므로 가격면에서 효과적이고, 초기제어를 할 때 빠른 응답성의 출력 제어가 가능하다. 감속 절대량 제어와 연속적인 출력조정이 어렵고, 특히 촉매 컨버터의 손상 및 엔진 수명을 단축시킬 수 있다.

(2) 브레이크 제어방식

브레이크 제어방식은 슬립이 발생하는 바퀴자체를 제어하는 방식이며, ABS의 엑추에이터(모듈레이터)를 수정보완한 것을 ABS와 같이 사용한다.

① 브레이크 제어에 의한 슬립감소 효과는 매우 빠르며, 엔진 제어만으로 불가능한 좌우 구동바퀴 사이의 미세한 슬립영역에서도 바퀴의 구동력을 발생시키면서도 슬립감소가 가능하다.

② 마스터실린더 및 브레이크 계통 등 기존 브레이크장치의 변경이 필요할 수 있다.

③ 브레이크 패드의 과열 문제가 예상되며, 고속에서는 사용이 곤란하므로 저속이나 초기제어에서 만 사용된다.

(3) 동력전달장치 제어방식

① 차동장치 제어방식과 4WD 및 클러치 제어방식이 있다.

② 좌우 구동바퀴 사이의 슬립감소가 가능하며, 슬립하는 바퀴의 구동력을 잡아서 반대쪽 바퀴로 보낸다.

③ 구동력 손실은 없으나, 과잉 구동력 제어가 불가피하므로 엔진 제어방식과 공동으로 사용했을 때 효과를 기대할 수 있다.

(4) 통합 제어방식

① 스로틀밸브와 브레이크 제어를 복합한 방식

② 엔진토크 제어와 브레이크 제어를 복합한 방식

③ 스로틀밸브 + 브레이크 제어 + 차동제한장치(LSD)를 복합한 방식

07

능동형 차체 자세제어 시스템(VDCS)에 대해 정의하고, 부가적인 기능을 서술하시오.

1. 정 의

차체 자세제어 시스템(VDCS)은 자동차를 어떠한 환경에서도 운전자가 원하는 방향으로 움직일 수 있도록 도와주는 장치로서 국가별로는 VDCS, ESP, DSC 등의 다양한 이름으로 불리고 있다. 운전자가 차량에 대한 조향 능력을 잃지 않고 차선을 유지할 수 있도록 하기 위해 고안된 것으로, 휠 스피드 센서, 횡방향 가속도 센서, 제동장치, 조향각도 센서 등으로 구성되어 있다.

> **더 알아보기** ESP(Electronic Stability Program)
>
> 가속, 제동 또는 코너링시 극도의 불안정한 상황에서 차량의 미끄러짐을 방지하기 위하여 앞·뒤, 좌·우 제동이 필요한 바퀴를 선택적으로 작동시켜 안정적으로 보정해 주는 장치를 말한다.

2. 작동원리

미끄러운 도로에서 급출발 또는 가속시 구동바퀴의 미끄러짐을 조절해 조종안전성을 유지한다. 각 바퀴와 핸들, 가속페달 등 차량 곳곳에 장착된 센서에서 모아진 정보를 ECU에서 분석하고 각각의 바퀴에 힘을 가감하거나 제동력을 늘리는 방법으로 차체의 자세를 교정한다.

3. 부가기능

(1) ABS(Anti-lock Brake System)

차량이 미끄러지는 현상을 방지하여 스티어링 휠의 조향성능을 유지시켜주는 기능을 한다.

(2) TCS(Traction Control System)

급가속 및 과격한 스티어링 휠의 조작으로 타이어가 도로에 전달할 수 있는 회전력보다 더 큰 회전력이 걸리게 되면(슬립) 타이어는 접지력을 잃어버리고 바퀴가 헛돌게 된다. 이렇게 바퀴가 헛도는 것을 방지하기 위해 TCS가 접지력을 잃은 바퀴에 ABS와 연계하여 제동작용을 가하고 그것으로 바퀴가 헛도는 것을 방지해 준다.

(3) BAS(Brake Assist System)

급제동시 브레이크 압력을 높여주어 브레이크의 응답성을 높여주는 기능을 한다.

(4) HAC(Hill – start Assist Control)

경사가 심한 언덕길에서 정차 후 출발시 일시적으로 브레이크가 작동하여 차량이 뒤로 밀리는
것을 방지하는 기능을 한다.

(5) DBC(Downhill Brake Control)

비포장길 또는 급커브길 등의 경사가 심한 곳을 내려올 때 브레이크 페달의 작동 없이 자동으로
일정속도(약 8km) 이하로 감속시켜주는 기능을 한다.

더 알아보기 | **차체 자세제어 시스템(VDCS ; Vehicle Dynamic Control System)의 기능 및 작동원리**

차체 자세제어 시스템은 자동차를 운행하다 보면 본인의 의사와 상관없이 위험한 상황에 처해지는 경우가 발생할
수 있는데 이와 같이 치명적 위험상황에 처했을 때 차량의 안정성을 확보하여 사고를 미연에 예방할 수 있는 시스템이
다. 즉, 차량의 미끄러짐을 감지하여 운전자가 제동을 가하지 않아도 자동으로 각 차륜의 브레이크 압력과 엔진 출력
을 제어함으로써 차량의 안정성을 확보하는 장치이다. EBD제어, ABS제어, TCS제어기능을 포함하고 있으며, 요 모멘
트제어와 자동감속제어를 같이 수행한다. 차체 자세제어 시스템은 스핀, 오버 또는 언더 스티어링 등의 발생을 억제하
여 이로 인한 사고를 미연에 방지한다. 자동차에 스핀이나 언더, 오버 스티어링이 발생하면 이를 감지하여 자동적으로
안쪽 바퀴나 바깥쪽 바퀴에 제동을 가하여 자동차의 자세를 제어함으로써 안정된 상태를 유지한다. 또한 스핀 한계직
전에서 자동 감속하며 이미 발생한 경우에는 각 바퀴별로 제동력을 제어하여 스핀이나 언더, 오버 스티어링의 발생을
미연에 방지하여 안정된 운행을 하도록 도와준다.

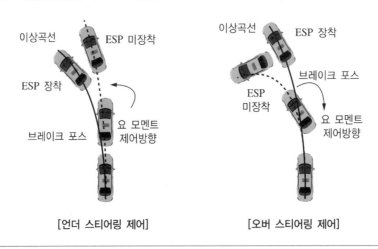

[언더 스티어링 제어]　　　　　[오버 스티어링 제어]

08 차체 자세제어장치(VDCS ; Vehicle Dynamic Control System)의 정의, 효과 및 제어장치 기능에 대해 서술하시오.

1. 정 의

자동차의 선회시 자세를 안정시키는 장치로 자동차의 차량 자세가 흐트러졌을 때 불안정한 움직임을 억제하여 자세를 안정시키는 시스템이다. 센서를 통해 차량 자세가 정상인지 확인하고, 비정상이라면 브레이크와 엔진 작동을 보정하여 자세를 안정화시킨다.

2. 효 과

① 갑작스러운 노면 상황 변화, 위험 회피시, 급격한 핸들조작을 하는 경우 등의 상황에서 사고를 방지한다.
② 운전자가 차량을 컨트롤하기 힘든 상황에서 브레이크 및 엔진 출력을 능동적으로 제어하여 차량의 주행안전성을 확보한다.

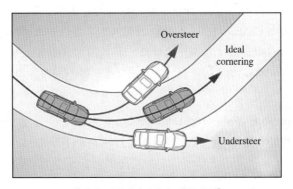

[차체 자세제어장치의 작동 효과]

3. 제어장치 기능

(1) VDCS의 작동원리

운전자가 의도한 스티어링이 되지 않았을 경우 차량의 회전을 감지하여 4개의 바퀴 휠에 제동력을 분배하여 의도된 대로 차량이 회전하게 브레이킹을 해준다. 즉, 운전자의 의도와 다르게 차량이 회전이 될 경우 각 바퀴에 브레이크를 걸어 인위적으로 운전자가 조작하는 조향핸들의 위치와 가장 근사하게 움직이도록 조절을 하게 된다. 그래서 VDCS의 필수 요소로 차량의 회전을 감지하는 센서, 조향각을 감지하는 센서 및 각 바퀴의 회전을 감지하는 센서가 필요하게 된다.

① 차량회전감지 센서(rotation rate sensor)

② 조향각 센서(steering angle sensor)

③ 4바퀴의 회전속도 센서(speed sensor)

④ 제어장치(control unit)

(2) VDCS의 제어기능

차체 자세제어장치에는 바퀴잠금현상방지 제동장치(ABS), 전자식 제동력 분배 시스템(EBD), 미끄럼방지장치(TCS), 전자식 급제동보조장치(BAS) 등의 기능이 포함된다.

① ABS(Anti Lock Brake System)

주행하는 노면에 빙판, 빗물 등으로 어떤 악조건이 생기더라도 완전 록(Lock)시키지 않음으로써 운전자는 핸들의 조절을 가능하게 하면서 가능한 최단거리로 차량을 정지시킬 수 있게 하는 시스템이다. ABS 시스템은 보통 브레이크와 같은 시스템의 부스터와 마스터 실린더에 ECU(Electronic Control Unit), 유압조정장치인 HCU(Hydraulic Control Unit), 바퀴의 속도를 감지하는 Wheel Sensors 그리고 브레이크를 밟은 상태를 감지하는 Pedal Travel Switch로 구성되어 있다.

② EBD(Electronic Brake Force Distribution)

차량 중량 변화에 따라 전륜 및 후륜의 제동력 배분을 전자적으로 최적화하는 자동제어 시스템이다.

③ TCS(Traction Control System)

눈길이나 빗길 등 미끄러운 노면 상태에서 발생한 타이어 스핀이나 타이어 펑크로 인해 좌우 바퀴의 회전수에 차이가 있을 경우, 타이어의 공회전을 억제해 미끄러짐을 방지하는 장치이다. 컴퓨터가 미끄러짐을 탐지하면 엔진출력을 떨어뜨려 휠 스핀을 방지하고, 브레이크를 작동시킨다. 또 코너링을 할 때에 한 쪽 타이어가 겉도는 것을 막아 성능을 개선한다.

④ BAS(Brake Assist System)

운전자가 브레이크를 밟는 속도에 의해 급제동 상태를 인지하고, 최대 제동력을 발휘하여 신속하게 차량을 정지시키는 장치이다.

09

타이어 공기압 경보장치(TPMS ; Tire Pressure Monitoring System)의 개념 및 필요성, 작동원리, 장착으로 얻는 효과에 대해 서술하시오.

1. TPMS의 개념

TPMS는 타이어 내 압력을 감지하여 일정압력 이하로 떨어지면 경고등 점등 등으로 운전자에게 알려주는 시스템이다. 즉, 타이어 압력이 급격하게 감소하게 되면 자동으로 차량의 속도를 줄여주는 안전장치이다. 우리나라에서는 2013년 1월 1일부터 새롭게 제작되는 승용자동차와 승합·화물·특수자동차(차량총중량 3.5톤 이하)에 장착이 의무화되었다.

2. TPMS의 필요성

타이어 공기압이 부족해서 발생하는 사고는 예기치 못한 대형사고로 이어질 수 있다. 타이어 공기압이 적정 수준에서 10% 떨어지면 타이어 수명이 15% 정도 줄어들고 압력이 0.21바(Bar) 낮아지면 연료도 1.5% 더 소비된다. 또한 공기압이 과다할 때도 타이어 마모 등 안전상의 문제를 불러일으킬 수 있다. 타이어 마모가 심한 상태에서 장시간 고속주행을 하게 되면 파손될 가능성이 크고, 위급한 상황에서 브레이크를 밟아도 타이어가 미끄러져 제동거리가 길어지게 된다. 따라서 타이어의 공기압 체크는 주기적으로 이루어져야 한다.

3. 작동원리

TPMS는 타이어 휠 내부에 장착된 센서가 타이어 내부의 공기압과 온도를 측정해 이 정보를 무선으로 보내 실시간으로 타이어 압력상태를 점검한다. 반도체 전용칩으로 구성된 센서는 정확한 압력측정이 가능하다. TPMS는 1개 이상의 타이어에 공기압이 낮아진 것이 감지되면 운전자에게 경고를 보낸다. 보통 계기판에 타이어 저압 경고등을 점등시키는 방법이 사용되고 있다.

4. TPMS 장착으로 얻는 효과

(1) 대형사고로 이어질 수 있는 타이어 파손을 방지

장시간 고속주행시 타이어 파손으로 발생하는 대표적인 예로는 공기압이 낮은 경우이다. 공기압이 낮은 경우에는 발열과 스탠딩 웨이브 현상(고속으로 달리는 타이어의 접지부 뒤쪽에서 나타나는 파상의 변형)이 발생하게 되면 타이어의 고무가 바닥면에 닿는 면적이 넓어져, 마찰력과 열을 이기지 못하고 변형되어서 결국 타이어가 파손된다. 고속주행시에는 타이어가 펑크가 났는지 확인이 쉽지 않은데 타이어 공기압 경보장치(TPMS)를 설치하면 수시로 확인할 수 있다.

(2) 제동력의 향상과 연비 상승

공기압을 수시로 체크해 적절한 공기압을 유지시켜줌으로써 제동력의 성능을 확보하면서 헛되게 사용되는 연료를 막아 연비를 상승시켜 준다.

(3) 승차감 향상 및 제동 중 차체의 흔들림을 방지

적정한 타이어 압력 주입으로 인하여 승차감을 향상시키고, 제동 중 차체의 흔들림을 방지할 수 있다.

(4) 교통사고 사망자 감소

2007년부터 모든 차량에 TPMS 장착을 의무화한 미국은 연간 교통사고 사망자 124명과 부상자 8,500명이 감소한 효과를 얻어냈다.

(5) 온실가스 감축

서유럽의 경우 이미 2012년 말부터 TPMS 의무장착을 시작해 2014년 말부터는 모든 차량에 TPMS 장착으로 온실가스 약 3.2g/km이 감소되었다는 조사결과를 발표하였다.

10 타이어 공기압 경보 시스템(TPMS ; Tire Pressure Monitoring System)의 정의, 특성 및 TPMS의 구성장치에 대하여 서술하시오.

1. 정 의

TPMS는 타이어 공기압과 온도를 실시간으로 측정해 이상 여부를 무선통신으로 운전자에게 알리는 안전장치로 타이어 공기압 적정수준(75%) 이하로 낮아지거나 타이어 내부 온도 섭씨 100℃ 이상 올라가면 운전자에게 자동으로 경고한다.

2. 특성별 분류

(1) 간접방식(indirect system)

휠 스피드 센서의 신호를 받아 타이어의 회전속도 변화를 논리적으로 계산하여 타이어의 압력상태를 간접적으로 유추하는 방식이다.

① 장 점

직접 방식에 비교하여 비용이 낮다.

② 단 점

㉠ 실제타이어의 압력과 차이가 발생하는 등 부정확하다.

㉡ 오프로드나 비포장도로 주행시 타이어 압력을 유추하기 어렵다.

㉢ 4개의 타이어 중 문제가 발생하는 타이어의 위치표시가 불가능하다.

㉣ 현재 거의 사용되지 않고 있다.

(2) 직접방식(direct system)

타이어에 장착된 압력 센서로부터 타이어 압력을 직접 계측하고, 이를 바탕으로 운전자에게 경고하는 방식이다.

① 장 점

㉠ 4개의 타이어 중 문제가 발생하는 1개 타이어의 위치표시가 가능하다.

㉡ 계측 값이 정확하고 시스템이 안정적으로 대부분의 자동차 제조사에서 채택하고 있다.

② 단 점

간접방식에 비교하여 비용이 높다.

3. 기대효과

(1) 타이어 공기압 부족으로 인한 사고 예방

미국 NHTSA는 TPMS를 장착함으로써 연간 8,500여명의 부상자와 120여명의 사망자가 감소하는 것으로 조사하였다.

(2) 자동차의 연료 절감 및 이산화탄소 배출 감소

① 정상적인 운전조건하에서 타이어는 한 달에 1~2psi 압력이 감소하며, 공기가 빠진 타이어는 연료 소비가 최대 4%까지 증가하고 타이어 수명이 45% 감소한다. 따라서 TPMS 장착으로 적정 공기압을 유지하는 것만으로 연료비를 절감할 수 있다.

② 유럽연합 보고서에 따르면 TPMS를 장착함으로써 자동차의 이산화탄소 배출량을 2.5% 감소시킬 수 있으며, 배출량이 130g/km인 자동차에 TPMS를 장착할 경우 3.25g/km을 절감할 수 있다고 한다.

4. TPMS의 구성장치

TPMS는 센서와 ECU(전자제어장치) 및 표시장치 등으로 구성되어 있다.

(1) 타이어 압력 센서

예비타이어를 제외한 4개의 타이어 안쪽에 장착되어 타이어의 압력과 온도를 측정하여 TPMS ECU에 무선 전송한다.

(2) TPMS ECU

데이터를 수신하여 분석하고 경고등을 제어하는 주된 구성품이다.

(3) Initiator

타이어 압력 센서를 제어하고 타이어의 위치를 판별한다.

(4) 표시장치(계기판)

타이어 저압발생 또는 시스템 고장시 경고표시와 저압타이어 위치를 표시한다.

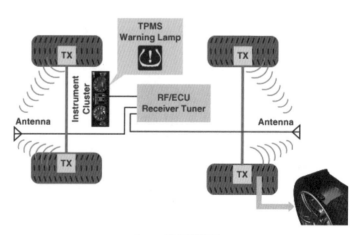

[TPMS의 구성장치]

11

차선유지보조(LKA ; Lane Keeping Assist) 시스템의 개요와 특징을 설명하고, 이 시스템이 정상적으로 작동하지 않는 상황을 5가지 이상 서술하시오.

차선유지보조(LKA ; Lane Keeping Assist) 시스템

(1) 개 요

차선유지보조 시스템은 주행 중인 차량의 주행 정보 및 도로 정보를 토대로 하여 주행 차량이 차선을 이탈할 것으로 예상되는 경우, 차량을 제어하여 주행 차량의 차선이탈 방지를 도와주는 시스템이다. 초기의 차선유지보조 시스템은 차선이탈경고장치 기능 위주였고, 최근 차선이탈복귀장치 기능으로 확대되었다.

차선유지보조 시스템은 크게 3가지로 구성된다.

① 차선이탈경고장치(Lane Departure Warning ; LDW)

② 차선이탈복귀장치(Lane Keeping System ; LKS)

③ 차선유지보조장치(Lane Keeping Assistance System ; LKAS)

(2) 특 징

① 앞유리 상단에 장착된 카메라를 이용하여 전방차선을 인식하고 핸들을 제어하여 운전자가 차선을 유지할 수 있도록 보조해주는 편의장치이다.

② 평균적으로 시속 60km/h 이상 또는 시속 70km/h 이상 주행시 작동 가능하다.

③ 어댑티브 크루즈 컨트롤을 작동시키지 않고도 활용이 가능하다.

④ 자동차의 조향을 상시 자동으로 제어하지 않으며, 단지 조향을 보조하는 시스템으로 주행 중 반드시 스티어링 휠을 잡고 주행해야 한다.

⑤ 도로 조건 및 주위 환경에 따라 시스템이 해제 또는 동작을 하지 않거나 불필요하게 작동할 수 있으니 운행에 주의해야 한다.

(3) 정상적으로 작동하지 않는 상황

① 차선 구분이 명확하지 않은 경우

② 주행 도중에 공사 중인 도로를 만나는 경우

③ 기상 악화가 생길 경우

④ 시속 60km/h 이하로 주행하거나 시속 180km/h 이상으로 주행하는 경우

⑤ 반사되는 물질(흰색종이나 거울 등)을 패드 위에 놓인 경우(햇빛반사로 불필요하게 동작할 수 있음)

⑥ 운전자가 스티어링 휠을 계속 놓고 운전하는 경우(핸즈오프 경고후 조향보조가 비활성화됨)

- 운전자가 차로변경을 위하여 방향지시등을 작동하거나 비상경고등을 작동한 경우
- 차로중심으로 이동하지 않고 차선에 붙어서 계속 주행할 경우
- 차체자세제어장치(ESC) 또는 샤시통합제어 시스템(VSM)이 작동할 경우
- 곡선로에서 빠르게 선회할 경우
- 차속이 60km/h 이하이거나 180km/h 이상일 경우
- 다른 차선으로 차량을 급하게 이동시킬 경우
- 차량이 급정거를 할 경우
- 국도처럼 차선폭이 좁은 경우나 차선폭이 너무 넓은 경우
- 양쪽 차선 중 하나라도 인식되지 않을 경우
- 현재 차선에 2개 이상의 차선표시라인이 있을 경우(예를 들면 공사구간 등)
- 곡선로 반경이 너무 작은 경우
- 급작스런 조향시 시스템이 일시적으로 비활성화
- 급격한 경사로 및 언덕의 경우

12

첨단 운전자보조 시스템(ADAS ; Advanced Driver Assist System)의 기능 중 LKA(Lane Keeping Assist)와 MDPS(Motor Driven Power Steering)의 작동원리 및 이들의 상관관계를 약술하시오.

1. LKA(Lane Keeping Assist)의 작동원리

LKA(Lane Keeping Assist ; 차로이탈방지 보조)는 LDW(Lane Departure Warning ; 차선이탈 경고)의 기능이 확장된 시스템으로 차로이탈로 인한 위험을 감지했을 때 경고뿐만 아니라 조향까지 제어해주는 주행보조 시스템이다.

LKA(Lane Keeping Assist)의 작동원리는 차량 전면부에 설치된 카메라를 통해 수집된 도로 영상이 ECU로 보내지면, ECU는 도로 영상을 분석하여 차선이탈 위험이 감지되면 경보장치를 통해 운전자에게 알린다. 이러한 경보에도 불구하고 차량이 차선을 벗어나게 되면 ECU는 조향장치(MDPS)를 자동으로 제어하여 차량이 차선을 벗어나지 않도록 한다.

LKA(Lane Keeping Assist)의 작동조건은 라인이 명확하게 구분되고, 양쪽 차선이 감지되어야 한다. 또한 차선폭이 대략 3~4m이고 차속이 60km/h이며, 차량이 도로의 40% 이상 차선을 넘어갈 경우 동작한다. 방향지시등이나 비상등 작동시 또는 커브가 심한 도로에서 급격한 제동 등으로 차량의 움직임이 급격하게 변하는 경우에는 동작하지 않을 수 있다.

2. MDPS(Motor Driven Power Steering)의 작동원리

MDPS(Motor Driven Power Steering ; 전동식 파워스티어링)는 차량의 주행속도에 따라 전자 제어로 모터를 작동시켜 조향핸들의 조향력을 보조하는 장치이다. 즉 토크 센서가 스티어링 휠(Steering Wheel)의 회전방향과 속도를 감지하여 모터를 구동함으로써 보조동력을 제공하는 방식이다.

주차 또는 저속주행시 모터의 작동으로 조향 조작력을 가볍게 하고, 고속주행시 조향 조작력을 무겁게 하여 조향 편의성과 안정성을 확보한다. 또한 전기배터리를 이용해서 모터를 구동하기 때문에 연비에 영향을 주지 않고, 친환경적이다.

3. LKA(Lane Keeping Assist)와 MDPS(Motor Driven Power Steering)의 상관관계

LDW(Lane Departure Warning)는 차선이탈시 경보만 울려주면 되지만 LKA(Lane Keeping Assist)는 조향제어도 해야 하기 때문에 MDPS(Motor Driven Power Steering)도 포함되어야 한다.

LKA(Lane Keeping Assist)는 앞 유리창에 장착된 전방 카메라를 이용하여 전방 차로를 인식하고 MDPS(Motor Driven Power Steering)에 의해 스티어링 휠(Steering Wheel)을 제어하여 차선 밖으로 나가는 것을 방지한다.

13 승용자동차 에어컨 컨덴서의 구조 및 기능과 사고에 의한 손상에 대하여 기술하시오.

1. 개 요

자동차용 에어컨 시스템은 에어컨 냉매를 '압축 – 응축 – 팽창 – 증발'시키는 과정을 반복함으로써 난방, 냉방, 제습을 시스템적으로 조절하여 사계절 언제나 차 실내를 쾌적한 상태로 유지하게 해주는 공기조절 시스템이다.

2. 에어컨 컨덴서의 구조 및 기능

(1) 구 조

자동차용 에어컨 시스템을 구성하는 주요 부품으로는 냉매를 증발시키는 기능을 하는 에바포레이터(Evaporator), 압축하는 컴프레서(Compressor) 그리고 응축하는 컨덴서(Condenser)와 이를 연결하는 파이프와 호스(Pipe & Hose) 등이 있으며, 또한 이를 자동 혹은 수동으로 통제하는 컨트롤러(Controller)와 여러 가지 안전장치가 있다.

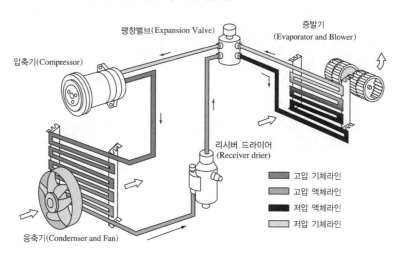

(2) 기 능

① 컨덴서는 자동차 엔진룸의 맨 앞에 위치하여 공기와의 열교환을 통해 컴프레서에서 전달된 고온·고압의 기체냉매를 차게 해 액체상태의 냉매로 전환해주는 역할을 한다.

② 컨덴서의 열교환은 에어컨 시스템상에서 차량의 내부에서 에바포레이터(Evaporator)에 의해 얻어진 열을 차량 외부로 방출시키는 것이다.

3. 사고에 의한 손상

일반적인 차량 정면충돌(12방향)이 일어나면 범퍼에 가해진 충격력으로 사이드멤버 손상패턴이 진행되면 컨덴서를 손상시킬 확률이 높아진다.

[정면충돌의 전형적 손상 패턴]

구 분	범 퍼	헤드램프	후 드	앞 펜더	그 릴
헤드램프 손상패턴 (12시)					
사이드멤버 손상패턴 (12시)					
헤드램프 손상패턴 (1시, 11시)					
사이드멤버 손상패턴 (1시, 11시)					

구 분	라디에이터 서포트	후드레지	사이드멤버	컨덴서	라디에이터
헤드램프 손상패턴 (12시)					
사이드멤버 손상패턴 (12시)					
헤드램프 손상패턴 (1시, 11시)					
사이드멤버 손상패턴 (1시, 11시)					

[주] ▨ 60% 이상의 빈도를 표시

14 일반적인 승용자동차에 적용되는 냉방장치의 원리 및 구성(냉매가 흐르는 경로) 을 설명하시오.

1. 냉방의 원리

냉방장치는 냉매가 증발할 때 주위로부터 기화열을 빼앗아가는 원리를 이용한 것이다. 즉, 에어컨 냉동기에 냉매를 순환시켜 저열원(차실의 공기)에서 고열원(바깥 공기)으로 열을 이동시켜 차실을 냉각시키는 방식으로, 증기 압축식 냉동방식이라고도 한다.

2. 냉방장치의 구성

냉방장치는 압축기, 응축기, 건조기, 팽창밸브, 증발기, 송풍기 등으로 구성된다.

더 알아보기	냉매의 순환 경로
압축기 → 응축기 → 건조기(리시버 드라이어) → 팽창밸브 → 증발기	

(1) 압축기(Compressor)

압축기는 저압냉매가스를 고압으로 압축하여 응축기로 보내는 일을 한다. 이러한 작용에 의해 냉매는 사이클 내를 순환한다.

① 크랭크식(Crank Type)
ㄱ 구성품이 단순하며, 부분품이 적다.
ㄴ 기관 부하가 작다.

② 사판식(Swash Plate Type)
ㄱ 크랭크식에 비하여 진동이 매우 적으며, 작동이 부드럽다.
ㄴ 저진동, 정숙성이 있다.

③ 베인 로터리식(Vane Rotary Type)
ㄱ 저진동이며, 작동이 부드럽다.
ㄴ 부분품이 적으며, 소형이고 가볍다.

(2) 응축기(Condenser)

① 응축기는 압축기에서 고온·고압의 기체로 된 냉매를 냉각하여 액화시킨다.

② 응축기에서 냉매 가스가 방출하는 열량은 증발기에서 흡수한 열량과 압축기에서 냉매를 압축하는데 필요한 일의 열당량과의 합이다.

③ 응축기의 방열량이 클수록 증발기에서는 큰 냉각효과를 얻을 수 있다.

④ 응축기는 차량의 가장 앞부분에 설치되어 기관의 냉각과 주행 중의 자연풍에 의해 강제 냉각된다.

(3) 건조기(Dryer)

건조기는 응축기와 팽창밸브 사이에 설치되어 응축한 냉매를 냉방부하에 적응하여 필요한 양을 증발기에 공급할 수 있도록 일시적으로 저장하는 역할을 한다.

(4) 팽창밸브(Expansion Valve)

① 팽창밸브는 증발기 입구에 부착되어 있으며, 건조기로부터 들어온 고압의 냉매를 교축작용에 의해 분무상의 저항 액체 냉매로 하여 증발기(Evaporator)에 보낸다.

② 팽창밸브는 감열통, 다이어프램(Diaphragm), 볼(Ball), 압력 스프링 및 여과기로 구성되어 있으며, 감열통 안의 가스 압력의 크기에 따라 개폐된다.

③ 팽창밸브의 감열통에는 냉매와 같은 가스가 들어 있으며, 증발기 출구의 저압 쪽 배관과 접속되어 있다.

(5) 증발기(Evaporator)

① 증발기는 실내공기를 냉각하기 위한 열교환기이다.

② 응축기와 비슷한 구조를 가지며, 냉매액이 증발하여 통과하는 다수의 튜브(Tube)와 열을 흡수하는 핀(Fin)으로 구성되어 있다.

③ 증발기 표면의 공기는 효율적인 열교환과 신속한 찬공기의 분배를 위하여 송풍기로 강제적으로 순환시킨다.

> **더 알아보기**
>
> 에어컨이 작동되고 있을 때 차량의 하부에서 물이 떨어지는 것은 증발기를 통과하는 공기 중의 수분이 응축하여 생성된 물이 외부로 배출되는 것이다.

(6) 송풍기(Blower)

증발기에 강제적으로 공기를 불어서 고온다습한 공기를 저온 제습을 한 후 차 실내로 보내는 역할을 한다.

15

자동차 냉방 시스템의 주요 구성부품을 설명하고, 냉매가 변환(상변화)되는 과정을 약술하시오.

1. 자동차 냉방 시스템의 주요 구성부품

냉방 시스템은 압축기, 응축기, 건조기, 팽창밸브, 증발기, 송풍기 등으로 구성된다.

(1) 압축기

압축기는 저압 냉매가스를 고압으로 압축하여 응축기로 보내는 일을 한다. 이러한 작용에 의해 냉매는 사이클 내를 순환한다.

(2) 응축기

응축기는 압축기에서 고온고압의 기체로 된 냉매를 냉각하여 액화시킨다. 응축기는 차량의 가장 앞부분에 설치되어 기관의 냉각과 주행 중의 자연풍에 의해 강제 냉각된다.

(3) 건조기

건조기는 응축기와 팽창밸브 사이에 설치되어 응축한 냉매를 냉방부하에 적응하여 필요한 양을 증발기에 공급할 수 있도록 일시적으로 저장하는 역할을 한다.

(4) 팽창밸브

팽창밸브는 증발기 입구에 부착되어 있으며, 건조기로부터 들어온 고압의 냉매를 교축작용에 의해 분무상의 저항 액체 냉매로 하여 증발기(Evaporator)에 보낸다.

(5) 증발기

증발기는 실내공기를 냉각하기 위한 열교환기이다. 응축기와 비슷한 구조를 가지며, 냉매액이 증발하여 통과하는 많은 튜브(Tube)와 열을 흡수하는 핀(Fin)으로 구성되어 있다.

(6) 송풍기

증발기에 강제적으로 공기를 불어서 고온다습한 공기를 저온 제습을 한 후 차 실내로 보내는 역할을 한다.

2. 냉매가 변환(상변화)되는 과정

(1) 냉매의 개념

냉매란 냉동 사이클에서 사용되는 증발하기 쉬운 작동유체로서 저온부(증발부)의 열을 빼앗아 고온부(응축기)에 운반해주는 매체를 말한다.

(2) 냉매의 변화(상변화)

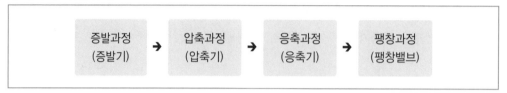

① 증발과정

　　냉매는 증발기 안에서 액체(습한 기체)로부터 기체(과열증기)로 변화한다. 이때 냉매액은 증발기 주위에 있는 공기(차 실내 공기)로부터 증발에 필요한 열(증발잠열)을 흡수하면서 스스로 증발한다. 열을 빼앗긴 공기는 냉각되어 팬(Fan)에 의해 차 실내로 유입되어 차내 온도를 강하시킨다. 증발기 내부에는 팽창밸브에서 보내진 냉매액과 증발된 냉매 증기가 공존하게 되며 액체에서 기체로의 상태변화가 일어나는데 이 상태 변화 사이에 압력(증발압력)과 온도(증발온도)는 일정한 관계가 있으며, 압력이 결정되면 온도도 정해진다. 즉, 포화압력과 포화온도의 관계가 있다.

② 압축과정

　　냉매는 상온(외기온도)에서 액화되기 쉬운 상태까지 압축기에서 압축된다. 증발기 내에서 기화된 냉매 증기는 압축기에 흡입된다. 압축기에 흡입된 냉매 증기는 실린더 내에서 압축되어 압력이 높아지면 상온의 외기로 냉각해도 쉽게 액화될 수 있는 압력과 온도로 된다.

③ 응축과정

　　냉매는 응축기 내에서 외기에 의해 냉각되어 기체에서 액체로 된다. 압축기에서 토출된 고온, 고압의 냉매는 외기에 의해 냉각 액화되어 리시버 드라이어(Receiver Drier)에 보내진다. 압축기에서 토출된 고온, 고압의 냉매로부터 외기에 방출된 열을 응축열이라 한다.

④ 팽창과정

　　냉매액은 팽창밸브에 의해 증발이 쉬운 상태로 압력이 떨어진다. 액화된 냉매를 증발기에 보내기 전에 미리 증발하기 쉬운 상태로 압력을 낮추는 작용을 팽창이라 하며, 이러한 작용을 하는 팽창밸브는 감압작용과 동시에 냉매액의 유량을 조절한다.

냉매는 이상과 같은 4가지 작용을 반복하여 냉동장치의 사이클 내를 순환하면서 온도가 낮은 차 실내에서 온도가 높은 외기로 열을 이동시키는 일을 한다.

16

자동차의 에어컨에 주입되는 냉매의 개념과 필요요건을 기술하고, 할로겐 화합물 냉매의 종류와 특징을 약술하시오.

1. 냉매의 개념과 필요요건

(1) 냉매의 개념

① 냉매란 냉동 사이클에서 사용되는 증발하기 쉬운 작동유체로서 저온부의 열을 빼앗아 고온부에 운반해주는 매체를 말한다.

② 냉동 사이클에서는 저온부(증발부)에서 증발할 때 주위로부터 흡수한 열을 고온부(응축기)에서 방출시키는 작동유체의 역할을 한다.

(2) 필요요건

① 독성이 없고 부식성이 없어야 한다.

② 저온에서 증발압력이 대기압보다 높아야 하고, 상온에서 응축압력이 낮아야 한다.

③ 냉매 가스의 비체적이 작아야 하고, 소요 동력이 작아야 한다.

④ 증발잠열이 크고 액체의 비열이 작아야 한다.

⑤ 임계온도가 높고 응고온도가 낮아야 한다.

⑥ 화학적으로 안정하고 냉매증기가 압축열에 의해 분해되지 않아야 한다.

⑦ 액상 및 기상의 점도는 낮고, 열전도율은 높아야 한다.

⑧ 냉동유를 열화시키지 말아야 한다.

⑨ 전기저항이 크고 절연파괴를 일으키지 않아야 한다.

⑩ 가격이 저렴하고 운반과 구입이 용이해야 한다.

⑪ 오존층 파괴와 지구 온난화에 영향을 주지 않아야 한다.

2. 할로겐 화합물 냉매

(1) 할로겐 화합물 냉매의 종류

① CFC(Chlorofluorocarbon ; 염화불화탄소)

㉠ 분자 중에 염소를 포함하고 있으며, 화학적으로 안정된 냉매이지만 지구온난화 지수(GWP ; Global Warming Potential)가 매우 높다.

㉡ 특히 오존층 파괴지수(ODP ; Ozone Depletion Potential)가 매우 높아 몬트리올 협약에 의해 1996년부터 사용이 금지되었다.

예 R-11, R-12, R-113

② HCFC(Hydrochlorofluorocarbon ; 수소염화불화탄소)
　　㉠ 분자 중에 염소를 포함하고 있지만 수소를 포함하고 있는 물질로 대체적으로 분해가 잘
　　　되어 오존층 파괴지수(ODP ; Ozone Depletion Potential)가 CFC 냉매에 비해서 낮다.
　　㉡ 지구온난화 지수(GWP ; Global Warming Potential)는 높아 2030년에 금지될 전망이다.
　　　　예 R－21, R－22
③ HFC(Hydrofiuorocarbon ; 수소불화탄소)
　　㉠ 몬트리올 협약에 의해 CFC가 전폐되어 R－12대체 냉매로 개발된 냉매이다.
　　㉡ 분자 중에 염소를 포함하고 있지 않아서 오존층 파괴지수(ODP ; Ozone Depletion
　　　Potential)는 없지만 지구온난화 지수(GWP ; Global Warming Potential)는 높아 교토
　　　협약에 의해 규제 대상 냉매이다.
　　　　예 R－134a
④ HFO(Hydrofiuoroolepin ; 수소불화올레핀)
　　㉠ 오존층 파괴지수(ODP ; Ozone Depletion Potential)가 0이고, 지구온난화 지수(GWP
　　　; Global Warming Potential)도 4 이하이며, 약가연성이다.
　　㉡ 고가이지만 최근 들어 자동차 에어컨용에 사용되고 있다.
　　　　예 R－1234yf

(2) 할로겐 화합물 냉매의 특징
① 장 점
　　㉠ 가연성이 없다.
　　㉡ 화학적으로 안정적이다.
　　㉢ 무색, 무취, 무독성이다.
　　㉣ 부식성이 없다.
　　㉤ 냉동유와 용해를 잘한다.
　　㉥ 비등점의 범위가 넓어 사용이 용이하다.
　　㉦ 취급과 구입이 비교적 쉽다.
② 단 점
　　㉠ 700℃ 이상의 화염에 연소되며 독성가스가 발생하여 질식할 수 있다.
　　㉡ 오존층을 파괴하고 지구온난화 지수가 높아 지구환경 규제 냉매이다.
　　㉢ 수분이 침투하면 금속에 대한 부식이 발생할 수 있다.
　　㉣ 천연고무나 수지를 부식시킨다.

17

자동차 공조장치의 냉방 사이클에 사용되는 1차 냉매와 2차 냉매의 종류와 특성을
약술하시오.

(1) 개 요

냉매란 냉동 사이클에서 사용되는 증발하기 쉬운 작동유체로서 저온부(증발부)의 열을 빼앗아
고온부(응축기)에 운반해주는 매체를 말한다.

① 1차 냉매(Primary Refrigerant)

일반적으로 냉동장치를 직접 순환하면서 증발 또는 응축의 상변화 과정을 통하여 열을 흡수
또는 방출하는 냉매를 1차 냉매라 하며, 암모니아, 프레온 등이 여기에 해당한다.

② 2차 냉매(Secondary Refrigerant)

냉동장치 밖을 순환하면서 감열 열전달을 통하여 열을 교환하는 냉매를 2차 냉매라 하며,
브라인(Brine), 냉각수 등이 많이 활용된다.

(2) 1차 냉매의 종류와 특성

① 프레온 냉매

㉠ CFC(Chlorofluorocarbon ; 염화불화탄소)

흔히 프레온 가스라 알려진 것으로 분자 중에 염소를 포함하고 있으며, 화학적으로 안정된
물질이지만 성층권까지 확산하여 오존층을 파괴하며 지구온난화 지수도 대단히 높다. 오
존층 파괴를 일으킨다는 것이 알려진 2010년 이후로는 전 세계적으로 사용이 금지되었다.

예 R-11, R-12, R-113

㉡ HCFC(Hydrochlorofluorocarbon ; 수소염화불화탄소)

분자 중에 염소를 포함하고 있지만 수소를 포함하고 있어 분해되기 쉬워 성층권까지 도달
하기 어렵기 때문에 오존층 파괴 능력이 CFC 냉매에 비해서 낮다. 하지만 오존층을 파괴하
지 않는 것이 아니기 때문에 2013년부터 규제가 발표되어 몬트리올의정서에 따라 2030년
까지 완전 퇴출될 예정이다.

예 R-21, R-22

㉢ HFC(Hydrofiuorocarbon ; 수소불화탄소)

분자 중에 염소를 포함하고 있지 않아서 오존층을 파괴하지 않지만 지구온난화 지수는
높다. 최근 미국과 유럽에서 이 냉매가 온실 효과를 유발하기 때문에 사용을 금지하려고
하고 있으며, 우리나라는 2045년까지 점진적으로 80%를 감축해야 한다.

예 R-134a

ⓐ HFO(Hydrofiuoroolepin ; 수소불화올레핀)

오존층 파괴지수가 0이고, 지구온난화 지수도 4 이하이며, 약가연성이다. 고가이지만 최근 들어 자동차 에어컨용에 사용되고 있다.

예 R‑1234yf

[프레온(Freon) 냉매의 장·단점]

장 점	• 열에 대해서 안정적이다. • 무색, 무미, 무취, 무독성이다. • 비등점의 범위가 넓고, 오일과 용해를 잘한다. • 취급과 구입이 비교적 용이하다. • 전기절연 내력이 크고 절연물을 침식시키지 않는다.
단 점	• 800℃ 이산화염에 접촉되면 포스겐 가스가 발생하여 위험하다. • 오존층을 파괴하고 지구온난화에 영향을 미친다. • 수분이 침투하면 금속에 대한 부식성이 있다. • 천연고무나 수지를 부식시킨다.

② 암모니아[(Ammonia R‑717) NH_4] 냉매

암모니아는 우수한 열역학적 특성 및 높은 효율을 지닌 냉매로서 제빙냉동, 냉장 등 산업용의 증기압축식 및 흡수식 냉동기 작동유체로 널리 사용되어 왔다.

작동 압력이 다소 높고 인체에 해로운 특성을 지니고 있어 관리인력이 상주하는 산업용, 대용량 시스템에서 주로 사용되어 왔으며, 소형에는 특수한 목적에만 이용되어 왔다.

[암모니아 냉매의 장·단점]

장 점	• 냉동효과가 크다. • 설비 유지비와 보수비용이 적다. • 전열이 양호하다(전열효과는 냉매 중 가장 크다). • 가격이 저렴하다.
단 점	• 독성이며, 가연성이기 때문에 취급에 주의해야 한다. • 구리 합금 및 금속 재료에 대하여 부식성을 갖는다(철에는 부식성이 없음). • 윤활유와 용해하지 않기 때문에 유회수가 힘들고, 수분에 의해서 <u>에멀죤 현상</u>을 일으킨다. ※ **에멀죤 현상** : 유상액 현상이라고 하며, 다량의 수분혼합시 수산화암모늄을 생성하여, 오일점도가 저하되면서 유분리기에서 분리가 안되고, 장치내로 유입하여 고이는 현상이다. • 비열비가 높아 토출 가스의 온도상승으로 실린더를 냉각시키는 장치가 필요하다.

③ 탄화수소 냉매(Hydrocarbon)

탄화수소는 탄소와 수소만으로 구성된 냉매이며, R50(메탄), R170(에탄), R290(프로판), R600(부탄), R600a(이소부탄), R1270(프로필렌) 등이 있다.

[탄화수소 냉매의 장·단점]

장 점	• 독성이 없고 안정하다. • 광유에 대해서 적당한 용해도를 나타낸다. • 오존층 붕괴지수가 없으며 지구온난화 지수도 매우 낮다. • 비체적이 다른 냉매보다 크기 때문에 냉매 주입량이 감소한다.
단 점	• 가연성이 있어 사용 중 발화나 폭발의 유의해야 한다. • 취급에 특별한 주의와 열이나 화기의 취급을 피해야 한다.

④ 물(H_2O)

물은 자연에서 가장 널리 구할 수가 있고, 무엇보다도 환경에 대한 피해가 없다는 것이 가장 큰 장점이다. 물은 투명하고 무해, 무취, 무미한 냉매로 동결점이 매우 높고 비체적이 커서 증기압축식 냉동기에는 사용이 제한되어 왔으나, 흡수식 냉동기의 작동유체로 널리 사용되어 오고 있다.

[물 냉매의 장·단점]

장 점	• 자연상에서 쉽게 구하고 환경파괴 요소가 없다. • 무색, 무미, 무해하다. • 가격이 저렴하고 취급에 별다른 주의를 요하지 않는다.
단 점	• 비체적이 크다(체적유량과 압축비가 크게 된다). • 동결점이 매우 높다.

⑤ 공기(Air)

공기는 물과 같이 투명하고 무해, 무취, 무미한 냉매로서 소요 동력이 크고 성적계수가 낮으므로 주로 항공기 내부의 공기조화나 공기액화 등에 널리 사용이 된다.

※ **성적계수**

성적계수 = 얻은 에너지 / 투입에너지
　　　　 = (회수폐열 + 투입에너지) / 투입에너지
　　　　 = (1 + 회수폐열) > 1

[공기 냉매의 장·단점]

장 점	• 물과 함께 구입이 용이하다. • 무색, 무미, 무취이며 자연 친화적이다.
단 점	• 소요 동력이 크고, 성적계수가 낮다. • 사용범위가 극히 제한적이다(항공기 내부의 공기조화용). • 저장 취급에 별도의 압축시키는 장치가 있어야 한다.

⑥ 이산화탄소(CO_2)

이산화탄소는 무취, 무독, 부식성이 없으며, 연소, 폭발성이 없는 물질로 냉매의 회수가 필요 없고 일반 윤활유와 양호한 상용성을 가지고 있다. 최근에는 특수한 용도 외에는 거의 사용되지 않고 있다.

[이산화탄소 냉매의 장·단점]

장 점	• 무취, 무독, 부식성이 없다. • 연소 폭발성이 없다. • 냉매의 회수가 필요 없다. • 비체적이 작아 장치의 소형화가 가능하다.
단 점	• 포화압력이 높아 내압성 재료로 장치를 설계해야 된다. • 다량의 누설시, 독성에 주의해야 한다(허용농도 5,000ppm). • 임계온도가 낮아서 응축하기가 어렵다(31℃). • 윤활유와 잘 용해하지 않는다.

⑦ 아황산가스(SO_2)

㉠ 냉매 중에 독성이 제일 크다(허용농도 5PPM).

㉡ −15℃에서 증발압력은 150mmHg이므로 외기 누입의 우려가 있다.

㉢ 증발잠열은 93.1kcal/kg이므로 비교적 크다.

㉣ 26% 암모니아수를 적신 탈지면을 누설 장소에 대면 백색연기(백연반응)가 발생한다.

㉤ 윤활유와는 용해하지 않고 비중은 윤활유가 적다.

(3) 브라인(Brine) : 2차 냉매(간접냉매)

① 브라인의 구비조건

㉠ 열용량이 크고 전열이 양호하며 점성이 적어야 한다.

㉡ 응고점이 낮고 금속에 대한 부식성이 없어야 한다.

㉢ 누설시 냉장품에 손상을 주지 않아야 한다.

㉣ 가격이 싸고 구입과 취급이 용이하여야 한다.

② 무기질 브라인

탄소(C)를 포함하지 않는 브라인으로 가격은 싸지만 금속의 부식력이 크다.

㉠ 염화칼슘($CaCl_2$) 브라인

흡수성이 강하고 누설되어 식품에 접촉이 되면 떫은맛이 나기 때문에 식품 저장용으로 사용하지 않고 제빙 냉장 등 공업용으로 널리 사용한다.

㉡ 염화나트륨(NaCl) 브라인

주로 식품 냉동에 사용한다. 금속의 부식력이 모든 브라인 중에 가장 크기 때문에 방청제를 사용해야 하며, 가격은 상대적으로 싸다.

㉢ 염화마그네슘($MgCl_2$) 브라인

염화칼슘 대용으로 일부 사용되며, 금속에 대한 부식성은 염화칼슘 브라인보다 많다.

③ 유기질 브라인

탄소(C)를 포함한 브라인으로 금속의 부식력은 적으나 가격이 비싸다.

㉠ 에틸렌 그리콜($C_2H_6O_2$) 브라인

㉡ 프로필렌 글리콜

㉢ R-11 메틸렌 클로라이드

18
매연저감장치(DPF)란 무엇이며, DPF의 기본적인 구성요소를 열거하고, 각 구성요소에 대하여 간단히 약술하시오.

1. 정 의

매연저감장치(DPF ; Diesel Particulate Filter)는 디젤 엔진의 배기가스 중 PM(매연, Particulate Matters)을 필터(Filter)를 이용하여 물리적으로 포집하고 일정거리 주행 후 PM의 발화온도(550℃) 이상으로 배기가스 온도를 상승시켜 PM을 저감시키는 장치이다.

2. 기본적인 구성요소

DPF 시스템은 MLF 필터, 재생장치 및 제어 컨트롤장치로 구성된다.

(1) MLF 필터
다층구조 반영구적 필터로 직경 10~30㎛의 기공이 있는 사각 벌집모양 구조로 되어 있고, 유해한 입자상 물질(PM, 매연)을 포집하여 제거한다.

(2) 재생장치
필터에 포집된 매연 및 PM 등 입자상 물질을 연소하여 무해한 가스 상태로 배출한다.
① 자연재생
차량이 고속운행할 때는 배기가스 온도가 높으므로 촉매(산화촉매 + 첨가제)에 의해 포집된 입자상 물질이 자연 산화되어 물과 이산화탄소로 전환되어 제거된다.
② 강제재생
저속운행이 잦은 차량인 경우 미량의 경유를 배기관에 분사하여 산화촉매를 통과하면서 경유가 산화반응으로 발열되어 배기온도를 높여 주게 된다. 약 450℃의 발열된 온도로 5분 정도 유지하면 포집된 입자상 물질이 물과 이산화탄소로 전환되어 제거된다.

(3) 제어 컨트롤장치
필터 상태 및 엔진 운전상태를 감시하고, 재생장치를 제어하는 기능을 한다.

19

디젤 매연여과장치(DPF ; Diesel Particulate Filter)의 재생 제어조건과 과정에 대해 약술하시오.

디젤 매연여과장치(DPF ; Diesel Particulate Filter)

(1) 원 리

매연여과장치(DPF ; Diesel Particulate Filter)는 디젤 엔진의 배기가스 중 PM(매연, Particulate Matters)을 필터(Filter)를 이용하여 물리적으로 포집하고 일정거리 주행 후 PM의 발화온도(550℃) 이상으로 배기가스온도를 상승시켜 PM을 연소함으로써 제거한다.

(2) 재생 제어조건과 과정

배기가스에는 퇴적된 PM(매연입자)을 자체적으로 연소시킬 만큼 충분한 양의 산소가 포함되어 있는데, 여기서 이 연소 과정을 '재생'이라고 한다. DPF의 정상작동을 위해 PM의 연소온도를 낮추거나 배기가스온도를 높여야 한다.

① PM의 연소온도를 낮추기

   ⊙ PM이 연소되는 온도를 낮추는 방법으로, 세륨 또는 금속화합물의 첨가제를 첨가해 PM의 연소온도를 약 450~500℃로 낮출 수 있다.

   ⊙ 또 다른 방법으로, 필터에 백금을 코팅하여 PM의 연소를 촉진시키는 촉매식 DPF를 사용하기도 한다. 이 촉매식 DPF방식은 첨가제 시스템보다 효과가 낮으나, 회분의 퇴적이 거의 없다는 장점이 있다.

② PM의 배기가스온도를 높이기

   ⊙ 일반적으로는 DPF 앞에 <u>DOC(Diesel Oxidation Catalyst ; 산화촉매장치)</u>라는 장치가 장착되는데, 이 장치는 HC, CO를 줄이고 그 반응열로 배기가스온도를 높이는 역할을 한다.

   ⊙ PM의 포화수준이 일정 기준에 도달하면 능동재생 시스템의 활성화를 위해 엔진의 연소를 제어하기도 한다. 예를 들면, 연료 분사시기를 지연시켜 배기가스온도를 매연의 연소가 가능한 수준으로 상승시키기도 한다.

   ⊙ 또 하나의 방법으로, 일부 대형 차량의 경우에는 버너를 이용해 강제로 필터를 재생(연소)시키기도 한다.

> **더 알아보기**   산화촉매장치(DOC ; Diesel Oxidation Catalyst)
>
> 자동차 배기가스가 DOC를 통과시 배기가스가 촉매와 반응하여 가스형태 배출물 HC, CO뿐만 아니라, TPM(Total Particulate Matter ; 총입자상 물질) 중 윤활유 성분, 미연소 연료, SOF(Soluble Oraganic Fraction)를 산화시켜 배기가스를 정화하는 장치이다.

20

유해 배출가스 저감장치 중 선택적 환원 촉매장치(SCR ; Selective Catalytic Reduction)에 의해 저감되는 유해 배출가스의 종류를 들고 SCR의 작동원리 및 특징에 대하여 설명하시오.

1. 저감되는 유해 배출가스의 종류

디젤 엔진에서 배출되는 배기가스 내의 질소산화물(NO_x)만을 선택적으로 저감한다.
참고로, SCR은 NO_x를 비롯해 CO(일산화탄소), C_mH_n(탄화수소류), OCDD/PCDE(다이옥신/퓨란) 같은 대기오염 물질을 제거할 수 있다.

2. 작동원리

디젤 엔진에서 발생된 질소산화물(NO_x)을 요소수[$(NH_2)_2CO$]나 암모니아(NH_3)와 같은 환원용액을 반응시키면 인체에 무해한 질소(N_2) 및 수증기(H_2O)로 변환시킨다.

3. 특 징

① 저감효율이 좋고, 연비 개선 효과가 있지만 요소수를 주기적으로 보충해야 한다.
② 요소수가 일정량보다 부족하게 되면 시동이 제한된다.
③ 기존 엔진에 요소수 저장탱크와 분사 시스템, 필터 등 여러 장치를 추가해야 한다.

21

에탁스(ETACS)의 개념을 설명하고, ETACS System의 전기적 성능 및 기능을 열거하시오.

1. 에탁스(ETACS)의 개념

에탁스(ETACS)는 ELECTRONIC TIME ALARM CONTROL SYSTEM의 앞 글자에서 따온 용어로 대부분 시간과 경보장치와 관련되어 있다. 에탁스는 많은 장치들이 한 곳으로 집중되어 있으므로 많은 품목을 단시간 내에 점검 및 테스트를 손쉽게 할 수 있다.

(1) 시간(TIME)과 관련 있는 경우

① 간헐와이퍼(INT WIPER) 작동시 일정시간 동안 와이퍼가 작동하고 제자리에 멈춘 후 다시 작동하는 경우

② 열선 및 감광식 룸 램프의 작동

(2) 경보(ARALM)와 관련 있는 경우

문이 열렸다는 경보와 외부 침입에 의한 경보음 등은 경보(ARALM)에 관계되어 있다.

2. ETACS System의 전기적 성능 및 기능

(1) 전기적 성능

① 정격전압 : DV 12V

② 동작전압범위 : DC 9~16

③ 동작온도범위 : $-30℃ \sim +80℃$

④ 암전류 : 최대 4mA

(2) 기 능

① 와셔 연동 와이퍼

② 가변 INT 와이퍼

③ 시트벨트 경고

④ 뒷유리 열선

⑤ 키홀 조정

⑥ 충돌시 도어 UNLOCK

⑦ 감광식 LAMP

⑧ KEY 탈거시 DOOR UNLOCK

⑨ 속도 감지 DOOR LOCK

⑩ 중앙 집중식 도어 LOCK / UNLOCK

⑪ 파워 윈도우 타이머

⑫ 배터리 세이버(BATTERY SAVER)

⑬ 음성경보장치(VAS ; VOICE ALARM SYSTEM)

⑭ KEYLESS 기능

　㉠ DOOR LOCK / UNLOCK

　㉡ TAIL GATE GLASS OPEN

　㉢ POWER WINDOW AUTO UP/DOWN(운전석)

더 알아보기　　음성경보장치(VAS ; Voice Alarm System)

음성경보장치(VAS)는 운전자의 안전과 편의를 돕기 위하여 자동차의 상태를 운전자에게 음성 메시지로 알려줌으로써 자동차 운행의 안전성을 추구하는 장치이다. 음성경보장치의 기능은 다음과 같다.
- 도어 열림 경고
- 주차브레이크 잠김 경고
- 트렁크 열림 경고
- 썬루프 경고
- 엔진오일 경고
- 시트벨트 경고
- 키뽑기 잊음 경고(KEY REMINDER)
- 스피커인(SPEAKER IN) 경고

22

OBD(On – Board Diagnostics) 시스템을 정의하고, OBD 시스템에서 감지되는 주요 감지(Monitoring) 기능을 5가지 이상 열거하여 그 기능에 대하여 약술하시오.

1. OBD(On – Board Diagnostics) 시스템

OBD 시스템은 차량의 운행 중 배출가스 관련 장치나 기능에 어떠한 문제가 발생시 항상 모니터링하여 운전자에게 알려주는 자가진단장치를 말한다.

2. 주요 기능

(1) 촉매 효율 성능 감지

촉매 효율이 규제치의 1.5배를 넘으면 점등한다. 촉매 전후 센서의 출력전압의 진폭을 비교하여 이상 여부를 판정한다.

(2) 엔진 실화 감지

실화율이 일정 이상이 되면 점등한다. 실화의 감지는 크랭크샤프트의 각속도를 측정하여 그 변화율로 실화 여부를 판정한다.

(3) 산소 센서 노후 감지

촉매의 전후에 설치한 산소 센서의 기능 이상을 출력전압의 크기를 비교하여 판정한다.

(4) EGR(배기가스 재순환장치) 감지

EGR 시스템이 고장나면 NO_x가 증가하므로 EGR의 정상 작동 여부를 감지한다.

(5) 증발가스 감지

연료탱크나 캐니스터(Canister)에서 연료 증발가스가 누설되면 점등한다.

(6) 연료장치 감지

연료장치의 이상으로 산소 센서의 공연비 피드백작용이 불리하면 촉매 정화효율이 떨어지므로 이를 감지한다.

23

스톨테스트(Stall Test)에 대하여 설명하시오.

1. 의 의

엔진의 출력과 자동변속기 내부의 클러치 미끄러짐과 토크컨버터 스테이터의 기능을 점검하기 위해 행하는 테스트이다.

2. 테스트 방법

① 넓은 공터나 벽이 있는 장소에서 타이어에 고임목을 고정하고 테스트하며, 시험시간은 5초를 넘기지 않는다.

② 먼저 'D'에서 먼저 시행하고 약 30초에서 1분 정도 'N'에서 공회전한 후에 'R'에서 테스트한다.

③ 엔진 회전속도(RPM)는 차량마다 다르지만 통상 2,000~2,500RPM이면 정상이며, 이보다 낮을 경우에는 엔진출력이 부족한 것으로 판단하며 엔진부분의 정비작업을 반대로 이보다 높을 경우에는 자동변속기의 이상으로 판단하여 자동변속기의 정비작업을 진행한다.

④ 테스트는 월 1, 2회 이내로 실시해야 하며, 이를 초과할 경우 자동변속기에 무리가 발생할 수 있다.

24

자동차 전자제어장치인 입력장치의 각종 센서를 구분하여 간략히 기술하시오.

1. 의 의

최근의 자동차는 각종 전자제어장치가 적용되고 있다. 전자제어장치는 각종 입력정보를 바탕으로 컨트롤 유닛을 이용, 액추에이터를 제어하여 여러 가지 요구되는 기능을 수행하는 장치로 이는 센서를 통해 얻고 있다.

2. 종 류

(1) 온도를 감지하는 센서
   냉각수온도, 흡기온도, 배기가스 산소 센서 등이 있다.

(2) 압력을 감지하는 센서
   MAP(Manifold Absolute Sensor), 오일압력 센서 등이 있다.

(3) 진동을 감지하는 센서
   노크 센서

(4) 유량을 감지하는 센서
   에어플로우 센서

(5) 회전을 감지하는 센서
   크랭크각 센서, 차속 센서

(6) 위치를 감지하는 센서
   스로틀 포지션 센서, 조향 휠 각속도 센서 등

25

자동차 보디 컨트롤 모듈(BCM ; Body Control Module)의 정의와 주요 제어 기능에 대하여 약술하시오.

자동차 보디 컨트롤 모듈(BCM ; Body Control Module)

(1) 정 의

BCM은 자동차장치(와이퍼, 파워윈도우, 시트열선 및 벨트, 리모콘키, 램프 등)와 연결되어 있는 전자제어장치(ECU)들을 통합해서 하나의 중앙제어장치로 통합 제어하는 장치이다.

(2) 주요 제어 기능

① 라이트 제어 기능

가장 일반적인 라이트 제어는 미등을 켠 상태에서 시동을 끄고 차 문을 닫으면 자동으로 소등하게 해주는 기능이다.

② 에스코트 헤드램프 기능

미등 및 헤드램프를 켠 상태에서 시동을 끄면 30초간 헤드램프가 작동되다가 꺼지는 기능이다.

③ 와이퍼 제어 기능

자동차 앞 유리창에 장착된 레인 센서가 강수 여부와 강수량을 인지해 와이퍼를 자동으로 작동시키는 기능이다.

④ 도난 경보 기능

⑤ 시트벨트 미착용 경보 기능

⑥ 도어 자동 잠금 및 해제 기능

⑦ 파워 윈도우의 전원 제어 기능

26

적응형 순항제어 시스템(ASCC ; Advanced Smart Cruise Control)의 기술 개요 및 시스템의 작동과정에 대하여 서술하시오.

1. 개 요

적응형 순항제어 시스템(ASCC ; Advanced Smart Cruise Control)이란 레이더나 카메라와 같은 전방감시 센서를 통해 전방에 있는 물체를 감지하여 엔진과 브레이크를 자동으로 제어함으로써 차량 속도와 차간 거리를 자동으로 유지해 주는 시스템을 말한다.

이러한 적응형 순항제어 시스템은 도로 주행시 전방에 있는 물체와의 적정한 거리를 유지하는데 필요한 가속, 감속, 정지와 같은 운전자의 반복적인 작업에 대한 스트레스를 감소시킬 수 있다. 또한, 제어 차량을 정해진 속도로 자동 운행하고 전방에 있는 물체의 움직임에 따라 자동으로 감속·가속함으로써 차량의 연비를 개선하고, 교통의 흐름도 원활하게 할 수 있다.

2. 적응형 순항제어 시스템의 구성

적응형 순항제어 시스템은 감지부, 제어부, 제동부, 엔진구동부, 전자식 주차 브레이크장치 및 운전자 인터페이스를 포함하여 구성된다.

(1) 감지부
감지부는 전방감지 센서, 카메라 센서, 도로속도 센서 및 움직임 센서를 포함한다.

① 전방감지 센서

차량의 전방에 있는 물체의 상대속도와 상대거리를 감지한다.

② 카메라 센서

차량의 전방에 있는 물체의 종류를 감지한다.

③ 도로속도 센서

도로의 안전속도 및 도로의 제한속도를 인식하는 센서로서, GPS(Global Positioning System), 내비게이션(Navigation), 제한속도 교통표지판 인식 카메라 등을 이용하여 속도 제한 구간 및 커브 진입/출입로 구간에 있는 도로의 안전속도 및 도로의 제한속도를 인식할 수 있다.

④ 움직임 센서

차량의 움직임을 파악한다.

(2) 제어부

제어부는 적응형 순항제어 시스템의 전반적인 동작을 제어하며, 차량의 적정주행속도와 미리 정해진 설정속도를 비교하여 그 비교 결과에 따라 설정속도의 변경 여부를 결정한다. 즉, 제어부는 차량의 적정주행속도와 운전자가 설정한 설정속도를 비교하여 설정속도가 적정주행속도보다 클 경우 설정속도를 변경하고, 설정속도가 적정주행속도보다 크지 않을 경우 설정속도를 원래대로 유지한다.

(3) 제동부

제동부는 차량의 제동력을 발생시켜 차량의 속도를 감소시킨다.

(4) 엔진 구동부

엔진 구동부는 차량의 가속추진력을 제어하여 차량의 속도를 증가시킨다.

(5) 전자식 주차 브레이크장치

전자식 주차 브레이크장치는 차량의 주차시 제동력을 유지시켜준다.

(6) 운전자 인터페이스

운전자 인터페이스는 적응형 순항제어의 시작과 모드 그리고 제어상황을 운전자와 연결하여 통신하는 역할을 수행한다.

3. 적응형 순항제어 시스템의 제어과정

① 제어부는 운전자가 미리 설정한 속도인 설정속도를 기준으로 차량을 자동 제어하고, 전방에 있는 물체(차량)의 움직임에 따라서 차량의 속도를 조절하는 동작을 수행한다.

② 이때, 감지부에서 차량의 적정주행속도를 감지하면, 제어부는 운전자에 의해 미리 정해진 설정속도와 차량의 적정주행속도와 비교하여 설정속도의 변경 여부를 결정한다. 만약, 설정속도가 차량의 적정주행속도보다 클 경우 설정속도를 차량의 적정주행속도로 변경한다.

③ 다음으로, 차량의 적정주행속도로 차량을 제어한다.

예를 들면, 속도제한 구간의 주행구간 제한속도가 80km/h, 운전자가 설정한 설정속도가 100km/h, 현재 차량의 주행속도가 100km/h일 경우, 주행구간 제한속도(80km/h)와 설정속도(100km/h)를 비교하여 설정속도가 주행구간 제한속도보다 클 경우, 설정속도를 100km/h에서 80km/h로 변경하고, 차량을 자동으로 감속하여 속도제한 구간을 통과한다.

또한, 커브 진/출입로 구간에서 커브 진입 안전속도가 60km/h, 운전자가 설정한 설정속도가 80km/h, 현재 차량의 주행속도가 80km/h일 경우, 제어부는 운전자 인터페이스로 커브 진입을 위한 안전속도로 차량의 제어한다는 메시지를 제공하고, 전방의 커브 곡률을 고려하여 선행 대상 차량을 재선정한다.

그리고, 제어부는 커브 진입 안전속도(60km/h)와 설정속도(80km/h)를 비교하여 설정속도(80km/h)가 커브 진입 안전속도(60km/h)보다 클 경우, 설정속도를 80km/h에서 60km/h로 변경하고, 이 커브 진입 안전속도(60km/h)에 따라 차량을 자동으로 감속하여 안전 속도로 차량이 커브에 진입하도록 제어한다.

④ 한편, 설정속도가 차량의 적정주행속도보다 크지 않을 경우, 설정속도를 원래대로 유지한다. 그 후, 설정속도로 차량을 제어한다.

27

자동차의 선회주행시 발생되는 사이드 슬립 앵글(Side Slip Angle)을 정의하고, 선회 특성의 종류별로 현상 및 원인에 대하여 서술하시오.

사이드 슬립 앵글(Side Slip Angle)

1. 정 의

자동차의 선회주행시 타이어가 옆으로 미끄러지면서 타이어의 진행방향과 타이어의 중심선방향의 차이에서 발생하는 각도를 '사이드 슬립 앵글'이라 한다. 자동차의 선행주행시 캠버에 의해 타이어가 옆으로 미끄러지는 것을 방지하기 위하여 토인(Toe-in)을 준다.

※ 자동차를 앞바퀴를 위에서 보았을 때 양쪽 타이어 앞뒤 중심선의 거리가 앞쪽이 뒤쪽보다 좁은 상태를 토인(Toe-in)이라 하고, 넓은 상태를 토아웃(Toe-out)이라 한다.

2. 선회 특성의 종류별로 현상 및 원인

(1) 언더스티어(Understeer)

운전자가 선행주행시 스티어링 휠을 돌렸음에도 자동차가 의도한 만큼 돌지 않고 바깥쪽으로 밀려나는 현상을 말한다. 즉 스티어링으로 조향하는 것보다 실제 회전반경이 더 크게 되는 현상이다. 스티어링 조작, 코너닝 가속, 브레이킹 등으로 앞바퀴에 원심력이 작용하면 예상한 조향각도로 회전하려 해도 앞바퀴가 접지력을 잃게 되어 바깥쪽으로 밀려나는 현상이 발생하며, 일반적으로 전륜구동 차량에서 나타난다.

(2) 오버스티어(Oversteer)

언더스티어와 반대로 스티어링 휠을 돌렸는데 자동차가 의도한 것보다 더 깊게 돌아 코너 안쪽으로 파고드는 현상을 말한다. 즉 스티어링으로 조향하는 것보다 실제 회전반경이 더 작게 되는 현상이다. 스티어링 조작, 코너닝 가속, 브레이킹 등으로 뒷바퀴에 가해지는 원심력이 뒷바퀴의 접지력을 초과하게 되면 발생하며, 일반적으로 후륜구동 차량에서 나타난다.

01

클린 디젤(Clean Diesel) 자동차를 정의하고, 수소연료전지 자동차, 전기 자동차
에 대하여 약술하시오.

1. 클린 디젤 자동차(Clean Diesel Vehicle)

클린 디젤 자동차란 경유의 연소가 기관의 내부에서 이루어져 열에너지를 기계적에너지로 바꾸는
기관을 동력원으로 사용하는 자동차로서 「대기환경보전법」 제46조 제1항에 따른 대기오염물질을
하이브리드 자동차나 천연가스 자동차와 유사한 수준으로 배출하는 자동차를 말한다.

클린 디젤 자동차는 배출가스를 현저히 줄이고 연비를 향상시킨 디젤 자동차로서, 동급 가솔린
차량대비 연비가 20~30% 이상 우수하여 대표적인 온실가스인 CO_2가 10~15% 이상 적게 배출되
는 자동차이다. 또한 최근의 디젤 엔진은 소음과 진동도 현격히 개선되어 차세대 친환경 자동차로
각광받고 있다.

디젤 엔진은 가솔린 엔진에 비하여 고압축비로 인한 높은 열효율과 펌핑손실감소 효과가 있고,
희박연소를 하므로 연료소비율이 약 30% 정도 향상되는 것으로 알려져 있으며, 유해 배출가스
및 이산화탄소 규제를 동시에 해결할 수 있다. 디젤 엔진은 가솔린 엔진에 비하여 토크의 변동이
적고 전체 배기배출물의 양이 적은 장점이 있으나, 배기배출물 중에 입자상 물질(PM, Particulate
Matter)과 질소산화물(NO_x, Nitrogen Oxides)이 다량 배출되는 문제점이 있어 이를 최소화하여
대기환경을 보호하고 연료소비율의 개선이 필요하여 등장한 친환경 자동차이다.

클린 디젤 자동차는 대기환경의 경우 유로6 기준을 충족하며, 이를 위해 입자상 물질인 PM을 제거하기 위해 DPF를 설치하였고, 질소산화물(NO_x)을 제거하기 위해 SCR방식으로 요소수를 사용하여 배기가스를 획기적으로 저감한다. 벤츠의 경우 블루텍, 볼보의 경우 애드블루, BMW 또는 도요타는 클린 디젤이라 부른다.

2. 수소연료전지 자동차(Fuel Cell Electric Vehicle)

배터리의 힘만으로 동력을 발생하는 순수 전기 자동차의 전지를 연료전지라는 장치로 변경한 개념의 자동차를 말한다. 연료전지는 수소를 연료로 하여 화학적으로 전기를 발생하는 장치이다. 물을 전기분해하면 수소와 산소로 분해되는데 이 화학반응을 반대로 하면 전기를 얻을 수 있으며, 연료전지의 연료인 수소를 뽑아내는 대상으로는 가솔린, 메탄올, 천연가스 등이 있다.

수소연료전지 자동차는 대기오염물질을 배출하지 않고 조용하며, 효율이 좋은 친환경적인 운송수단이다. 수소연료는 매우 빠르게 반응하며, 탄소를 포함하는 연료의 연소에서 나오는 일산화탄소, 이산화탄소, 기타 함탄소 유해물질을 배출하지 않는다. 수소연료는 연소 후에 오직 물만을 배출하고, 물을 전기분해하면 수소를 얻을 수 있는 재생 가능한 이상적인 Clean Air Fuel이다.

자동차용 연료의 종착역으로 여겨지고 있으나, 연료의 탑재방법이 가장 큰 과제이며, 이 때문에 안정적으로 수소를 공급받아 연료로 사용할 수 있는 다른 방법들이 고안되고 있다.

3. 전기 자동차(EV – Electric Vehicle)

전기 자동차의 동력장치는 전기모터, 배터리, 그리고 동력제어장치인 파워컨트롤 유니트 (Power Control Unit)로 구성되어 있다. 모터에서 발생한 동력을 직접 바퀴에 전달하여 구동하기 때문에 배출가스가 없는 청정에너지 자동차이다. 진동과 소음이 작다는 장점도 가지고 있지만, 배터리의 충전에 많은 시간이 소요되고, 또한 1회 충전으로 주행할 수 있는 거리인 항속거리가 짧다는 단점은 해결해야 할 과제이다. 2023년 현재 1회 충전으로 주행 가능한 항속거리는 약 500km 정도인 것으로 알려져 있다. 순수 전기를 사용하는 전기 자동차의 핵심기술은 배터리라고 할 수 있으며, 배터리의 성능을 얼마나 획기적으로 향상시킬 수 있느냐가 전기 자동차 상용화의 관건이다.

02 전기 자동차의 특징과 구동원리, 충전방식에 대해서 설명하시오.

1. 전기 자동차의 특징과 구동원리

(1) 전기 자동차의 특징

장 점	단 점
• 무공해, 저공해, 저소음 • 운전 및 유지보수 용이 • 수송에너지 다변화 가능 • 주행 효율성이 높음 • 배기가스가 없음 • 충전부하로 수요창출(심야전력 이용)	• 장거리 주행에 불리함 • 수리비용이 비쌈 • 배터리 무게가 무겁고 충전시간이 김 • 비싼 가격 • 전기 자동차 사용여건 미비(법령, 충전 시스템, 전기료 우대 등 부수적 여건 미비)

(2) 구동원리
전기 자동차의 주요 부품은 축전지, 모터, 컨트롤러로 구성되어 있으며, 축전지에 저장된 전기에너지가 컨트롤러(컨버터/인버터)를 거쳐 모터에 전달되어 모터를 구동시켜 주행하게 된다.

2. 충전방식

(1) 인덕티브 충전방식(Inductive Charging Type)
변압기와 같이 전자기유도 또는 자기유도에 의해 전기에너지를 전달한다. 미국의 GM, 일본의 닛산, 토요다 등이 채택하고 있다.
① 컨덕티브 충전과 비교해서 안정성을 확보할 수 있고 적합한 제어로써 주기적인 이득을 얻을 수 있으며, 에너지 효율을 극대화 할 수 있다.
② 사용이 편리하고 사용 수명이 길다.
③ 근본적으로 안전하기 때문에 공공장소에서 충전소로 사용하는데 가장 적합하다.

(2) 컨덕티브 충전방식(Conductive Charging Type)
일반적인 전기접속방법에 따라 단자간 접촉으로 전기에너지를 전달한다. 미국의 포드와 일본의 혼다 등이 채택하고 있다. 컨덕티브 충전조건은 다음과 같다.
① 가정용 아웃렛에서 충전이 가능하여야 한다.
② 탑재형 충전기는 가볍고, 작고, 소음이 없어야 한다.
③ 효율이 높아야 한다.
④ 충전기는 전지관리 시스템(BMS)에 의해서 제어되어야 한다.
⑤ 충전기는 비싸지 않아야 한다.

[컨덕티브방식과 인덕티브방식의 특징]

컨덕티브방식	인덕티브방식
• 사용실적이 많고 안정됨 • 끼우는데 어느 정도의 힘이 필요하고, 뺄 때의 위치 맞춤에 주의 필요 • 충전기는 별도 설치 또는 차체의 어느 곳 어디에서 나 됨	• 금속접점이 없고 신뢰성이 높음 • 끼우는데 필요한 힘은 없고, 뺄 때의 위치 맞춤에도 주의 불필요 • 충전기는 별도 설치와 차체부로 분할 • 차체부품이 소형, 경량화

3. 충전기

(1) 별치형 충전기

충전기를 차량 외부인 주차장이나 주유소 등에 설치하는 방법으로 인덕티브 충전과 급속충전 등이 해당된다.

(2) 휴대형 충전기

별치형을 개량하여 휴대할 수 있도록 사용 편의성을 높인 형태이다.

(3) 탑재형 충전기

충전기를 차량에 탑재하고 이동하다가 교류전원이 있으면 충전이 가능한 형태이다. 충전기를 설치할 필요 없이 전원만 있으면 충전이 가능하므로 편리하다.

03

하이브리드(Hybrid) 자동차란 무엇이며, 기존 자동차에 비하여 하이브리드 자동차의 운전특성에 대하여 약술하시오.

1. 하이브리드(Hybrid) 자동차의 개념

(1) 정 의

하이브리드 자동차는 단일 동력원의 일반 자동차와 달리 두 개 이상의 동력원에 의해 차체가 구동되는 차량이다. 종래의 가솔린, 디젤 엔진 탑재 자동차에 전기모터를 추가로 장비한 형태로 주로 내연기관과 전기 자동차를 포함하는 하이브리드 전기 자동차(HEV)를 가리킨다.

(2) 주요 장치

① 하이브리드 모터 : 3상 AC(교류) 전원으로 동작하는 고출력 모터이며, 엔진 시동, 출발 및 가속시 엔진의 동력을 보조하는 장치

② 고전압 배터리 : DC(직류) 144V의 Ni – MH(니켈 – 수소) 배터리이며, 모터 동작을 위한 전기에너지 공급원

③ 모터제어기 : 모터 제어용 컴퓨터이며, 고전압 배터리의 DC 전원을 모터 구동을 위한 AC 전원으로 변환시키는 장치

④ 12V 직류변환장치 : 고전압을 저전압으로 낮추어 12V 배터리 충전 및 12V 전력을 공급하는 장치

2. 운전특성(장 · 단점)

(1) 운전 시스템

① 출발과 가속시

차량이 출발할 때나 급가속시 등과 같이 많은 동력이 요구될 때는 엔진과 하이브리드 모터 및 고전압 배터리 전원을 동시에 이용하여 차량을 움직인다.

② 정속주행(정상적인 주행시)

차량은 가솔린 엔진 동력으로 운행된다. 하지만 전기모터는 엔진에서 생성된 전력을 사용하면서, 가솔린 엔진 동력을 보조할 수 있다. 차량은 에너지 효율성을 높이기 위해서 가솔린과 전력의 비율을 조절한다.

③ 감속시

차량 감속시 모터를 발전기로 사용하여 차량의 운동에너지를 전기에너지로 변환하여 배터리를 충전하는 기능으로 바뀐다.

④ 정지시(오토 STOP)

엔진을 자동으로 정지하여 불필요한 연료소비 및 배출 가스를 저감시키는 오토 STOP 기능이
적용된다. 이 경우 엔진을 재시동하기 위한 스타터 역할은 하이브리드 모터가 하게 된다.

(2) 특징(장·단점)

① 장 점

㉠ 가속주행시에는 엔진을 사용하고, 저속주행시에는 전기모터를 사용하기 때문에 자동차의
가속성을 증가시킬 수 있다.

㉡ 정차시에 엔진과 전기모터를 멈춰 공회전으로 인한 연료 낭비를 막을 수 있어서 효율성이
매우 뛰어나다.

㉢ 저속에서는 전기로만 운전할 수 있기 때문에 소음이 적다.

② 단 점

㉠ 엔진에 모터가 결합한 형태이기 때문에 차체가 무겁고 내연기관 자동차 대비 가격이 높다.

㉡ 전기 배터리를 사용하기 때문에 관리를 잘못할 경우 감전의 위험성이 있다.

㉢ 정비가 복잡하다.

더 알아보기 | 하이브리드(Hybrid) 차량이 일반 차량보다 연비가 좋은 이유

- 주행정지 상태에서 공회전시(예 신호대기 중) 시동을 꺼 연료소비를 줄인다.
- 정속주행(저속/중속/고속)시 엔진의 동력만으로 차량을 구동하기 때문이다.
- 감속 및 제동시 운동에너지를 전기에너지로 재생하여 회수한다.
- 급가속시에도 모터의 도움으로 엔진은 상대적으로 효율이 높은 영역에서 운전한다.

---

3. 하이브리드 기술

(1) 마일드 하이브리드

엔진 동력이 기본이고 전기모터는 보조만 하며, 전기모터로만은 구동이 불가능하다.

(2) 풀 하이브리드

엔진과 전기모터가 절반씩 담당한다. 엔진 또는 전기모터만으로도 운행할 수 있다.

(3) 플러그인 하이브리드

전기모터가 기본이고, 엔진은 배터리에 전원을 공급하는 역할을 주로 한다.

04 하이브리드(Hybrid) 전기 자동차의 정의 및 특징에 대하여 서술하고, 운전모드의 종류를 열거하여 그 운전모드에 대하여 약술하시오.

1. 하이브리드(Hybrid) 전기 자동차의 정의

일반적으로 넓은 의미의 하이브리드 자동차는 서로 다른 두 종류 이상의 동력원을 효율적으로 조합하여 차량을 구동하는 것을 의미한다. 대부분의 경우는 연료를 사용하여 동력을 얻는 엔진과 전기로 구동시키는 전기모터로 구성된 시스템을 말하며, 영문으로는 Hybrid Electric Vehicle (HEV)로 부른다.

2. 하이브리드(Hybrid) 전기 자동차의 특징

(1) 아이들 스탑(Idle Stop)

차량이 정지할 때 엔진을 정지시킴으로써 불필요한 연료소모를 방지한다. 전기모터를 이용하여 부드럽고 빠르게 엔진을 재시동시킬 수 있다.

(2) 전기모터 동력보조

가속시 배터리에 저장된 전기에너지를 이용하여 모터를 구동하여 차량의 구동력을 증대한다. 모터의 동력보조량만큼 엔진이 에너지를 덜 소모함으로써 연비향상이 가능하다.

(3) 효율 극대화

기관 효율이 낮은 운전조건에서 모터를 사용하고, 기관 효율이 높은 운전조건에서 발전을 실행함으로써 자동차의 전체 효율을 극대화시킨다.

(4) 회생제동(Regenerative Braking)

제동시 모터를 발전기로 작동시켜 제동에너지를 전기에너지로 변환 후 배터리에 저장한다. 저장된 전기에너지는 추후 전기모터의 구동에 사용된다.

3. 운전모드의 작동원리

(1) 출발 및 저속주행

차량의 출발 또는 저속주행 등과 같이 높은 토크가 요구될 때는 엔진에 연료가 차단되고 엔진은 멈춘다. 배터리의 전원을 이용하여 전기모터(Electrical Motor)가 차량을 움직인다.

(2) 정속주행

엔진의 동력의 동력으로 구동되며, 엔진의 동력은 2개로 나누어서 하나는 차량을 직접 구동시키고, 다른 하나는 발전기(Electrical Generator)를 회전시켜 발생하는 전류가 전기모터를 회전시켜 차량을 주행시킨다.

(3) 최고 속도 주행

엔진의 힘과 발전기의 동력뿐만 아니라 배터리의 전류까지 이용하여 최고 속도로 주행한다.

(4) 감속 및 정지시

차량의 구동은 엔진에서 다시 전기모터에 의해서 움직이는 것으로 변환된다. 발전기에서 만들어지는 전류에 의해 전기모터가 구동되고, 또 발전기는 배터리에 전류를 충전하는 기능으로 바뀐다.

05

친환경 자동차에 적용 중인 플러그인 하이브리드 자동차(PHEV ; Plug-in Hybrid Electric Vehicle)의 개요 및 특징을 설명하고, 기존 하이브리드 자동차(HEV ; Hybrid Electric Vehicle)와의 차이점에 대하여 서술하시오.

1. 개 요

플러그인 하이브리드 자동차(Plug-in Hybrid Electric Vehicle ; PHEV)는 가정이나 건물의 전기를 이용하여 외부에서 충전한 배터리의 전기 동력으로 주행하다가 배터리 방전시 일반 하이브리드 자동차처럼 내연기관 엔진과 배터리의 전기 동력을 동시에 사용하여 운행하는 자동차이다.

2. 특 징

① 플러그인 하이브리드 자동차는 기존 하이브리드 자동차와 순수 전기 자동차의 중간 형태 차량으로 적절한 가격에 연비와 친환경성을 모두 만족시킨다는 장점을 가지고 있다.

② 가정의 전원을 이용할 수 있고 어디서나 충전할 수 있다는 간편성을 염두에 둔 방식이다.

③ 플러그인 하이브리드 자동차는 배터리와 가솔린 엔진이 함께 장착돼 있다는 점에서는 하이브리드 자동차와 동일하나 배터리를 재충전해 다시 쓸 수 있다는 점이 다르다.

[플러그인 하이브리드 자동차(PHEV)의 장·단점]

장 점	• 한 번 배터리를 충전하면 배터리에 저장된 전기를 쓰는 동안에는 전기로 움직이나, 전기가 떨어지면 가솔린 엔진으로 작동하여 플러그인 하이브리드 자동차가 하이브리드 자동차보다 친환경적이다. • 배터리 가격/중량이 전기 자동차보다 저렴하기 때문에 배터리 가격 하락까지 경제적으로 유리하다. • 대형 승용차에서 전기자동차보다 연비가 우월하다. • 가솔린 자동차와 동등 이상의 항속 성능을 보유한다.
단 점	• 주로 시내 주행용으로 적합하여 장거리 운행이 많은 지역에서는 사용상 한계점이 있다. • 장거리 주행 및 지속적 출력이 필요한 버스, 트럭 등에는 적용이 곤란하다.

3. 하이브리드 자동차(HEV)와의 차이점

① 플러그인 하이브리드 자동차는 엔진과 전기모터를 함께 사용한다는 점에서 하이브리드 자동차와 같지만, 전원을 연결해 직접 구동에너지원인 배터리를 충전할 수 있는 것이 다르다.

② 하이브리드 자동차는 내연기관을 기반으로 전기모터가 보조하는 방식인 반면, 플러그인 하이브리드 자동차는 전기모터가 기반이며, 내연기관이 보조하는 시스템이다.

③ 플러그인 하이브리드 자동차는 하이브리드 자동차와는 달리, 충전 상태를 감소시키는 방전모드에서 주행이 가능하다는 특징이 있으며, 일반 자동차보다는 전기 자동차에 더욱 가까운 형태이기 때문에 배터리의 에너지 밀도가 중요하다.

더 알아보기 | **용어해설**

• **전기 자동차**(Electric Vehicle)

석유 연료와 엔진을 사용하지 않고, 전기배터리와 전기모터를 사용하는 자동차로 크게 배터리로만 가는 순수 전기 자동차, 동력원으로 전지에 저장한 전기만을 사용하고 필요에 따라 충전할 수 있는 플러그인 하이브리드 자동차, 전기모터와 내연기관을 동시에 사용하는 하이브리드 자동차 등 3가지로 분류된다.

• **플러그인 하이브리드 전기차**(PHEV)

전기모터와 내부 연소 엔진을 사용하는데, 전기에너지를 배터리에 충전시켜 사용함으로써 자동차의 에너지 사용에서 가솔린 연료 사용 부분을 부분적으로 대체한다. 짧은 주행거리와 높은 가격의 문제를 안고 있는 전기 자동차에 대한 대안으로 등장하였다.

06

HEV(Hybrid Electric Vehicle)에서 BMS(Battery Management System)의 주요 기능에 대하여 약술하시오.

BMS(Battery Management System)

(1) BMS의 필요성

전기 자동차용 배터리 셀(cell)은 그 용량 및 전압이 비교적 작고, 수많은 배터리 셀들을 조합하여 하나의 배터리 모듈로 포장한다. 전기 자동차는 한 개 또는 두 개의 배터리 모듈을 채용하는데, 결국 배터리 시스템은 수백 또는 수천 개의 셀들로 구성된다. 이 많은 셀들을 관리하기 위해서는 BMS를 반드시 사용하여야 한다.

(2) BMS의 기본 기능

BMS는 배터리를 모니터링하고, 상태를 예측하여 배터리를 보호하며, 데이터를 전달하고, 밸런스를 유지함으로써 배터리를 관리하는 역할을 한다.

전기 자동차용 BMS는 다음과 같은 기본기능을 갖추어야 한다.

① 셀과 배터리 팩이 파손되지 않도록 보호한다.

② 배터리가 적절한 온도와 전압 범위 내에서 작동할 수 있도록 유지하여 안전을 보장하고 그 수명을 가능한 길게 연장하여야 한다.

③ 배터리가 차량의 요구조건을 만족하는 상태에서 작동하여야 한다.

(3) BMS의 핵심 기능

① BMS 배터리 셀 전압의 정밀한 측정 기능

② BMS 배터리 상태의 정확한 예측

③ 배터리 균일성 및 동등화

④ 배터리 결함 진단

07

HEV(Hybrid Electric Vehicle)에서 HSG(Hybrid Stater & Generator)의 주요 기능에 대하여 약술하시오.

1. HSG(Hybrid Stater & Generator)의 주요 기능

HSG는 크랭크축 풀리와 구동 벨트로 연결되어 있으며, 엔진 시동기능과 발전기능을 수행한다. 즉 배터리의 전기에너지를 사용하여 엔진 시동을 걸어주고, 배터리의 충전율 저하시 엔진의 동력을 이용하여 발전하고, 배터리에 전기에너지를 충전시킨다.

2. HSG(Hybrid Stater & Generator)의 역할

(1) 시동 제어
전기차(EV) 모드에서 엔진과 모터의 동력을 같이 사용하는 하이브리드 전기차(HEV) 모드 전환시 엔진을 시동한다.

(2) 엔진 속도 제어
엔진 시동 실행시 엔진의 동력과 모터 동력을 연결하기 위해 엔진클러치가 작동할 경우 엔진을 모터 속도와 같은 속도로 빨리 올려 엔진클러치 작동으로 인한 충격이나 진동 없이 동력을 연결해 준다.

(3) 소프트 랜딩 제어(soft landing)
엔진의 시동을 OFF할 경우 엔진 진동을 최소화하기 위해 엔진 회전수를 제어한다.

(4) 발전 제어
고전압 배터리 잔량(SOC)이 기준 이하로 저하될 경우, 엔진을 강제로 시동하여 HSG를 통해 발전한다. 발전된 전기에너지는 고전압 배터리로 충전되고, 충전된 전기에너지를 직류변환장치(LDC)를 통해 12V 차량전장부하에 공급한다.

08 하이브리드 자동차에 적용되고 있는 하이브리드 통합제어유닛(HCU ; Hybrid Control Unit)의 주요 기능에 대하여 서술하시오.

1. 개 요

HCU(Hybrid Control Unit)는 하이브리드 자동차에 탑재되어 차량의 구동, 전체 상태를 관장하는 최상위 수준의 제어기이다. 하이브리드 자동차는 HCU를 중심으로 ECU(Engine Control Unit), TCU(Transmission Control Unit), BMS(Battery Management System), MCU(Motor Control Unit) 등의 제어기들이 CAN통신으로 연결되어 있다. 이외에도 운전자 요구판단을 위해 브레이크 스위치 및 클러치 압력 센서 등의 신호를 위한 보조 시스템으로 구성되어 있다.

2. 주요 기능

HCU는 운전자의 요구, 엔진 상태, 배터리 상태 등의 다양한 상태 등을 확인하고 주행 상황에 따라 최적으로 동력을 배분하는 기능을 수행한다. HCU의 주요 기능은 다음과 같다.

(1) 엔진 운전점 최적화
주행 상황에 필요한 토크를 엔진과 전기모터 두 동력원이 가장 효율적으로 작동할 수 있도록 분배한다. 예를 들어 전기모터의 효율이 높은 차량 출발시나 저속 구간에서는 모터만을 구동하고, 엔진의 효율이 높은 중·고속 구간에서는 엔진만 구동한다. 급가속이나 언덕길 등판시와 같이 높은 토크가 필요한 구간에서는 엔진과 모터를 동시에 구동시킨다.

(2) 운전자 요구 토크 연산
주행 중 운전자의 가속 및 감속 요구를 토크로 계산한다.

(3) 회생제동량 연산
제동에 요구는 전체 토크와 허용 가능한 회생제동량은 EBS(Eledtric Brake System)가 연산한다. HCU는 하이브리드 상태를 고려하여 실제 회생제동량을 MCU(Motor Control Unit)로 송부한다.

(4) 하이브리드 배터리 잔량 관리

효과적인 동력 배분을 위해서는 고전압 배터리의 충전상태를 최적으로 제어해야 한다. 이를 위해 HCU는 고전압 배터리의 충전량과 방전량을 결정하고 적정한 충전상태를 유지하도록 시스템을 제어한다. 충전상태가 낮을 경우 전기모터의 작동을 제한하여 고전압 전압 사용량을 줄이고, 동시에 모터에 의한 회생제동과 엔진에 의한 발전제어를 수행한다.

(5) 오토스탑 제어

오토스탑은 신호 등의 이유로 차량이 정지할 경우 연료소비와 배출가스를 저감하기 위해 엔진을 자동으로 정지시키는 기능이다. 오토스탑이 해제되면 모터를 통해 다시 엔진을 재시동시킨다.

(6) 저전압 직류 변환장치(LDC)의 제어

HCU는 저전압 직류 변환장치(LDC)의 온 오프 제어, 발전 제어, 출력전압 제어를 수행한다. 하이브리드 자동차는 보조배터리를 충전하기 위하여 기존의 AC발전기 대신에 저전압 직류 변환장치가 장착되어 있으며, 저전압 직류 변환장치를 통하여 고전압 배터리 전압을 저전압으로 변환하여 보조배터리를 충전한다.

〈자료출처 : HILS를 이용한 HEV 버스용 HCU 검증에 대한 연구, 박우성·함형진·진기창·김현섭·이형철 저, 한국자동차공학회, 2010 / 현대자동차 GSW 홈페이지〉

09 하이브리드(Hybrid) 자동차의 정비 및 구조시 주의사항에 대해서 설명하시오.

1. 안전의 기본사항

하이브리드 자동차는 200~400V의 고전압 시스템을 이용하고 있으므로 안전하게 작업하기 위해서는 고전압의 격리와 차단이 필요하다.

(1) 고전압의 격리

① 하이브리드 자동차에는 고전압 회로와 저전압 회로(12V)가 있는데, 고전압 회로는 차체와 절연되어 있다.

② 고전압기기·배선에는 케이스·커버 등이 설치되어 있다. 또한 고전압 케이블은 피복을 오렌지색(주황색)으로 통일하고 있다.

③ 고전압기기의 케이스와 기기 내의 고전압 도전부는 절연되어 있다.

(2) 고전압의 차단

① 차량의 정비와 사고 등으로 고전압계통의 절연이 확보되지 않는 상황에서는 구동용 전지(HV 배터리)로부터 전류를 차단할 시스템을 갖추고 있다.

② 차단모드

상황 또는 시스템	수 동	자 동	
	서비스플러그	파워스위치 연동	충돌검출
통상사용		○	
점검·정비시	○	○	
충돌시			○

(3) 정비 및 구조시 유의사항

① 하이브리드 및 전기 자동차는 200~400V 이상의 고전압 시스템을 사용하고 있기 때문에 취급을 잘못하면 심한 화상이나 감전에 의해 중상 또는 사망할 수도 있기 때문에 오렌지색(주황색)의 고전압 케이블과 고전압 부품에 접촉하지 않도록 각별히 주의해야 한다.

② 어쩔 수 없이 접촉할 우려가 있는 경우에는 절연성이 우수한 정품 절연장갑을 반드시 착용해야 한다.

③ 메이커 및 차종에 따라서 사양이 다르므로 해당 차종의 매뉴얼 및 안전수칙을 반드시 참고하여 정비 및 구조에 들어가야 한다.

2. 구조시의 유의사항

(1) 차량의 고정

① 바퀴를 고임목으로 고정시키고 주차브레이크를 작동시킨다.

② 선택레버를 P 위치에 둔다.

(2) 보기류(보조기계류 ; Accessory Drive System)의 사전처리

보조배터리(12V) 단자를 분리하면 장치들이 작동하지 않으므로 필요에 따라 파워시트 위치조정, 창문유리(파워 윈도우), 도어록 등을 미리 조작해야 한다.

3. 하이브리드 시스템의 정지

정비 및 구조시에는 하이브리드 시스템을 정지(IG OFF)하여 구동용 전지(HV 배터리), SRS에어백, 가솔린 연료펌프 작동을 정지시켜야 한다.

(1) 하이브리드 시스템의 정지방법

① 계기판 내의 READY 표시등을 확인한다.

② READY 표시등이 점등되어 있는 경우에는 하이브리드 시스템은 기동상태이다.
이그니션 스위치를 OFF위치로 회전시켜 하이브리드 시스템을 정지상태로 하여 계기판 및 표시등이 소등되었는지를 확인한다.

③ 시프트레버를 P레인지로 하고 IG키를 뽑는다.

④ 보조배터리 (−)단자를 분리하여 하이브리드 시스템의 재기동 및 전기화재를 방지한다.

(2) 주의사항

① 엔진이 정지하였다고 하이브리드 시스템이 정지상태라고 판단해서는 안 된다.

② 반드시 계기판 내의 READY 표시등을 확인하여 하이브리드 시스템이 기동상태인지 정지상태인지를 판단해야 한다. READY 표시등이 꺼져 있는 상태가 시스템 정지상태이다.

③ 정비 및 구조 실시 전에 하이브리드 시스템이 정지상태(IG OFF)로 되어 있지 않으면, SRS에어백의 돌연 전개, 고전압 시스템에 의한 심한 화상 및 감전에 의해 중상 또는 심한 경우에는 사망에 이를 수 있다.

4. 차량의 절단

절단할 때는 반드시 해당 차종의 고전압 회로도 및 고전압 부품배치도, 구조매뉴얼을 참고하여 절단해야 한다. 아무데나 절단하면 에어백 전개 또는 감전위험성이 있다.

더 알아보기	유의사항

- 오렌지색 고압케이블 및 고전압 부품에는 접촉하지 않는다.
- 고전압에 접촉될 우려가 있을 경우에는 반드시 절연장갑을 착용한다.
- 화염에 의한 화재로 구조자 및 승차원에 심한 상해 위험이 있으므로 유압절단기 등 불꽃이 튀지 않는 기기를 사용하여 차량을 절단한다.
- SRS에어백장치는 정지상태(IG OFF) 또는 보조배터리(−)를 분리한 후 일정시간(90초) 동안 시스템이 작동하기 때문에 경과시간을 확인하여 작업을 해야 한다.

10 연료전지 자동차(FCV ; Fuel Cell Vehicle)의 개념과 구조, 특성을 설명하고, 사용되는 연료별 특성을 약술하시오.

1. 연료전지 자동차의 개념

(1) 연료전지

연료전지란 수소와 산소의 화학반응 속도를 제어하여 직접 전기에너지를 생산하는 장치이다. 전기에너지가 생성될 때 약 80℃ 정도의 열이 발생하며, 동시에 물이 생성된다.

(2) 연료전지 자동차

연료전지를 동력원으로 하는 일종의 전기자동차로서 연료전지 단독 혹은 연료전지·이차전지 하이브리드 형태이며, 실용화가 가능한 차세대 무공해자동차이다.

2. 구조와 특성

(1) 구 조

구조는 연료전지 스택, 연료전지 주변장치(공기압축기, 열교환기 등), 연료공급장치, 보조동력원, 그리고 모터 및 모터 제어기로 구성되어 있다.

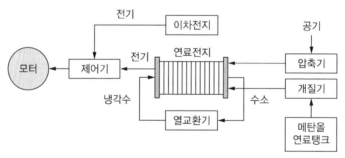

[연료전지 자동차의 구성]

(2) 특 성

① 물 이외의 배출가스가 없는 환경친화적 자동차이다.
② 단위 무게당 에너지밀도가 이차전지에 비하여 월등히 우수하다.
③ 연료의 이용효율이 36~50%로 내연기관의 20%에 비하여 매우 높다.
④ 석유계열 이외의 연료(천연가스, 알코올, 수소)를 사용할 수 있다.
⑤ 수소연료전지는 물의 전기분해를 역방향으로 진행하여 전기를 얻는 방식이다.

3. 사용되는 연료별 특성

연료전지는 고분자전해질 연료전지(PEMFC), 인산 연료전지(PAFC), 알칼리 연료전지(AFC), 직접메탄올 연료전지(DMFC) 등이 있다.

[자동차용 연료전지의 특성]

구 분	PEMFC	PAFC	AFC	DMFC
출력정밀도	◎	×	◎	×
상온작동성	◎	△	◎	○
내충격성	◎	△	△	◎
수 명	◎	△	○	×
연료공급용이성	○	○	×	◎
가 격	○	×	◎	×

◎ : 아주 우수, ○ : 우수, △ : 보통, × : 나쁨

11

연료전지 자동차(FCEV)의 스택(FC Stack)의 구성과 전기가 생성되는 원리를 서술하시오.

(1) 연료전지 스택(FC Stack)의 구성

막전극접합체(Membrane Electrode Assembly ; MEA), 가스확산층, 분리판, 가스켓(가스밀폐) 등으로 구성된다.

① 막전극접합체(Membrane Electrode Assembly ; MEA)

연료전지의 핵심 구성요소로, 백금촉매와 탄소로 이루어진 다공성 전극(음극, 양극)과 양극 사이에 배치된 전해질(이온 전도체) 막(membrane)이 일체형으로 접합되어 있는 구조이다.

② 가스확산층과 분리판

막전극접합체의 바깥부분, 즉 양극과 음극이 위치한 바깥에 수소 또는 공기(산소), 물을 공급 또는 배출시키는 역할을 한다.

㉠ 기체확산층 : 유입된 기체와 반응생성물을 균일하게 분포하게 하며, 전자와 반응과정에서 열이 제거하는 역할을 수행한다(Shell, 2017).

㉡ 분리판 : 수소, 산소를 기체확산층으로 공급하거나 발생된 물을 배출시키는 역할을 한다. 주로 기체확산층 바깥에서 연료를 공급하고 반응에 의해 발생된 물을 배출하도록 유로의 기능을 한다.

(2) 전기가 생성되는 원리

① 먼저 기체확산층을 통해 양극에 공급된 수소 기체는 다음과 같은 반응식과 같이 백금과의 촉매반응작용을 통해 이온으로 분리되어 전자를 방출한다.

$$H_2 \rightarrow 2H^+ + 2e^-$$

② 이렇게 생성된 전자들은 외부 회로를 통해 음극으로 보내지고, 다시 음극에서 다음 반응식에 따라 산소를 이온화시키게 된다.

$$\frac{1}{2}O_2 + 2e^- \rightarrow O^{2-}$$

③ 대전된 산소 및 수소 이온은 일정 수준 이상의 열에너지를 통해 결합하여 전기적으로 중성인 물을 생성하게 된다.

$$2H^+ + O^{2-} \rightarrow H_2O$$

이처럼 산소와 수소를 결합하여 물을 생성하고 직류 전기를 발생시킨다.

12 전기 자동차에서 아래에 제시된 주요 부품으로 완속 충전과정과 방전(구동)과정의 순서를 나열하고, 각 부품의 역할에 대해 서술하시오(단, 모터는 교류모터를 사용한다).

〈주요 부품〉
AC 모터(AC 480V), 구동축, 바퀴, 변속기(감속기), OBCM(On Board Charger Module), PDU(Power Distribution Unit), 대용량 배터리(DC 480V), Inverter(인버터), 외부전원(AC 220V)

---

(1) 완속 충전과정

외부전원(AC 220V) - OBCM(On Board Charger Module) - 대용량 배터리(DC 480V)

① 외부전원(AC 220V)
주택이나 아파트단지에 설치되는 AC 외부전원이다.

② OBCM(On Board Charger Module)
AC 완속 충전을 할 때 전력망의 AC 전원을 DC 전원으로 변환하여 구동용(고전압) 배터리를 충전하는 장치이다.

③ 대용량 배터리(DC 480V)
AC 전류를 입력받아 OBC(On Board Charger)를 통해 자동차의 구동에 필요한 고전압 DC 전류를 충전하는 배터리장치이다.

(2) 방전(구동)과정

대용량 배터리(DC 480V) - Inverter(인버터) - AC 모터(AC 480V) - PDU(Power Distribution Unit) - 변속기(감속기) - 구동축 - 바퀴

① Inverter(인버터)
배터리의 고전압 DC 전류를 고전압 AC 전류로 변환하여 모터에 공급하는 역할을 한다. 고전압 AC의 주파수 및 전압을 정밀하게 제어해서 모터의 출력을 조절한다.

② AC 모터(AC 480V)
배터리로부터 AC 전류를 공급받아 차량 바퀴를 회전시킬 수 있는 기계에너지를 발생시켜 내연기관 엔진과 같은 역할을 수행하는 장치이다.

③ PDU(Power Distribution Unit)

Power Distribution Unit은 AC 모터로부터 전력을 공급받아 전기 자동차의 전장부품과 등화류에 전원을 공급하는 부품이다.

④ 변속기(감속기)

전기적 신호를 사용하여 주행속도에 맞게 모터 RPM을 변화시켜 전기 자동차의 속도를 제어하는 장치이다.

13

전기 자동차에서 사용하고 있는 회생제동장치의 작동원리 및 장·단점에 대하여 서술하시오.

전기 자동차의 회생제동장치

(1) 작동원리

① 회생제동장치는 마찰로 소모되는 운동에너지를 전기에너지로 변환시켜 배터리에 저장하면서 회전속도를 줄이는 방식이다. 즉 제동시 전기모터를 발전기로 작동시켜 운동에너지를 전기에너지로 변환하여 배터리에 충전시키는 방식이다.

② 브레이크 페달을 밟으면, 전기모터가 발전기로 전환하고, 발전기로 전환된 모터는 브레이크 역할을 하여 차량의 제동기능을 수행하며, 동시에 AC 전기에너지를 발전시켜 인버터(inverter)를 통해서 DC 전기에너지로 변환 후 고전압 배터리에 충전된다.

③ 전류가 흐르지 않게 되는 회생제동 구간에서는 전기모터는 발전기 형태로 작동된다. 제동할 때의 회전저항을 제동력으로 이용하고 회전 운동에너지를 전기에너지로 변환해 에너지를 회수하는 역할을 한다.

(2) 장·단점

① 장 점

㉠ 내연기관 자동차에서 마찰제동 과정 중에 버려지던 열에너지를 회생제동을 통해 전기에너지로 회수함으로써 주행거리를 증대시킬 수 있다.

㉡ 기존의 물리적인 제동이 감소하기 때문에 마찰식 제동 시스템의 수명을 연장시킨다.

㉢ 정속주행이 오래 지속되는 고속도로나 장거리 주행보다 신호등이 많고 정차와 출발이 반복되는 도심 내 주행에서 에너지 소비효율이 높다.

㉣ 연비 개선 등 장점이 있다.

② 단 점

저속에서 빈번한 제동과 급제동시 승차감 저하 등의 단점도 있다.

14
자동차의 경량화를 위해 사용되는 탄소섬유강화 플라스틱(Carbon Fiber Reinforced Plastic)의 특성과 차량에 적용한 사례에 대하여 서술하시오.

탄소섬유강화 플라스틱(Carbon Fiber Reinforced Plastic)

(1) 탄소섬유강화 플라스틱(Carbon Fiber Reinforced Plastic)의 특성
  ① 탄소섬유강화 플라스틱(CFRP ; Carbon Fiber Reinforced Plastic)은 탄소섬유를 강화재(Reinforcement)로 하고 매트릭스 수지(Matrix Resin)를 플라스틱으로 하여 결합한 탄소섬유 복합재료로, 플라스틱의 우수한 성형성과 탄소의 높은 강도를 지니고 있다.
  ② 탄소섬유강화 플라스틱은 강철보다 70% 더 가벼우면서 10배 강하고, 알루미늄보다 30% 더 가벼운 경량 신소재로, 특히 자동차 분야에서 주목받고 있는 소재이다.

(2) 차량에 적용한 사례
  CFRP 재료를 자동차의 차체 및 각종 부품들에 적용할 경우 차량 전체의 중량은 약 100kg 이상 경량화가 가능할 것으로 예측된다.
  ① 미국의 Ford사는 100% 탄소섬유 복합재료로 시작차를 제조하여 SAEC(The Annual Society of Automotive Engineers Convention)에 전시하였다.
    Ford사는 구매자들에게 연비 개선을 통한 연료비를 절약할 수 있는 탄소섬유 후드의 프로토타입(prototype)을 시연하였다. 탄소섬유 복합재로 만들어진 Focus의 후드의 무게는 기존의 철로 만든 제품보다 50% 이상 경량화를 구현하였다.
  ② 일본의 Toyota사는 2007년 시카고 오토쇼에서 차체 골격을 CFRP로 적용하여 차량 중량을 대폭 감소시킨 컨셉트 카(concept car)인 "1/X"를 출품하였다.
    Toyota 자동차는 2013년 12월 렉서스 LFA 모델을 상용판매 모델로 시판하였다. 렉서스의 LFA 모델은 전체 BIW(Body In White ; 자동차 차체 스페이스)를 탄소섬유로 제작하여 알루미늄 BIW를 사용하던 동일 모델에 비하여 자동차 무게를 193kg 감량시켰고, 탄소 섬유 적용량도 자동차 무게의 약 65% 수준으로 채택하였다.
  ③ 독일의 BMW i3는 전기 자동차로, 탄소섬유강화 플라스틱(CFRP) 등 초경량 소재를 적용하고, 드라이브 모듈에도 대부분 알루미늄을 사용해 공차 중량을 1,300kg으로 줄였다.
  ④ 한국의 기아자동차는 신형 쏘렌토와 2014년형 스포티지 차체의 천장 부위에 탄소섬유를 적용해 차체 무게를 가볍게 하고 연비와 주행성능을 향상시켰다.
    현대자동차는 탄소섬유 복합재료 최대 박람회인 JEC2015에서 '인트라도(Intrado)'를 출시하였는데, 인트라도(Intrado)는 현대자동차, 롯데케미칼, 효성과 공동으로 제작한 탄소섬유 차체를 갖춘 수소연료전지차 컨셉트 카(concept car)이다.

제조사	모 델	부 품
GM Cadillac etc	Solstice etc	Trunk, Radiator support, bumber, beam, roof frame, door frame, engine valve cover, timing chain cover, oil pan etc
GM chevrolet	Corvette	Leaf spring
GM chevrolet	Corvette ZR1	Hood, fender, roof
Ford etc	Various trucks	Cargo box
BMW	M6	Roof panel
Hyundai	QarmaQ (concept)	Hood

〈자료출처 : 자동차 경량화 탄소복합재의 개발동향 및 응용 제품, 정인수·문민석 저, 한국과학기술정보연구원, 2015〉

15

전기 자동차에 사용되는 리튬(Lithium)계 배터리의 일반적인 특징에 대하여 설명하고, 리튬이온(Lithium Ion) 배터리와 리튬폴리머(Lithium Polymer) 배터리에 대한 각각의 장·단점을 서술하시오.

1. 리튬(Lithium)계 배터리의 일반적인 특징

① 기억 효과(memory effect)가 없다.
② 자가방전에 의한 전력손실이 적기 때문에 휴대용 전자기기들에 많이 사용되고 있다.
③ 에너지 밀도가 높고 전압이 높다.
④ 충·방전 CYCLE 특성이 우수하여, 500회 이상의 충·방전 반복이 가능하다.
⑤ 폭발할 위험이 있고 수명이 짧은 단점이 있다.

2. 리튬이온(Lithium Ion) 배터리의 장·단점

(1) 장 점
① 높은 에너지 밀도
동일 용량의 다른 배터리와 비교했을 때, 무게 및 부피의 소형화가 가능하다.
② 비메모리 효과(No Memory Effect)
충전 가능 용량이 줄어드는 메모리 효과가 없다.
③ 환경 친화적
카드뮴, 납, 수은 등 환경규제물질을 포함하지 않고, 충전하여 재사용하는 2차 전지이므로 환경 친화적이다.
④ 긴 수명 주기
500회 이상의 충·방전 반복 사용이 가능하다.
⑤ 높은 전압
약 3.7V 전압을 얻을 수 있어 높은 출력의 구현이 가능하다.

(2) 단 점
① 제조된 직후부터 '열화(Degrading)'가 시작되어 수명이 단축된다.
② 온도에 민감하여 온도가 높을수록 노화가 빨리 진행된다.
③ 폭발 위험이 있다.
④ 충전이나 방전에 있어서 까다롭다.

3. 리튬폴리머(Lithium Polymer) 배터리의 장·단점

(1) 장 점

리튬이온 배터리의 뛰어난 성능은 그대로 유지하면서 폭발 위험성이 있는 액체 전해질 대신 화학적으로 가장 안정적인 Polymer(고체 또는 젤 형태의 고분자 중합체) 상태의 전해질을 사용하는 배터리이다.

① 높은 에너지 저장 밀도

② 높은 전압(3.7V)

③ 환경 친화적으로, 수은 같은 환경을 오염시키는 중금속을 사용하지 않는다.

④ 폴리머 전해질을 사용하고 있어 누액과 폭발의 위험성이 없다.

⑤ 3mm 정도의 얇은 두께와 소형으로 제작하는 것도 가능해 디자인 특성이 매우 뛰어나다.

(2) 단 점

① 제조공정이 복잡하여 가격이 비싸다.

② 폴리머 전해질로 액체 전해질보다 이온의 전도율이 떨어진다.

③ 저온에서의 사용 특성이 떨어진다.

16 친환경 자동차에 사용되는 리튬이온 배터리의 개요 및 구성요소와 덴드라이트 (Dendrite) 현상에 대하여 약술하시오.

1. 리튬이온 배터리의 개요

리튬이온 배터리는 전기화학적 산화·환원반응을 통해 충전이 가능한 2차전지의 일종이다. 즉 전기화학적 산화·환원반응을 통해 화학적 에너지를 전기에너지로 변환해 회로에 전원을 공급하며, 방전시 외부의 전원을 통해 전기적 에너지를 화학적으로 변환시켜 전기에너지를 저장할 수 있는 전지이다.

리튬이온 배터리는 기존 배터리 소재인 카드뮴(Cd), 수은(Hg)과 납(Pb) 등의 환경규제물질을 포함하지 않으며, 폐전지로부터 재활용이 가능해 친환경적이다. 또한, 메모리 효과가 없어 충·방전을 반복해도 용량이 쉽게 줄어들지 않는 장점이 있다.

리튬이온 배터리는 재사용이 불가능한 일회용 알칼리성 전지와 같은 일차전지(primary cell)에 비해 ① 높은 에너지 밀도, ② 높은 전압, ③ 친환경성, ④ 비메모리 효과로 인한 높은 수명을 특징으로 하므로 노트북, 스마트폰, 전기자동차(Electronic Vehicle, EV) 등 다양한 분야에서 사용되고 있다.

리튬이온 배터리가 충전 및 방전되는 원리는 다음과 같다.
양극에 함유된 리튬이 전해질에 의해 이온이 되면서 전자를 음극으로 이동시키며, 동시에 리튬이온은 탄소 재료(음극)로 이동하여 충전이 된다. 전기를 만들 때에는 탄소 재료(음극) 쪽에 있는 리튬이온이 금속 화합물 쪽으로 이동할 때 전자가 양극 쪽으로 흘러감으로써 이루어진다. 금속 화합물 중에 포함된 리튬이 이온으로 되어 양극와 음극으로 이동하는 것만으로써 충전과 방전이 일어난다.

2. 리튬이온 배터리의 구성요소

(1) 양 극

리튬산화물을 활물질로 사용하며, 리튬이온 배터리의 용량과 전압을 결정한다.
양극에는 양극의 틀을 잡아주는 얇은 알루미늄 기재에 활물질과 도전재 그리고 결합제(바인더)가 섞인 합제가 입혀져 있다.
예 양극재료 : $LiCoO_2$(코발트산리튬), $LiNiO_2$(니켈산리튬), $LiMn_2O_4$(리튬망간산화물)

(2) 음 극

음극은 구리 기재 위에 활물질, 도전재, 결합제(바인더)가 입혀진 형태로 이루어져 있다. 음극 활물질은 양극에서 나온 리튬이온을 가역적으로 흡수/방출하면서 외부회로를 통해 전류를 흐르게 하는 역할을 수행한다.

예 음극재료 : 흑연계(Graphite series)

(3) 전해액

양극과 음극 사이에서 리튬 이온을 이동할 수 있도록 하는 매개체이다. 전해액은 염, 용매, 첨가제로 구성되어 있는데 염은 리튬이온이 지나갈 수 있는 이동 통로이고, 용매는 염을 용해시키기 위해 사용되는 유기 액체이며, 첨가제는 특정 목적을 위해 소량으로 첨가되는 물질이다.

(4) 분리막(Separator)

양극과 음극 사이의 전자적 물리적 접촉을 차단하면서 이온을 통과시키는 역할을 한다.

예 폴리에틸렌(PE), 폴리프로필렌(PP)

[리튬이온 배터리의 구성요소]

구 분	주요 구성요소
양 극 (Positive Electrode)	활물질, 도전제, 결합제, 알루미늄 기재
음 극 (Negative Electrode)	활물질, 결합제, 구리 기재
분리막 (Separator)	미세 다공성 폴리에틸렌 수지막
전해액 (Organic Electrolyte)	리튬염($LiPF_6$, $LiBF_4$, $LiClO_4$ 등) + 유기용매(EC, PC, DMC, DEC 등)
안전장치 (Safety Devices)	Safety Vent, PTC, CID, 보호회로

3. 덴드라이트(Dendrite) 현상

덴드라이트(Dendrite ; 수지상결정)는 리튬이온 배터리의 충전 과정에서 음극 표면에 쌓이는 나뭇가지 모양의 결정체를 말한다. 이는 리튬이온의 이동(음극↔양극)을 방해해 배터리 성능을 저하시키고, 분리막을 훼손시켜 배터리 수명과 안전성을 떨어트리는 문제를 일으킨다.

17 천연가스 자동차의 구조 및 종류를 서술하시오.

1. 천연가스 자동차의 구조

(1) 천연가스 엔진의 구조

① 일반적으로 가솔린 차량의 경우는 천연가스 차량과 비교해 보았을 때 구조와 연료장치를 제외하고는 거의 동일한 구조로 되어 있다.

② 디젤 엔진의 경우 압축착화기관에서 불꽃점화기관으로의 변경은 물론 연료계통, 연소계통 및 제어계통 등을 변경이 필수적이다. 연료계통으로는 기존 디젤 연료계통의 분사펌프, 분사노즐 등을 탈거하고, 가스레귤레이터, 믹서, 스로틀밸브, 연료제어밸브 등의 가스 연료계통을 추가하여 장착한다.

③ 압축천연가스를 적정압력으로 감압하여 연료 – 공기 혼합장치 및 스로틀밸브를 거쳐 엔진으로 공급되도록 한다.

④ 연소실로 공급된 혼합기는 점화를 위해 연료분사노즐 위치에 설치된 점화플러그에서 점화되어 연소 폭발한다.

⑤ 점화계통은 점화코일, 점화케이블 및 점화플러그로 구성되어 있다.

⑥ 엔진의 최적 운전제어를 위해 각종 센서를 통해 모니터링 한 가스온도/압력, 흡입공기 온도/압력, 냉각수온도, 혼합기 압력, 대기압, 배기가스 중의 산소농도 등의 신호를 받아 전자제어장치에서 연료량, 점화시기 등을 전자적으로 제어하도록 구성되어 있다.

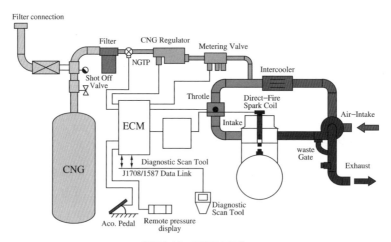

[천연가스 엔진의 구조]

(2) 천연가스 차량의 구조

① 천연가스 버스의 기본 구조는 종래의 디젤버스와 같고, 연료계통만이 개조되었다.

② 사용연료인 천연가스는 디스펜서를 통하여 고압($200kg/cm^2$)의 천연가스를 가스용기에 저장하며, 이때의 저장된 연료량은 운전석에서 압력계로 모니터링할 수 있도록 되어 있다.

③ 내부압력의 과다 상승시 안전밸브를 거쳐 외부로 벤팅하는 안전장치가 설치되어 있다.

④ 압축된 가스는 용기로부터 연료 배관을 거쳐 감압밸브에서 사용압력으로 일정한 압력으로 감압된 후, 공기와 혼합되어 엔진 내부로 공급된다.

⑤ 천연가스 자동차의 가스용기는 자동차부품 중에서 가장 튼튼하게 제작되어 있어 700℃의 불 속에서도 파열되지 않으며 30m 높이에서 낙하시켜도 파열되지 않는다.

2. 천연가스 자동차의 종류

(1) 압축천연가스(CNG ; Compressed Natural Gas) 자동차

천연가스를 고압으로 압축하여 연료용기에 저장하여 사용하며, 현재 대부분의 천연가스 자동차가 사용하는 방식이다.

① 겸용(Bi – Fuel)

㉠ 압축천연가스와 휘발유를 동시에 자동차에 저장하고 그 중 한가지를 선택하여 연료로 사용하는 방식이다.

㉡ 천연가스 보급 초기에 천연가스의 충전 환경이 좋지 않을 때 사용하기 적합한 장점이 있으나, 두 가지 연료를 동시에 사용하도록 되어 있으므로 차량성능이 다소 저하되는 단점이 있다.

② 혼소(Dual – Fuel)

㉠ 압축천연가스와 경유를 동시에 저장하여 두 가지 연료를 동시에 사용하는 방식이다.

㉡ 디젤은 엔진시동 및 운전 중에 파이롯 분사하여 점화원으로 활용하도록 구성되어 있다.

㉢ 현실적으로 천연가스의 가격이 디젤가격 대비 가격 경쟁력이 가솔린에 비해 높지 않으므로 많이 보급되지 않고 있는 실정이다.

③ 전소(Dedicated)

압축천연가스만을 저장하여 사용하는 방식으로, 천연가스 엔진으로 최적화 할 수 있으므로, 출력성능 및 배출가스저감 능력이 우수하여 전 세계적으로 가장 많이 보급되고 있는 방식이다.

(2) **액화천연가스(LNG ; Liquefied Natural Gas) 자동차**

액화천연가스 자동차는 −162℃로 냉각 액화한 천연가스(LNG)를 극저온 단열용기에 저장하여 연료로 사용하는 방식이다.

① **종 류**

    ㉠ LNG를 기화기(Vaporizer)에서 기화하여 혼합기(Mixer)나 흡기매니폴드에 분사하여 연료를 공급하는 방식

    ㉡ LNG를 액상 그대로 실린더 내로 직접 분사하여 실린더 내의 점화플러그에 의해 점화시키는 방식

② **특 징**

    ㉠ 액화천연가스 자동차는 연료저장 효율이 좋으므로 1회 충진당 주행거리를 3배 이상 늘일 수 있는 장점이 있으나, LNG 단열용기의 가격이 고가인 단점이 있다.

    ㉡ LNG 자동차는 연료를 액체 상태로 저장하기 때문에 CNG 자동차에 비해 주행거리가 길다.

    ㉢ 우리나라와 같이 LNG 상태로 수입하는 경우는 이를 직접 사용할 수 있어, LNG를 기화하여 배관을 통하여 공급한 후 다시 압축하여 사용하는 CNG에 비해 압축기를 구동하여야 하는 에너지가 절감되며 압축기 설치도 필요 없다.

    ㉣ LNG 단열용기에 전달되는 외부 열원에 의해 용기내의 LNG 성분 중 비점이 낮은 메탄성분이 먼저 증발하여 증발가스(BOG ; Boiled Off Gas)가 발생되며, 이 증발가스에 의한 용기 내 압력 상승을 방지하기 위하여 증발가스를 엔진에 우선적으로 공급하거나 대기 중으로 방출하여야 한다.

    ㉤ 시간이 경과할수록 용기 내에는 메탄성분이 감소하고 고비점의 연료성분이 농축되는 Weathering 현상이 발생한다.

(3) **흡착식 천연가스(ANG ; Adsorption Natural Gas) 자동차**

① 흡착식 천연가스(ANG) 자동차는 활성탄 등의 흡착제에 천연가스를 $30 \sim 60 kg/cm^2$ 가압하여 저장하는 방식이다.

② 충전 압축기 등 충전 시설비용 등의 절감이 가능하나 흡착제의 비용이 고가이고 저장효율이 낮아 현재의 기술 수준으로는 실용화에는 많은 문제점이 있다.

18

천연가스 연료의 특성을 설명하고, 천연가스와 유사한 LPG 연료의 특성을 약술하시오.

1. CNG(압축천연가스) 연료

(1) 기본특성

① 천연가스는 해저, 유전지대 등의 지하에서 채취하는 저급 탄화수소의 혼합물로, 메탄이 주성분인 가연성 가스를 총칭한다.

② 이를 수송 및 저장의 용이성을 위해 −162℃로 냉각하면 부피가 1/600로 축소되어 무색투명한 액화천연가스가 된다.

③ 액화천연가스는 다시 기화과정을 거쳐 압축천연가스(CNG) 형태로 배관망을 통해 공급되어 수송용, 발전용, 산업용, 그리고 가정용 등으로 사용된다.

④ 천연가스는 매장 지역이 석유계 연료처럼 중동지역에 편중되어 있지 않고 세계 각지에 분포되어 있으며 그 매장량도 풍부한 편이다.

⑤ 천연가스는 국제유가에 영향을 받지 않는 유일한 탄화수소계 연료로서 가솔린 디젤 엔진 차량 등의 내연기관 등을 대체할만한 경제적인 에너지이다.

(2) 연소특성

① 기화된 상태에서는 공기보다 가볍다.

② 옥탄가가 높아 노킹을 잘 일으키지 않는다.

③ 충진 효율이 낮아서 장거리 운전이 불가능하다.

④ 가솔린보다 내연기관 연소실에서 점화 후 화염전파속도가 늦다.

⑤ 황화합물과 같은 불순물이 거의 없고 연소시 황산화반응물 등의 이상물질의 배출이 적으며, 액화과정에서 먼지 및 불순물이 거의 발생되지 않는 저공해에너지이다.

(3) 압축천연가스의 단점

① 기존 탄화수소 연료에 비해 단위 무게당 발열량이 200기압으로 압축시 가솔린의 1/4 수준으로 작아 연료탱크 용량이 커야 한다.

② 압축착화기관에 사용할 때 CNG의 자발화 온도가 높기 때문에 착화를 도와주는 별도의 장치가 필요하다.

③ 주행거리가 석유 연료에 비해 짧다.

④ 고압용기를 탑재해야 하므로 차량 중량이 증가된다.

⑤ 에너지밀도가 낮아, 체적 효율이 감소된다.

2. LPG(Liquefied Petroleum Gas) 연료

(1) LPG 연료와 천연가스의 용도

① LPG는 원유를 정제하는 과정에 나오는 부산물의 하나로, 프로판(일반가정에서 사용)과 부탄(자동차용 연료로 사용)을 주성분으로 하며 프로필렌, 부틸렌 등을 포함하는 혼합물이다.

② 천연가스는 주로 버스와 같은 대형차에 쓰이고 있으며, LPG는 승용차에 현재 이용되고 있다.

(2) LPG 연료의 특성

① 액화, 기화가 용이하다. 프로판의 경우 영하 42.1℃ 이하로 냉각 혹은 상온에서 7기압 이상으로 가압시킨다.

② 수송과 저장에 용이하다. 상온하에서 프로판은 액화하면 1/260의 부피로 줄어든다.

③ LPG는 기화하면 공기보다 무겁고, 액화하면 물보다 가볍다.

④ 기화할 때 다량의 열을 필요로 한다. 즉, 주변의 열을 빼앗아 기화(증발잠열)하므로 겨울에 시동성이 불량하다.

⑤ 무색 무취의 기체로, 누설을 감지할 수 있도록 착취제를 섞어 출하한다.

⑥ 연소시 다량의 공기가 필요하다.

⑦ 발열량과 옥탄가가 높다.

⑧ 가스 상태로 연소되므로 착화성이 좋다.

⑨ 공기와 균일하게 혼합되므로 완전 연소가 가능하여 연소성이 좋다.

⑩ 연료자체에 유황 함유량이 적고 완전연소에 가까우므로 저공해 에너지원이다.

19

바이오디젤의 개념, 도입 필요성과 기대효과, 특성에 대해서 설명하시오.

1. 바이오디젤의 개념

(1) 바이오디젤(BD100)의 정의

동·식물성 유지(대두유, 유채유, 폐식용유, 우지 등)를 알코올 및 촉매와 반응시켜 만든 지방산메틸에스테르(FAME)로서 순도가 96.5% 이상인 것을 말한다.

(2) 바이오디젤(혼합) 연료유

동·식물성 유지를 이용하여 제조한 연료(바이오디젤) 및 이를 석유 제품과 혼합한 연료(BD20, BD5)를 한다.

① BD 20 : 경유 80% + BD 원액 20% 혼합

② BD 5 : 경유 95% + BD 원액 5% 혼합(품명은 '경유'이며, 현재 혼합비율은 2.0%임)

(3) 바이오디젤의 원료

① 식물성 유지(Vegetable Oils) : Rape/Canola Oil(RME), Soybean Oil(SME), Sunflower Oil, Rice Bran Oil, Coconut Oil, Palm Oil & Derivatives(PME), Mustard Seed Oil, Cotton Seed Oil, Corn Oil, Jatropha Curcas, Cornus Wilsoniana

② 동물성 기름(Animal Fats) : Beef/Sheep, Tallow, Poultry Oil, Deadstock Oil

③ 폐식용유(Used Cooking Oil)

2. 바이오디젤의 도입 필요성 및 기대효과, 특성

(1) 바이오디젤의 도입 필요성

① 지구온난화에 대비한 온실가스 감축과 기후변화협약 대응, 에너지원 다양화, 석유 위기(고갈 및 가격 급등) 대응 등 다양한 이점이 있다.

② 유럽, 미국 등 선진국은 대체에너지로 국제적 관심을 받고 있다.

③ 배출가스를 저감시켜 대기환경 개선에 기여한다.

　　예 일산화탄소, 황화합물, 미세먼지 등

(2) 기대효과

① **환경정책** : 온실가스 감축, 대기환경 개선, 환경규제 대응

② **에너지정책** : 에너지안보 확보, 에너지원 다양화, 석유위기 대응

③ **농업정책** : 농가소득 증대, 농촌경제 활성화, 도·농 균형발전

④ **산업정책** : 산업바이오 적용(Bioplastic 등), 신규고용 창출

⑤ **문제점** : 식용 원료 사용에 따른 기아문제, 곡물 등 가격상승, 열대우림 파괴 등 환경피해 유발 등의 우려가 제기됨

(3) 바이오디젤의 특성

① 대두유, 유채유, 폐식용유 등을 이용하여 제조한다.

② 경유와 매우 비슷한 연소 특성을 가지기 때문에 현재 사용되는 대부분의 경우에 경유를 대체할 수 있다.

③ 현재 바이오디젤은 순수 초저유황 연료의 낮은 윤활성을 향상시키기 위해 경유와 섞어 쓰는 경우가 많다.

④ 150℃의 인화점을 가진 바이오디젤은 경유(64℃)에 비해 불이 잘 붙지 않고, 더구나 폭발하기 쉬운 휘발유(-45℃)보다는 안정적이다.

⑤ 바이오디젤은 동결점이 경유보다 높아서 (약 -5℃) 추운 기후에서 순수한 형태로 사용하는데 제약이 있다. 또한 5℃ 이하에서는 유동성이 떨어져 연료 공급이 원활하지 못하다.

⑥ 경유와는 달리 바이오디젤은 미생물 분해되고 독성이 없으며, 연료로서 연소될 때 독성이나 기타 배출물이 현저하게 적다.

⑦ 연소시 기존의 디젤연료에 비해 미립자 생성은 적으나, 질소산화물은 약간 더 많이 발생한다.

⑧ 바이오디젤은 보통 경유보다 생산단가가 높다.

20

자율주행 자동차는 인간의 개입 정도에 따라 자동화 단계를 5단계로 구분하고 있다. 각 단계별 특징 및 내용에 대하여 약술하시오.

자율주행 자동차의 자동화 단계(5단계)

(1) 0단계(비자동화 단계)
자율주행 시스템이 없는 비자동화 단계로서 운전자가 모든 면에서 차량을 완전히 제어하는 단계이다.

(2) 1단계(운전자 보조 단계)
가장 낮은 수준의 자율주행 단계로서 차량의 방향, 속도 제어 등 특정 기능은 자동화 되어 있지만 운전자가 차량의 속도 및 방향을 항상 통제할 필요가 있는 단계이다.
예 크루즈 컨트롤, 차선이탈 경보장치, 긴급 제동장치 등

(3) 2단계(부분 자동화 단계)
고속도로와 같은 정해진 조건에서 차선과 간격 유지가 가능한 단계이다. 1단계와 다른 점은 자율주행 시스템이 방향 제어와 함께 가속과 감속을 함께 제어할 수 있다는 점이다. 운전자는 항상 주변 상황을 주시하고, 적극적으로 주행에 개입해야 한다.

(4) 3단계(조건부 자동화 단계)
일정한 조건 안에서 자율주행이 가능한 단계이다. 이 단계에서는 차량이 스스로 장애물을 감지해 회피하기도 하고 교통 정체시 경로를 돌아가기도 한다. 운전자가 적극적으로 주행에 개입할 필요는 없지만, 자율주행 한계조건에 이르면 일정 시간 내에 대응해야 한다.

(5) 4단계(고도 자동화 단계)
대부분의 도로 조건하에서 자율주행이 가능한 단계이다. 즉 운전자의 개입 없이 자율주행 시스템이 주행의 제어와 책임을 부담하며, 복잡한 도심, 골목, 커브 등 돌발 상황이 예상되는 도로에서도 자율주행이 가능하다. 다만, 악천후와 같은 일부 조건에서는 운전자의 개입이 필요할 수 있어서 주행제어장치는 필요하다.

(6) 5단계(완전 자동화 단계)
운전자의 개입 없이 완전히 자율주행 하는 단계로서, 목적지를 입력하면 모든 도로 및 조건하에서 자율주행 시스템이 주행을 담당하게 된다.

비관론자는 모든 기회 속에서 어려움을 찾아내고,

낙관론자는 모든 어려움 속에서 기회를 찾아낸다.

- 윈스턴 처칠 -

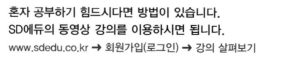

부록

관계법령

01 자동차보험 표준약관

02 자동차관리법 시행규칙 [별표 1]

03 건설기계관리법 시행령 [별표 1]

04 농업기계화 촉진법 시행규칙 [별표 1]

05 도로교통법 시행규칙 [별표 2]

06 도로교통법 시행규칙 [별표 18]

07 도로교통법 시행규칙 [별표 28]

08 구난형 특수자동차 운임·요금표

09 도로안전시설 설치 및 관리지침(과속방지턱)

자동차보험 종목 및 가입대상

보 험 종 목	가 입 대 상
개인용 자동차보험	법정 정원 10인승 이하의 개인 소유 자가용 승용차. 다만, 인가된 자동차학원 또는 자동차학원 대표자가 소유하는 자동차로서 운전교습, 도로주행교육 및 시험에 사용되는 승용자동차는 제외
업무용 자동차보험	개인용 자동차를 제외한 모든 비사업용 자동차
영업용 자동차보험	사업용 자동차
이륜자동차보험	이륜자동차 및 원동기장치자전거
농기계보험	동력경운기, 농용트랙터 및 콤바인 등 농기계

※ 이하의 표준약관은 개인용 자동차보험을 기준으로 작성한 것임.

제1편 용어의 정의 및 자동차보험의 구성

제1조(용어의 정의) 이 약관에서 사용하는 용어의 뜻은 다음과 같습니다.

1. 가지급금 : 자동차사고로 인하여 소요되는 비용을 충당하기 위하여, 보험회사가 피보험자에 대한 보상 책임이나 피해자에 대한 손해배상책임을 확정하기 전에 그 비용의 일부를 피보험자 또는 피해자에게 미리 지급하는 것을 말합니다.

2. 단기요율 : 보험기간이 1년 미만인 보험계약에 적용되는 보험요율을 말합니다.

3. 마약 또는 약물 등 : 「도로교통법」 제45조에서 정한 '마약, 대마, 향정신성의약품 그 밖의 행정자치부령 이 정하는 것'을 말합니다.

4. 무면허운전(조종) : 「도로교통법」 또는 「건설기계관리법」의 운전(조종)면허에 관한 규정에 위반되는 무면허 또는 무자격운전(조종)을 말하며, 운전(조종)면허의 효력이 정지된 상황이거나 운전(조종)이 금지된 상황에서 운전(조종)하는 것을 포함합니다.

5. 무보험자동차 : 피보험자동차가 아니면서 피보험자를 죽게 하거나 다치게 한 자동차로서 다음 중 어느 하나에 해당하는 것을 말합니다. 이 경우 자동차라 함은 「자동차관리법」에 의한 자동차, 「건설기계관리 법」에 의한 건설기계, 「군수품관리법」에 의한 차량, 「도로교통법」에 의한 원동기장치자전거 및 개인형 이동장치, 「농업기계화촉진법」에 의한 농업기계를 말하며, 피보험자가 소유한 자동차를 제외합니다.

   가. 자동차보험 「대인배상Ⅱ」나 공제계약이 없는 자동차

   나. 자동차보험 「대인배상Ⅱ」나 공제계약에서 보상하지 않는 경우에 해당하는 자동차

   다. 이 약관에서 보상될 수 있는 금액보다 보상한도가 낮은 자동차보험의 「대인배상Ⅱ」나 공제계약이 적용되는 자동차. 다만, 피보험자를 죽게 하거나 다치게 한 자동차가 2대 이상이고 각각의 자동차 에 적용되는 자동차보험의 「대인배상Ⅱ」 또는 공제계약에서 보상되는 금액의 합계액이 이 약관에 서 보상될 수 있는 금액보다 낮은 경우에 한하는 그 각각의 자동차

   라. 피보험자를 죽게 하거나 다치게 한 자동차가 명확히 밝혀지지 않은 경우 그 자동차(「도로교통법」에 의한 개인형 이동장치는 제외)

6. 부분품, 부속품, 부속기계장치

   가. 부분품 : 엔진, 변속기(트랜스미션) 등 자동차가 공장에서 출고될 때 원형 그대로 부착되어 자동차 의 조성부분이 되는 재료를 말합니다.

   나. 부속품 : 자동차에 정착[1] 또는 장비[2]되어 있는 물품을 말하며, 자동차 실내에서만 사용하는 것을 목적으로 해서 자동차에 고정되어 있는 내비게이션이나 고속도로통행료단말기[3]를 포함합니다. 다 만 다음의 물품을 제외합니다.

      (1) 연료, 보디커버, 세차용품

      (2) 법령에 의해 자동차에 정착하거나 장비하는 것이 금지되어 있는 물건

      (3) 통상 장식품으로 보는 물건

      (4) 부속기계장치

   다. 부속기계장치 : 의료방역차, 검사측정차, 전원차, 방송중계차 등 자동차등록증상 그 용도가 특정한 자동차에 정착되거나 장비되어 있는 정밀기계장치를 말합니다.

---

1) 정착 : 볼트, 너트 등으로 고정되어 있어서 공구 등을 사용하지 않으면 쉽게 분리할 수 없는 상태
2) 장비 : 자동차의 기능을 충분히 발휘하기 위해 갖추어 두고 있는 상태 또는 법령에 따라 자동차에 갖추어 두고 있는 상태
3) 고속도로통행료단말기 : 고속도로 통행료 등의 지급을 위해 고속도로 요금소와 통행료 등에 관한 정보를 주고받는 송수신 장치(예 : 하이패스 단말기)

7. 운전(조종) : 「도로교통법」상 도로(도로교통법 제44조(술에 취한 상태에서의 운전금지)·제45조(과로한 때의 운전 금지)·제54조(사고발생시 조치) 제1항·제148조(벌칙) 및 제148조의2(벌칙)의 경우에는 도로 외의 곳을 포함)에서 자동차 또는 건설기계를 그 본래의 사용방법에 따라 사용하는 것을 말합니다.

8. 운행 : 사람 또는 물건의 운송 여부와 관계없이 자동차를 그 용법에 따라 사용하거나 관리하는 것을 말합니다(「자동차손해배상보장법」 제2조 제2호).

9. 음주운전(조종) : 「도로교통법」에 정한 술에 취한 상태에서 운전(조종)하거나 음주측정에 불응하는 행위를 말합니다.

10. 의무보험 : 「자동차손해배상보장법」 제5조에 따라 자동차보유자가 의무적으로 가입하는 보험을 말합니다.

11. 자동차보유자 : 자동차의 소유자나 자동차를 사용할 권리가 있는 자로서 자기를 위하여 자동차를 운행하는 자를 말합니다(「자동차손해배상보장법」 제2조 제3호).

12. 자동차 취급업자 : 자동차정비업, 대리운전업, 주차장업, 급유업, 세차업, 자동차판매업, 자동차탁송업 등 자동차를 취급하는 것을 업으로 하는 자(이들의 피용자 및 이들이 법인인 경우에는 그 이사와 감사를 포함)를 말합니다.

13. 피보험자 : 보험회사에 보상을 청구할 수 있는 자로서 다음 중 어느 하나에 해당하는 자를 말하며, 구체적인 피보험자의 범위는 각각의 보장종목에서 정하는 바에 따릅니다.

    가. 기명피보험자 : 피보험자동차를 소유·사용·관리하는 자 중에서 보험계약자가 지정하여 보험증권의 기명피보험자란에 기재되어 있는 피보험자를 말합니다.

    나. 친족피보험자 : 기명피보험자와 같이 살거나 살림을 같이 하는 친족으로서 피보험자동차를 사용하거나 관리하고 있는 자를 말합니다.

    다. 승낙피보험자 : 기명피보험자의 승낙을 얻어 피보험자동차를 사용하거나 관리하고 있는 자를 말합니다.

    라. 사용피보험자 : 기명피보험자의 사용자 또는 계약에 따라 기명피보험자의 사용자에 준하는 지위를 얻은 자. 다만, 기명피보험자가 피보험자동차를 사용자의 업무에 사용하고 있는 때에 한합니다.

    마. 운전피보험자 : 다른 피보험자(기명피보험자, 친족피보험자, 승낙피보험자, 사용피보험자를 말함)를 위하여 피보험자동차를 운전 중인 자(운전보조자를 포함)를 말합니다.

14. 피보험자동차 : 보험증권에 기재된 자동차를 말합니다.

15. 피보험자의 부모, 배우자, 자녀

    가. 피보험자의 부모 : 피보험자의 부모, 양부모를 말합니다.

    나. 피보험자의 배우자 : 법률상의 배우자 또는 사실혼 관계에 있는 배우자를 말합니다.

    다. 피보험자의 자녀 : 법률상의 혼인관계에서 출생한 자녀, 사실혼 관계에서 출생한 자녀, 양자 또는 양녀를 말합니다.

16. 휴대품, 인명보호장구 및 소지품

    가. 휴대품 : 통상적으로 몸에 지니고 있는 물품으로 현금, 유가증권, 만년필, 소모품, 손목시계, 귀금속, 장신구, 그 밖에 이와 유사한 물품을 말합니다.

    나. 인명보호장구 : 외부충격으로부터 탑승자의 신체를 보호하는 특수기능이 포함된 것으로 「도로교통법 시행규칙」 제32조에서 정하는 승차용 안전모 또는 전용의류[4]를 말합니다.

    다. 소지품 : 휴대품을 제외한 물품으로 정착되어 있지 않고 휴대할 수 있는 물품을 말합니다.[5]

---

[4] 예 : 바이크 전용 슈트, 에어백 등 (라이더자켓·팬츠·부츠 등 이와 유사한 일반의류는 제외)

[5] 예 : 휴대전화기, 노트북, 캠코더, 카메라, 음성재생기(CD 플레이어, MP3 플레이어, 카세트테이프 플레이어 등), 녹음기, 전자수첩, 전자사전, 휴대용라디오, 핸드백, 서류가방, 골프채 등

17. 사고발생시의 조치의무위반 : 「도로교통법」에서 정한 사고발생시의 조치를 하지 않은 경우를 말합니다. 다만, 주·정차된 차만 손괴한 것이 분명한 경우에 피해자에게 인적사항을 제공하지 아니한 경우는 제외합니다.

18. 보험가액

    가. 보험계약을 체결하는 경우 보험계약 체결 당시 보험개발원이 정한 최근의 자동차보험 차량기준가액표(적용요령 포함)에 정한 가액을 말합니다.

    나. 보험계약 체결 후 사고가 발생한 경우 보험사고발생 당시 보험개발원이 정한 최근의 자동차보험 차량기준가액표(적용요령 포함)에 정한 가액을 말합니다.

19. 마약·약물운전 : 마약 또는 약물 등의 영향으로 인하여 정상적인 운전을 하지 못할 우려가 있는 상태에서 운전하는 행위를 말합니다.

제2조(자동차보험의 구성) ① 보험회사가 판매하는 자동차보험은 「대인배상Ⅰ」, 「대인배상Ⅱ」, 「대물배상」, 「자기신체사고」, 「무보험자동차에 의한 상해」, 「자기차량손해」의 6가지 보장종목과 특별약관으로 구성되어 있습니다.

② 보험계약자는 다음과 같은 방법에 의해 자동차보험에 가입합니다.

1. 의무보험 : 「자동차손해배상보장법」 제5조에 의해 보험에 가입할 의무가 있는 자동차보유자는 「대인배상Ⅰ」과 「대물배상」(「자동차손해배상보장법」에서 정한 보상한도에 한함)을 반드시 가입하여야 합니다.

2. 임의보험 : 의무보험에 가입하는 보험계약자는 의무보험에 해당하지 않는 보장종목을 선택하여 가입할 수 있습니다.

③ 각 보장종목별 보상 내용은 다음과 같으며 상세한 내용은 제2편 자동차보험에서 보상하는 내용에 규정되어 있습니다.

1. 배상책임 : 자동차사고로 인하여 피보험자가 손해배상책임을 짐으로써 입은 손해를 보상

보장종목	보상하는 내용
가. 「대인배상Ⅰ」	자동차사고로 다른 사람을 죽게 하거나 다치게 한 경우에 「자동차손해배상보장법」에서 정한 한도에서 보상
나. 「대인배상Ⅱ」	자동차사고로 다른 사람을 죽게 하거나 다치게 한 경우, 그 손해가 「대인배상Ⅰ」에서 지급하는 금액을 초과하는 경우에 그 초과손해를 보상
다. 「대물배상」	자동차사고로 다른 사람의 재물을 없애거나 훼손한 경우에 보상

2. 배상책임 이외의 보장종목 : 자동차사고로 인하여 피보험자가 입은 손해를 보상

보장종목	보상하는 내용
가. 「자기신체사고」	피보험자가 죽거나 다친 경우에 보상
나. 「무보험자동차에 의한 상해」	무보험자동차에 의해 피보험자가 죽거나 다친 경우에 보상
다. 「자기차량손해」	피보험자동차에 생긴 손해를 보상

④ 자동차보험료는 보험회사가 금융감독원에 신고한 후 사용하는 '자동차보험요율서'에서 정한 방법에 의하여 계산합니다.

〈예 시〉

납입할 보험료 = 기본보험료 × 특약요율 × 가입자특성요율(보험가입경력요율 ± 교통법규위반경력요율) × 특별요율
　　　　　　 × 우량할인 · 불량할증요율 × 사고건수별 특성요율

구 분	내 용
기본보험료	차량의 종류, 배기량, 용도, 보험가입금액, 성별, 연령 등에 따라 미리 정해놓은 기본적인 보험료
특약요율	운전자의 연령범위를 제한하는 특약, 가족으로 운전자를 한정하는 특약 등 가입시에 적용하는 요율
가입자특성요율	보험가입기간이나 법규위반경력에 따라 적용하는 요율
특별요율	자동차의 구조나 운행실태가 같은 종류의 차량과 다른 경우 적용하는 요율
우량할인 · 불량할증요율	사고발생 실적에 따라 적용하는 요율
사고건수별 특성요율	직전 3년간 사고유무 및 사고건수에 따라 적용하는 요율

※ 자동차보험료 계산에 관한 세부적인 사항은 각 보험회사별로 일부 상이

제2편 자동차보험에서 보상하는 내용

제1장 배상책임

제1절 대인배상Ⅰ

제3조(보상하는 손해) 「대인배상Ⅰ」에서 보험회사는 피보험자가 피보험자동차의 운행으로 인하여 다른 사람을 죽거나 다치게 하여 「자동차손해배상보장법」 제3조에 의한 손해배상책임을 짐으로써 입은 손해를 보상합니다.

제4조(피보험자) 「대인배상Ⅰ」에서 피보험자라 함은 다음 중 어느 하나에 해당하는 자를 말하며, 다음에서 정하는 자 외에도 「자동차손해배상보장법」상 자동차보유자에 해당하는 자가 있는 경우에는 그 자를 「대인배상Ⅰ」의 피보험자로 봅니다.
1. 기명피보험자
2. 친족피보험자
3. 승낙피보험자
4. 사용피보험자
5. 운전피보험자

제5조(보상하지 않는 손해) 보험계약자 또는 피보험자의 고의로 인한 손해는 「대인배상Ⅰ」에서 보상하지 않습니다. 다만, 「자동차손해배상보장법」 제10조의 규정에 따라 피해자가 보험회사에 직접청구를 한 경우, 보험회사는 자동차손해배상보장법령에서 정한 금액을 한도로 피해자에게 손해배상금을 지급한 다음 지급한 날부터 3년 이내에 고의로 사고를 일으킨 보험계약자나 피보험자에게 그 금액의 지급을 청구합니다.

제2절 대인배상Ⅱ와 대물배상

제6조(보상하는 손해) ① 「대인배상Ⅱ」에서 보험회사는 피보험자가 피보험자동차를 소유·사용·관리하는 동안에 생긴 피보험자동차의 사고로 인하여 다른 사람을 죽게 하거나 다치게 하여 법률상 손해배상책임을 짐으로써 입은 손해(「대인배상Ⅰ」에서 보상하는 손해를 초과하는 손해에 한함)를 보상합니다.
② 「대물배상」에서 보험회사는 피보험자가 피보험자동차를 소유·사용·관리하는 동안에 생긴 피보험자동차의 사고로 인하여 다른 사람의 재물을 없애거나 훼손하여 법률상 손해배상책임을 짐으로써 입은 손해를 보상합니다.

제7조(피보험자) 「대인배상Ⅱ」와 「대물배상」에서 피보험자라 함은 다음 중 어느 하나에 해당하는 자를 말합니다.
1. 기명피보험자
2. 친족피보험자
3. 승낙피보험자. 다만, 자동차 취급업자가 업무상 위탁받은 피보험자동차를 사용하거나 관리하는 경우에는 피보험자로 보지 않습니다.
4. 사용피보험자
5. 운전피보험자. 다만, 자동차 취급업자가 업무상 위탁받은 피보험자동차를 사용하거나 관리하는 경우에는 피보험자로 보지 않습니다.

제8조(보상하지 않는 손해) ① 다음 중 어느 하나에 해당하는 손해는「대인배상Ⅱ」와「대물배상」에서 보상하지 않습니다.

1. 보험계약자 또는 기명피보험자의 고의로 인한 손해

2. 기명피보험자 이외의 피보험자의 고의로 인한 손해

3. 전쟁, 혁명, 내란, 사변, 폭동, 소요 또는 이와 유사한 사태로 인한 손해

4. 지진, 분화, 태풍, 홍수, 해일 등 천재지변으로 인한 손해

5. 핵연료물질의 직접 또는 간접적인 영향으로 인한 손해

6. 영리를 목적으로 요금이나 대가를 받고 피보험자동차를 반복적으로 사용하거나 빌려 준 때에 생긴 손해. 다만, 다음 각목의 어느 하나에 해당하는 경우에는 보상합니다.

   가. 임대차계약(계약기간이 30일을 초과하는 경우에 한함)에 따라 임차인이 피보험자동차를 전속적으로 사용하는 경우(다만, 임차인이 피보험자동차를 영리를 목적으로 요금이나 대가를 받고 반복적으로 사용하는 경우에는 보상하지 않습니다)

   나. 피보험자와 동승자가「여객자동차운수사업법」에 따른 토요일, 일요일 및 공휴일을 제외한 날의 출·퇴근 시간대(오전 7시부터 오전 9시까지 및 오후 6시부터 오후 8시까지를 말한다)에 실제의 출·퇴근 용도로 자택과 직장 사이를 이동하면서 승용차 함께타기를 실시한 경우

7. 피보험자가 제3자와 손해배상에 관한 계약을 맺고 있을 때 그 계약으로 인하여 늘어난 손해

8. 피보험자동차를 시험용, 경기용 또는 경기를 위해 연습용으로 사용하던 중 생긴 손해. 다만, 운전면허 시험을 위한 도로주행시험용으로 사용하던 중 생긴 손해는 보상합니다.

② 다음 중 어느 하나에 해당하는 사람이 죽거나 다친 경우에는「대인배상Ⅱ」에서 보상하지 않습니다.

1. 피보험자 또는 그 부모, 배우자 및 자녀

2. 배상책임이 있는 피보험자의 피용자로서「산업재해보상보험법」에 의한 재해보상을 받을 수 있는 사람. 다만, 그 사람이 입은 손해가 같은 법에 의한 보상범위를 넘어서는 경우 그 초과손해를 보상합니다.

3. 피보험자동차가 피보험자의 사용자의 업무에 사용되는 경우 그 사용자의 업무에 종사 중인 다른 피용자로서,「산업재해보상보험법」에 의한 재해보상을 받을 수 있는 사람. 다만, 그 사람이 입은 손해가 같은 법에 의한 보상범위를 넘는 경우 그 초과손해를 보상합니다.

③ 다음 중 어느 하나에 해당하는 손해는「대물배상」에서 보상하지 않습니다.

1. 피보험자 또는 그 부모, 배우자나 자녀가 소유·사용·관리하는 재물에 생긴 손해

2. 피보험자가 사용자의 업무에 종사하고 있을 때 피보험자의 사용자가 소유·사용·관리하는 재물에 생긴 손해

3. 피보험자동차에 싣고 있거나 운송중인 물품에 생긴 손해

4. 다른 사람의 서화, 골동품, 조각물, 그 밖에 미술품과 탑승자와 통행인의 의류나 휴대품에 생긴 손해. 그러나 탑승자의 신체를 보호할 인명보호장구에 한하여 피해자 1인당 200만원의 한도에서 실제 손해를 보상합니다.

5. 탑승자와 통행인의 분실 또는 도난으로 인한 소지품에 생긴 손해. 그러나 훼손된 소지품에 한하여 피해자 1인당 200만원의 한도에서 실제 손해를 보상합니다.

④ 제1항 제2호와 관련해서 보험회사가 제9조(피보험자 개별적용) 제1항에 따라 피해자에게 손해배상을 하는 경우, 보험회사는 손해배상액을 지급한 날부터 3년 이내에 고의로 사고를 일으킨 피보험자에게 그 금액의 지급을 청구합니다.

제3절 배상책임에서 공통으로 적용할 사항

제9조(피보험자 개별적용) ① 이 장의 규정은 각각의 피보험자마다 개별적으로 적용합니다. 다만 제8조(보상하지 않는 손해) 제1항 제1호, 제6호, 제9호를 제외합니다.

② 제1항에 따라 제10조(지급보험금의 계산)에 정하는 보험금의 한도가 증액되지는 않습니다.

제10조(지급보험금의 계산) ①「대인배상Ⅰ」,「대인배상Ⅱ」,「대물배상」에서 보험회사는 이 약관의 '보험금 지급기준에 의해 산출한 금액'과 '비용'을 합한 금액에서 '공제액'을 공제한 후 보험금으로 지급하되 다음의 금액을 한도로 합니다.

1. 「대인배상Ⅰ」: 자동차손해배상보장법령에서 정한 기준에 따라 산출한 금액
2. 「대인배상Ⅱ」,「대물배상」: 보험증권에 기재된 보험가입금액

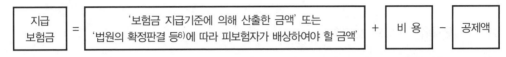

② 소송(민사조정, 중재를 포함)이 제기되었을 경우에는 대한민국 법원의 확정판결 등[6]에 따라 피보험자가 손해배상청구권자에게 배상하여야 할 금액(지연배상금을 포함)을 제1항의 '보험금 지급기준에 의해 산출한 금액'으로 봅니다.

③ 제1항의 '비용'은 다음 중 어느 하나에 해당하는 금액을 말합니다. 이 비용은 보험가입금액과 관계없이 보상하여 드립니다.

1. 손해의 방지와 경감을 위하여 지출한 비용(긴급조치비용을 포함)
2. 다른 사람으로부터 손해배상을 받을 수 있는 권리의 보전과 행사를 위하여 지출한 필요 비용 또는 유익한 비용
3. 그 밖에 보험회사의 동의를 얻어 지출한 비용

④ 제1항의 '공제액'은 다음의 금액을 말합니다.

1. 「대인배상Ⅱ」:「대인배상Ⅰ」에서 지급되는 금액 또는 피보험자동차가「대인배상Ⅰ」에 가입되지 않은 경우에는「대인배상Ⅰ」에서 지급될 수 있는 금액
2. 「대물배상」: 사고차량을 고칠 때에 엔진, 변속기(트랜스미션) 등 부분품을 교체한 경우 교체된 기존 부분품의 감가상각에 해당하는 금액

제11조(음주운전, 무면허운전, 마약·약물운전 또는 사고발생시의 조치의무위반 관련 사고부담금) ① 피보험자 본인이 음주운전이나 무면허운전 또는 마약·약물운전을 하는 동안에 생긴 사고 또는 사고발생시의 조치의무를 위반한 경우 또는 기명피보험자의 명시적·묵시적 승인하에서 피보험자동차의 운전자가 음주운전이나 무면허운전 또는 마약·약물운전을 하는 동안에 생긴 사고 또는 사고발생시의 조치의무를 위반한 경우로 인하여 보험회사가「대인배상Ⅰ」,「대인배상Ⅱ」또는「대물배상」에서 보험금을 지급하는 경우, 피보험자는 다음에서 정하는 사고부담금을 보험회사에 납입하여야 합니다(다만, 마약·약물운전은「대인배상Ⅱ」및「자동차손해배상보장법」제5조 제2항의 규정에 따라 자동차보유자가 의무적으로 가입하여야 하는「대물배상」보험가입금액 초과 손해에 대해서만 적용합니다).

1. 「대인배상Ⅰ」:「대인배상Ⅰ」한도 내 지급보험금
2. 「대인배상Ⅱ」: 1사고당 1억원

---

6) '법원의 확정판결 등'이라 함은 법원의 확정판결 또는 법원의 확정판결과 동일한 효력을 갖는 조정결정, 중재판정 등을 말합니다.

3. 「대물배상」

　가. 「자동차손해배상보장법」 제5조 제2항의 규정에 따라 자동차보유자가 의무적으로 가입하여야 하는
　　　「대물배상」 보험가입금액 이하 손해 : 지급보험금

　나. 「자동차손해배상보장법」 제5조 제2항의 규정에 따라 자동차보유자가 의무적으로 가입하여야 하는
　　　「대물배상」 보험가입금액 초과 손해 : 1사고당 5,000만원

② 피보험자는 지체 없이 음주운전, 무면허운전, 마약·약물운전 또는 사고발생시의 조치의무위반 사고부
담금을 보험회사에 납입하여야 합니다. 다만, 피보험자가 경제적인 사유 등으로 이 사고부담금을 미납하였
을 때 보험회사는 피해자에게 이 사고부담금을 포함하여 손해배상금을 우선 지급하고 피보험자에게 이
사고부담금의 지급을 청구할 수 있습니다.

제2장 배상책임 이외의 보장종목

제1절 자기신체사고

제12조(보상하는 손해) 「자기신체사고」에서 보험회사는 피보험자가 피보험자동차를 소유·사용·관리하는
동안에 생긴 자동차의 사고로 인하여 죽거나 다친 때 그로 인한 손해를 보상하여 드립니다.

> ※ 「자기신체사고」에서 보장하는 '자동차의 사고'에 관한 구체적인 사항은 개별 보험회사의 약관에서 규정

제13조(피보험자) 「자기신체사고」에서 피보험자는 보험회사에 보상을 청구할 수 있는 사람으로 그 범위는
다음과 같습니다.

> ※ '피보험자'에 관한 구체적인 사항은 개별 보험회사의 약관에서 규정

제14조(보상하지 않는 손해) 다음 중 어느 하나에 해당하는 손해는 「자기신체사고」에서 보상하지 않습니다.
1. 피보험자의 고의로 그 본인이 상해를 입은 때. 이 경우 그 피보험자에 대한 보험금만 지급하지 않습니다.
2. 상해가 보험금을 받을 자의 고의로 생긴 때에는 그 사람이 받을 수 있는 금액
3. 피보험자동차 또는 피보험자동차 이외의 자동차를 시험용, 경기용 또는 경기를 위해 연습용으로 사용하
　던 중 생긴 손해. 다만, 운전면허시험을 위한 도로주행시험용으로 사용하던 중 생긴 손해는 보상합니다.
4. 전쟁, 혁명, 내란, 사변, 폭동, 소요 및 이와 유사한 사태로 인한 손해
5. 지진, 분화 등 천재지변으로 인한 손해
6. 핵연료물질의 직접 또는 간접적인 영향으로 인한 손해
7. 영리를 목적으로 요금이나 대가를 받고 피보험자동차를 반복적으로 사용하거나 빌려 준 때에 생긴 손
　해. 다만, 다음 각목의 어느 하나에 해당하는 경우에는 보상합니다.
　가. 임대차계약(계약기간이 30일을 초과하는 경우에 한함)에 따라 임차인이 피보험자동차를 전속적으
　　　로 사용하는 경우(다만, 임차인이 피보험자동차를 영리를 목적으로 요금이나 대가를 받고 반복적으
　　　로 사용하는 경우에는 보상하지 않습니다)
　나. 피보험자와 동승자가 「여객자동차운수사업법」에 따른 토요일, 일요일 및 공휴일을 제외한 날의
　　　출·퇴근 시간대(오전 7시부터 오전 9시까지 및 오후 6시부터 오후 8시까지를 말한다)에 실제의
　　　출·퇴근 용도로 자택과 직장 사이를 이동하면서 승용차 함께타기를 실시한 경우

제15조(보험금의 종류와 한도) 보험회사가 「자기신체사고」에서 지급하는 보험금의 종류와 한도는 다음과 같습니다.

> ※ '보험금의 종류와 한도'에 관한 구체적인 사항은 개별 보험회사의 약관에서 규정

제16조(지급보험금의 계산) 「자기신체사고」의 지급보험금은 다음과 같이 계산합니다.

> ※ '지급보험금의 계산'에 관한 구체적인 사항은 개별 보험회사의 약관에서 규정

제2절 무보험자동차에 의한 상해

제17조(보상하는 손해) 「무보험자동차에 의한 상해」에서 보험회사는 피보험자가 무보험자동차로 인하여 생긴 사고로 죽거나 다친 때에 그로 인한 손해에 대하여 배상의무자[7]가 있는 경우에 이 약관에서 정하는 바에 따라 보상하여 드립니다.

제18조(피보험자) 「무보험자동차에 의한 상해」에서 피보험자는 보험회사에 보상을 청구할 수 있는 사람으로 그 범위는 다음과 같습니다.

> ※ '피보험자'에 관한 구체적인 사항은 개별 보험회사의 약관에서 규정

제19조(보상하지 않는 손해) 다음 중 어느 하나에 해당하는 손해는 「무보험자동차에 의한 상해」에서 보상하지 않습니다.
1. 보험계약자의 고의로 인한 손해
2. 피보험자의 고의로 그 본인이 상해를 입은 때. 이 경우 당해 피보험자에 대한 보험금만 지급하지 않습니다.
3. 상해가 보험금을 받을 자의 고의로 생긴 때는 그 사람이 받을 수 있는 금액
4. 전쟁, 혁명, 내란, 사변, 폭동, 소요 및 이와 유사한 사태로 인한 손해
5. 지진, 분화, 태풍, 홍수, 해일 등 천재지변으로 인한 손해
6. 핵연료물질의 직접 또는 간접적인 영향으로 인한 손해
7. 영리를 목적으로 요금이나 대가를 받고 피보험자동차를 반복적으로 사용하거나 빌려 준 때에 생긴 손해. 다만, 다음 각목의 어느 하나에 해당하는 경우에는 보상합니다.
   가. 임대차계약(계약기간이 30일을 초과하는 경우에 한함)에 따라 임차인이 피보험자동차를 전속적으로 사용하는 경우(다만, 임차인이 피보험자동차를 영리를 목적으로 요금이나 대가를 받고 반복적으로 사용하는 경우에는 보상하지 않습니다)
   나. 피보험자와 동승자가 「여객자동차운수사업법」에 따른 토요일, 일요일 및 공휴일을 제외한 날의 출·퇴근 시간대(오전 7시부터 오전 9시까지 및 오후 6시부터 오후 8시까지를 말한다)에 실제의 출·퇴근 용도로 자택과 직장 사이를 이동하면서 승용차 함께타기를 실시한 경우
8. 피보험자동차 또는 피보험자동차 이외의 자동차를 시험용, 경기용 또는 경기를 위해 연습용으로 사용하던 중 생긴 손해. 다만, 운전면허시험을 위한 도로주행시험용으로 사용하던 중 생긴 손해는 보상합니다.

---

[7] '배상의무자'라 함은 무보험자동차로 인하여 생긴 사고로 피보험자를 죽게 하거나 다치게 함으로써 피보험자에게 입힌 손해에 대하여 법률상 손해배상책임을 지는 사람을 말합니다.

9. 피보험자가 피보험자동차가 아닌 자동차를 영리를 목적으로 요금이나 대가를 받고 운전하던 중 생긴 사고로 인한 손해

10. 다음 중 어느 하나에 해당하는 사람이 배상의무자일 경우에는 보상하지 않습니다. 다만, 이들이 무보험자동차를 운전하지 않은 경우로, 이들 이외에 다른 배상의무자가 있는 경우에는 보상합니다.

    가. 상해를 입은 피보험자의 부모, 배우자, 자녀

    나. 피보험자가 사용자의 업무에 종사하고 있을 때 피보험자의 사용자 또는 피보험자의 사용자의 업무에 종사 중인 다른 피용자

제20조(지급보험금의 계산) 「무보험자동차에 의한 상해」의 지급보험금은 다음과 같이 계산합니다. 다만, 「도로교통법」에 의한 개인형 이동장치로 인한 손해는 「자동차손해배상보장법 시행령」 제3조에서 정하는 금액을 한도로 합니다.

> ※ '지급보험금의 계산'에 관한 구체적인 사항은 개별 보험회사의 약관에서 규정

제3절 자기차량손해

제21조(보상하는 손해) 「자기차량손해」에서 보험회사는 피보험자가 피보험자동차를 소유·사용·관리하는 동안에 발생한 사고로 인하여 피보험자동차에 직접적으로 생긴 손해를 보험증권에 기재된 보험가입금액을 한도로 보상하되 다음 각 호의 기준에 따릅니다.

1. 보험가입금액이 보험가액보다 많은 경우에는 보험가액을 한도로 보상합니다.

2. 피보험자동차에 통상 붙어있거나 장치되어 있는 부속품과 부속기계장치는 피보험자동차의 일부로 봅니다. 그러나 통상 붙어 있거나 장치되어 있는 것이 아닌 것은 보험증권에 기재한 것에 한합니다.

3. 피보험자동차의 단독사고(가해자 불명사고를 포함합니다) 또는 일방과실사고의 경우에는 실제 수리를 원칙으로 합니다.

4. 경미한 손상[8])의 경우 보험개발원이 정한 경미손상 수리기준에 따라 복원수리하는데 소요되는 비용을 한도로 보상합니다.

> ※ 「자기차량손해」에서 보장하는 '사고'에 관한 구체적인 사항은 개별 보험회사의 약관에서 규정

제22조(피보험자) 「자기차량손해」에서 피보험자는 보험회사에 보상을 청구할 수 있는 사람으로 보험증권에 기재된 기명피보험자입니다.

제23조(보상하지 않는 손해) 다음 중 어느 하나에 해당하는 손해는 「자기차량손해」에서 보상하지 않습니다.

1. 보험계약자 또는 피보험자의 고의로 인한 손해

2. 전쟁, 혁명, 내란, 사변, 폭동, 소요 및 이와 유사한 사태로 인한 손해

3. 지진, 분화 등 천재지변으로 인한 손해

4. 핵연료물질의 직접 또는 간접적인 영향으로 인한 손해

---

8) 외장부품 중 자동차의 기능과 안전성을 고려할 때 부품교체 없이 복원이 가능한 손상

5. 영리를 목적으로 요금이나 대가를 받고 피보험자동차를 반복적으로 사용하거나 빌려 준 때에 생긴 손해. 다만, 다음 각목의 어느 하나에 해당하는 경우에는 보상합니다.

　가. 임대차계약(계약기간이 30일을 초과하는 경우에 한함)에 따라 임차인이 피보험자동차를 전속적으로 사용하는 경우(다만, 임차인이 피보험자동차를 영리를 목적으로 요금이나 대가를 받고 반복적으로 사용하는 경우에는 보상하지 않습니다)

　나. 피보험자와 동승자가 「여객자동차운수사업법」에 따른 토요일, 일요일 및 공휴일을 제외한 날의 출·퇴근 시간대(오전 7시부터 오전 9시까지 및 오후 6시부터 오후 8시까지를 말한다)에 실제의 출·퇴근 용도로 자택과 직장 사이를 이동하면서 승용차 함께타기를 실시한 경우

6. 사기 또는 횡령으로 인한 손해

7. 국가나 공공단체의 공권력 행사에 의한 압류, 징발, 몰수, 파괴 등으로 인한 손해. 그러나 소방이나 피난에 필요한 조치로 손해가 발생한 경우에는 그 손해를 보상합니다.

8. 피보험자동차에 생긴 흠, 마멸, 부식, 녹, 그 밖에 자연소모로 인한 손해

9. 피보험자동차의 일부 부분품, 부속품, 부속기계장치만의 도난으로 인한 손해

10. 동파로 인한 손해 또는 우연한 외래의 사고에 직접 관련이 없는 전기적, 기계적 손해

11. 피보험자동차를 시험용, 경기용 또는 경기를 위해 연습용으로 사용하던 중 생긴 손해. 다만, 운전면허 시험을 위한 도로주행시험용으로 사용하던 중 생긴 손해는 보상합니다.

12. 피보험자동차를 운송 또는 싣고 내릴 때에 생긴 손해

13. 피보험자동차가 주정차중일 때 피보험자동차의 타이어나 튜브에만 생긴 손해. 다만, 다음 중 어느 하나에 해당하는 손해는 보상합니다(타이어나 튜브의 물리적 변형이 없는 단순 오손의 경우는 제외).

　가. 다른 자동차가 충돌하거나 접촉하여 입은 손해

　나. 화재, 산사태로 입은 손해

　다. 가해자가 확정된 사고[9]로 인한 손해

14. 다음 각목의 어느 하나에 해당하는 자가 무면허운전, 음주운전 또는 마약·약물운전을 하였을 때 생긴 손해

　가. 보험계약자, 기명피보험자

　나. 30일을 초과하는 기간을 정한 임대차계약에 의해 피보험자동차를 빌린 임차인[10]

　다. 기명피보험자와 같이 살거나 생계를 같이 하는 친족

제24조(지급보험금의 계산) 「자기차량손해」의 지급보험금은 다음과 같이 계산합니다.

> ※ '지급보험금의 계산'에 관한 구체적인 사항은 개별 보험회사의 약관에서 규정

---

9) '가해자가 확정된 사고'라 함은 피보험자동차에 장착되어 있는 타이어나 튜브를 훼손하거나 파손한 사고로, 경찰관서를 통하여 가해자(기명피보험자 및 기명피보험자의 부모, 배우자, 자녀는 제외)의 신원이 확인된 사고를 말합니다.

10) 임차인이 법인인 경우에는 그 이사, 감사 또는 피고용자(피고용자가 피보험자동차를 법인의 업무에 사용하고 있는 때에 한함)를 포함합니다.

제3편 보험금 또는 손해배상의 청구

제1장 피보험자의 보험금 청구

제25조(보험금을 청구할 수 있는 경우) 피보험자는 다음에서 정하는 바에 따라 보험금을 청구할 수 있습니다.

보장종목	보험금을 청구할 수 있는 경우
1. 「대인배상Ⅰ」, 「대인배상Ⅱ」, 「대물배상」	대한민국 법원에 의한 판결의 확정, 재판상의 화해, 중재 또는 서면에 의한 합의로 손해배상액이 확정된 때
2. 「자기신체사고」	피보험자가 피보험자동차를 소유, 사용, 관리하는 동안에 생긴 자동차의 사고로 인하여 죽거나 다친 때
3. 「무보험자동차에 의한 상해」	피보험자가 무보험자동차에 의해 생긴 사고로 죽거나 다친 때
4. 「자기차량손해」	사고가 발생한 때. 다만, 피보험자동차를 도난당한 경우에는 도난사실을 경찰관서에 신고한 후 30일이 지나야 보험금을 청구할 수 있습니다. 만약, 경찰관서에 신고한 후 30일이 지나 보험금을 청구하였으나 피보험자동차가 회수되었을 경우에는 보험금의 지급 및 피보험자동차의 반환여부는 피보험자의 의사에 따릅니다.

제26조(청구 절차 및 유의 사항) ① 보험회사는 보험금 청구에 관한 서류를 받았을 때에는 지체 없이 지급할 보험금액을 정하고 그 정하여진 날부터 7일 이내에 지급합니다.

② 보험회사가 정당한 사유 없이 보험금액을 정하는 것을 지연하였거나 제1항에서 정한 지급기일 내에 보험금을 지급하지 않았을 때, 지급할 보험금이 있는 경우에는 그 다음날부터 지급일까지의 기간에 대하여 〈부표〉 '보험금을 지급할 때의 적립이율'에 따라 연단위 복리로 계산한 금액을 보험금에 더하여 지급합니다. 다만, 피보험자의 책임 있는 사유로 지급이 지연될 때에는 그 해당기간에 대한 이자를 더하여 드리지 않습니다.

③ 보험회사가 보험금 청구에 관한 서류를 받은 때부터 30일 이내에 피보험자에게 보험금을 지급하는 것을 거절하는 이유 또는 그 지급을 연기하는 이유(추가 조사가 필요한 때에는 확인이 필요한 사항과 확인이 종료되는 시기를 포함)를 서면(전자우편 등 서면에 갈음할 수 있는 통신수단을 포함)으로 통지하지 않는 경우, 정당한 사유 없이 보험금액을 정하는 것을 지연한 것으로 봅니다.

④ 보험회사는 손해배상청구권자가 손해배상을 받기 전에는 보험금의 전부 또는 일부를 피보험자에게 지급하지 않으며, 피보험자가 손해배상청구권자에게 지급한 손해배상액을 초과하여 피보험자에게 지급하지 않습니다.

⑤ 피보험자의 보험금 청구가 손해배상청구권자의 직접청구와 경합할 때에는 보험회사가 손해배상청구권자에게 우선하여 보험금을 지급합니다.

⑥ 「대인배상Ⅰ」, 「대인배상Ⅱ」, 「자기신체사고」, 「무보험자동차에 의한 상해」에서 보험회사는 피보험자 또는 손해배상청구권자의 청구가 있거나 그 밖의 원인으로 보험사고가 발생한 사실을 알았을 때에는 피해자 또는 손해배상청구권자를 진료하는 의료기관에 그 진료에 따른 자동차보험 진료수가의 지급의사 유무 및 지급한도 등을 통지합니다.

제27조(제출서류) 피보험자는 보장종목별로 다음의 서류 등을 구비하여 보험금을 청구하여야 합니다.

보험금 청구시 필요 서류 등	대인배상	대물배상	자기차량손해	자기신체사고	무보험자동차에 의한 상해
1. 보험금 청구서	O	O	O	O	O
2. 손해액을 증명하는 서류(진단서 등)	O	O	O	O	O
3. 손해배상의 이행사실을 증명하는 서류	O	O			
4. 사고가 발생한 때와 장소 및 사고사실이 신고된 관할 경찰관서의 교통사고사실확인원 등			O		O
5. 배상의무자의 주소, 성명 또는 명칭, 차량번호					O
6. 배상의무자의 「대인배상Ⅱ」 또는 공제계약의 유무 및 내용					O
7. 피보험자가 입은 손해를 보상할 「대인배상Ⅱ」 또는 공제계약, 배상의무자 또는 제3자로부터 이미 지급받은 손해배상금이 있을 때에는 그 금액					O
8. 전손보험금을 청구할 경우					
도난으로 인한 전손사고시 말소 사실증명서			O		
전손사고 후 이전매각시 이전서류		O	O		
전손사고 후 폐차시 폐차인수증명서		O	O		
9. 그 밖에 보험회사가 꼭 필요하여 요청하는 서류 등(수리개시 전 자동차점검·정비견적서, 사진 등. 이 경우 수리개시 전 자동차점검·정비견적서의 발급 등에 관한 사항은 보험회사에 구두 또는 서면으로 위임할 수 있으며, 보험회사는 수리개시 전 자동차점검·정비견적서를 발급한 자동차정비업자에게 이에 대한 검토의견서를 수리개시 전에 회신하게 됩니다)	O	O	O	O	O

제28조(가지급금의 지급) ① 피보험자가 가지급금을 청구한 경우 보험회사는 이 약관에 따라 지급할 금액의 한도에서 가지급금(자동차보험 진료수가는 전액, 진료수가 이외의 보험금은 이 약관에 따라 지급할 금액의 50%)을 지급합니다.

② 보험회사는 가지급금 청구에 관한 서류를 받았을 때에는 지체 없이 지급할 가지급액을 정하고 그 정하여진 날부터 7일 이내에 지급합니다.

③ 보험회사가 정당한 사유 없이 가지급액을 정하는 것을 지연하거나 제2항에서 정하는 지급기일 내에 가지급금을 지급하지 않았을 때, 지급할 가지급금이 있는 경우에는 그 다음날부터 지급일까지의 기간에 대하여 보험개발원이 공시한 보험계약대출이율을 연단위 복리로 계산한 금액을 가지급금에 더하여 드립니다.

④ 보험회사가 가지급금 청구에 관한 서류를 받은 때부터 10일 이내에 피보험자에게 가지급금을 지급하는 것을 거절하는 이유 또는 그 지급을 연기하는 이유(추가 조사가 필요한 때에는 확인이 필요한 사항과 확인이 종료되는 시기를 포함)를 서면(전자우편 등 서면에 갈음할 수 있는 통신수단을 포함)으로 통지하지 않는 경우, 정당한 사유 없이 가지급액을 정하는 것을 지연한 것으로 봅니다.

⑤ 보험회사는 이 약관상 보험회사의 보험금 지급책임이 발생하지 않는 것이 객관적으로 명백할 경우에 가지급금을 지급하지 않을 수 있습니다.

⑥ 피보험자에게 지급한 가지급금은 장래 지급될 보험금에서 공제되나, 최종적인 보험금의 결정에는 영향을 미치지 않습니다.

⑦ 피보험자가 가지급금을 청구할 때는 보험금을 청구하는 경우와 동일하게 제27조(제출 서류)에서 정하는 서류 등을 보험회사에 제출하여야 합니다.

제2장 손해배상청구권자의 직접 청구

제29조(손해배상을 청구할 수 있는 경우) 피보험자가 법률상의 손해배상책임을 지는 사고가 생긴 경우, 손해 배상청구권자는 보험회사에 직접 손해배상금을 청구할 수 있습니다. 다만 보험회사는 피보험자가 그 사고 에 관하여 가지는 항변으로 손해배상청구권자에게 대항할 수 있습니다.

제30조(청구 절차 및 유의 사항) ① 보험회사가 손해배상청구권자의 청구를 받았을 때에는 지체 없이 피보험 자에게 통지합니다. 이 경우 피보험자는 보험회사의 요청에 따라 증거확보, 권리보전 등에 협력하여야 하며, 만일 피보험자가 정당한 이유 없이 협력하지 않은 경우 그로 인하여 늘어난 손해에 대하여는 보상하 지 않습니다.

② 보험회사가 손해배상청구권자에게 지급하는 손해배상금은 이 약관에 의하여 보험회사가 피보험자에게 지급책임을 지는 금액을 한도로 합니다.

③ 보험회사가 손해배상청구권자에게 손해배상금을 직접 지급할 때에는 그 금액의 한도에서 피보험자에 게 보험금을 지급하는 것으로 합니다.

④ 보험회사는 손해배상청구에 관한 서류 등을 받았을 때에는 지체 없이 지급할 손해배상액을 정하고 그 정하여진 날부터 7일 이내에 지급합니다.

⑤ 보험회사가 정당한 사유 없이 손해배상액을 정하는 것을 지연하였거나 제4항에서 정하는 지급기일 내 에 손해배상금을 지급하지 않았을 때, 지급할 손해배상금이 있는 경우에는 그 다음날부터 지급일까지의 기간에 대하여 〈부표〉 '보험금을 지급할 때의 적립이율'에 따라 연단위 복리로 계산한 금액을 손해배상금에 더하여 지급합니다. 그러나 손해배상청구권자의 책임 있는 사유로 지급이 지연될 때에는 그 해당 기간에 대한 이자를 더하여 드리지 않습니다.

⑥ 보험회사가 손해배상 청구에 관한 서류를 받은 때부터 30일 이내에 손해배상청구권자에게 손해배상금 을 지급하는 것을 거절하는 이유 또는 그 지급을 연기하는 이유(추가 조사가 필요한 때에는 확인이 필요한 사항과 확인이 종료되는 시기를 포함)를 서면(전자우편 등 서면에 갈음할 수 있는 통신수단을 포함)으로 통지하지 않는 경우, 정당한 사유 없이 손해배상액을 정하는 것을 지연한 것으로 봅니다.

⑦ 보험회사는 손해배상청구권자의 요청이 있을 때는 손해배상액을 일정기간으로 정하여 정기금으로 지 급할 수 있습니다. 이 경우 각 정기금의 지급기일의 다음날부터 다 지급하는 날까지의 기간에 대하여 보험 개발원이 공시한 정기예금이율에 따라 연단위 복리로 계산한 금액을 손해배상금에 더하여 드립니다.

제31조(제출서류) 손해배상청구권자는 보장종목별로 다음의 서류 등을 구비하여 보험회사에 손해배상을 청 구하여야 합니다.

손해배상청구권자가 직접 청구하는 경우 필요 서류 등	대인배상 I · II	대물배상
1. 교통사고 발생사실을 확인할 수 있는 서류	○	○
2. 손해배상청구서	○	○
3. 손해액을 증명하는 서류	○	○
4. 그 밖에 보험회사가 꼭 필요하여 요청하는 서류 등(수리개시 전 자동차점검 · 정비견적서, 사진 등. 이 경우 수리개시 전 자동차점검 · 정비견적서의 발 급 등에 관한 사항은 보험회사에 구두 또는 서면으로 위임할 수 있으며, 보험 회사는 수리개시 전 자동차점검 · 정비견적서를 발급한 자동차정비업자에게 이에 대한 검토의견서를 수리개시 전에 회신하게 됩니다)	○	○

제32조(가지급금의 지급) ① 손해배상청구권자가 가지급금을 청구한 경우 보험회사는 「자동차손해배상보장법」 또는 「교통사고처리특례법」 등에 의해 이 약관에 따라 지급할 금액의 한도에서 가지급금(자동차보험 진료수가는 전액, 진료수가 이외의 손해배상금은 이 약관에 따라 지급할 금액의 50%)을 지급합니다.

② 보험회사는 가지급금 청구에 관한 서류 등을 받았을 때에는 지체 없이 지급할 가지급액을 정하고 그 정하여진 날부터 7일 이내에 지급합니다.

③ 보험회사가 정당한 사유 없이 가지급액을 정하는 것을 지연하거나 제2항에 정한 지급기일 내에 가지급금을 지급하지 않았을 때에는, 지급할 가지급금이 있는 경우 그 다음날부터 지급일까지의 기간에 대하여 보험개발원이 공시한 보험계약대출이율에 따라 연단위 복리로 계산한 금액을 가지급금에 더하여 드립니다.

④ 보험회사가 가지급금 청구에 관한 서류를 받은 때부터 10일 이내에 손해배상청구권자에게 가지급금을 지급하는 것을 거절하는 이유 또는 그 지급을 연기하는 이유(추가 조사가 필요한 때에는 확인이 필요한 사항과 확인이 종료되는 시기를 포함)를 서면(전자우편 등 서면에 갈음할 수 있는 통신수단을 포함)으로 통지하지 않는 경우, 정당한 사유 없이 가지급액을 정하는 것을 지연한 것으로 봅니다.

⑤ 보험회사는 「자동차손해배상보장법」 등 관련 법령상 피보험자의 손해배상책임이 발생하지 않거나 이 약관상 보험회사의 보험금 지급책임이 발생하지 않는 것이 객관적으로 명백할 경우에는 가지급금을 지급하지 아니할 수 있습니다.

⑥ 손해배상청구권자에게 지급한 가지급금은 장래 지급될 손해배상액에서 공제되나, 최종적인 손해배상액의 결정에는 영향을 미치지 않습니다.

⑦ 손해배상청구권자가 가지급금을 청구할 때는 손해배상을 청구하는 경우와 동일하게 제31조(제출서류)에 정한 서류 등을 보험회사에 제출하여야 합니다.

제3장 보험금의 분담 등

제33조(보험금의 분담) 「대인배상Ⅰ·Ⅱ」, 「대물배상」, 「무보험자동차에 의한 상해」, 「자기신체사고」, 「자기차량손해」에서는 다음과 같이 보험금을 분담합니다.

1. 이 보험계약과 보상책임의 전부 또는 일부가 중복되는 다른 보험계약(공제계약을 포함)이 있는 경우 : 다른 보험계약이 없는 것으로 가정하여 각각의 보험회사에 가입된 자동차 보험계약에 의해 산출한 보상책임액의 합계액이 손해액보다 많을 때에는 다음의 산식에 따라 산출한 보험금을 지급합니다.

$$손해액 \times \frac{\text{이 보험계약에 의해 산출한 보상책임액}}{\text{다른 보험계약이 없는 것으로 하여 각 보험계약에 의해 산출한 보상책임액의 합계액}}$$

2. 이 보험계약의 「대인배상Ⅰ」, 「대인배상Ⅱ」, 「대물배상」에서 동일한 사고로 인하여 이 보험계약에서 배상책임이 있는 피보험자가 둘 이상 있는 경우에는 제10조(지급보험금의 계산)에 의한 보상한도와 범위에 따른 보험금을 각 피보험자의 배상책임의 비율에 따라 분담하여 지급합니다.

3. 제1호 또는 제2호의 규정에도 불구하고 자동차 취급업자가 가입한 보험계약에서 보험금이 지급될 수 있는 경우에는 그 보험금을 초과하는 손해를 보상합니다.

제34조(보험회사의 대위) ① 보험회사가 피보험자 또는 손해배상청구권자에게 보험금 또는 손해배상금을 지급한 경우에는 지급한 보험금 또는 손해배상금의 범위에서 제3자에 대한 피보험자의 권리를 취득합니다. 다만, 보험회사가 보상한 금액이 피보험자의 손해의 일부를 보상한 경우에는 피보험자의 권리를 침해하지 않는 범위에서 그 권리를 취득합니다.

② 보험회사는 다음의 권리는 취득하지 않습니다.

1. 「자기신체사고」의 경우 제3자에 대한 피보험자의 권리. 다만, 보험금을 '별표 1. 대인배상, 무보험자동차에 의한 상해 지급기준'에 의해 지급할 때는 피보험자의 권리를 취득합니다.

2. 「자기차량손해」의 경우 피보험자동차를 정당한 권리에 따라 사용하거나 관리하던 자에 대한 피보험자의 권리. 다만, 다음의 경우에는 피보험자의 권리를 취득합니다.

   가. 고의로 사고를 낸 경우, 무면허운전이나 음주운전을 하던 중에 사고를 낸 경우, 또는 마약 또는 약물 등의 영향으로 정상적인 운전을 하지 못할 우려가 있는 상태에서 운전을 하던 중에 사고를 낸 경우

   나. 자동차 취급업자가 업무로 위탁받은 피보험자동차를 사용하거나 관리하는 동안에 사고를 낸 경우

3. 피보험자가 생계를 같이하는 가족에 대하여 갖는 권리. 다만, 손해가 그 가족의 고의로 인하여 발생한 경우에는 피보험자의 권리를 취득합니다.

③ 피보험자는 보험회사가 제1항 또는 제2항에 따라 취득한 권리의 행사 및 보전에 관하여 필요한 조치를 취하여야 하며, 또한 보험회사가 요구하는 자료를 제출하여야 합니다.

제35조(보험회사의 불성실행위로 인한 손해배상책임) ① 보험회사는 이 보험계약과 관련하여 임직원, 보험설계사, 보험대리점의 책임 있는 사유로 인하여 보험계약자 및 피보험자에게 발생된 손해에 대하여 관계 법률 등에서 정한 바에 따라 손해배상책임을 집니다.

② 보험회사가 보험금의 지급 여부나 지급금액에 관하여 보험계약자 또는 피보험자의 곤궁, 경솔 또는 무경험을 이용하여 현저하게 공정을 잃은 합의를 한 경우에도 손해를 배상할 책임을 집니다.

제36조(합의 등의 협조·대행) ① 보험회사는 피보험자의 협조 요청이 있는 경우 피보험자의 법률상 손해배상책임을 확정하기 위하여 피보험자가 손해배상청구권자와 행하는 합의·절충·중재 또는 소송(확인의 소를 포함)에 대하여 협조하거나, 피보험자를 위하여 이러한 절차를 대행합니다.

② 보험회사는 피보험자에 대하여 보상책임을 지는 한도(동일한 사고로 이미 지급한 보험금이나 가지급금이 있는 경우에는 그 금액을 공제한 금액. 이하 같음) 내에서 제1항의 절차에 협조하거나 대행합니다.

③ 보험회사가 제1항의 절차에 협조하거나 대행하는 경우에는 피보험자는 보험회사의 요청에 따라 협력해야 합니다. 피보험자가 정당한 이유 없이 협력하지 않는 경우 그로 인하여 늘어난 손해에 대하여는 보상하지 않습니다.

④ 보험회사는 다음의 경우에는 제1항의 절차를 대행하지 않습니다.

1. 피보험자가 손해배상청구권자에 대하여 부담하는 법률상의 손해배상책임액이 보험증권에 기재된 보험가입금액을 명백하게 초과하는 때

2. 피보험자가 정당한 이유 없이 협력하지 않는 때

제37조(공탁금의 대출) 보험회사가 제36조(합의 등의 협조·대행) 제1항의 절차를 대행하는 경우에는, 피보험자에 대하여 보상책임을 지는 한도에서 가압류나 가집행을 면하기 위한 공탁금을 피보험자에게 대출할 수 있으며 이에 소요되는 비용을 보상합니다. 이 경우 대출금의 이자는 공탁금에 붙여지는 것과 같은 이율로 정하며, 피보험자는 공탁금(이자를 포함)의 회수청구권을 보험회사에 양도하여야 합니다.

제4편 일반사항

제1장 보험계약의 성립

제38조(보험계약의 성립) ① 이 보험계약은 보험계약자가 청약을 하고 보험회사가 승낙을 하면 성립합니다.

② 보험계약자가 청약을 할 때 '제1회 보험료(보험료를 분납하기로 약정한 경우)' 또는 '보험료 전액(보험료를 일시에 지급하기로 약정한 경우)'(이하 '제1회 보험료 등'이라 함)을 지급하였을 때, 보험회사가 이를 받은 날부터 15일 이내에 승낙 또는 거절의 통지를 발송하지 않으면 승낙한 것으로 봅니다.

③ 보험회사가 청약을 승낙했을 때에는 지체 없이 보험증권을 보험계약자에게 드립니다. 그러나 보험계약자가 제1회 보험료 등을 지급하지 않은 경우에는 그러하지 않습니다.

④ 보험계약이 성립되면 보험회사는 제42조(보험기간)의 규정에 따라 보험기간의 첫 날부터 보상책임을 집니다. 다만, 보험계약자로부터 제1회 보험료 등을 받은 경우에는, 그 이후 승낙 전에 발생한 사고에 대해서도 청약을 거절할 사유가 없는 한 보상합니다.

제39조(약관 교부 및 설명의무 등) ① 보험회사는 보험계약자가 청약을 한 경우 보험계약자에게 약관 및 보험계약자 보관용 청약서(청약서 부본)를 드리고 약관의 중요한 내용을 설명하여 드립니다.

② 통신판매보험계약11)에서 보험회사는 보험계약자의 동의를 얻어 다음 중 어느 하나의 방법으로 약관을 교부하고 중요한 내용을 설명하여 드립니다.

1. 사이버몰(컴퓨터를 이용하여 보험거래를 할 수 있도록 설정된 가상의 영업장)을 이용하여 모집하는 경우 : 사이버몰에서 약관 및 그 설명문(약관의 중요한 내용을 알 수 있도록 설명한 문서)을 읽거나 내려 받게 하는 방법. 이 경우 보험계약자가 이를 읽거나 내려 받은 것을 확인한 때에는 약관을 드리고 중요한 내용을 설명한 것으로 봅니다.

2. 전화를 이용하여 모집하는 경우 : 전화를 이용하여 청약내용, 보험료납입, 보험기간, 계약 전 알릴의무, 약관의 중요한 내용 등 계약 체결을 위하여 필요한 사항을 질문하거나 설명하는 방법. 이 경우 보험계약자의 답변과 확인내용을 음성 녹음함으로써 약관의 중요한 내용을 설명한 것으로 봅니다.

③ 보험회사는 다음 각 호의 방법 중 계약자가 원하는 방법을 확인하여 지체 없이 약관 및 계약자 보관용 청약서를 제공하여 드립니다. 만약, 회사가 전자우편 및 전자적 의사표시로 제공한 경우 계약자 또는 그 대리인이 약관 및 계약자 보관용 청약서 등을 수신하였을 때에는 해당 문서를 드린 것으로 봅니다.

1. 서면교부

2. 우편 또는 전자우편

3. 휴대전화 문자메시지 또는 이에 준하는 전자적 의사표시

④ 다음 중 어느 하나에 해당하는 경우 보험계약자는 계약 체결일부터 3개월 이내에 계약을 취소할 수 있습니다. 다만, 의무보험은 제외합니다.

1. 보험계약자가 청약을 했을 때 보험회사가 보험계약자에게 약관 및 보험계약자 보관용 청약서(청약서 부본)를 드리지 않은 경우

2. 보험계약자가 청약을 했을 때 보험회사가 청약시 보험계약자에게 약관의 중요한 내용을 설명하지 않은 경우

3. 보험계약자가 보험계약을 체결할 때 청약서에 자필서명12)을 하지 않은 경우

---

11) '통신판매보험계약'이라 함은 보험회사가 전화·우편·컴퓨터통신 등 통신수단을 이용하여 모집하는 보험계약을 말합니다.

12) 자필서명에는 날인(도장을 찍음) 또는 「전자서명법」 제2조 제2호의 규정에 의한 방식을 포함합니다. 〈개정 2021.7.1.〉

⑤ 제4항에 따라 계약이 취소된 경우 보험회사는 이미 받은 보험료를 보험계약자에게 돌려 드리며, 보험료를 받은 기간에 대하여 보험개발원이 공시한 보험계약대출이율에 따라 연단위 복리로 계산한 금액을 더하여 지급합니다.

제40조(설명서 교부 및 보험안내자료 등의 효력) ① 회사는 일반금융소비자에게 청약을 권유하거나 일반금융소비자가 설명을 요청하는 경우 보험상품에 관한 중요한 사항을 계약자가 이해할 수 있도록 설명하고 계약자가 이해하였음을 서명, 기명날인 또는 녹취 등을 통해 확인받아야 하며, 설명서를 제공하여야 합니다.

② 설명서, 약관, 청약서 부본 및 증권의 제공 사실에 관하여 계약자와 회사간에 다툼이 있는 경우에는 회사가 이를 증명하여야 합니다.

③ 보험회사가 보험모집과정에서 제작·사용한 보험안내자료(서류·사진·도화 등 모든 안내자료를 포함)의 내용이 보험약관의 내용과 다른 경우에는 보험계약자에게 유리한 내용으로 보험계약이 성립된 것으로 봅니다.

제41조(청약 철회) ① 일반금융소비자[13]는 보험증권을 받은 날부터 15일과 청약을 한 날부터 30일 중 먼저 도래하는 기간 내에 보험계약의 청약을 철회할 수 있습니다.

② 제1항에서 보험회사가 보험계약자에게 보험증권을 드린 것에 관해 다툼이 있으면 보험회사가 이를 증명합니다.

③ 제1항에도 불구하고 다음 중 어느 하나에 해당하는 경우에는 보험계약의 청약을 철회할 수 없습니다.

1. 전문금융소비자[14]가 보험계약의 청약을 한 경우
2. 「자동차손해배상보장법」에 따른 의무보험(다만, 일반금융소비자가 동종의 다른 의무보험에 가입한 경우는 제외)
3. 보험기간이 90일 이내인 보험계약
4. 〈삭제〉

④ 청약철회는 계약자가 전화로 신청하거나, 철회의사를 표시하기 위한 서면, 전자우편, 휴대전화 문자메시지 또는 이에 준하는 전자적 의사표시(이하 '서면 등'이라 합니다)를 발송한 때 효력이 발생합니다. 계약자는 서면 등을 발송한 때에 그 발송 사실을 회사에 지체 없이 알려야 합니다.

⑤ 보험회사는 보험계약자의 청약 철회를 접수한 날부터 3영업일 이내에 받은 보험료를 보험계약자에게 돌려 드립니다.

⑥ 청약을 철회할 당시에 이미 보험사고가 발생하였으나 보험계약자가 보험사고가 발생한 사실을 알지 못한 경우에는 청약 철회의 효력은 발생하지 않습니다.

⑦ 보험회사가 제4항의 보험료 반환기일을 지키지 못하는 경우, 반환기일의 다음날부터 반환하는 날까지의 기간은 보험개발원이 공시한 보험계약대출이율에 따라 연단위 복리로 계산한 금액을 더하여 돌려드립니다. 다만, 계약자가 제1회 보험료를 신용카드로 납입한 계약의 청약을 철회하는 경우에 회사는 청약의 철회를 접수한 날부터 3영업일 이내에 해당 신용카드회사로 하여금 대금청구를 하지 않도록 해야 하며, 이 경우 회사는 보험료를 반환한 것으로 봅니다.

---

13) '일반금융소비자'라 함은 전문금융소비자가 아닌 계약자를 말합니다.
14) '전문금융소비자'라 함은 보험계약에 관한 전문성, 자산규모 등에 비추어 보험계약에 따른 위험감수능력이 있는 자로서, 국가, 지방자치단체, 한국은행, 금융회사, 주권상장법인 등을 포함하며 「금융소비자 보호에 관한 법률」 제2조(정의) 제9호에서 정하는 전문금융소비자를 말합니다.

제42조(보험기간) 보험회사가 피보험자에 대해 보상책임을 지는 보험기간은 다음과 같습니다.

구 분	보험기간
1. 원 칙	보험증권에 기재된 보험기간의 첫날 24시부터 마지막 날 24시까지. 다만, 의무보험(책임공제를 포함)의 경우 전(前) 계약의 보험기간과 중복되는 경우에는 전 계약의 보험기간이 끝나는 시점부터 시작합니다.
2. 예외 : 자동차보험에 처음 가입하는 자동차[15] 및 의무보험	보험료를 받은 때부터 마지막 날 24시까지. 다만, 보험증권에 기재된 보험기간 이전에 보험료를 받았을 경우에는 그 보험기간의 첫날 0시부터 시작합니다.

제43조(사고발생지역) 보험회사는 대한민국(북한지역을 포함) 안에서 생긴 사고에 대하여 보험계약자가 가입한 보장종목에 따라 보상해 드립니다.

제2장 보험계약자 등의 의무

제44조(계약 전 알릴의무) ① 보험계약자는 청약을 할 때 다음의 사항에 관해서 알고 있는 사실을 보험회사에 알려야 하며, 제3호의 경우에는 기명피보험자의 동의가 필요합니다.

1. 피보험자동차의 검사에 관한 사항
2. 피보험자동차의 용도, 차종, 등록번호(이에 준하는 번호도 포함하며, 이하 같음), 차명, 연식, 적재정량, 구조 등 피보험자동차에 관한 사항
3. 기명피보험자의 성명, 연령 등에 관한 사항
4. 그 밖에 보험청약서에 기재된 사항 중에서 보험료의 계산에 영향을 미치는 사항

② 보험회사는 이 보험계약을 맺은 후 보험계약자가 계약 전 알릴의무를 위반한 사실이 확인되었을 때에는 추가보험료를 더 내도록 청구하거나, 제53조(보험회사의 보험계약 해지) 제1항 제1호, 제4호에 따라 해지할 수 있습니다.

제45조(계약 후 알릴의무) ① 보험계약자는 보험계약을 맺은 후 다음의 사실이 생긴 것을 알았을 때에는 지체 없이 보험회사에 그 사실을 알리고 승인을 받아야 합니다. 이 경우 그 사실에 따라 보험료가 변경되는 경우 보험회사는 보험료를 더 받거나 돌려주고 계약을 승인하거나, 제53조(보험회사의 보험계약 해지) 제1항 제2호, 제4호에 따라 해지할 수 있습니다.

1. 용도, 차종, 등록번호, 적재정량, 구조 등 피보험자동차에 관한 사항이 변경된 사실
2. 피보험자동차에 화약류, 고압가스, 폭발물, 인화물 등 위험물을 싣게 된 사실
3. 그 밖에 위험이 뚜렷이 증가하는 사실이나 적용할 보험료에 차이가 발생한 사실

② 보험계약자는 보험증권에 기재된 주소 또는 연락처가 변경된 때에는 지체 없이 보험회사에 알려야 합니다. 보험계약자가 이를 알리지 않으면 보험회사가 알고 있는 최근의 주소로 알리게 되므로 불이익을 당할 수 있습니다.

제46조(사고발생시 의무) ① 보험계약자 또는 피보험자는 사고가 생긴 것을 알았을 때에는 다음의 사항을 이행하여야 합니다.

---

15) '자동차보험에 처음 가입하는 자동차'라 함은 자동차 판매업자 또는 그 밖의 양도인 등으로부터 매수인 또는 양수인에게 인도된 날부터 10일 이내에 처음으로 그 매수인 또는 양수인을 기명피보험자로 하는 자동차보험에 가입하는 신차 또는 중고차를 말합니다. 다만, 피보험자동차의 양도인이 맺은 보험계약을 양수인이 승계한 후 그 보험기간이 종료되어 이 보험계약을 맺은 경우를 제외합니다.

1. 지체 없이 손해의 방지와 경감에 힘쓰고, 다른 사람으로부터 손해배상을 받을 수 있는 권리가 있는 경우에는 그 권리(공동불법행위에서 연대채무자 상호간의 구상권을 포함하며, 이하 같음)의 보전과 행사에 필요한 절차를 밟아야 합니다.
2. 다음 사항을 보험회사에 지체 없이 알려야 합니다.
    가. 사고가 발생한 때, 곳, 상황(출·퇴근시 승용차 함께타기 등) 및 손해의 정도
    나. 피해자 및 가해자의 성명, 주소, 전화번호
    다. 사고에 대한 증인이 있을 때에는 그의 성명, 주소, 전화번호
    라. 손해배상의 청구를 받은 때에는 그 내용
3. 손해배상의 청구를 받은 경우에는 미리 보험회사의 동의 없이 그 전부 또는 일부를 합의하여서는 안 됩니다. 그러나 피해자의 응급치료, 호송 그 밖의 긴급조치는 보험회사의 동의가 필요하지 않습니다.
4. 손해배상청구의 소송을 제기하려고 할 때 또는 제기 당한 때에는 지체 없이 보험회사에 알려야 합니다.
5. 피보험자동차를 도난당하였을 때에는 지체 없이 그 사실을 경찰관서에 신고하여야 합니다.
6. 보험회사가 사고를 증명하는 서류 등 꼭 필요하다고 인정하는 자료를 요구한 경우에는 지체 없이 이를 제출하여야 하며, 또한 보험회사가 사고에 관해 조사하는데 협력하여야 합니다.
② 보험회사는 보험계약자 또는 피보험자가 정당한 이유 없이 제1항에서 정한 사항을 이행하지 않은 경우 그로 인하여 늘어난 손해액이나 회복할 수 있었을 금액을 보험금에서 공제하거나 지급하지 않습니다.

제3장 보험계약의 변동 및 보험료의 환급

제47조(보험계약 내용의 변경) ① 보험계약자는 의무보험을 제외하고는 보험회사의 승낙을 얻어 다음에 정한 사항을 변경할 수 있습니다. 이 경우 승낙을 서면 등으로 알리거나 보험증권의 뒷면에 기재하여 드립니다.
1. 보험계약자. 다만, 보험계약자가 이 보험계약의 권리·의무를 피보험자동차의 양수인에게 이전함에 따라 보험계약자가 변경되는 경우에는 제48조(피보험자동차의 양도)에 따릅니다.
2. 보험가입금액, 특별약관 등 그 밖의 계약의 내용
② 보험회사는 제1항에 따라 계약내용의 변경으로 보험료가 변경된 경우 보험계약자에게 보험료를 반환하거나 추가보험료를 청구할 수 있습니다.
③ 보험계약 체결 후 보험계약자가 사망한 경우 이 보험계약에 의한 보험계약자의 권리·의무는 사망시점에서의 법정상속인에게 이전합니다.

제48조(피보험자동차의 양도) ① 보험계약자 또는 기명피보험자가 보험기간 중에 피보험자동차를 양도한 경우에는 이 보험계약으로 인하여 생긴 보험계약자 및 피보험자의 권리와 의무는 피보험자동차의 양수인에게 승계되지 않습니다. 그러나 보험계약자가 이 권리와 의무를 양수인에게 이전하고자 한다는 뜻을 서면 등으로 보험회사에 통지하여 보험회사가 승인한 경우에는 그 승인한 때부터 양수인에 대하여 이 보험계약을 적용합니다.
② 보험회사가 제1항에 의한 보험계약자의 통지를 받은 날부터 10일 이내에 승인 여부를 보험계약자에게 통지하지 않으면, 그 10일이 되는 날의 다음날 0시에 승인한 것으로 봅니다.
③ 제1항에서 규정하는 피보험자동차의 양도에는 소유권을 유보한 매매계약에 따라 자동차를 '산 사람' 또는 대차계약에 따라 자동차를 '빌린 사람'이 그 자동차를 피보험자동차로 하고, 자신을 보험계약자 또는 기명피보험자로 하는 보험계약이 존속하는 동안에 그 자동차를 '판 사람' 또는 '빌려준 사람'에게 반환하는 경우도 포함합니다. 이 경우 '판 사람' 또는 '빌려준 사람'은 양수인으로 봅니다.

④ 보험회사가 제1항의 승인을 하는 경우에는 피보험자동차의 양수인에게 적용되는 보험요율에 따라 보험료의 차이가 나는 경우 피보험자동차가 양도되기 전의 보험계약자에게 남는 보험료를 돌려드리거나, 피보험자동차의 양도 후의 보험계약자에게 추가보험료를 청구합니다.

⑤ 보험회사가 제1항의 승인을 거절한 경우 피보험자동차가 양도된 후에 발생한 사고에 대하여는 보험금을 지급하지 않습니다.

⑥ 보험계약자 또는 기명피보험자가 보험기간 중에 사망하여 법정상속인이 피보험자동차를 상속하는 경우 이 보험계약도 승계된 것으로 봅니다. 다만, 보험기간이 종료되거나 자동차의 명의를 변경하는 경우에는 법정상속인을 보험계약자 또는 기명피보험자로 하는 새로운 보험계약을 맺어야 합니다.

제49조(피보험자동차의 교체) ① 보험계약자 또는 기명피보험자가 보험기간 중에 기존의 피보험자동차를 폐차 또는 양도한 다음 그 자동차와 동일한 차종의 다른 자동차로 교체한 경우에는, 보험계약자가 이 보험계약을 교체된 자동차에 승계시키고자 한다는 뜻을 서면 등으로 보험회사에 통지하여 보험회사가 승인한 때부터 이 보험계약이 교체된 자동차에 적용됩니다. 이 경우 기존의 피보험자동차에 대한 보험계약의 효력은 보험회사가 승인할 때에 상실됩니다.

② 보험회사가 서면 등의 방법으로 통지를 받은 날부터 10일 이내에 제1항에 의한 승인 여부를 보험계약자에게 통지하지 않으면, 그 10일이 되는 날의 다음날 0시에 승인한 것으로 봅니다.

③ 제1항에서 규정하는 '동일한 차종의 다른 자동차로 교체한 경우'라 함은 개인소유 자가용승용자동차간에 교체한 경우를 말합니다.

④ 보험회사가 제1항의 승인을 하는 경우에는 교체된 자동차에 적용하는 보험요율에 따라 보험료의 차이가 나는 경우 보험계약자에게 남는 보험료를 돌려드리거나 추가보험료를 청구할 수 있습니다. 이 경우 기존의 피보험자동차를 말소등록한 날 또는 소유권을 이전등록한 날부터 승계를 승인한 날의 전날까지의 기간에 해당하는 보험료를 일할로 계산하여 보험계약자에게 반환하여 드립니다.

⑤ 보험회사가 제1항의 승인을 거절한 경우 교체된 자동차를 사용하다가 발생한 사고에 대해서는 보험금을 지급하지 않습니다.

〈예시〉 일할계산의 사례

$$기납입보험료\ 총액 \times \frac{해당\ 기간}{365(윤년 : 366)}$$

제50조(보험계약의 취소) 보험회사가 보험계약자 또는 피보험자의 사기에 의해 보험계약을 체결한 점을 증명한 경우, 보험회사는 보험기간이 시작된 날부터 6개월 이내(사기 사실을 안 날부터는 1개월 이내)에 계약을 취소할 수 있습니다.

제51조(보험계약의 효력 상실) 보험회사가 파산선고를 받은 날부터 보험계약자가 보험계약을 해지하지 않고 3월이 경과하는 경우에는 보험계약이 효력을 상실합니다.

제52조(보험계약자의 보험계약 해지 · 해제) ① 보험계약자는 언제든지 임의로 보험계약의 일부 또는 전부를 해지할 수 있습니다. 다만, 의무보험은 다음 중 어느 하나에 해당하는 경우에만 해지할 수 있습니다.

1. 피보험자동차가 「자동차손해배상보장법」 제5조 제4항에 정한 자동차(의무보험 가입대상에서 제외되거나 도로가 아닌 장소에 한하여 운행하는 자동차)로 변경된 경우
2. 피보험자동차를 양도한 경우. 다만, 제48조(피보험자동차의 양도) 또는 제49조(피보험자동차의 교체)에 따라 보험계약이 양수인 또는 교체된 자동차에 승계된 경우에는 의무보험에 대한 보험계약을 해지할 수 없습니다.

3. 피보험자동차의 말소등록으로 운행을 중지한 경우. 다만, 제49조(피보험자동차의 교체)에 따라 보험계약이 교체된 자동차에 승계된 경우에는 의무보험에 대한 보험계약을 해지할 수 없습니다.

4. 천재지변, 교통사고, 화재, 도난 등의 사유로 인하여 피보험자동차를 더 이상 운행할 수 없게 된 경우. 다만, 제49조(피보험자동차의 교체)에 따라 보험계약이 교체된 자동차에 승계된 경우에는 의무보험에 대한 보험계약을 해지할 수 없습니다.

5. 이 보험계약을 맺은 후에 피보험자동차에 대하여 이 보험계약과 보험기간의 일부 또는 전부가 중복되는 의무보험이 포함된 다른 보험계약(공제계약을 포함)을 맺은 경우

6. 보험회사가 파산선고를 받은 경우

7. 「자동차손해배상보장법」 제5조의2에서 정하는 '보험 등의 가입의무 면제' 사유에 해당하는 경우

8. 자동차해체재활용업자가 해당 자동차·자동차등록증·등록번호판 및 봉인을 인수하고 그 사실을 증명하는 서류를 발급한 경우

9. 「건설기계관리법」에 따라 건설기계해체재활용업자가 해당 건설기계와 등록번호표를 인수하고 그 사실을 증명하는 서류를 발급한 경우

② 이 보험계약이 의무보험만 체결된 경우로서, 이 보험계약을 맺기 전에 피보험자동차에 대하여 의무보험이 포함된 다른 보험계약(공제계약을 포함하며, 이하 같음)이 유효하게 맺어져 있는 경우에는, 보험계약자는 그 다른 보험계약이 종료하기 전에 이 보험계약을 해제할 수 있습니다. 만일, 그 다른 보험계약이 종료된 후에는 그 종료일 다음날부터 보험기간이 개시되는 의무보험이 포함된 새로운 보험계약을 맺은 경우에 한하여 이 보험계약을 해제할 수 있습니다.

③ 타인을 위한 보험계약에서 보험계약자는 기명피보험자의 동의를 얻거나 보험증권을 소지한 경우에 한하여 제1항 또는 제2항의 규정에 따라 보험계약을 해지하거나 또는 해제할 수 있습니다.

제52조의2(위법계약의 해지) ① 계약자는 「금융소비자 보호에 관한 법률」 제47조 및 관련규정이 정하는 바에 따라 계약 체결에 대한 회사의 법위반사항이 있는 경우 계약 체결일부터 5년 이내의 범위에서 계약자가 위반사항을 안 날부터 1년 이내에 계약해지요구서에 증빙서류를 첨부하여 위법계약의 해지를 요구할 수 있습니다. 다만, 「자동차손해배상보장법」에 따른 의무보험에 대해 해지 요구를 할 때에는 동종의 다른 의무보험에 가입되어 있는 경우에만 해지할 수 있습니다.

② 회사는 해지요구를 받은 날부터 10일 이내에 수락 여부를 계약자에게 통지하여야 하며, 거절할 때에는 거절 사유를 함께 통지하여야 합니다.

③ 계약자는 회사가 정당한 사유 없이 제1항의 요구를 따르지 않는 경우 해당 계약을 해지할 수 있습니다.

④ 제1항 및 제3항에 따라 계약이 해지된 경우 회사는 제54조(보험료의 환급) 제3항 제1호에 따른 보험료를 계약자에게 지급합니다.

⑤ 계약자는 제1항에 따른 제척기간에도 불구하고 민법 등 관계법령에서 정하는 바에 따라 법률상의 권리를 행사할 수 있습니다.

제53조(보험회사의 보험계약 해지) ① 보험회사는 다음 중 어느 하나에 해당하는 경우가 발생하였을 때, 그 사실을 안 날부터 1월 이내에 보험계약을 해지할 수 있습니다. 다만, 제1호, 제2호, 제4호, 제5호에 의한 계약해지는 의무보험에 대해 적용하지 않습니다.

1. 보험계약자가 보험계약을 맺을 때 고의 또는 중대한 과실로 제44조(계약 전 알릴의무) 제1항의 사항에 관하여 알고 있는 사실을 알리지 않거나 사실과 다르게 알린 경우. 다만, 다음 중 어느 하나에 해당하는 경우 보험회사는 보험계약을 해지하지 못합니다.

　　가. 보험계약을 맺은 때에 보험회사가 보험계약자가 알려야 할 사실을 알고 있었거나 과실로 알지 못하였을 때

나. 보험계약자가 보험금을 지급할 사고가 발생하기 전에 보험청약서의 기재사항에 대하여 서면으로 변경을 신청하여 보험회사가 이를 승인하였을 때

다. 보험회사가 보험계약을 맺은 날부터 보험계약을 해지하지 않고 6개월이 경과한 때

라. 보험을 모집한 자(이하 "보험설계사 등"이라 합니다)가 보험계약자 또는 피보험자에게 계약 전 알릴 의무를 이행할 기회를 부여하지 아니하였거나 보험계약자 또는 피보험자가 사실대로 알리는 것을 방해한 경우, 또는 보험계약자 또는 피보험자에 대해 사실대로 알리지 않게 하였거나 부실하게 알리도록 권유했을 때. 다만, 보험설계사 등의 행위가 없었다 하더라도 보험계약자 또는 피보험자 가 사실대로 알리지 않거나 부실하게 알린 것으로 인정되는 경우에는 그러하지 아니합니다.

마. 보험계약자가 알려야 할 사항이 보험회사가 위험을 측정하는데 관련이 없을 때 또는 적용할 보험료 에 차액이 생기지 않은 때

2. 보험계약자가 보험계약을 맺은 후에 제45조(계약 후 알릴의무) 제1항에 정한 사실이 생긴 것을 알았음 에도 불구하고 지체 없이 알리지 않거나 사실과 다르게 알린 경우. 다만, 보험계약자가 알려야 할 사실 이 뚜렷하게 위험을 증가시킨 것이 아닌 때에는 보험회사가 보험계약을 해지하지 못합니다.

3. 보험계약자가 정당한 이유 없이 법령에 정한 자동차검사를 받지 않은 경우

4. 보험회사가 제44조(계약 전 알릴의무) 제2항, 제45조(계약 후 알릴의무) 제1항, 제48조(피보험자동차 의 양도) 제4항, 제49조(피보험자동차의 교체) 제4항에 따라 추가보험료를 청구한 날부터 14일 이내에 보험계약자가 그 보험료를 내지 않은 경우. 다만, 다음 중 어느 하나에 해당하는 경우 보험회사는 보험 계약을 해지하지 못합니다.

가. 보험회사가 제44조 제1항에서 규정하는 계약 전 알릴의무 위반 사실을 안 날부터 1월이 지난 경우

나. 보험회사가 보험계약자로부터 제45조(계약 후 알릴의무) 제1항에서 정하는 사실을 통지받은 후 1월이 지난 경우

5. 보험금의 청구에 관하여 보험계약자, 피보험자, 보험금을 수령하는 자 또는 이들의 법정대리인의 사기 행위가 발생한 경우.

② 보험회사는 보험계약자가 계약 전 알릴의무 또는 계약 후 알릴의무를 이행하지 아니하여 제1항 제1호 또는 제2호에 따라 보험계약을 해지한 때에는 해지 이전에 생긴 사고에 대해서도 보상하지 않으며, 이 경우 보험회사는 지급한 보험금의 반환을 청구할 수 있습니다. 다만, 계약 전 알릴의무 또는 계약 후 알릴의 무를 위반한 사실이 사고의 발생에 영향을 미치지 않았음이 증명된 때에는 보험회사는 보상합니다.

③ 보험회사는 보험계약자가 다른 보험의 가입내역을 알리지 않거나 사실과 다르게 알렸다는 이유로 계약 을 해지하거나 보험금 지급을 거절하지 아니합니다.

제54조(보험료의 환급 등) ① 보험기간이 시작되기 전에 보험료가 변경된 때에는 변경 전 보험료와 변경 후 보험료의 차액을 더 받거나 돌려드립니다.

② 보험회사의 고의・과실로 보험료가 적정하지 않게 산정되어 보험계약자가 적정보험료를 초과하여 납 입한 경우, 보험회사는 이를 안 날 또는 보험계약자가 반환을 청구한 날부터 3일 이내에 적정보험료를 초과하는 금액 및 이에 대한 이자(납입한 날부터 반환하는 날까지의 기간에 대해 보험개발원이 공시한 보험계약대출이율에 따라 연단위 복리로 계산한 금액)를 돌려드립니다. 다만, 보험회사에게 고의・과실이 없을 경우에는 적정보험료를 초과한 금액만 돌려드립니다.

③ 보험회사는 보험계약이 취소되거나 해지된 때, 또는 그 효력이 상실된 때에는 다음과 같이 보험료를 돌려드립니다.

1. 보험계약자 또는 피보험자의 책임 없는 사유에 의하는 경우 : 제39조 제4항에 의해 계약이 취소된 때에는 보험회사에 납입한 보험료의 전액, 효력 상실되거나 해지(제52조의2에 따른 위법계약 해지를 포함한다)된 경우에는 경과하지 않은 기간에 대하여 일단위로 계산한 보험료

2. 보험계약자 또는 피보험자의 책임 있는 사유에 의하는 경우 : 이미 경과한 기간에 대하여 단기요율로 계산한 보험료를 뺀 잔액

3. 보험계약이 해지(제52조의2에 따른 위법계약 해지를 포함한다)된 경우, 계약을 해지하기 전에 보험회사가 보상하여야 하는 사고가 발생한 때에는 보험료를 환급하지 않습니다.

④ 제3항에서 '보험계약자 또는 피보험자에게 책임이 있는 사유'라 함은 다음의 경우를 말합니다.

1. 보험계약자 또는 피보험자가 임의 해지하는 경우(의무보험의 해지는 제외)

2. 보험회사가 제50조(보험계약의 취소) 또는 제53조(보험회사의 보험계약 해지)에 따라 보험계약을 취소하거나 해지하는 경우

3. 보험료 미납으로 인한 보험계약의 효력 상실

⑤ 보험계약이 해제된 경우에는 보험료 전액을 환급합니다.

⑥ 이 약관에 의해 보험회사가 보험계약자가 낸 보험료의 전부 또는 일부를 돌려드리는 경우에는 보험료를 반환할 의무가 생긴 날부터 3일 이내에 드립니다.

⑦ 보험회사가 제6항의 반환기일이 지난 후 보험료를 반환하는 경우에는 반환기일의 다음 날부터 반환하는 날까지의 기간은 보험개발원이 공시한 보험계약대출이율에 따라 연단위 복리로 계산한 금액을 더하여 돌려드립니다. 다만, 이 약관에서 이자의 계산에 관해 달리 정하는 경우에는 그에 따릅니다.

제4장 그 밖의 사항

제55조(약관의 해석) ① 보험회사는 신의성실의 원칙에 따라 공정하게 약관을 해석하여야 하며 보험계약자에 따라 다르게 해석하지 않습니다.

② 보험회사는 약관의 뜻이 명백하지 않은 경우에는 보험계약자에게 유리하게 해석합니다.

③ 보험회사는 보상하지 않는 손해 등 보험계약자나 피보험자에게 불리하거나 부담을 주는 내용은 확대하여 해석하지 않습니다.

제56조(보험회사의 개인정보이용 및 보험계약 정보의 제공) ① 보험회사는 제27조(제출서류) 제5호, 제6호의 배상의무자의 개인정보와 제46조(사고발생시 의무) 제2호 나목, 다목의 피해자, 가해자 및 증인의 개인정보를 보험사고의 처리를 위한 목적으로만 이용할 수 있습니다.

② 보험회사는 보험계약에 의한 의무의 이행 및 관리를 위한 판단자료로 활용하기 위하여 「개인정보보호법」 제15조, 제17조, 제22조 내지 제24조, 「신용정보의 이용 및 보호에 관한 법률」 제32조, 같은 법 시행령 제28조에서 정하는 절차에 따라 보험계약자와 피보험자의 동의를 받아 다음의 사항을 다른 보험회사 및 보험관계단체에 제공할 수 있습니다.

1. 기명피보험자의 성명, 주민등록번호 및 주소와 피보험자동차의 차량번호, 형식, 연식

2. 계약일시, 보험종목, 보장종목, 보험가입금액, 자기부담금 및 보험료 할인·할증에 관한 사항, 특별약관의 가입사항, 계약 해지시 그 내용 및 사유

3. 사고일시 또는 일자, 사고내용 및 각종 보험금의 지급내용 및 사유

제57조(피보험자동차 등에 대한 조사) 보험회사는 피보험자동차 등에 관하여 필요한 조사를 하거나 보험계약자 또는 피보험자에게 필요한 설명 또는 증명을 요구할 수 있습니다. 이 경우 보험계약자, 피보험자 또는 이들의 대리인은 이러한 조사 또는 요구에 협력하여야 합니다.

제58조(예금보험기금에 의한 보험금 등의 지급보장) 보험회사가 파산 등으로 인하여 보험금 등을 지급하지 못할 경우에는 「예금자보호법」에서 정하는 바에 따라 그 지급을 보장합니다.

제59조(보험사기행위 금지) 보험계약자, 피보험자, 피해자 등이 보험사기행위를 행한 경우 관련 법령에 따라 형사처벌 등을 받을 수 있습니다.

제60조(분쟁의 조정) ① 이 보험계약의 내용 또는 보험금의 지급 등에 관하여 보험회사와 보험계약자, 피보험자, 손해배상청구권자, 그 밖에 이해관계에 있는 자 사이에 분쟁이 있을 경우에는 금융감독원에 설치된 금융분쟁조정위원회의 조정을 받을 수 있으며, 분쟁조정 과정에서 계약자는 관계법령이 정하는 바에 따라 회사가 기록 및 유지·관리하는 자료의 열람(사본의 제공 또는 청취를 포함한다)을 요구할 수 있습니다.
② 회사는 일반금융소비자인 계약자가 조정을 통하여 주장하는 권리나 이익의 가액이 「금융소비자 보호에 관한 법률」 제42조에서 정하는 일정 금액 이내인 분쟁사건에 대하여 조정절차가 개시된 경우에는 관계법령이 정하는 경우를 제외하고는 소를 제기하지 않습니다.

제61조(관할법원) 이 보험계약에 관한 소송 및 민사조정은 보험회사의 본점 또는 지점 소재지 중 보험계약자 또는 피보험자가 선택하는 대한민국 내의 법원을 합의에 따른 관할법원으로 합니다.

제62조(준용규정) 이 계약은 대한민국 법에 따라 규율되고 해석되며, 약관에서 정하지 않은 사항은 「금융소비자 보호에 관한 법률」, 「상법」, 「민법」 등 관계법령을 따릅니다.

부록

관계법령

〈별표 1〉 대인배상, 무보험자동차에 의한 상해 지급기준

가. 사 망

각 보장종목별 보험가입금액 한도 내에서 다음의 금액을 지급함.

항 목	지급기준
1. 장례비	지급액 : 5,000,000원
2. 위자료	가. 사망자 본인 및 유족의 위자료 (1) 사망 당시 피해자의 나이가 65세 미만인 경우 : 80,000,000원 (2) 사망 당시 피해자의 나이가 65세 이상인 경우 : 50,000,000원 나. 청구권자의 범위 및 청구권자별 지급기준 : 민법상 상속규정에 따름
3. 상실수익액	가. 산정방법 : 사망한 본인의 월평균 현실소득액(제세액공제)에서 본인의 생활비(월평균 현실소득액에 생활비율을 곱한 금액)를 공제한 금액에 취업가능월수에 해당하는 호프만 계수를 곱하여 산정(다만, 사망일부터 취업가능연한까지 월수에 해당하는 호프만 계수의 총합은 240을 한도로 함). 〈산 식〉 (월평균 현실소득액−생활비) × (사망일부터 보험금 지급일까지의 월수 + 보험금 지급일부터 취업가능연한까지 월수에 해당하는 호프만 계수) 나. 현실소득액의 산정방법 (1) 유직자 　(가) 산정대상기간 　　① 급여소득자 : 사고발생 직전 또는 사망 직전 과거 3개월로 하되, 계절적 요인 등에 따라 급여의 차등이 있는 경우와 상여금, 체력단련비, 연월차휴가보상금 등 매월 수령하는 금액이 아닌 것은 과거 1년간으로 함. 　　② 급여소득자 이외의 자 : 사고발생 직전 과거 1년간으로 하며, 기간이 1년 미만인 경우에는 계절적인 요인 등을 감안하여 타당한 기간으로 함. 　(나) 산정방법 　　1) 현실소득액을 증명할 수 있는 자 　　　세법에 의한 관계증빙서에 따라 소득을 산정할 수 있는 자에 한하여 다음과 같이 산정한 금액으로 함 　　　가) 급여소득자 　　　　피해자가 근로의 대가로서 받은 보수액에서 제세액을 공제한 금액. 그러나 피해자가 사망 직전에 보수액의 인상이 확정된 경우에는 인상된 금액에서 제세액을 공제한 금액 〈용어풀이〉 ① '급여소득자'라 함은 소득세법 제20조에서 규정한 근로소득을 얻고 있는 자로서 일용근로자 이외의 자를 말함. ② '근로의 대가로 받은 보수'라 함은 본봉, 수당, 성과급, 상여금, 체력단련비, 연월차휴가보상금 등을 말하며, 실비변상적인 성격을 가진 대가는 제외함. ③ '세법에 따른 관계증빙서'라 함은 사고발생 전에 신고하거나 납부하여 발행된 관계증빙서를 말함. 다만, 신규취업자, 신규사업개시자 또는 사망 직전에 보수액의 인상이 확정된 경우에 한하여 세법 규정에 따라 정상적으로 신고하거나 납부(신고 또는 납부가 지체된 경우는 제외함)하여 발행된 관계증빙서를 포함함.

나) 사업소득자

① 세법에 따른 관계증빙서에 따라 증명된 수입액에서 그 수입을 위하여 필요한 제경비 및 제세액을 공제하고 본인의 기여율을 감안하여 산정한 금액

〈산 식〉

[연간 수입액 − 주요 경비 − (연간 수입액 × 기준경비율) − 제세공과금] × 노무기여율 × 투자비율

(주)

1. 제 경비가 세법에 따른 관계증빙서에 따라 증명되는 경우에는 위 기준경비율 또는 단순경비율을 적용하지 않고 그 증명된 경비를 공제함.
2. 소득세법 등에 의해 단순경비율 적용대상자는 기준경비율 대신 그 비율을 적용함.
3. 투자비율은 증명이 불가능할 때에는 '1/동업자수'로 함.
4. 노무기여율은 85/100를 한도로 타당한 율을 적용함.

② 본인이 없더라도 사업의 계속성이 유지될 수 있는 경우에는 위 ①의 산식에 따르지 않고 일용근로자 임금을 인정함.
③ 위 ①에 따라 산정한 금액이 일용근로자 임금에 미달한 경우에는 일용근로자 임금을 인정함.

〈용어풀이〉

① 이 보험계약에서 사업소득자라 함은 소득세법 제19조에서 규정한 소득을 얻고 있는 자를 말함.
② 이 보험계약에서 일용근로자 임금이라 함은 「통계법」 제15조에 의한 통계작성 지정기관(대한건설협회, 중소기업중앙회)이 「통계법」 제17조에 따라 조사·공표한 노임 중 공사부문은 보통인부, 제조부문은 단순노무종사원의 임금을 적용하여 아래와 같이 산정함.

〈산 식〉

(공사부문 보통인부임금 + 제조부문 단순노무종사원임금)/2
* 월 임금 산출시 25일을 기준으로 산정

다) 그 밖의 유직자(이자소득자, 배당소득자 제외)
세법상의 관계증빙서에 따라 증명된 소득액에서 제세액을 공제한 금액. 다만, 부동산임대소득자의 경우에는 일용근로자 임금을 인정하며, 이 기준에서 정한 여타의 증명되는 소득이 있는 경우에는 그 소득과 일용근로자 임금 중 많은 금액을 인정함.
라) 위 가), 나), 다)에 해당하는 자로서 기술직 종사자는 「통계법」 제15조에 의한 통계작성지정기관(공사부문 : 대한건설협회, 제조부문 : 중소기업중앙회)이 「통계법」 제17조에 따라 조사, 공표한 노임에 의한 해당직종 임금이 많은 경우에는 그 금액을 인정함. 다만, 사고 발생 직전 1년 이내 해당 직종에 종사하고 있었음을 관련 서류를 통해 객관적으로 증명한 경우에 한함.

〈용어풀이〉

기술직 종사자가 '관련 서류를 통해 객관적으로 증명한 경우'라 함은 자격증, 노무비 지급확인서 등의 입증 서류를 보험회사로 제출한 것을 말함.

2) 현실소득액을 증명하기 곤란한 자

세법에 의한 관계증빙서에 따라 소득을 산정할 수 없는 자는 다음과 같이 산정한 금액으로 함.

가) 급여소득자

일용근로자 임금

나) 사업소득자

일용근로자 임금

다) 그 밖의 유직자

일용근로자 임금

라) 위 가), 나), 다)에 해당하는 자로서 기술직 종사자는 「통계법」 제5 조에 의한 통계작성지정기관(공사부문 : 대한건설협회, 제조부문 : 중소기업중앙회)이 「통계법」 제17조에 따라 조사, 공표한 노임에 의한 해당직종 임금이 많은 경우에는 그 금액을 인정함. 다만, 사고 발생 직전 1년 이내 해당 직종에 종사하고 있었음을 관련 서류를 통해 객관적으로 증명한 경우에 한함.

3) 미성년자로서 현실소득액이 일용근로자 임금에 미달한 자 : 19세에 이르기까지는 현실소득액, 19세 이후는 일용근로자 임금

(2) 가사종사자 : 일용근로자 임금

(3) 무직자(학생 포함) : 일용근로자 임금

(4) 현역병 등 군 복무해당자(복무예정자 포함) : 일용근로자 임금

(5) 소득이 두 가지 이상인 자

(가) 세법에 따른 관계증빙서에 따라 증명된 소득이 두 가지 이상 있는 경우에 는 그 합산액을 인정함.

(나) 세법에 따른 관계증빙서에 따라 증명된 소득과 증명 곤란한 소득이 있는 때 혹은 증명이 곤란한 소득이 두 가지 이상 있는 경우에 이 기준에 따라 인정하는 소득 중 많은 금액을 인정함.

(6) 외국인

(가) 유직자

① 국내에서 소득을 얻고 있는 자로서 그 증명이 가능한 자 : 위 1)의 현실소득액의 증명이 가능한 자의 현실소득액 산정방법으로 산정한 금액

② 위 ① 이외의 자 : 일용근로자 임금

(나) 무직자(학생 및 미성년자 포함) : 일용근로자 임금

다. 생활비율 : 1/3

라. 취업가능월수

(1) 취업가능연한을 65세로 하여 취업가능월수를 산정함. 다만, 법령, 단체협약 또는 그 밖의 별도의 정년에 관한 규정이 있으면 이에 의하여 취업가능월수를 산정하며, 피해자가 「농업·농촌 및 식품산업기본법」 제3조 제2호에 따른 농 업인이나 「수산업·어촌발전기본법」 제3조 제3호에 따른 어업인일 경우(피해 자가 객관적 자료를 통해 증명한 경우에 한함)에는 취업가능연한을 70세로 하여 취업가능월수를 산정함.

(2) 피해자가 사망 당시(후유장애를 입은 경우에는 노동능력상실일) 62세 이상인 경우에는 다음의 「62세 이상 피해자의 취업가능월수」에 의하되, 사망일 또는 노동능력상실일부터 정년에 이르기까지는 월현실소득액을, 그 이후부터 취업 가능월수까지는 일용근로자 임금을 인정함

〈62세 이상 피해자의 취업가능월수〉	
피해자의 나이	**취업가능월수**
62세부터 67세 미만	36월
67세부터 76세 미만	24월
76세 이상	12월

(3) 취업가능연한이 사회통념상 65세 미만인 직종에 종사하는 자인 경우 해당 직종
  에 타당한 취업가능연한 이후 65세에 이르기까지의 현실소득액은 사망 또는
  노동능력 상실 당시의 일용근로자 임금을 인정함.

(4) 취업시기는 19세로 함.

(5) 외국인

(가) 적법한 일시체류자[*1]인 경우 생활 본거지인 본국의 소득기준을 적용함.
  다만 적법한 일시체류자가 국내에서 취업활동을 한 경우 아래 (다)를 적
  용함.

(나) 적법한 취업활동자[*2]인 경우 외국인 근로자의 적법한 체류기간 동안은
  국내의 소득기준을 적용하고, 적법한 체류기간 종료 후에는 본국의 소득기
  준을 적용함. 다만, 사고 당시 남은 적법한 체류기간이 3년 미만인 경우
  사고일부터 3년간 국내의 소득기준을 적용함.

(다) 그 밖의 경우 사고일부터 3년은 국내의 소득기준을, 그 후부터는 본국의
  소득기준을 적용함.

(*1) '적법한 일시체류자'라 함은 국내 입국허가를 득하였으나 취업활동의 허
  가를 얻지 못한 자를 말합니다.

(*2) '적법한 취업활동자'라 함은 국내 취업활동 허가를 얻은 자를 말합니다.

마. 호프만 계수 : 법정이율 월 5/12%, 단리에 따라 중간이자를 공제하고 계산하는
  방법

〈산 식〉

$$\frac{1}{1+i} + \frac{1}{1+2i} + \cdots\cdots + \frac{1}{1+ni}$$

$i = 5/12\%$, $n =$ 취업가능월수

나. 부 상

각 보장종목별 보험가입금액 한도 내에서 다음의 금액을 지급하되, 「대인배상Ⅰ」은 「자동차손해배상보장법시행령」[별표 1]에서 정한 상해급별 보상한도 내에서 지급함.

항 목	지급기준
1. 적극손해	가. 구조수색비 : 사회통념상으로 보아 필요타당한 실비 나. 치료관계비: 의사의 진단 기간에서 치료에 소요되는 다음의 비용(외국에서 치료를 받은 경우에는 국내의료기관에서의 치료에 소요되는 비용 상당액. 다만, 국내의료기관에서 치료가 불가능하여 외국에서 치료를 받는 경우에는 그에 소요되는 타당한 비용)으로 하되, 관련 법규에서 환자의 진료비로 인정하는 선택진료비를 포함함. 다만, 「자동차손해배상보장법 시행령」〈별표1〉에서 정한 상해급별 구분 중 12급 내지 14급에 해당하는 교통사고 환자가 상해를 입은 날로부터 4주를 경과한 후에도 의학적 소견에 따른 향후 치료를 요하는 경우에는 의료법에 따른 진단서상 향후 치료에 대한 소견 범위에 기재된 치료기간 내 치료에 소요되는 비용으로 함 (1) 입원료 　(가) 입원료는 대중적인 일반병실(이하 '기준병실'이라 함)의 입원료를 지급함. 다만, 의사가 치료상 부득이 기준병실보다 입원료가 비싼 병실(이하 '상급병실'이라 함)에 입원하여야 한다고 판단하여 상급병실에 입원하였을 때에는 그 병실의 입원료를 지급함. 　(나) 병실의 사정으로 부득이 상급병실에 입원하였을 때에는 7일의 범위에서는 그 병실의 입원료를 지급함. 만약, 입원일수가 7일을 넘을 때에는 그 넘는 기간은 기준병실의 입원료와 상급병실의 입원료와의 차액은 지급하지 아니함. 　(다) 피보험자나 피해자의 희망으로 상급병실에 입원하였을 때는 기준병실의 입원료와 상급병실의 입원료와의 차액은 지급하지 아니함. (2) 응급치료, 호송, 진찰, 전원, 퇴원, 투약, 수술(성형수술 포함), 처치, 의지, 의치, 안경, 보청기 등에 소요되는 필요타당한 실비 (3) 치아보철비 : 금주조관보철(백금관보철 포함)에 소요되는 비용. 다만, 치아보철물이 외상으로 인하여 손상 또는 파괴되어 사용할 수 없게 된 경우에는 원상회복에 소요되는 비용
2. 위자료	가. 청구권자의 범위 : 피해자 본인 나. 지급기준 : 책임보험 상해구분에 따라 다음과 같이 급별로 인정함. (단위 : 만원) 다. 과실상계 후 후유장애 상실수익액과 가정간호비가 후유장애 보험금 보상한도를 초과하는 경우에는 부상보험금 한도 내에서 부상 위자료를 지급함.
3. 휴업손해	가. 산정방법 : 부상으로 인하여 휴업함으로써 수입의 감소가 있었음을 관계서류를 통해 증명할 수 있는 경우에 한하여 휴업기간 중 피해자의 실제 수입감소액의 85% 해당액을 지급함. 〈용어풀이〉 '관계서류를 통해 증명할 수 있는 경우'라 함은 세법상 관계서류 또는 기타 객관적으로 인정되는 자료 등을 통해 증명한 경우를 말함.

(2. 위자료 지급기준 표)

급 별	인정액	급 별	인정액	급 별	인정액	급 별	인정액
1	200	5	75	9	25	13	15
2	176	6	50	10	20	14	15
3	152	7	40	11	20		
4	128	8	30	12	15		

〈산 식〉

$$1일\ 수입감소액 \times 휴업일수 \times \frac{85}{100}$$

나. 휴업일수의 산정
  (1) 휴업일수의 산정 : 피해자의 상해정도를 감안, 치료 기간의 범위에서 인정함.
  (2) 사고 당시 피해자의 나이가 취업가능연한을 초과한 경우, 휴업일수를 산정하지 아니함. 다만, 위 가.에 따라 관계서류를 통해 증명한 경우에는 인정함.
  (3) 취업가능연한 : 65세를 기준으로 함. 다만, 법령, 단체협약 또는 그 밖의 별도의 정년에 관한 규정이 있으면 이에 의하며, 피해자가 「농업·농촌 및 식품산업기본법」 제3조 제2호에 따른 농업인이나 「수산업·어촌발전기본법」 제3조 제3호에 따른 어업인일 경우(피해자가 객관적 자료를 통해 증명한 경우에 한함)에는 70세로 함.

다. 수입감소액의 산정
  (1) 유직자
    (가) 사망한 경우 현실소득액의 산정방법에 따라 산정한 금액을 기준으로 하여 수입감소액을 산정함.
    (나) 실제의 수입감소액이 위 (가)의 기준으로 산정한 금액에 미달하는 경우에는 실제의 수입감소액으로 함.
  (2) 가사종사자
    (가) 일용근로자 임금을 수입감소액으로 함.

┌─〈용어풀이〉─
가사종사자라 함은 사고 당시 2인 이상으로 구성된 세대에서 경제활동을 하지 않고 가사활동에 종사하는 자로서 주민등록 관계서류와 세법상 관계서류 등을 통해 해당 사실을 증명한 사람을 말함.
└─

  (3) 무직자
    (가) 무직자는 수입의 감소가 없는 것으로 함.
    (나) 유아, 연소자, 학생, 연금생활자, 그 밖의 금리나 임대료에 의한 생활자는 수입의 감소가 없는 것으로 함.
  (4) 소득이 두가지 이상의 자
    사망한 경우 현실소득액의 산정방법과 동일
  (5) 외국인
    사망한 경우 현실소득액의 산정방법과 동일

4. 간병비

가. 청구권자의 범위 : 피해자 본인
나. 인정대상
  (1) 책임보험 상해구분상 1~5급에 해당하는 자 중 객관적인 증빙자료를 제출한 경우 인정함.
  (2) 동일한 사고로 부모 중 1인이 사망 또는 상해등급 1~5급의 상해를 입은 7세 미만의 자 중 객관적인 증빙자료를 제출한 경우 인정함.
  (3) 「의료법」 제4조의2에 따른 비용을 보험회사가 부담하는 경우에는 비용 및 기간에 관계없이 인정하지 않음.

┌─〈용어풀이〉─
'객관적인 증빙자료'라 함은 진단서, 진료기록, 입원기록, 가족관계증명서 등 보험회사가 상해등급과 신분관계를 판단할 수 있는 서류를 말함.
└─

다. 지급기준
(1) 위 인정대상 (1)에 해당하는 자는 책임보험 상해구분에 따라 다음과 같이 상해 등급별 인정일수를 한도로 하여 실제 입원기간을 인정함.
(2) 위 인정대상 (2)에 해당하는 자는 최대 60일을 한도로 하여 실제 입원기간을 인정함.
(3) 간병인원은 1일 1인 이내에 한하며, 1일 일용근로자 임금을 기준으로 지급함.
(4) 위 (1)과 (2)의 간병비가 피해자 1인에게 중복될 때에는 양자 중 많은 금액을 지급함.

상해등급	인정일수
1급 ~ 2급	60일
3급 ~ 4급	30일
5급	15일

5. 그 밖의 손해배상금	위 1. 내지 4. 외에 그 밖의 손해배상금으로 다음의 금액을 지급함. 가. 입원하는 경우 　입원기간 중 한 끼당 4,030원(병원에서 환자의 식사를 제공하지 않거나 환자의 요청에 따라 병원에서 제공하는 식사를 이용하지 않는 경우에 한함) 나. 통원하는 경우 　실제 통원한 일수에 대하여 1일 8,000원

다. 후유장애

각 보장종목별 보험가입금액 한도 내에서 다음의 금액을 지급하되, 「대인배상Ⅰ」은 「자동차손해배상보장법 시행령」 [별표 2]에서 정한 후유장애급별 보상한도 내에서 지급함.

항 목	지급 기준
1. 위자료	가. 청구권자의 범위 : 피해자 본인 나. 지급기준 : 노동능력상실률에 따라 (1)항 또는 (2)항에 의해 산정한 금액을 피해자 본인에게 지급함. 　(1) 노동능력상실률이 50% 이상인 경우 　　(가) 후유장애 판정 당시[*1] 피해자의 나이가 65세 미만인 경우 : 　　　45,000,000원 × 노동능력상실률 × 85% 　　(나) 후유장애 판정 당시[*1] 피해자의 나이가 65세 이상인 경우 : 　　　40,000,000원 × 노동능력상실률 × 85% 　　(다) 상기 (가), (나)에도 불구하고 피해자가 이 약관에 따른 가정간호비 지급 대상인 경우에는 아래 기준을 적용함 　　　① 후유장애 판정 당시[*1] 피해자의 나이가 65세 미만인 경우 : 　　　　80,000,000원 × 노동능력상실률 × 85% 　　　② 후유장애 판정 당시[*1] 피해자의 나이가 65세 이상인 경우 : 　　　　50,000,000원 × 노동능력상실률 × 85% 　　(*1) 후유장애 판정에 대한 다툼이 있을 경우 최초 후유장애 판정시점의 피해자 연령을 기준으로 후유장애 위자료를 산정합니다.

(2) 노동능력상실률이 50% 미만인 경우

(단위 : %, 만원)

노동능력상실률	인정액
45% 이상 50% 미만	400
35% 이상 45% 미만	240
27% 이상 35% 미만	200
20% 이상 27% 미만	160
14% 이상 20% 미만	120
9% 이상 14% 미만	100
5% 이상 9% 미만	80
0 초과 5% 미만	50

다. 후유장애 상실수익액을 지급하는 경우에는 후유장애 위자료를 지급함. 다만, 부상 위자료 해당액이 더 많은 경우에는 그 금액을 후유장애 위자료로 지급함.

2. 상실수익액

가. 산정방법 : 피해자가 노동능력을 상실한 경우 피해자의 월평균 현실소득액에 노동능력상실률과 노동능력상실기간에 해당하는 호프만 계수를 곱하여 산정함(다만, 소득의 상실이 없는 경우에는 치아보철로 인한 후유장애에 대해서는 지급하지 아니함).

〈산 식〉

월평균 현실소득액 × 노동능력상실률 × (노동능력상실일부터 보험금 지급일까지의 월수 + 보험금 지급일부터 취업가능연한까지의 월수에 해당하는 호프만 계수)

나. 현실소득액의 산정방법
(1) 유직자
(가) 산정대상기간
① 급여소득자 : 사고발생 직전 또는 노동능력상실 직전 과거 3개월로 하되, 계절적 요인 등에 따라 급여의 변동이 있는 경우와 상여금, 체력단련비, 연월차휴가보상금 등 매월 수령하는 금액이 아닌 것은 과거 1년간으로 함.
② 급여소득자 이외의 자 : 사고발생 직전 과거 1년간으로 하며, 그 기간이 1년 미만인 경우에는 계절적인 요인 등을 감안하여 타당한 기간으로 함.
(나) 산정방법
사망한 경우 현실소득액의 산정방법과 동일
(2) 가사종사자
사망한 경우 현실소득액의 산정방법과 동일
(3) 무직자(학생포함)
사망한 경우 현실소득액의 산정방법과 동일
(4) 현역병 등 군 복무해당자
사망한 경우 현실소득액의 산정방법과 동일
(5) 소득이 두 가지 이상인 자
사망한 경우 현실소득액의 산정방법과 동일
(6) 외국인
사망한 경우 현실소득액의 산정방법과 동일

	다. 노동능력상실률 맥브라이드식 후유장애 평가방법에 따라 일반의 옥내 또는 옥외 근로자를 기준으로 실질적으로 부상 치료 진단을 실시한 의사 또는 해당 과목 전문의가 진단·판정한 타당한 노동능력상실률을 적용하며, 그 판정과 관련하여 다툼이 있을 경우 보험금 청구권자와 보험회사가 협의하여 정한 제3의 전문의료기관의 전문의에게 판정을 의뢰할 수 있음. 라. 노동능력상실기간 사망한 경우 취업가능월수와 동일 마. 호프만 계수 사망한 경우와 동일
3. 가정간호비	가. 인정대상 치료가 종결되어 더 이상의 치료효과를 기대할 수 없게 된 때에 1인 이상의 해당 전문의로부터 노동능력상실률 100%의 후유장애 판정을 받은 자로서 다음 요건에 해당하는 '식물인간상태의 환자 또는 척수손상으로 인한 사지완전마비 환자'로 생명유지에 필요한 일상생활의 처리동작에 있어 항상 다른 사람의 개호를 요하는 자 (1) 식물인간상태의 환자 뇌손상으로 다음 항목에 모두 해당되는 상태에 있는 자 (가) 스스로는 이동이 불가능하다. (나) 자력으로는 식사가 불가능하다. (다) 대소변을 가릴 수 없는 상태이다. (라) 안구는 겨우 물건을 쫓아가는 수가 있으나, 알아보지는 못한다. (마) 소리를 내도 뜻이 있는 말은 못한다. (바) '눈을 떠라', '손으로 물건을 쥐어라'하는 정도의 간단한 명령에는 가까스로 응할 수 있어도 그 이상의 의사소통은 불가능하다. (2) 척수손상으로 인한 사지완전마비 환자 척수손상으로 인해 양팔과 양다리가 모두 마비된 환자로서 다음 항목에 모두 해당되는 자 (가) 생존에 필요한 일상생활의 동작(식사, 배설, 보행 등)을 자력으로 할 수 없다. (나) 침대에서 몸을 일으켜 의자로 옮기거나 집안에서 걷기 등의 자력이동이 불가능하다. (다) 욕창을 방지하기 위해 수시로 체위를 변경시켜야 하는 등 다른 사람의 상시 개호를 필요로 한다. 나. 지급기준 가정간호 인원은 1일 1인 이내에 한하며, 가정간호비는 일용근로자 임금을 기준으로 보험금수령권자의 선택에 따라 일시금 또는 퇴원일부터 향후 생존기간에 한하여 매월 정기금으로 지급함.

〈별표 2〉 대물배상 지급기준

항 목	지급기준
1. 수리비용	**가. 지급대상** 원상회복이 가능하여 수리하는 경우 **나. 인정기준액** (1) 수리비 사고 직전의 상태로 원상회복하는데 소요되는 필요 타당한 비용으로서 실제 수리비용 다만, 경미한 손상[*1]의 경우 보험개발원이 정한 경미손상 수리기준에 따라 복원수리하는데 소요되는 비용을 한도로 함 (*1) 외장부품 중 자동차의 기능과 안전성을 고려할 때 부품교체 없이 복원이 가능한 손상 (2) 열처리 도장료 수리시 열처리 도장을 한 경우 차량연식에 관계없이 열처리 도장료 전액 (3) 한 도 수리비 및 열처리 도장료의 합계액은 피해물의 사고 직전 가액의 120%를 한도로 지급함. 다만, 피해물이 다음 중 어느 하나에 해당하는 경우에는 130%를 한도로 함 (가) 내용연수[*1]가 지난 경우 (나) 「여객자동차운수사업법」 제84조 제2항에 의한 차량충당연한을 적용받는 승용자동차나 승합자동차 (다) 「화물자동차운수사업법」 제57조 제1항에 의한 차량충당연한을 적용받는 화물자동차 (*1) 보험개발원의 「차량가액기준표」에서 정하는 내용연수를 말합니다.
2. 교환가액	**가. 지급대상** 피해물이 다음 중 어느 하나에 해당하는 경우 (1) 수리비용이 피해물의 사고 직전 가액을 초과하여 수리하지 않고 폐차하는 경우 (2) 원상회복이 불가능한 경우 **나. 인정기준액** (1) 사고 직전 피해물의 가액 상당액 (2) 사고 직전 피해물의 가액에 상당하는 동종의 대용품을 취득할 때 실제로 소요된 필요타당한 비용
3. 대차료	**가. 대 상** 비사업용 자동차(건설기계 포함)가 파손 또는 오손되어 가동하지 못하는 기간 동안에 다른 자동차를 대신 사용할 필요가 있는 경우 **나. 인정기준액** (1) 대차를 하는 경우 (가) 대여자동차는 「여객자동차운수사업법」에 따라 등록한 대여사업자에게서 차량만을 빌릴 때를 기준으로 동급[*1]의 대여자동차 중 최저요금의 대여자동차를 빌리는데 소요되는 통상의 요금[*2] 다만, 피해차량이 사고시점을 기준으로 「여객자동차운수사업법」에 따른 운행연한 초과로 동급의 대여차동차를 구할 수 없는 경우에는 피해차량과 동일한 규모[*3]의 대여자동차 중 최저요금의 대여자동차를 기준으로 함. (*1) "동급"이라 함은 배기량, 연식이 유사한 차량을 말합니다. (*2) "통상의 요금"이라 함은 자동차 대여시장에서 소비자가 자동차대여사업자로부터 자동차를 빌릴 때 소요되는 합리적인 시장가격을 말합니다. (*3) "규모"라 함은 「자동차관리법 시행규칙」 별표 1 자동차의 종류 중 규모별 세부기준(경형, 소형, 중형, 대형)에 따른 자동차의 규모를 말합니다. (나) 대여자동차가 없는 차종[*1]은 보험개발원이 산정한 사업용 해당차종(사업용 해당 차종의 구분이 곤란할 때에는 사용방법이 유사한 차종으로 하며, 이하 같음) 휴차료 일람표 범위에서 실임차료. 다만, 5톤 이하 또는 밴형 화물자동차 및 대형 이륜자동차(260cc 초과)의 경우 중형승용차급 중 최저요금 한도로 대차 가능

	(*1) "대여자동차가 없는 차종"이라 함은 「여객자동차운수사업법」 제30조에 따라 자동차대여사업에 사용할 수 있는 자동차 외의 차종을 말합니다.
	(2) 대차를 하지 않는 경우
	   (가) 동급의 대여자동차가 있는 경우 : 해당 차량과 동급의 최저요금 대여자동차 대여시 소요되는 통상의 요금의 35% 상당액
	   (나) 「여객자동차운수사업법」에 따른 운행연한 초과로 동급의 대여자동차를 구할 수 없는 경우 : 위 (1)-(가) 단서에 따라 대차를 하는 경우 소요되는 대차료의 35% 상당액
	   (다) 대여자동차가 없는 경우 : 사업용 해당 차종 휴차료 일람표 금액의 35% 상당액
	다. 인정기간
	(1) 수리가능한 경우
	   수리를 위해 자동차정비업자에게 인도하여 수리가 완료될 때까지 소요된 기간으로 하되, 25일(실제 정비작업시간이 160시간을 초과하는 경우에는 30일)을 한도로 함.
	   다만, 부당한 수리지연이나 출고지연 등의 사유로 인해 통상의 수리기간[*1]을 초과하는 기간은 인정하지 않음.
	   (*1) "통상의 수리기간"이라 함은 보험개발원이 과거 3년간 렌트기간과 작업시간 등과의 상관관계를 합리적으로 분석하여 산출한 수리기간(범위)를 말합니다.
	(2) 수리 불가능한 경우 : 10일

4. 휴차료	가. 지급대상
	사업용 자동차(건설기계 포함)가 파손 또는 오손되어 사용하지 못하는 기간 동안에 발생하는 타당한 영업손해
	나. 인정기준액
	(1) 증명자료가 있는 경우
	   1일 영업수입에서 운행경비를 공제한 금액에 휴차 기간을 곱한 금액
	(2) 증명자료가 없는 경우
	   보험개발원이 산정한 사업용 해당 차종 휴차료 일람표 금액에 휴차 기간을 곱한 금액
	다. 인정기간
	(1) 수리가능한 경우
	   (가) 수리를 위해 자동차정비업자에게 인도하여 수리가 완료될 때까지의 기간으로 하되, 30일을 한도로 함.
	   (나) 「여객자동차운수사업법 시행규칙」에 의하여 개인택시운송사업 면허를 받은 자가 부상으로 자동차의 수리가 완료된 후에도 자동차를 운행할 수 없는 경우에는 사고일부터 30일을 초과하지 않는 범위에서 운행하지 못한 기간으로 함.
	(2) 수리 불가능한 경우 : 10일

5. 영업손실	가. 지급대상
	소득세법령에 정한 사업자의 사업장 또는 그 시설물을 파괴하여 휴업함으로써 상실된 이익
	나. 인정기준액
	(1) 증명자료가 있는 경우
	   소득을 인정할 수 있는 세법에 따른 관계증빙서에 의하여 산정한 금액
	(2) 증명자료가 없는 경우
	   일용근로자 임금
	다. 인정기간
	(1) 원상복구에 소요되는 기간으로 함. 그러나 합의지연 또는 부당한 복구지연으로 연장되는 기간은 휴업기간에 넣지 아니함.
	(2) 영업손실의 인정기간은 30일을 한도로 함.

6. 자동차시세 하락손해	가. 지급대상 사고로 인한 자동차(출고 후 5년 이하인 자동차에 한함)의 수리비용이 사고 직전 자동차가액이 20%를 초과하는 경우 나. 인정기준액 (1) 출고 후 1년 이하인 자동차 : 수리비용의 20% (2) 출고 후 1년 초과 2년 이하인 자동차 : 수리비용의 15% (3) 출고 후 2년 초과 5년 이하인 자동차 : 수리비용의 10%

〈별표 3〉 과실상계 등

항 목	지급 기준
1. 과실상계	가. 과실상계의 방법 (1) 이 기준의 「대인배상Ⅰ」, 「대인배상Ⅱ」, 「대물배상」에 의하여 산출한 금액에 대하여 피해자 측의 과실비율에 따라 상계하며, 「무보험자동차에 의한 상해」의 경우에는 피보험자의 과실 비율에 따라 상계함. (2) 「대인배상Ⅰ」에서 사망보험금은 위 (1)에 의하여 상계한 후의 금액이 2,000만원에 미달하 면 2,000만원을 보상하며, 부상보험금의 경우 위 (1)에 의하여 상계한 후의 금액이 치료관계 비와 간병비의 합산액에 미달하면 치료관계비(입원환자 식대를 포함)와 간병비를 보상함. (3) 「대인배상Ⅱ」 또는 「무보험자동차에 의한 상해」에서 사망보험금, 부상보험금 및 후유장애 보험금을 합산한 금액을 기준으로 위 (1)에 의하여 상계한 후의 금액이 치료관계비와 간병비 의 합산액에 미달하면 치료관계비(입원환자 식대를 포함하며, 「대인배상Ⅰ」에서 지급될 수 있는 금액을 공제)와 간병비를 보상함. 나. 과실비율의 적용기준 별도로 정한 자동차사고 과실비율의 인정기준을 참고하여 산정하고, 사고유형이 그 기준에 없거 나 그 기준에 의한 과실비율의 적용이 곤란할 때에는 판결례를 참작하여 적용함. 그러나 소송이 제기되었을 경우에는 확정판결에 의한 과실비율을 적용함.
2. 손익상계	보험사고로 인하여 다른 이익을 받을 경우 이를 상계하여 보험금을 지급함.
3. 동승자에 대한 감액	피보험자동차에 동승한 자는 〈별표 4〉의 「동승자 유형별 감액비율표」에 따라 감액함.
4. 기왕증	가. 기왕증[*1]으로 인한 손해는 보상하지 아니함. 다만, 당해 자동차사고로 인하여 기왕증이 악화된 경우에는 기왕증이 손해에 관여한 정도(기왕증 관여도)를 반영하여 보상함. 나. 기왕증은 해당 과목 전문의가 판정한 비율에 따라 공제함. 다만, 그 판정에 다툼이 있을 경우 보험금 청구권자와 보험회사가 협의하여 정한 제3의 전문의료기관의 전문의에게 판정을 의뢰할 수 있음. (*1) "기왕증"이라 함은 당해 자동차사고가 있기 전에 이미 가지고 있던 증상으로 특이체질 및 병적 소인 등을 포함하는 것을 말합니다.

〈별표 4〉 동승자 유형별 감액비율표

1. 기준요소

동승의 유형 및 운행목적	감액비율[*1]
동승자의 강요 및 무단 동승	100%
음주운전자의 차량 동승	40%
동승자의 요청 동승	30%
상호 의논합의 동승	20%
운전자의 권유 동승	10%
운전자의 강요 동승	0%

(*1) 다만, 피보험자와 동승자가 「여객자동차운수사업법」에 따른 토요일, 일요일 및 공휴일을 제외한 날의 출·퇴근 시간대(오전 7시부터 오전 9시까지 및 오후 6시부터 오후 8시까지를 말한다)에 실제의 출·퇴근 용도로 자택과 직장 사이를 이동하면서 승용차 함께타기를 실시한 경우에는 위 동승자 감액비율을 적용하지 않습니다.

2. 수정요소

수정요소	수정비율
동승자의 동승과정에 과실이 있는 경우	+10~20%

〈부표〉 보험금을 지급할 때의 적립이율(제26조 제2항 및 제30조 제5항 관련)

기 간	지 급 이 자
지급기일의 다음 날부터 30일 이내 기간	보험계약대출이율
지급기일의 31일 이후부터 60일 이내 기간	보험계약대출이율 + 가산이율(4.0%)
지급기일의 61일 이후부터 90일 이내 기간	보험계약대출이율 + 가산이율(6.0%)
지급기일의 91일 이후 기간	보험계약대출이율 + 가산이율(8.0%)

주) 보험계약대출이율은 보험개발원이 공시하는 보험계약대출이율을 적용합니다.

02 | 자동차관리법 시행규칙 [별표 1]

자동차의 종류(제2조 관련)

1. 규모별 세부기준

종 류	경 형		소 형	중 형	대 형
	초소형	일반형			
승용 자동차	배기량이 250시시(전기자동차의 경우 최고정격출력이 15킬로와트) 이하이고, 길이 3.6미터·너비 1.5미터·높이 2.0미터 이하인 것	배기량이 1,000시시 미만이고, 길이 3.6미터·너비 1.6미터·높이 2.0미터 이하인 것	배기량이 1,600시시 미만이고, 길이 4.7미터·너비 1.7미터·높이 2.0미터 이하인 것	배기량이 1,600시시 이상 2,000시시 미만이거나, 길이·너비·높이 중 어느 하나라도 소형을 초과하는 것	배기량이 2,000시시 이상이거나, 길이·너비·높이 모두 소형을 초과하는 것
승합 자동차	배기량이 1,000시시 미만이고, 길이 3.6미터·너비 1.6미터·높이 2.0미터 이하인 것		승차정원이 15인 이하이고, 길이 4.7미터·너비 1.7미터·높이 2.0미터 이하인 것	승차정원이 16인 이상 35인 이하이거나, 길이·너비·높이 중 어느 하나라도 소형을 초과하고, 길이가 9미터 미만인 것	승차정원이 36인 이상이거나, 길이·너비·높이 모두 소형을 초과하고, 길이가 9미터 이상인 것
화물 자동차	배기량이 250시시(전기자동차의 경우 최고정격출력이 15킬로와트) 이하이고, 길이 3.6미터·너비 1.5미터·높이 2.0미터 이하인 것	배기량이 1,000시시 미만이고, 길이 3.6미터·너비 1.6미터·높이 2.0미터 이하인 것	최대적재량이 1톤 이하이고, 총중량이 3.5톤 이하인 것	최대적재량이 1톤 초과 5톤 미만이거나, 총중량이 3.5톤 초과 10톤 미만인 것	최대적재량이 5톤 이상이거나, 총중량이 10톤 이상인 것
특수 자동차	배기량이 1,000시시 미만이고, 길이 3.6미터·너비1.6미터·높이 2.0미터 이하인 것		총중량이 3.5톤 이하인 것	총중량이 3.5톤 초과 10톤 미만인 것	총중량이 10톤 이상인 것
이륜 자동차	배기량이 50시시 미만(최고정격출력 4킬로와트 이하)인 것		배기량이 100시시 이하(최고정격출력 11킬로와트 이하)인 것	배기량이 100시시 초과 260시시 이하(최고정격출력 11킬로와트 초과 15킬로와트 이하)인 것	배기량이 260시시(최고정격출력 15킬로와트)를 초과하는 것

2. 유형별 세부기준

종 류	유형별	세부기준
승용 자동차	일반형	2개 내지 4개의 문이 있고, 전후 2열 또는 3열의 좌석을 구비한 유선형인 것
	승용겸화물형	차실안에 화물을 적재하도록 장치된 것
	다목적형	후레임형이거나 4륜구동장치 또는 차동제한장치를 갖추는 등 험로운행이 용이한 구조로 설계된 자동차로서 일반형 및 승용겸화물형이 아닌 것
	기타형	위 어느 형에도 속하지 아니하는 승용자동차인 것
승합 자동차	일반형	주목적이 여객운송용인 것
	특수형	특정한 용도(장의·헌혈·구급·보도·캠핑 등)를 가진 것
화물 자동차	일반형	보통의 화물운송용인 것
	덤프형	적재함을 원동기의 힘으로 기울여 적재물을 중력에 의하여 쉽게 미끄러뜨리는 구조의 화물운송용인 것
	밴 형	지붕구조의 덮개가 있는 화물운송용인 것
	특수용도형	특정한 용도를 위하여 특수한 구조로 하거나, 기구를 장치한 것으로서 위 어느 형에도 속하지 아니하는 화물운송용인 것
특수 자동차	견인형	피견인차의 견인을 전용으로 하는 구조인 것
	구난형	고장·사고 등으로 운행이 곤란한 자동차를 구난·견인 할 수 있는 구조인 것
	특수용도형	위 어느 형에도 속하지 아니하는 특수용도용인 것
이륜 자동차	일반형	자전거로부터 진화한 구조로서 사람 또는 소량의 화물을 운송하기 위한 것
	특수형	경주·오락 또는 운전을 즐기기 위한 경쾌한 구조인 것
	기타형	3륜 이상인 것으로서 최대적재량이 100kg 이하인 것

[비고]
1. 위 표 제1호 및 제2호에 따른 화물자동차 및 이륜자동차의 범위는 다음 각 목의 기준에 따른다.
   가. 화물자동차 : 화물을 운송하기 적합하게 바닥 면적이 최소 2제곱미터 이상(소형·경형화물자동차로서 이동용 음식판매 용도인 경우에는 0.5제곱미터 이상, 그 밖에 초소형화물차 및 특수용도형의 경형화물자동차는 1제곱미터 이상을 말한다)인 화물적재공간을 갖춘 자동차로서 다음 각 호의 1에 해당하는 자동차
      1) 승차공간과 화물적재공간이 분리되어 있는 자동차로서 화물적재공간의 윗부분이 개방된 구조의 자동차, 유류·가스 등을 운반하기 위한 적재함을 설치한 자동차 및 화물을 싣고 내리는 문을 갖춘 적재함이 설치된 자동차(구조·장치의 변경을 통하여 화물적재공간에 덮개가 설치된 자동차를 포함한다)
      2) 승차공간과 화물적재공간이 동일 차실내에 있으면서 화물의 이동을 방지하기 위해 칸막이벽을 설치한 자동차로서 화물적재공간의 바닥면적이 승차공간의 바닥면적(운전석이 있는 열의 바닥면적을 포함한다)보다 넓은 자동차
      3) 화물을 운송하는 기능을 갖추고 자체적하 기타작업을 수행할 수 있는 설비를 함께 갖춘 자동차
2. 위 표 제1호에 따른 규모별 세부기준에 대하여는 다음 각 목의 기준을 적용한다.
   가. 사용연료의 종류가 전기인 자동차의 경우에는 복수 기준 중 길이·너비·높이에 따라 규모를 구분하고, 「환경친화적 자동차의 개발 및 보급촉진에 관한 법률」 제2조 제5호에 따른 하이브리드 자동차는 복수 기준 중 배기량과 길이·너비·높이에 따라 규모를 구분한다.
   나. 복수의 기준중 하나가 작은 규모에 해당되고 다른 하나가 큰 규모에 해당되면 큰 규모로 구분한다.
   다. 이륜자동차의 최고정격출력(maximum continuous rated power)은 구동전동기의 최대의 부하(負荷, load) 상태에서 측정된 출력을 말한다.

건설기계의 범위(제2조 관련)

건설기계명	범 위
1. 불도저	무한궤도 또는 타이어식인 것
2. 굴착기	무한궤도 또는 타이어식으로 굴착장치를 가진 자체중량 1톤 이상인 것
3. 로 더	무한궤도 또는 타이어식으로 적재장치를 가진 자체중량 2톤 이상인 것. 다만, 차체굴절식 조향장치가 있는 자체중량 4톤 미만인 것은 제외한다.
4. 지게차	타이어식으로 들어올림장치와 조종석을 가진 것. 다만, 전동식으로 솔리드타이어를 부착한 것 중 도로(「도로교통법」 제2조 제1호에 따른 도로를 말하며, 이하 같다)가 아닌 장소에서만 운행하는 것은 제외한다.
5. 스크레이퍼	흙·모래의 굴착 및 운반장치를 가진 자주식인 것
6. 덤프트럭	적재용량 12톤 이상인 것. 다만, 적재용량 12톤 이상 20톤 미만의 것으로 화물운송에 사용하기 위하여 「자동차관리법」에 의한 자동차로 등록된 것을 제외한다.
7. 기중기	무한궤도 또는 타이어식으로 강재의 지주 및 선회장치를 가진 것. 다만, 궤도(레일)식인 것을 제외한다.
8. 모터그레이더	정지장치를 가진 자주식인 것
9. 롤 러	1. 조종석과 전압장치를 가진 자주식인 것 2. 피견인 진동식인 것
10. 노상안정기	노상안정장치를 가진 자주식인 것
11. 콘크리트뱃칭플랜트	골재저장통·계량장치 및 혼합장치를 가진 것으로서 원동기를 가진 이동식인 것
12. 콘크리트피니셔	정리 및 사상장치를 가진 것으로 원동기를 가진 것
13. 콘크리트살포기	정리장치를 가진 것으로 원동기를 가진 것
14. 콘크리트믹서트럭	혼합장치를 가진 자주식인 것(재료의 투입·배출을 위한 보조장치가 부착된 것을 포함한다)
15. 콘크리트펌프	콘크리트배송능력이 매시간당 5세제곱미터 이상으로 원동기를 가진 이동식과 트럭적재식인 것
16. 아스팔트믹싱플랜트	골재공급장치·건조가열장치·혼합장치·아스팔트공급장치를 가진 것으로 원동기를 가진 이동식인 것
17. 아스팔트피니셔	정리 및 사상장치를 가진 것으로 원동기를 가진 것
18. 아스팔트살포기	아스팔트살포장치를 가진 자주식인 것
19. 골재살포기	골재살포장치를 가진 자주식인 것
20. 쇄석기	20킬로와트 이상의 원동기를 가진 이동식인 것
21. 공기압축기	공기배출량이 매 분당 2.83세제곱미터(매 제곱센티미터당 7킬로그램 기준) 이상의 이동식인 것
22. 천공기	천공장치를 가진 자주식인 것
23. 항타 및 항발기	원동기를 가진 것으로 헤머 또는 뽑는 장치의 중량이 0.5톤 이상인 것
24. 자갈채취기	자갈채취장치를 가진 것으로 원동기를 가진 것
25. 준설선	펌프식·바켓식·딧퍼식 또는 그래브식으로 비자항식인 것. 다만, 「선박법」에 따른 선박으로 등록된 것은 제외한다.
26. 특수건설기계	제1호부터 제25호까지의 규정 및 제27호에 따른 건설기계와 유사한 구조 및 기능을 가진 기계류로서 국토교통부장관이 따로 정하는 것
27. 타워크레인	수직타워의 상부에 위치한 지브(jib)를 선회시켜 중량물을 상하, 전후 또는 좌우로 이동시킬 수 있는 것으로서 원동기 또는 전동기를 가진 것. 다만, 「산업집적활성화 및 공장설립에 관한 법률」 제16조에 따라 공장등록대장에 등록된 것은 제외한다.

[비고]

위 표 제22호의 천공기로서 2016년 7월 1일 당시 등록하지 않은 천공기(제작 당시에는 등록대상인 자주식 천공기가 아니었으나 개조 등을 통하여 등록대상인 자주식 천공기로 변경한 것만 해당한다)의 소유자는 제3조에도 불구하고 2017년 6월 30일까지 다음 각 호의 서류를 제출하여 천공기를 건설기계로 등록할 수 있다.

1. 법 제32조에 따라 설립된 협회로서 법 제21조에 따라 건설기계대여업의 등록을 한 자를 회원으로 하는 협회에서 발급한 등록지원서류(해당 천공기의 당초 제작 또는 수입 출처를 증명하고 현재의 소유자를 확인하는 서류를 말한다)
2. 법 제14조에 따라 천공기의 검사대행자로 지정받은 자가 작성한 제원표

농업기계의 범위(제1조의2 관련)

농업기계명	범 위
1. 농업용 트랙터	경운, 정지 및 운반 등의 농작업수행을 주목적으로 설계되어 동력취출장치, 견인장치, 승강장치 등의 작업기를 장착하고, 구동장치를 갖춘 차축이 2개 이상인 자주식(自走式) 원동기계
2. 농업용 트랙터 보호구조물(ROPS)	농업용 트랙터에 장착된 캡 또는 프레임 형식의 운전자 보호장치
3. 콤바인	예취(베기)장치, 탈곡장치, 정선(精選)장치 및 배출장치 등을 갖추고 벼, 보리, 콩, 잡곡 등의 농작물을 베는 동시에 탈곡하고 정선(精選)할 수 있는 자주식 농작물 수확기계
4. 이앙기	주행장치, 모탑재장치 및 식부(모심기)장치 등을 갖추고 벼의 모를 논에 옮겨 심는 자주식 기계[부분경운형 및 멀칭(비닐덮기)겸용형을 포함한다]
5. 정식기	식부장치, 모공급장치, 복토(흙덮기)나 진압장치(필요한 경우에만 갖출 수 있다) 등을 갖추고 벼 외의 배추, 고추, 양파, 고구마 및 양상추 등의 어린모를 농경지에 옮겨 심는 자주식 기계(농업용 트랙터 장착식을 포함한다)
6. 농업용 난방기	고체연료, 유류, 전기 등의 유해가스 발생 우려가 적은 에너지원을 열원으로 하여 농업용 시설을 난방하기 위한 온풍식, 온수식, 온풍·온수겸용식 난방기로 연소가스가 시설 내에 유입되지 않는 구조의 다음 각 목의 난방기계(전기를 열원으로 사용하는 난방기는 전기안전 성적서 또는 전기안전 인증을 받은 것만 해당한다)만 해당한다. 가. 온풍식 : 정격난방능력 210MJ/h 이상(전기식은 전기발열체의 소비전력이 10kW 초과)인 송풍기 일체식 구조로 천장, 기둥, 바닥에 설치할 수 있는 난방기계 나. 온수식 : 정격난방능력 210 MJ/h 이상(전기식은 전기발열체의 소비전력이 10kW를 초과)이고, 온수를 연속적으로 공급할 수 있는 구조의 난방기계 다. 온풍·온수 겸용식 : 정격난방능력 210 MJ/h 이상(전기식은 전기발열체의 소비전력이 10kW를 초과)이고, 온풍·온수식 난방을 각각 독립적 또는 동시에 가동할 수 있는 구조의 난방기계 라. 방열형 : 발열체 소비전력 10kW 이하로 천장·기둥·바닥 설치식 구조를 가진 방열형 난방기로서 난방 온도 및 ON/OFF를 제어할 수 있는 난방기계(발열체로부터의 화재 또는 화상을 방지하는 안전장치를 부착하고 공인기관의 전기안전성 인증을 받은 것만 해당한다)
7. 농산물건조기	농산물(곡물 및 유채는 제외한다) 건조를 목적으로 사용되는 기계(냉장겸용식을 포함한다)
8. 농산물 저온저장고	농산물을 보관·저장하는 목적으로 설계된 저장용적 50㎥ 이하(바닥면적 10.56㎡ 이하)로서 이동할 수 있는 저온저장기계
9. 가정용 도정기	농가 단위에서 벼를 투입하여 현미 또는 백미를 가공하는 소요동력 1kW 이상 10kW 이하인 가정용 현미기, 정미기 또는 복합식 도정기계

10. 농업용 동력 운반차	최대출력 18kW 이하의 농업용 엔진 또는 농업용 전동기, 적재함과 주행장치 등을 갖추고 농산물 등의 운반에 사용되는 다음 각 목의 자주식 운반차(배기량 50cc 미만의 가솔린 엔진으로 사용되거나 정격출력 0.59kW 미만의 전동기로 사용되는 것은 제외한다)
	 가. 승용형
	    1) 최고주행속도 : 30km/h 이하
	    2) 적재정량 : 200kg 이상 1,000kg 이하
	    3) 적재설비 바닥면적 : 1.0㎡ 이상
	 나. 보행형
	    1) 최고주행속도 : 7km/h 이하
	    2) 적재정량 : 80kg 이상 500kg 이하
	    3) 적재설비 바닥면적 : 0.5㎡ 이상
	 다. 자율주행형
	    1) 최고주행속도 : 30km/h 이하
	    2) 적재정량 : 80kg 이상 500kg 이하
	    3) 적재설비의 바닥면적 : 0.5㎡ 이상

11. 농업용 로더 (loader, 올리개)	농작업에 사용되는 자체중량 2톤 미만의 자주식 로더[차체굴절식 조향장치(방향조절장치)가 있는 자체중량 4톤 미만의 타이어식 로더를 포함한다] 또는 농업용 트랙터에 버킷(흙 등을 퍼 올리는 통)을 장착하여 로더작업을 수행하는 작업기
12. 농업용 굴착기	농작업에 사용되는 자체중량 1톤 미만의 자주식 굴착기 또는 농업용 트랙터 등에 버킷을 장착하여 굴삭작업을 수행하는 부속작업기
13. 관리기	고랑·두둑 성형(두둑만들기), 중경(中耕, 사이갈이), 제초, 시비(거름주기), 방제, 파종, 비닐피복(비닐덮기) 등의 다양한 작업기를 부착할 수 있도록 설계된 다음 각 목의 어느 하나에 해당하는 기계(2 이하의 특정작업 전용형은 제외한다) 가. 승용형 : 작물 손상 방지를 위하여 최저 지상고가 전륜과 후륜의 중심보다 높게 설계된 구조로 최저지상고는 400mm 이상이고 협폭 타이어가 장착된 최고주행속도 15km/h 이하의 자주식 승용형 원동기계 나. 보행형 : 고랑·두둑 성형, 중경, 제초, 시비(거름주기), 방제, 파종, 비닐피복 등의 작업기를 부착하여 핸들 위치를 전·후로 전환하여 작업이 가능하도록 설계된 구조로 탑재원동기 최대출력 9kW 미만, 최고주행속도 7km/h 이하인 자주식 보행형 원동기계
14. 비료살포기	퇴비, 분말비료, 입상비료 또는 액상비료를 농경지에 살포하기 위하여 적재장치, 반송장치, 살포장치 등을 갖춘 것으로서 다음 각 목의 어느 하나에 해당하는 기계 가. 자주식 : 동력전달 차축을 가진 보행자주식 또는 승용자주식 비료살포기계(자율주행형 비료살포기계를 포함한다) 나. 장착식 : 농업용 트랙터, 동력경운기 등에 장착되거나 연결·견인되도록 설계된 비료살포기계
15. 곡물건조기	곡물의 건조를 균일하게 하기 위한 순환장치 또는 교반장치를 갖춘 것으로서 다음 각 목의 어느 하나에 해당하는 곡물 또는 유채 건조기계 가. 열풍형 건조기(원적외선 건조기는 포함하고, 연속식 건조기는 제외한다) 나. 상온 통풍저장형 건조기
16. 농업용 고소작업차 (과수용 작업대를 포함한다)	과수의 적과(열매 솎아내기), 가지치기 및 수확 등의 농작업을 위해 작업자의 탑승과 작업대에 주행 및 승하강 등의 조작장치를 갖춘 자주식 작업차(스피드스프레이어 등에 장착하여 승하강할 수 있는 과수용 작업대를 포함한다)

17. 농업용 방제기	병해충 방제(防除), 제초 등을 목적으로 설계된 것으로서 약액탱크, 농약살포장치 및 송풍장치(원거리용 방제기, 스피드스프레이어만 해당한다) 등을 갖춘 다음 각 목의 어느 하나에 해당하는 기계
	가. 주행형 동력분무기 : 약액탱크, 펌프 및 노즐 등을 갖추고 농작물에 농약을 살포하는 기계(자주식은 최고주행속도가 승용형의 경우 20km/h 이하, 보행형은 7km/h 이하일 것) 또는 농업용 트랙터 등의 부착식 작업기(농업용 엔진 등의 동력을 이용하는 것도 포함한다)
	나. 원거리용 방제기 : 약액탱크, 펌프, 송풍팬, 송풍관 및 노즐 등을 갖추고 논이나 밭 등에서 20m 이상 원거리로 약액을 살포하는 승용자주식 기계(최고주행속도 20km/h 이하일 것) 또는 장착식 작업기
	다. 살분무기 : 농업용 엔진, 펌프 및 미스트(mist, 공기 중에 떠다니는 연무형태 액체) 발생장치 등을 갖추고 액제나 분제 등의 농약을 평균입경 30 ~ 50㎛ 범위로 미립화시켜 살포하는 기계
	라. 스피드스프레이어 : 약액탱크, 펌프, 송풍팬 및 노즐 등을 갖추고 평균입경 30 ~ 50㎛ 범위로 약액을 미립화시켜 150° 이상의 범위로 살포하는 자주식(최고주행속도는 승용형의 경우 20km/h 이하, 보행형은 7km/h 이하일 것) 또는 농업용 트랙터 장착식 작업기
	마. 토양소독기 : 약액탱크, 펌프 및 주입장치 등을 갖추고 토양에 직접 약액을 주입하는 자주식기계
	바. 시설용 분무기 : 온실 내에서 농작물의 병해충 방제를 위해 레일 등 고정경로를 따라 이동하거나 정치상태에서 액제를 살포하는 기계
	사. 해충방제기 : 포집장치 또는 살충장치 등을 갖추고 농작물에 유해한 해충의 포집 또는 살충 방제하는 기계
	아. 연무기 : 연소부와 고압분사장치 등을 갖추거나 연무용 노즐과 송풍기 등을 갖추고 약제를 평균입경 20㎛ 정도로 미립화시켜 입자를 부유 분산살포 하는 기계
18. 농업용 파쇄기	절삭 또는 파쇄장치 등을 갖추고 폐목재, 잔가지, 벌채 후 부산물, 사료작물 등을 절삭 또는 파쇄하는 자주식, 정치식 또는 농업용 트랙터 장착식 기계
19. 농업용 톱밥제조기	목재 등을 절삭하여 톱밥을 만드는 자주식 톱밥제조기 또는 농업용 트랙터 장착식 기계
20. 농산물세척기	공급장치, 세척장치 및 배출장치를 갖추고 채소류 및 과실류 등을 세척하는 기계
21. 예취기	주행장치, 예취장치 등을 갖추고 벼, 두류, 참깨 등의 농작물을 베어 수확하는 기계
22. 동력제초기 [모우어(mower, 잔디 깎는 기계)를 포함한다]	주행장치 및 제초장치를 갖추고 잡초를 자르는 용도에 사용되는 승용자주형, 보행형 또는 부착형방식의 제초기계
23. 농업용 리프트	평탄한 장소에서 작업자가 선반이나 작업대 등에 탑승하지 않고 농산물이나 농자재 등을 이동시키거나 상하차 등의 작업을 수행하는 자주식 또는 트랙터 부착식 리프트(농산물 상하차 운송기)
24. 트레일러	농업용 트랙터, 동력경운기 등에 장착하여 농산물이나 농업기계 등을 운반하는 적재장치(곡물 적재용을 포함한다)
25. 농업용 베일러 (baler, 볏짚 묶는 기계)	볏짚 또는 목초 등을 사각형 또는 원형으로 압축하여 묶어주는 자주식 베일러 또는 농업용 트랙터 장착식 베일러(베일피복기 겸용형을 포함한다)
26. 농산물 결속기 (結束機)	파, 마늘, 부추 등의 농산물을 부피, 크기 또는 중량별로 끈이나 접착용 자재 등을 사용하여 묶는 기계

27. 농업용 절단기	농산물과 농산부산물의 줄기절단, 파쇄, 세절(잘게 자름)하는 것으로서 다음 각 목의 어느 하나에 해당하는 기계 가. 농산물 세절기 : 감, 약초 등 임산물과 마늘, 양파 등 농산물을 세절하는데 사용되는 기계 나. 덩굴파쇄기 : 고구마 등의 덩굴을 절단·파쇄하는 기계(자주식 또는 농업용 트랙터 등의 장착식을 포함한다) 다. 농산물 절단기 : 마늘, 양파 등의 줄기를 절단하는 기계(자주식 또는 농업용 트랙터 등의 장착식을 포함한다) 라. 잔가지 파쇄기 : 절단된 과수 등의 잔가지를 절단·파쇄하는 기계(자주식 또는 농업용 트랙터 등의 장착식을 포함한다) 마. 사료작물 절단기 : 가축의 사료용으로 사용할 목초, 결속볏짚 및 옥수수대 등을 세절 또는 파쇄하는 기계(자주식 또는 농업용 트랙터 등의 장착식과 농업용 전동기의 동력을 이용하는 것도 포함한다)
28. 베일피복기	볏짚 또는 목초 등을 압축하여 묶어 놓은 베일을 스트레치 필름 등으로 감아서 밀봉하는 기계(자주식 또는 농업용 트랙터 장착식 베일피복기를 포함한다)
29. 동력수확기	땅속작물, 엽채류, 과실류, 사료작물 등을 굴취(캐냄), 인발(뽑아냄), 절단 및 탈실(열매 떼어내기) 등의 방법으로 수확 또는 수집하는 기계(벼 등 곡물 콤바인은 제외한다) 가. 땅속작물수확기 : 각종 땅속작물(감자, 고구마, 마늘, 양파, 인삼 등)을 수확하기 위한 굴취기 또는 굴취 후 토사 등을 분리한 후 용기에 수집하는 기계 나. 엽채류수확기 : 부추, 시금치, 배추 등 엽채류를 절단하거나 수집하는 기계 다. 과실수확기 : 고추, 토마토, 딸기, 사과, 배, 감, 매실 등의 과실을 줄기로부터 분리하거나 수집하는 기계 라. 사료작물수확기 : 목초, 호밀 또는 옥수수 등의 사료작물을 예취 및 절단 등의 방법으로 수확하는 기계
30. 경운기	경운, 정지 및 운반 등의 농작업기를 부착할 수 있는 동력취출장치 및 견인장치 등을 갖추고 최저 지상고가 150mm 이상으로 습답(물논)에서의 작업이 용이한 구조의 자주식 보행형 원동기계(특수한 목적으로 설계된 것은 제외한다)
31. 사료배합기	배합통, 교반장치 등을 갖추고 조사료, 농후사료, 발효사료, 화식사료 등을 배합하는 기계(자주식, 농업용 트랙터 장착식 또는 정치식을 포함한다)
32. 동력파종기	종자통, 종자배출장치 및 복토장치(필요한 경우에만 갖출 수 있다) 등을 갖추고 보리, 콩, 마늘, 감자, 옥수수 등의 종자 및 볍씨를 직접 농경지에 파종하는 기계(자주식 또는 농업용 트랙터 등의 장착식을 포함한다)
33. 사료공급기 (사료급이기)	사료적재함, 사료배출장치 등을 갖추고 가축에게 조사료, 농후사료, 배합사료, 화식사료 등의 사료를 공급하는 자주식 또는 정치식 사료급이기계
34. 농산물제피기	공급장치, 제피장치 등을 갖추고 농산물의 껍질을 자동으로 제거하는 기계
35. 탈곡기	농작물의 투입장치 및 탈곡장치 등을 갖추고 예취된 벼, 보리, 콩, 옥수수, 잡곡 등을 탈곡만을 목적으로 하는 기계(자주식 또는 농업용 트랙터 등의 장착식 및 농업용 엔진 등의 동력을 이용하는 기계도 포함한다)
36. 농산물선별기	미곡 외 과일, 구근(알뿌리), 채소 등의 농산물을 비중, 중량, 색, 당도, 형상 등에 따라 선별하는 기계(휴대형 비파괴 과실류 측정장치 등도 포함한다)
37. 부속작업기	농업용 트랙터, 경운기, 관리기, 이앙기 등에 장착하거나 견인되어 사용되는 농작업 기계

38. 농업용 무인 항공기	파종, 시비, 방제와 농작물 생육상태 예찰 등의 장비를 장착하여 농산물 생산에 활용되는 무인헬기 및 멀티콥터
39. 농축산물 생산 환경 조절장치	농작물 및 가축 등의 생육환경을 자동제어할 수 있는 스마트온실 및 축사시설 등의 온습도, 풍향, 풍속 등의 자동제어 기자재
40. 농산물포장기	수확 또는 가공한 농산물을 비닐, 종이, 박스 또는 병 등에 포장하는 기계
41. 그 밖의 농업기계	그 밖에 농림축산식품부장관이 정하는 농업기계

신호기가 표시하는 신호의 종류 및 신호의 뜻(제6조 제2항 관련)

구 분		신호의 종류	신호의 뜻
차량 신호등	원형 등화	녹색의 등화	1. 차마는 직진 또는 우회전할 수 있다. 2. 비보호좌회전표지 또는 비보호좌회전표시가 있는 곳에서는 좌회전할 수 있다.
		황색의 등화	1. 차마는 정지선이 있거나 횡단보도가 있을 때에는 그 직전이나 교차로의 직전에 정지하여야 하며, 이미 교차로에 차마의 일부라도 진입한 경우에는 신속히 교차로 밖으로 진행하여야 한다. 2. 차마는 우회전할 수 있고 우회전하는 경우에는 보행자의 횡단을 방해하지 못한다.
		적색의 등화	1. 차마는 정지선, 횡단보도 및 교차로의 직전에서 정지해야 한다. 2. 차마는 우회전하려는 경우 정지선, 횡단보도 및 교차로의 직전에서 정지한 후 신호에 따라 진행하는 다른 차마의 교통을 방해하지 않고 우회전할 수 있다. 3. 제2호에도 불구하고 차마는 우회전 삼색등이 적색의 등화인 경우 우회전할 수 없다.
		황색 등화의 점멸	차마는 다른 교통 또는 안전표지의 표시에 주의하면서 진행할 수 있다.
		적색 등화의 점멸	차마는 정지선이나 횡단보도가 있을 때에는 그 직전이나 교차로의 직전에 일시정지한 후 다른 교통에 주의하면서 진행할 수 있다.
	화살표 등화	녹색 화살표의 등화	차마는 화살표시방향으로 진행할 수 있다.
		황색 화살표의 등화	화살표시방향으로 진행하려는 차마는 정지선이 있거나 횡단보도가 있을 때에는 그 직전이나 교차로의 직전에 정지하여야 하며, 이미 교차로에 차마의 일부라도 진입한 경우에는 신속히 교차로 밖으로 진행하여야 한다.
		적색 화살표의 등화	화살표시방향으로 진행하려는 차마는 정지선, 횡단보도 및 교차로의 직전에서 정지하여야 한다.
		황색 화살표 등화의 점멸	차마는 다른 교통 또는 안전표지의 표시에 주의하면서 화살표시방향으로 진행할 수 있다.
		적색 화살표 등화의 점멸	차마는 정지선이나 횡단보도가 있을 때에는 그 직전이나 교차로의 직전에 일시정지한 후 다른 교통에 주의하면서 화살표시방향으로 진행할 수 있다.
	사각형 등화	녹색 화살표의 등화(하향)	차마는 화살표로 지정한 차로로 진행할 수 있다.
		적색 ×표 표시의 등화	차마는 ×표가 있는 차로로 진행할 수 없다.
		적색 ×표 표시 등화의 점멸	차마는 ×표가 있는 차로로 진입할 수 없고, 이미 차마의 일부라도 진입한 경우에는 신속히 그 차로 밖으로 진로를 변경하여야 한다.

		녹색의 등화	보행자는 횡단보도를 횡단할 수 있다.
보행 신호등		녹색 등화의 점멸	보행자는 횡단을 시작하여서는 아니 되고, 횡단하고 있는 보행자는 신속 하게 횡단을 완료하거나 그 횡단을 중지하고 보도로 되돌아와야 한다.
		적색의 등화	보행자는 횡단보도를 횡단하여서는 아니 된다.
자전거 신호등	자전거 주행 신호등	녹색의 등화	자전거 등은 직진 또는 우회전할 수 있다.
		황색의 등화	1. 자전거 등은 정지선이 있거나 횡단보도가 있을 때에는 그 직전이나 교차로의 직전에 정지해야 하며, 이미 교차로에 차마의 일부라도 진입 한 경우에는 신속히 교차로 밖으로 진행해야 한다. 2. 자전거 등은 우회전할 수 있고 우회전하는 경우에는 보행자의 횡단을 방해하지 못한다.
		적색의 등화	1. 자전거 등은 정지선, 횡단보도 및 교차로의 직전에서 정지해야 한다. 2. 자전거 등은 우회전하려는 경우 정지선, 횡단보도 및 교차로의 직전에 서 정지한 후 신호에 따라 진행하는 다른 차마의 교통을 방해하지 않고 우회전할 수 있다. 3. 제2호에도 불구하고 자전거 등은 우회전 삼색등이 적색의 등화인 경 우 우회전할 수 없다.
		황색 등화의 점멸	자전거 등은 다른 교통 또는 안전표지의 표시에 주의하면서 진행할 수 있다.
		적색 등화의 점멸	자전거 등은 정지선이나 횡단보도가 있는 때에는 그 직전이나 교차로의 직전에 일시정지한 후 다른 교통에 주의하면서 진행할 수 있다.
	자전거 횡단 신호등	녹색의 등화	자전거 등은 자전거횡단도를 횡단할 수 있다.
		녹색 등화의 점멸	자전거 등은 횡단을 시작해서는 안 되고, 횡단하고 있는 자전거 등은 신속하게 횡단을 종료하거나 그 횡단을 중지하고 진행하던 차도 또는 자전거도로로 되돌아와야 한다.
		적색의 등화	자전거 등은 자전거횡단도를 횡단해서는 안 된다.
버스 신호등		녹색의 등화	버스전용차로에 차마는 직진할 수 있다.
		황색의 등화	버스전용차로에 있는 차마는 정지선이 있거나 횡단보도가 있을 때에는 그 직전이나 교차로의 직전에 정지하여야 하며, 이미 교차로에 차마의 일부라도 진입한 경우에는 신속히 교차로 밖으로 진행하여야 한다.
		적색의 등화	버스전용차로에 있는 차마는 정지선, 횡단보도 및 교차로의 직전에서 정지하여야 한다.
		황색 등화의 점멸	버스전용차로에 있는 차마는 다른 교통 또는 안전표지의 표시에 주의하 면서 진행할 수 있다.
		적색 등화의 점멸	버스전용차로에 있는 차마는 정지선이나 횡단보도가 있을 때에는 그 직 전이나 교차로의 직전에 일시정지한 후 다른 교통에 주의하면서 진행할 수 있다.

노면전차 신호등	황색 T자형의 등화	노면전차가 직진 또는 좌회전·우회전할 수 있는 등화가 점등될 예정이다.
	황색 T자형 등화의 점멸	노면전차가 직진 또는 좌회전·우회전할 수 있는 등화의 점등이 임박하였다.
	백색 가로 막대형의 등화	노면전차는 정지선, 횡단보도 및 교차로의 직전에서 정지해야 한다.
	백색 가로 막대형 등화의 점멸	노면전차는 정지선이나 횡단보도가 있는 경우에는 그 직전이나 교차로의 직전에 일시정지한 후 다른 교통에 주의하면서 진행할 수 있다.
	백색 점형의 등화	노면전차는 정지선이 있거나 횡단보도가 있는 경우에는 그 직전이나 교차로의 직전에 정지해야 하며, 이미 교차로에 노면전차의 일부가 진입한 경우에는 신속하게 교차로 밖으로 진행해야 한다.
	백색 점형 등화의 점멸	노면전차는 다른 교통 또는 안전표지의 표시에 주의하면서 진행할 수 있다.
	백색 세로 막대형의 등화	노면전차는 직진할 수 있다.
	백색 사선 막대형의 등화	노면전차는 백색 사선 막대의 기울어진 방향으로 좌회전 또는 우회전할 수 있다.

[비고]
1. 자전거 등을 주행하는 경우 자전거주행신호등이 설치되지 않은 장소에서는 차량신호등의 지시에 따른다.
2. 자전거횡단도에 자전거횡단신호등이 설치되지 않은 경우 자전거 등은 보행신호등의 지시에 따른다. 이 경우 보행신호등란의 "보행자"는 "자전거 등"으로 본다.
3. 우회전하려는 차마는 우회전 삼색등이 있는 경우 다른 신호등에도 불구하고 이에 따라야 한다.

운전할 수 있는 차의 종류(제53조 관련)

운전면허		운전할 수 있는 차량
종 별	구 분	
제1종	대형면허	1. 승용자동차 2. 승합자동차 3. 화물자동차 4. 삭제 〈2018.4.25.〉 5. 건설기계 　가. 덤프트럭, 아스팔트살포기, 노상안정기 　나. 콘크리트믹서트럭, 콘크리트펌프, 천공기(트럭 적재식) 　다. 콘크리트믹서트레일러, 아스팔트콘크리트재생기 　라. 도로보수트럭, 3톤 미만의 지게차 6. 특수자동차[대형견인차, 소형견인차 및 구난차(이하 "구난차 등"이라 한다)는 제외한다] 7. 원동기장치자전거
	보통면허	1. 승용자동차 2. 승차정원 15명 이하의 승합자동차 3. 삭제 〈2018.4.25.〉 4. 적재중량 12톤 미만의 화물자동차 5. 건설기계(도로를 운행하는 3톤 미만의 지게차로 한정한다) 6. 총중량 10톤 미만의 특수자동차(구난차 등은 제외한다) 7. 원동기장치자전거
	소형면허	1. 3륜화물자동차 2. 3륜승용자동차 3. 원동기장치자전거
	특수면허 / 대형견인차	1. 견인형 특수자동차 2. 제2종 보통면허로 운전할 수 있는 차량
	특수면허 / 소형견인차	1. 총중량 3.5톤 이하의 견인형 특수자동차 2. 제2종 보통면허로 운전할 수 있는 차량
	특수면허 / 구난차	1. 구난형 특수자동차 2. 제2종 보통면허로 운전할 수 있는 차량
제2종	보통면허	1. 승용자동차 2. 승차정원 10명 이하의 승합자동차 3. 적재중량 4톤 이하의 화물자동차 4. 총중량 3.5톤 이하의 특수자동차(구난차 등은 제외한다) 5. 원동기장치자전거
	소형면허	1. 이륜자동차(측차부를 포함한다) 2. 원동기장치자전거
	원동기장치자전거면허	원동기장치자전거

부록 관계법령

연습면허	제1종 보통	1. 승용자동차 2. 승차정원 15명 이하의 승합자동차 3. 적재중량 12톤 미만의 화물자동차
	제2종 보통	1. 승용자동차 2. 승차정원 10명 이하의 승합자동차 3. 적재중량 4톤 이하의 화물자동차

[비고]

1. 「자동차관리법」 제30조에 따라 자동차의 형식이 변경승인되거나 같은 법 제34조에 따라 자동차의 구조 또는 장치가 변경승인된 경우에는 다음의 구분에 따른 기준에 따라 이 표를 적용한다.

   가. 자동차의 형식이 변경된 경우 : 다음의 구분에 따른 정원 또는 중량 기준

      1) 차종이 변경되거나 승차정원 또는 적재중량이 증가한 경우 : 변경승인 후의 차종이나 승차정원 또는 적재중량

      2) 차종의 변경 없이 승차정원 또는 적재중량이 감소된 경우 : 변경승인 전의 승차정원 또는 적재중량

   나. 자동차의 구조 또는 장치가 변경된 경우 : 변경승인 전의 승차정원 또는 적재중량

2. 별표 9 (주) 제6호 각 목에 따른 위험물 등을 운반하는 적재중량 3톤 이하 또는 적재용량 3천리터 이하의 화물자동차는 제1종 보통면허가 있어야 운전을 할 수 있고, 적재중량 3톤 초과 또는 적재용량 3천리터 초과의 화물자동차는 제1종 대형면허가 있어야 운전할 수 있다.

3. 피견인자동차는 제1종 대형면허, 제1종 보통면허 또는 제2종 보통면허를 가지고 있는 사람이 그 면허로 운전할 수 있는 자동차(「자동차관리법」 제3조에 따른 이륜자동차는 제외한다)로 견인할 수 있다. 이 경우, 총 중량 750킬로그램을 초과하는 3톤 이하의 피견인자동차를 견인하기 위해서는 견인하는 자동차를 운전할 수 있는 면허와 소형견인차면허 또는 대형견인차면허를 가지고 있어야 하고, 3톤을 초과하는 피견인자동차를 견인하기 위해서는 견인하는 자동차를 운전할 수 있는 면허와 대형견인차면허를 가지고 있어야 한다.

운전면허 취소·정지처분 기준(제91조 제1항 관련)

1. 일반기준

가. 용어의 정의

(1) "벌점"이라 함은, 행정처분의 기초자료로 활용하기 위하여 법규위반 또는 사고야기에 대하여 그 위반의 경중, 피해의 정도 등에 따라 배점되는 점수를 말한다.

(2) "누산점수"라 함은, 위반·사고시의 벌점을 누적하여 합산한 점수에서 상계치(무위반·무사고기간 경과시에 부여되는 점수 등)를 뺀 점수를 말한다. 다만, 제3호 가목의 7란에 의한 벌점은 누산점수에 이를 산입하지 아니하되, 범칙금 미납 벌점을 받은 날을 기준으로 과거 3년간 2회 이상 범칙금을 납부하지 아니하여 벌점을 받은 사실이 있는 경우에는 누산점수에 산입한다.

> 누산점수 = 매 위반·사고시 벌점의 누적 합산치 − 상계치

(3) "처분벌점"이라 함은, 구체적인 법규위반·사고야기에 대하여 앞으로 정지처분기준을 적용하는데 필요한 벌점으로서, 누산점수에서 이미 정지처분이 집행된 벌점의 합계치를 뺀 점수를 말한다.

> 처분벌점 = 누산점수 − 이미 처분이 집행된 벌점의 합계치
> = 매 위반·사고시 벌점의 누적 합산치 − 상계치 − 이미 처분이 집행된 벌점의 합계치

나. 벌점의 종합관리

(1) 누산점수의 관리

법규위반 또는 교통사고로 인한 벌점은 행정처분기준을 적용하고자 하는 당해 위반 또는 사고가 있었던 날을 기준으로 하여 과거 3년간의 모든 벌점을 누산하여 관리한다.

(2) 무위반·무사고기간 경과로 인한 벌점 소멸

처분벌점이 40점 미만인 경우에, 최종의 위반일 또는 사고일로부터 위반 및 사고 없이 1년이 경과한 때에는 그 처분벌점은 소멸한다.

(3) 벌점 공제

(가) 인적 피해 있는 교통사고를 야기하고 도주한 차량의 운전자를 검거하거나 신고하여 검거하게 한 운전자(교통사고의 피해자가 아닌 경우로 한정한다)에게는 검거 또는 신고할 때마다 40점의 특혜점수를 부여하여 기간에 관계없이 그 운전자가 정지 또는 취소처분을 받게 될 경우 누산점수에서 이를 공제한다. 이 경우 공제되는 점수는 40점 단위로 한다.

(나) 경찰청장이 정하여 고시하는 바에 따라 무위반·무사고 서약을 하고 1년간 이를 실천한 운전자에게는 실천할 때마다 10점의 특혜점수를 부여하여 기간에 관계없이 그 운전자가 정지처분을 받게 될 경우 누산점수에서 이를 공제하되, 공제되는 점수는 10점 단위로 한다. 다만, 교통사고로 사람을 사망에 이르게 하거나 법 제93조 제1항 제1호·제5호의2·제10호의2·제11호 및 제12호 중 어느 하나에 해당하는 사유로 정지처분을 받게 될 경우에는 공제할 수 없다.

(4) 개별기준 적용에 있어서의 벌점 합산(법규위반으로 교통사고를 야기한 경우)

법규위반으로 교통사고를 야기한 경우에는 3. 정지처분 개별기준 중 다음의 각 벌점을 모두 합산한다.

① 가. 이 법이나 이 법에 의한 명령을 위반한 때(교통사고의 원인이 된 법규위반이 둘 이상인 경우에는 그 중 가장 중한 것 하나만 적용한다.)

② 나. 교통사고를 일으킨 때 (1) 사고결과에 따른 벌점

③ 나. 교통사고를 일으킨 때 (2) 조치 등 불이행에 따른 벌점

(5) 정지처분 대상자의 임시운전 증명서

경찰서장은 면허 정지처분 대상자가 면허증을 반납한 경우에는 본인이 희망하는 기간을 참작하여 40일 이내의 유효기간을 정하여 별지 제79호 서식의 임시운전증명서를 발급하고, 동 증명서의 유효기간 만료일 다음 날부터 정해진 정지처분을 집행하며, 당해 면허 정지처분 대상자가 정지처분을 즉시 받고자 하는 경우에는 임시운전 증명서를 발급하지 않고 즉시 운전면허 정지처분을 집행할 수 있다.

다. 벌점 등 초과로 인한 운전면허의 취소·정지

(1) 벌점·누산점수 초과로 인한 면허 취소

1회의 위반·사고로 인한 벌점 또는 연간 누산점수가 다음 표의 벌점 또는 누산점수에 도달한 때에는 그 운전면허를 취소한다.

기 간	벌점 또는 누산점수
1년간	121점 이상
2년간	201점 이상
3년간	271점 이상

(2) 벌점·처분벌점 초과로 인한 면허 정지

운전면허 정지처분은 1회의 위반·사고로 인한 벌점 또는 처분벌점이 40점 이상이 된 때부터 결정하여 집행하되, 원칙적으로 1점을 1일로 계산하여 집행한다.

라. 처분벌점 및 정지처분 집행일수의 감경

(1) 특별교통안전교육에 따른 처분벌점 및 정지처분집행일수의 감경

(가) 처분벌점이 40점 미만인 사람이 특별교통안전 권장교육 중 벌점감경교육을 마친 경우에는 경찰서장에게 교육확인증을 제출한 날부터 처분벌점에서 20점을 감경한다.

(나) 운전면허 정지처분을 받게 되거나 받은 사람이 특별교통안전 의무교육이나 특별교통안전 권장교육 중 법규준수교육(권장)을 마친 경우에는 경찰서장에게 교육확인증을 제출한 날부터 정지처분기간에서 20일을 감경한다. 다만, 해당 위반행위에 대하여 운전면허행정처분 이의심의위원회의 심의를 거치거나 행정심판 또는 행정소송을 통하여 행정처분이 감경된 경우에는 정지처분기간을 추가로 감경하지 아니하고, 정지처분이 감경된 때에 한정하여 누산점수를 20점 감경한다.

(다) 운전면허 정지처분을 받게 되거나 받은 사람이 특별교통안전 의무교육이나 특별교통안전
　　권장교육 중 법규준수교육(권장)을 마친 후에 특별교통안전 권장교육 중 현장참여교육을
　　마친 경우에는 경찰서장에게 교육확인증을 제출한 날부터 정지처분기간에서 30일을 추가로
　　감경한다. 다만, 해당 위반행위에 대하여 운전면허행정처분 이의심의위원회의 심의를 거치거
　　나 행정심판 또는 행정소송을 통하여 행정처분이 감경된 경우에는 그러하지 아니하다.
(2) 모범운전자에 대한 처분집행일수 감경
　　모범운전자(법 제146조에 따라 무사고운전자 또는 유공운전자의 표시장을 받은 사람으로서 교
　　통안전 봉사활동에 종사하는 사람을 말한다.)에 대하여는 면허 정지처분의 집행기간을 2분의
　　1로 감경한다. 다만, 처분벌점에 교통사고 야기로 인한 벌점이 포함된 경우에는 감경하지 아니
　　한다.
(3) 정지처분 집행일수를 계산할 때 1일 미만의 날짜는 산입하지 않는다.

마. 행정처분의 취소
　　교통사고(법규위반을 포함한다)가 법원의 판결로 무죄확정[혐의가 없거나 죄가 되지 않아 불송치
　　또는 불기소(불송치 또는 불기소를 받은 이후 해당 사건이 다시 수사 및 기소되어 법원의 판결에
　　따라 유죄가 확정된 경우는 제외한다)를 받은 경우를 포함한다. 이하 이 목에서 같다]된 경우에는
　　즉시 그 운전면허 행정처분을 취소하고 당해 사고 또는 위반으로 인한 벌점을 삭제한다. 다만,
　　법 제82조 제1항 제2호 또는 제5호에 따른 사유로 무죄가 확정된 경우에는 그러하지 아니하다.

바. 처분기준의 감경
(1) 감경사유
　　(가) 음주운전으로 운전면허 취소처분 또는 정지처분을 받은 경우
　　　　운전이 가족의 생계를 유지할 중요한 수단이 되거나, 모범운전자로서 처분당시 3년 이상
　　　　교통봉사활동에 종사하고 있거나, 교통사고를 일으키고 도주한 운전자를 검거하여 경찰서
　　　　장 이상의 표창을 받은 사람으로서 다음의 어느 하나에 해당되는 경우가 없어야 한다.
　　　　1) 혈중 알코올농도가 0.1퍼센트를 초과하여 운전한 경우
　　　　2) 음주운전 중 인적피해 교통사고를 일으킨 경우
　　　　3) 경찰관의 음주측정요구에 불응하거나 도주한 때 또는 단속경찰관을 폭행한 경우
　　　　4) 과거 5년 이내에 3회 이상의 인적피해 교통사고의 전력이 있는 경우
　　　　5) 과거 5년 이내에 음주운전의 전력이 있는 경우
　　(나) 벌점·누산점수 초과로 인하여 운전면허 취소처분을 받은 경우
　　　　운전이 가족의 생계를 유지할 중요한 수단이 되거나, 모범운전자로서 처분당시 3년 이상
　　　　교통봉사활동에 종사하고 있거나, 교통사고를 일으키고 도주한 운전자를 검거하여 경찰서
　　　　장 이상의 표창을 받은 사람으로서 다음의 어느 하나에 해당되는 경우가 없어야 한다.
　　　　1) 과거 5년 이내에 운전면허 취소처분을 받은 전력이 있는 경우
　　　　2) 과거 5년 이내에 3회 이상 인적피해 교통사고를 일으킨 경우
　　　　3) 과거 5년 이내에 3회 이상 운전면허 정지처분을 받은 전력이 있는 경우
　　　　4) 과거 5년 이내에 운전면허행정처분 이의심의위원회의 심의를 거치거나 행정심판 또는
　　　　　 행정소송을 통하여 행정처분이 감경된 경우
　　(다) 그 밖에 정기 적성검사에 대한 연기신청을 할 수 없었던 불가피한 사유가 있는 등으로
　　　　취소처분 개별기준 및 정지처분 개별기준을 적용하는 것이 현저히 불합리하다고 인정되는
　　　　경우

(2) 감경기준

위반행위에 대한 처분기준이 운전면허의 취소처분에 해당하는 경우에는 해당 위반행위에 대한 처분벌점을 110점으로 하고, 운전면허의 정지처분에 해당하는 경우에는 처분 집행일수의 2분의 1로 감경한다. 다만, 다목 (1)에 따른 벌점·누산점수 초과로 인한 면허취소에 해당하는 경우에는 면허가 취소되기 전의 누산점수 및 처분벌점을 모두 합산하여 처분벌점을 110점으로 한다.

(3) 처리절차

(1)의 감경사유에 해당하는 사람은 행정처분을 받은 날(정기 적성검사를 받지 아니하여 운전면허가 취소된 경우에는 행정처분이 있음을 안 날)부터 60일 이내에 그 행정처분에 관하여 주소지를 관할하는 시·도경찰청장에게 이의신청을 하여야 하며, 이의신청을 받은 시·도경찰청장은 제96조에 따른 운전면허행정처분 이의심의위원회의 심의·의결을 거쳐 처분을 감경할 수 있다.

2. 취소처분 개별기준

일련 번호	위반사항	적용법조 (도로교통법)	내 용
1	교통사고를 일으키고 구호조치를 하지 아니한 때	제93조	교통사고로 사람을 죽게 하거나 다치게 하고, 구호조치를 하지 아니한 때
2	술에 취한 상태에서 운전한 때	제93조	• 술에 취한 상태의 기준(혈중 알코올농도 0.03퍼센트 이상)을 넘어서 운전을 하다가 교통사고로 사람을 죽게 하거나 다치게 한 때 • 혈중 알코올농도 0.08퍼센트 이상의 상태에서 운전한 때 • 술에 취한 상태의 기준을 넘어 운전하거나 술에 취한 상태의 측정에 불응한 사람이 다시 술에 취한 상태(혈중 알코올농도 0.03퍼센트 이상)에서 운전한 때
3	술에 취한 상태의 측정에 불응한 때	제93조	술에 취한 상태에서 운전하거나 술에 취한 상태에서 운전하였다고 인정할 만한 상당한 이유가 있음에도 불구하고 경찰공무원의 측정 요구에 불응한 때
4	다른 사람에게 운전면허증 대여 (도난, 분실 제외)	제93조	• 면허증 소지자가 다른 사람에게 면허증을 대여하여 운전하게 한 때 • 면허 취득자가 다른 사람의 면허증을 대여 받거나 그 밖에 부정한 방법으로 입수한 면허증으로 운전한 때
5	결격사유에 해당	제93조	• 교통상의 위험과 장해를 일으킬 수 있는 정신질환자 또는 뇌전증환자로서 영 제42조 제1항에 해당하는 사람 • 앞을 보지 못하는 사람(한쪽 눈만 보지 못하는 사람의 경우에는 제1종 운전면허 중 대형면허·특수면허로 한정한다) • 듣지 못하는 사람(제1종 운전면허 중 대형면허·특수면허로 한정한다) • 양 팔의 팔꿈치 관절 이상을 잃은 사람, 또는 양팔을 전혀 쓸 수 없는 사람. 다만, 본인의 신체장애 정도에 적합하게 제작된 자동차를 이용하여 정상적으로 운전할 수 있는 경우는 제외한다.

5	결격사유에 해당	제93조	• 다리, 머리, 척추 그 밖의 신체장애로 인하여 앉아 있을 수 없는 사람 • 교통상의 위험과 장해를 일으킬 수 있는 마약, 대마, 향정신성 의약품 또는 알코올 중독자로서 영 제42조 제3항에 해당하는 사람
6	약물을 사용한 상태에서 자동차 등을 운전한 때	제93조	약물(마약·대마·향정신성 의약품 및 「화학물질관리법 시행령」 제11조에 따른 환각물질)의 투약·흡연·섭취·주사 등으로 정상적인 운전을 하지 못할 염려가 있는 상태에서 자동차등을 운전한 때
6의2	공동위험행위	제93조	법 제46조제1항을 위반하여 공동위험행위로 구속된 때
6의3	난폭운전	제93조	법 제46조의3을 위반하여 난폭운전으로 구속된 때
6의4	속도위반	제93조	법 제17조 제3항을 위반하여 최고속도보다 100km/h를 초과한 속도로 3회 이상 운전한 때
7	정기적성검사 불합격 또는 정기 적성검사 기간 1년경과	제93조	정기적성검사에 불합격하거나 적성검사기간 만료일 다음 날부터 적성검사를 받지 아니하고 1년을 초과한 때
8	수시적성검사 불합격 또는 수시 적성검사 기간 경과	제93조	수시적성검사에 불합격하거나 수시적성검사 기간을 초과한 때
9	삭제 〈2011.12.9〉		
10	운전면허 행정처분기간 중 운전 행위	제93조	운전면허 행정처분 기간 중에 운전한 때
11	허위 또는 부정한 수단으로 운전면허를 받은 경우	제93조	• 허위·부정한 수단으로 운전면허를 받은 때 • 법 제82조에 따른 결격사유에 해당하여 운전면허를 받을 자격이 없는 사람이 운전면허를 받은 때 • 운전면허 효력의 정지기간 중에 면허증 또는 운전면허증에 갈음하는 증명서를 교부받은 사실이 드러난 때
12	등록 또는 임시운행 허가를 받지 아니한 자동차를 운전한 때	제93조	「자동차관리법」에 따라 등록되지 아니하거나 임시운행 허가를 받지 아니한 자동차(이륜자동차를 제외한다)를 운전한 때
12의2	자동차등을 이용하여 형법상 특수상해 등을 행한 때(보복운전)	제93조	자동차 등을 이용하여 형법상 특수상해, 특수폭행, 특수협박, 특수손괴를 행하여 구속된 때
13	삭제 〈2018.9.28.〉		
14	삭제 〈2018.9.28.〉		
15	다른 사람을 위하여 운전면허시험에 응시한 때	제93조	운전면허를 가진 사람이 다른 사람을 부정하게 합격시키기 위하여 운전면허 시험에 응시한 때
16	운전자가 단속 경찰공무원 등에 대한 폭행	제93조	단속하는 경찰공무원 등 및 시·군·구 공무원을 폭행하여 형사입건된 때
17	연습면허 취소사유가 있었던 경우	제93조	제1종 보통 및 제2종 보통면허를 받기 이전에 연습면허의 취소사유가 있었던 때(연습면허에 대한 취소절차 진행 중 제1종 보통 및 제2종 보통면허를 받은 경우를 포함한다)

3. 정지처분 개별기준

가. 이 법이나 이 법에 의한 명령을 위반한 때

위반사항	적용법조 (도로교통법)	벌 점
1. 속도위반(100km/h 초과)	제17조 제3항	100
2. 술에 취한 상태의 기준을 넘어서 운전한 때(혈중 알코올농도 0.03퍼센트 이상 0.08퍼센트 미만)	제44조 제1항	
2의2. 자동차 등을 이용하여 형법상 특수상해 등(보복운전)을 하여 입건된 때	제93조	
3. 속도위반(80km/h 초과 100km/h 이하)	제17조 제3항	80
3의2. 속도위반(60km/h 초과 80km/h 이하)	제17조 제3항	60
4. 정차·주차위반에 대한 조치불응(단체에 소속되거나 다수인에 포함되어 경찰공무원의 3회이상의 이동명령에 따르지 아니하고 교통을 방해한 경우에 한한다)	제35조 제1항	40
4의2. 공동위험행위로 형사입건된 때	제46조 제1항	
4의3. 난폭운전으로 형사입건된 때	제46조의3	
5. 안전운전의무위반(단체에 소속되거나 다수인에 포함되어 경찰공무원의 3회 이상의 안전운전 지시에 따르지 아니하고 타인에게 위험과 장해를 주는 속도나 방법으로 운전한 경우에 한한다)	제48조	
6. 승객의 차내 소란행위 방치운전	제49조 제1항 제9호	
7. 출석기간 또는 범칙금 납부기간 만료일부터 60일이 경과될 때까지 즉결심판을 받지 아니한 때	제138조 및 제165조	
8. 통행구분 위반(중앙선 침범에 한함)	제13조 제3항	30
9. 속도위반(40㎞/h 초과 60㎞/h 이하)	제17조 제3항	
10. 철길건널목 통과방법위반	제24조	
10의2. 회전교차로 통행방법위반(통행방향 위반에 한정한다)	제25조의2 제1항	
10의3. 어린이통학버스 특별보호 위반	제51조	
10의4. 어린이통학버스 운전자의 의무위반(좌석안전띠를 매도록 하지 아니한 운전자는 제외한다)	제53조 제1항·제2항·제4항 ·제5항 및 제53조의5	
11. 고속도로·자동차전용도로 갓길통행	제60조 제1항	
12. 고속도로 버스전용차로·다인승전용차로 통행위반	제61조 제2항	
13. 운전면허증 등의 제시의무위반 또는 운전자 신원확인을 위한 경찰공무원의 질문에 불응	제92조 제2항	
14. 신호·지시위반	제5조	15
15. 속도위반(20km/h 초과 40km/h 이하)	제17조 제3항	
15의2. 속도위반(어린이보호구역 안에서 오전 8시부터 오후 8시까지 사이에 제한속도를 20km/h 이내에서 초과한 경우에 한정한다)	제17조 제3항	

위반사항	조항	벌점
16. 앞지르기 금지시기·장소위반	제22조	15
16의2. 적재 제한 위반 또는 적재물 추락 방지 위반	제39조 제1항·제4항	
17. 운전 중 휴대용 전화 사용	제49조 제1항 제10호	
17의2. 운전 중 운전자가 볼 수 있는 위치에 영상 표시	제49조 제1항 제11호	
17의3. 운전 중 영상표시장치 조작	제49조제1항 제11호의2	
18. 운행기록계 미설치 자동차 운전금지 등의 위반	제50조 제5항	
19. 삭제 〈2014.12.31.〉		
20. 통행구분 위반(보도침범, 보도 횡단방법위반)	제13조 제1항·제2항	10
21. 차로통행 준수의무 위반, 지정차로 통행위반(진로변경 금지장소에서의 진로변경 포함)	제14조 제2항·제5항, 제60조 제1항	
22. 일반도로 전용차로 통행위반	제15조 제3항	
23. 안전거리 미확보(진로변경 방법위반 포함)	제19조 제1항·제3항·제4항	
24. 앞지르기 방법위반	제21조 제1항·제3항, 제60조 제2항	
25. 보행자 보호 불이행(정지선위반 포함)	제27조	
26. 승객 또는 승하차자 추락방지조치위반	제39조 제3항	
27. 안전운전 의무 위반	제48조	
28. 노상 시비·다툼 등으로 차마의 통행 방해행위	제49조 제1항 제5호	
29. 자율주행자동차 운전자의 준수사항 위반	제50조의2 제1항	
30. 돌·유리병·쇳조각이나 그 밖에 도로에 있는 사람이나 차마를 손상시킬 우려가 있는 물건을 던지거나 발사하는 행위	제68조 제3항 제4호	
31. 도로를 통행하고 있는 차마에서 밖으로 물건을 던지는 행위	제68조 제3항 제5호	

(주)

1. 삭제 〈2011.12.9〉
2. 범칙금 납부기간 만료일부터 60일이 경과될 때까지 즉결심판을 받지 아니하여 정지처분 대상자가 되었거나, 정지처분을 받고 정지처분 기간 중에 있는 사람이 위반 당시 통고받은 범칙금액에 그 100분의 50을 더한 금액을 납부하고 증빙서류를 제출한 때에는 정지처분을 하지 아니하거나 그 잔여기간의 집행을 면제한다. 다만, 다른 위반행위로 인한 벌점이 합산되어 정지처분을 받은 경우 그 다른 위반행위로 인한 정지처분 기간에 대하여는 집행을 면제하지 아니한다.
3. 제7호, 제8호, 제10호, 제12호, 제14호, 제16호, 제20호부터 제27호까지 및 제30호부터 제31호까지의 위반행위에 대한 벌점은 자동차등을 운전한 경우에 한하여 부과한다.
4. 위 표에도 불구하고 어린이보호구역 및 노인·장애인보호구역 안에서 오전 8시부터 오후 8시까지 사이에 다음 각 목에 따른 위반행위를 한 운전자에게는 해당 목에서 정하는 벌점을 부과한다.
   가. 제1호 및 제3호 중 어느 하나에 해당하는 위반행위: 120점
   나. 제3호의2, 제9호, 제14호, 제15호 또는 제25호(법 제27조제7항은 제외한다) 중 어느 하나에 해당하는 위반행위 : 해당 호에 따른 위반행위에 부과하는 벌점의 2배
5. 제25호에도 불구하고 법 제27조 제6항 제3호에 따른 도로 외의 곳에서 보행자 보호의무를 불이행한 경우에는 벌점을 부과하지 않는다.

나. 자동차 등의 운전 중 교통사고를 일으킨 때

(1) 사고결과에 따른 벌점기준

구 분		벌 점	내 용
인적 피해 교통 사고	사망 1명마다	90	사고발생 시부터 72시간 이내에 사망한 때
	중상 1명마다	15	3주 이상의 치료를 요하는 의사의 진단이 있는 사고
	경상 1명마다	5	3주 미만 5일 이상의 치료를 요하는 의사의 진단이 있는 사고
	부상신고 1명마다	2	5일 미만의 치료를 요하는 의사의 진단이 있는 사고

[비고]
1. 교통사고발생 원인이 불가항력이거나 피해자의 명백한 과실인 때에는 행정처분을 하지 아니한다.
2. 자동차 등 대 사람 교통사고의 경우 쌍방과실인 때에는 그 벌점을 2분의 1로 감경한다.
3. 자동차 등 대 자동차 등 교통사고의 경우에는 그 사고원인 중 중한 위반행위를 한 운전자만 적용한다.
4. 교통사고로 인한 벌점산정에 있어서 처분 받을 운전자 본인의 피해에 대하여는 벌점을 산정하지 아니한다.

(2) 조치 등 불이행에 따른 벌점기준

불이행사항	적용법조 (도로교통법)	벌 점	내 용
교통사고 야기시 조치 불이행	제54조 제1항	15	1. 물적 피해가 발생한 교통사고를 일으킨 후 도주한 때
		30	2. 교통사고를 일으킨 즉시(그때, 그 자리에서 곧)사상자를 구호하는 등의 조치를 하지 아니하였으나 그 후 자진신고를 한 때 가. 고속도로, 특별시·광역시 및 시의 관할구역과 군(광역시의 군을 제외한다)의 관할구역 중 경찰관서가 위치하는 리 또는 동 지역에서 3시간(그 밖의 지역에서는 12시간) 이내에 자진신고를 한 때
		60	나. 가목에 따른 시간 후 48시간 이내에 자진신고를 한 때

4. 자동차 등 이용 범죄 및 자동차등 강도·절도시의 운전면허 행정처분 기준

가. 취소처분 기준

일련 번호	위반사항	적용법조 (도로교통법)	내 용
1	자동차 등을 다음 범죄의 도구나 장소로 이용한 경우 • 「국가보안법」 중 제4조부터 제9조까지의 죄 및 같은 법 제12조 중 증거를 날조·인멸·은닉한 죄 • 「형법」 중 다음 어느 하나의 범죄 　- 살인, 사체유기, 방화 – 강도, 강간, 강제추행 　- 약취·유인·감금 　- 상습절도(절취한 물건을 운반한 경우에 한정한다) 　- 교통방해(단체 또는 다중의 위력으로써 위반한 경우에 한정한다)	제93조 제1항 제11호	• 자동차 등을 법정형 상한이 유기징역 10년을 초과하는 범죄의 도구나 장소로 이용한 경우 • 자동차 등을 범죄의 도구나 장소로 이용하여 운전면허 취소·정지 처분을 받은 사실이 있는 사람이 다시 자동차 등을 범죄의 도구나 장소로 이용한 경우. 다만, 일반교통방해죄의 경우는 제외한다.
2	다른 사람의 자동차 등을 훔치거나 빼앗은 경우	제93조 제1항 제12호	• 다른 사람의 자동차 등을 빼앗아 이를 운전한 경우 • 다른 사람의 자동차 등을 훔치거나 빼앗아 이를 운전하여 운전면허 취소·정지 처분을 받은 사실이 있는 사람이 다시 자동차 등을 훔치고 이를 운전한 경우

나. 정지처분 기준

일련 번호	위반사항	적용법조 (도로교통법)	내용	벌점
1	자동차 등을 다음 범죄의 도구나 장소로 이용한 경우 •「국가보안법」 중 제5조, 제6조, 제8조, 제9조 및 같은 법 제12조 중 증거를 날조·인멸·은닉한 죄 •「형법」 중 다음 어느 하나의 범죄 　－ 살인, 사체유기, 방화 　－ 강간·강제추행 　－ 약취·유인·감금 　－ 상습절도(절취한 물건을 운반한 경우에 한정한다) 　－ 교통방해(단체 또는 다중의 위력으로써 위반한 경우에 한정한다)	제93조 제1항 제11호	자동차 등을 법정형 상한이 유기징역 10년 이하인 범죄의 도구나 장소로 이용한 경우	100
2	다른 사람의 자동차 등을 훔친 경우	제93조 제1항 제12호	다른 사람의 자동차 등을 훔치고 이를 운전한 경우	100

[비고]
가. 행정처분의 대상이 되는 범죄행위가 2개 이상의 죄에 해당하는 경우, 실체적 경합관계에 있으면 각각의 범죄행위의 법정형 상한을 기준으로 행정처분을 하고, 상상적 경합관계에 있으면 가장 중한 죄에서 정한 법정형 상한을 기준으로 행정처분을 한다.
나. 범죄행위가 예비·음모에 그치거나 과실로 인한 경우에는 행정처분을 하지 아니한다.
다. 범죄행위가 미수에 그친 경우 위반행위에 대한 처분기준이 운전면허의 취소처분에 해당하면 해당 위반행위에 대한 처분벌점을 110점으로 하고, 운전면허의 정지처분에 해당하면 처분 집행일수의 2분의 1로 감경한다.

5. 다른 법률에 따라 관계 행정기관의 장이 행정처분 요청 시의 운전면허 행정처분 기준

일련 번호	적용법조 (도로교통법)	내용	정지기간
1	제93조 제1항 제18호	「양육비 이행확보 및 지원에 관한 법률」 제21조의3에 따라 여성가족부장관이 운전면허 정지처분을 요청하는 경우	100일

[비고]
1. 「양육비 이행확보 및 지원에 관한 법률」 제21조의3 제3항에 따라 해당 양육비 채무자가 양육비 전부를 이행한 때에는 위 표에 따른 운전면허의 정지처분을 철회한다.
2. 위 표에 따른 운전면허의 정지처분에 대해서는 특별교통안전교육에 따른 정지처분집행일수의 감경은 적용하지 않는다.

08 구난형 특수자동차 운임 · 요금표

구난형 특수자동 차 운임 · 요금표
(2020.10.1. 시행)

1. 톤급별 · 거리대별 견인운임표

견인운임 · 요금(구난장비사용료, 하체작업비, 보관료)은 피견인차의 차량중량(공차상태)을 기준으로 5구간으로 나누어 적용한다. 다만, 「자동차관리법 시행규칙」 [별표 1]에 따른 승용자동차 및 12인승 이하 승합자동차는 차량중량(공차상태)과 관계없이 1구간(2.5톤 미만) 운임 · 요금을 적용한다.

[피견인차 차량중량(공차상태) 기준]   (단위 : 원)

톤급별 거리대별	[1구간] 2.5톤 미만	[2구간] 2.5톤 이상 4톤 미만	[3구간] 4톤 이상 8톤 미만	[4구간] 8톤 이상 12톤 미만	[5구간] 12톤 이상
10km 까지	72,200	100,300	128,000	154,400	174,500
15km 까지	84,000	117,000	154,600	188,300	216,200
20km 까지	95,600	133,800	171,300	209,600	242,500
25km 까지	107,400	150,500	191,500	235,300	274,100
30km 까지	119,100	167,200	211,600	261,000	305,700
35km 까지	130,900	184,000	228,700	282,800	332,600
40km 까지	142,700	200,700	250,000	310,000	366,000
45km 까지	154,400	217,500	271,200	337,100	399,400
50km 까지	166,200	234,200	287,600	357,900	425,100
55km 까지	177,900	250,900	311,500	388,500	462,600
60km 까지	189,700	267,700	324,400	405,000	482,900
65km 까지	201,500	284,300	347,200	434,000	518,700
70km 까지	213,200	301,000	366,600	458,800	549,200
75km 까지	225,000	317,800	384,400	481,500	577,200
80km 까지	236,700	334,500	407,200	510,600	613,000
85km 까지	245,000	351,200	420,500	527,600	633,900
90km 까지	256,600	368,000	443,300	556,700	669,700
95km 까지	266,400	384,700	457,400	574,600	691,800
100km 까지	277,800	401,500	480,500	604,200	728,200
100km 초과시 매 10km 마다 가산	23,500	33,500	39,200	50,000	61,500

2. 적용기준

가. 이 운임·요금은 구난형특수자동차를 보유한 구난형특수자동차운송사업자가 고장 또는 사고 등으로 운행이 곤란한 차량을 구난 또는 견인운송할 때의 운임 및 요금수수에 관하여 적용하되 이 운임 및 요금에는 부가가치세가 포함되어 있다.

나. 자가용 구난형특수자동차는 이 운임·요금의 적용대상이 아니며, 「화물자동차운수사업법」 제56조 (유상운송의 금지)에 의거하여 모든 자가용 화물자동차는 유상운송행위가 금지되어 있다.

다. 견인·구난장비가 필요한 경우에는 견인·구난장비사용료를 별도로 계산한다.

    (1) 구난장비사용료 : 구난형특수자동차에 부착된 구난장비(크레인 등) 사용시 적용(기본 4시간)

        ※ 위험물질(염산·황산·질산·페놀수지류) 운송차량에 대한 견인운송이 없는 단독 구난작업 시 상기한 위험물질에 장비가 노출되어 손상된 경우 구난장비사용료의 30%까지 가산하여 청구할 수 있다.

[피견인차 차량중량(공차상태) 기준] (단위 : 원)

톤급별	[1구간]	[2구간]	[3구간]	[4구간]	[5구간]
	2.5톤 미만	2.5톤 이상 4톤 미만	4톤 이상 8톤 미만	8톤 이상 12톤 미만	12톤 이상
구난장비사용료	163,200	243,600	374,400	528,000	804,800

– 구난장비사용료 기본시간(4시간 기준) 초과시 매 1시간마다 가산 적용

[피견인차 차량중량(공차상태) 기준] (단위 : 원)

톤급별	[1구간]	[2구간]	[3구간]	[4구간]	[5구간]
	2.5톤 미만	2.5톤 이상 4톤 미만	4톤 이상 8톤 미만	8톤 이상 12톤 미만	12톤 이상
구난장비사용료	40,800	60,900	93,600	132,000	201,200

        ※ 「자동차관리법 시행규칙」 [별표 1]에 따른 승용자동차 및 12인승 이하 승합자동차에 대한 구난장비사용료는 기본시간(4시간)만을 인정하고 초과사용에 대한 요금은 인정하지 않는다.

    (2) 윈치사용료 : 구난장비 중 윈치만 사용한 경우에는 구난장비사용료(크레인 사용)의 40를 적용한다.

[피견인차 차량중량(공차상태) 기준] (단위 : 원)

톤급별	[1구간]	[2구간]	[3구간]	[4구간]	[5구간]
	2.5톤 미만	2.5톤 이상 4톤 미만	4톤 이상 8톤 미만	8톤 이상 12톤 미만	12톤 이상
윈치사용료	65,300	97,400	149,800	211,200	321,900

        ※ 차량의 전도, 전복, 미안전지대 추락 및 도로이탈 등으로 인하여 윈치를 사용한 경우에만 적용하고, 단순히 차량 고장 및 사고차량을 견인운송이 용이하게 하기 위한 차량의 위치이동시에 윈치를 사용한 경우에는 적용하지 않는다.

    (3) 견인장비사용료(돌리) : 77,000원

라. 운임 및 요금을 계산할 때 발생하는 단수는 100원 단위로 하며, 10원 단위에서 4사5입에 의하여 절상절하한다.

마. 운임은 실차거리(편도)에 의하여 경로가 둘 이상 있는 경우에는 그 중 최단거리에 준하여 계산한다. 단, 화주가 경로를 지정하는 경우에는 그 지정한 경로의 거리에 의한다.

바. 다음의 특수한 작업조건하에서는 견인운임·요금(요금은 하체작업비, 안전조치비만 할증가능)의 30%(별도 할증율 규정시 해당 할증율 적용)를 각 항목별로 각각 가산하되 (4)항과 (5)항은 중복 가산하지 않으며, 같은 항목에 있는 조항인 경우도 중복 가산을 하지 않는다.

   (1) 기상청 기상특보 기준으로 호우·대설·태풍·폭염경보가 발효된 경우

   (2) 야간(20:00 ~ 익일 06:00), 휴일 또는 법정공휴일

   (3) 중·대형 특수용도형 화물자동차 및 중·대형 특수자동차

      ※ 차량의 중·대형 분류기준은 「자동차관리법 시행규칙」 [별표 1] 제1호 '규모별 세부기준'을 적용한다.

   (4) 위험물(휘발유·경유·등유 등), 유해화학물질(황산·염산·질산 등), 고압가스(가연성가스·독성가스 등) 운반차량 : 100% 할증, 화약류 운반차량 : 200% 할증, 방사선 물질 운반차량 : 300% 할증

      ※ 동 할증항목은 해당차량이 위험물, 유해화학물질, 고압가스, 화약류, 방사선 물질 등을 적재한 상태일 경우에만 적용하고 미적재 상태일 경우에는 할증적용을 하지 않는다.

   (5) 차량중량(공차상태) 12톤 이상의 화물자동차 중 최대적재량의 30% 이상을 적재한 차량

      ※ 동 할증항목은 송장 및 계량증명서 등으로 화물의 무게를 입증할 수 있는 경우에만 적용한다.

   (6) 고속도로 본선구간에서 작업한 경우(10% 할증)

사. 다음 비용은 실비로 받는다.

   (1) 자동차 도선료(도선에 따르는 제경비 포함)

   (2) 유료도로 통행료

   (3) 차주의 요구에 의한 첨가 물품 비용

아. 계산순서

   (1) 차량을 견인하는 운송거리에 의한 운임(톤급별·거리대별 견인운임)의 계산

   (2) 운임의 단수처리

   (3) 제요금 및 실비의 계산(견인·구난장비사용료, 하체작업비, 안전조치비, 할증료 등)

      ※ 특수한 작업조건하에서 가산하는 할증료 계산시에는 견인·구난장비사용료는 포함하지 않고, 견인운임과 하체작업비, 안전조치비를 합산하여 할증을 계산한다.

자. 하체작업비

하체작업이란 사고 및 고장차량을 견인이 용이한 상태로 만드는 작업을 말하며, 하체작업비는 작업 소요시간과 관계없이 아래의 요금을 청구할 수 있다.

[피견인차 차량중량(공차상태) 기준]   (단위 : 원)

톤급별	[1구간] 2.5톤 미만	[2구간] 2.5톤 이상 4톤 미만	[3구간] 4톤 이상 8톤 미만	[4구간] 8톤 이상 12톤 미만	[5구간] 12톤 이상
하체작업비	36,800	47,700	66,100	80,600	104,000

차. 안전조치비 : 15,000원

안전조치작업은 도로 등 고장·사고현장에서 실시하는 후방안전조치작업 및 잔존물 청소작업 등을 말하며, 안전조치비는 피견인차량의 중량과 관계없이 일괄적으로 15,000원을 적용한다.

단, 야간(20:00~익일 06:00)에 고속도로 및 자동차전용도로에서 후방 안전조치를 위한 불꽃신호기를 사용할 경우 안전조치비와 별도로 15,000원을 추가로 청구할 수 있다.

※ 불꽃신호기 사용 갯수와 관계없이 일괄 15,000원 적용

카. 회차비

차주의 견인(작업) 요청시 하체작업만하고 견인운송은 하지 않았을 경우에는 하체작업비에 톤급별
·거리대별 견인운임표 상의 해당 피견인차 10km까지 운임의 50%를 가산하여 하체작업비를 청구
할 수 있다.

※ 보험사(육운 공제조합 포함) 처리건에 대해서는 회차비 적용 제외

타. 보관료

피견인차량을 구난형특수자동차 운송사업자의 차고지 등에 72시간 이상 계속하여 보관한 경우 차
량을 보관한 매 1일마다 보관료를 청구할 수 있다(단, 1회 보관료 총금액은 500,000원을 초과할
수 없으며, 입고일로부터 72시간 이내의 기간은 보관료를 청구할 수 없다).

(피견인차 차량중량(공차상태) 기준)   (단위 : 원)

| 톤급별 | [1구간] | [2구간] | [3구간] | [4구간] | [5구간] |
	2.5톤 미만	2.5톤 이상 4톤 미만	4톤 이상 8톤 미만	8톤 이상 12톤 미만	12톤 이상
보관료	41,600	55,500	69,400	97,100	124,800

파. 기 타

(1) 본 운임 및 요금에서 정하지 않은 사항에 대해서는 법령을 위반하지 않은 범위 내에서 당사자
간의 합의에 따르는 것을 원칙으로 한다.

(2) 구난형특수자동차 운송사업자가 동 운임·요금표 상의 운임·요금을 청구할 경우에는 [붙임
1] '차량 견인 운임·요금 표준계산서'를 사용해야 하며, 운송사업 허가증과 해당 견인운송 및
작업 등의 시행을 증명할 수 있는 증빙자료(사진 등)를 첨부해야 한다.

(3) 본 운임·요금 및 부대조항 적용과 관련하여 시장에서 갈등 및 혼란이 초래될 경우 국토교통부
주관 하에 이해관계자(화물운송업계, 손해보험업계, 소비자단체 등)의 협의를 통해 조정할 수
있다.

하. 신고운임·요금 적용시기

이 운임·요금은 2020.10.1.부터 적용한다.

제4편 기타 안전시설

2. 과속방지턱

2.1 총 칙

2.1.1 목 적

이 지침은 도로안전시설 중 과속방지시설인 과속방지턱의 설치 및 관리에 관한 기본적이고 세부적인 시행지침을 정함으로써 도로교통안전을 도모하고 좋은 도로 및 생활 환경을 조성하는데 목적이 있다.

2.1.2 적용 범위

이 지침은 「도로법」에 따라 설치되는 과속방지턱의 설치 및 관리에 대하여 적용한다.

이 지침은 「도로법」 제10조에 따른 도로 중 「도로의 구조·시설 기준에 관한 규칙」 제3조의 집산도로 또는 국지도로에 대해 적용함을 원칙으로 하되, 그 밖의 도로에도 준용할 수 있다.

2.1.3 용어의 정의

"과속방지턱"이란 일정 도로구간에서 통행차량의 과속주행을 방지하고, 일정 지역에 통과차량의 진입을 억제하기 위하여 설치하는 시설을 말한다.

과속방지턱은 형태에 따라 원호형 과속방지턱, 사다리꼴 과속방지턱, 가상 과속방지턱 등의 형식이 있으며 넓은 의미의 과속방지시설로는 범프, 쿠션, 플래토 등이 있다.

2.2 기능 및 종류

2.2.1 기 능

과속방지턱은 통행차량의 과속주행을 방지하기 위하여 차량속도를 제어하는 시설물이다. 과속방지턱은 속도의 제어라는 기본 기능 외에 통과 교통량 감소, 보행자 공간 확보 및 도로 경관 개선, 노상 주차 억제와 같은 부수적인 기능도 가지고 있다.

2.2.2 종 류

과속방지턱은 형상에 따라 원호형 과속방지턱, 사다리꼴 과속방지턱, 가상 과속방지턱 등으로 구분할 수 있다.

가. 원호형 과속방지턱은 과속방지턱 상부면의 형상이 원호(圓弧) 또는 포물선인 과속방지턱이다.

나. 사다리꼴 과속방지턱은 과속방지턱 상부면의 형상이 사다리꼴인 과속방지턱이다.

다. 가상 과속방지턱은 운전자에게 도로면 위에 장애물이 설치되어 있는 것 같은 시각현상을 유도하여 주행속도를 줄일 수 있도록 노면표시, 테이프 등을 이용하여 설치된 시설이다.

과속방지턱은 일정 구간 내의 설치 위치와 개수에 따라서 단일형과 연속형으로 구분된다.

2.3 설치장소

가. 과속방지턱은 일반도로 중 집산 및 국지 도로의 기능을 가진 도로의 다음과 같은 구간에 도로·교통 상황과 지역조건 등을 종합적으로 검토하여, 보행자의 통행안전과 생활환경을 보호하기 위해 도로 관리청이 필요하다고 판단되는 장소에 한하여 최소로 설치한다.

　　1) 학교 앞, 유치원, 어린이 놀이터, 근린 공원, 마을 통과지점 등으로 차량의 속도를 저속으로 규제 할 필요가 있는 구간

　　2) 보·차도의 구분이 없는 도로로서 보행자가 많거나 어린이의 놀이로 교통사고위험이 있다고 판단되는 도로

　　3) 공동 주택, 근린 상업시설, 학교, 병원, 종교시설 등 차량의 출입이 많아 속도규제가 필요하다고 판단되는 구간

　　4) 차량의 통행속도를 30킬로미터/시 이하로 제한할 필요가 있다고 인정되는 도로

나. 간선도로 또는 보조간선도로 등 이동성의 기능을 갖는 도로에서는 과속방지턱을 설치할 수 없다. 단, 왕복 2차로 도로에서 보행자 안전을 위해 제한속도 30킬로미터/시 이하로 설정되어 있는 구역 에 보행자 무단횡단 금지시설을 설치할 수 없는 경우, 교통정온화시설의 하나로 과속방지턱 설치를 검토할 수 있다.

2.4 구 조

2.4.1 형상 및 제원

과속방지턱의 형상은 원호형을 표준으로 하며, 그 제원은 설치 길이 3.6미터, 설치 높이 10센티미터로 한다.

2.4.2 재 료

과속방지턱은 도로의 노면 포장 재료와 동일한 재료로써 노면과 일체가 되도록 설치함을 원칙으로 한 다. 그러나, 특수한 경우에 한하여 고무, 플라스틱 등으로 과속방지턱을 제작하여 설치할 수 있다.

2.4.3 도 색

과속방지턱은 충분한 시인성을 갖기 위해 반사성 도료를 사용하여 표면 도색함을 원칙으로 한다. 사용 색상은 흰색과 노랑색으로 그림 2.5와 같이 도색한다.

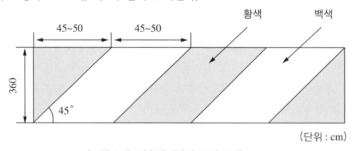

〈그림 2.5〉 과속방지턱의 표면 도색

2.5 설 치

2.5.1 설치위치

가. 과속방지턱의 설치위치는 다음과 같다.

  1) 교차로 및 도로의 굴곡지점으로부터 30미터 이내

  2) 도로 오목 종단 곡선부의 끝으로부터 30미터 이내

  3) 최대경사 변화지점으로부터 20미터 이내(10퍼센트 이상 경사시)

  4) 기타 교통안전상 필요하다고 인정되는 지점

나. 과속방지턱의 설치를 금하는 위치는 다음과 같다.

  1) 교차로로부터 15미터 이내

  2) 건널목으로부터 20미터 이내

  3) 버스정류장으로부터 20미터 이내

  4) 교량, 지하도, 터널, 어두운 곳 등

  5) 연도의 진입이 방해되는 곳 또는 맨홀 등의 작업 차량 진입을 방해하는 장소

2.5.2 설치간격

과속방지턱의 설치 간격은 해당 구간에서 목표로 하는 일정한 주행 속도 이하를 유지할 수 있도록 해당 도로의 도로교통 특성을 고려하여 정한다.

연속형 과속방지턱은 20~90미터의 간격으로 설치함을 원칙으로 한다.

2.5.3 관련 시설의 설치

가. 도로상에 과속방지턱을 설치하였을 때는 통행안전을 위하여 사전에 과속방지턱의 위치를 알리는 교통안전표지를 설치해야 하며, 교통량이 많은 도로에서는 노면표시를 병행하여 설치할 수 있다.

나. 과속방지턱의 인지성을 향상시키기 위하여 조명시설을 병행하여 설치할 수 있다.

2.5.4 가상 과속방지턱의 설치

가상 과속방지턱은 대상 도로구간의 교통여건 및 지역조건을 고려하여 효과가 있다고 인정되는 경우에 한하여 설치한다.

2.6 시 공

가. 과속방지턱은 차도 전폭에 걸쳐서 도로 폭에 직각으로 설치한다. 다만, 차도에 L형 측구 등 배수시설이 포함된 경우에는 이를 제외한 포장 폭을 대상으로 한다.

나. 양방향 도로에서 과속방지턱을 설치할 경우에는 방향별로 도로 편측에만 설치하거나 설치 위치를 달리하는 경우를 금한다.

다. 도로의 중앙차선을 중심으로 일정한 간격을 비우는 설치를 금한다.

2.7 유지 관리

과속방지턱이 제 기능을 발휘할 수 있도록 주기적인 점검·유지보수를 하고, 관련 기록을 유지한다. 점검 결과에 따라 보수나 대체가 필요한 경우 신속히 처리하도록 한다.

모든 일에 있어서, 시간이 부족하지 않을까를 걱정하지 말고,

다만 내가 마음을 바쳐 최선을 다할 수 있을지, 그것을 걱정하라.

– 정조 –

참고문헌 및 사이트

[참고문헌]
- 자동차구조 및 정비이론과 실무, 박재열 저, 고시아카데미, 2023
- 자동차구조 및 정비이론과 실무, 윤조현 저, 이패스코리아, 2023
- 자동차구조 및 정비이론과 실무, 목진영, 한영규 저, 보험연수원, 2021
- 자동차구조 및 정비이론과 실무, 김기진 등저, 손사에듀, 2017
- 자동차구조 및 정비이론, 보험연수원 편, 형설출판사, 2003
- 자동차정비기능사 필기, 함성훈 외 3인 편저, 시대고시기획, 2023
- 자동차정비기능사 필기, 신용식 편, 시대고시기획, 2020
- 자동차보수도장기능사, 이하용 편, 시대고시기획, 2018

- 자동차보험의 이론과 실무(대물배상 및 차량손해), 목진영, 한영규 저, 보험연수원, 2021
- 자동차보험(대물) 이론과 실무, 김석주 저, 이패스코리아, 2023
- 자동차보험의 이론과 실무, 조규성 저, 동방문화사, 2017
- 자동차보험 대물이론과 실무, 김광준 저, 고시아카데미, 2023
- 자동차보험 대물이론과 실무, 김기진 등저, 손사에듀, 2018
- 자동차보험이론, 오세창 저, 손사에듀, 2022
- 자동차 손해사정 및 견적실무, 김혜란, 나완용 공저, 기한재, 2011
- 자동차보험이론, 보험연수원 편, 형설출판사, 2003
- 손해사정사 한권으로 끝내기, 김명규 저, 시대고시기획, 2020

[사이트]
- 법제처 www.moleg.go.kr
- 보험연수원 www.in.or.kr
- 보험개발원 www.kidi.or.kr
- 금융감독원 www.fss.or.kr
- 한국손해사정사회 www.kicaa.or.kr
- 보건복지부 www.mohw.go.kr
- 고용노동부 www.moel.go.kr
- 국민건강보험공단 www.nhic.or.kr
- 국민연금공단 www.nps.or.kr
- 근로복지공단 www.kcomwel.or.kr

2024 SD에듀 차량손해사정사 2차 한권으로 끝내기

개정7판1쇄 발행	2024년 04월 15일(인쇄 2024년 03월 12일)
초 판 발 행	2014년 08월 05일(인쇄 2014년 06월 30일)
발 행 인	박영일
책 임 편 집	이해욱
편 저	김명규, 김남덕
편 집 진 행	서정인
표 지 디 자 인	하연주
편 집 디 자 인	윤준하 · 하한우
발 행 처	(주)시대고시기획
출 판 등 록	제10-1521호
주 소	서울시 마포구 큰우물로 75 [도화동 538 성지 B/D] 9F
전 화	1600-3600
팩 스	02-701-8823
홈 페 이 지	www.sdedu.co.kr
I S B N	979-11-383-6793-6 (13320)
정 가	39,000원

늘 명심하라.
성공하겠다는 너 자신의 결심이
다른 어떤 것보다 중요하다는 것을

– 에이브러햄 링컨 –